사기적 부정거래 판례(33선) 평석

박기태 정덕채 정주형
이준혁 장영주 김수진

Fraudulent Transaction Case Review

사기적 부정거래 판례(33선) 평석

초 판 인 쇄 2025년 12월 4일
초 판 발 행 2025년 12월 11일
지 은 이 박기태 정덕채 정주형 이준혁 장영주 김수진
발 행 인 이수형
발 행 처 (주)법률신문사
출 판 등 록 1980. 4. 22 제6-46호
주 소 서울특별시 서초구 서초대로 396, 1402호
대 표 전 화 02-3472-0602~5
팩 스 02-3472-0606
홈 페 이 지 www.lawtimes.co.kr

I S B N 979-11-5919-057-5(13360)
정 가 48,000원

사기적 부정거래 판례(33선) 평석

PREFACE

자본시장과금융투자업에관한법률(이하 '자본시장법'이라고 함)은 금융투자업자에 대한 규율, 증권의 발행, 유통에 관한 규율, 불공정거래행위에 대한 규율, 펀드에 대한 규율, 금융투자업관계기관에 대한 규율로 나뉘어지는데, 이 책은 자본시장법에 존재하는 다양한 규정들 중 형사법적 규율 부분, 자세히 말하면 〈제4편 불공정거래의 규제〉 중 제178조(부정거래행위 등의 금지)에 국한하여 논의를 진행하였습니다.

법률해석에 관한 접근은 크게 보면 두 가지 방법이 있습니다. 먼저 법규정에 대한 이론적인 설명을 먼저 학습한 뒤 이후 특정 사례가 법규정 해석이론에 포섭되는지를 살피는 방법(연역적 방법), 다음으로는 특정 사례를 먼저 분석한 뒤 그 사례가 법규정에 포섭될 수 있는지를 살피는 방법(귀납적 방법)이 바로 그것입니다.

어떤 방법이 더 우월한지를 감히 말할 수는 없습니다. 그러나 적어도 두 가지 방법을 모두 혼용하여 학습할 때 법규정 해석의 완결성이 높아진다는 점은 확실합니다.

저는 서울남부지방검찰청 증권범죄합동수사단·금융조사부, 서울중앙지방검찰청 반부패2부에 재직하면서 자본시장법 상 시세조종, 사기적 부정거래, 미공개정보이용, 공시의무위반 등에 관한 수사를 할 때, 자본시장법 관련 각종 주석서들로부터 도움을 많이 받았습니다. 그런데 기존 자본시장법 불공정거래행위에 대한 형사법적 주석서들은 대부분 연역적 방법을 토대로 접근하고 있어서 사례 전체를 기초로 자본시장법 법리에 대해 유기적인 접근을 하는 주석서가 있으면 좋겠다는 생각을 많이 하였습니다. 아울러 연역적 접근법보다 사례를 통한 귀납적 접근법으로 학습했을 때 대부분의 사람들이 쟁점이나 법리를 쉽게 이해하고 오래 기억하기에, 사례를 토대로 접근하는 주석서가 훨씬 효율적이고 유용할 것이라고 생각하였습니다.

검찰에서 퇴직 후, 저는 변호사로서 자본시장법 사건 변론을 하면서 저와 동일한 고민과 아쉬움을 가졌던 후배 검사, 변호사 후배들을 만나게 되었고, 기존 주석서와는 다른 〈작품〉을 한 번 만들어보자고 의기투합하게 되었습니다. 그 때가 2023년 여름이었습니다. 여러 번의 회의 끝에 저희들은 먼저 자본시장법 사기적 부정거래 사례에서 자주 언급되는 리딩케이스를 선정하고, 그 판례에 있는 사례를 먼저 생생하게 복원한 뒤, 그 사례에서 자본시장법 규정이 어떻게 적용되고, 아울러 법원과 검찰은 어떤 시각을 가지는지, 더 나아가 법원의 그러한 입장이 과연 타당한 것인지에 관한 주석서 즉, 판례 평석을 만들어보자는 도전을 시작하였습니다.

그 때부터 격주 단위로 저희들은 각자 1개의 사례를 선정하여 판례를 분석하고 그에 대해 일정한 비평, 때로는 제언을 하는 작업을 하였고, 1년6개월 정도 지나서야 이 책에 담겨질 내용의 초고가 마련되었습니다.

지금 돌이켜보면 참 무모한 도전이었다고 생각됩니다. 모두들 자기 업무로 바쁜 와중에 실명도 아닌 익명으로 된 판례의 사례를 분석해야 했고, 자본시장법 법리에 그다지 밝지 못한 상황임에도 기존 주석서를 공부하면서 〈주제넘는〉 평석까지 해야 했기 때문입니다.

이 책에는 기존 주석서에 나타나 있지 않는 쟁점들이 많이 담겨져 있습니다. 이는 사건관계자의 인생이 걸린 재판에서, 검찰과 변호인이 치열한 고민을 한 뒤 만들어낸 주장들이 재판에서 법리공방의 형태로 이루어졌기 때문입니다. 아울러 법원 역시 그 소중한 주장들의 〈진검승부〉 속에서 가장 합리적인 결론을 도출하기 위해 나름의 노력을 다하였기 때문입니다.

저와 공저자들은 판례 평석 스터디를 진행하면서 리딩케이스로 선정된 판결 속에서 당시 그 사건의 치열한 법리공방을 간접적으로 경험하면서, 평석이라는 작업을 통해 그 사건 재판 현장에 마치 실제로 참여한 것과 같은 소중한 체험을 할 수 있었습니다.

저희들의 판례 평석이라는 개입이 자칫 당시 그 사건에 관여하였던, 판사님, 검사님, 변호사님, 사건관계자에게 누가 되지 않을까하는 걱정이 없지는 않습니다. 그럼에도 불구하고 저희들은 저희들의 판례 평석이 앞으로 자본시장법 법리를 더 세련되고 고양된 상태로 진전시키는데 조그마한 도움이 될 수 있지 않을까 하는 기대감을 가지고 감히 이 도전을 시작했던 것입니다.

마지막으로 같이 2년간 이 책에 헌신했던 공저자들에게 그 동안의 노고에 대하여 감사와 존경의 마음을 전합니다.

공저자 대표

박기태 변호사

C O N T E N T S

Fraudulent Fraudulent Transaction Case Review

사기적 부정거래 판례(33선) 평석

01 _ 론스타 사건
02 _ 저축은행 BIS비율 조작 사건
03 _ 탄소나노튜브(CNT) 사건
04 _ 스캘핑 매매 사건
05 _ 외국인 투자자 외관 형성 사건
06 _ 태창파로스 사건
07 _ 포괄적 주식교환 사건
08 _ 팬텀엔터테인먼트그룹 사건
09 _ 유성티에스아이 사건
10 _ 차명주식 미공시 사건
11 _ 홍콩 페이퍼컴퍼니 사건
12 _ 우즈벡 규사 사건
13 _ 벤처기업 거짓 사업보고서 사건
14 _ 남한제지 사건
15 _ 허위 재무제표 공시 사건
16 _ 유명 연예인 M&A 사건
17 _ 환매조건부채권(RP) 가입 사건
18 _ 명문대 출신 <벤처황제> 허위공시 사건
19 _ 가짜 학력 홍보 및 매출 조작 유상증자 사건
20 _ 매출계획 부풀리기 사건
21 _ 쌈지 BW 사채자금 사건
22 _ 유상증자 주금 가장납입 사건
23 _ 재벌 회장 차명주식 누락공시 사건
24 _ IHICP사건
25 _ <원조슈퍼개미> 전환사채 가장납입 사건
26 _ 테마주 사건
27 _ 줄기세포 치료제 사건
28 _ 주식양도시 보유지분 은닉 사건
29 _ 아세아종합금융 사건
30 _ 적대적 M&A 사건
31 _ 외국계 유령회사 사건
32 _ 몽골 금광개발 사건
33 _ <검은 머리 외국인>을 이용한 무자본 M&A 사건

01

론스타 사건

날짜	행위
'03. 9. 5.	- 론스타(해외), 보유했던 C은행 지분을 B사(해외법인)에 넘김
'03. 10. 31.	- B사, C은행 과반수 지분(51%) 보유
'03. 11. 13.	- C카드, 유동성 위기에 처함 - C카드의 경우 1) C은행이 43.9%, 2) D캐피탈이 24.7% 지분보유
'03. 11. 17.	- C은행 37기 제23차 이사회 개최 - C카드 부도처리 or 합병 등에 대하여 논의하였으나 결론 없음
'03. 11. 18.	- 피고인 甲 등 론스타 측과 D캐피탈 측이 협상 ▶ 결렬
'03. 11. 19.	- 조선호텔 커피숍 미팅, 피고인 甲 등 론스타 측 대리인이 C카드를 흡수합병 할 경우 주가 상승이 예상되므로 주가상승을 막기 위해 C카드 감자를 고려하고 있다는 점을 발표할 필요가 있다는 식으로 말함
'03. 11. 20.	- 피고인 甲 등 론스타 측, 금융감독위원회, D캐피탈 3자 협의 ☞ C은행이 D캐피탈 주식을 03. 11. 19. 종가인 주당 5,030원에 매수 ☞ C은행이 68.6% 지분을 갖게 됨 - (12:00경 ~ 13:10경) 롯데호텔 회의실, C은행 37기 제23차 이사회 속개, C은행이 C카드 흡수합병 추진 결의 - 이사회에 앞서 C카드 감자가 없는 보도자료(1안)를 준비함

'03. 11. 20.	- 이사회 끝날 무렵, 피고인 甲 등 론스타 측이 C카드 감자 필요성 거론(C은행 주주의 이익을 위하여) - 이사회 종료 후(13:56경), C카드 감자문구가 들어가 있는 보도자료(2안)을 준비하여 변호사에게 발송
'03. 11. 21. 17:00경	- 은행회관 기자간담회에서 C은행 행장 직무대행은 C카드에 대한 감자계획이 검토될 것이라는 보도자료 배포
'03. 11. 27.	- 피고인 甲 등 론스타 측은 C은행 집행부에게 C카드 감자없이 합병이 진행될 것이라고 통보함 - 전날까지 하락하던 C카드 주가가 〈감자없는 합병〉 내부정보 유출로 상한가로 됨
'03. 11. 28.	- C은행 제37기 제24차 이사회, C은행이 C카드 흡수합병 이사회 결의 - C카드도 합병 이사회 결의 - 합병기일은 2004. 2. 28.

Ⅰ. 사건의 진행 경과

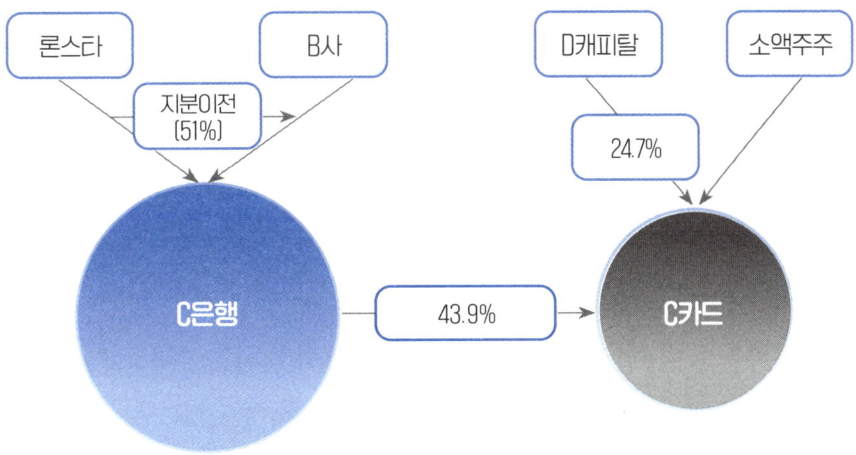

II. 관련 조문

구 증권거래법 제188조의4 (시세조종등 불공정거래의 금지)

④ 누구든지 유가증권의 매매 기타 거래와 관련하여 다음 각호의 1에 해당하는 행위를 하지 못한다.

1. 부당한 이득을 얻기 위하여 고의로 허위의 시세 또는 허위의 사실 기타 풍설을 유포하거나 위계를 쓰는 행위
2. 중요한 사항에 관하여 허위의 표시를 하거나 필요한 사실의 표시가 누락된 문서를 이용하여 타인에게 오해를 유발하게 함으로써 금전 기타 재산상의 이익을 얻고자 하는 행위

자본시장과금융투자업에관한법률 제178조(부정거래행위 등의 금지)

① 누구든지 금융투자상품의 매매(증권의 경우 모집·사모·매출을 포함한다. 이하 이 조 및 제179조에서 같다), 그 밖의 거래와 관련하여 다음 각 호의 어느 하나에 해당하는 행위를 하여서는 아니 된다.

1. 부정한 수단, 계획 또는 기교를 사용하는 행위
2. 중요사항에 관하여 거짓의 기재 또는 표시를 하거나 타인에게 오해를 유발시키지 아니하기 위하여 필요한 중요사항의 기재 또는 표시가 누락된 문서, 그 밖의 기재 또는 표시를 사용하여 금전, 그 밖의 재산상의 이익을 얻고자 하는 행위
3. 금융투자상품의 매매, 그 밖의 거래를 유인할 목적으로 거짓의 시세를 이용하는 행위

구 증권거래법 제191조 (주주의 주식매수청구권)

① 주권상장법인 또는 협회등록법인이 상법 제360조의3(주식교환)·제360조의9(간이주식교환)·제360조의16·제374조·제522조(합병)·제527조의2 및 제530조의3(同法 第530條의2의 規定에 의한 分割合併의 경우에 한한다)에서 규정하는 의결사항에 관하여 이사회의 결의가 있는 때에는 그 결의에 반대하는 주주(商法 第370條第1項의 規定에 의한 議決權 없는 株主를 포함한다. 이하 이 條에서 같다)는 주주총회전(商法 제360조의9의 규정에 의한 완전자회사가 되는 회사의 주주와 동법 제527조의2의 규정에 의한 소멸하는 회사의 주주의 경우에는 동법 제360조의9제2항 및 제527조의2제2항의 규정에 의한 공고 또는 통지를 한 날부터 2주 이내)에 당해 법인에 대하여 서면으로 그 결의에 반대하는 의사를 통지한 경우에 한하여 자기가 소유하고 있는 주식을 당해 법인에 대하여 주주총회의 결의일(商法 제360조의9의 규정에 의한 완전자회사가 되는 회사의 주주와 동법 제527조의2의 규정에 의한 소멸하는 회사의 주주의 경우에는 동법 제360조의9제2항 및 제527조의2제2항의 규정에 의한 공고 또는 통지를 한 날부터 2주가 경과한 날)부터 20일 이내에 주식의 종류와 수를 기재한 서면으로 매수를 청구할 수 있다. <개정 1991. 12. 31., 1994. 1. 5., 1997. 1. 13., 1999. 2. 1., 2001. 3. 28., 2002. 1. 26.>

② 제1항의 청구에 대하여 당해 법인은 매수의 청구기간이 종료하는 날부터 1월 이내에 당해 주식을 매수하여야 한다. <개정 1999. 2. 1.>

③ 제2항의 매수가격은 주주와 당해 법인간의 협의에 의하여 결정한다. 다만, 협의가 이루어지지 아니하는 경우의 매수가격은 이사회의 결의일 이전에 유가증권시장 또는 협회중개시장에서 거래된 당해 주식의 거래가격을 기준으로 대통령령이 정하는 방법에 따라 산정된 금액으로 하며, 당해법인이나 매수를 청구한 주식수의 100분의 30이상이 그 매수가격에 반대하는 경우에는 금융감독위원회가 그 매수가격을 조정할 수 있다. 이 경우 매수가격의

조정의 신청은 제2항의 규정에 의하여 매수를 종료하여야 하는 날의 10일전까지 하여야 한다. <개정 1998. 1. 8., 1999. 2. 1., 2001. 3. 28.>

구 증권거래법 시행령 제84조의9 (주주의 주식매수청구)

① 삭제 <1992. 4. 28.>

② 법 제191조제3항 단서에서 "대통령령이 정하는 방법에 따라 산정된 금액"이라 함은 다음 각호의 금액을 말한다. <개정 1998. 2. 24., 1999. 5. 27., 2000. 9. 8., 2001. 7. 7.>

1. 유가증권시장 또는 협회중개시장에서 거래가 형성된 주식은 다음 각목의 방법에 따라 산정된 가격의 산술평균가격

가. 이사회 결의일 전일부터 과거 2월(동 기간중에 배당락 또는 권리락으로 인하여 매매기준가격의 조정이 있는 경우로서 배당락 또는 권리락이 있은 날부터 이사회결의일전일까지의 기간이 7일이상이 되는 경우에는 그 기간)간 공표된 매일의 유가증권시장 또는 협회중개시장에서 거래된 최종시세가격을 실물거래에 의한 거래량을 가중치로 한 가중산술평균가격

나. 이사회 결의일 전일부터 과거 1월(동 기간중에 배당락 또는 권리락으로 인하여 매매기준가격의 조정이 있는 경우로서 배당락 또는 권리락이 있은 날부터 이사회결의일전일까지의 기간이 7일이상이 되는 경우에는 그 기간)간 공표된 매일의 유가증권시장 또는 협회중개시장에서 거래된 최종시세가격을 실물거래에 의한 거래량을 가중치로 한 가중산술평균가격

다. 이사회결의일 전일부터 과거 1주간 공표된 매일의 유가증권시장 또는 협회중개시장에서 거래된 최종시세가격을 실물거래에 의한 거래량을 가중치로 한 가중산술평균가격

이 사건에서 문제된 행위는 자본시장과금융투자업에관한법률(이하 모든 평석에서는 '자본시장법'이라고 함)이 시행된 2009. 2. 4. 이전에 이루어졌으므로, 이 사건은 구 증권거래법이 적용되었다.

III. 쟁점

1. '위계' 관련 쟁점

본건에서 주요 쟁점 중 하나는 피고인 甲 등 론스타 관계자가 C카드를 합병할 때, C카드의 감자의 가능성 또는 감자에 대하여 진지한 검토를 하지 않았음에도 C카드의 주가 하락을 유도하기 위하여 감자검토를 기자회견장에서 발표한 것이 구 증권거래법 제188조의4 제4항 제1호 ＜위계 이용행위＞ 소정의 '위계'에 해당하는지 여부이다.

※ 구 증권거래법 제188조의4 제4항 제1호 〈위계 이용행위〉 규정에는 '부당한 이익을 얻기 위하여' '위계'를 사용하는 경우 처벌되고, 자본시장법[1](2007. 8. 3. 제정되어 2009. 2. 4.부터 효력발생)에서는 ▲ 금융투자상품의 매매, 그 밖의 거래를 할 목적, ▲ 그 시세의 변동을 도모할 목적으로 '위계(僞計)'를 사용하는 경우 처벌되는데, 위 규정만으로 볼 때, 자본시장법의 행위 목적이 구 증권거래법 행위 목적 보다 더 포괄적이다.

※ 왜냐하면 구 증권거래법에서는 위계행위를 사용하더라도 행위자에게 부당한 이익을 얻을 목적이 없는 경우 위 조항은 적용되지 아니하나, 자본시장법에서는 '부당한 이익을 얻을 목적'이 없더라도 시세변동의 목적(예컨대, 자신이 보유하지 않은 주식에 대해 허위소문을 퍼뜨리는 경우)이 있다면 처벌될 수 있기 때문이다.

---

1 (자본시장법 제정이유) 현재 자본시장을 규율하는 「증권거래법」, 「선물거래법」, 「간접투자자산 운용업법」 등의 법률은 금융기관이 취급할 수 있는 상품의 종류를 제한적으로 열거하고 있어 창의적인 상품개발 등 금융혁신이 어렵고, 금융업의 겸영을 엄격하게 제한하고 있어 시너지 효과를 통한 경쟁력 향상에 한계가 있으며, 각 금융기관별로 상이한 규제체계로 되어 있어 규제차익문제 등 비효율성이 발생하고 있고, 투자자 보호장치가 미흡하여 자본시장에 대한 신뢰를 저하시키는 등 제도적 요인이 자본시장의 발전에 장애가 되고 있으므로 「증권거래법」 등 자본시장 관련 법률을 통합하여 금융투자상품의 개념을 포괄적으로 규정하고, 겸영 허용 등 금융투자회사의 업무범위를 확대하며, 금융업에 관한 제도적 틀을 금융기능 중심으로 재편하고, 투자자 보호장치를 강화하는 한편, 자본시장에서의 불공정거래에 대한 규제를 강화하는 등 자본시장에 대한 법체계를 개선하여 금융투자회사가 대형화·전문화를 통하여 경쟁력을 갖출 수 있도록 하고, 투자자 보호를 통한 자본시장의 신뢰를 높이며, 자본시장의 혁신형 기업에 대한 자금공급 기능을 강화하는 등 자본시장의 활성화와 우리나라 금융산업의 발전을 위한 제도적 기반을 개선·정비하려는 것임

법적인 개념에서 '위계'라 함은 유가증권의 매매 기타 거래와 관련하여 부당한 이득을 얻기 위하여 거래상대방이나 일반투자자들에게 오인, 착각 또는 부지를 일으키게 하여 이를 이용하는 일체의 것을 말한다. 이에 대하여 '위계'가 ▲ 형법 상 사기죄와 동일한 개념이라는 학설도 있지만, ▲ 형법에서 기망행위와 위계는 구분한다는 점, 위계는 기망과 유혹을 포함하는 개념이라는 점에서 '위계'는 사기죄의 기망행위보다는 보다 넓은 개념으로 보아야 한다는 학설이 대립한다.

대법원은 『'위계'란 거래 상대방이나 불특정 투자자를 기망하여 일정한 행위를 하도록 유인할 목적의 수단, 계획, 기교 등을 말하고, '기망'이란 객관적 사실과 다른 내용의 허위사실을 내세우는 등의 방법으로 타인을 속이는 것을 의미한다』고 판시[2]한 바 있다.

결국 본건에서 피고인 甲 등 론스타 관계자들은 2003. 11. 21.경 본건 문제된 언론발표 이전에 C카드의 감자에 대한 필요성은 공감하고 있었으나, 감자를 위한 진지한 실행행위를 하지 않은 상태에서 언론에 '합병결의 시 C카드 감자계획을 발표할 예정이다'라고 발표하였던 바, 이것이 구 증권거래법 상 '위계'에 해당하는지 여부가 문제된다 할 것이다.

2. '유가증권 매매 기타 거래와 관련'관련 쟁점

'유가증권 매매 기타 거래와 관련'이라는 표현은 구 증권거래법 상 표현이고, 자본시장법에서는 '금융투자상품의 매매, 그 밖의 거래와 관련'으로 표현이 변경되었다.

구 증권거래법에서는 유가증권의 범위에 속하는 것을 한정적, 열거적으로 규정하였으나, 자본시장법에서는 금융투자상품이라는 개념을 ① 이익을 얻거나 손실회피 목적,

---

2 대법원 2011. 10. 27. 선고 2011도8109 판결 등 참조

② 현재 또는 장래에 금전 기타 재산적 가치가 있는 것을 지급하기로 약속, ③ 그러한 약속을 통해서 취득하게 되는 권리, ④ 투자성이 있는 것이라는 4가지 개념징표로 규정하여 포괄적 정의를 하고 있다.

그리하여 자본시장법 상 '금융투자상품의 매매, 그 밖의 거래와 관련'에는 일반적으로 금융투자상품의 매매 뿐 아니라, 모집·매출·공개매수·합병·주식교환도 포함되는 것으로 해석되고, 나아가 특정 시점의 기초자산 가격 또는 그와 관련된 수치에 따라 권리행사 또는 조건성취의 여부가 결정되건 금전 등이 결제되는 구조로 되어 있는 금융투자상품(ELS)의 경우 그 금융투자상품에서 정한 권리행사와 조건성취에 영향을 주는 행위 역시 포함된다.[3]

본건에서 피고인 甲 등이 C카드의 감자계획을 언론발표한 것은 ① C은행이 주식매수청구권을 포기한 C카드 주주들에게 신주를 적게 발행·교부함으로써 B사의 C은행에 대한 지분가치를 덜 희석시키게 하고, ② C은행이 주식매수청구권을 행사한 C카드 주주들에게 주식매수청구권 행사금액을 적게 지급하는 '합병행위'를 하고자 하였다. 따라서 위 '합병행위'가 구 증권거래법 상 '유가증권의 매매, 그 밖의 거래'에 해당하는지 여부가 문제된다 할 것이다.

3. 부당이득 관련 쟁점

피고인 甲 등 론스타 측에게 구 증권거래법 상 사기적 부정거래 혐의가 성립된다고 할 때(구 증권거래법의 승계법률인 자본시장법에서도 동일한 논의 존재), 론스타 등이 얻게 된 이득이 바로 '부당이득'이 된다.

피고인 甲 등 론스타 측이 사실 C카드에 대하여 진지하게 감자를 고려하지 않았음

3 대법원 2015. 4. 9. 선고 2013마1052 판결

에도 합병 시 주주들의 주식매수선택권 행사금액을 낮추기 위해 C카드에 대해 감자를 한다고 발표하게 되면 C카드의 주가가 하락하게 되고, 그 결과 C은행과 C은행의 주주인 B사는 각각의 다른 이익이 발생한다.

즉, C은행의 입장에서는 C카드를 흡수합병하면서 C카드의 주주 중 주식매수청구권을 행사하는 주주에 대하여 C카드 주식을 매입하고 그 대금을 지급해야 하는데, 감자발표로 인하여 주가가 낮아지게 되었고 그에 따라 주식매수청구권 행사가액도 낮아져 더 적은 금액을 주식매수청구권 행사자들에게 지급하게 되었던 이득이 있고, B사 입장에서는 감자발표로 인하여 C카드의 주가가 낮아져, C은행 : C카드의 합병비율에서 C은행의 가치가 높아져 합병 전 C은행에서 차지하는 B사의 지분 비중 보다 합병 후 C은행에서 차지하는 B사의 지분비중이 높아지게 되는 이득이 있는 것으로 판단된다.

이러한 판단이 합리적인 근거가 있는 것인지 살펴볼 필요성이 있다.

IV. 각 쟁점에 대한 평석

1. 구 증권거래법 상 위계의 성립 관련

(1) 법원의 판단

위 사건에서 1심 법원[4]은 피고인 甲 등 론스타 측은 C카드 감자를 진행함에 있어 아래와 같은 어려움이 따르는 사정이 있었고, 이를 인식하고 있었다고 판단하였다.

4 서울중앙지방법원 2008. 2. 1. 선고 2007고합71, 2006고합1272(병합) 판결

(감자무효 소송 가능성) C은행이 2003. 11. 20. 새벽 C카드의 경영 부실에 책임이 있는 2대 주주인 올림푸스 캐피탈이 보유하고 있는 C카드 지분을 감자 없이 주당 5,030원씩에 매수하기로 결정한 이상 소액주주가 보유한 주식에 대해서만 감자를 할 경우 C카드 우리사주 조합원들을 비롯한 소액주주들이 감자무효 확인 소송을 제기하는 등 크게 반발할 것으로 예상되고 이는 사회문제로까지 비화할 수 있었음

(감자를 위한 실사기간 2-3개월 동안 C카드 유동성 문제 발생) 2003. 11. 20. C은행 이사회에서 합병 추진과 3,500억 원을 한도로 한 유동성 지원을 결의하였으나 이것만으로는 C카드가 실사기간 2~3개월을 버티기는 어려웠음

즉, 1심 법원은 C은행 이사회(2003. 11. 20.)에 앞서 C은행 집행부가 만든 보도자료 초안에는 감자에 관한 언급은 전혀 없었던 것으로 보아 피고인 甲 등 론스타 측이 감자를 위한 진지한 검토를 하지 않았음에도 C카드의 주가를 인위적으로 하락시키기 위해 감자발표를 하였다고 판단하였고, 이러한 피고인 甲 등의 행위는 구 증권거래법 상 '위계'에 해당한다고 보았다.

이에 대하여 항소심[5]은 '위계'는 허위사실일 것으로 요한다고 하면서 피고인 甲 등 론스타 측은 본건 문제된 언론발표 이전에 C카드의 감자를 실제로 검토했었기 때문에 본건 문제된 언론발표는 허위사실이 아니고, 따라서 '위계' 또는 '허위사실'이 성립하지 않는다고 판시하였다,

최종적으로 대법원[6]은 『유가증권의 매매 등 거래와 관련한 행위인지 여부나 허위 또는 위계인지 여부 및 부당한 이득 또는 경제적 이익의 취득 도모 여부 등은 행위자의 지위, 행위자가 특정 진술이나 표시를 하게 된 동기와 경위, 그 진술 등이 미래의 재무상태나 영업실적 등에 대한 예측 또는 전망에 관한 사항일 때에는 합리적인 근거에 기초하여 성실하게 행하여진 것인지 여부, 그 진술 등의 내용이 거래 상대방이나 불특정 투자

5 서울고등법원 2008. 6. 24. 선고 2008노518 판결

6 대법원 2011. 3. 10. 선고 2008도6335 판결

자들에게 오인·착각을 유발할 위험이 있는지 여부, 행위자가 그 진술 등을 한 후 취한 행동과 주가의 동향, 그 행위 전후의 제반 사정 등을 종합적·전체적으로 고려하여 객관적인 기준에 의하여 판단하여야 한다』고 판시하면서, 나아가 『상장법인 등이 재무구조에 변경을 초래하는 감자 또는 증자(이하 '감자 등'이라고 한다)에 관한 정보를 스스로 공표하는 경우 그러한 정보는 주주의 지위 및 증권시장에서의 주가 변동에 직접적이고 중대한 영향을 미칠 뿐만 아니라, 투자자들은 언론이나 투자분석가들이 예측 또는 전망을 한 경우와는 달리 그 정확성과 신뢰성이 훨씬 높다고 평가하는 것이 일반적이므로, 상장법인 등의 임직원으로서는 그러한 정보의 공표로 인하여 투자자들에게 오인·착각을 유발하지 않도록 합리적인 근거에 기초하여 성실하게 정보를 공표하여야 한다. 만일 이와 달리 상장법인 등이 객관적으로 보아 감자 등을 할 법적 또는 경제적 여건을 갖추고 있지 아니하거나, 또는 그 임직원이 그 감자 등을 진지하고 성실하게 검토·추진하려는 의사를 갖고 있지 아니함에도 불구하고, 감자 등의 검토 계획을 공표하면 투자자들이 그 실현가능성이 높은 것으로 판단하여 주식거래에 나설 것이고 이로 인하여 주가의 변동이 초래될 것임을 인식하면서도 그에 따른 이득을 취할 목적으로 그 검토 계획의 공표에 나아간 경우에는, 이러한 행위는 투자자들의 오인·착각을 이용하여 부당한 이득을 취하려는 기망적인 수단, 계획 내지 기교로서 증권거래법 제188조의4 제4항 제1호 소정의 위계를 쓰는 행위에 해당한다고 할 것이다』라고 판시[7]하면서 피고인 甲 등의 행위는 구 증권거래법 상 '위계'에 해당한다고 보았다.

결국, 1심과 대법원은 피고인 甲 등의 감자발표는 진지한 고려없이 단순히 C카드의 주가하락을 위한 것이었기 때문에 '위계'가 성립한다는 입장이고, 항소심 법원은 피고인 甲 등 론스타 측의 감자발표는 진지한 고려없더라도 실제로 감자가 고려되었던 것은 사실이므로 '위계'가 성립되지 않는다는 입장인 것이다.

---

7 대법원 2011. 3. 10. 선고 2008도6335 판결(위 판결에서 원심판결의 무죄 부분이 파기환송되어 파기 환송심은 서울고등법원 2011. 10. 6. 선고 2011노806, 상고심은 대법원 2012. 2. 9. 선고 2011도14248)

(2) 평석

법적인 관점에서 '위계'는 형법상 사기죄의 기망행위에 '유혹'을 포함하는 개념이다.

구 증권거래법(자본시장법에서도 마찬가지임) 상 '위계'도 법적인 개념에서 '유혹'을 포함하는 개념이라고 하더라도, 처벌규정의 해석과 관련하여 '위계'는 기망행위를 전제로 하여야 하여야 한다. 왜냐하면 자본시장에서 투자를 권유할 때에는 각종 장밋빛 전망을 표출하기 마련인데 장밋빛 전망 표출 자체가 투자유혹이기 때문에 이러한 경우, 자본시장에서 발생할 수 있는 대부분의 투자권유가 '위계'에 포섭될 가능성이 있기 때문이다.

예컨대, 丙이라는 기업이 丁과 투자 MOU를 맺었다는 사실을 전제로 애널리스트가 향후 丙의 주가는 상승할 것이라고 전망을 발표했다고 할 때, 만약 MOU를 맺은 바 없음에도 MOU를 맺었다고 말하며 주가상승 전망을 이야기했다면 이는 '위계'가 있다고 평가할 수 있어도, MOU가 실제로 존재하는 것을 전제로 투자 권유 '유혹'을 한다고 해서 이를 '위계'가 있다고 보기 어렵다고 할 것인바, 따라서, 구 증권거래법 상 '위계'는 '기망행위'를 전제로 하는 개념으로 보아야 한다.

그런데, 통상 '기망행위'는 과거 또는 현재 존재하거나 존재하였던 사실에 대하여 속이는 것이 일반적이다. 본건의 경우 문제되는 발언은 바로 '장래에 감자를 계획하고 있다'는 것이다. 이는 결국 '미래의 계획'에 대한 기망행위가 성립하는지 여부와 관련된 것이다.

대법원은 『피고인이 경찰관을 상대로 진정한 사건이 혐의인정되지 않아 내사종결 처리되었음에도 불구하고 공연히 "사건을 조사한 경찰관이 내일부로 검찰청에서 구속영장이 떨어진다."고 말한 것은 현재의 사실을 기초로 하거나 이에 대한 주장을 포함하여 장래의 일을 적시한 것으로 볼 수 있어 명예훼손죄에 있어서의 사실의 적시에 해당한다고 한다[8]』고 판시한 바 있는데, 위 대법원 판결에 비춰 볼 때, 장래 감자 계획은 '현재'

8 대법원 2003. 5. 13. 선고 2002도7420 판결

감자를 검토하고 있다는 사실을 기초로 하는 것이므로 위 문제되는 발언이 단지 장래 계획이라는 이유로 기망행위가 성립되지 않는 것은 아니다.

본건에서 항소심은 피고인 甲 등이 문제된 발언을 할 때, 실제로 감자를 검토한 사실이 있기 때문에 장래 감자 계획 발언은 허위사실이 아니고, 따라서 위계가 성립되지 않는다는 판단을 하였으나, 이는 지나치게 형식적인 판단으로 보인다.

즉, 피고인 甲 등이 발언 당시 감자를 검토한 사실은 존재하긴 하나, 진지하게 감자를 하려고 하는 의사는 존재하지 않았고, 그저 C카드의 주가를 떨어뜨리기 위해 문제된 발언을 하였을 뿐이기 때문에, 장래에 감자를 하겠다는 발언은 허위사실로 볼 여지가 충분한 것이다.

결국 문제된 발언이 '위계'가 되려면, 감자계획이 진지하게 추진되었느냐에 관한 정황이 충분히 검토되어야 한다. 이러한 측면에서 대법원은 그 감자·증자 계획이 존재하는지 여부는 그 이후에 이를 위해서 실행되었던 구체적 활동, 즉 진지하고 성실한 추진의사가 있어야만 감자·증자계획이 있었다고 평가할 수 있다는 점을 지적하고 있다.

자본시장에서는 향후 계획의 발표만으로 주가가 출렁이는 것을 자주 목격할 수 있다. 이른바 '펄'이라는 호재 사업을 붙여 오로지 주가부양 만을 꾀하는 자본시장 교란사범을 자본시장에서 배제하고, 투명하고 신뢰성이 있는 자본시장을 구축하기 위해서는 상장사들에 의해 발표되는 계획들이 진지하게 검토되었는지 여부로 그 계획의 발표가 위계로 귀결될 수 있는지를 검토할 필요가 있다는 점에서 1심과 대법원의 판단이 타당하다고 보여진다.

2. '유가증권 매매 기타 거래와 관련'관련 쟁점

(1) 법원의 판단

본건에서 1심, 항소심, 대법원은 모두 『흡수합병은 관념적으로는 소멸회사의 인격의 형식을 벗기고 인격의 실체를 계승하는 것이라고 할 수 있으나 그 경제적 실질은 존속회사가 소멸회사의 자산을 이전받고 그 대가로 소멸회사의 주주들에게 존속회사의 신주를 발행하는 것이므로 합병계약 또한 위 규정이 정한 '유가증권의 거래'에 포함된다고 보아야 한다』고 판시하였다.

(2) 평석

구 증권거래법 상 '유가증권'의 개념에 대해서는 앞서 살펴본 바와 같다.

살피건데, 구 증권거래법(자본시장법도 동일함)은 자본시장질서를 교란하는 행위를 규제하는 법이므로 자본시장에서 발생할 수 있는 매매 등 모든 거래를 시세조종·사기적 부정거래 등으로부터 보호해야 하므로 법원의 태도가 타당하다고 보여진다.

3. 부당이득 관련 쟁점

(1) 감자 계획 발표 전·후 C카드 주가변동

일자	C은행 주가 (종가기준)	C카드 주가 (종가기준)	비고
2003.11.10.	6,240	7,330	
11.	5,830	6,880	
12.	6,170	6,800	
13.	6,160	6,810	

14.	6,070	6,800	
17.	5,780	6,700	
18.	5,540	5,890	
19.	5,140	5,030	
20.	5,100	4,280	
2003.11.21.	5,100	3,975	
2003.11.21. 장종료 후	감자계획 발표		
24.	4,840	3,380	하한가
25.	5,270	2,875	하한가
26.	5,350	2,550	↓ 11.29%
27.	5,610	2,930	상한가

(2) 부당이득 관련 논의

구 증권거래법 제207조의2 (벌칙)

① 다음 각호의 1에 해당하는 자는 10년이하의 징역 또는 2천만원 이하의 벌금에 처한다. 다만, 그 위반행위로 얻은 이익 또는 회피한 손실액의 3배에 해당하는 금액이 2천만원을 초과하는 때에는 그 이익 또는 회피손실액의 3배에 상당하는 금액이하의 벌금에 처한다.

1. 제188조의2 제1항 또는 제3항의 규정에 위반한 자
2. 제188조의4의 규정에 위반한 자

② 제1항 각호의 위반행위로 얻은 이익 또는 회피한 손실액이 5억원 이상인 때에는 다음의 구분에 따라 가중처벌한다. <신설 2002. 4. 27.>

1. 이익 또는 회피한 손실액이 50억원 이상인 때에는 무기 또는 5년 이상의 징역에 처한다.
2. 이익 또는 회피한 손실액이 5억원 이상 50억원 미만인 때에는 3년 이상의 유기징역에 처한다.

③ 제1항과 제2항의 규정에 의하여 징역에 처하는 경우에는 10년 이하의 자격정지를 병과할 수 있다. <신설 2002. 4. 27.>

구 증권거래법 제214조 (징역과 벌금의 병과)

① 제207조의2 내지 제210조에 규정하는 죄를 범한 자에게는 징역과 벌금을 병과할 수 있다. <개정 1997. 1. 13.>

② 제1항의 규정에 따라 제207조의2 제2항의 규정을 위반한 자에 대하여 벌금형을 병과하는 경우에는 그 위반행위로 얻은 이익 또는 회피손실액의 3배에 상당하는 금액 이하의 벌금에 처한다. <신설 2002. 4. 27.>

자본시장법 제443조(벌칙)

① 다음 각 호의 어느 하나에 해당하는 자는 1년 이상의 유기징역 또는 그 위반행위로_얻은 이익 또는 회피한 손실액의 3배 이상 5배 이하에 상당하는 벌금에 처한다. 다만, 그 위반행위로 얻은 이익 또는 회피한 손실액이 없거나 산정하기 곤란한 경우 또는 그 위반행위로 얻은 이익 또는 회피한 손실액의 5배에 해당하는 금액이 5억원 이하인 경우에는 벌금의 상한액을 5억원으로 한다. <개정 2013. 5. 28., 2014. 12. 30., 2017. 4. 18., 2018. 3. 27., 2021. 1. 5.>

1. 제174조 제1항을 위반하여 상장법인의 업무 등과 관련된 미공개중요정보를 특정증권등의 매매, 그 밖의 거래에 이용하거나 타인에게 이용하게 한 자

2. 제174조 제2항을 위반하여 주식등에 대한 공개매수의 실시 또는 중지에 관한 미공개정보를 그 주식등과 관련된 특정증권등의 매매, 그 밖의 거래에 이용하거나 타인에게 이용하게 한 자
3. 제174조 제3항을 위반하여 주식등의 대량취득·처분의 실시 또는 중지에 관한 미공개정보를 그 주식등과 관련된 특정증권등의 매매, 그 밖의 거래에 이용하거나 타인에게 이용하게 한 자
4. 제176조 제1항을 위반하여 상장증권 또는 장내파생상품의 매매에 관하여 그 매매가 성황을 이루고 있는 듯이 잘못 알게 하거나, 그 밖에 타인에게 그릇된 판단을 하게 할 목적으로 같은 항 각 호의 어느 하나에 해당하는 행위를 한 자
5. 제176조 제2항을 위반하여 상장증권 또는 장내파생상품의 매매를 유인할 목적으로 같은 항 각 호의 어느 하나에 해당하는 행위를 한 자
6. 제176조 제3항을 위반하여 상장증권 또는 장내파생상품의 시세를 고정시키거나 안정시킬 목적으로 그 증권 또는 장내파생상품에 관한 일련의 매매 또는 그 위탁이나 수탁을 한 자
7. 증권 또는 파생상품에 관한 매매등과 관련하여 제176조 제4항 각 호의 어느 하나에 해당하는 행위를 한 자
8. 금융투자상품의 매매(증권의 경우 모집·사모·매출을 포함한다), 그 밖의 거래와 관련하여 제178조 제1항 각 호의 어느 하나에 해당하는 행위를 한 자
9. 제178조 제2항을 위반하여 금융투자상품의 매매(증권의 경우 모집·사모·매출을 포함한다), 그 밖의 거래를 할 목적이나 그 시세의 변동을 도모할 목적으로 풍문의 유포, 위계의 사용, 폭행 또는 협박을 한 자
10. 제180조를 위반하여 상장증권에 대하여 허용하지 아니하는 방법으로 공매도를 하거나 그 위탁 또는 수탁을 한 자

② 제1항 각 호(제10호는 제외한다)의 위반행위로 얻은 이익 또는 회피한 손실액이 5억원 이상인 경우에는 제1항의 징역을 다음 각 호의 구분에 따라 가중한다. 〈개정 2018. 3. 27., 2021. 1. 5.〉

1. 이익 또는 회피한 손실액이 50억원 이상인 경우에는 무기 또는 5년 이상의 징역
2. 이익 또는 회피한 손실액이 5억원 이상 50억원 미만인 경우에는 3년 이상의 유기징역

③ 제1항 또는 제2항에 따라 징역에 처하는 경우에는 10년 이하의 자격정지를 병과(竝科)할 수 있다.

자본시장법 제447조의2(몰수·추징)

① 제443조 제1항 각 호(제10호는 제외한다)의 어느 하나에 해당하는 자가 해당 행위를 하여 취득한 재산은 몰수하며, 몰수할 수 없는 경우에는 그 가액을 추징한다. 〈개정 2021. 1. 5., 2021. 6. 8.〉

② 제443조 제1항 제4호부터 제7호까지의 어느 하나에 해당하는 자가 해당 행위를 위하여 제공하였거나 제공하려 한 재산은 몰수하며, 몰수할 수 없는 경우에는 그 가액을 추징한다. 〈신설 2021. 6. 8.〉 [본조신설 2014. 12. 30.]

구 증권거래법 제207조의2 제1항에 의하면 위반행위로 얻은 이익 또는 회피한 손실액의 규모에 따라 법정형이 다르고, 이러한 것은 자본시장법에서도 유지되고 있다.

(1) 부당이득 개념

구 증권거래법(자본시장법에서 논의도 동일함)에서 불공정행위 즉, 미공개정보이용행위, 시세조종, 사기적 부정거래 행위를 통하여 취득한 불법이익 혹은 회피하게 된 손실을 부당이득이라고 일컫는다.

대법원은 『자본시장법 제443조에서 규정하는 '위반행위로 얻은 이익 또는 회피한 손실액'은 유가증권의 처분으로 인한 행위자의 개인적이고 유형적인 경제적 이익에 한정되지 않고, 기업의 경영권 획득, 지배권 확보, 회사 내에서의 지위상승 등 무형적 이익 및 적극적 이득 뿐 아니라 손실을 회피하는 경우와 같은 소극적 이익, 아직 현실화되지 않은 장래의 이득도 모두 포함하는 개념이다』라고 판시[9]한 바 있다. 즉, 부당이득은 불공정거래행위를 통해 얻게 되는 유, 무형의 이익에 대한 포괄적 개념이라고 보면 된다. 다만, 무형의 이익과 관련하여 이는 금전적으로 환산할 수 없는 경우가 있기 때문에 몰수, 추징의 대상이 되기는 곤란하다.

부당이득은 ▲ 법정형의 차이를 발생시키고, ▲ 몰수, 추징의 대상이 된다는 측면에서 형사법 실무에서는 불공정행위 성립과 별도로 매우 중요하게 취급되는 요소이다.

(2) 부당이득의 종류

부당이득을 구분하는 방법은 크게 두 가지 접근방식이 있다. 첫 번째는 이익의 대상이 무엇인지와 관련된 접근방식이고, 두 번째는 이익의 실현 여부와 관련된 접근방식이다.

첫 번째와 관련하여 부당이득은 ① 불공정행위를 통해서 취득한 이익(적극적 이익)과 ② 불공정행위를 통해서 회피하게 된 손실(소극적 이익)로 구분된다. 예를 들어 시세조종이나 사기적 부정거래 행위를 해서 주가가 상승하였고, 보유하던 주식을 팔았으면

9 대법원 2002. 7. 22. 선고 2002도1696 판결

그 주식매각 차익이 바로 ①번 유형의 부당이득이라 할 것이고, 상장사에서 어떤 악재 정보가 생겼는데, 미리 그 악재정보를 취득해서 악재 정보가 공표되기 전에 보유하던 주식을 매각하였다면 계속 그 주식을 보유했을 때 발생할 수 있는 손실액이 회피된 것이므로 이것이 바로 ②번 유형의 부당이득이라 할 것이다.

구 증권거래법(자본시장법도 동일)에서 위 두 가지의 부당이득은 모두 인정되었고, 이는 실무, 판례에서도 동일한 입장이다.

두 번째와 관련하여 부당이득은 ❶ 주식매각 행위 등을 통해 실제로 벌어들인 이익 즉 실현이익과 ❷ 주식매각 행위 등이 없어 보유자산의 가치자체만 상승한 미실현이익이 있다. 예를 들어 시세조종이나 사기적 부정거래 행위를 해서 주가가 상승하였고, 보유하던 주식을 일부 처분했으면 그 주식매각 차익이 바로 '실현이익'이고, 처분하지 못했지만 주가의 상승으로 보유하던 주식의 가치가 상승함으로써 생기는 '미실현이익'이 바로 그것이다.

구 증권거래법(자본시장법도 동일)에서 위 두 가지의 부당이득은 모두 인정되었고, 이는 실무, 판례에서도 동일한 입장이다.

(3) 부정거래에서 부당이득 산정방식

사기적 부정거래의 일반적인 행태는 부정거래 행위를 통해 주가를 부양하여 이익을 얻는 경우를 말한다. 위와 같은 사례에서 부당이득은 (총수익 - 총비용) 공식을 사용하여 산출하는데, 총수익은 주가가 상승하여 주식을 처분했을 때 얻게 된 이익이고, 총비용은 그 주식을 확보하기 위해 들인 비용을 의미한다.

예를 들어, 사기적 부정거래 행위를 계획하고 어떤 상장사 주식 10주를 100원에 5주, 150원에 5주를 샀다고 하면 총비용 = (100주×5주) + (150주×5주) = 1,250원이고, 1주를 사는데 들인 평균비용(가중평균 매수단가)은 1,250원/10주 = 125원이다.

그 뒤 사기적 부정거래 행위를 하여 주가가 상승하여 주식 5주를 200원에 매각하고, 주식 3주를 300원에 매각하고, 2주는 보유하고 있었다고 가정하면 실현한 수익은 (200원×5주) + (300원×3주) = 1,900원이고, 이때 1주를 팔 때 얻은 평균수익(가중평균매도단가)은 1,900원/8주 = 237.5원이다.

매각실현을 통해 이익이 실현된 부당이득(실현이익, 적극적 이익) = 1,900원 - 1,250원 = 650원이다.

한편, 위 사례에서 2주는 매각되지 않았지만 주식가치가 300원까지 상승했기 때문에 (300원×2주) - (125원×2주) = 350원은 부당이득(미실현이익, 적극적 이익)이 되는 것이다.

결국, 사기적 부정거래에서 일반적인 경우 부당이득을 산출하는 공식은 아래 표와 같다.

- **실현이익** = (가중평균 매도단가 - 가중평균 매수단가) × 매매일치수량
- **미실현이익** = (부정거래와 인과관계가 있는 최고주가 - 가중평균 매수단가) × 매매일치수량

그런데, 사기적 부정거래행위는 이러한 일반적인 경우 외에도 다양하게 존재한다. 본 사례와 같이 위계를 이용해서 감자를 하겠다고 발표함으로써 C카드의 주가를 떨어뜨려 C은행이 합병비율에서 유리한 고지를 찾는 경우도 있을 것이고, 주식매집을 통해 M&A를 하려는 사람이 상대 회사의 주가를 하락시키기 위해 허위 소문을 유포하는 방법으로 사기적 부정거래 행위를 할 수도 있다. 이렇게 일반적인 형태가 아닌 사기적 부정거래 행위가 있을 때, 부당이득을 산정하는 것은 쉬운 작업이 아니다.

그러나, 부당이득은 결국 '부정거래 행위가 없을 때 상황'과 '부정거래 행위가 있을 때 상황'을 비교하여 그 차이를 금전적인 수치로 추출하는 것임을 전제로 한다는 것을 염두에 두고 각 케이스에 맞는 로직(Logic)을 동원해야 할 것으로 보인다. 그렇다고 하더

라도 '부정거래 행위가 없을 때'라는 가정적인 조건에서 상황을 금전적인 수치로 할 수 없다면 그 때 부당이득을 수치로 산정하는 것은 거의 불가능하다. 앞서 예를 본다면, 주가하락을 위한 허위 소문 유포행위가 없었을 때 상대 회사의 주가 상황이라는 것은 도저히 예측할 수 없는 영역이어서 부당이득은 산정불가로 귀결될 수 밖에 없다.

다시 본 사건으로 돌아가서 판단한다면 피고인 甲의 감자 계획 언론발표는 주가상승을 유발한 것이 아니라, C카드의 주가하락을 유도하였다. 즉, 일반적인 형태의 사기적 부정거래 행위로 볼 수 없다. 따라서 본 사건에서는 위와 같은 부당이득 산출구조가 적용될 수 없고, 결국, '감자 계획 언론발표가 없었을 경우'와 '감자 계획 언론발표가 있는 경우' 간 차이를 기준으로 부당이득을 산출하여야 할 것으로 보인다.

(4) 합병비율 기준주가 및 주식매수청구권 매수예정가격

합병비율 기준주가

- C카드 및 C은행은 2013. 11. 28.경 합병 이사회 결의를 하였기 때문에, 합병비율 기준주가는 위 2013. 11. 28. 전일인 2013. 11. 27.을 기준으로 하여 위 산식이 적용됨
- 이에 따라 C은행의 경우 기준주가는 5,490원, C카드는 2,930원임
- 따라서 합병비율은 C은행 : C카드 = 1주 : 0.533689주

주식매수청구권 매수예정가격

- 위 규정에 의하면, ▲ 감자 이사회 결의 전날로부터 2개월간 (Σ매일 종가×거래량)/거래량, ▲ 감자 이사회 결의 전날로부터 1개월간 (Σ매일 종가×거래량)/거래량, ▲ 감자 이사회 결의 전날로부터 1주일간 (Σ매일 종가×거래량)/거래량의 산술평균값이 주식매수청구권 매수예정가액이 됨
- C카드는 2013. 11. 28.경 합병 이사회 결의를 했기 때문에, 주식매수청구권 매수예정가액 결정은 위 2013. 11. 28. 전일인 2013. 11. 27.을 기준으로 하였음 ☞ 결국, 매수예정가액은 4,004원으로 결정

(5) 부당이득 발생의 경우의 수

C은행의 입장에서는 C카드를 흡수합병하면서 C카드의 주주 중 주식매수선택권을 행사하는 주주에 대하여 C카드 주식을 매입하고 그 대금을 지급해야 하는데, 감자발표로 인하여 주가가 낮아지게 되었고 그에 따라 주식매수선택권 행사가액도 낮아져 더 적은 금액을 주식매수선택권 행사자들에게 지급하게 되었던 이득이 있다고 일응 보여진다.

한편, B사 입장에서는 감자발표로 인하여 C카드의 주가가 낮아져, C은행 : C카드의 합병비율에서 C은행의 가치가 높아져 합병 전 C은행에서 차지하는 B사의 지분비중 보다 합병 후 C은행에서 차지하는 B사의 지분비중이 높아지게 되는 이득이 있는 것으로 일응 판단된다.

(6) 법원의 태도

C은행의 경우, 법원은 C카드 주가 하락으로 인하여 C카드의 주식매수청구권자들의 매수청구가액이 낮아지는 효과가 있어 주식매수청구권자들에게 더 적은 돈을 지불하게 되었던 바 부당이득이 발생한다고 보아야 한다고 보았다.

아울러, 법원은 부당이득이 발생한 시점은 피고인 甲 등 론스타 측의 2003. 11. 21. 17:00경 감자계획 발표 이전까지 C카드 주가 하락은 위 감자계획 발표와 무관한 것이라고 보고, 2003. 11. 24.경 C카드, C은행은 합병 이사회 의결을 할 수 있었던 바, 그 직전일인 2003. 11. 21.을 기준으로 하여 주식매수청구권 매수예정가액을 정하였다. 결국 이는 감자계획 발표가 없을 때를 가정하여 2003. 11. 21.에 합병 결의가 가능하였다는 것을 전제로 예측해낸 매수예정가액은 5,402원이 되는 것이고, 당시 실제로 주식매수청구권이 행사된 주식 수는 8,852,485주이므로 C은행이 C카드 주가하락으로 덜 쓰게 된 돈은 8,852,485주 × (5,402원 - 4,004원) = 123억7,577만원이라고 보았다.

한편, B사의 경우, 법원은 C카드 주가하락으로 C은행 : C카드의 합병비율이 낮아지게 되었고(즉, C은행의 가치가 높아지고, C카드의 가치는 낮아짐), 합병 전 C은행에 대한 B사의 지분 비중보다, 합병 후 C은행에 대한 B사의 지분비중이 높아졌기 때문에 이는 B사의 부당이득이 된다고 판단하였다.

아울러, 법원은 실제 진행된 2003. 11. 28. 합병결의를 기준으로 할 때 B사는 C은행 지분 50.53%를 보유하게 되었는데, 감자 계획발표가 없었다고 가정할 때 합병을 할 수 있었던 때(2003. 11. 24.)를 기준으로 할 때 B사는 C은행 지분 50.31%를 보유하게 되는 것으로 계산되는 바, 따라서, 본건 C카드 주가하락으로 인하여 B사는 0.22%(50.53% - 50.31%)의 지분가치가 덜 희석된 것이고, C은행의 기존 주식은 638,924,931주, 합병으로 인해 발행한 신주는 5,981,895주, 신주 상장일은 2004. 3. 16.경, 당시 C은행 종가는 7,050원인 점을 감안하면, 결국 0.22%의 가치는 0.22% × (638,924,931주 + 5,981,895주) × 7,050원 = 100억 250만원라고 판시하였다.

(7) 평석

그런데, 위 법원의 부당이득에 대한 판단은 감자 계획 발표가 없었을 때 C카드 주주의 주식매수청구권의 규모와 감자 계획 발표가 있었을 때 C카드 주주의 주식매수청구권의 규모를 모두 8,852,485주로 같다고 가정하여 부당이득을 산정하고 있다는 점에서 중대한 하자가 있다.

즉, 감자계획 발표가 없었을 때 C카드 주주의 주식매수청구권의 규모는 8,852,485주보다 더 많을 수도 있다(혹은 더 적을 수도 있다). 왜냐하면 감자 계획 발표로 C카드 주가가 하락하여 주식매수청구권의 매수예정가가 낮아지는 경향이 있기 때문이다. 결국, 합병결의 시 주식매수청구권의 규모와 감자 계획 발표가 있었을 때 합병결의 시 주식매수청구권의 규모를 모두 8,852,485주로 가정하는 것 자체가 잘못된 가정이라 할 것이다.

그런데, C은행의 부당이득 산정에서 법원은 주식매수청구권자의 주식수량은 감자

계획을 발표했을 때, 감자계획을 발표하지 않았을 때 모두 8,852,485주로 가정하고 단지 주식매수청구권 행사가격의 차이를 변수로 두었다. 앞서 본 것처럼 감자계획의 발표가 없었을 때 주식매수청구권 행사 수량이 8,852,485주를 넘어설 수 있는 가능성은 충분히 존재하는 것인바(혹은 8,852,485주보다 적은 수량일 수도 있음), 위와 같은 부당이득 산정은 불합리해 보인다.

결국, C은행의 부당이득 산정에서 감자계획의 발표, 미발표로 인한 주식매수청구권 행사 주식의 수량을 예측할 수 없는 바, 부당이득은 불상액으로 보는 것이 타당해보인다.

다음으로 B사의 부당이득 산정을 살펴보겠다. 법원은 B사의 부당이득을 산정함에 있어 위 C은행의 부당이득 산정과 마찬가지로 감자계획의 발표, 미발표로 인한 주식매수청구권 행사 수량이 8,852,485주로 동일하다는 가정을 하고 있다. 그러나, 앞서 본바와 같이 C은행의 부당이득 산정에서 감자계획의 발표, 미발표로 인한 주식매수청구권 행사 주식의 수량을 예측할 수 없다. 그렇다면 결국 B사의 합병 전, 합병 후 비율은 특정될 수 없는 것이다.

아래에서 예를 들어 보겠다.

❶ C은행 주식 100주(50주는 B사 보유분), C카드 주식 10주라고 가정

❷ **감자계획을 발표했을 때 합병비율** ☞ C은행 : C카드 = 1 : 0.5

❸ **감자계획을 발표하지 않았을 때 예상 합병비율** ☞ C은행 : C카드 = 1 : 0.6(감자 계획을 발표하지 않았다면 C카드 주가가 하락하지 않을 것이므로)

❹ 감자계획을 발표했을 때, 주식매수청구권 수량 3주

❺ 감자계획을 발표하지 않았을 때, 주식매수청구권 '예상' 수량 4주(감자계획 발표가 되지 않았기 때문에 C카드 주가가 높아 주식매수청구권 행사가 더 많다고 가정함. 물론 그 반대일수도 있음)

위 사례에 의하면, 감자계획을 발표했을 때, C카드에 대한 주식매수 청구권 수량이

3주이므로 7주만이 합병신주(C은행) 교부 대상이다. 그렇다면 C은행 3.5주(=0.5*7주)만 C카드 주주에게 신주배정하면 되는바, B사의 C은행 지분비율은 50/(100주+3.5주) = 48.30%에 해당한다.

한편, 감자계획을 발표하지 않았을 때, C카드에 대한 주식매수 청구권 예상수량은 4주이므로 6주만이 합병신주(C은행) 교부 대상이다. 그렇다면 C은행 3.6주(0.6*6주) C카드 주주에게 신주배정하면 되는 바, B사의 C은행 지분비율은 50/(100주+3.6주) = 48.26%에 해당한다.

위 결과는 감자계획을 발표했을 때 B사의 C은행 지분비율이 더 커지는 현상이 발생하는 것이다. 따라서, 위 부당이득 산정은 잘못된 가정에 의한 것이고, 이는 궁극적으로 감자계획 발표, 미발표로 인한 주식매수청구권 행사 수량이 동일하다는 잘못된 가정에서 비롯된 것인바, 주식매수청구권 행사 수량의 특정이 어렵다면, 합병 전, 후 B사의 지분비율을 알 수 없는 것이므로 결국 부당이득은 불상액으로 봄이 상당하다.

02

저축은행 BIS비율 조작 사건

Ⅰ. 사건의 진행 경과

날짜	행위
2009. 6.경	- A저축은행, BIS 비율 4.87% → 7.11%로 과대산정
2009. 12.경	- A저축은행, BIS비율 2.73% → 6.15%로 과대산정
2010. 3.경	- 금감원 검사에서 위 BIS비율 조작이 적발됨.
2010. 7.경	- A저축은행, 2009. 6. 과대산정했던 BIS비율을 4.87%로 수정 - A저축은행, 금감원과 경영개선협약을 체결하면서 2010년 연말까지 BIS 비율 8%까지 상승시키기로 약속 - 2010. 12.경부터 BIS비율 8% 달성을 위해 후순위채권 발행 추진
2010. 12.경	- A저축은행, 후순위채발행을 위한 투자설명서 작성 - 투자설명서에, 『A저축은행은 저축은행에 대한 감독기관이 정하는 의무건정성비율인 BIS비율 5% 이상을 유지하고 있다. 2009. 6.기준 BIS비율이 7.11%이고, 당기순손실이 190억 8,500만원이다』 라는 내용 기재 - A저축은행, 사모 방식으로 후순위채발행 결정하고 증권신고서는 제출하지 않음 - 사모 방식으로 발행할 계획이었음에도, 100명에 이르는 투자자를 상대로 후순위채 〈청약을 권유〉하면서, 이미 전체 청약금액이 이미 발행 예정 금액을 초과하여 개별 청약액수가 적으면 후순위채를 배정받지 못할 것처럼 선전함 - 후순위채권 60.2억 발행

II. 관련 조문

자본시장법 제178조(부정거래행위 등의 금지)

① 누구든지 금융투자상품의 매매(증권의 경우 모집·사모·매출을 포함한다. 이하 이 조 및 제179조에서 같다), 그 밖의 거래와 관련하여 다음 각 호의 어느 하나에 해당하는 행위를 하여서는 아니 된다.

1. 부정한 수단, 계획 또는 기교를 사용하는 행위
2. 중요사항에 관하여 거짓의 기재 또는 표시를 하거나 타인에게 오해를 유발시키지 아니하기 위하여 필요한 중요사항의 기재 또는 표시가 누락된 문서, 그 밖의 기재 또는 표시를 사용하여 금전, 그 밖의 재산상의 이익을 얻고자 하는 행위
3. 금융투자상품의 매매, 그 밖의 거래를 유인할 목적으로 거짓의 시세를 이용하는 행위

제9조(그 밖의 용어의 정의)

⑦ 이 법에서 "모집"이란 대통령령으로 정하는 방법에 따라 산출한 50인 이상의 투자자에게 새로 발행되는 증권의 취득의 청약을 권유하는 것을 말한다.

⑧ 이 법에서 "사모"란 새로 발행되는 증권의 취득의 청약을 권유하는 것으로서 모집에 해당하지 아니하는 것을 말한다.

⑨ 이 법에서 "매출"이란 대통령령으로 정하는 방법에 따라 산출한 50인 이상의 투자자에게 이미 발행된 증권의 매도의 청약을 하거나 매수의 청약을 권유하는 것을 말한다.

자본시장법 제119조(모집 또는 매출의 신고)

① 증권의 모집 또는 매출(대통령령으로 정하는 방법에 따라 산정한 모집가액 또는 매출가액 각각의 총액이 대통령령으로 정하는 금액 이상인 경우에 한한다)은 발행인이 그 모집 또는 매출에 관한 신고서를 금융위원회에 제출하여 수리되지 아니하면 이를 할 수 없다.

② 제1항의 증권은 다음 각 호와 같이 구분한다.

1. 채무증권
2. 지분증권
3. 수익증권
4. 투자계약증권
5. 파생결합증권
6. 증권예탁증권

③ 이 법에서 "채무증권"이란 국채증권, 지방채증권, 특수채증권(법률에 의하여 직접 설립된 법인이 발행한 채권을 말한다. 이하 같다), 사채권(「상법」 제469조제2항제3호에 따른 사채의 경우에는 제7항제1호에 해당하는 것으로 한정한다. 이하 같다), 기업어음증권(기업이 사업에 필요한 자금을 조달하기 위하여 발행한 약속어음으로서 대통령령으로 정하는 요건을 갖춘 것을 말한다. 이하 같다), 그 밖에 이와 유사(類似)한 것으로서 지급청구권이 표시된 것을 말한다.

이 사건에서 문제된 행위는 자본시장법이 시행된 2009. 2. 4. 이후에 이루어졌으므로, 이 사건은 자본시장법이 적용되었다.

III. 쟁점

1. BIS비율 및 후순위채권을 발행하는 이유

후순위채권은 기업이 파산했을 경우, 다른 채권자들에 대한 부채가 청산된 다음에나 상환받을 수 있는 채권이다. 일반채권자보다 변제순위가 후순위인 대신 금리는 다른 채권에 비해 조금 높다는 장점이 있다. 다만, 보통주나 우선주 등의 주식을 보유하고 있는 주주보다는 변제순위가 앞선다. 저축은행이 후순위채권을 발행하는 주요 이유 중 하나가 바로 자기자본비율을 유지하거나 이를 높이기 위한 것인데 국제결제은행(BIS)이 자기자본비율을 산정할 때 만기 5년 이상의 후순위채권은 부채가 아닌 자기자본을 구성하는 보완자본으로 인정 및 계산되기 때문에, 후순위채권이 발행되면 결과적으로 은행의 BIS 비율을 높일 수 있기 때문이다. 자본을 늘리는 가장 바람직한 방법은 유상증자를 실시하는 것이지만, 재무구조가 부실한 금융기관의 경우에는 주가가 액면가를 밑돌아 증자에 참여하는 투자자들을 구하기가 어렵다. 이 때문에 저축은행은 이자율이 높은 장점을 이용해 투자자를 유치하기 위한 방편으로 후순위채권을 발행해왔다.

한편, BIS 자기자본비율이라 함은 국제결제은행(BIS)에서 권고하는 금융기관의 위험가중자산 대비 자기자본 비율(=자기자본/위험가중자산)을 뜻한다. BIS 비율은 국제결제은행 산하의 바젤은행감독위원회에서 정한 기준으로 은행들의 과도한 위험자산 보유를 제한하여 일차적으로는 예금자를 보호하고 더 나아가 은행의 부실이 금융시장 전체의 신용경색으로 이어지는 사태를 막고자 도입되었다. BIS 비율은 은행의 청산능력, 다시 말해 은행이 잠재적으로 떠안고 있는 위험가중자산을 자기자본으로 흡수할 수 있는 능력을 평가하는 데 사용된다. 더 나아가 한 국가의 은행부문 전체 BIS 비율을 계산하여 그 국가의 금융시장 안정성을 평가하는 데에도 활용된다. 국가별 BIS 비율은 금융위기가 국제적으로 확산되는 국면에서 국제투자가들이 주목하는 중요한 지표이다.[10] 결국

10 통계청 지표누리 https://www.index.go.kr/unify/idx-info.do?idxCd=4211

BIS 비율은 은행이 보유한 위험자산을 위험의 정도에 따라 가중치를 부여하여 산출한 액수 대비 은행의 자기자본이 얼마의 비중을 차지하는지의 문제라고 할 수 있다. 만약 은행이 보유하고 있는 자산의 위험도를 낮게 평가하면 위험가중자산의 수치는 낮아져 그에 따라 BIS 비율이 높아지게 되는 반면, 자산의 위험도를 엄격하게 평가하면 위험가중자산의 수치가 높아져 그에 따라 BIS 비율이 낮아지게 된다.

2. 투자설명서에 BIS 비율을 허위로 기재한 것이 자본시장법 제178조 제1항 제2호 <중요사항 거짓문서 등 이용행위>에 해당하는지 여부

이 사건에서 A저축은행은 후순위채 발행을 위한 투자설명서에 2009. 6.경 BIS비율을 7.11%(실제로는 4.87%임), 2009. 12.경 BIS비율을 6.15%(실제로는 2.73%임)로 거짓 기재한 사실이 있다.

그렇다면 A저축은행은 BIS 비율이 거짓 기재된 투자설명서를 이용해서 후순위채권을 발행한 뒤 채권인수금액을 수령하였으므로, 이는 일응 자본시장법 제178조 제1항 제2호 〈중요사항 거짓문서 등 이용행위〉에 해당할 여지가 있다고 보여진다.

그런데, 이 사건에서 피고인 甲(A저축은행 전 대표이사)는, 'BIS비율과 당기순손실액은 후순위채권 투자에서 중요사항이라 볼 수 없다'는 취지로 주장하였는바, BIS 비율 부분이 법 제178조 제1항 2호 〈중요사항 거짓문서 등 이용행위〉의 '중요사항'에 해당하는지 여부가 문제된다.

3. 투자자들의 청약 열의를 유도하기 위해 이미 청약액이 발행액을 초과하였고, 마치 공모 발행 때와 같은 당첨 절차가 진행되는 것처럼 안내한 행위가 자본시장법 제178조 제1항 제1호 <부정한 수단, 계획, 기교>에 해당하는지 여부

자본시장에서 증권을 발행하는 방법은 크게 공모와 사모로 구분되는데, 자본시장법에서 공모는 '모집'이라는 용어로 표현된다.

자본시장법 상 '모집(공모)'이란 대통령령으로 정하는 방법에 따라 산출한 50인 이상의 투자자에게 새로 발행되는 증권의 취득의 청약을 권유하는 것을 말하고(자본시장법 제9조 제7항), '사모'란 새로 발행되는 증권의 취득의 청약을 권유하는 것으로서 모집(공모)에 해당하지 아니하는 것을 말한다(자본시장법 제9조 제8항). 쉽게 말하자면 특정 증권에 대하여 청약의 권유 상대방의 수 50인을 기준으로 하여 그 이상은 '모집(공모)'으로, 50인 미만은 '사모'로 규정하고 있다. 한편 자본시장법 시행령에서는 위 50인의 합산 방법에 별도의 규정을 두고 있다.

이 사건에서 A저축은행이 후순위채권을 발행하기로 한 이유는 BIS 비율을 2010년 연말까지 8%대로 맞추어 금감원과의 경영개선협약 지시사항을 이행하기 위함이었다. 이처럼 A저축은행은 자본확충을 위해 후순위채권을 발행하고자 했는데, 모집(공모) 방식에 의해 발행하는 경우에는 자본시장법 상 증권신고서를 금융위원회에 제출했어야 했고, 당시 금융위원회는 BIS 비율이 8% 이상 되는 금융기관에 대해서만 증권신고서를 수리해주는 내부 지침이 있었기 때문에 A저축은행으로서는 부득이 사모 방식을 이용하여 후순위채권을 발행할 수 밖에 없었다(당시 A저축은행의 BIS 비율은 8%를 하회하였다).

그런데, A저축은행이 금융위원회에 증권신고서를 제출하지 않고 사모 방식으로 후순위채권을 발행하게 되면 50인 미만의 투자자들에게만 국한하여 투자권유를 해야만 했고, 그렇게 되면 BIS 비율을 8%로 끌어올릴만한 충분한 투자금을 유치하지 못할 것이 분명했다. 결국 A저축은행은 증권신고서를 제출하지 않고 50명 이상의 투자자들에게 투자권유를 하기로 결정하였다.

이에 A저축은행의 피고인 甲 등은 50인 이상의 투자자들에게 후순위채권의 청약을 권유하면서, 개별 청약액수의 다과와 청약순서에 따라 청약자 지위를 선별적으로 부여하고, 전체 청약금액 현황이 이미 발행 예정 금액을 초과하여 개별 청약액수가 적으면 후순위채권을 배정받지 못할 것처럼 선전하여 청약자들로 하여금 당초 청약액수보다 더 많은 금액을 추가로 청약하도록 권유하는 등의 방법으로 총 89명으로부터 청약을 받은 후 청약금액의 다과와 청약순서에 따라 49인을 선발하고 청약액수가 적은 나머지 청약자들을 탈락시키는 방법으로 총 60억 2,000만 원 상당의 후순위채권을 매출하였는바, 위와 같은 거짓 선전이 자본시장법 제178조 제1항 제1호 <부정한 수단, 계획, 기교>에 해당하는지 여부가 문제된다 할 것이다.

한편 법원은 피고인 甲 등 A저축은행의 관계자가 50명 이상의 투자자를 상대로 후순위채권의 청약의 권유를 하였음에도 증권신고서를 제출하지 않았으므로 이는 자본시장법 제119조 및 동법 제444조에 따라 처벌대상으로 보고 유죄를 인정하였는데, 위와 같이 피고인들이 외형상 사모발행을 하는 것처럼 해놓고(즉, 사모발행의 형식을 취하였기 때문에 증권신고서를 제출하지 아니함) 실제로는 50인 이상을 대상으로 공모활동을 한 것에 대해 자본시장법 제178조 제1항 제1호 <부정한 수단, 계획, 기교>가 성립한다고 판시했는데, 피고인들의 위 행위가 증권신고서 미제출(실제 공모활동을 해놓고 증권신고서를 제출하지 아니한 행위) 외에도 별도로 자본시장법 제178조 제1항 제1호 <부정한 수단, 계획, 기교>가 성립하는지 살펴볼 필요가 있다.

IV. 각 쟁점에 대한 평석

1. 후순위채권이 자본시장법상 금융투자상품에 해당하는지 여부

가. 자본시장법상 금융투자상품의 정의

자본시장법 제3조 제1항, 동조 제2항에 의하면 금융투자상품의 정의는 아래와 같다. '금융투자상품'이란 이익을 얻거나 손실을 회피할 목적으로 현재 또는 장래의 특정(特定) 시점에 금전, 그 밖의 재산적 가치가 있는 것(이하 '금전 등'이라 한다)을 지급하기로 약정함으로써 취득하는 권리로서, 그 권리를 취득하기 위하여 지급하였거나 지급하여야 할 금전등의 총액(판매수수료 등 대통령령으로 정하는 금액을 제외한다)이 그 권리로부터 회수하였거나 회수할 수 있는 금전 등의 총액(해지수수료 등 대통령령으로 정하는 금액을 포함한다)을 초과하게 될 위험(이하 '투자성'이라 한다)이 있는 것을 말한다(법 제3조 제1항). 제1항의 금융투자상품은 증권, 파생상품(장내파생상품 / 장외파생상품)으로 구분한다(자본시장법 제3조 제2항).

자본시장법 규정에 따를 때 결국 금융투자상품은, ① 이익의 획득 또는 손실의 회피 목적, ② 투자자의 출자 및 반대급부의 존재(계약상 권리의 존재), ③ 원본손실의 가능성 즉 투자성 등의 성질을 가지고 있어야 한다.

그리고 금융투자상품은 증권과 파생상품으로 구분할 수 있다. 증권과 파생상품의 차이는 증권의 경우 손실이 최대한 원본에 한정되고, 파생상품은 손실이 원본을 초과할 수 있다는 점에서 대별할 수 있다. 예를 들어, 증권인 주식의 경우 특정 상장사 1주를 100원에 구매하였을 때, 위 주식의 가치가 떨어지더라도 주식보유자는 100원 이하의 손실을 입게 된다. 반면 파생상품인 선물의 경우, 만기가 12월물인 A사 주식선물을 100원에 100계약을 매수할 때(매수 포지션), 이행보증금(증거금)을 거래대금의 10%(=1,000원)를 납부하면 되는데, 만약 만기 시 해당 주식가격이 50원으로 하락하면 50원 × 100계약 = 5,000원의 손실을 입게 된다. 즉, 파생상품은 투자금보다도 더 많은 손실을 입을 수 있는 위험을 내포하고 있는 것이다.

나. 후순위채권의 정의

후순위채권은 앞서 언급한 바와 같다. A저축은행이 발행해 고객과 투자자들에게 판매한 후순위채권 규모는 총 160억 원인데, 2009년 9월 발행·판매돼 만기일이 2014년 9월 29일인 100억원 규모의 후순위채권과, 2010년 12월 발행·판매돼 만기일이 2016년 3월 24일인 60.2억원 규모의 후순위채권 등 두 종류가 있으며 이 사건에서 문제된 것은 2010년 12월 발행한 60.2억원 규모의 채권이다.

다. 후순위채권의 금융투자상품 해당 여부

(1) 문제점

채권의 가장 큰 특징은 증권상에 지급청구권이 표시되어 있다는 것이다(자본시장법 제4조 제3항 참조). 후순위채권 역시 우선변제력에 있어 일반 채권에 비해 열위에 놓인다는 것을 제외하면 일반적인 채권과 다름없이 그 채권소지자는 후순위채권 발행자에 대하여 일정 금원(원금 + 이자)을 요구할 수 있다. 그런데, 채권은 원금과 이자를 요구할 수 있어 원본손실의 가능성이 없기 때문에 그것이 금융투자상품의 특성 중 하나인 '투자성'에서 모순이 생기는 것이 아닌지 일응 의문이 생길 수 있다. 이 사건에서도 피고인 甲은 후순위채권 발행은 증권이 아니라는 전제에서 증권신고서 미제출 등의 공소사실을 다투기도 하였다.

(2) 법원의 판단

이 사건 사실심 판결이 후순위채권의 금융투자상품 여부에 대해 명시적 판단을 내린 것은 아니나, 후순위채권의 모집(공모)이 곧 증권의 모집(공모)에 해당한다는 전제에서 피고인 甲 등이 후순위채권의 발행 당시 50인 이상으로부터 청약을 받았음에도 증권신고서를 제출하지 않은 것은 자본시장법 제119조 및 동법 제444조 제12호를 위반한 것으로 보았는바, 결국 법원은 후순위채권 역시 자본시장법상 금융투자상품에 해당한다고 보는 입장이라고 보여진다.

(3) 평석

생각건대, 채권의 경우에도 채무자 파산 등의 경우에 얼마든지 원본 손실이 발생할 수 있기 때문에 금융투자상품으로서의 '투자성' 요건을 갖추고 있다고 봄이 상당하고, 시장에서 후순위채권을 특정 가격에 매수하였다가 이후 해당 회사채의 가격이 폭락(채무자의 신용경색, 기준금리 인상 등)하는 경우에도 원본 손실이 발생했다고 평가할 수 있다는 점에서 후순위채권 역시 투자성이 인정된다고 할 수 있다. 따라서 후순위채권 역시 자본시장법 제4조 제2항 제1호 및 동조 제3항 소정의 채무증권에 해당하는 바, 공모 방식에 의한 후순위채권의 발행의 경우 자본시장법 제119조에 따라 증권신고서 제출의무가 인정된다고 보아야 하며, 이 사건에 관한 법원의 판단은 타당하다 여겨진다.

2. 투자설명서에 BIS 자기자본비율을 허위로 기재한 것이 자본시장법 제178조 제1항 제2호 <중요사항 거짓문서 등 이용행위>에 해당하는지 여부

가. BIS 자기자본비율과 문제점

BIS 자기자본비율이 의미하는 부분은 앞서 설명한 바와 같다. 문제는 이 사건에서 A저축은행은 투자자들에게 후순위채 발행을 위한 〈투자설명서〉를 배포하면서 투자설명서에『A저축은행은 저축은행에 대한 감독기관이 정하는 의무건전성 비율인 BIS비율 5% 이상을 유지하고 있다. 2009. 6.기준 BIS비율이 7.11%이고, 당기순손실이 190억 8,500만원이다』라는 내용을 기재하였다. 그런데 2009. 6. 기준 실제 A저축은행의 BIS 비율은 4.87%였고, 2009. 12.까지 BIS비율이 5% 이상인 적은 없었으며, 서두에서 밝힌 바와 같이 A저축은행은 금감원으로부터 BIS 비율을 허위 과대산정한 사실이 적발되어 이를 시정하는 것을 내용으로 하는 경영개선협약을 체결하기도 했다.

그럼에도 A저축은행은 투자자들에게 배포한 투자설명서에 위와 같이 BIS비율에 대한 허위내용을 기재하였는바, 이러한 BIS 비율 부분에 대한 거짓의 기재가 자본시장법 제178조 제1항 제2호 〈중요사항 거짓문서 등 이용행위〉의 '중요부분'에 해당하는지 여부가 문제되며 피고인 甲 등 기소된 A저축은행 관계자들 역시 공판과정에서 BIS 비율은 사기적 부정거래에서의 '중요부분'에 해당하지 않는다는 취지로 주장하기도 하였다.

다. 법원의 판단

1심 법원[11]은 위와 같은 피고인의 행위에 대하여 자본시장법 제178조 제1항 제2호 〈중요사항 거짓문서 등 이용행위〉의 성립을 인정하였고, 위 판단은 항소심,[12] 대법원[13]에서도 유지되었다.

라. 평석

살피건대, 이 사건 A저축은행의 경우, 2009. 6. 기준 BIS비율이 실제로는 4%대이면서 투자설명서에 7%라고 기재를 하였던바, 투자설명서 내용에 따르면 A저축은행은 재무건전성이 상당히 높은 금융사로 오인될 수 있고 이 경우 후순위채권 투자를 권유받은 투자자들로서는 위 후순위채권이 부도 위험이 없다고 안심할 가능성이 존재한다.

따라서, 위와 같은 BIS비율의 허위표시는 본건 후순위채권의 투자여부에 중대한 영향을 끼치는 요소라 할 것이고 이는 결국 '중요사항'에 해당한다고 봄이 타당한 바, 이 사건에 관한 법원의 판단은 타당하다고 생각된다. 한편 대법원 역시 아래 민사사건에서, '재무제표와 BIS 비율은 상호저축은행의 후순위사채 매입과 관련한 중요한 사항'이라고 판시한 바가 있다.

참고판례 - 대법원 2015. 11. 27. 선고 2013다211032 판결

주식회사 제일저축은행이 고정 이하 부실 대출채권을 정상 채권으로 가장하는 방식으로 자산을 허위 분류하는 분식행위를 하여 재무제표를 작성하였고, 이 사건 후순위사채의 증권신고서에는 이러한 재무제표를 기준으로 BIS비율과 자산건전성이 허위로 기재되었는데, 이와 같은 재무제표와 BIS비율은 파산절차 등이 개시될

11 인천지방법원 2014. 9. 17. 선고 2013고단7638호 판결

12 인천지방법원 2015. 7. 23. 선고 2014노3340호 판결

13 대법원 2016. 3. 10. 선고 2015도12560호 판결

경우 사실상 변제받기 어려운 상호저축은행의 후순위사채를 매입하려고 하는 투자자의 합리적인 투자판단에 중대한 영향을 미칠 중요한 사항에 해당한다고 할 것이므로, 특별한 사정이 없는 한 제일저축은행은 자본시장법 제125조 제1항에 의하여 이와 같은 증권신고서의 기재를 믿고 이 사건 후순위사채를 취득한 원고의 손해를 배상할 책임이 있고, 원고의 이와 같은 손해는 원고가 이 사건 후순위사채를 인수하면서 그 인수대금을 지급한 날인 2009. 10. 22. 곧바로 발생하며 나아가 그 손해배상청구권의 지연손해금도 이때를 기산일로 하여 발생한다.

결국 은행의 재무건전성을 판단하는데 있어 BIS 비율이 중요사항에 해당한다고 봄이 타당하다고 할 것이다. 따라서 A저축은행이 후순위채권 발행을 위한 투자설명서에 BIS 비율을 과대산정하여 허위 기재한 행위는 자본시장법 제178조 제1항 제2호 소정의 '중요사항에 관한 허위기재' 요건에 해당하므로 이를 유죄 인정한 판결은 타당하다.

다만, BIS 비율을 정함에 있어 금융감독원과는 달리 A저축은행이 자체 BIS비율을 산정하면서 여신채권의 위험가중자산 평가 과정에서 자산의 위험도를 낮게 평가하였는데, 만약 그 평가가 합리적인 경우에 해당하는 경우라면, 이는 중요사항을 '허위표시' 했다고는 보기 어려울 수 있으므로 '중요사항에 관한 허위표시 기재'라는 요건 사실을 부인할 여지도 있다고 여겨 진다.[14]

14 다만 본건에서 A저축은행은 금융감독원의 2010. 3.경 검사에서 BIS비율의 허위 기재 부분에 대하여 문제점을 지적받았고, 이후 2010. 10.경 금융감독원과 BIS 비율 상승을 위한 경영개선협약까지 체결했기 때문에, 자본시장법상 '허위기재' 요건을 다투는 주장을 하기는 어려웠을 것으로 보인다.

3. 투자자들의 청약 열의를 유도하기 위해 이미 청약액이 발행액을 초과하였고, 마치 공모 발행 때와 같은 당첨 절차가 진행되는 것처럼 안내한 행위가 자본시장법 제178조 제1항 제1호 <부정한 수단, 계획, 기교>에 해당하는지 여부

가. 문제점

앞서 본 바와 같이 A저축은행은 BIS 비율 8% 이하였기 때문에 증권신고서가 수리될 수 없는 상태였고, 따라서 후순위채권을 발행하더라도 그 방법은 '사모' 방식 밖에 없었다. 결국 A저축은행으로서는 50인 미만의 투자자에게 투자권유를 할 수 밖에 없는 상황이었는데, 투자자들의 청약 열의를 끌어올리기 위해 ▲ 50인 이상의 사람에게 청약을 권유하되 최종적으로 49인과 채권매매계약을 체결하는 것으로 하고, ▲ 사실은 기존 청약액이 발행액을 초과하는 상황이 아니었음에도 이미 발행액을 넘어서는 청약이 있었다고 선전하면서 조금이라도 배정받으려면 많은 청약 액수를 기재해야한다고 허위선전하기로 한 것이다.

관련하여 선결적으로 검토되어야 할 문제 중 하나는 A저축은행이 청약권유행위는 50인 이상의 투자자들에게 진행했지만, 실제 채권매매계약은 49인과 진행하였을 때, 이것이 자본시장법상 모집(공모)인지 아니면 사모에 해당하는지이다.

위 문제가 선결적으로 해결되면 A저축은행의 투자자들의 적극적인 청약과 청약액 증액을 유도하기 위해 거짓 선전한 부분이 사기적 부정거래 행위의 일반조항인 자본시장법 제178조 제1항 제1호 <부정한 수단, 계획, 기교>에 해당할 수 있는지 여부를 검토해야할 것이다.

나. 본건 후순위채권 발행이 사모인지 여부

'모집(공모)'과 '사모'의 구별은 앞서 본 바와 같고, 그 구별기준으로서 청약권유받은 자 50인을 산출할 때에 자본시장법 시행령은『청약의 권유를 하는 날 이전 6개월 이내에 해당 증권과 같은 종류의 증권에 대하여 모집(공모)이나 매출에 의하지 아니하고 청약의 권유를 받은 자를 합산한다』고 규정하며(자본시장법 시행령 제11조 제1항), 설령 청약 권유의 상대방이 일단 50인 미만일 경우라도 '청약의 권유를 받는 자의 수가 50인 미만으로서 증권의 모집(공모)에 해당되지 아니할 경우에도 해당 증권이 발행일로부터 1년 이내에 50인 이상의 자에게 양도될 수 있는 경우로서 금융위원회 고시(증권의 발행 및 공시 등에 관한 규정) 전매기준[15]에 해당하는 경우에는 모집(공모)으로 본다'고 규정하고 있다(자본시장법 시행령 제11조 제3항).

결국 자본시장법과 그 시행령에 의하면 청약의 권유 상대방의 수가 50인 이상인 경우에는 당연히 '모집(공모)'으로 보고 설령 최초 청약 권유 당시의 상대방 수가 일단 50인

---

15 1. 지분증권(지분증권과 관련된 증권예탁증권을 포함한다. 이하 이 조 및 제2-3조제2항에서 같다)의 경우에는 같은 종류의 증권이 모집(공모) 또는 매출된 실적이 있거나 증권시장(제2-2조의3제1항에 따른 코넥스시장을 제외한다)에 상장된 경우 [분할 또는 분할합병(「상법」 제530조의12에 따른 물적분할의 경우를 제외한다)으로 인하여 설립된 회사가 발행하는 증권은 분할되는 회사가 발행한 증권과 같은 종류의 증권으로 본다] 또는 기업인수목적회사와 합병하려는 법인이 합병에 따라 발행하는 경우. 〈개정 2021. 12. 9.〉

2. 지분증권이 아닌 경우(법 제4조제3항에 따른 기업어음증권은 제외한다)에는 50매 이상으로 발행되거나 발행 후 50매 이상으로 권면분할되어 거래될 수 있는 경우. 다만, 전자등록(「주식 · 사채 등의 전자등록에 관한 법률」에 따른 전자등록을 말한다. 이하 같다) 또는 등록(「은행법」에 따른 등록을 말한다. 이하 같다)발행의 경우에는 매수가 아닌 거래단위를 기준으로 적용한다. 〈개정 2013. 2. 5.〉

3. 전환권, 신주인수권 등 증권에 부여된 권리의 목적이 되는 증권이 제1호 또는 제2호에 해당되는 경우

4. 〈삭제 2009. 7. 6.〉

5. 법 제4조제3항에 따른 기업어음증권(이하 '기업어음'이라 한다)의 경우에는 다음 각목의 어느 하나에 해당하는 경우 〈신설 2013. 2. 5.〉
가. 50매 이상으로 발행되는 경우
나. 기업어음의 만기가 365일 이상인 경우
다. 기업어음이 영 제103조에 따른 특정금전신탁에 편입되는 경우

6. 법 제4조제7항에 따른 파생결합증권이 영 제103조제1호에 따른 특정금전신탁에 편입되는 경우 〈신설 2013. 12. 4.〉

미만이라고 하더라도, 최초 금융위원회 고시 전매기준에 따라 1년 이내에 50인 이상에게 양도될 수 있다면 이는 '모집(공모)'으로 간주하여 발행 요건을 강화하고 있다. 증권의 '모집(공모)'에 해당할 경우 자본시장법 제119조에 따라 발행인이 모집(공모)에 관한 증권신고서를 금융위원회에 제출하여야 할 의무가 있는 반면 사모의 경우 제출 의무가 없다는 것이 중요한 차이이며, 이 사건을 파악하는데 있어서도 이 부분에 특히 주목하여야 할 필요가 있다.

이 사건에서 1심 법원은『피고인들은 2010. 12.경 무보증 후순위채권 발행을 추진함에 있어, 49인 이하를 상대로 청약을 권유하는 '사모' 발행을 하기로 결정하였으므로 50인 이상의 투자자에게 청약을 권유하는 행위를 하여서는 아니되고, 만일 50인 이상에게 청약을 권유하여 10억 원 이상의 채권을 발행하는 경우에 이는 '증권의 모집(공모)'에 해당하므로 증권의 모집(공모)에 관한 신고서를 금융위원회에 제출하여 수리되지 아니하면 이를 할 수 없다. 그럼에도 불구하고, 피고인들은 공모하여 금융위원회의 증권신고서 수리절차를 거치지 아니하고, 2010. 12. 2.부터 12. 22.경까지 사이에 □□시 ○○구 △△동 소재 A저축은행 본점 및 영업지점 등지에서 50인을 초과하는 투자자에게 후순위채권의 청약을 권유하여 총 89명으로부터 청약을 받는 등으로 증권의 모집(공모)행위를 하였다.』는 공소사실을 받아들여 유죄 인정하였다. 즉, 1심 법원은 본건에 대하여 A저축은행이 실질적으로 후순위채권을 모집(공모)방법으로 발행하였음을 인정한 것이다.

살피건대, 앞서 살펴본 바와 같이, 50인 이상에게 청약의 권유를 하기만 하면 이는 일단 자본시장법상 모집(공모)에 해당하고, A저축은행은 50인 이상에게 후순위채권의 청약을 권유하였기 때문에 이는 '모집(공모)'의 외관을 만든데 그친 것이 아니라 '모집(공모)'행위를 하였던 것으로 평가할 수 있다. 따라서 증권신고서 미제출 혐의에 대하여 유죄를 인정한 1심 법원의 판단은 타당하다.

그런데, 증권신고서 미제출 범행 외에 외형적으로는 '사모' 발행의 형식을 취하면서도 실제로는 '모집(공모)' 형태로 투자자를 모은 것이 자본시장법 제178조 제1항 제1호 <부정한 수단, 계획, 기교>에 해당하는지 여부가 문제된다.

다. 법원의 판단

(1) 제1심 법원의 판단

(가) 사기적 부정거래(부정한 수단, 계획 또는 기교)에 관하여

법원은, 피고인들이 후순위채권을 발행함에 있어, 사실은 A저축은행은 위와 같이 연말까지 BIS 비율을 8%까지 달성하겠다는 금융감독원과의 협약사항을 이행하기 위한 급박한 사유로 후순위채권 발행을 하려는 것으로서 그 당시 금융감독원의 '모집(공모)' 발행의 증권신고서 수리기준인 BIS 비율 8%에 미달하여 '모집(공모)' 발행을 하지 못하는 대신 청약의 권유 상대방을 49인 이하로 제한하고 있는 '사모' 발행을 하려는 것이므로, ① 50인 이상의 투자자들을 상대로 청약을 권유하는 행위를 하여서는 아니되고 ② 과대선전 등으로 청약자들 간의 상호 청약금액 경쟁을 유발하는 등의 편법을 사용하여서는 아니된다는 전제에서, 『ⅰ) 피고인들이 '사모' 발행의 범위를 초과하여 약 100명에 이르는 투자자를 상대로 청약을 권유하면서 ⅱ) 마치 A저축은행 서울본부의 삼성동 이전을 기념하여 한정된 VIP고객들에 대하여 특혜를 주는 행사의 일환으로 위와 같은 후순위채권을 발행하는 것처럼 선전하고, ⅲ) 투자자들에게 마치 '모집(공모)' 발행과 유사하게 개별 청약액수의 다과와 청약순서에 따라 청약자 지위를 선별적으로 부여하고, 전체 청약금액 현황이 이미 발행 예정 금액을 초과하여 개별 청약액수가 적으면 후순위채권을 배정 받지 못할 것처럼 선전하여 청약자들로 하여금 당초 청약액수보다 더 많은 금액을 추가로 청약하도록 권유하는 등의 방법을 동원하여 총 89명을 상대로 청약을 받은 후 청약금액의 다과와 청약순서에 따라 49인을 선발하고 청약액수가 적은 나머지 청약자들을 탈락시키는 방법으로 총 60억 2,000만 원 상당의 후순위채권을 매출한 것은 후순위채권의 매매와 관련하여 부정한 수단, 계획 또는 기교를 사용한 것』이라고 보아 유죄 인정하였다.

(2) 항소심 법원 및 대법원의 판단

피고인들이 위 1심 판결에 대하여 항소하였으나 항소심 법원은, 『구 자본시장법 제178조 제1항 제1호는 금융투자상품의 매매, 그 밖의 거래와 관련하여 부정한 수단, 계획 또는 기교를 사용하는 행위를 금지하고 있는데, 여기서 '부정한 수단, 계획 또는 기교'란 사회통념상 부정하다고 인정되는 일체의 수단, 계획 또는 기교를 말하고(대법원 2011. 10. 27. 선고 2011도8109 판결 참조), 피고인도 공소사실 기재 내용과 같은 방법으로 청약을 권유한 점은 인정하고 있는데, 공소사실 기재 내용과 같은 방법으로 '사모' 발행을 하여서는 아니됨에도 이러한 방법을 사용한 것은 사회통념상 부정하다고 판단된다』고 하여 자본시장법 제178조 제1항 제1호 〈부정한 수단, 계획, 기교〉가 불성립된다는 피고인들의 항소이유를 받아들이지 않았다.[16] 그리고 대법원 역시 피고인들의 상고를 기각하여 판결은 확정되었다.

라. 평석

(1) 부정한 수단, 계획 또는 기교

대법원은 『'부정한 수단, 계획 또는 기교'란 사회통념상 부정하다고 인정되는 일체의 수단, 계획 또는 기교를 말하고, 이에 대하여 기망적 요소를 전제로 하지 않는다』고 판시하고 있다(대법원2011도8109호 판결 등).

(2) '부정한 수단, 계획 또는 기교'의 입법연혁

(가) 미국 증권법

미국 증권법(SEA) §10(b)는 "SEC가 공익이나 투자자 보호를 위하여 필요하거나 적절한 것으로서 정하는 규칙과 규정을 위반하여 전국증권거래소의 등록증권, 비등록증권

16 증권신고서 미제출에 관하여서는 피고인들이 법률의 부지를 주장하며 항소하였으나 이 역시 기각되었다.

또는 증권을 기초로 하는 스왑계약의 매수 또는 매도에 관하여 시세조종적이거나 사기적인 수단 또는 책략을 이용하는 것"을 위법행위로 규정하고 있으며, 모든 증권의 매수 또는 매도와 관련된 사기행위를 포괄적으로 금지하는 규정이다.

SEA §10(b)는 사기적인 방법의 이용이 위법하다고 규정할 뿐이고, 금지되는 행위를 직접 규정하지 않은 채 SEC의 규칙에 위임하고 있다. 이에 SEC는 세부사항을 규율하기 위하여 Rule 10b-5를 제정하였고, Rule 10b-5에는 '사기를 위하여' 수단, 계획, 기교를 사용하는 것이 위법하다고 규정되어 있다. 그 구체적인 내용은 다음과 같다.

[Rule 10b-5]

It shall be unlawful for any person, directly or indirectly, by the use of any means or instrumentality of interstate commerce, or of the mails, or of any facility of any national securities exchange,

(a) To employ any device, scheme, or artifice to defraud,

(b) To make any untrue statement of a material fact or to omit to state a material fact necessary in order to make the statement made, in the light of the circumstances under which they were made, not misleading, or

(c) To engage in any act, practice, or course of business which operates or would operate as a fraud or deceit upon any person,

in connection with the purchase or sale of any security.

누구든지 증권의 매수 또는 매도와 관련하여, 직접 또는 간접으로 주간통상의 방법이나 수단, 우편, 또는 전국증권거래소의 시설을 이용하여, 다음과 같은 행위를 하는 것은 위법이다.

(a) 사기를 위하여 수단, 계획, 기교를 사용하는 것

(b) 중요한 사실에 관하여 허위표시를 하거나, 표시가 행하여진 당시의 상황에 비추어 오해를 방지하기 위하여 필요한 중요한 사실의 표시를 누락하는 것

(c) 타인에 대한 사기 또는 기망이 되거나 될 수 있는 행위, 관행 또는 영업절차에 종사하는 것

(나) 일본 금융상품거래법

일본의 경우 1947년 〈증권취인법〉 제정시 미국의 SEC규칙(Rule) 10b-5와 유사한 규정을 제58조 제1항에 두었다. 그런데, 〈금융상품거래법〉이 제정된 뒤, 일본은 미국과 같이 '사기적 행위'를 요건으로 하지 않고, 다른 형식 즉 '부정한' 수단 등의 사용을 금지하면서 모델인 미국 조항보다 규제범위를 확대하였다.

금융상품거래법 제157조

누구든지 다음에 규정하는 행위를 하여서는 아니된다.

1. 유가증권의 매매 기타 거래 또는 파생금융상품거래 등에 대하여 **부정한 수단, 계획 또는 기교를 하는 것**
2. 유가증권의 매매 기타 거래 또는 파생금융상품거래 등에 대하여 중요한 사항에 대한 허위표시가 있거나 오해를 일으키지 않기 위해 필요한 중요한 사실에 대하 표시가 빠져 있는 문서 기타 표시를 사용하여 금전 기타 재산을 취득하는 것
3. 유가증권의 매매 기타 거래 또는 파생금융상품거래 등을 유인할 목적으로 허위의 시세를 이용하는 것

관련하여, 일본최고재판소는 〈나안석황석업〉[17] 사건에서 『부정한 수단은 사회통념상 부정하다고 인정되는 일체의 수단을 말하는 것이다』는 취지로 판시한 바 있는데, 기존 〈증권취인법〉에서 '사기를 위하여'라는 규정이 삭제되고 금융상품거래법에 '부정한'이라는 규정이 삽입된 점을 고려할 때, 일본최고재판소의 위 판시는 '부정한 수단, 계획, 기교'에는 기망적 요소를 포함하지 않는다는 취지로 해석된다.

17 피고인이 주권을 담보로 금융기관에서 대출을 받을 때, 더 많은 대출을 받기 위해 주식의 담보가치를 높이고자 가장매매를 통해 주식가치를 높힌 사건이다.

(다) 우리나라 자본시장법

구 증권거래법에서는 부정한 수단, 계획, 기교와 같은 사기적 부정거래의 일반론적인 규정이 없었고, 자본시장법이 만들어지면서 제178조 제1항 제1호 <부정한 수단, 계획, 기교>의 규정이 도입되었다. 위 규정은 일본 <금융상품거래법> 제157조 제1호를 계수한 것으로 평가된다.

(라) 부정한 수단, 계획, 기교 규정의 법적 성격

사기적 부정거래 행위는 ① 제178조 제1항 제1호 행위, ② 제178조 제1항 제2호 행위, ③ 제178조 제1항 제3호 행위, ④ 제178조 제2항 행위로 나뉘고, 위 규정내용을 보면 ②번, ③번, ④번의 경우(풍문유포, 폭행·협박 행위 제외) 기본적으로 <기망적 요소>가 내포되어 있고, ①번 행위보다 훨씬 구체화되어 있다.

그렇다면 자본시장법 제178조 제1항 제1호 <부정한 수단, 계획, 기교 행위>는 자본시장법 제178조 제1항 제2호, 제3호 및 제2항에 대하여 <일반법>의 관계에 있다고 보는 것이 타당하고, 먼저 자본시장법 제178조 제1항 제2호, 제3호 및 제2항의 성립 여부를 검토한 뒤 보충적으로 자본시장법 제178조 제1항 제1호를 적용하는 것이 바람직하다고 생각된다.

이와 관련하여 법원은『자본시장법 제178조 제1항 제1호는 자본시장법 제176조, 제178조 제1항 제2호, 제3호, 제2항 등 자본시장법에서 구성요건을 명확히 열거한 규정과 법조경합 관계에 있다고 할 것이다. 따라서 이 부분 공소사실은 자본시장법 제176조 제2항 제1호, 제3호의 시세조종행위, 자본시장법 제178조 제1항 제2호, 제2항의 부정거래행위에 해당하는 이상 이로 인한 자본시장법위반죄만 성립할 뿐이고, 별도로 자본시장법 제178조 제1항 제1호 부정거래행위로 인한 자본시장법위반죄는 성립하지 않는다.』라고 판시한 바 있다.[18]

18 서울중앙지방법원 2012. 5. 4. 선고 2011고합440, 514(병합) 판결(이 책의 32번 사안)

참고판례 - 서울중앙지방법원 2012. 5. 4. 선고 2011고합440, 2011고합514 판결

자본시장법 제178조 제1항 제1호는 자본시장법 제176조, 제178조 제1항 제2호, 제3호, 제2항 등 자본시장법에서 구성요건을 명확히 열거한 규정과 더불어, 위와 같은 규정만으로는 금융투자상품의 거래와 관련하여 그 특성상 거래방식의 변화나 시장 환경의 변화에 따라 다양하고 새로운 유형의 부정거래행위를 규제할 수 없다는 입법기술상의 한계를 극복하기 위하여 부정거래행위를 포괄적으로 규정한 조항이므로, 자본시장법 제176조, 제178조 제1항 제2호, 제3호, 제2항 등 자본시장법에서 구성요건을 명확히 열거한 규정에 해당하는 경우에는 당연히 자본시장법 제178조 제1항 제1호에도 해당한다고 봄이 상당하고, 위 각 규정이 보호하고자 하는 법익 또한 금융투자상품 거래의 공정성 및 유통의 원활성 확보로 동일하므로, 자본시장법 제178조 제1항 제1호는 자본시장법 제176조, 제178조 제1항 제2호, 제3호, 제2항 등 자본시장법에서 구성요건을 명확히 열거한 규정과 법조경합 관계에 있다고 할 것이다.

따라서 이 부분 공소사실은 앞에서 본 바와 같이 자본시장법 제176조 제2항 제1호, 제3호의 시세조종행위, 자본시장법 제178조 제1항 제2호, 제2항의 부정거래행위에 해당하는 이상 이로 인한 자본시장법위반죄만 성립할 뿐이고, 별도로 자본시장법 제178조 제1항 제1호 부정거래행위로 인한 자본시장법위반죄는 성립하지 않는다.

(3) 결론

초기 자본시장법위반 판례를 보면, 부정한 수단, 계획, 기교가 마치 전가의 보도처럼 사용되는 경향이 있다. 즉, 자본시장법 제178조 제1항 제2호, 제3호 및 제2항의 위반 여부를 검토해보고, 보충적으로 자본시장법 제178조 제1항 제1호 〈부정한 수단, 계획,

기교〉의 적용여부를 검토하는 것이 아니라 다소 무분별하게 〈부정한 수단, 계획, 기교〉를 적용해 왔던 측면이 있다.

부정한 수단, 계획, 기교 개념 자체가 매우 추상적이고, 대법원도 그 내용을 〈사회통념상 부정하다고 보이는 일체의 수단, 계획, 기교〉라고 정의하고 있어 도대체 어떤 행위가 위 법적 개념에 포섭되는지에 대한 예측이 상당히 어려워 수범자의 법적용에 대한 예측가능성을 저해하며, 이로 인해 법적 안정성이 매우 심하게 해쳐질 수 있다는 점에서 위 조항의 적용에 대해서는 매우 신중한 입장을 견지해야할 것이다.

이 사건에서 피고인 甲 등의 문제되는 행위는 청약권유를 할 때, 이미 발행액을 초과하는 청약이 존재하지 않았음에도 투자자들에게 그러한 상태가 이미 도달했다고 거짓 선전을 한 것이다. 이는 투자자들에게 객관적인 사실관계와 다른 내용을 선전한 것이고, 이러한 거짓적 선전행위는 자본시장법 제178조 제2항 〈위계 이용행위〉에 포섭될 수 있는 것이라 보여진다.

즉, 검찰이나 법원으로서는 일반법 성격을 띠는 부정한 수단, 계획, 기교 규정을 의율할 것이 아니라, 자본시장법 제178조 제2항 〈위계 이용행위〉로 의율해도 충분히 문제를 해결할 수 있었던 것임에도 만연히 부정한 수단, 계획, 기교 행위 규정을 사용하였다는 점은 아쉬운 부분이다.

03

탄소나노튜브(CNT) 사건

Ⅰ. 사건의 진행 경과

일시	행위
2007. 5.경	- 코스닥 상장사인 A사의 대표이사인 피고인은 B사를 방문하여 A사와 B사의 합병에 관하여 협의하였음. - B사의 매출액은 대부분 우드필름 사업분야에서 발생하였고, CNT[19] 사업분야에서는 매출이 미미하였음.
2007. 6.경	- 피고인은 B사의 대표이사 甲과의 사이에 A사와 B사를 합병하기로 합의하였음. - A사가 제3자배정 유상증자 및 신주인수권부사채 발행을 통하여 CNT 사업에 필요한 자금을 조달하기로 합의하였음.
2007. 6. 19. ~ 2007. 6. 29.	- C회계법인은 B사에 대한 재무실사를 실시하였음.
2007. 7. 6. ~ 2007. 7. 13.	- C회계법인은 A사와 B사의 합병비율을 산정하였음. - C회계법인이 작성한 합병비율 평가의견서에는 ① A사와 B사의 합병비율이 1:13.8887384이고, ② B사의 추정매출액은 2007년 45억 2,800만 원(= 우드필름 분야 24억 5,900만 원 + CNT 분야 20억 6,900만 원), 2008년도 106억 2,280만 원(= 우드필름 분야 30억 6,700만 원 + CNT 분야 75억 5,580만 원)이라고 기재되어 있었음.

19 CNT(Carbon Nanotube, 탄소나노튜브)는 탄소 6개로 이루어진 벌집 모양 육각형들이 직경 1나노미터(10억분의 1미터)의 관 모양으로 연결된 원통 모양의 신소재이다.

2007. 7. 16.	- A사는 금융위원회 전자공시시스템을 통하여 합병신고서, 유가증권신고서를 공시하였음. - 합병신고서는 'A사가 2007. 10. 18.을 기준일로 하여 1:13.8887의 합병비율로 B사를 흡수합병한다.'라는 내용인데, B사의 추정매출액과 관련하여 합병비율 평가의견서와 동일한 내용이 기재되어 있었음. - 유가증권신고서는 '7,999,983,080원의 제3자배정 유상증자를 실시한다.'라는 내용인데, '자금의 사용목적'과 관련하여 유상증자로 조달된 자금 7,999,983,080원 중 73억 8,000만 원을 B사의 신규설비투자(53억 원)와 노후화기계설비 교체(20억 8,000만 원)를 위하여 사용할 예정이라고 기재되어 있고, 그 계획이 항목별로 구체적으로 기재되어 있었음.[20] - 그 당시 A사의 주가(종가)는 1주당 5,690원이었음.
2007. 8. 7.	- A사는 금융위원회 전자공시시스템을 통하여 사업설명서를 공시하였음. - 사업설명서에는 '자금의 사용목적'과 관련하여 유상증자로 조달된 자금 7,999,983,080원 중 73억 8,000만 원을 B사의 신규설비투자와 노후화기계설비 교체를 위하여 사용할 예정이라고 기재되어 있고, 그 계획이 항목별로 구체적으로 기재되어 있었음. - 그 당시 A사의 주가(종가)는 1주당 6,240원이었음.
2007. 8. 8.	- 유상증자대금 7,999,983,080원이 A사에 입금되었음.
2007. 8. 9.	- A사는 금융위원회 전자공시시스템을 통하여 유가증권발행실적보고서를 공시하였음. - 유가증권발행실적보고서에는 '자금사용예정내역'과 관련하여 유상증자로 조달된 자금 7,999,983,080원 중 73억 8,000만 원을 B사의 신규설비투자와 노후화기계설비 교체를 위하여 사용할 예정이라고 기재되어 있고, 그 계획이 항목별로 구체적으로 기재되어 있었음.

20 구체적으로, ① 우드필름 사업 관련 핑거조인트 및 UV코팅기 1억 원, ② CNT 사업과 관련하여 ㉠ CNT 합성기 2억 원, ㉡ CNT 발열필름 관련 스크린인쇄기 1억 원, ㉢ CNT 발열필름 관련 건조기 1억 2,000만 원, ㉣ CNT 발열필름 관련 합지기 8,000만 원, ㉤ CNT 발열체 관련 스크린인쇄기 2억 5,000만 원, ㉥ CNT 발열체 관련 소성(燒成)라인 5억 원, ㉦ CNT 방열체 관련 페이스트라인 1억 원, ㉧ CNT 방열체 관련 Sheet라인 2억 5,000만 원, ㉨ Navigation 바코드 2억 5,000만 원, ㉩ 형광 바코드 1억 5,000만 원, ㉪ 기타 3억 원 등 합계 23억 원, ③ 운전자금(인건비 및 자재구입) 29억 원, ④ 노후화 기계설비 교체와 관련하여 ㉠ 자동인쇄기 6대 3억 원, ㉡ 정밀소성로 3대 6억 원, ㉢ 합지기 4대 2억 원, ㉣ Pumping System 6대 9,000만 원, ㉤ 건조로 3대 9,000만 원, ㉥ 각종 측정장비 3대 3억 원, ㉦ 기타 5억 원 등 합계 20억 8,000만 원 등에 사용할 예정이라고 기재되어 있었다.

2007. 8. 10.	- 유상증자대금 7,999,983,080원이 A사의 대출금채무 변제에 사용되었음.
2007. 10.경	- 피고인은 A사의 CNT 사업부분에 관한 사업계획서를 보고받았음. - 사업계획서에는 CNT 사업부분의 추정매출액과 관련하여 2007년 7억 6,600만 원, 2008년 64억 9,880만 원으로 기재되어 있었음.
2007. 10. 22.	- B사는 우드필름 사업부분을 매각하였음.
2007. 10. 25.	- A사는 B사를 흡수합병한다는 취지의 등기를 마쳤음.
2008. 1. 초순경	- A사는 D증권사 애널리스트 乙에게 2008년도 CNT 사업부분에서 546억 원의 매출이 예상된다는 기업홍보자료를 제공하였음.
2008. 1. 15.	- D증권사 애널리스트 乙은 기업탐방보고서에 'A사가 CNT 사업부분에서 2008년도 350억 원의 매출을 올릴 것으로 예상된다.'는 취지의 내용을 기재하였음.
2008. 1. 중순경	- A사의 내부보고서에는 2008년도 CNT 사업부분의 매출목표가 합계 41억 4,600만 원으로 기재되어 있었음.
2008. 1. 중순경	- A사는 E증권사 애널리스트 丙에게 2008년도 CNT 사업부분에서 546억 원의 매출이 예상된다는 기업홍보자료를 제공하였음.
2008. 1. 24.	- E증권사 애널리스트 丙은 기업탐방보고서에 'A사는 CNT 사업부분에서 매출이 증가함에 따라 매출액이 2007년 528억 원에서 2008년 1,398억 원으로 증가할 것으로 전망하고 있다.'는 취지의 내용을 기재하였음. - 그 당시 A사의 주가(종가)는 1주당 8,300원이었음.
2008. 2. 22.	- 제3자배정 유상증자 신주의 보호예수기간 만료일이 도래하였음. - 그 당시 A사의 주가(종가)는 1주당 9,830원이었음.
2009. 11.경	- 피고인은 금융기관으로부터 소위 '스탁론' 대출을 받거나 사채업자로부터 금전을 차용하면서 A사 주식 약 400만 주 대부분을 담보로 제공하였음. - A사의 주가 하락으로 인하여 담보로 제공된 피고인 소유의 A사 주식에 대한 반대매매가 우려되는 상황이었음.
2009. 11. 중순경	- 피고인은 丁에게 'A사 발행의 약속어음을 제공할 테니 F사의 대표이사 戊가 이를 담보로 20억 원의 자금을 마련한 후 그 자금으로 장내에서 A사 주식을 매집하여 2개월간 보유하여 주면 주식 매각 후 이익금은 피고인이 30%, F사가 70%의 비율로 나누어 가지자.'라고 제의하였고, 丁은 그 제의를 승낙하였음.
2009. 11. 중순경 이후	- 丁과 戊는 협의 이후 2~3일 내에 14개의 증권계좌를 이용하여 A사 주식 약 20억 원어치를 장내에서 매집하여 이를 2개월간 보유한 결과 A사의 주가는 하락국면을 벗어나 반등하였음.

II. 관련 조문[21]

구 증권거래법 제188조의4(시세조종등 불공정거래의 금지)

④ 누구든지 유가증권의 매매 기타 거래와 관련하여 다음 각호의 1에 해당하는 행위를 하지 못한다.

1. 부당한 이득을 얻기 위하여 고의로 허위의 시세 또는 허위의 사실 기타 풍설을 유포하거나 위계를 쓰는 행위
2. 중요한 사항에 관하여 허위의 표시를 하거나 필요한 사실의 표시가 누락된 문서를 이용하여 타인에게 오해를 유발하게 함으로써 금전 기타 재산상의 이익을 얻고자 하는 행위

자본시장법 제178조(부정거래행위 등의 금지)

① 누구든지 금융투자상품의 매매(증권의 경우 모집·사모·매출을 포함한다. 이하 이 조 및 제179조에서 같다), 그 밖의 거래와 관련하여 다음 각 호의 어느 하나에 해당하는 행위를 하여서는 아니 된다.

1. 부정한 수단, 계획 또는 기교를 사용하는 행위
2. 중요사항에 관하여 거짓의 기재 또는 표시를 하거나 타인에게 오해를 유발시키지 아니하기 위하여 필요한 중요사항의 기재 또는 표시가 누락된 문서, 그 밖의 기재 또는 표시를 사용하여 금전, 그 밖의 재산상의 이익을 얻고자 하는 행위

21 자본시장법은 2007. 8. 3. 법률 제8635호로 제정되었고, 2009. 2. 4.부터 시행되었다. 그에 따라 구 증권거래법은 폐지되었다. 이와 관련하여 자본시장법 시행 전에 행한 사기적 부정거래행위에 대해서는 구 증권거래법이 적용되고, 자본시장법 시행 후에 행한 사기적 부정거래행위에 대해서는 자본시장법이 적용된다. 이 사건에서도 2009. 2. 4.을 기점으로 하여 피고인의 사기적 부정거래행위에 적용되는 법률이 달라졌다.

3. 금융투자상품의 매매, 그 밖의 거래를 유인할 목적으로 거짓의 시세를 이용하는 행위

② 누구든지 금융투자상품의 매매, 그 밖의 거래를 할 목적이나 그 시세의 변동을 도모할 목적으로 풍문의 유포, 위계(僞計)의 사용, 폭행 또는 협박을 하여서는 아니 된다.

이 사건에서 문제된 각 행위는 자본시장법이 시행된 2009. 2. 4. 전후로 하여 이루어졌으므로, 이 사건은 구 증권거래법과 자본시장법이 모두 적용되었다.

III. 쟁점

1. 구 증권거래법위반의 점에 관하여

가. 구 증권거래법 제188조의4 제4항 제2호 〈허위문서 이용 오해유발행위〉와 관련하여

(1) '문서의 이용'에의 해당 여부

구 증권거래법 제188조의4 제4항 제2호 〈허위문서 이용 오해유발행위〉에는 "문서를 이용하여"라는 요건이 규정되었고, 그에 따라 구 증권거래법 하의 판례는 '문서의 이용'이라는 요건이 충족되지 않는 경우 사기적 부정거래의 성립을 부인하였다.[22]

22 대법원 2010. 12. 9. 선고 2009도6411 판결, 대법원 2009. 7. 9. 선고 2009도1374 판결

이 사건에서 피고인은 금융위원회 전자공시시스템을 통하여 유가증권신고서, 사업설명서, 유가증권발행실적보고서를 공시하였는바, 논의의 전제로서 '전자문서'도 '문서의 이용'에서의 문서에 해당하는지를 검토할 필요가 있다.

(2) 허위표시 문서이용에의 해당 여부

이 사건에서 피고인은 금융위원회 전자공시시스템을 통하여 유가증권신고서, 사업설명서, 유가증권발행실적보고서를 공시하면서 유상증자로 조달된 자금 7,999,983,080원 중 73억 8,000만 원을 B사의 신규설비투자(53억 원)와 노후화기계설비 교체(20억 8,000만 원)를 위하여 사용할 예정이라고 기재하였는데, 이것이 구 증권거래법 제188조의4 제4항 제2호 〈허위문서 이용 오해유발행위〉의 허위표시 문서이용에 해당하는지가 문제되었다.

이와 관련하여 ① 이 사건 유가증권신고서 등에 기재된 유상증자금의 사용목적이 구 증권거래법 제188조의4 제4항 제2호 〈허위문서 이용 오해유발행위〉의 "중요한 사항"에 해당하는지, ② 피고인이 이 사건 유가증권신고서 등에 기재된 유상증자금의 사용목적대로 유상증자금을 CNT 사업 관련 설비투자에 사용하지 않았다는 것만으로 곧바로 허위표시 문서이용에 해당한다고 볼 수 있는지를 검토할 필요가 있다.

나. 구 증권거래법 제188조의4 제4항 제1호 〈허위사실 유포행위〉와 관련하여

(1) 허위사실 유포와 풍문 유포, 허위표시 문서이용 간의 관계

구 증권거래법 제188조의4 제4항 제1호는 "허위의 사실 기타 풍설을 유포하는 행위"라고 규정함으로써 풍문의 유포와 함께 허위사실의 유포를 금지하였는데, 자본시장법 제178조 제2항은 풍문의 유포만을 금지한 채 허위사실의 유포를 삭제하였는바, 허위사실 유포와 풍문 유포 간의 관계를 검토할 필요가 있다.

한편, 허위사실의 유포는 허위사실이 대외적으로 공개된다는 측면에서 구 증권거래법 제188조의4 제4항 제2호 〈허위문서 이용 오해유발행위〉의 허위표시 문서이용과 유사한 측면이 있는바, 허위사실 유포와 허위표시 문서이용의 관계도 검토할 필요가 있다.

(2) 허위사실 유포에의 해당 여부

이 사건에서 피고인은 2008년도 CNT 사업부분에서 546억 원의 매출이 예상된다는 기업홍보자료를 작성하여 기업설명회 자리에서 배포되도록 하였는데, 이것이 구 증권거래법 제188조의4 제4항 제1호 〈허위사실 유포행위〉에 해당하는지가 문제되었다.

이와 관련하여 피고인이 기업홍보자료를 작성하면서 2008년도 CNT 사업부문에서 546억 원의 매출이 예상된다고 기재한 것이 허위사실에 해당하는지, 그 구체적인 판단 근거는 무엇인지를 검토할 필요가 있다.

다. 부당이득액의 산정과 관련하여

이 사건에서 A사의 주가는 2007. 7. 16. 이 사건 유가증권신고서가 공시된 이후 5,690원에서 6,540원으로 급등하였고, 그 이후로도 2007. 9. 초순경까지 꾸준히 상승하였으며, 2008. 1. 24. E증권사 애널리스트 丙의 기업탐방보고서가 발표된 이후에는 8,300원까지 상승하였다.

피고인은 A사의 주가가 상승한 이후에도 A사 주식을 처분하지 않은 채 계속하여 보유하고 있었는데, 이 경우 피고인이 사기적 부정거래행위로 취득한 부당이득을 어떻게 산정할 것인지가 문제되었다.

이와 관련하여 허위표시 문서이용과 허위사실 유포 간의 죄수 관계, 부당이득의 산정방법, 사기적 부정거래행위와 부당이득 간의 인과관계를 검토할 필요가 있다.

2. 자본시장법위반의 점에 관하여

자본시장법은 2007. 8. 3. 법률 제8635호로 제정되었고, 2009. 2. 4.부터 시행되었다. 그에 따라 구 증권거래법은 폐지되었다. 이와 관련하여 자본시장법 시행 전에 행한 사기적 부정거래행위에 대해서는 구 증권거래법이 적용되고, 자본시장법 시행 후에 행한 사기적 부정거래행위에 대해서는 자본시장법이 적용된다. 이 사건에서도 2009. 2. 4.을 기점으로 하여 피고인의 사기적 부정거래행위에 적용되는 법률이 달라졌다.

이 사건에서 피고인은 丁에게 'A사 발행의 약속어음을 제공할 테니 F사의 대표이사 戊가 이를 담보로 20억 원의 자금을 마련한 후 그 자금으로 장내에서 A사 주식을 매집하여 2개월간 보유하여 주면 주식 매각 후 이익금은 피고인이 30%, F사가 70%의 비율로 나누어 가지자.'라고 제의하였고, 그에 따라 丁과 戊가 A사 주식 약 20억 원어치를 장내에서 매수하였는데, 이것은 일견하기에 자본시장법 제178조 제1항 제2호 〈중요사항 거짓문서 등 이용행위〉, 자본시장법 제178조 제1항 제3호 〈거짓시세 이용행위〉, 자본시장법 제178조 제2항 〈풍문 유포행위, 위계 이용행위, 폭행·협박 행위〉에 해당하지 않았고, 그에 따라 자본시장법 제178조 제1항 제1호 〈부정한 수단, 계획, 기교 행위〉에 해당하는지가 문제되었다.

그런데 丁이 투자원리금 보장약정에 따라 대여금 회수가 보장된 상태에서 A사 주식을 장내에서 매수하였음에도 불구하고 마치 정상적으로 투자위험을 감수하면서 주식을 매수한 듯한 외향이 형성되었다는 점에서 자본시장법 제178조 제2항 〈위계 이용행위〉에 해당하는 것은 아닌지 의문이 있을 수 있다.

이와 관련하여 丁이 투자원리금 보장약정에 따라 대여금 회수가 보장된 상태에서 A사 주식을 장내에서 매수한 것이 '위계의 사용'에 해당하는지를 검토하는 한편, '부정한 수단, 계획 또는 기교'의 의미, 자본시장법 제178조 내부의 상호관계, 자본시장법 제178조와 제176조의 관계를 검토할 필요가 있다.

Ⅳ. 각 쟁점에 대한 평석

1. 구 증권거래법위반의 점에 관하여

가. 구 증권거래법 제188조의4 제4항 제2호 〈허위문서 이용 오해유발행위〉와 관련하여

(1) '문서의 이용'에의 해당 여부

구 증권거래법 제188조의4 제4항 제2호 〈허위문서 이용 오해유발행위〉는 유가증권의 매매 기타 거래와 관련하여 "중요한 사항에 관하여 허위의 표시를 하거나 필요한 사실의 표시가 누락된 문서를 이용하여 타인에게 오해를 유발하게 함으로써 금전 기타 재산상의 이익을 얻고자 하는 행위"를 금지하고 있는바, 그 행위의 매체는 문서에 국한되고, 제2호 위반행위에 해당하기 위해서는 '문서의 이용'이라는 요건이 충족되어야 한다.[23]

참고판례 - 대법원 2010. 12. 9. 선고 2009도6411 판결

구 증권거래법 제188조의4 제4항 제2호는 유가증권의 매매 기타 거래와 관련하여 '중요한 사항에 관하여 허위의 표시를 하거나 필요한 사실의 표시가 누락된 문서를 이용하여 타인에게 오해를 유발하게 함으로써 금전 기타 재산상의 이익을 얻고자 하는 행위'를 금지하고 있는바, 이는 투자자의 투자판단에 영향을 미치는 중요한 사항에 관하여 허위·부실 표시 문서를 이용하는 방법으로 타인의 오해를 유발하여 재산상의 이익을 얻고자 하는 행위를 처벌하는 것으로(대법원 2006. 4. 14. 선고 2003도6759 판결, 대법원 2009. 7. 9. 선고 2009도1374 판결 등 참조), 그 행위의 매체는 문서에 국한되므로, 위 제2호 위반행위에 해당하기 위해서는 '문서의 이용'이라는 요건이 충족되어야 한다.

23 대법원 2010. 12. 9. 선고 2009도6411 판결

> 그런데 이 부분 공소사실의 기재 내용은 "피고인 4와 피고인 1이 주식의 대량보유보고 및 소유주식 상황변동보고를 하지 않는 방법으로 일반 투자자들로 하여금 외국인들의 정상적인 투자나 지분변동이 있는 것과 같은 오해를 유발하였다."는 것으로, 문서의 이용에 관한 것이라 할 수 없으므로, 위 행위가 구 증권거래법 제210조 제5호의2 소정의 위반행위에 해당하는 것은 별론으로 하더라도 구 증권거래법 제188조의4 제4항 제2호 소정의 사기적 부정거래행위에는 해당하지 아니한다고 할 것이다.

이와 관련하여 구 증권거래법 제194조의2에는 "이 법에 의하여 금융위원회·증권선물위원회 또는 거래소에 신고서·보고서 기타 서류 또는 자료 등을 제출하는 경우에는 대통령령이 정하는 바에 따라 전자문서의 방법에 의할 수 있다."라고 규정되어 있었다.

구 증권거래법 제194조의2가 전자문서를 문서제출의 방법 중 하나로 규정하고 있다는 점을 고려할 때, 이 사건에서 피고인이 금융위원회 전자공시시스템을 통하여 전자문서의 방식으로 유가증권신고서, 사업설명서, 유가증권발행실적보고서를 공시한 것도 '문서의 이용'에 해당한다고 봄이 타당하다.

(2) 허위표시 문서이용에의 해당 여부

(가) '중요한 사항'에의 해당 여부

① 법원의 판단

제1심법원[24]은 이 사건 유가증권신고서에는 중요사항인 '유상증자금의 사용목적'에 관하여 허위의 사실이 표시되어 일반투자자들이 A사에 대한 투자판단을 함에 있어

24 서울중앙지방법원 2011. 9. 22. 선고 2011고합268 판결

오해를 유발하게 한 것으로 보인다고 판단하였고,[25] 항소심 법원[26]과 대법원[27]도 동일한 취지로 판단하였다.

② 평석

구 증권거래법 제188조의4 제4항 제2호 <허위문서 이용 오해유발행위>는 "중요한 사항에 관하여 허위의 표시를 하거나 필요한 사실의 표시가 누락된 문서를 이용하여 타인에게 오해를 유발하게 함으로써 금전 기타 재산상의 이익을 얻고자 하는 행위"를 금지하였는데, 자본시장법 제178조 제1항 제2호 <중요사항 거짓문서 등 이용행위>는 "중요한 사항에 관하여 거짓의 기재 또는 표시를 하거나 타인에게 오해를 유발시키지 아니하기 위하여 필요한 주요사항의 기재 또는 표시가 누락된 문서, 그 밖의 기재 또는 표시를 사용하여 금전, 그 밖의 재산상의 이익을 얻고자 하는 행위"를 금지함으로써 법조문이 다소 변경되었다.

구 증권거래법 제188조의4 제4항 제2호 <허위문서 이용 오해유발행위>에는 '중요한 사항'이 무엇인지에 대하여 정의되어 있지 않으나, 대법원은 '중요한 사항'이 당해 법인의 재산·경영에 관하여 중대한 영향을 미치거나 유가증권의 공정거래와 투자자 보호를 위하여 필요한 사항으로서 투자자의 투자판단에 영향을 미칠 수 있는 사항을 의미한다고 정의하였다.[28] 이와 관련하여 대법원은 주식 대량보유보고서 중 취득목적과 취득자금 조성내역이 '중요한 사항'에 해당한다고 판시한 바 있다.[29]

---

25 한편, 제1심법원은 B사의 추정매출액과 관련하여 C회계법인이 작성한 합병비율 평가의견서와 동일한 내용이 기재된 합병신고서가 허위표시 문서이용에 해당하지 않는다고 판단하였다. 이와 관련하여 제1심법원은 피고인이 C회계법인의 B사에 대한 재무실사 또는 A사와 B사의 합병비율 선정과정에 개입하였다거나 이 사건 합병신고서상 추정매출액이 달성 불가능한 수치라는 점을 사전에 미리 알았다는 사실이 입증되지 않았다고 판단하였다.

26 서울고등법원 2012. 3. 16. 선고 2011노2691 판결

27 대법원 2012. 6. 28. 선고 2012도3782 판결

28 대법원 2009. 7. 9. 선고 2009도1374 판결

29 대법원 2006. 2. 9. 선고 2005도8652 판결

참고판례 - 대법원 2009. 7. 9. 선고 2009도1374 판결

구 증권거래법(2007. 8. 3. 법률 제8635호로 공포되어 2009. 2. 4. 시행된 자본시장과 금융투자업에 관한 법률 부칙 제2조로 폐지) 제188조의4 제4항 제2호의 '중요한 사항'이란, 미공개정보 이용행위 금지조항인 같은 법 제188조의2 제2항 [30]에서 정한 '일반인에게 공개되지 아니한 중요한 정보'와 궤를 같이 하는 것으로서, 당해 법인의 재산·경영에 관하여 중대한 영향을 미치거나 유가증권의 공정거래와 투자자 보호를 위하여 필요한 사항으로서 투자자의 투자판단에 영향을 미칠 수 있는 사항을 의미한다.

살피건대, 유상증자금의 사용처, 신규사업에 진출하는 과정에서의 설비투자계획은 회사의 경영에 관하여 중대한 영향을 미치거나 기업환경에 중대한 변경을 초래할 수 있는 사실로서 투자자의 투자판단에 영향을 미칠 수 있는 중요한 사항이라고 할 것인바, 법원이 이 사건 유가증권신고서 등에 기재된 유상증자금의 사용목적이 '중요한 사항'이라는 전제하에서 판단한 것은 타당하다.

(나) 허위표시에의 해당 여부

① 법원의 판단

피고인은 CNT 사업이 예정대로 진행되지 않아 당초 공시한 대로 투자하지 못한 것일 뿐이고, 처음부터 유상증자금을 CNT 사업 관련 설비투자에 사용할 계획이 없었던 것은 아니므로, 허위표시행위를 한 것으로 볼 수 없다고 주장하였다.

그러나 제1심법원은 ⅰ) 이 사건 유가증권신고서에 기재된 내용과 같은 투자가 거

30 구 증권거래법 제188조의2 ② 제1항에서 "일반인에게 공개되지 아니한 중요한 정보"라 함은 제186조 제1항 각호에 해당하는 사실 등에 관한 정보 중 투자자의 투자판단에 중대한 영향을 미칠 수 있는 것으로서 당해 법인이 총리령이 정하는 바에 따라 다수인으로 하여금 알 수 있도록 공개하기 전의 것을 말한다.

의 이루어지지 않은 점, ii) 이 사건 유상증자금은 납입 직후 A사의 기존 대출금 변제에 모두 사용된 점, iii) A사에 실제 이 사건 유가증권신고서에 기재한 것과 같은 내용의 구체적인 설비투자 계획은 없었던 것으로 보이는 점, iv) 이 사건 유가증권신고서에는 조건부 투자계획임을 확인할 수 있는 내용은 없고 오히려 전체적인 내용을 보면 유상증자금이 마련되면 특별한 사정이 없는 한 이 사건 유가증권신고서에 기재된 대로 설비투자를 하겠다는 내용으로 보일 뿐인 점 등을 이유로 허위표시에 해당한다고 판단하였다. 그 구체적인 판단근거는 다음과 같다.

① 이 사건 유가증권신고서에는 A사가 2007년과 2008년에 CNT 사업과 관련한 신규설비투자 및 노후화기계설비 교체에 73억 8,000만 원을 사용할 예정이라고 밝히면서 그 계획이 항목별로 구체적으로 기재되어 있음에도, 실제 A사가 2007년부터 2009년까지 사이에 CNT 사업과 관련한 설비투자에 지출한 금액은 8억 3,590만 원 상당(= 2007년 기계장치 7,130만 원 + 2008년 기계장치 7억 4,130만 원 + 2009년 기계장치 2,330만 원)에 불과하고 이 사건 유가증권신고서에 기재된 내용과 같은 투자는 거의 이루어지지 아니한 점,

② 이 사건 유상증자금은 납입 직후 A사의 기존 대출금 변제에 모두 사용되었고, 이 사건 유상증자와 같은 시기에 발행한 해외신주인수권부사채 및 국내신주인수권부사채 자금도 모두 A사의 기존 대출금 변제에 모두 사용된 점,

③ 피고인은 검찰 제3회 피의자신문에서 CNT 사업에 대한 투자계획에 관하여 '사전에 구체적인 투자계획이 없었고, 샘플테스트를 통과하여 납품이 실제 진행되는 단계에서 투자를 하면 되는 것으로 생각을 하였다.'라고 진술하였고, 근도 이 법정에서 'CNT 사업에 투자하기로 한 73억 8,000만 원이 어떻게 정해진 것인지 모른다.'고 진술하였는바, 위 진술들을 종합하면 A사에서 이 사건 유가증권신고서를 제출할 당시 막연히 CNT 사업에 투자할 계획은 있었을지 모르나, 실제 이 사건 유가증권신고서에 기재한 것과 같은 내용의 구체적인 설비투자 계획은 없었던 것으로 보이는 점,

④ 피고인은 '샘플테스트를 통과하여 납품이 실제 진행되는 단계에서 투자를 할 생각이었다.'라는 취지로 주장하고 있고, 이는 상용화에 성공하는 것을 조건으로 투자하겠다는 것인데, 신규사업에 진출하는 과정에서 설비투자계획이 조건부 계획인지 아니면 확정적 계획인지 여부는 그 사업의

진행 정도, 경영자의 사업의지 등을 가늠할 수 있는 것으로서 투자자의 투자판단에 영향을 미칠 수 있는 중요한 사항임에도, 이 사건 유가증권신고서에는 조건부 투자계획임을 확인할 수 있는 내용은 없고 오히려 전체적인 내용을 보면 유상증자금이 마련되면 특별한 사정이 없는 한 이 사건 유가증권신고서에 기재된 대로 설비투자를 하겠다는 내용으로 보일 뿐인 점,

⑤ 실제로도 이 사건 유가증권신고서가 공시된 이후 A사의 주가가 2007. 7. 16. 5,690원에서 2007. 7. 18. 6,540원으로 급등한 이후 꾸준히 상승한 점

이에 대하여 항소심 법원과 대법원도 동일한 취지로 판단하였다.

② 평석

회사의 투자계획은 급변하는 기업환경에 따라 얼마든지 변경될 수 있으므로, 피고인이 이 사건 유가증권신고서 등에 기재된 유상증자금의 사용목적대로 유상증자금을 CNT 사업 관련 설비투자에 사용하지 않았다는 것만으로 곧바로 허위표시에 해당한다고 볼 수는 없고, 피고인이 이 사건 유가증권신고서 등을 공시할 당시의 상황을 고려하여야 한다.

피고인이 이 사건 유가증권신고서 등을 공시할 당시 이 사건 유가증권신고서 등에 기재된 유상증자금의 사용목적대로 유상증자금을 CNT 사업 관련 설비투자에 사용할 '진지한 의사'가 있었는지, 그 당시의 객관적인 상황상 유상증자금이 CNT 사업 관련 설비투자에 사용될 '가능성'이 있었는지 등을 검토하여야 할 것이다.

이와 관련하여 법원은 A사에 실제로 이 사건 유가증권신고서에 기재된 것과 같은 내용의 구체적인 설비투자계획이 있었는지, 이 사건 유가증권신고서에 기재된 설비투자계획이 조건부 투자계획이었는지 등을 기준으로 허위표시인지를 판단하였다.

살피건대, 이 사건 유가증권신고서 등에는 투자재원과 관련하여 이 사건 유상증자금의 대부분인 73억 8,000만 원으로 특정되어 있고, 그 투자대상과 관련하여서도 막연히

CNT 사업에 투자한다고 하는 데 그치는 것이 아니라 그 구체적인 항목 및 금액이 특정되어 있었는데, 피고인은 이 사건 수사과정에서 '사전에 구체적인 투자계획이 없었고, 샘플테스트를 통과하여 납품이 실제 진행되는 단계에서 투자를 하면 되는 것으로 생각을 하였다.'라고 진술하였고, 이 사건 유상증자금은 납입 직후 A사의 기존 대출금 변제에 모두 사용되었는바, 법원이 허위표시에 해당한다고 판단한 것은 타당하다.

나. 구 증권거래법 제188조의4 제4항 제1호 〈허위사실 유포행위〉와 관련하여

(1) 법원의 판단

제1심법원은 피고인이 이 사건 기업홍보자료에 기재된 '추정매출액'은 실현가능성이 지극히 낮은 수치임을 충분히 인식하고 있었음에도 이 사건 기업홍보자료를 작성하여 기업설명회 자리에서 배포되도록 한 이상 구 증권거래법 제188조의4 제4항 제1호 〈허위사실 유포행위〉가 인정된다고 판단하였다. 그 구체적인 판단 근거는 다음과 같다.

> ① 이 사건 합병비율 평가의견서(2007년 20억 6,900만 원, 2008년 75억 5,580만 원), 이 사건 사업계획서(2007년 7억 6,600만 원, 2008년 64억 9,880만 원), 이 사건 내부보고서(2008년 41억 4,600만 원)는 회계법인 또는 A사의 CNT 사업을 주도하는 자가 피고인을 비롯한 회사 임원들에게 보고하기 위해 작성한 것으로서 CNT 사업의 진행 정도, 시장 상황 등을 종합하여 비교적 객관적이고 실현가능한 범위 내에서 추정매출액을 산출한 것으로 보이고, 피고인도 위 자료들을 보고받아 그 내용을 익히 알고 있었던 것으로 보이는데, 이 사건 기업홍보자료는 이 사건 내부보고서와 근접한 시기에 작성된 것으로서 특별히 A사의 CNT 사업부 및 매출처 등 사업환경에 의미 있는 변화가 있었던 것으로 보이지 아니한 사정에 비추어 이 사건 기업홍보자료의 추정매출액 수치(723억 원 또는 546억 원)는 현실성이 결여된 것으로 보이는 점,
>
> ② (중략) 이 사건 기업홍보자료의 작성 경위와 관련하여, CNT 사업의 진행 정도 및 매출 규모를 비교적 정확히 파악할 수 있는 A사의 CNT 사업본부의 의견이 반영된 것으로는 보이지 아니하는 사정과 추정매출액수치를 변경하는 과정에서 실제 납품수량의 변경 등에 대한 시장조사를

전혀 실시하지 않은 사정에 비추어, 피고인이 기업설명회의 효과를 높이기 위해 추정매출액 수치를 합리적인 근거 없이 임의로 정한 것으로 보이는 점,

③ (중략) A사의 CNT 사업 관련자들이 이 사건 기업홍보자료상의 추정매출액이 현실성이 결여된 수치임을 인식하고 있었던 것으로 보이는 점,

④ 피고인도 검찰에서 '매출 350억 원은 좀 많이 욕심을 낸 매출이다.'라고 진술한 점,

⑤ CNT 사업부분에서 매출이 발생하기 위해서는 그에 상응하는 설비투자 등이 선행되어야 하는데, A사의 기업설명회 당시 구체적인 설비투자계획이 마련되어 있지 않은 것으로 보이고, 실제로도 설비투자가 거의 이루어지지 아니한 점,

⑥ A사의 CNT 사업부분의 2008년도 실제 매출액은 3억 6,467만 원에 불과한 점,

⑦ A사의 주가는 D증권사 애널리스트 乙의 기업탐방보고서가 발표되기 전날인 2008. 1. 14. 7,050원이었는데, 위 보고서가 발표된 날인 2008. 1. 15. 8,100원으로 급등하였고, 이후 E증권사 애널리스트 丙의 기업탐방보고서가 발표된 날인 2008. 1. 24. 8,300원, 이 사건 유상증자 보호예수기간 만료일인 2008. 2. 22. 9,830원까지 상승한 점

이에 대하여 항소심 법원과 대법원도 동일한 취지로 판단하였다.

(2) 평석

(가) <허위사실 유포행위>와 <풍문 유포행위> 간의 관계

구 증권거래법 제188조의4 제4항 제1호는 "부당한 이득을 얻기 위하여 고의로 허위의 시세 또는 허위의 사실 기타 풍설을 유포하거나 위계를 쓰는 행위"를 금지한 반면, 자본시장법 제178조 제2항은 "누구든지 금융투자상품의 매매, 그 밖의 거래를 할 목적이나 그 시세의 변동을 도모할 목적으로 풍문의 유포, 위계(僞計)의 사용, 폭행 또는 협박을 하여서는 아니 된다."라고 규정함으로써 허위사실의 유포를 삭제하였다.

여기서 '풍문(= 풍설)'은 문언적으로 바람결에 들리는 소문, 실상이 없이 떠돌아다니는 말을 뜻하는바, 구 증권거래법 제188조의4 제4항 제1호의 '풍설' 내지 자본시장법 제178조 제2항의 '풍문'은 '시장에 알려짐으로써 주식 등 시세의 변동을 일으킬 수 있을 정도의 사실로서 합리적 근거가 없는 것'을 의미하고,[31] 허위내용을 요건으로 하지 않는다. 증권방송이나 증권동호회 또는 인터넷 주식카페 등 다양한 매체를 통하여 허위 또는 합리적인 근거가 없는 말 또는 소문을 퍼뜨리는 것이 풍문의 유포에 해당할 것이다.

풍문에는 보통 허위사실이 포함되는 경우가 일반적이지만, 풍문은 허위내용을 요건으로 하지 않는다는 점에서 허위사실과는 개념적으로 구별된다.

참고판례 - 서울중앙지방법원 2012. 9. 21. 선고 2012고합662 판결

문언적 의미로 '풍문'이라 함은 바람결에 들리는 소문, 실상이 없이 떠돌아다니는 말, 다른 말로 '풍설'을 의미한다. 오로지 문언적 의미에 따른다면, '풍문'은 실상이 없는 '말'이면 되는 것이므로 그것이 진실인지 허위인지 여부와는 무관하다고 해석된다. 즉, 구 증권거래법 제188조의4 제4항 제1호가 '고의로 허위의 시세 또는 허위의 사실 기타 풍설을 유포'하는 행위를 구성요건으로 하였다가 현재 자본시장과 금융투자업에 관한 법률에서 단순히 '풍문의 유포'로 개정되었는바, 구 증권거래법 당시에는 '허위의'라는 문언이 '사실'과 '풍설'을 둘 다 수식하는 것으로 해석하여 '허위성'을 요건으로 해석할 여지가 없지 않았으나, 현행법은 단순히 '풍문'이라고만 규정할 뿐이므로, 반드시 객관적으로 허위여야만 위 구성요건에 해당하는 것으로 볼 수는 없다.

31 서울고등법원 2013. 3. 22. 선고 2012노3764 판결, 서울중앙지방법원 2012. 9. 21. 선고 2012고합662 판결

> 다만, ‘실상이 없이 떠돌아다니는 말’이라는 풍문의 문언적 의미에 비추어 볼 때, 적어도 해당 사항에 관하여 ‘합리적 근거’가 없는 것이고, 유포자 자신도 유포되는 말에 ‘합리적 근거가 없다는 점에 대한 인식’을 갖고 있었던 경우에 한하여 위 죄가 성립된다고 해석하여야 할 것이다. 따라서 사후적으로 우연히 진실에 부합하는 것으로 밝혀진다 하더라도, 유포 당시 합리적 근거를 전혀 갖추지 못하였고 유포자 자신도 이를 인식하고서 유포하기에 이른 이상 여기서 말하는 풍문유포 행위에는 충분히 해당한다고 할 수 있다.
>
> 그리고, 여기서의 ‘허위 또는 합리적 근거가 없는 사실’은 그것이 유포됨으로써 주식 시세의 변동을 일으킬 수 있을 정도로 시장에서 중요성을 가진 사실일 것을 요한다고 해석해야 한다. 만약 이와 달리 주가변동에 별다른 영향을 미칠 위험이 없는 사소한 내용의 풍문의 유포까지 처벌하게 된다면, 지나치게 개인의 표현의 자유를 억압하고 처벌의 범위가 확대되는 것을 피할 수 없기 때문이다.
>
> 결국, 제178조 제2항 및 제443조 제1항 제9호에서 규정하고 있는 ‘풍문’이라 함은 ‘시장에 알려짐으로써 주식 등 시세의 변동을 일으킬 수 있을 정도의 사실로서 합리적 근거가 없는 것’을 의미한다고 볼 것이다.

즉, 허위의 보도자료를 배포하는 경우에는 구 증권거래법 제188조의4 제4항 제1호 〈허위사실 유포행위〉 및 〈풍문 유포행위〉에 모두 해당할 수 있으나, 실체적으로는 사실관계에 부합하는 내용임에도 보도자료 배포 당시에는 합리적 근거가 결여되었다고 판단되는 경우에는 〈풍문 유포행위〉로 의율할 수 있을지언정 〈허위사실 유포행위〉에는 해당하지 않는 것이다.

(나) 〈허위사실 유포행위〉와 〈허위문서 이용 오해유발행위〉 간의 관계

구 증권거래법 제188조의4 제4항 제1호 〈허위사실 유포행위〉에서 허위사실의

'유포'는 불특정 다수인에게 허위사실을 직·간접적으로 전파하는 경우를 말하고, 수단의 제한이 없어 보도자료 배포, 증권방송 이용, 인터넷 유포, 구두 전파 등 모든 방법이 포함된다. 즉, 허위사실의 유포는 허위사실의 '확산'에 초점이 맞추어져 있는 것이다.

이와 관련하여 법원은 기자들에게 허위의 보도자료를 배포한 경우를 구 증권거래법 제188조의4 제4항 제1호 <허위사실 유포행위>로 의율하면서 '허위사실의 유포'에는 불특정 다수인에게 직접 허위사실을 전파한 경우뿐만 아니라 불특정 다수인에게 허위사실이 전파될 것으로 인식하면서 기자들과 같은 특정인에게 전파한 경우도 포함되고, 허위의 보도자료가 기자들에게 배포된 이상 실제로 언론에 보도되지 않거나 축소하여 보도된 경우에도 허위사실의 유포에 해당한다고 판시한 바 있다.[32]

참고판례 - 서울고등법원 2009. 1. 22. 선고 2008노2315 판결

2005. 6. 2.자 보도자료와 2005. 6. 30.자 보도자료가 기자들에게 배포는 되었으나 언론에 보도되지는 아니한 사실이 인정되고, 또한 언론이 이 사건 보도자료를 기초로 보도를 함에 있어 이 사건 보도자료와 다르게 허위의 사실을 다소 축소하여 보도를 한 사실이 인정되기도 하지만, 증권거래법 제188조의4 제4항 소정의 '허위사실 등 유포'에는 행위자가 직접 불특정 다수인에게 허위사실 등을 전파하는 경우뿐만 아니라 불특정 다수인에게 허위사실 등이 전파될 것을 인식하면서 기자들과 같은 특정인에게 전파하는 것도 포함된다고 봄이 상당하므로, 허위사실 등이 기재된 이 사건 보도자료가 기자들에게 배포된 이상, 그 기자들이 실제 이를 언론에 보도하지 아니하거나 보도자료와 다르게 허위의 사실을 다소 축소하여 보도를 하였다고 하더라도, 위 '허위사실 등 유포'에 영향을 미치지는 아니한다고 판단된다.

32 서울고등법원 2009. 1. 22. 선고 2008노2315 판결

반면, 구 증권거래법 제188조의4 제4항 제2호 〈허위문서 이용 오해유발행위〉의 허위표시 문서이용은 '문서의 이용'이라는 요건이 충족되어야 하는바,[33] 허위표시 문서의 '작성·제출'에 초점이 맞추어져 있다. 일반적으로 대량보유보고서·증권발행신고서 등과 같이 금융위원회 전자공시시스템을 통하여 허위내용의 공시를 한 경우가 허위표시 문서이용으로 의율될 것이다.

이 사건과 같이 보도자료를 이용하는 경우에는 문서의 이용이 아니라 언론보도를 통하여 허위사실을 '확산'시키는 데 주안점이 있기 때문에, 구 증권거래법 제188조의4 제4항 제2호 〈허위문서 이용 오해유발행위〉보다는 구 증권거래법 제188조의4 제4항 제1호 〈허위사실 유포행위〉로 의율하는 것이 훨씬 더 자연스럽다.

한편, 자본시장법 제178조 제2항은 풍문의 유포만을 금지한 채 허위사실의 유포를 삭제하였고, 자본시장법 제178조 제1항 제2호 〈중요사항 거짓문서 등 이용행위〉는 "문서, 그 밖의 기재 또는 표시"라고 규정함으로써 허위표시의 수단을 문서로 제한하지 않고 있는바, 현행 자본시장법하에서 허위사실의 유포는 자본시장법 제178조 제1항 제2호 〈중요사항 거짓문서 등 이용행위〉의 '거짓의 기재 또는 표시'로 처벌할 수 있을 것이다.

또한, 허위사실의 유포는 자본시장법 제178조 제2항 〈위계 이용행위〉로도 처벌할 수 있을 것으로 보이는데, 〈위계 이용행위〉가 〈중요사항 거짓문서 등 이용행위〉의 일반법 관계에 있고, 〈중요사항 거짓문서 등 이용행위〉를 〈위계 이용행위〉의 한 태양으로 볼 수도 있으므로, 〈위계 이용행위〉보다는 〈중요사항 거짓문서 등 이용행위〉로 의율함이 타당하다.

(다) 허위사실 유포에의 해당 여부

이 사건에서 피고인은 A사의 내부관계자인 대표이사로서 2008년도 CNT 사업부분

---

33 대법원 2010. 12. 9. 선고 2009도6411 판결, 대법원 2009. 7. 9. 선고 2009도1374 판결

에서 546억 원의 매출이 예상된다는 기업홍보자료를 작성하여 기업설명회 자리에서 배포되도록 하였는데, '풍설(= 풍문)'은 문언적으로 바람결에 들리는 소문, 실상이 없이 떠돌아다니는 말을 뜻하는바, 이 사건은 풍설의 유포가 아니라 허위사실의 유포가 문제되는 사안이다.

이 사건에서 A사의 기업설명회 자리에서 배포된 사업홍보자료에 기재된 2008년도 CNT 사업부분에서 546억 원의 매출이 예상된다는 내용은 회계법인 또는 A사의 CNT 사업을 주도하는 자가 작성한 이 사건 합병비율 평가의견서(2008년 75억 5,580만 원), 이 사건 사업계획서(2008년 64억 9,880만 원), 이 사건 내부보고서(2008년 41억 4,600만 원)의 추정매출액보다 과도하게 높게 책정된 것으로서 현실성이 결여되었다고 할 것이고, 피고인도 이 사건 수사과정에서 '매출 350억 원은 좀 많이 욕심을 낸 매출이다.'라고 진술하였으며, A사의 CNT 사업부분의 2008년도 실제 매출액은 3억 6,467만 원에 불과하였는바, 법원이 허위사실 유포를 인정한 것은 타당하다.

다. 부당이득액의 산정과 관련하여

(1) 법원의 판단

(가) 제1심법원의 판단

① 피고인의 주장

이 사건에서 A사의 주가는 2007. 7. 16. 이 사건 유가증권신고서가 공시된 이후 5,690원에서 6,540원으로 급등하였고, 그 이후로도 2007. 9. 초순경까지 꾸준히 상승하였으며, 2008. 1. 24. E증권사 애널리스트 丙의 기업탐방보고서가 발표된 이후에는 8,300원까지 상승하였다.

피고인은 A사의 주가가 상승한 이후에도 A사 주식을 처분하지 않은 채 계속하여 보유하고 있었는데, 이 경우 피고인이 사기적 부정거래행위로 취득한 부당이득을 어떻게 산정할 것인지가 문제되었다.

이에 대하여 피고인은 ⅰ) [제1주장] 피고인이 보유주식을 양도할 경우 부담해야 하는 양도소득세 1,111,459,650원은 부당이득액에서 공제되어야 하고, ⅱ) [제2주장] 이 사건 유가증권신고서는 2007. 7. 16. 장 마감 이후에 공시되었으므로, 이 사건 사기적 부정거래행위 전 피고인의 보유주식 4,180,893주의 간주매수단가는 2007. 7. 13. 종가인 4,955원이 아니라 2007. 7. 16. 종가인 5,690원을 기준으로 산정되어야 하며, ⅲ) [제3주장] 합병신주와 제3자배정 유상신주를 취득한 사람들이 취득한 부당이득은 피고인에게 귀속된 것이 아니므로, 피고인에게 책임을 물을 수 없다고 주장하였다.

피고인의 제1주장과 관련하여, 대법원은 '위반행위로 얻은 이익'이 '당해 위반행위로 인하여 얻은 이윤, 즉 그 거래로 인한 총수입[34]에서 그 거래를 위한 총비용을 공제한 차액'을 의미한다고 판시하였는바,[35] 피고인은 양도소득세가 공제 대상인 거래비용에 해당한다는 전제하에서 양도소득세 1,111,459,650원이 부당이득액에서 공제되어야 한다고 주장한 것이다.

피고인의 제2주장과 관련하여, 사기적 부정거래행위로 인하여 주가가 상승한 경우 사기적 부정거래행위로 인하여 주가가 상승하기 시작한 시점 이전까지의 평가액은 부당이득액에서 공제되어야 하는바, 그 연장선에서 피고인은 이 사건 유가증권신고서가 2007. 7. 16. 장 마감 이후에 공시되었음을 전제로 이 사건 사기적 부정거래행위 전 피고인의 보유주식 4,180,893주의 간주매수단가가 이 사건 사기적 부정거래행위 직전인 2007. 7. 16. 종가인 5,690원을 기준으로 산정되어야 한다고 주장한 것이다.

피고인의 제3주장과 관련하여, 대법원은 행위자 및 공범 이외의 제3자에게 귀속되는 이익은 포함되지 않는다고 판시하는바,[36] 피고인의 제3주장은 합병신주와 제3자배정

---

34 이때 거래로 인한 총수입은 거래량가중평균 매수단가와 거래량가중평균 매도단가와의 차액에 매매일치수량(매수수량과 매도수량 중 더 적은 수량)을 곱한 금액이다.

35 대법원 2009. 4. 9. 선고 2009도675 판결, 대법원 2002. 6. 14. 선고 2002도1256 판결

36 대법원 2011. 4. 28. 선고 2010도7622 판결

유상신주를 취득한 사람들이 사기적 부정거래행위에 가담하지 않았음을 전제로 한 것이다.

② 제1심법원의 판단

제1심법원은 이 사건 사기적 부정거래행위 이전에 피고인 보유의 A사 주식 4,180,893주의 간주매수단가를 2007. 7. 16. 종가인 5,690원을 기준으로 산정하였고, 그에 따라 피고인이 사기적 부정거래행위로 취득한 부당이득액이 10,700,207,915원이라고 산출하였다. 그 구체적인 내용은 다음과 같다.

> 피고인은 2007. 7. 16. 당시 4,180,893주를 보유하고 있었고, 이후 2007. 8. 8.부터 2007. 12. 18.까지 16회에 걸쳐 210,269주를 주당 평균 7,325원에 추가로 매수하여 2018. 1. 24. 당시 4,391,162주를 보유하고 있었다.
>
> 허위표시 문서이용 및 허위사실 유포에 의한 부정거래행위 이전부터 보유 중인 주식의 경우 부정거래행위로 인하여 취득한 이익은 부정거래행위로 인하여 상승한 주식의 평가액을 의미하는 것이라고 보아야 하는바, 이 사건 유가증권신고서는 장 마감 이후인 2007. 7. 16. 17:23에 공시된 사실이 인정되므로, 위 시점 이전까지의 주가변동은 이 사건 부정거래행위와 무관한 것으로 보이고 달리 2007. 7. 13.부터 2007. 7. 16.까지의 주가변동이 이 사건 부정거래행위와 인과관계가 있음을 인정할 충분한 증거가 없으므로, 이 사건 부정거래행위 이전 피고인 보유의 A사 주식 4,180,893주의 간주매수단가는 2007. 7. 16. 종가인 5,690원을 기준으로 산정함이 상당하다.
>
> ▲ 이 사건 부정거래행위 이전 피고인의 보유주식 4,180,893주의 간주매수단가를 5,690원으로 할 경우 총보유주식 4,391,162주의 가중평균매수단가[37]는 5,768원[= {(4,180,893주 × 5,690원) + (210,269주 × 7,325원)} ÷ 4,391,162주]이므로, ▲ 이 사건 부정거래행위로 인하여

37 가중평균매수단가는 투자자가 특정 자산을 여러 번에 걸쳐 매수하였을 때 각 매수가격에 해당하는 거래량을

상승한 주식 평가액은 11,118,422,184원{= (8,300원[38] - 5,768원) × 4,391,162주}이고, ▲ 위 금액에서 간주매수수수료 126,641,112원(= 5,768원 × 4,391,162주 × 0.5%), 간주매도수수료 182,233,223원(= 8,300원 × 4,391,162주 × 0.5%) 및 간주거래세 109,339,934원(= 8,300원 × 4,391,162주 × 0.3%)을 각 공제한 결과 피고인의 이 사건 부정거래행위로 인한 부당이득액은 10,700,207,915원(= 11,118,422,184원 - 126,641,112원 - 182,233,223원 - 109,339,934원)으로 산출된다.

한편, 제1심법원은 양도소득세가 부당이득액 산정에서의 공제 대상인 거래비용에 포함되지 않는다고 판단하였고, 합병신주와 제3자배정 유상신주를 취득한 사람들이 취득한 부당이득은 피고인이 사기적 부정거래행위로 인한 취득한 부당이득액에서 제외된다고 판단하였다.

(나) 항소심 법원의 판단

① 피고인의 주장

피고인은 i) 포괄일죄 관계에 있는 허위표시 문서이용으로 인한 구 증권거래법위반 부분(피고인이 금융위원회 전자공시시스템을 통하여 유가증권신고서 등을 공시하면서 유상증자금 중 73억 8,000만 원을 B사의 신규설비투자와 노후화기계설비 교체를 위하여 사용할 예정이라고 기재한 것)과 허위사실 유포로 인한 인한 구 증권거래법위반 부분(피고인이 2008년도 CNT 사업부분에서 546억 원의 매출이 예상된다는 기업홍보자료

가중치로 부여하여 계산한 평균매수가격이다. 가중평균매수단가의 계산공식은 「가중평균매수단가 = Σ(매수가격 × 매수수량) ÷ Σ(매수수량)」이다. 예컨대, 甲이 A사 주식 10주를 1주당 5,000원에 매수하고, 그 이후 A사 주식 20주를 1주당 6,000원에 매수하였다고 가정하면, ① 총 매수금액 = (5,000원 × 10주) + (6,000원 × 20주) = 50,000원 + 120,000원 = 170,000원, ② 총 매수수량 = 10주 + 20주 = 30주, ③ 가중평균매수단가 = 170,000원 ÷ 30주 = 5,666.67원이다.

38 2008. 1. 24. E증권사 애널리스트 丙의 기업탐방보고서가 발표된 이후 A사의 주가(종가)

를 작성하여 기업설명회 자리에서 배포되도록 한 것)에 관하여 각각의 부당한 이득을 산정할 수 없는 경우 '평가할 수 없는 이익'으로 산정하는 것이 타당하고, ⅱ) 원심법원이 피고인의 주식취득 경위나 처분의사 및 처분가능성에 대하여 전혀 심리하지 않은 채 피고인이 보유한 A사 주식 전부에 대한 미실현이익을 피고인이 취득한 부당이익으로 산정한 것은 증권거래법상 사기적 부정거래 위반의 전제가 되는 '피고인이 얻은 이익'의 액수에 관한 법리오해 및 사실오인에 해당한다고 주장하였다.

피고인이 허위표시 문서이용으로 인한 부당이득과 허위사실 유포로 인한 부당이득을 각각 산정하여야 한다는 취지로 주장한 것은 ㉮ 허위표시 문서이용의 종료 시점(2007. 8. 9.)과 허위사실 유포의 시작 시점(2008. 1. 초순경) 간의 시간적 간격이 약 5개월에 이르고, ㉯ 허위사실 유포 이전에 A사의 주가가 상당 기간 하락하였다는 사정 등을 고려한 것으로 추측된다.

A사의 주가변동

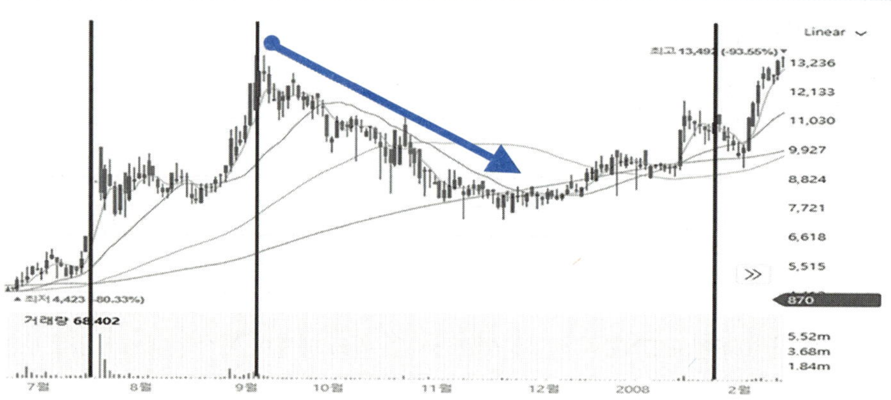

② 항소심 법원의 판단

항소심 법원은 허위표시 문서이용 및 허위사실 유포가 "포괄일죄"에 해당한다는 전제하에서 피고인이 보유한 A사 주식 전부에 대한 미실현이익을 피고인이 취득한 부당이득으로 산정한 원심법원의 사실인정과 판단이 정당하다고 판단하였고, 특히 2007. 7.

16.부터 2008. 1. 24.까지 사이에 A사의 주가에 영향을 미칠만한 특별한 사정이 없었다고 보았다. 그 구체적인 내용은 다음과 같다.

> 이 사건은 피고인이 보유하고 있던 A사의 주식을 반복적으로 매수하고 매도한 것이 아니라 거의 그대로 보유하고 있었던 상태이므로 포괄일죄로 인정되는 각 허위표시 또는 허위사실 유포의 행위별로 얻은 이익을 산출하여 합산할 필요성이 인정되지 아니하는 점,
>
> 문제가 된 허위표시 또는 허위사실 유포 등이 시작된 2007. 7. 16.부터 끝난 것으로 된 2008. 1. 24.까지 사이에 A사의 주가에 영향을 미칠만한 특별한 사정이 있었다고 볼 만한 자료가 없는 점,
>
> 피고인이 보유하고 있던 A사의 주식은 경영권을 유지하기 위한 것으로서 처분가능성이 없다고 하더라도 대법원 판례의 법리에 의하면 이 사건 허위표시 및 허위사실 유포 등 사기적 부정거래로 인한 이득액을 산정할 수 있다고 봄이 상당한 점,
>
> 사기적 부정거래와 관련된 주식이 처분을 전제로 하지 아니한 경우에 그 이익을 산정할 수 없다고 보아야 할 근거가 없는 점

이와 관련하여 대법원은 항소심 법원의 판단에 논리와 경험의 법칙에 반하여 자유심증주의의 한계를 벗어나거나 구 증권거래법에 관한 법리를 오해하는 등의 위법이 없다고 판단하였다.

(2) 평석

(가) <허위문서 이용 오해유발행위> 및 <허위사실 유포행위> 간의 죄수 관계

이 사건에서 i) 허위표시 문서이용과 허위사실 유포는 그 행위 태양이 다르고, ii) 허위표시 문서이용의 종료 시점(2007. 8. 9.)과 허위사실 유포의 시작 시점(2008. 1. 초순경) 간의 시간적 간격이 약 5개월에 이르며, iii) 허위사실 유포 이전에 A사의 주가가 이미 하락하는 양상을 띠고 있었는바, 허위표시 문서이용과 허위사실 유포가 '실체적 경합'

이 아니라 '포괄일죄'의 관계에 있다고 볼 수 있는지 의문이 있을 수 있고, 사기적 부정거래행위로 인한 부당이득액을 산정하기에 앞서 허위표시 문서이용 및 허위사실 유포 간의 죄수 관계를 검토할 필요가 있다.

이와 관련하여 대법원은 유가증권의 매매 기타 거래와 관련하여 부당한 이득을 얻을 목적으로 또는 타인에게 오해를 유발하게 함으로써 금전 기타 재산상의 이익을 얻을 목적으로 구 증권거래법 제188조의4 제4항 제1호, 제2호의 불공정거래행위를 반복한 경우 포괄일죄가 성립한다고 판단하였다.[39]

참고판례 - 법원 2011. 7. 28. 선고 2008도5399 판결

동일 죄명에 해당하는 수 개의 행위를 단일하고 계속된 범의하에 일정기간 계속하여 행하고 그 피해법익도 동일한 경우에는 이들 각 행위를 통틀어 포괄일죄로 처단하여야 할 것인바, 유가증권의 매매 기타 거래와 관련하여 부당한 이득을 얻을 목적으로 또는 타인에게 오해를 유발하게 함으로써 금전 기타 재산상의 이익을 얻을 목적으로 여러 차례에 걸쳐 구 증권거래법 제188조의4 제4항 제1호, 제2호의 허위의 시세 또는 허위의 사실 기타 풍설을 유포하는 행위, 위계를 쓰는 행위, 허위·부실 표시 문서 이용행위 등의 불공정거래행위를 반복한 경우, 이는 시세조종 등 불공정거래의 금지를 규정하고 있는 구 증권거래법 제188조의4에 해당하는 수 개의 행위를 단일하고 계속된 범의하에서 일정기간 계속하여 반복한 범행이라 할 것이고, 이 범죄의 보호법익은 유가증권시장 또는 코스닥시장에서의 유가증권 거래의 공정성 및 유통의 원활성 확보라는 사회적 법익이고 각각의 유가증권 소유자나 발행자 등 개개인의 재산적 법익은 직접적인 보호법익이 아닌 점에 비추어 위 각 범행의 피해법익의 동일성도 인정되므로, 위 각 행위는 모두 포괄하여 구 증권거래법 제207조의2 제2항, 제1항 제2호, 제188조의4 소정의 불공정거래행위금지 위반의 일죄가 성립된다.

---

39 대법원 2011. 7. 28. 선고 2008도5399 판결

살피건대, 이 사건에서 피고인은 A사와 B사를 합병하면서 A사의 주가를 부양하겠다는 단일한 의사로 허위표시 문서이용 행위와 허위사실 유포행위를 하였고, 이 사건과 같이 '합병'이라는 이벤트를 통하여 주가를 부양하려고 하는 경우 사전에 허위내용의 공시, 보도자료 배포 등 여러 수단을 계획해두는 것이 일반적이라는 점을 고려할 때, 허위표시 문서이용과 허위사실 유포는 '포괄일죄'의 관계에 있다고 봄이 타당하다.

또한, 포괄일죄는 1개의 범죄로서 단일 형량이 적용되는 반면, 실체적 경합은 수 개의 독립된 범죄로서 형량이 가산되는바, 허위표시 문서이용과 허위사실 유포가 그 행위 태양을 달리하는 측면이 있다고 하더라도, 피고인의 이익을 위하여 '실체적 경합'이 아니라 '포괄일죄'의 관계에 있다고 볼 것이다.

(나) 부당이득의 산정방법

① 부당이득 산정에 관한 명문의 규정

사기적 부정거래행위로 취득한 부당이득의 규모에 따라 징역형 및 벌금의 가중이 달라지므로, 부당이득의 규모를 정확하게 산정하는 것이 형사재판에서는 매우 중요한 선결과제가 된다.

그럼에도 불구하고 구 증권거래법뿐만 아니라 자본시장법에도 부당이득의 산정방법에 관한 명시적인 규정이 없었기 때문에, 기존에 구체적인 부당이득액의 산정은 법원의 판단에 맡겨져 왔다.

이와 관련하여 대법원은 부당이득이 '당해 위반행위로 인하여 행위자가 얻은 이윤, 즉 그 거래로 인한 총수입에서 그 거래를 위한 총비용을 공제한 차액'을 의미한다고 판시하였다.[40]

---

40 대법원 2009. 4. 9. 선고 2009도675 판결

참고판례 - 대법원 2009. 4. 9. 선고 2009도675 판결

구 증권거래법 제207조의2 제1항 단서 및 제2항에서 규정하고 있는 '위반행위로 얻은 이익'이라 함은 거기에 함께 규정되어 있는 '손실액'에 반대되는 개념으로서 당해 위반행위로 인하여 행위자가 얻은 이윤, 즉 그 거래로 인한 총 수입에서 그 거래를 위한 총 비용을 공제한 차액을 말하고, 따라서 현실거래로 인한 불공정거래 행위로 얻은 이익은 그 불공정거래행위와 관련된 유가증권 거래의 총 매도금액에서 총 매수금액 외에 그 거래를 위한 매수수수료, 매도수수료, 증권거래세(증권거래소의 경우 농어촌특별세를 포함한다) 등의 거래비용도 공제한 나머지 순매매이익을 의미한다.

한편, 자본시장법 시행령이 2024. 1. 9. 대통령령 제34125호로 개정되면서 부당이득액의 산정에 관하여 제388조의2가 신설되었고, [별표 20의2]에 구체적인 산정방식이 규정되었다.

[별표 20의2] 중 일반기준과 관련하여 "외부요인에 의한 금융투자상품의 시세변동이 위반행위로 인한 금융투자상품의 시세변동을 완전히 상쇄하였다고 인정되는 경우," "외부요인에 의한 금융투자상품의 시세변동이 위반행위로 인한 금융투자상품의 시세변동을 초과하였다고 인정되는 경우," "외부요인에 의한 금융투자상품의 시세변동이 위반행위로 인한 금융투자상품의 시세변동에 준한다고 인정되는 경우" 및 "외부요인에 의한 금융투자상품의 시세변동이 위반행위로 인한 금융투자상품의 시세변동에 준하는 정도에 미치지 않는다고 인정되는 경우"라는 개념이 도입되었다.

자본시장법 시행령 제388조의2(부당이득액의 산정)

법 제442조의2에 따라 법 제429조의2 및 제429조의3에 따른 위반행위와 관련된 거래로 얻은 이익 또는 이로 인하여 회피한 손실액 및 법 제443조에 따른 위반행위로 얻은 이익 또는 회피한 손실액으로서 그 위반행위를 통하여 이루어진 거래로 발생한 총수입에서 그 거래를 위한 총비용을 공제한 차액(이하 "부당이득액"이라 한다)의 구체적인 산정방식은 별표 20의2와 같다.

[별표 20의2] 부당이득액의 산정방식(제388조의2 관련)

1. 일반기준

바. 위반행위로 인한 시세 변동과 전체 위반행위기간 동안 위반행위자와 무관한 제3자의 개입 또는 이에 준하는 사실·행위(이하 "외부요인"이라 한다)로 인한 시세 변동이 결합되어 위반행위로 인한 시세 변동분을 확정하기 어려운 경우에는 다음의 기준에 따라 부당이득액을 산정한다. 다만, 외부요인이 사회통념상 예견 가능하거나 위반행위자가 해당 외부요인을 위반행위에 이용하였다고 인정되는 경우 또는 금융투자상품의 권리락·배당락, 주가지수의 변동 등에 의한 시세 변동의 경우는 그렇지 않다.

1) 외부요인에 의한 금융투자상품의 시세 변동이 위반행위로 인한 금융투자상품의 시세 변동을 완전히 상쇄하였다고 인정되는 경우에는 외부요인이 발생하기 직전까지의 시점을 기준으로 부당이득액을 산정한다.

2) 외부요인에 의한 금융투자상품의 시세 변동이 위반행위로 인한 금융투자상품의 시세 변동을 초과하였다고 인정되는 경우에는 외부요인이 발생한 이후의 시세 변동분은 3분의 1을 반영하여 부당이득액을 산정한다.

3) 외부요인에 의한 금융투자상품의 시세 변동이 위반행위로 인한 금융투자상품의 시세 변동에 준한다고 인정되는 경우에는 외부요인이 발생한 이후의 시세 변동분은 2분의 1을 반영하여 부당이득액을 산정한다.

4) 외부요인에 의한 금융투자상품의 시세 변동이 위반행위로 인한 금융투자상품의 시세변동에 준하는 정도에 미치지 않는다고 인정되는 경우에는 외부요인이 발생한 이후의 시세 변동분 전부를 반영하여 부당이득액을 산정한다. 다만, 금융위원회가 정하여 고시하는 특별한 사정이 인정되는 경우 외부요인이 발생한 이후의 시세 변동분은 3분의 2를 반영하여 부당이득액을 산정한다.

2. 개별기준

라. 법 제178조를 위반하여 부정거래행위 등을 한 경우

1) 법 제178조에 따른 부정거래행위 등의 금지의무를 위반한 행위(이하 "부정거래행위금지 위반행위"라 한다)가 증권을 모집·사모·매출하는 방법으로 이루어진 경우에는 증권의 모집·사모·매출을 통해 투자자로부터 지급받은 모집금액·판매금액·매출액 전액을 부당이득액으로 한다. 이 경우 제1호 바목은 적용하지 않는다.

2) 1)을 제외한 부정거래행위금지 위반행위를 한 자가 금융투자상품의 매매, 그 밖의 거래를 한 경우 부당이득액의 산정은 가목부터 다목까지를 준용한다.

가. 법 제173조의2 제2항을 위반하여 파생상품시장에서의 시세에 영향을 미칠 수 있는 정보를 누설하거나, 장내파생상품 및 그 기초자산의 매매나 그 밖의 거래에 이용하거나, 타인으로 하여금 이용하게 한 경우

1) 실현이익은 위반행위자가 법 제173조의2 제2항에 따른 금지의무를 위반한 행위(이하 "정보이용금지 위반행위"라 한다)를 개시한

날부터 파생상품시장에서의 시세에 영향을 미칠 수 있는 정보의 공개 이후 파생상품시장에서 법 제173조의2 제2항에 따른 장내파생상품 또는 장내파생상품의 기초자산(이하 "장내파생상품등"이라 한다)의 최초형성최고종가(상승세에 있던 최종가격의 흐름이 최초로 멈춘 날의 최종가격 또는 최초로 하락세로 돌아서는 날 전일의 최종가격을 말한다. 이하 같다)가 형성된 날까지 매도한 장내파생상품등에 대하여 다음의 계산식에 따라 산정한다.

실현이익 = (장내파생상품등의 가중평균 매도단가 - 장내파생상품등의 가중평균 매수단가) × 매매일치수량 - 거래비용

2) 미실현이익은 위반행위자가 정보이용금지 위반행위를 개시한 날부터 파생상품시장에서의 시세에 영향을 미칠 수 있는 정보의 공개 이후 파생상품시장에서 장내파생상품등의 최초형성최고종가가 형성된 날까지 매도하지 않은 장내파생상품등에 대하여 다음의 계산식에 따라 산정한다.

미실현이익 = (장내파생상품등의 최초형성최고종가 - 장내파생상품등의 가중평균 매수단가) × 보유수량 - 거래비용

3) 회피손실액은 위반행위자가 정보이용금지 위반행위를 개시한 날부터 파생상품시장에서의 시세에 영향을 미칠 수 있는 정보의 공개 이후 파생상품시장에서 장내파생상품등의 최초형성최저종가(하락세에 있던 최종가격의 흐름이 최초로 멈춘 날의 최종가격 또는 최초로 상승세로 돌아서는 날 전일의 최종가격을 말한다. 이하 같다)가 형성된 날까지 매도한 장내파생상품등에 대하여 다음의 계산식에 따라 산정한다.

회피손실액 = (장내파생상품등의 가중평균 매도단가 - 장내파생상품등의 최초형성최저종가) × 매도수량 - 거래비용

나. 법 제174조를 위반하여 미공개중요정보 이용행위를 한 경우

1) 실현이익은 위반행위자가 법 제174조에 따른 미공개중요정보 이용행위 금지의무를 위반한 행위(이하 "미공개중요정보이용금지 위반행위"라 한다)를 개시한 날부터 미공개중요정보 또는 미공개정보의 공개 이후 증권시장에서 특정증권등의 최초형성최고종가가 형성된 날까지 매매한 특정증권등에 대하여 다음의 계산식에 따라 산정한다.

실현이익 = (특정증권등의 가중평균 매도단가 - 특정증권등의 가중평균 매수단가) × 매매일치수량 - 거래비용

2) 미실현이익은 위반행위자가 미공개중요정보이용금지 위반행위를 개시한 날부터 미공개중요정보 또는 미공개정보의 공개 이후 증권시장에서 특정증권등의 최초형성최고종가가 형성된 날까지 매도하지 않은 특정증권등에 대하여 다음의 계산식에 따라 산정한다.

미실현이익 = (특정증권등의 최초형성최고종가 - 특정증권등의 가중평균 매수단가) × 보유수량 - 거래비용

3) 회피손실액은 위반행위자가 미공개중요정보이용금지 위반행위를 개시한 날부터 미공개중요정보 또는 미공개정보의 공개 이후 증권시장에서 특정증권등의 최초형성최저종가가 형성된 날까지 매매한 특정증권등에 대하여 다음의 계산식에 따라 산정한다. 이 경우 특정증권등의 최초형성최저종가가 형성된 날 전에 매매거래가 정지된 경우에는 매매거래 정지 직전의 최종가격의 70%에 해당하는 금액을 최초형성최저종가로 보되, 매매거래 정지로 특정증권등이 상장폐지된 경우에는 장내파생상품등의 최초형성최저종가는 0원으로 한다.

회피손실액 =(특정증권등의 가중평균 매도단가-특정증권등의 최초형성최저종가) × 매도수량 - 거래비용

다. 법 제176조를 위반하여 시세조종행위 등을 한 경우

1) 시세조종행위 등의 금지의무 위반행위를 통해 시세를 상승시킨 경우

가) 실현이익은 위반행위자가 법 제176조에 따른 시세조종행위 등의 금지의무를 위반한 행위(이하 "시세조종행위금지 위반행위"라 한다)를 개시한 날부터 시세조종행위금지 위반행위를 종료한 날까지(이하 "시세조종기간"이라 한다) 매매한 법 제176조제1항에 따른 상장증권 또는 장내파생상품(이하 "상장증권등"이라 한다)에 대하여 다음의 계산식에 따라 산정한다.

실현이익 =(상장증권등의 가중평균 매도단가-상장증권등의 가중평균 매수단가) × 매매일치수량 - 거래비용

(1) 위반행위자가 시세조종행위금지 위반행위를 할 것을 예정하고 시세조종행위금지 위반행위를 개시한 날 전에 상장증권등을 보유한 경우에도 위 계산식에 따라 부당이득액을 산정한다.

(2) 위반행위자가 시세조종행위금지 위반행위를 개시하기 전에 보유하고 있던 상장증권등으로서 시세조종행위금지 위반행위로 취득한 것이 아닌 경우에는 상장증권등의 가중평균 매수단가는 시세조종행위 금지의무 위반행위의 개시일 전일의 해당 상장증권등의 최종가격을 매수단가로 하여 산정한다. 나)에 따른 미실현이익을 산정할 경우에도 또한 같다.

나) 미실현이익은 위반행위자가 시세조종기간이 끝나는 날까지 매도하지 않은 상장증권등에 대하여 다음의 계산식에 따라 산정한다. 위반행위자가 시세조종행위금지 위반행위를 할 것을 예정하고 시세조종행위금지 위반행위를 개시한 날 전에 상장증권등을 보유한 경우에도 다음의 계산식에 따라 부당이득액을 산정한다.

미실현이익 = (시세조종기간이 끝나는 날의 상장증권등의 최종가격 - 상장증권등의 가중평균 매수단가) × 보유수량 - 거래 비용

다) 제1호 나목에 따른 이익을 산정할 때 시세조종행위금지 위반행위가 없었을 경우의 상장증권등의 최종가격은 시세조종행위금지 위반행위를 개시한 날 전일의 상장증권등의 최종가격을 기준으로 한다.

2) 시세조종행위를 통해 시세의 하락을 방어한 경우

가) 실현이익은 위반행위자가 시세조종기간에 매매한 상장증권등에 대하여 다음의 계산식에 따라 산정한다.

실현이익 = (상장증권등의 가중평균 매도단가 - 시세조종기간 중의 상장증권등의 최저종가의 70%에 해당하는 금액) × 매매일치수량 - 거래비용

나) 미실현이익은 위반행위자가 시세조종기간이 끝나는 날까지 매도하지 않은 상장증권등에 대하여 다음의 계산식에 따라 산정한다.

미실현이익 = (시세조종기간이 끝나는 날의 상장증권등의 최종가격 - 시세조종기간 중의 상장증권등의 최저종가의 70%에 해당하는 금액) × 보유수량 - 거래비용

다) 제1호 나목에 따른 이익을 산정할 때 시세조종행위금지 위반행위가 없었을 경우의 상장증권등의 최종가격은 시세조종기간 중 상장증권등의 최저종가의 70%에 해당하는 금액을 기준으로 한다.

3) 시세조종행위금지 위반행위를 통해 시세를 하락시킨 경우의 부당이득액은 제1호 나목을 준용한다. 이 경우 제1호 나목에 따른 이익을 산정할 때 시세조종행위금지 위반행위가 없었을 경우의 상장증권등의 최종가격은 시세조종행위금지 위반행위를 개시한 날 전일의 상장증권등의 최종가격을 기준으로 한다.

3) 2)에 따라 부당이득액을 산정할 때 금융투자상품이 비상장증권 또는 장외파생상품인 경우에는 다음의 구분에 따라 매수단가를 산정한다.

가) 부정거래행위금지 위반행위 직전에 해당 금융투자상품을 정상적으로 거래한 사례가 확인되는 경우: 해당 사례의 매수단가

나) 부정거래행위금지 위반행위 직전에 해당 금융투자상품을 정상적으로 거래한 사례가 확인되지 않는 경우: 비상장증권 또는 장외파생상품의 액면금액 또는 「상속세 및 증여세법 시행령」 제54조에 따라 평가한 비상장증권 또는 장외파생상품의 금액 중 높은 금액

자본시장법 시행령 제388조의2 및 [별표 20의2]가 도입된 배경은 수긍이 가나, 사기적 부정거래행위로 취득한 부당이득의 규모에 따라 징역형 및 벌금의 가중이 달라지는 상황에서 부당이득액은 엄격하게 산정되어야 하는데, ▲ 자본시장법 시행령 제388조의2 및 [별표 20의2]만으로 개별적인 사안에서 부당이득액을 산정하기에 충분한 기준이 마련되었다고 보기 어렵고, ▲ 특히, [별표 20의2] 중 일반기준과 관련하여 "외부요인에 의

한 금융투자상품의 시세변동이 위반행위로 인한 금융투자상품의 시세변동을 완전히 상쇄하였다고 인정되는 경우," "외부요인에 의한 금융투자상품의 시세변동이 위반행위로 인한 금융투자상품의 시세변동을 초과하였다고 인정되는 경우," "외부요인에 의한 금융투자상품의 시세변동이 위반행위로 인한 금융투자상품의 시세변동에 준한다고 인정되는 경우" 및 "외부요인에 의한 금융투자상품의 시세변동이 위반행위로 인한 금융투자상품의 시세변동에 준하는 정도에 미치지 않는다고 인정되는 경우"라는 개념 자체가 판단을 요하는 것이고, 그 판단 기준도 불명확한 측면이 있다.

② 미실현이익의 포함 여부

대법원은 ⅰ) 잔존주식에 대한 미실현이익뿐만 아니라 ⅱ) 기업의 경영권 획득, 지배권 확보, 회사 내에서의 지위상승 등 무형적 이익, 손실을 회피하는 경우와 같은 소극적 이득, 아직 현실화되지 않는 장래의 이득까지도 부당이득에 포함된다고 판단하였다.[41]

참고판례 - 대법원 2013. 7. 11. 선고 2011도15056 판결

구 증권거래법(2007. 8. 3. 법률 제8635호 자본시장과 금융투자업에 관한 법률 부칙 제2조로 폐지) 제207조의2와 제214조에서 정하고 있는 '위반행위로 얻은 이익'은 당해 위반행위로 행위자가 얻은 인과관계 있는 이익 전부를 의미하므로, 거기에는 시세조종행위 기간 중에 한 구체적 거래로 인하여 이미 발생한 이익(이하 '실현이익'이라 한다)과 시세조종행위 종료 시점 당시 보유 중인 시세조종 대상 주식의 평가이익(이하 '미실현이익'이라 한다)이 모두 포함되어야 한다. 여기서 미실현이익은 특별한 사정이 없는 한 시세조종행위가 종료될 당시를 기준으로 산정할 것이고, 이는 처분을 전제로 하지 않고 보유하고 있는 주식의 가치를 평가하여 위반

41 대법원 2003. 12. 12. 선고 2001도606 판결, 대법원 2003. 11. 14. 선고 2003도686 판결

행위로 인하여 발생한 위험과 인과관계가 인정되는 이익을 산정하는 것이므로, 실현이익을 산정하는 경우 실제 처분 시 소요된 거래비용 등을 공제하여야 하는 것과 달리 장래 처분 시 예상되는 거래비용 등을 공제하여 산정할 것은 아니다.

참고판례 - 대법원 2003. 11. 14. 선고 2003도686 판결

구 증권거래법 제188조의4 제4항이 사기적 부정거래행위를 금지하는 것은 증권거래에 관한 사기적 부정거래가 다수인에게 영향을 미치고 증권시장 전체를 불건전하게 할 수 있기 때문에 증권거래에 참가하는 개개의 투자자의 이익을 보호함과 함께 투자자 일반의 증권시장에 대한 신뢰를 보호하여 증권시장이 국민경제의 발전에 기여할 수 있도록 함에 그 목적이 있다고 할 것이므로, 여기서 유가증권의 매매 등 거래와 관련한 행위인지 여부나 허위의 여부 및 부당한 이득 또는 경제적 이익의 취득 도모 여부 등은 그 행위자의 지위, 발행회사의 경영상태와 그 주가의 동향, 그 행위 전후의 제반 사정 등을 종합적으로 고려하여 객관적인 기준에 의하여 판단하여야 하고, 위와 같은 증권거래법의 목적과 위 규정의 입법취지 등에 비추어 위 법문 소정의 부당한 이득은 유가증권의 처분으로 인한 행위자의 개인적이고 유형적인 경제적 이익에 한정되지 않고, 기업의 경영권 획득, 지배권 확보, 회사 내에서의 지위상승 등 무형적 이익 및 적극적 이득뿐 아니라 손실을 회피하는 경우와 같은 소극적 이득, 아직 현실화되지 않는 장래의 이득도 모두 포함하는 포괄적인 개념으로 해석하는 것이 상당하다.

실현이익과 미실현이익의 산정방식

- **실현이익** = (가중평균 매도단가 - 가중평균 매수단가) × 매매일치수량 - (매수수수료 + 매도수수료)
- **미실현이익** = (부정거래행위 종료 시점의 종가 - 가중평균 매수단가) × 잔여수량

만약 사기적 부정거래행위와 관련된 주식을 처분하지 않았다고 하여 부당이득에서 제외한다면, 사기적 부정거래 이후 주식을 처분하였다는 우연한 사정에 따라 부당이득액이 달리 산정되고, 그 연장선에서 징역형 및 벌금의 가중에도 영향을 미치게 되므로, 법원이 부당이득액을 산정함에 있어서 미실현이익을 포함한 것은 타당하다.

③ 양도소득세의 공제 여부

대법원은 부당이득이 '당해 위반행위로 인하여 행위자가 얻은 이윤 즉 그 거래로 인한 총수입에서 그 거래를 위한 총비용을 공제한 차액'을 의미한다는 전제하에서 양도소득세, 외부청약 과정에서 청약자들에게 지급하기로 한 청약환불금 등의 비용이 공제 대상인 거래비용에 포함되지 않는다고 판단하였다.[42]

참고판례 - 대법원 2003. 11. 14. 선고 2003도686 판결

구 증권거래법 제207조의2 단서 소정의 '위반행위로 얻은 이익'이라 함은 거기에 함께 규정되어 있는 '손실액'에 반대되는 개념으로서 당해 위반행위로 인하여 행위자가 얻은 이윤 즉 그 거래로 인한 총수입에서 그 거래를 위한 총비용을 공제한 차액을 말하고, 따라서 현실거래로 인한 시세조종행위로 얻은 이익은 그 시세조종행위와 관련된 유가증권 거래의 총 매도금액에서 총 매수금액 외에 그 거래를 위한 매수수수료, 매도수수료, 증권거래세(증권거래소의 경우 농어촌특별세를 포함한다) 등의 거래비용을 공제한 나머지 순매매이익을 의미하며, 이 경우 양도소득세는 공제 대상인 거래비용에 포함되지 아니한다.

참고판례 - 대법원 2004. 5. 28. 선고 2004도1465 판결

시세조종행위를 위해 외부청약 과정에서 청약자들에게 지급하기로 한 청약환불금 등의 비용은 주식매도 및 매수에 관련된 거래비용이라고 볼 수 없어 현실거래로 인한 시세조종행위로 얻은 이익에서 공제되는 비용에 포함된다고 볼 수 없다.

---

42 대법원 2003. 11. 14. 선고 2003도686 판결, 대법원 2004. 5. 28. 선고 2004도1465 판결

양도소득세는 주식거래를 통하여 매매차익을 실현하였을 때 발생하는 세금이고, 주식매도 및 매수와 관련된 직접적인 거래비용이 아니므로, 법원이 부당이득을 산정함에 있어서 양도소득세를 공제 대상인 거래비용에 포함하지 않은 것은 타당하다.

(다) 사기적 부정거래행위와 부당이득 간의 인과관계

① 이 사건 사기적 부정거래행위 이전부터 피고인이 보유 중인 A사 주식의 간주매수단가

사기적 부정거래행위 이전부터 보유 중인 주식의 경우 사기적 부정거래행위로 취득한 부당이익은 사기적 부정거래행위로 인하여 상승한 주식의 평가액을 의미하는 것으로서 사기적 부정거래행위로 인하여 주가가 상승하기 시작하는 시점 이전까지의 평가액은 부당이득액에서 제외되어야 한다.

이 사건에서 법원은 유가증권신고서가 장 마감 이후인 2007. 7. 16. 17:23에 공시된 사실을 인정하면서 이 사건 사기적 부정거래행위 이전부터 피고인이 보유 중인 A사 주식의 간주매수단가를 2007. 7. 16. 종가인 5,690원을 기준으로 산정하였는바, 허위표시문서이용으로 인하여 A사의 주가가 상승하기 이전까지의 평가액을 제외한 것으로서 타당하다.

② 합병신주와 제3자배정 유상신주를 취득한 사람들이 취득한 부당이득의 포함 여부

대법원은 '위반행위로 얻은 이익'에 행위자 및 공범 이외의 제3자에게 귀속되는 이익은 포함되지 않는다고 판시하였다.[43]

참고판례 - 대법원 2011. 4. 28. 선고 2010도7622 판결

구 증권거래법(2007. 8. 3. 법률 제8635호로 폐지되기 전의 것, 이하 같다) 제207조의2 제1항 단서, 제2항 및 제214조 제2항에서 정한 '위반행위로 얻은 이익'은

43 대법원 2011. 4. 28. 선고 2010도7622 판결

당해 위반행위로 인하여 행위자가 얻은 이익을 의미하고(대법원 2007. 11. 15. 선고 2007도6336 판결 등 참조), 여러 사람이 공동으로 시세조종 등 불공정거래의 범행을 저지른 경우 그 범행으로 인한 이익은 범행에 가담한 공범 전체가 취득한 이익을 말하는 것일 뿐(대법원 2005. 8. 16. 선고 2005도2710 판결), 범행에 가담하지 아니한 제3자에게 귀속되는 이익은 이에 포함되지 아니한다.

이 사건에서도 법원은 대법원 판례의 법리에 따라 합병신주와 제3자배정 유상신주를 취득한 사람들이 취득한 부당이득은 피고인이 취득한 부당이득에서 제외하였는데, 이것은 형사법의 대원칙인 책임주의에 입각한 것으로서 타당하다.

③ 부당이득의 구체적인 산정

부당이득은 사기적 부정거래행위로 인한 이익으로서 사기적 부정거래행위와의 인과관계가 인정되어야 하는데, 사기적 부정거래행위 외에 제3자의 개입, 증권시장의 상황, 그 밖에 주가에 중대한 영향을 미칠 수 있는 제반 요소가 다양하므로, 사기적 부정거래행위로 인한 부당이득액을 구체적으로 산정함에 있어서는 신중을 기하여야 한다.

이와 관련하여 대법원은 위반행위의 동기, 경위, 태양, 기간, 제3자의 개입 여부, 증권시장 상황 및 그 밖에 주가에 중대한 영향을 미칠 수 있는 제반 요소들을 전체적·종합적으로 고려하여 인과관계가 인정되는 이익을 산정해야 한다고 판시하였다.[44]

참고판례 - 대법원 2009. 7. 9. 선고 2009도1374 판결

구 증권거래법(2007. 8. 3. 법률 제8635호로 공포되어 2009. 2. 4. 시행된 자본시장과 금융투자업에 관한 법률 부칙 제2조로 폐지) 제207조의2와 제214조에서 정한 '위반행위로 얻은 이익'이란 그 위반행위와 관련된 거래로 인한 이익을 말하는

44 대법원 2009. 7. 9. 선고 2009도1374 판결

것으로서 위반행위로 인하여 발생한 위험과 인과관계가 인정되는 것을 의미한다. 통상적인 경우에는 위반행위와 관련된 거래로 인한 총수입에서 그 거래를 위한 총 비용을 공제한 차액을 산정하는 방법으로 인과관계가 인정되는 이익을 산출할 수 있겠지만, 구체적인 사안에서 위반행위로 얻은 이익의 가액을 위와 같은 방법으로 인정하는 것이 부당하다고 볼 만한 사정이 있는 경우에는, 사기적 부정거래행위를 근절하려는 위 법 제207조의2와 제214조의 입법 취지와 형사법의 대원칙인 책임주의를 염두에 두고 위반행위의 동기, 경위, 태양, 기간, 제3자의 개입 여부, 증권시장 상황 및 그 밖에 주가에 중대한 영향을 미칠 수 있는 제반 요소들을 전체적·종합적으로 고려하여 인과관계가 인정되는 이익을 산정해야 하며, 그에 관한 입증책임은 검사가 부담한다.

특히, 대법원은 주식시장에서의 정상적인 주가변동요인에 의한 주가상승분이나 위반행위자와 무관한 제3자가 야기한 주가상승분이 존재하는 등과 같은 사정이 있는 경우에는 위반행위와 인과관계가 인정되는 이익만을 따로 구분하여 산정하여야 한다고 판시하기도 하였다.[45]

참고판례 - 대법원 2013. 7. 11. 선고 2011도15056 판결

구 증권거래법(2007. 8. 3. 법률 제8635호 자본시장과 금융투자업에 관한 법률 부칙 제2조로 폐지, 이하 같다) 제207조의2와 제214조는 시세조종행위 등 '위반행위로 얻은 이익'이 일정액을 초과하면 징역형의 법정형을 가중하고 벌금형의 상한도 상향되도록 규정하고 있다. 또한, 구 범죄수익은닉의 규제 및 처벌 등에 관한 법률(2007. 12. 21. 법률 제8719호로 개정되기 전의 것) 제8조, 제10조 등에 의하면

45 대법원 2013. 7. 11. 선고 2011도15056 판결

구 증권거래법상 시세조종행위 등 범죄행위에 의하여 생긴 재산인 불법수익은 몰수·추징하도록 되어 있다. 이와 같은 법률 규정 체계에 비추어 위 '위반행위로 얻은 이익'은 그 위반행위와 관련된 거래로 인하여 얻은 이익 중 위반행위로 인하여 발생한 위험과 인과관계가 인정되는 것을 의미한다고 보아야 한다. 이는 통상적인 경우에는 위반행위와 관련된 거래로 인한 총수입에서 그 거래를 위한 총비용을 공제한 차액을 산정하는 방법으로 산출할 수 있겠지만, 주식시장에서 정상적인 주가변동요인에 의한 주가상승분이나 위반행위자와 무관한 제3자가 야기한 변동요인에 의한 주가상승분이 존재하는 등으로 구체적인 사안에서 위반행위로 얻은 이익의 가액을 위와 같은 방법으로 산정하는 것이 부당하다고 볼 만한 사정이 있는 경우에는 위반행위와 인과관계가 인정되는 이익만을 따로 구분하여 산정해야 하고, 그에 대한 증명책임은 검사가 부담한다.

그 연장선에서 법원이 피고인의 행위와 무관한 요인에 의한 주가상승분이 존재한다고 판단되는 경우 "액수 미상의 부당이득"이라고 판시하는 사례가 다수 있다.[46]

참고판례 - 서울고등법원 2018. 6. 21. 선고 2017노2969 판결

2013. 6. 13.부터 2013. 6. 20.까지 기간 동안의 M의 주가상승분에는 이 사건 사기적 부정거래행위에 따른 주가상승분 외에 다른 요인에 따른 주가상승분이 포함되어 있다고 판단된다. 그렇다면 앞서 본 법리에 따라 이 사건 사기적 부정거래행위로 인한 주가상승분 외에 주식시장에서의 정상적인 주가변동요인 또는 피고인들과 무관한 외부적 요인에 의한 주가상승분을 공제하여, 이 사건 사기적 부정거래행위로 피고인들이 얻은 부당이득액을 산정하여야 할 것인데, 검사가 제출한 증거

46 서울고등법원 2018. 6. 21. 선고 2017노2969 판결, 서울고등법원 2022. 4. 29. 선고 2021노2108 판결

들만으로는 이 사건 사기적 부정거래행위에 따른 주가상승분과 다른 요인에 따른 주가상승분을 분리하여 피고인들의 부당이득액을 산정할 수 없으므로, 결국 이 사건은 피고인들이 사기적 부정거래행위로 취득한 부당이득액을 산정할 수 없는 경우에 해당한다.

참고판례 - 서울고등법원 2022. 4. 29. 선고 2021노2108 판결

이 부분 공소사실에 대하여 원심이 설시한 사실 내지 사정들과 같이 검사가 제출한 증거들만으로는 시세조종 행위로 인한 주가상승분에 의한 이득액과 관계없는 요인으로 인한 주가상승분에 의한 이득액이 분리되어 있지 않고, 이를 분리하여 피고인의 이익의 가액을 산정하기에 충분하지 않으므로, 결국 이 사건은 자본시장법 제443조 제1항 단서가 정한 '시세조종 행위로 얻은 이익을 산정하기 곤란한 경우'에 해당한다.

따라서 이 사건으로 인한 피고인의 부당이득액이 440,402,432원임을 전제로 하는 이 부분 공소사실은 그 범죄사실의 증명이 없는 경우에 해당하므로 형사소송법 제325조 후단에 의하여 무죄를 선고하여야 할 것이나, 이 부분 공소사실과 동일한 공소사실의 범위 내에 있는 판시 범죄사실을 유죄로 인정한 이상 주문에서 따로 무죄를 선고하지 아니한다.

이 사건에서 법원은 허위표시 또는 허위사실 유포 등이 시작된 2007. 7. 16.부터 끝난 것으로 된 2008. 1. 24.까지 사이에 A사의 주가에 영향을 미칠만한 특별한 사정이 있었다고 볼 만한 자료가 없다는 이유로 피고인이 취득한 부당이득액을 10,700,207,915원으로 구체적으로 산정하였는데, 과연 피고인의 행위와 무관한 요인에 의한 주가상승분이 존재하는지에 관하여 충분한 심리를 거쳤는지 의문이다.

추측하건대, 피고인이 재판과정에서 자신의 행위와 무관한 요인에 의한 주가상승분이 존재한다는 사실을 적극적으로 주장하지 않은 것으로 보인다. 만약 피고인이 자신의 행위와 무관한 요인에 의한 주가상승분이 존재한다는 사실을 적극적으로 주장하였다면, 검사가 피고인의 행위와 인과관계가 인정되는 이익만을 따로 구분하여 산정해야 하는데, 이것은 사실상 불가능하고, 이때 실무적으로 부당이득액이 '불상'으로 귀결되는 경우가 많기 때문이다.

2. 자본시장법위반의 점에 관하여 – 자본시장법 제178조 제1항 제1호 <부정한 수단, 계획 또는 기교 행위>와 관련하여

가. 법원의 판단

(1) 제1심법원의 판단

제1심법원은 피고인이 A사 주식에 대하여 고가매수주문, 허수매수주문, 시·종가관여주문, 통정매매를 하는 방법 등으로 A사 주식의 매매거래가 성황을 이루고 있는 듯이 잘못 알게 하거나 그 시세를 변동시키는 행위를 함과 동시에 A사 주식의 매매 기타 거래와 관련하여 부정한 수단, 계획 또는 기교를 사용하는 행위를 함으로써 액수 미상의 부당이득을 취득하였다고 판단하였다.[47]

즉, 제1심법원은 현실거래로 인한 시세조종행위(자본시장법 제176조 제1항 제1호, 제2호, 제2항 제1호)와 별개로 자본시장법 제178조 제1항 제1호 〈부정한 수단, 계획, 기교 행위〉도 인정된다고 판단한 것이다.

47 피고인은 제1심 재판과정에서는 자본시장법위반죄를 적극적으로 다투지 않은 것으로 보인다.

(2) 항소심 법원 및 대법원의 판단

피고인은 ⅰ) 현행 자본시장법상 사기적 부정거래의 규정은 포괄적 처벌규정이고 그 법정형이 중한 점에 비추어 합헌적으로 해석하기 위해서는 매우 엄격한 제한적 해석을 해야 하고, ⅱ) 피고인이 제3자인 丁 및 F사의 戊에게 A사 주식을 매수한 다음 일정한 기간 보유하여 달라고 한 것은 특별한 사정이 없는 한 자본시장법상 사기적 부정거래의 전제가 되는 '부정한 수단'에 해당한다고 볼 수 없다고 주장하였다.

이에 대하여 항소심 법원은 투자원리금 보장약정에 따라 대여금 회수가 보장된 상태에서 A사 주식을 매수한 것은 코스닥시장의 일반투자자들이 A사 주식에 관하여 정상적인 매수세가 꾸준히 유입되고 있는 것으로 오인하게 할 수 있다고 판단하면서 피고인의 항소를 기각하였고, 대법원도 동일한 태도를 유지하였다.

> (중략) 이 사건은 피고인이 단순히 丁에게 A사의 주식을 일정 부분 매수하여 일정 기간 보유하여 달라고 부탁하고 丁 및 戊가 이를 승낙하여 그대로 이행한 것이 아니라, 피고인이 丁을 통하여 戊에게 A사 발행의 약속어음을 담보로 제공하고 戊가 20억 원을 투입하여 A사의 주식을 매수한 다음 일정 기간 보유하고 있다가 매도하되, 수익이 있으면 피고인과 F사가 30:70의 비율로 나누고 손실이 발생할 경우 피고인이 원금 및 이자를 정산하여 F사에게 그 차액을 지급하기로 주기로 약정한 것으로서 이는 투자원리금 보장약정에 따라 대여금 회수가 보장된 상태에서 A사의 주식을 매수한 것으로 볼 수 있는 점,
>
> 위와 같은 사정을 알지 못하는 코스닥시장의 일반투자자들은 A사의 주식에 관하여 정상적인 매수세가 꾸준히 유입되고 있는 것으로 오인할 수 있는 점

나. 평석

(1) 문제점

이 사건에서 피고인은 丁에게 'A사 발행의 약속어음을 제공할 테니 F사의 대표이사 戊가 이를 담보로 20억 원의 자금을 마련한 후 그 자금으로 장내에서 A사 주식을 매집하여 2개월간 보유하여 주면 주식 매각 후 이익금은 피고인이 30%, F사가 70%의 비율로 나누어 가지자.'라고 제의하였고, 그에 따라 丁과 戊가 A사 주식 약 20억 원어치를 장내에서 매수하였는데, 이것은 일견하기에 자본시장법 제178조 제1항 제2호 〈중요사항 거짓문서 등 이용행위〉, 자본시장법 제178조 제1항 제3호 〈거짓시세 이용행위〉, 자본시장법 제178조 제2항 〈풍문 유포행위, 위계 이용행위, 폭행·협박 행위〉에 해당하지 않는다.

그런데 丁이 투자원리금 보장약정에 따라 대여금 회수가 보장된 상태에서 A사 주식을 장내에서 매수하였음에도 불구하고 마치 정상적으로 투자위험을 감수하면서 주식을 매수한 듯한 외향이 형성되었다는 점에서 자본시장법 제178조 제2항 〈위계 이용행위〉에 해당하는 것은 아닌지 의문이 있을 수 있다.

이와 관련하여 丁이 투자원리금 보장약정에 따라 대여금 회수가 보장된 상태에서 A사 주식을 장내에서 매수한 것이 자본시장법 제178조 제2항 〈위계 이용행위〉에 해당하는지를 먼저 검토하고, 그 다음으로 자본시장법 제178조 제1항 제1호 〈부정한 수단, 계획, 기교 행위〉에 해당하는지를 검토할 필요가 있다.

(2) 자본시장법 제178조 제2항 〈위계 이용행위〉에의 해당 여부

(가) '위계'의 의미

일반적으로 형법상 위계란 "타인의 부지 또는 착오를 이용하는 일체의 행위"를 말하고 기망뿐만 아니라 유혹의 경우도 포함하는데, 대법원은 "위계란 상대방이나 불특정 투자자를 기망하여 일정한 행위를 유인할 목적의 수단, 계획, 기교 등을 말하는 것이고, 기망이라 함은 객관적 사실과 다른 내용의 허위사실을 내세우는 등의 방법으로 타인을 속이는 것을 의미한다."라고 판시하였다.[48]

참고판례 - 대법원 2010. 12. 9. 선고 2009도6411 판결

구 증권거래법(2007. 8. 3. 법률 제8635호 자본시장과 금융투자업에 관한 법률 부칙 제2조로 폐지) 제188조의4 제4항 제1호는 유가증권의 매매 기타 거래와 관련하여 '부당한 이득을 얻기 위하여 고의로 허위의 시세 또는 허위의 사실 기타 풍설을 유포하거나 위계를 쓰는 행위'를 금지하고 있는바, 여기서 '위계'란 거래 상대방이나 불특정 투자자를 기망하여 일정한 행위를 유인할 목적의 수단, 계획, 기교 등을 말하는 것이고, '기망'이라 함은 객관적 사실과 다른 내용의 허위사실을 내세우는 등의 방법으로 타인을 속이는 것을 의미한다.

이와 관련하여 서울고등법원 2011. 6. 9. 선고 2010노3160판결은 자본시장법 제178조 제2항의 '위계'를 해석함에 있어서도 동일한 법리가 적용된다고 판시한 바 있다.

참고판례 - 서울고등법원 2011. 6. 9. 선고 2010노3160 판결

구 증권거래법 제188조의4 제4항 제1호는 유가증권의 매매 기타 거래와 관련하여 부당한 이득을 얻기 위하여 고의로 허위의 시세 또는 허위의 사실 기타 풍설을 유포하거나 위계를 쓰는 행위를 금지하고 있다. 여기서 '위계'는 거래 상대방이나 불특정 투자자를 기망하여 일정한 행위를 유인할 목적의 수단, 계획, 기교 등을 말하는 것이고, '기망'은 객관적 사실과 다른 내용의 허위사실을 내세우는 등의 방법으로

48 대법원 2010. 12. 9. 선고 2009도6411 판결 등

타인을 속이는 것을 의미한다(대법원 2010. 12. 9. 선고 2009도6411 판결 등 참조). 이러한 법리는 자본시장법 제178조 제2항에 규정된 '위계'를 해석함에 있어서도 동일하게 적용된다.

(나) '위계의 사용'에의 해당 여부

丁이 투자원리금 보장약정에 따라 대여금 회수가 보장된 상태에서 A사 주식을 장내에서 매수하였음에도 불구하고 마치 정상적으로 투자위험을 감수하면서 주식을 매수한 듯한 외향이 형성된 것은 사실이나, 피고인이 객관적 사실과 다른 허위사실을 표시하는 등의 방법으로 작위에 의하여 불특정 투자자를 기망한 사실이 없음은 명백하다.

한편, 부작위에 의한 기망은 고지의무 있는 자가 일정한 사실에 관하여 상대방이 착오에 빠져 있음을 알면서도 이를 고지하지 않는 것을 말하는바, 피고인이 일반 투자자들에게 丁이 투자원리금 보장약정에 따라 대여금 회수가 보장된 상태에서 A사 주식을 장내에서 매수한 사실을 고지할 의무가 있는 경우에 비로소 '위계의 사용'에 해당할 여지가 있다.

그런데 주식시장은 가격·상품에 대한 위험성을 내재한 모험적 속성을 바탕으로 하고 있으므로, 주식거래와 관련된 모든 정보를 고지할 의무가 있다고 볼 수 없고, 이 사건에서 문제된 투자원리금 보장약정의 존재를 공개할 제도적 장치도 존재하지 않는바, 자본시장법 제178조 제2항 〈위계 이용행위〉에 해당하지 않는다고 봄이 타당하다.

(3) 자본시장법 제178조 제1항 제1호 <부정한 수단, 계획, 기교 행위>에의 해당 여부[49]

(가) '부정한 수단, 계획 또는 기교'의 의미

자본시장법 제178조 제1항 제1호의 <부정한 수단, 계획, 기교 행위>는 구 증권거래법에는 없던 조항을 신설한 것인데(자본시장법은 구 증권거래법 제188조의4 제4항의 한계로 지적되던 부분을 제178조 제1항 제1호를 통하여 입법적으로 해결하고자 한 것이다[50]), '부정한 수단, 계획 또는 기교'의 의미가 무엇인지에 대하여 별도의 정의규정은 없다.

이에 대하여 대법원은 사회통념상 부정하다고 인정되는 일체의 수단, 계획 또는 기교를 말한다고 판시하였다.[51]

한편, '부정한 수단, 계획 또는 기교'에 기망성이 요구되는지 여부와 관련하여, i) 위 대법원 판결의 원심인 서울중앙지방법원 2010. 10. 29. 선고 2010고합305, 2010고합412 판결은 기망성이 요구된다고 판단한 반면, ii) 위 대법원 판결 이후에 선고된 서울중앙지방법원 2011. 11. 28. 선고 2011고합600 판결은 기망성이 요구되지 않는다고 판단하였다.

참고판례 - 서울중앙지방법원 2010. 10. 29. 선고 2010고합305, 2010고합412 판결

자본시장법 제178조 제1항 제1호는 '누구든지 금융투자상품의 매매, 그 밖의 거래와 관련하여 부정한 수단, 계획 또는 기교를 사용하는 행위를 하여서는 아니 된다.'

49 '부정한 수단, 계획 또는 기교'의 입법 연혁은 <2번_저축은행 BIS비율 조작 사건> 참조

50 자본시장법 제178조 제1항 제1호의 입법취지와 관련하여, 그 당시 국회 재정경제위원회의 심사보고서에는 '금융투자상품의 매매거래 등과 관련된 불공정행위는 투자자들의 피해를 초래하고 증권시장의 신뢰를 저하시키는 요인이 되므로 이를 억제할 수 있는 장치가 필요하다. 그런데 증권시장에서의 불공정행위의 수법은 매우 다양하며 신종 사기수법이 계속하여 등장하고 있으므로 그 유형을 일일이 법률에 열거하여 규제하기는 불가능하다고 할 수 있다.'라고 기재되어 있었다.

51 대법원 2011. 10. 27. 선고 2011도8109 판결

라고 규정하고 있는바, 여기서 '부정한 수단, 계획 또는 기교'라 함은 거래상대방 또는 불특정투자자를 기망하여 부지 또는 착오상태에 빠뜨릴 수 있는 모든 수단, 계획, 기교 또는 행위자의 지위·업무 등에 따른 의무나 관련법규에 위반한 수단, 계획, 기교를 말하는 것으로 같은 법 제176조 및 제178조가 정하고 있는 나머지 행위들을 포괄하는 개념으로 보아야 한다.

참고판례 - 서울중앙지방법원 2011. 11. 28. 선고 2011고합600 판결

자본시장과 금융투자업에 관한 법률 제178조 제1항 제2호, 제3호 및 제2항이 각 조항에 의하여 금지되는 행위의 내용을 '거짓의 기재를 한 문서 등을 이용하는 행위', '오해를 유발시키지 아니하기 위한 기재를 누락한 문서 등을 이용하는 행위', '거짓의 시세를 이용하는 행위', '풍문 유포 행위', '위계 사용 행위' 등으로 특정함으로써 다른 투자자들에 대한 직접적인 기망행위적인 요소들을 구성요건으로 하고 있는데 반하여 같은 법률 제178조 제1항 제1호는 이와 같은 특정이 전혀 없으므로 위 조항에서 말하는 '부정한 수단, 계획 또는 기교'를 다른 투자자들을 직접적으로 기망하는 데 동원되는 수단, 계획 또는 기교로만 한정하여 해석할 근거는 없다.

(중략)

따라서 위와 같은 보호법익에 비추어 앞서 본 '부정한 수단, 계획 또는 기교'의 의미를 보충적으로 해석하여 보면, 자본시장법 제178조 제1항 제1호에서 사용을 금지하는 '부정한 수단, 계획 또는 기교'란, 금융상품 거래와 관련하여 사용된 어떠한 수단, 계획 또는 기교가 그로 인하여 그 금융상품 거래에 참여하고 있는 다른 투자자들의 이익을 부당하게 침해할 만한 위험성을 가지는 경우를 말한다고 할 것이다.

다음으로 구체적으로 금지되는 행위의 내용과 관련하여 보건대, 자본시장법 제178조 제1항 제1호가 같은 법률 제178조 제1항 제2호, 제3호 및 제2항과는 달리 다른 투자자들에 대한 기망적인 요소를 구성요건으로 하지 않고 있음은 앞서 본 바이나,

그렇다고 하더라도 '불공정거래의 규제'라는 목차 하에 '내부자 거래 등', '시세조종 등', '부정거래행위 등'을 세분하여 규율하고 있는 자본시장법 전체의 규정 체계에 비추어 볼 때 자본시장법 제178조 제1항 제1호에서 정한 '부정한 수단, 계획 또는 기교'를 사용하는 행위는, 적어도 같은 법률 제178조 제1항 제2호, 제3호 및 제2항에서 보다 구체화된 부정거래행위의 내용에 준하는 정도의 불법성을 지닌 것이어야 하고, 그 밖에 자본시장법상 보다 가벼운 규제에 해당하는 다른 조항을 통하여 처벌하더라도 자본시장법의 목적 달성에 지장을 초래하지 않는 경우에는 이에 해당하지 않는다고 할 것이다.

이상의 논의를 종합해보면, 결국 자본시장법 제178조 제1항 제1호에 의하여 사용이 금지되는 '부정한 수단, 계획 또는 기교'란, 다른 투자자들의 이익을 부당하게 침해할 위험성이 있는 것으로서 같은 법률 제178조 제1항 제2호, 제3호 및 제2항에서 정한 부정거래행위에 준하는 정도의 위법성이 있는 행위라고 할 것이다.

(나) 자본시장법 제178조 내부의 상호관계

사기적 부정거래 행위는 ① 제178조 제1항 제1호 행위, ② 제178조 제1항 제2호 행위, ③ 제178조 제1항 제3호 행위, ④ 제178조 제2항 행위로 나뉘고, 위 규정 내용을 보면 ②번, ③번, ④번의 경우(풍문 유포, 폭행·협박 행위 제외) 기본적으로 〈기망적 요소〉가 내포되어 있고, ①번 행위보다 훨씬 구체화되어 있다.

그렇다면 자본시장법 제178조 제1항 제1호 〈부정한 수단, 계획, 기교 행위〉는 자본시장법 제178조 제1항 제2호, 제3호 및 제2항에 대하여 〈일반법〉의 관계에 있다고 보는 것이 타당하고, 먼저 자본시장법 제178조 제1항 제2호, 제3호 및 제2항의 성립 여부를 검토한 뒤 보충적으로 자본시장법 제178조 제1항 제1호를 적용하는 것이 바람직하다고 생각된다.

이와 관련하여 법원은『자본시장법 제178조 제1항 제1호는 자본시장법 제176조, 제

178조 제1항 제2호, 제3호, 제2항 등 자본시장법에서 구성요건을 명확히 열거한 규정과 법조경합 관계에 있다고 할 것이다. 따라서 이 부분 공소사실은 자본시장법 제176조 제2항 제1호, 제3호의 시세조종행위, 자본시장법 제178조 제1항 제2호, 제2항의 부정거래행위에 해당하는 이상 이로 인한 자본시장법위반죄만 성립할 뿐이고, 별도로 자본시장법 제178조 제1항 제1호 부정거래행위로 인한 자본시장법위반죄는 성립하지 않는다.』라고 판시한 바 있다.[52]

(다) 이 사건의 경우

자본시장법 제178조 제1항 제1호 〈부정한 수단, 계획, 기교 행위〉는 그 개념 자체가 매우 추상적이고, 대법원도 '사회통념상 부정하다고 인정되는 일체의 수단, 계획 또는 기교'라고 정의할 뿐이므로,[53] 어떠한 행위가 〈부정한 수단, 계획, 기교 행위〉에 포섭되는지 예측하기 어렵고, 이때 법적 안정성이 심각하게 훼손될 우려가 있는바, 자본시장법 제178조 제1항 제1호의 적용에 있어서 매우 엄격한 태도를 견지할 필요가 있다.

특히, 법원은 〈부정한 수단, 계획, 기교 행위〉의 성립에 있어서 기망성이 요구되지 않는다고 판시하기도 하였는바,[54] 그 처벌범위가 지나치게 확장될 위험성도 있다.

한편, 금융투자상품의 매매 등에 있어서 속칭 '꼼수'일지언정 위법이라고 보기는 어려운 행위가 존재하는 경우 수사기관이 전가의 보도처럼 자본시장법 제178조 제1항 제1호를 적용해 온 것이 실무적인 경향이었고, 법원도 수사기관의 입장에 동조하는 판결을 선고해온 것이 사실이다.

이 사건으로 돌아와 보면, 이 사건에서 피고인은 丁에게 'A사 발행의 약속어음을 제공할 테니 F사의 대표이사 戊가 이를 담보로 20억 원의 자금을 마련한 후 그 자금으로 장

52 서울중앙지방법원 2012. 5. 4. 선고 2011고합440, 514(병합) 판결〈32번_몽골 금광개발 사건〉

53 대법원 2011. 10. 27. 선고 2011도8109 판결

54 서울중앙지방법원 2011. 11. 28. 선고 2011고합600 판결

내에서 A사 주식을 매집하여 2개월간 보유하여 주면 주식 매각 후 이익금은 피고인이 30%, F사가 70%의 비율로 나누어 가지자.'라고 제의하였고, 그에 따라 丁과 戊가 A사 주식 약 20억 원어치를 장내에서 매수하였다.

이와 관련하여 원금보장 약정은 원금손실의 위험이 전제된 '투자'와는 궤를 달리하나, 그렇다고 하여 원금보장 약정하에서 투자행위를 한 것이 일반적인 의미에서 위법이라고 단정하기는 어렵다. 금융투자업자가 손실보전 또는 이익보장 약정을 하는 경우 자본시장법위반이 문제될 수 있으나,[55] 사적 자치의 원칙상 원금보장 약정이 무조건 위법한 것은 아니다.

한편, 주식의 장내 거래는 원활하고 신속한 거래를 위하여 거래방식이 단순화되어 있고, 주식 매수도 주문은 i) 거래량, ii) 거래가격 및 iii) 체결 조건만 충족되면 그 이면에 무엇이 있든지 간에 유효하게 취급된다. 즉, 주식의 장내 거래에 참여하는 투자자에게 그 주문이 원금보장 약정에 따른 것인지는 고려대상이 아니고, 몇 주를 얼마에 어떠한 체결 조건으로 사고파느냐만이 중요한 것이다. 그 연장선에서 일반 투자자들에게 원금보장 약정과 같은 주식 매수도 주문의 전제나 배경을 고지하여야 할 의무도 존재하지 않는다고 할 것이다.

따라서 이 사건에서 피고인이 투자원리금 보장약정에 근거하여 丁과 戊로 하여금 A사 주식을 장내에서 매수하도록 하였다고 하여 곧바로 자본시장법 제178조 제1항 제1호 〈부정한 수단, 계획, 기교 행위〉에 해당한다고 보기는 어렵다고 하겠다.

---

55 자본시장법 제55조(손실보전 등의 금지) 금융투자업자는 금융투자상품의 매매, 그 밖의 거래와 관련하여 제103조 제3항에 따라 손실의 보전 또는 이익의 보장을 하는 경우, 그 밖에 건전한 거래질서를 해할 우려가 없는 경우로서 정당한 사유가 있는 경우를 제외하고는 다음 각 호의 어느 하나에 해당하는 행위를 하여서는 아니 된다. 금융투자업자의 임직원이 자기의 계산으로 하는 경우에도 또한 같다.

1. 투자자가 입을 손실의 전부 또는 일부를 보전하여 줄 것을 사전에 약속하는 행위
2. 투자자가 입은 손실의 전부 또는 일부를 사후에 보전하여 주는 행위
3. 투자자에게 일정한 이익을 보장할 것을 사전에 약속하는 행위
4. 투자자에게 일정한 이익을 사후에 제공하는 행위

다만, 丁과 戊는 A사 주식에 대한 장래전망을 기초로 원금손실의 위험을 감수하고 투자를 한 것이 아니고, 투자원리금 보장약정에 따라 대여금 회수가 보장된 상태에서 피고인의 부탁을 받고 〈인위적인〉 매수세를 일으킨 것이다. 그리고 일반 투자자들은 丁과 戊가 야기한 〈인위적인〉 매수세로 인하여 A사 주식을 매수하였을 개연성이 높다. 그렇다면 丁과 戊가 투자원리금 보장약정에 따라 대여금 회수가 보장된 상태에서 〈인위적으로〉 A사 주식을 매수한 것은 A사 주식의 매매거래가 성황을 이루고 있는 것처럼 오인케 하는 것이라고 봄이 상식에 부합하고, 이 경우 현실거래로 인한 시세조종행위(자본시장법 제176조 제1항 제1호, 제2호, 제2항 제1호)가 성립할 것이다. 이 사건에서 법원의 입장도 동일하다.

또한, 이 사건에서 丁이 투자원리금 보장약정에 따라 대여금 회수가 보장된 상태에서 A사 주식을 장내에서 매수한 것은 시세조종의 고의 내지 공모를 판단하는 중요한 징표를 작용할 수 있을 것으로 보인다.

이른바 '주식수급'과 시세조종의 관계

이 사건에서 피고인은 丁에게 'A사 발행의 약속어음을 제공할 테니 F사의 대표이사 戊가 이를 담보로 20억 원의 자금을 마련한 후 그 자금으로 장내에서 A사 주식을 매집하여 2개월간 보유하여 주면 주식 매각 후 이익금은 피고인이 30%, F사가 70%의 비율로 나누어 가지자.'라고 제의하였고, 그에 따라 丁은 A사 주식 약 20억 원어치를 장내에서 매집하였다.

이 사건과 같이 수익보장약정(수익배분약정) 또는 손실보전약정을 토대로 하여 주식을 매수하는 것을 이른바 '주식수급'이라고 하는데, 수익보장약정(수익배분약정) 또는 손실보전약정에 따라 주식을 매수하는 경우의 매수주문은 시세조종의 의도가 반영된 매수주문이기 때문에, 시세조종이 성립하게 된다.[56]

---

56 서울남부지방법원 2015. 6. 4. 선고 2014고합549, 572(병합), 591(병합), 2015고합5(병합), 8(병합), 25(병합), 55(병합), 125(병합) 판결(대법원 2016. 10. 13. 선고 2015도17877 판결로 확정됨), 서울남부지방법원 2018. 3. 14. 선고 2017고단4463, 2017고단5346 판결

죄수와 관련하여 대법원은 주식시세조종 등의 목적으로 자본시장법 제176조와 제178조에 해당하는 수 개의 행위를 단일하고 계속된 범의 아래 일정기간 계속하여 반복한 경우 자본시장법 제176조와 제178조에서 정한 시세조종행위 및 사기적 부정거래행위 금지 위반의 포괄일죄가 성립한다고 판시한 바 있다.[57] 위 대법원 판결의 자세한 내용은 〈33번_〈검은 머리 외국인〉을 이용한 무자본 M&A 사건〉에서 구체화되어 있다.

참고판례 - 대법원 2011. 10. 27. 선고 2011도8109 판결

시세조종행위와 부정거래행위 등의 금지를 규정하고 있는 자본시장과 금융투자업에 관한 법률(이하 '자본시장법'이라고 한다) 제176조와 제178조의 보호법익은 주식 등 거래의 공정성 및 유통의 원활성 확보라는 사회적 법익이고 주식 소유자 등 개개인의 재산적 법익은 직접적인 보호법익이 아니므로, 주식시세조종 등의 목적으로 자본시장법 제176조와 제178조에 해당하는 수개의 행위를 단일하고 계속된 범의 아래 일정기간 계속하여 반복한 경우, 자본시장법 제176조와 제178조에서 정한 시세조종행위 및 부정거래행위 금지 위반의 포괄일죄가 성립한다.

이와 관련하여 대법원 2011. 10. 27. 선고 2011도8109 판결의 원심인 서울고등법원 2011. 6. 9. 선고 2010노3160 판결은 현실거래에 의한 시세조종행위와 부정한 기교 사용으로 인한 사기적 부정거래행위가 법조경합 관계(특별관계)에 있으므로, 현실거래에 의한 시세조종행위에 해당한 이상 별도로 사기적 부정거래행위로 인한 자본시장법위반죄가 성립하지는 않는다고 판단하였다. 이에 대하여 대법원 2011. 10. 27. 선고 2011도8109 판결은 위 항소심 판결이 죄수 평가를 잘못하였다고 하더라도 결과적으로 처단형의 범위에 아무런 차이가 없는 경우로서 판결 결과에 영향을 미친 위법이 있다고 보기 어려워 별도로 파기하지 않는다고 판시한 바 있다.

57 대법원 2011. 10. 27. 선고 2011도8109 판결

한편, 시세조종행위 규정과 사기적 부정거래행위 규정 간의 죄수 관계 외에 위 서울고등법원 2011. 6. 9. 선고 2010노3160 판결은 사기적 부정거래행위 규정 간의 죄수 관계에 대해서도 주목할 만한 판결을 선고하였다. 즉, 위 항소심 법원은 사기적 부정거래행위의 일반규정인 자본시장법 제178조 제1항 제1호 <부정한 수단, 계획, 기교 행위>와 기타 사기적 부정거래행위 규정(예컨대, 자본시장법 제178조 제1항 제2호 <중요사항 거짓문서 등 이용행위>, 자본시장법 제178조 제2항 <위계 이용행위>) 간에도 법조경합은 성립하지 않고, 포괄일죄 관계에 있다고 판시하였는데, 이것은 대법원에서 최종적으로 유지되었다.

<33번_<검은 머리 외국인>을 이용한 무자본 M&A 사건>의 항소심 판결문
(서울고등법원 2011. 6. 9. 선고 2011노3160 판결) 발췌

○ 자본시장과 금융투자업에 관한 법률 제443조 제1항 제5호, 제8호, 제9호, 제176조 제2항 제1호, 제178조 제1항 제1호, 제2호, 제2항, 제447조 제1항, 형법 제30조 **[판시 범죄사실 5항 및 6항의 시세조종행위 및 부정거래행위금지위반의 점(포괄하여), 징역형과 벌금형을 병과]**

○ 자본시장과 금융투자업에 관한 법률 제443조 제1항 제8호, 제9호, 제178조 제1항 제1호, 제2항, 제447조 제1항, 형법 제30조**[판시 범죄사실 7항 부정거래행위금지위반의 점(포괄하여), 징역형과 벌금형을 병과]**

결국, 대법원 2011. 10. 27. 선고 2011도8109 판결은 ❶ 시세조종행위 규정과 사기적 부정거래행위의 일반규정인 자본시장법 제178조 제1항 제1호 간에 법조경합이 아니라 포괄일죄 관계가 존재하고, ❷ 사기적 부정거래행위의 일반규정인 자본시장법 제178조 제1항 제1호와 기타 사기적 부정거래행위 규정 간에도 법조경합이 아니라 포괄일죄 관계가 존재한다고 결론을 맺은 것이다.

그런데 죄수 관계와 관련하여 대법원 판결에는 다소간의 혼선이 있다. 향후 살펴볼

<32번_몽골 금광개발 사건>에서 대법원은 사기적 부정거래행위의 일반규정인 자본시장법 제178조 제1항 제1호는 시세조종행위 및 기타 사기적 부정거래행위 규정과 법조경합 관계에 있어 자본시장법 제178조 제1항 제1호 위반죄는 성립하지 않고, 시세조종행위 및 기타 사기적 부정거래행위만 성립한다는 취지로 판시한 바 있다.

<32번_몽골 금광개발 사건>의 제1심인 서울중앙지방법원 2012. 5. 4. 선고 2011고합440, 514(병합) 판결

자본시장법 제178조 제1항 제1호는 자본시장법 제176조, 제178조 제1항 제2호, 제3호, 제2항 등 자본시장법에서 구성요건을 명확히 열거한 규정과 더불어, 위와 같은 규정만으로는 금융투자상품의 거래와 관련하여 그 특성상 거래 방식의 변화나 시장 환경의 변화에 따라 다양하고 새로운 유형의 부정거래행위를 규제할 수 없다는 입법기술상의 한계를 극복하기 위하여 부정거래행위를 포괄적으로 규정한 조항이므로, 자본시장법 제176조, 제178조 제1항 제2호, 제3호, 제2항 등 자본시장법에서 구성요건을 명확히 열거한 규정에 해당하는 경우에는 당연히 자본시장법 제178조 제1항 제1호에도 해당한다고 봄이 상당하고, 위 각 규정이 보호하고자 하는 법익 또한 금융투자상품 거래의 공정성 및 유통의 원활성 확보로 동일하므로, 자본시장법 제178조 제1항 제1호는 자본시장법 제176조, 제178조 제1항 제2호, 제3호, 제2항 등 자본시장법에서 구성요건을 명확히 열거한 규정과 법조경합 관계에 있다고 할 것이다.

따라서 이 부분 공소사실은 앞에서 본 바와 같이 자본시장법 제176조 제2항 제1호, 제3호의 시세조종행위, 자본시장법 제178조 제1항 제2호, 제2항의 부정거래행위에 해당하는 이상 이로 인한 자본시장법위반죄만 성립할 뿐이고, 별도로 자본시장법 제178조 제1항 제1호 부정거래행위로 인한 자본시장법 위반죄는 성립하지 않는다.

살피건대, ① 시세조종행위와 사기적 부정거래행위 간에 포괄일죄 관계가 성립하는지에 관하여 본다. 시세조종행위는 상장증권 등에 대하여 부정한 매도·매수주문을 통하여 그 시세를 조작하려는 것이고, 사기적 부정거래행위는 부정한 매도·매수주문 외의 방법(공시, 언론보도 등)으로 상장증권 등의 시세를 조작하려는 것이므로, 양자 간에는 행위 태양에 있어서 다소 차이가 있다. 그러나 주가를 부양한다는 단일한 목적하에 부정한 매도·매수주문을 동원하고 허위의 공시나 언론보도 등도 동원한다면, 각기 다른 태양의 행위가 하나의 목적을 위하여 존재하는 것이므로, 최종적으로 시세조종행위와 사기적 부정거래행위는 포괄일죄 관계로 접근하는 것이 타당하다고 생각된다.

② 다음으로, 시세조종행위 규정과 사기적 부정거래행위의 일반규정인 자본시장법 제178조 제1항 제1호 <부정한 수단, 계획, 기교 행위> 간에 법조경합 관계가 성립하는지에 관하여 본다. 앞서 살펴본 바와 같이 자본시장법 제178조 제1항 제1호 <부정한 수단, 계획, 기교 행위>는 그 개념 자체가 매우 추상적이고, 대법원도 "사회통념상 부정하다고 인정되는 일체의 수단, 계획 또는 기교"라고 정의하고 있을 뿐이다.

또한, 자본시장법 제178조 제1항 제1호 <부정한 수단, 계획, 기교 행위>는 구 증권거래법에는 없던 조항을 신설한 것인데, 그 당시 국회 재정경제위원회 심사보고서에는 '금융투자상품의 매매거래 등과 관련된 불공정행위는 투자자들의 피해를 초래하고 증권시장의 신뢰를 저하시키는 요인이 되므로 이를 억제할 수 있는 장치가 필요하다. 그런데 증권시장에서의 불공정행위의 수법은 매우 다양하며 신종 사기수법이 계속하여 등장하고 있으므로 그 유형을 일일이 법률에 열거하여 규제하기는 불가능하다고 할 수 있다.'라고 기재되어 있었던 것을 고려하면, 자본시장법 제178조 제1항 제1호 <부정한 수단, 계획, 기교 행위>는 구 증권거래법 제188조의4 제4항의 한계로 지적된 부분을 입법적으로 해결하고자 한 것이다. 즉, 자본시장법 제178조 제1항 제1호 <부정한 수단, 계획, 기교 행위>는 증권시장에서의 불공정행위를 규제하기 위한 일반법적인 성격을 띠고, 시세조종행위는 증권시장에서의 불공정행위의 대표격인바, 시세조종행위 규정과 자본시장법 제178조 제1항 제1호 <부정한 수단, 계획, 기교 행위>는 법조경합 관계에 있다고 봄이 타당하고, 결국 시세조종행위만 성립한다고 보아야 할 것이다.

③ 마지막으로, 사기적 부정거래행위의 일반규정인 자본시장법 제178조 제1항 제1호 <부정한 수단, 계획, 기교 행위>와 기타 사기적 부정거래행위 규정 간의 관계를 본

다. 자본시장법 제178조 제1항 제1호의 입법취지, 규정의 형식, 해석의 광범위성, 형벌법규의 엄격해석 원칙 등을 고려할 때, 시세조종행위의 경우와 마찬가지로 기타 사기적 부정거래행위가 성립하는 경우 자본시장법 제178조 제1항 제1호 <부정한 수단, 계획, 기교 행위>는 별도로 성립하지 않는다고 봄이 타당하다.

이 사건에서 법원은 현실거래로 인한 시세조종행위(자본시장법 제176조 제1항 제1호, 제2호, 제2항 제1호)와 별개로 자본시장법 제178조 제1항 제1호 <부정한 수단, 계획, 기교 행위>도 인정된다고 판단하였는데, 현실거래로 인한 시세조종행위가 성립하는 이상 자본시장법 제178조 제1항 제1호 <부정한 수단, 계획, 기교 행위>는 별도로 성립하지 않는다고 보아야 할 것이다.

04

스캘핑 매매 사건

Ⅰ. 사건의 진행 경과

일시	행위
2012. 5. 2.	- 피고인[58] [59], S증권방송 사무실에서 자신의 컴퓨터 홈트레이딩시스템(Home Trading System, HTS) 등을 사용해 방송 출연에 앞서 A사 주식을 차명으로 매수[60]함. - 동시에 A사 주식 매도주문 미리 접수해 둠.
2012. 5. 2. 14:30경	- 피고인, S증권방송 프로그램 △△킹에 출연, (A사 주식을 사전에 매수하여 보유하고 있는 사실을 숨긴 채) A사에 대하여, 「올해 매출액 150% 성장할 것으로 보고 있다. 매출액은 1,000억 원이 넘을 것으로 보이는데, 국내에서는 경쟁사가 거의 없어서 영업이익률 자체가 상당히 높다. PER 10배라고 해도 현 주가수준 대비 2배 이상 올라갈 수 있다」고 홍보함.

58 피고인은 주식투자 관련 서적을 출판하고, 회원이 수백 명인 인터넷 카페를 운영하며 회원들을 상대로 주식을 추천하고, 텔레비전 및 증권 관련 인터넷방송 등에서 방송을 진행하며, 주식투자 관련 강연회를 개최하는 등 증권업계에서 인지도와 영향력을 가지고 있는 자로서 2009. 12.경부터 2013. 3.경까지는 S증권방송에서 애널리스트로 근무하며 ○○스탁, △△킹 등 프로그램에 출연하여 유망종목을 추천하는 업무를 담당하였다.

59 판결문 기재 범죄사실에 의하면 피고인은 A사 주식을 비롯하여 2010. 4. 8.경부터 2012. 12. 7.경까지 동일한 방법으로 총 90개 종목에 대하여 117회에 걸쳐 선행매매 진행하였다.

60 평균매수단가 3,541원

2012. 5. 2. 14:36경	- 피고인, A사 주식 매도[61]함(619주).
2012. 5. 3.	- 피고인, A사 주식 매도[62]함(14,000주).

II. 관련 조문

자본시장법 제178조(부정거래행위 등의 금지)

① 누구든지 금융투자상품의 매매(증권의 경우 모집·사모·매출을 포함한다. 이하 이 조 및 제179조에서 같다), 그 밖의 거래와 관련하여 다음 각 호의 어느 하나에 해당하는 행위를 하여서는 아니 된다.

1. 부정한 수단, 계획 또는 기교를 사용하는 행위
2. 중요사항에 관하여 거짓의 기재 또는 표시를 하거나 타인에게 오해를 유발시키지 아니하기 위하여 필요한 중요사항의 기재 또는 표시가 누락된 문서, 그 밖의 기재 또는 표시를 사용하여 금전, 그 밖의 재산상의 이익을 얻고자 하는 행위
3. 금융투자상품의 매매, 그 밖의 거래를 유인할 목적으로 거짓의 시세를 이용하는 행위

② 누구든지 금융투자상품의 매매, 그 밖의 거래를 할 목적이나 그 시세의 변동을 도모할 목적으로 풍문의 유포, 위계(僞計)의 사용, 폭행 또는 협박을 하여서는 아니 된다.

61 평균매도단가 3,623원

62 평균매도단가 3,623원

자본시장법 제98조(불건전 영업행위의 금지) [63]

① 투자자문업자 또는 투자일임업자는 다음 각 호의 어느 하나에 해당하는 행위를 하여서는 아니 된다. 다만, 투자자 보호 및 건전한 거래질서를 해할 우려가 없는 경우로서 대통령령으로 정하는 경우에는 이를 할 수 있다. <개정 2013. 5. 28.>

5. 투자자문에 응하거나 투자일임재산을 운용하는 경우 금융투자상품등의 가격에 중대한 영향을 미칠 수 있는 투자판단에 관한 자문 또는 매매 의사를 결정한 후 이를 실행하기 전에 그 금융투자상품등을 자기의 계산으로 매매하거나 제삼자에게 매매를 권유하는 행위

자본시장법 제101조(유사투자자문업의 신고)

④ 제98조제1항(제3호를 제외한다)은 제1항에 따라 신고하여야 하는 자에게 준용한다.

이 사건에서 문제된 행위는 자본시장법이 시행된 2009. 2. 4. 이후에 이루어졌으므로, 이 사건은 자본시장법이 적용되었다.

63 투자자문업자(유사투자자문업자 포함)의 선행매매를 금지하는 규정인 자본시장법 제98조 제1항 제5호는 2013. 5. 28. 법률 제11845호로 일부개정되어, 2013. 8. 29.부터 시행되었다. 이 사건에서 피고인은 유사투자자문업자에 해당하기는 하나, 스캘핑(scalping) 행위 시점인 2012. 5.경 당시에는 당해 규정이 신설되기 전이므로 이를 피고인에게 적용할 수는 없었던 것으로 보인다. 다만, 본글 말미의 평석에서 서술하는 바와 같이 현재는 이 사건에서와 같은 선행매매를 동 규정으로 처벌가능하다는 점에서 관련규정으로 분류하였다.

III. 쟁점

1. 이른바 '스캘핑'매매에 대하여 자본시장법 제178조를 적용할 수 있는지 여부에 관하여

'스캘핑(scalping)'이란, 증권시장에서 통상 하루에 수십 번 내지 수백 번씩 트레이딩을 하며 아주 짧은 시간 사이에 주가나 거래량 등 기술적 지표 변화에 따라 시세차익을 얻는 단타 매매기법을 뜻하는 용어로 쓰이기도 하지만, 이 사건 판결에서 정의하는 바와 같이, (유사)투자자문업자, 증권분석가, 언론매체 종사자, 투자 관련 웹사이트 운영자 등(이하 '투자자문업자 등'이라고 한다)이 특정 증권을 장기투자로 추천하기 직전에 자신의 계산으로 그 증권을 매수한 다음, 추천 후 그 증권의 시장가격이 상승할 때에 즉시 차익을 남기고 매도하는 선행매매를 의미하기도 한다.

이 사건에서 주식 애널리스트인 피고인은 유망종목을 추천하는 생방송 증권방송에서 방송 출연에 앞서 A사 주식을 매수했고, 이러한 사실을 시청자에게 알리지 않은 상태에서 해당 주식을 방송에서 매수할 것을 추천하였다. '추천행위'의 경우 통상 특정 주식에 대한 미래의 전망을 이야기하기 때문에 그러한 미래의 전망에 대한 의견표명을 들어 기망적 요소가 있다고 단정하기가 어려운 측면이 있는데, 이러한 기망적 요소 없이도 이른바 '스캘핑'매매가 자본시장법 제178조 제1항 제1호 〈부정한 수단, 계획, 기교 행위〉 내지 동조 제2항 〈위계 이용행위〉에 해당하는지 여부가 문제되며, 이와 관련하여 자본시장법 제178조의 입법연혁, 이 사건 각 심급별 판결 요지와 타당성에 대한 검토가 요구된다.

2. 부당이득액 산정 방법에 관하여

피고인에게 자본시장법상 사기적 부정거래 혐의가 성립된다고 할 때, 피고인이 얻게 된 이득이 바로 '부당이득'이 된다. 이 사건에서 법원은 피고인이 이른바 '스캘핑'매매로 A사 주식 14,619주를 매도한 것을 비롯하여 2010. 4. 8.경부터 2012. 12. 7.경까지 동일한 방법으로 총 90개 종목에 대하여 117회에 걸쳐 합계 109,272,685원[64]의 부당이득을 취득한 것으로 보았다.

한편, 피고인은 이득액의 산정에 있어서 정상적인 주가상승분 등이나 피고인의 방송 전에 이미 이루어진 주가 상승분 등은 공제하여야 하고, 거래일 3일 이후부터 매도 전까지의 시세상승분 역시 제외되어야 한다고 주장하였다. 즉, 주가의 변동은 다양한 요인에 의해 이루어지는 것이고 그 중 피고인의 방송 영향력은 매우 제한적이므로 방송 후 주가 상승분이 모두 피고인의 방송에 의한 것이라 볼 수 없을 뿐 아니라, 피고인의 방송은 매수·매도가나 손절가를 제시하지 않고 단순히 종목을 소개하는 방식이므로 피고인이 자신의 전망을 토대로 리스크를 부담하면서 주식을 거래하여 실현해 낸 매매차익을 모두 부당한 이익으로 산정함은 부당하다는 취지이다.

결국, 이는 자본시장법상 부당이득의 인과관계에 관한 논의로 이 사건에서 이루어진 부당이득액 산정 방법 및 법원 판단의 타당성에 대한 검토가 요구된다.

IV. 각 쟁점에 대한 평석

1. 이른바 '스캘핑'매매에 대하여 자본시장법 제178조를 적용할 수 있는지 여부에 관하여

64 검사는 피고인이 2010. 1. 26.경부터 2013. 1. 22.경까지 총 100개의 종목에 대하여 137회에 걸쳐 합계 170,144,454원의 부당이득을 취득한 것으로 기소하였으나, 법원은 이 사건에서 제출된 증거를 종합할 때, 판결문 판시 범죄사실 이외의 초과부분의 경우 그 이득액이 피고인에게 귀속되었다고 볼 수 없으므로 해당 부분에 대한 죄책을 피고인에게 물을 수 없다고 판단하였다.

가. 법원의 판단

이 사건 제1심법원[65]은 피고인의 이른바 '스캘핑' 매매행위가 자본시장법 제178조 제1항 제1호 <부정한 수단, 계획, 기교 행위>에 해당함은 물론, 동조 제2항 <위계 이용행위>에도 해당한다고 판단하였고, 위 판단은 항소심 법원[66], 대법원[67]에서도 유지되었다.

제1심 판결문 상에는 피고인의 구체적인 주장은 물론, 이를 탄핵하는 구체적인 이유가 따로 설시되어 있지 않다. 다만, 양형의 이유에서『피고인은 대중의 신뢰를 받는 증권방송에 출연하는 기회를 악용하여 사익을 도모하고자 방송 내용의 적정성에 관하여 제대로 확인하지 아니한 채 방송을 하면서, 매매차익을 소규모로 유지하며 타인 명의의 계좌를 이용하여 장기간에 걸쳐 반복적으로 선행매매에 의한 주식 거래를 하였고, 그 과정에서 선 매수한 종목에 맞추어 테마종목 또는 같은 부류의 종목들을 선정하여 추천하는 가운데, 선 매수한 주식을 추천 종목에 포함해 방송하거나 방송 후 주가 상승이 미미하면 같은 종목을 반복 추천하기도 하거나 방송 전 매수 종목에 미리 매도주문을 예약해 놓기도 하는 등의 계획적, 전문적 방법으로 부당이득을 취하고 증권 시세를 왜곡·변동시켰다. 또 피고인은 2012. 9.경 금융감독원이 피고인의 부정거래 혐의에 관하여 조사를 시작하였음을 알고도 범행을 중단하지 아니하였다.』고 설시하였다.

제1심과 동일한 판단을 유지한 항소심 법원 판단의 주요 논거는 다음과 같다.

① 피고인은 S증권방송 입사 당시 '직무와 관련하여 공정성을 저해할 수 있는 개인적인 이익을 이해관계자로부터 수취하지 않는다'는 내용의 윤리강령과 '시장경쟁질서를 존중하며 상도의를 벗어난 부정한 방법으로 이익을 취하지 않는다'는 내용의 비즈니스네트워크 윤리강령을 준수하겠다고 서약한 점,

65 서울중앙지방법원 2013. 12. 24. 선고 2013고단3942 판결

66 서울중앙지방법원 2014. 5. 23. 선고 2014노81 판결

67 대법원 2017. 3. 30. 선고 2014도6910 판결

② 그럼에도 피고인은 피고인의 처와 장모 명의의 차명계좌 4개를 이용하여 방송 전에 특정 종목의 주식을 매수한 다음, 이를 방송에서 유망종목으로 추천하여 일반투자자들의 관심을 환기시키고는 방송 직후 또는 적어도 수일 이내에 선행매수물량을 매도하거나 낮은 목표수익수준으로 방송 전 또는 방송 중에 미리 예상 상승가격으로 제출해 둔 매도주문에 따라 방송 중 또는 방송 직후 계약이 체결되도록 하는 방법 등으로 매수·매도한 점,

③ 피고인의 행위는 일반투자자들에 비해 피고인에게 일방적으로 유리한 것으로, 일반투자자들로서는 증권방송을 하는 자가 미리 사둔 종목을 방송에서 추천하여 매수를 조장하고 막상 방송을 신뢰한 일반투자자들이 매수하려는 시기에 자신은 방송 내용과는 달리 오히려 선행매수물량을 매도하는 기망적 행위를 함으로써 일반투자자들에 의해 유입된 매수세로 상승한 주가에 따른 시세차익을 얻으려 한다는 사실과 일반투자자들은 정상가보다 일시 상승된 가격에 매수하였다가 이후 손실을 입을 가능성이 있다는 사실을 미리 알았더라면 추천종목을 매수하지 않으리라는 것이 경험칙상 인정되는 점,

④ 피고인은 방송 스케줄상 별도로 방송제작팀의 사전 검토를 받거나 사전 협의할 시간도 없었고, 독자적으로 자료를 수집하거나 분석하지 못한 채 주로 증권사에서 나오는 리포트를 모아 놓은 자료들 정도를 근거로 방송을 하였는데, 그 내용은 정확한 분석이나 확인과정이 없어 객관적 신뢰성이 담보되었다고 보기 어렵고 주관적인 추측에 기초하여 구성되었다고 보이며 실제로 상당한 부분이 객관적 사실과 전혀 다른 허위내용으로 밝혀졌다. 나아가 추천종목 선택에 있어서 피고인 자신이 선행매수한 종목과 일치하는 종목 또는 그러한 종목을 포함하는 내용의 방송이 이루어졌고, 피고인이 방송 전후로 1회씩만 거래한 외에는 거래가 없는 종목만도 16개 종목에 이르고, 방송 전 선행매수한 1개 종목만을 방송 제목에 기재하여 집중 추천한 것이 20여 회 이상, 방송 제목 자체에 드러나지는 않더라도 내용상 1개 종목을 집중적으로 추천한 방송이 대부분이었던 점

한편, 피고인은 상고심에 이르러, ▲ 자본시장법 제178조 제1항 제1호 규정은 지나치게 포괄적·추상적이어서 죄형법정주의에 반하거나 형벌권의 남용을 초래할 염려가 있으므로 동조 제1항 제2호, 제3호 및 제2항에서 금지하는 행위와 유사 내지 동일시할 수 있는 행위로 적용범위를 제한하여야 한다는 점, ▲ 피고인은 유사투자자문업자로서 선행매매를 금지하는 자본시장법 제71조 제1호 등의 규정이 적용되지 않아 피고인의 행위를 법령이 금지하는 행위로 볼 수 없고 사회통념상 부당하다고 할 수도 없는 점, ▲ 피고인의 행위에 다른 투자자들로 하여금 잘못된 판단을 하게 함으로써, 공정한 경쟁을 해치고 선의의 투자자에게 손해를 전가하여 자본시장의 공정성·신뢰성 및 효율성을 해칠 위험이 없다는 점 등을 이유로 자신의 행위가 자본시장법 제178조 제1항 제1호 〈부정한 수단, 계획, 기교 행위〉에 해당하지 않는다는 취지로 다툰 것으로 보인다.

또한, ▲ 선행매수사실의 고지의무를 인정한 근거로 삼은 윤리강령 내용은 직무와 관련하여 이해관계자로부터 이익을 취하는 것과 상도의를 벗어난 부정한 방법으로 이익을 취하는 것을 금지하는 취지일 뿐, 선행매수사실의 고지의무를 규정하고 있지 않는 점, ▲ 피고인과 같은 유사투자자문업자에 대하여 선행매수를 금지하는 법령도 없고, 피고인과 S증권방송사와의 계약 또는 위 방송사 내부규정에도 매수한 종목의 추천을 금지하거나 매수사실을 고지하여야 한다는 취지의 규정은 없는 점, ▲ 이와 같이 선행매수사실의 고지의무를 요구하는 계약·법령 등의 근거가 없는 이상, 피고인과 아무런 거래관계가 존재하지 않는 시청자들에게 선행매수사실을 고지할 의무가 없는 점 등을 이유로 자신의 행위는 자본시장법 제178조 제2항 〈위계 이용행위〉에도 해당하지 않는다고 주장한 것으로 보인다.

이에 대하여 대법원은 『투자자문업자 등이 추천하는 증권을 자신이 선행매수하여 보유하고 있고 추천 후에 이를 매도할 수도 있다는 그 증권에 관한 자신의 이해관계를 표시하지 않은 채 그 증권의 매수를 추천하는 행위는 자본시장법 제178조 제1항 제1호에서 말하는 '부정한 수단·계획·기교를 사용하는 행위'에 해당하는 한편, 투자자들의 오해를 초래하지 않기 위하여 필요한 중요사항인 개인적 이해관계의 표시를 누락함으로써 투자자들에게 객관적인 동기에서 그 증권을 추천한다는 인상을 주어 거래를 유인하려는 행위로서 자본시장법 제178조 제2항에서 정한 '위계의 사용'에도 해당한다』고 판단하면서 피고인의 상고이유를 받아들이지 않았는데, 판단의 주요 논거는 다음과 같다.

① 투자자문업자, 증권분석가, 언론매체 종사자, 투자 관련 웹사이트 운영자 등(이하 '투자자문업자 등')이 특정 증권을 장기투자로 추천하기 직전 자신의 계산으로 그 증권을 매수한 다음, 추천 후 그 증권의 시장가격이 상승할 때 즉시 차익을 남기고 매도하는 이른바 스캘핑(scalping)행위를 하는 경우, 그 행위가 명백하게 거짓인 정보를 시장에 흘리는 방법으로 특정 증권을 추천하는 것이라면 이는 정상적인 자본의 흐름을 왜곡하여 자본시장의 공정성과 효율성을 해침은 물론이다. 또한 그 증권 자체에 관한 정보는 거짓이 아니어서 자본의 흐름을 왜곡하는 것은 아니라도, 이러한 스캘핑행위가 용인되면 자본시장에서의 공정한 경쟁에 대한 시장참여자들의 신뢰가 훼손되고 시장 내 각종 투자 관련 조언행위가 평가절하됨으로써, 양질의 정보를 생산하고 소비하려는 유인이 감소하여 자본시장에서의 자원배분의 효율성을 해치고 투자자들이 자본시장에서 이탈하는 결과를 가져올 수 있다.

② 또한 특정 증권을 추천하기 직전에 그 증권을 매수한 투자자문업자 등은 장기적 가격상승의 잠재력이 아니라 추천으로 예상되는 투자자들의 행동에 따른 단기적 가격상승 가능성 때문에 의식적으로 또는 무의식적으로 그 증권을 추천할 유인이 생길 수 있고, 추천내용의 객관성에 영향을 미칠 수 있는 추천의 동기는 추천에 따라 투자판단을 하려는 합리적인 투자자가 중요하게 고려할 상당한 개연성이 있는 사항에 해당하므로, 특정 증권을 추천하기 전에 자신의 계산으로 그 증권을 매수한 투자자문업자 등이 그 증권에 관한 자신의 이해관계를 공시하지 않고 추천하면 상대방에게 개인적 이해관계 없이 객관적인 동기에서 그 증권을 추천한다는 오해를 초래할 수 있다.

나. 평석

(1) 자본시장법 제178조 제2항 〈위계 이용행위〉 해당여부

사기적 부정거래에 해당하는 '위계'의 개념에 대하여는 견해가 대립하는데, '위계'가 ▲ 형법 상 사기죄와 동일한 개념이라는 학설도 있지만, ▲ 형법에서 기망행위와 위계는 구분한다는 점, 위계는 기망과 유혹을 포함하는 개념이라는 점에서 '위계'는 사기죄의 기망행위보다는 보다 넓은 개념으로 보아야 한다는 학설이 대립한다.

대법원은 '위계'의 해석과 관련하여, 『'위계'란 거래 상대방이나 불특정 투자자를 기망하여 일정한 행위를 하도록 유인할 목적의 수단, 계획, 기교 등을 말하고, '기망'이란 객관적 사실과 다른 내용의 허위사실을 내세우는 등의 방법으로 타인을 속이는 것을 의미한다』고 판시[68]한바 있고, 다수의 사례[69]에서 일관된 태도를 보이고 있다.

'위계'의 의미에 관한 판례의 해석은 타당하다고 보이며, 이에 따르면 객관적 사실과 다른 허위사실을 내세우거나, 거래 신의성실의 원칙상 상대방에게 고지해야 할 의무가 있음에도 이를 고지하지 않은 경우에는 일응 '위계'에 해당한다고 볼 것이다.

최근 각 연령층을 불문하고 주식투자에 대한 관심[70]으로 TV·라디오 등 기존 매체는 물론, 현시대 가장 영향력이 크고 보편적인 플랫폼으로 진화한 유튜브, SNS를 통해서도 투자자문업자들로 불리는 소위 전문가들의 특정 종목 추천 행위와 매매기법 소개가 주변의 자연스러운 현상으로 나타나고 있다.

---

68 대법원 2010. 12. 9. 선고 2009도6411 판결

69 법원은 〈1번_론스타 사건〉에서 감자(減資, 주식회사나 유한회사가 결손을 보전하거나 과대 자본을 시정하기 위하여 법원에 등록되어 있는 자본의 총액을 줄이는 일)할 법적·경제적 여건을 갖추고 있지 않거나 임직원이 감자 검토 및 추진 의사가 있지 않았는데도 감자 등의 검토계획의 공표에 나아간 경우, 이를 '위계'행위로 본 적이 있다.

70 한국예탁결제원이 발표한 '2023년 12월 결산 상장법인 주식소유자 현황'에 따르면, 상장법인 2,602사의 소유자는 약 1,416만명으로 집계되었고, 1인당 평균 소유주식수는 8,014주로 확인된다.

투자자문업자들은 전문적인 투자지식을 배경으로 특정 주식에 대한 미래의 전망을 일반인에게 알리는데, 그 과정에서 일반인으로서는 투자자문업자의 미래 전망이 투자자문업자 본인의 이해관계와 절연되어 객관성이 담보되어 있을 것이라는 잠재적인 신뢰를 하게 된다. 만약, 미래 전망과 관련하여 투자자문업자 개인의 이해관계가 존재하고, 이를 일반인에게 알릴 경우 일반인들로서는 그러한 미래 전망을 있는 그대로 신뢰하기는 어려울 것인바, 종국적으로는 투자자문업자의 미래 전망에 따른 투자의사결정을 하지 않을 개연성이 높다.

즉, '스캘핑(scalping)' 행위의 문제 본질은 바로 일반인에게 존재하는 그와 같은 신뢰를 배신하였다는 것에 있다. 투자자문업자로서는 추천 대상 종목에 자신의 이해관계가 존재한다면, 이를 설명하는 것이 일응 신의성실원칙에 부합하는 처사라고 할 것이다.

앞서 살펴본 바와 같이 '위계'가 성립하기 위해서는 그 핵심 지표로 '기망'이 인정되어야 하는데, 이 사건의 경우 투자자문업자인 피고인에게는 주식 종목 추천을 할 때 투자를 접하는 자들에게 자신의 선행매수 사실을 설명할 의무가 존재한다. 그럼에도 불구하고, 피고인이 자신의 선행매수 사실을 감추고 주식을 추천한 행위는 '묵시적 기망행위'에 해당한다고 할 것이다.

법원 역시 이 사건에서 피고인이 미리 사둔 종목을 방송에서 추천하였고, 방송을 신뢰한 일반투자자들이 매수하려는 시기에 자신은 방송 내용과는 달리 오히려 선행매수물량을 매도함으로써 기망적 행위를 하였다고 보았다. 일반투자자들의 입장에서는 피고인의 선행매수 사실을 미리 알았더라면 추천종목을 매수하지 않으리라는 것이 충분히 인정되므로, 피고인의 행위가 자본시장법 제178조 제2항 소정의 〈위계 이용행위〉에 해당한다고 본 법원의 판단이 타당하다고 보인다.

(2) 자본시장법 제178조 제1항 제1호 〈부정한 수단, 계획, 기교 행위〉 해당 여부[71]

(가) '부정한 수단, 계획 또는 기교'의 해석에 관한 법원의 태도

대법원은 『자본시장법 상 '부정한 수단, 계획 또는 기교'란 사회통념상 부정하다고 인정되는 일체의 수단, 계획 또는 기교를 말한다. 나아가 어떠한 행위를 부정하다고 할지는 그 행위가 법령 등에서 금지된 것인지, 다른 투자자들로 하여금 잘못된 판단을 하게 함으로써 공정한 경쟁을 해치고 선의의 투자자에게 손해를 전가하여 자본시장의 공정성, 신뢰성 및 효율성을 해칠 위험이 있는지를 고려하여 판단하여야 한다』고 판시[72]하고 있다.

(나) '부정한 수단, 계획 또는 기교'의 법적 성격

사기적 부정거래 행위는 ❶ 제178조 제1항 제1호 행위, ❷ 제178조 제1항 제2호 행위, ❸ 제178조 제1항 제3호 행위, ❹ 제178조 제2항 행위로 나뉘고, 위 규정내용을 보면 ❷번, ❸번, ❹번의 경우(풍문유포, 폭행·협박 행위 제외) 기본적으로 〈기망적 요소〉가 내포되어 있고, ❶번 행위보다 훨씬 구체화되어 있다.

그렇다면 자본시장법 제178조 제1항 제1호 〈부정한 수단, 계획, 기교 행위〉는 자본시장법 제178조 제1항 제2호, 제3호 및 제2항에 대하여 〈일반법〉의 관계에 있다고 보는 것이 타당하고, 먼저 자본시장법 제178조 제1항 제2호, 제3호 및 제2항의 성립 여부를 검토한 뒤 보충적으로 자본시장법 제178조 제1항 제1호를 적용하는 것이 바람직하다고 생각된다.

(다) 결론

그런데 초기 자본시장법위반 판례를 보면, 〈부정한 수단, 계획, 기교 행위〉가 마치

---

71 '부정한 수단, 계획 또는 기교'의 입법 연혁은 〈2번_저축은행 BIS비율 조작 사건〉 참조

72 대법원 2014. 1. 16. 선고 2013도9933 판결 등

전가의 보도처럼 사용되는 경향이 있다. 즉, 먼저 자본시장법 제178조 제1항 제2호, 제3호 및 제2항의 위반 여부를 검토해 보고, 보충적으로 자본시장법 제178조 제1항 제1호의 적용 여부를 검토하는 것이 아니라 무분별하게 후자를 적용하여 기소와 판단을 남용해 왔던 것이 현실이다.

이 사건에서도 법원은 검찰이 기소한 대로 피고인의 행위가 자본시장법 제178조 제1항 제1호 〈부정한 수단, 계획, 기교 행위〉는 물론, 동조 제2항 〈위계 이용행위〉에 모두 해당된다고 판단하였다. 그러나 이러한 유형의 사건에서 행위자에게 포괄적 금지규정인 자본시장법 제178조 제1항 제1호 〈부정한 수단, 계획, 기교 행위〉를 획일적으로 적용하여야 하는가에 대해서는 여전히 의문이다.

물론, 근자에 진화한 각종 금융범죄에 효율적으로 대응하기 위한 수단, 죄형법정주의의 한계 등을 이유로 당해 규정이 필요하다는 점에 대해서는 충분히 납득할 수 있다. 그리고 이 사건에서 피고인의 이른바 '스캘핑(scalping)' 행위가 비교적 명백하였고, 방송에서 언급한 내용이 객관적 자료에 기초한 신뢰성이 담보된 의견이기보다는 대부분 허위로 밝혀졌다는 점에서도 일견 법원의 판단이 이해되는 측면은 있다. 그러나 위 포괄적 금지규정은 부당이득액에 따라 가중 처벌되고, 부당이득이 필요적으로 몰수 또는 추징되는 등 예상되는 법익 침해가 매우 클 뿐 아니라, 해당 규정의 문언 자체가 지니고 있는 포괄성·추상성으로 인해 피고인의 방어 대상 역시 지나치게 불명확해질 우려가 있다.

따라서 죄형법정주의 내지 처벌법규의 명확성 원칙과의 균형상 제178조 제1항 제1호〈부정한 수단, 계획, 기교 행위〉의 적용은 신중을 기하여야 한다. 앞서 본 바와 같이, 이 사건의 경우 검찰이나 법원으로서는 피고인의 이른바 '스캘핑' 매매행위가 '위계'에 해당함이 분명한 이상 피고인을 자본시장법 제178조 제2항 〈위계 이용행위〉로 의율하여 기소·처벌하면 족하다고 할 것인데, 이를 넘어 포괄적 금지규정의 성격을 띠는 자본시장법 제178조 제1항 제1호 〈부정한 수단, 계획, 기교〉를 만연히 적용한 것은 매우 아쉬운 점이다.

더욱이, 현행 자본시장법은 투자자보호를 위해 투자자문업자 등의 선행매매금지 즉, "금융투자상품 등의 가격에 중대한 영향을 미칠 수 있는 투자판단에 관한 자문 또는 매매 의사를 결정한 후 이를 실행하기 전에 그 금융투자상품 등을 자기의 계산으로 매매하거나 제삼자에게 매매를 권유하는 행위의 금지" 규정을 개별적으로 두고 있는바(법 제71조 제1호, 제98조 제1항 제5호, 제101조 제4항 등), 모든 유사 행위를 이른바 '스캘핑(scalping)' 으로 단정지어 포괄적 금지규정으로 의율할 것이 아니라, 개별 처벌규정인 선행매매금지 규정 위반으로 의율하더라도 자본시장법의 입법취지에 충족하는 유연한 법집행이 될 수 있을 것으로 사료된다.

물론, 이 경우에도 (유사)투자자문업자가 방송·SNS·유튜브 등 각종 매체에서 특정 주식 종목을 추천하는 일이 비일비재하게 발생하고 있는 현 상황에서, '추천을 하는자'의 영향력과 파급력이 얼마나 크다고 볼 수 있는지, 발언과 주가상승 간 인과관계를 명확히 단정할 수 있는지 등의 문제 역시 종합적인 유·무죄 판단에 있어서 법원이 필수적으로 고려하여야 할 요소임이 분명하다.

2. 부당이득액 산정 방법에 관하여

가. 법원의 판단

이 사건에서 법원은 피고인이 이른바 '스캘핑'매매 통해 얻은 이익을 모두 실현이익으로 보고 피고인이 합계 109,272,685원의 부당이득을 취득한 것으로 판단하였다.

한편, 피고인은 이득액의 산정에 있어서 정상적인 주가상승분 등이나 피고인의 방송 전에 이미 이루어진 주가 상승분 등은 공제하여야 하고, 거래일 3일 이후부터 매도 전까지의 시세상승분 역시 제외되어야 한다고 주장하였으나, 이에 대하여 법원은 일관되게 아래와 같은 산식에 의해서 부당이득을 산정하되, 『매수 가격과 매도 가격의 차이 전부가 결국 피고인이 이 사건 부정거래행위를 통하여 실제 실현해 낸 차익이고 이를 모두 피고인이 취득하였다는 점에서, 그 중 매수 후 방송 전까지의 시세상승 부분이나 거래일

3일 이후부터 매도 전까지의 시세상승 부분을 제외해야 한다고 볼 만한 아무런 근거가 없고 위 부분들 모두 인과관계 있는 이익으로 포함시켜 산정되어야 할 것이다』라고 판시하였다.

피고인이 얻은 이득액에 관한 법원의 산정방식
(방송 후 처분된 주식평균단가 - 방송 전 매수된 주식평균단가) × 매매일치수량 - (거래수수료 + 증권거래세 + 농어촌특별세)

나. 평석

(1) 부당이득 관련 논의 및 개념

자본시장법에서 불공정행위 즉, 미공개정보이용행위, 시세조종, 사기적 부정거래행위를 통하여 취득한 불법이익 혹은 회피하게 된 손실을 부당이득이라고 일컫는다. 자본시장법 제443조 제1항에 의하면 위반행위로 얻은 이익 또는 회피한 손실액의 규모에 따라 법정형이 다르게 규정되어 있음을 알 수 있다.

자본시장법 제443조(벌칙)

① 다음 각 호의 어느 하나에 해당하는 자는 1년 이상의 유기징역 또는 그 위반행위로 얻은 이익 또는 회피한 손실액의 3배 이상 5배 이하에 상당하는 벌금에 처한다. 다만, 그 위반행위로 얻은 이익 또는 회피한 손실액이 없거나 산정하기 곤란한 경우 또는 그 위반행위로 얻은 이익 또는 회피한 손실액의 5배에 해당하는 금액이 5억원 이하인 경우에는 벌금의 상한액을 5억원으로 한다. <개정 2013. 5. 28., 2014. 12. 30., 2017. 4. 18., 2018. 3. 27., 2021. 1. 5.>

1. 제174조 제1항을 위반하여 상장법인의 업무 등과 관련된 미공개중요정보를 특정증권등의 매매, 그 밖의 거래에 이용하거나 타인에게 이용하게 한 자
2. 제174조 제2항을 위반하여 주식등에 대한 공개매수의 실시 또는 중지에 관한 미공개정보를 그 주식등과 관련된 특정증권등의 매매, 그 밖의 거래에 이용하거나 타인에게 이용하게 한 자
3. 제174조 제3항을 위반하여 주식등의 대량취득·처분의 실시 또는 중지에 관한 미공개정보를 그 주식등과 관련된 특정증권등의 매매, 그 밖의 거래에 이용하거나 타인에게 이용하게 한 자
4. 제176조 제1항을 위반하여 상장증권 또는 장내파생상품의 매매에 관하여 그 매매가 성황을 이루고 있는 듯이 잘못 알게 하거나, 그 밖에 타인에게 그릇된 판단을 하게 할 목적으로 같은 항 각 호의 어느 하나에 해당하는 행위를 한 자
5. 제176조 제2항을 위반하여 상장증권 또는 장내파생상품의 매매를 유인할 목적으로 같은 항 각 호의 어느 하나에 해당하는 행위를 한 자
6. 제176조 제3항을 위반하여 상장증권 또는 장내파생상품의 시세를 고정시키거나 안정시킬 목적으로 그 증권 또는 장내파생상품에 관한 일련의 매매 또는 그 위탁이나 수탁을 한 자
7. 증권 또는 파생상품에 관한 매매등과 관련하여 제176조 제4항 각 호의 어느 하나에 해당하는 행위를 한 자
8. 금융투자상품의 매매(증권의 경우 모집·사모·매출을 포함한다), 그 밖의 거래와 관련하여 제178조 제1항 각 호의 어느 하나에 해당하는 행위를 한 자

9. 제178조 제2항을 위반하여 금융투자상품의 매매(증권의 경우 모집·사모·매출을 포함한다), 그 밖의 거래를 할 목적이나 그 시세의 변동을 도모할 목적으로 풍문의 유포, 위계의 사용, 폭행 또는 협박을 한 자

10. 제180조를 위반하여 상장증권에 대하여 허용하지 아니하는 방법으로 공매도를 하거나 그 위탁 또는 수탁을 한 자

② 제1항 각 호(제10호는 제외한다)의 위반행위로 얻은 이익 또는 회피한 손실액이 5억원 이상인 경우에는 제1항의 징역을 다음 각 호의 구분에 따라 가중한다. <개정 2018. 3. 27., 2021. 1. 5.>

1. 이익 또는 회피한 손실액이 50억원 이상인 경우에는 무기 또는 5년 이상의 징역

2. 이익 또는 회피한 손실액이 5억원 이상 50억원 미만인 경우에는 3년 이상의 유기징역

③ 제1항 또는 제2항에 따라 징역에 처하는 경우에는 10년 이하의 자격정지를 병과(竝科)할 수 있다.

자본시장법 제447조의2(몰수 · 추징)

① 제443조 제1항 각 호(제10호는 제외한다)의 어느 하나에 해당하는 자가 해당 행위를 하여 취득한 재산은 몰수하며, 몰수할 수 없는 경우에는 그 가액을 추징한다. <개정 2021. 1. 5., 2021. 6. 8.>

② 제443조 제1항 제4호부터 제7호까지의 어느 하나에 해당하는 자가 해당 행위를 위하여 제공하였거나 제공하려 한 재산은 몰수하며, 몰수할 수 없는 경우에는 그 가액을 추징한다. <신설 2021. 6. 8.> [본조신설 2014. 12. 30.]

대법원은『자본시장법 제443조에서 규정하는 '위반행위로 얻은 이익 또는 회피한 손실액'은 유가증권의 처분으로 인한 행위자의 개인적이고 유형적인 경제적 이익에 한정되지 않고, 기업의 경영권 획득, 지배권 확보, 회사 내에서의 지위상승 등 무형적 이익 및 적극적 이득 뿐 아니라 손실을 회피하는 경우와 같은 소극적 이익, 아직 현실화되지 않은 장래의 이득도 모두 포함하는 개념이다』라고 판시[73]한 바 있다. 즉, 부당이득은 불공정거래행위를 통해 얻게 되는 유·무형의 이익에 대한 포괄적 개념이라고 보면 된다. 다만, 무형의 이익과 관련하여 이는 금전적으로 환산할 수 없는 경우가 있기 때문에 몰수, 추징의 대상이 되기에는 곤란한 측면이 있다.

요컨대, 부당이득은 ▲ 법정형의 차이를 발생시키고, ▲ 몰수, 추징의 대상이 된다는 측면에서 형사법 실무에서는 불공정행위 성립과 별도로 매우 중요하게 취급되는 요소이다.

(2) 부당이득의 종류

이 부분에 대한 논의는 〈1번_론스타 사건〉을 참고하면 된다.

(3) 부정거래에서 부당이득 산정방식

이 부분에 대한 논의는 〈1번_론스타 사건〉을 참고하면 된다.

(4) 결론

이 사건의 경우 피고인이 사기적 부정거래행위 직후(선행매매사실을 감추고 추천행위를 한 것) 주가가 상승한 주식을 '모두' 매도하여 처분하였던바, 그 부당이득을 실현이익으로 봄이 마땅하다. 다만, 실현이익을 산정함에 있어서 고려해야 할 '가중평균 매수단가'를 방송 전날의 종가로 보아야 할 것인지, 아니면 매수 당일의 실제 매수가로 보아

73 대법원 2002. 7. 22. 선고 2002도1696 판결

야 할 것인지에 대한 문제가 존재한다.

이는, 이른바 사기적 부정거래로 취급되는 '스캘핑'의 고의 발현 시점에 관한 논의로 볼 수 있는데, 만약 주식을 선행매수 할 시점부터 고의가 있었다고 본다면 실제로 주식을 매수한 시점을 기준으로 매수단가를 정해야 할 것이고, 이와 달리 주식을 선행매수 한 시점에는 고의가 없었으나 이후 방송을 할 시점에 고의가 발현된 것이라고 본다면 방송 직전일의 종가를 매수단가로 정해야 할 것이다.

이 사건에서 문제되는 행위는 곧 피고인의 주식 '(선)매수 → 방송 → (후)처분' 행위라 할 것이고, 위 일련의 행위가 합쳐져 하나의 사기적 부정거래행위가 실행된 것으로 보아야 한다. 또한, 피고인은 애초에 선행매수 시점부터 자신이 매수한 주식을 방송에서 추천할 의도를 가졌던 것으로 보인다.

따라서 피고인이 얻은 이익액에 관한 법원의 산정 방식 즉, 주식 매수 시점을 기준으로 '가중평균 매수단가'를 채택한 것은 타당하며, 나아가 주식 매수 후 방송 전까지의 시세 상승분을 부당이득에서 공제하는 것은 타당하지 않으므로 이 부분 피고인의 주장을 배척한 법원의 판단에도 동의하는 바이다.

한편, 이 사건에서는 피고인의 부당이득으로 실현이익만이 문제되었으나, 만약 피고인이 방송을 종료한 후 주식을 매도하지 않고 있었는데 시세가 상승한 경우에는 미실현이익의 산정 문제가 발생할 수 있다.

앞서 살펴본 바와 같이, 사기적 부정거래행위와 관련된 주식을 처분하지 않았다고 하여 부당이득에서 제외한다면, 사기적 부정거래 이후 주식을 처분하였다는 우연한 사정에 따라 부당이득액이 달리 산정되고, 그 연장선에서 징역형 및 벌금의 가중에도 영향을 미치게 되므로, 부당이득액을 산정함에 있어서 미실현이익을 포함하는 것이 마땅하고, 판례의 입장도 동일하다.

이러한 미실현이익은 '(부정거래행위 종료 시점의 종가 - 가중평균 매수단가) × 잔여수량'으로 산정할 수 있는데, 시작 시점과 종료 시점이 특정 가능한 시세조종의 경우와는 달리 사기적 부정거래의 경우 부정거래행위의 시작 시점은 존재하나, 종료 시점을 특정하기 어려운 경우가 존재한다. 그러나 사기적 부정거래의 경우 그러한 부정행위를 통해 주가를 가능하면 높게 형성시킬 의도가 바탕된 행위이므로 그 종료시점은 사기적 부정거래 행위 이후 최초로 형성된 최고가(종가 기준)가 형성된 날을 종료시점으로 봄이 상당하다.[74]

최초 형성된 최고가 설명

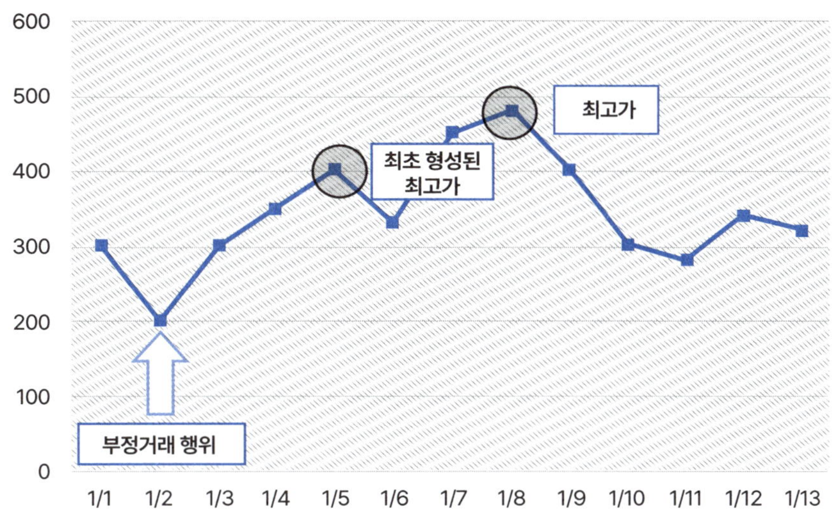

☞ 위 사례에서 그래프상 최고가는 1/8 형성되었으나, 최초 형성된 최고가는 1/5 형성된 것임

결국, 미실현이익은 '(부정거래와 인과관계가 있는 최초 형성된 최고가 - 가중평균 매수단가) × 매매일치수량'으로 산정할 수 있다고 볼 수 있다. 다만, 실무적으로는 실현이익만 처리하는 경우, 실현이익과 미실현이익을 모두 산정하는 경우가 혼재되어 있어 각 경우마다 부당이득 산정방식에 관한 혼선이 잦은 것으로 보이는바, 판례가 이에 대한

74 다만, 이 경우에도 부정거래 행위 이후 상당한 기간이 지나서 최고가 시점에 도달하였다면, 부정거래 행위와 최고가 간에 인과관계가 없다고 볼 수 있다.

명확한 기준을 정립할 필요가 있다.

한편, 이 사건에서 주가 상승의 원인이 피고인의 방송뿐만 아니라 다른 요인이 결부된 경우를 가정적으로 상정해 볼 수 있다. 이는 자본시장법상 부당이득의 인과관계에 관한 논의로 귀결된다.

즉, 부당이득은 사기적 부정거래행위로 얻은 이익으로서 부정거래행위와의 인과관계가 인정되어야 하는데, 사기적 부정거래행위 외에 제3자의 개입, 증권시장의 상황, 그 밖에 주가에 중대한 영향을 미칠 수 있는 제반 요소가 다양하므로, 사기적 부정거래행위로 인한 부당이득액을 구체적으로 산정함에 있어서는 신중을 기하여야 한다.

이와 관련하여 대법원은 『위반행위의 동기, 경위, 태양, 기간, 제3자의 개입 여부, 증권시장 상황 및 그 밖에 주가에 중대한 영향을 미칠 수 있는 제반 요소들을 전체적·종합적으로 고려하여 인과관계가 인정되는 이익을 산정해야 한다』고 판시하였다.[75]

특히, 대법원은 『주식시장에서의 정상적인 주가변동요인에 의한 주가상승분이나 위반행위자와 무관한 제3자가 야기한 주가상승분이 존재하는 등과 같은 사정이 있는 경우에는 위반행위와 인과관계가 인정되는 이익만을 따로 구분하여 산정하여야 한다』고 판시하기도 하였다.[76]

그 연장선에서 법원이 피고인의 행위와 무관한 요인에 의한 주가상승분이 존재한다고 판단되는 경우 "액수 미상의 부당이득"이라고 판시하는 사례가 다수 있다.[77]

'위반행위로 얻은 이익'은 위반행위로 인하여 발생한 위험과 인과관계가 인정되어야 한다는 상식적인 전제에서 이를 구체적으로 산정함에 있어서는 형사법의 대원칙인 책임

---

75 대법원 2009. 7. 9. 선고 2009도1374 판결

76 대법원 2013. 7. 11. 선고 2011도15056 판결

77 서울고등법원 2018. 6. 21. 선고 2017노2969 판결, 서울고등법원 2022. 4. 29. 선고 2021노2108 판결

주의를 염두에 두고 여러 제반 요소들을 전체적·종합적으로 고려하는 것이 마땅하다.

만약, 이 사건에서 피고인의 행위와는 무관한 별도의 주가 상승 요인이 명백히 존재하고, 피고인의 방송 영향력이 매우 미미한 것으로 볼 정황 등이 다수 존재하는 경우라면, 사실상 검사가 주가 상승에 피고인의 행위가 어느 정도의 영향을 미쳤는지 그 기여도를 구체적으로 산정하는 것이 여간 용이하지 않기 때문에, 이 경우 부당이득액은 '불상'으로 귀결되었을 가능성이 높다고 보인다.

05

외국인 투자자 외관 형성 사건

Ⅰ. 사건의 진행 경과

일시	행위
2008. 1.경	- A사(구조조정전문회사), 상장사인 B사(투자자문사)를 운영하던 피고인 甲이 증권사 설립(가칭 C증권주식회사)을 추진함
2008. 2. 29.	- 증권사 설립(2008. 6.)을 위해 필요한 초기자본금 400억원 중 120억원을 B사가 출자할 예정이라는 내용의 '증권업예비허가신청서'를 금융감독원에 제출 - 위 120억원을 B사의 일반공모 유상증자(2008. 4.)를 통해 조달하고자 하였음.
2008. 3.	- B사의 유상증자에 대한 청약이 저조할 것으로 예상되자, 피고인 甲은 D사 한국 총괄 매니저인 피고인 乙에게 원금 및 수익보장 약정을 하면서 B사 유상증자 청약일 전후로 외국 법인 계좌를 이용하여 B사 주식 장내 매수[78](20억원) 및 유상증자[79](30억원) 참여를 요청함

78 피고인 甲과 乙은 "장내에서 B사 주식 20억 원을 매수해 주면 주가가 올라갈 경우 D사에서 임의로 매도하여 수익을 가져가고, 주가가 하락할 경우 위 원금에 이자(3개월 5%)를 가산하여 지급하겠다"고 계약서 및 손실 보장 약정서를 작성

79 피고인 甲과 乙은 " B사 유상증자에 참여하여 주가가 상승하여 유상증자 발행가액보다 상회하면 D사에서 수익을 가져가고, 주가가 하락하면 위 원금과 3개월 후에 5%의 수익금을 보장해 주기로 약정"하고 유상증자 30억 원을 참여함

2008. 4. 4. ~ 2008. 4. 29.	- D사, 장내에서 20억원 상당 B사의 주식매수
2008. 4. 16. ~ 2008. 4. 18.	- B사 유상증자 청약일 - D사는 B사의 유상증자에 30억원 참여
2008. 4. 23.	- B사 유상증자 대금 납입일
2008. 6.	- 증권사 설립무산
2008. 7.중순경	- B사의 주가가 유상증자 발행가액(1,375원)보다 하회 - D사 등에 대하여 장내매수, 유상증자 참여 금액(합계 50억)에 대한 원금 및 수익보장 약정에 따라, 피고인 甲은 D사가 보유한 B사의 주식을 시간외거래로 인수하기로 하였음 - 이를 위해 피고인 甲은 E사 등 홍콩 소재 투자회사를 보유한 피고인 丙에게 원금 및 수익보장 약정을 하면서 위 D사가 보유한 B사의 주식을 인수(일부 장내매수, 일부 시간외거래 매수)해주고, 아울러 A사 및 B사 주식을 매수해서 2개 회사의 주가를 올려달라고 요청함
2008. 7. 24. ~2008. 7. 25.	- 피고인 甲과 피고인 丙은 피고인 甲 등을 채무자 겸 연대보증인, E사를 투자자로 기재하여 아래와 같은 내용의 '제안서', '투자수익보장약정서', '잉여투자수익처분합의서', '질권설정승낙의뢰서' '금전소비대차계약공정증서'를 작성하였음 - (제안서) 피고인 甲 등을 채무자 겸 연대보증인, E사를 투자자로 기재하여 '실질적인 대주주이자 경영권자인 연대보증인은 본인의 보증과 사전 담보를 제공하고 주식매입자금을 사용하여 자사주를 매입하는 개념으로, 투자자에게 적정한 일정수익을 보장하고 장내 혹은 동시호가, 시간외 종가에 블럭딜로 소액투자가의 매도물량을 인수시켜 주가의 하락을 지연시키고, 시장의 안정을 도모하는 목적으로 투자수익보장약정서, 잉여투자수익보장합의서 등을 작성한다.'는 내용 - (투자수익보장약정서) ① 투자기간은 2008. 10. 24.까지(3개월)로 하고, 연대보증인은 투자자가 매수대금을 납입하여 주식을 매수하고, 정해진 시간에 시장 내에서 주식을 매각함에 있어 투자자에게 원금 30억 원의 회수를 보장함과 아울러 총 투자금액의 최소 7.5%에 해당하는 투자수익 2억 2,500만 원을 보장한다(丙은 3개월간 매월 이자 2.5%씩 총 7.5%와 3%의 수수료를 취득함). ② 연대보증인은 투자금액의 33.3%에 해당하는 현금을 사전에 제출한다. ③ 회사의 주가가 담보 조건 이하로 하락하였을 경우 연대보증인은 즉시 담보 부족분을 현금 또는 주식으로 예치하여야 한다(Margin Call). ④ 투자가는 단순투자목적의 투자자로서 경영에 일체 관여하지 않으며, 연대보증인의 요청에 의거하여, 주주총회의 의결권 행사를 연대보증인에게 위임할 수 있다는 내용

2008. 7. 24. ~2008. 7. 25.	- (잉여투자수익처분합의서) 주식매각 금액이 보장수익 107.5%를 초과하는 모든 차익은 제비용 등을 공제하고 연대보증인에게 반환토록 한다는 내용 - (금전소비대차공정증서) 채무자인 피고인 甲 등이 채권자인 E사에게 48억 4,000만 원의 차용금 채무가 있다는 내용
2008. 7. 23.경 ~2009. 8. 17.경	- 피고인 丙, E사의 외국인투자전용계좌 등을 이용하여 B사 주식시세조종 주문 - 피고인 丙, E사의 외국인투자전용계좌를 이용하여 A사 주식 1,878,127주를 매수하고, B사 주식 7,731,031주를 매수하였음

II. 관련 조문

자본시장법 제176조(시세조종행위 등의 금지)

① 누구든지 상장증권 또는 장내파생상품의 매매에 관하여 그 매매가 성황을 이루고 있는 듯이 잘못 알게 하거나, 그 밖에 타인에게 그릇된 판단을 하게 할 목적으로 다음 각 호의 어느 하나에 해당하는 행위를 하여서는 아니 된다.

1. 자기가 매도하는 것과 같은 시기에 그와 같은 가격 또는 약정수치로 타인이 그 증권 또는 장내파생상품을 매수할 것을 사전에 그 자와 서로 짠 후 매도하는 행위(통정매도)
2. 자기가 매수하는 것과 같은 시기에 그와 같은 가격 또는 약정수치로 타인이 그 증권 또는 장내파생상품을 매도할 것을 사전에 그 자와 서로 짠 후 매수하는 행위(통정매수)
3. 그 증권 또는 장내파생상품의 매매를 함에 있어서 그 권리의 이전을 목적으로 하지 아니하는 거짓으로 꾸민 매매를 하는 행위(가장매매)
4. 제1호부터 제3호까지의 행위를 위탁하거나 수탁하는 행위

② 누구든지 상장증권 또는 장내파생상품의 매매를 유인할 목적으로 다음 각 호의 어느 하나에 해당하는 행위를 하여서는 아니 된다.

1. 그 증권 또는 장내파생상품의 매매가 성황을 이루고 있는 듯이 잘못 알게 하거나 그 시세(증권시장 또는 파생상품시장에서 형성된 시세, 다자간매매체결회사가 상장주권의 매매를 중개함에 있어서 형성된 시세, 그 밖에 대통령령으로 정하는 시세를 말한다. 이하 같다)를 변동시키는 행위 또는 그 위탁이나 수탁을 하는 행위
2. 그 증권 또는 장내파생상품의 시세가 자기 또는 타인의 시장 조작에 의하여 변동한다는 말을 유포하는 행위
3. 그 증권 또는 장내파생상품의 매매를 함에 있어서 중요한 사실에 관하여 거짓의 표시 또는 오해를 유발시키는 표시를 하는 행위

자본시장법 제178조(부정거래행위 등의 금지)

① 누구든지 금융투자상품의 매매(증권의 경우 모집·사모·매출을 포함한다. 이하 이 조 및 제179조에서 같다), 그 밖의 거래와 관련하여 다음 각 호의 어느 하나에 해당하는 행위를 하여서는 아니 된다.

1. 부정한 수단, 계획 또는 기교를 사용하는 행위
2. 중요사항에 관하여 거짓의 기재 또는 표시를 하거나 타인에게 오해를 유발시키지 아니하기 위하여 필요한 중요사항의 기재 또는 표시가 누락된 문서, 그 밖의 기재 또는 표시를 사용하여 금전, 그 밖의 재산상의 이익을 얻고자 하는 행위
3. 금융투자상품의 매매, 그 밖의 거래를 유인할 목적으로 거짓의 시세를 이용하는 행위

② 누구든지 금융투자상품의 매매, 그 밖의 거래를 할 목적이나 그 시세의 변동을 도모할 목적으로 풍문의 유포, 위계(僞計)의 사용, 폭행 또는 협박을 하여서는 아니 된다.

이 사건에서 문제된 행위는 자본시장법이 시행된 2009. 2. 4. 이후에 이루어졌으므로, 이 사건은 자본시장법이 적용되었다.

III. 쟁점

이 사건에서 자본시장법 상 사기적 부정거래로 의율될 수 있는 행위는 일응 ① 피고인 甲로부터 원금보장 약정을 받고, 피고인 乙이 20억원 상당의 B사 주식을 장내매수하고 아울러 B사의 유상증자에 30억원 가량 참여하는 행위, ② 위 피고인 乙이 주식을 장내매수함에 있어서 외국인 계좌(D사 계좌)를 이용하는 행위, ③ 피고인 丙이 피고인 甲로부터 원금보장 약정을 받고, A사 및 B사 주식을 장내 매수하는 행위, ④ 위 피고인 丙이 주식을 장내매수함에 있어 외국인 계좌(E사 계좌)를 이용하는 행위로 추려질 수 있다.

그런데, ①, ②번의 경우는 자본시장법 상 사기적부정거래 행위로 기소되지 아니하였고 다만, 검사는 피고인 甲과 피고인 乙이 그와 같은 합의를 한 뒤 B 주식 장내 매수하는 행위로 나아갔던 것을 시세조종행위로 의율하여 기소하였던 것으로 확인된다.

다음으로 위 ③, ④행위가 자본시장법 상 사기적 부정거래 행위[80]로 기소되었다(물론, 검사는 피고인 丙이 그와 같은 합의를 한 뒤 B사 및 A사 주식을 장내 매수하는 행위로 나아갔던 것을 시세조종행위로 의율하여 기소하였음).

위 ①, ② 행위가 자본시장법 상 사기적 부정거래 행위로 기소되지 않았는지 그 연유는 알 수 없으나, 위 ③, ④ 행위와 궤를 같이 하는 것이므로 위 ③, ④행위에 대하여 법적 평가가 가능하다면 이를 ①, ②에 적용할 수 있을 것으로 보여진다.

80 적용법조는 자본시장법 제178조 제1항 제2호 〈부정한 수단, 계획 또는 기교행위〉 및 제178조 제2항 〈위계이용행위〉로 확인된다.

1. 원금보장약정과 자본시장법상 사기적 부정거래의 성부

이 사건에서 피고인 甲은 상장사인 B사의 유상증자(30억원) 및 주식장내매수(20억원)에 참여하였다가 손해를 입게 된 피고인 乙의 손해를 보전해주기 위해 피고인 丙에게 '피고인 甲 등은 피고인 丙이 매수대금을 납입하여 주식을 매수하고, 정해진 시간에 시장 내에서 주식을 매각함에 있어 피고인 丙에게 원금 30억 원의 회수를 보장함과 아울러 총 투자금액의 최소 7.5%에 해당하는 투자수익 2억 2,500만 원을 보장한다'고 하였고, 이에 따라 피고인 丙은 B사의 주식 7,731,031주를 매수하고 A사 주식 1,878,127주를 매수하였다.

즉, 피고인 甲은 피고인 丙에게 A사 및 B사 주식매수를 부탁하면서 동시에 피고인 丙이 위 주식매수에 지출한 비용 30억원의 회수를 보장(원금보장)하고, 일정한 수익(최소 7.5%의 수익률)을 보장하는 약속을 하였던 것이다.

이로써 피고인 丙은 원금보장약정에 따라 원금 회수가 보장된 상태에서 A사 및 B사의 주식을 장내에서 매수하였음에도 불구하고, 피고인 丙이 마치 정상적으로 투자위험을 감수하면서 장내에서 주식을 매수한 듯한 외관이 형성되었다.

주식투자가 원금 손실의 가능성을 전제로 한다는 관점에서 볼 때, 이러한 피고인 甲과 丙의 주식거래는 비정상적인 행위라고 보여진다. 따라서, 피고인 甲과 丙이 위와 같이 원금이 보장된 상태에서 주식을 매수하는 행위가 일응 자본시장법 제178조 제2항 〈위계 이용행위〉혹은 자본시장법 제178조 제1항 제1호 〈부정한 수단, 계획 또는 기교행위〉에 해당하는지가 문제될 것으로 보인다.

2. 외국인 투자자 외관형성거래와 자본시장법상 사기적 부정거래의 성부

한편, 이 사건에서 E사 등 홍콩 소재 투자회사를 보유한 피고인 丙은 E사의 외국인 투자전용계좌 등을 이용하여 A사 및 B사의 주식을 매수하여 마치 해외펀드가 A사와

B사에 정상적으로 투자하는 것처럼 보이는 외관을 형성하였다.

피고인 丙처럼 외국인 투자자가 아님에도 외국인투자전용계좌를 이용하여 주식을 매수하는 경우에는 외국인 투자 비중에 대한 통계가 공개되어 일반 투자자들에게 정상적인 해외자금이 유입된 것으로 보이는 외관을 형성하게 되고, 외국인의 투자가 해당 기업의 가치 상승 신호로 받아들여져 주가상승으로 이어지는 경우가 있다. 이러한 시장 특성을 악용하여 내국인이 외국인 투자자가 매수하는 것처럼 외관을 형성하여 주식을 장내 매수한 행위는 일응 자본시장법 제178조 제2항의 <위계 이용행위> 혹은 자본시장법상 제178조 제1항 제1호의<부정한 수단, 계획 또는 기교행위>에 해당하는지가 문제될 것으로 보인다. 아울러 이와 관련하여 국내 외국인 투자절차에 대해서 선행적으로 검토할 필요도 있다.

IV. 각 쟁점에 대한 평석

1. 원금보장약정과 사기적 부정거래의 성부

가. 법원의 판단

제1심법원[81]은 피고인 丙이 원금보장약정을 체결하여 대여금의 회수가 보장된 상태에서 A사 및 B사의 주식을 장내에서 매수하였을 뿐임에도 마치 해외펀드가 정상적으로 투자위험을 감수하면서 주식을 매수한 듯한 외양을 갖추는 <위계 이용행위>에 해당한다고 판단하였다. 그 구체적인 판단근거는 다음과 같다.[82]

81 서울중앙지방법원 2010. 9. 3. 선고 2010고합280, 2010고합282 판결

82 다만, 제1심법원은 원금보장약정을 한 피고인 丙이 주식을 매수한 행위와 관련하여 적용법조에 『자본시장법 제178조 제1항 제1호 및 동조 제2항』을 기재하였음에도, 해당 법문언과 달리 구체적인 판시에서는『누구든지

누구든지 유가증권의 매매 기타 거래와 관련하여 부당한 이익을 얻기 위하여 고의로 허위의 시세 또는 허위의 사실 기타 풍설을 유포하거나 위계를 쓰는 행위를 하여서는 안 되며, 중요한 사항에 관하여 허위의 표시를 하거나 필요한 사실의 표시가 누락된 문서를 이용하여 타인에게 오해를 유발하게 함으로써 금전 기타 재산상의 이익을 얻고자 하는 행위를 하여서는 아니된다.

甲은 원금 및 확정수익보장 약정하에 장내매수도계약을 체결하고 丙으로 하여금 A사 및 B사 주식을 장내에서 매수하게 하였고, 이에 따라 丙은 일반적인 투자자의 입장에서 시장의 상황에 따라 손실 가능성 등을 고려하여 가격과 수량을 판단하고 B사 주식을 매수하거나 매도한 것이 아니라 확정적인 수익이 보장된 상황에서 각 장내매수도계약에 정해진 수량을 외국계 계좌로 매수하였는바, ① 장내에서의 대량매수행위는 다른 일반투자자들에 의하여 시장상황에 따른 정상적인 외국계 매수세로 오인될 수 있다. ② 甲은 매 거래일마다 丙에게 구체적인 수량 및 가격을 지시하면서 매매요청을 하였고, 丙은 위 지시에 따른 매매를 하면서 그 매매내역을 甲에게 보고하였다. ③ 甲은 丙에게 적극적으로 고가로 매수할 것을 지시하고 특별히 외국계 계좌로 매수할 것을 부탁하기도 하였다.

피고인 甲은 丙과 공모하여, 코스닥시장에서의 매매거래를 유인할 목적으로 일반투자자들로 하여금 정상적으로 투자하는 외국인 등의 매수세가 꾸준히 유입되는 것으로 오인하게 하여 당해 주식의 매매거래가 성황을 이루고 있는 듯이 잘못 알게 하였을 뿐만 아니라, 위와 같은 투자원리금 보장 약정 및 대여계약을 체결하여 대여금의 회수가 보장된 상태에서 외국인 투자전용계좌를 이용하여 B사 및 A사의 주식을 장내에서 매수하였을 뿐임에도 마치 해외펀드가 정상적으로 투자위험을 감수하면서 주식을 매수한 듯한 외양을 갖추는 위계를 사용하였다.

유가증권의 매매 기타 거래와 관련하여 부당한 이익을 얻기 위하여 고의로 허위의 시세 또는 허위의 사실 기타 풍설을 유포하거나 위계를 쓰는 행위를 하여서는 안 되며, 중요한 사항에 관하여 허위의 표시를 하거나 필요한 사실의 표시가 누락된 문서를 이용하여 타인에게 오해를 유발하게 함으로써 금전 기타 재산상의 이익을 얻고자 하는 행위를 하여서는 아니 된다』고 설시하여, 마치 구 증권거래법 제188조의 4 제4항 제1호 및 자본시장법 제178조 제1항 제2호가 이 사건에 적용되는 것처럼 판시하였다. 또한, 제1심법원의 결론을 보면, 피고인 甲의 행위가 사기적 부정거래 중 어떤 행위에 해당하는지에 대한 직접적인 언급을 하지 않고 위계를 사용하였다고만 판단하였다. 이와 같은 제1심법원의 적용법조, 논거, 결론의 일련의 과정을 살펴보면 제1심법원의 판단 과정에 일부 착오가 있었던 것으로 보인다.

이에 대하여 항소심 법원[83]은 피고인 甲과 피고인 丙이 행한 주식거래의 실질은 회사가 자사주를 취득하거나 대주주가 주식을 취득한 것임에도 제3자의 자금이나 외국인 자금이 정상적으로 유입된 외관을 형성시켜 자본시장의 공정성, 신뢰성 및 효율성을 해치게 된다고 전제한 다음, 사인 간의 원리금보장약정에 의한 주식인수나 유상증자가 금지되지 않고 차명증권계좌를 이용한 주식거래가 허용된다고 하더라도 甲과 丙의 원금보장약정에 의한 주식거래 행위는 자본시장법 제178조 제1항 제1호 〈부정한 수단, 계획, 기교〉 및 〈위계 이용행위〉에 해당된다고 판단하였다. 즉, 1심은 위 행위가 자본시장법 제178조 제2항 〈위계 이용행위〉에 해당한다고 판시하였는데, 항소심은 더 나아가 위 행위는 〈위계 이용행위〉도 성립되고, 자본시장법 제178조 제1항 제1호 〈부정한 수단, 계획, 기교〉에도 해당한다고 판시하였다. 그 구체적인 판단근거는 다음과 같다.

> 피고인 甲은 자신이 운영하는 회사의 자금융통, 담보주식의 반대매매 방지 등을 위하여 주가 하락을 방지하거나 주가를 부양할 수 있는 주식 매수자금이 필요했고, 丙는 이러한 피고인의 필요에 응하여 주식을 매수하되 그 계산은 피고인에게 돌림으로써 주식거래에 따른 위험을 부담하지 않고 주식 매수 등 주식거래를 할 수 있게 되었으며, 이에 따라 피고인으로서도 자회사에 대한 자사주 매입 제한을 회피하고 대주주의 주식 취득에 따르는 공시의무를 회피하면서 적은 돈으로 대량의 회사 주식을 매입하거나 유상증자를 할 수 있게 되어 실질은 회사가 자사주를 취득하거나 대주주가 주식을 취득한 것임에도 주식 시장에서는 제3자의 자금이 정상적으로 투자, 유입되었거나 외국인 자금이 투자, 유입된 양 가장하여 주가관리를 할 수 있게 되었다. 그런데 이와 같은 거래는 주식거래 시장에서 투자자들로 하여금 잘못된 판단을 하게 함으로써 자본시장에서 공정한 경쟁을 해치고 선의의 투자자에 손해를 전가하여 자본시장의 공정성 신뢰성 및 효율성을 해치게 된다. 그렇다면 사인간의 원리금 보장약정에 의한 주식인수나 유상증자가 금지되지 않고 차명증권계좌를 이용한 주식거래가 허용된다고 하더라도 甲과 丙의 약정에 의한 위와 같은 주식거래 행위는 자본시장과 금융투자업에 관한 법률 제178조 제1항 제1호, 제2항에서 규정하고 있는 '금융투자상품의 매매와 관련하여 부정한 수단이나 기교를 사용하는 행위' 및 '위계의 사용'에 해당된다.

83 서울고등법원 2011. 2. 17. 선고 2010노2573 판결

대법원[84]도 항소심과 동일한 취지로 판단하였다. 구체적인 판단근거는 다음과 같다.

> 자본시장과 금융투자업에 관한 법률(이하 '자본시장법'이라 한다) 제178조 제1항은 금융투자상품의 매매 등 거래와 관련하여 '부정한 수단, 계획 또는 기교를 사용하는 행위'를, 같은 법 제178조 제2항은 매매 등 거래를 할 목적이나 시세의 변동을 도모할 목적으로 '위계를 사용하는 행위'를 금지하고 있다. 여기서 '위계'라 함은 거래 상대방이나 불특정 투자자를 기망하여 일정한 행위를 유인할 목적의 수단, 계획, 기교 등을 말한다(대법원 2008. 5. 15. 선고 2007도11145 판결, 대법원 2010. 12. 9. 선고 2009도6411 판결 등 참조). 원심은, 甲가 丙에게 주식매수자금을 요청한 동기, 그 자금제공과 관련한 피고인 甲과 丙 간의 약정의 내용, 그 약정에 기한 주식거래의 결과 등에 비추어 보면, 피고인 甲과 丙이 행한 주식거래의 실질은 C사가 계열사의 주식을 취득하거나 대주주가 주식을 취득한 것임에도, 주식 시장에서는 제3자의 자금이 정상적으로 투자·유입되었거나 외국인 자금이 투자·유입된 것과 같은 외관이 형성되어 인위적 주가관리가 가능하게 되었고, 이와 같은 거래는 주식거래 시장에서 투자자들로 하여금 잘못된 판단을 하게 함으로써 자본시장에서 공정한 경쟁을 해치고 선의의 투자자에게 손해를 전가하여 자본시장의 공정성, 신뢰성 및 효율성을 해치게 된다고 전제한 다음, 사인 간의 원리금보장약정에 의한 주식인수나 유상증자가 금지되지 않고 차명증권계좌를 이용한 주식거래가 허용된다고 하더라도 피고인과 丙과의 약정에 의한 위와 같은 주식거래 행위는 자본시장법 제178조 제1항 제1호, 제2항에서 규정하고 있는 '금융투자상품의 매매와 관련하여 부정한 수단이나 기교를 사용하는 행위' 및 '위계의 사용'에 해당된다고 판단하였다. 원심이 인용한 제1심판결의 채택 증거들을 원심판결 이유 및 앞서 본 법리에 비추어 살펴보면, 원심의 위와 같은 판단은 정당한 것으로 수긍할 수 있고, 거기에 상고이유에서 주장하는 바와 같이 사기적 부정거래 등에 관한 법리를 오해하거나 논리와 경험칙에 위배하여 자유심증주의의 한계를 벗어난 위법이 없다.

84 대법원 2011. 7. 14. 선고 2011도3180 판결

나. 평석

(1) 문제점

피고인 甲은 피고인 丙에게 '피고인 甲 등은 피고인 丙이 매수대금을 납입하여 주식을 매수하고, 정해진 시간에 시장 내에서 주식을 매각함에 있어 피고인 丙에게 원금 30억 원의 회수를 보장함과 아울러 총 투자금액의 최소 7.5%에 해당하는 투자수익 2억 2,500만 원을 보장한다'고 하였고, 이에 따라 피고인 丙은 B사의 주식 7,731,031주를 매수하고 A사 주식 1,878,127주를 매수하여, 원금보장약정에 따라 대여금 회수가 보장된 상태에서 A사 및 B사의 주식을 장내에서 매수하였다.

앞서 살펴본 바와 같이 피고인 丙이 원금보장약정에 따라 대여금 회수가 보장된 상태에서 A사 및 B사의 주식을 장내에서 매수하였음에도 불구하고 마치 정상적으로 투자위험을 감수하면서 주식을 매수한 듯한 외관이 형성되었다는 점에서는 이는 비정상적인 투자행위라고 보여지고 따라서 위 행위가 자본시장법 제178조 제2항의 〈위계 이용행위〉 혹은 제178조 제1항 제1호 〈부정한 수단, 계획 또는 기교〉에 해당하는지 문제된다 할 것이다.

(2) 자본시장법 제178조 제2항의 〈위계 이용행위〉에의 해당 여부

(가) '위계'의 의미

일반적으로 형법상 위계란 "타인의 부지 또는 착오를 이용하는 일체의 행위"를 말하고 기망뿐만 아니라 유혹의 경우도 포함하는데, 대법원은 "위계란 상대방이나 불특정 투자자를 기망하여 일정한 행위를 유인할 목적의 수단, 계획, 기교 등을 말하는 것이고, 기망이라 함은 객관적 사실과 다른 내용의 허위사실을 내세우는 등의 방법으로 타인을 속이는 것을 의미한다."라고 판시하였다.[85]

85 대법원 2010. 12. 9. 선고 2009도6411 판결 등

이와 관련하여 서울고등법원 2011. 6. 9. 선고 2010노3160판결은 자본시장법 제178조 제2항의 '위계'를 해석함에 있어서도 동일한 법리가 적용된다고 판시한 바 있다.

(나) '위계의 사용'에의 해당 여부

피고인 丙이 원금보장약정에 따라 대여금 회수가 보장된 상태에서 A사 및 B사의 주식을 장내에서 매수하였음에도 불구하고 마치 정상적으로 투자위험을 감수하면서 주식을 매수한 듯한 외관이 형성되었다는 점은 다툼이 없다.

그러나, 피고인 丙이 객관적 사실과 다른 허위사실을 표시하는 등의 방법으로 작위에 의하여 불특정 투자자를 속인 것이 있는지는 다소 의문이 있다. 즉, 주식을 장내에서 매수하는 경우 매수 주문 제출시 시장에 표출하는 정보는 1) 매수 희망 수량, 2) 매수 희망 가격, 3) 거래체결 조건 세 가지 밖에 없다. 그 밖에 매수 주문 배경에 원금보장약정이 전제된 것인지에 대한 정보내용을 공개할 의무도 없고, 이를 공개할 방법도 없다.

따라서 주식 매수 주문 시 그 주문의 배경이 되는 법률관계를 정확하게 반영해야할 의무가 있는 것이 아닌 한, 그 매수 주문 근저에 원금보장약정이 전제된 사실만으로 일반투자자를 작위에 의하여 기망하였다고 평가하기는 어렵다.

특히, 주식시장은 가격·상품에 대한 위험성을 내재한 모험적 속성을 바탕으로 하고 있으므로, 주식거래와 관련된 모든 정보를 고지할 의무가 있다고 볼 수 없다.

결국, 본건 문제된 행위는 자본시장법 제178조 제2항의 〈위계의 사용〉에 해당하지 않는다고 봄이 타당하고, 이러한 점에서 위 판례들은 재검토의 필요성이 있다. 그렇다면 위 문제된 행위들이 자본시장법 제178조 제1항 제1호 〈부정한 수단, 계획, 기교〉에 해당할 수 있는지 여부를 아래에서 자세히 검토하도록 하겠다.

(3) 자본시장법 제178조 제1항 제1호의 〈부정한 수단, 계획 또는 기교 행위〉에의 해당 여부[86]

(가) <부정한 수단, 계획 또는 기교 행위>의 의미

자본시장법 제178조 제1항 제1호 <부정한 수단, 계획 또는 기교 행위>는 구 증권거래법에는 없던 조항을 신설한 것인데(자본시장법은 구 증권거래법 제188조의4 제4항의 한계로 지적되던 부분을 제178조 제1항 제1호를 통하여 입법적으로 해결하고자 한 것이다[87]), <부정한 수단, 계획 또는 기교>의 의미가 무엇인지에 대하여 별도의 정의규정은 없다.

이에 대하여 대법원은 <부정한 수단, 계획 또는 기교 행위>란 사회통념상 부정하다고 인정되는 일체의 수단, 계획 또는 기교를 말한다고 판시하였다.[88] 나아가 어떠한 행위를 부정하다고 할지는 그 행위가 법령 등에서 금지된 것인지, 다른 투자자들로 하여금 잘못된 판단을 하게 함으로써 공정한 경쟁을 해치고 선의의 투자자에게 손해를 전가하여 자본시장의 공정성, 신뢰성 및 효율성을 해칠 위험이 있는지를 고려해야 한다[89]고 판시하고 있다.

한편, <부정한 수단, 계획 또는 기교>에 기망성이 요구되는지 여부와 관련하여, ⅰ) 위 대법원 판결의 원심인 서울중앙지방법원 2010. 10. 29. 선고 2010고합305, 2010고합412 판결은 기망성이 요구된다고 판단한 반면, ⅱ) 위 대법원 판결 이후에 선고된 서울중앙

---

86 '부정한 수단, 계획 또는 기교'의 입법 연혁은 〈2번_저축은행 BIS비율 조작 사건〉 참조

87 자본시장법 제178조 제1항 제1호의 입법취지와 관련하여, 그 당시 국회 재정경제위원회의 심사보고서에는 '금융투자상품의 매매거래 등과 관련된 불공정행위는 투자자들의 피해를 초래하고 증권시장의 신뢰를 저하시키는 요인이 되므로 이를 억제할 수 있는 장치가 필요하다. 그런데 증권시장에서의 불공정행위의 수법은 매우 다양하며 신종 사기수법이 계속하여 등장하고 있으므로 그 유형을 일일이 법률에 열거하여 규제하기는 불가능하다고 할 수 있다.'라고 기재되어 있었다.

88 대법원 2011. 10. 27. 선고 2011도8109 판결

89 대법원 2014. 1. 16. 선고 2013도4538 판결

지방법원 2011. 11. 28. 선고 2011고합600 판결은 기망성이 요구되지 않는다고 판단하였다.

(나) 자본시장법 제178조 내부의 상호관계

사기적 부정거래 행위는 ① 제178조 제1항 제1호 행위, ② 제178조 제1항 제2호 행위, ③ 제178조 제1항 제3호 행위, ④ 제178조 제2항 행위로 나뉘고, 위 규정내용을 보면 ②번, ③번, ④번의 경우(풍문유포, 폭행·협박 행위 제외) 기본적으로 〈기망적 요소〉가 내포되어 있고, ①번 행위보다 훨씬 구체화되어 있다.

그렇다면 자본시장법 제178조 제1항 제1호 〈부정한 수단, 계획, 기교 행위〉는 자본시장법 제178조 제1항 제2호, 제3호 및 제2항에 대하여 〈일반법〉과 같은 지위에 있다고 보는 것이 타당하고, 우선적으로 자본시장법 제178조 제1항 제2호, 제3호 및 제2항의 성립여부가 먼저 검토된 뒤 보충적으로 자본시장법 제178조 제1항 제1호가 적용되는 것이 바람직하다고 생각된다.

(다) 이 사건에서 적용여부

자본시장법 제178조 제1항 제1호 〈부정한 수단, 계획, 기교 행위〉는 그 개념자체가 매우 추상적이고, 대법원 역시 그 개념을 단지『사회통념상 부정하다고 보이는 일체의 수단, 계획, 기교』라고 정의하고 있어 도대체 어떤 행위가 위 법적 개념에 포섭되는지 예측이 어렵고, 이러한 경우 법적 안정성이 매우 심각하게 헤쳐질 수 있다는 점에서 위 조항의 적용에 대해서는 매우 엄격한 입장을 견지해야한다고 본다.

특히, 대법원은 〈부정한 수단, 계획, 기교 행위〉의 성립요건과 관련하여 '기망적 요소'가 필요 없다는 입장을 견지하고 있어 그 처벌범위가 무한하게 확장될 수 있는 위험성이 있다.

한편, 수사기관은 자본의 발행, 유통, 공시 등에서 속칭 '꼼수'가 이루어졌지만, 딱히 위법이라고 볼 수 없는 경우 위 규정을 전가의 보도처럼 사용한 것이 사실이었고, 법원도 수사기관의 입장에서 동조하는 판결을 해왔던 것이 사실이다.

본 사건에서 피고인 丙은 사실 피고인 甲으로부터 장내주식 매입 자금에 대하여 원금보장을 받았다. 물론 이러한 원금보장은 원금손실이 전제된 '투자'와는 궤를 달리한다. 그러나 그렇다고 해서 이렇게 누군가가 원금보장 약정을 해주고, 그 약정하에서 투자행위를 한다는 것은 일반적인 의미에서 위법이라고 단정하기 어렵다. 물론, 펀드 판매사가 펀드를 판매하면서 고객에 대하여 원금보장 약정을 하게 되면 이는 자본시장법위반이 될 수 있겠지만, 사적 자치의 원칙에 의해서 원금보장 약정이 무조건 위법한 것은 아니다.

한편, 주식장내거래는 원활하고 신속한 거래를 위해서 거래의 방식이 매우 단순화되어 있다. 즉, 주식 매수도 주문은 단 세 가지의 조건 1) 거래량, 2) 거래가격, 3) 주문 체결 조건만 준수되면 그 주문 배경에 어떤 이면이 있던지 간에 주문으로서 유효하게 취급된다. 따라서, 주식 장내 거래에 참여하는 참여자들은 그 주문이 원금보장이라는 전제가 존재하는주문인지 여부는 고려대상이 아니다. 중요한 것은 몇 주를, 얼마에, 어떤 체결 조건으로 팔거냐 살거냐인 것이다.

주식 장내 거래의 그러한 특성을 고려한다면 어떤 주문의 전제나 배경은 거래체결을 성사시키기 위한 고려요소가 아니라고 할 것이고, 그렇다면 어떤 주문의 배경에 원금보장이 내포되어 있다는 것 자체가 주식거래의 질서를 어지럽힐 성질의 것이 아니라고 봐야 한다.

따라서, 원금보장약정을 받은 피고인 丙이 장내에서 주식을 매수했다고 해서 그것이 바로 자본시장법 제178조 제1항 제1호 〈부정한 수단, 계획, 기교 행위〉에 해당한다고 보기 어렵다.

물론, 이러한 행위가 사기적 부정거래 성립이 없다고 해서 자본시장법 상 시세조종이 성립하는지는 별개이다. 본 사건에서 법원은 위 행위는 사기적 부정거래 행위(자본시장법 제178조 제2항 〈위계 이용행위〉 및 자본시장법 제178조 제1항 제1호 〈부정한 수단, 계획, 기교 행위〉 외에도 자본시장법 제176조 제1항 제1호 내지 제3호 〈현실매매 및 통가장매매〉, 자본시장법 제176조 제2항 제1호 〈매매 유인 목적 매매성황 요인 유발행위〉이 성립한다고 판시하였다.

2. 외국인 투자자 외관형성 거래와 사기적 부정거래

가. 외국인투자의 절차[90]

(1) 외국인 투자제도 연혁

우리나라는 자본시장의 개방성을 높이기 위해, 외국인(자본시장법상 외국인[91], 외국법인[92]을 포함)의 투자를 단계적으로 확대하여왔다.

1992년에는 외국인의 국내 상장주식 투자가 허용되었으며, 그 후 종목별 외국인 투자 전체 한도 및 1인당 한도 등이 설정되었다. 다만, 이를 관리하기 위해 금융위원회가 정하는 경우를 제외하고는 증권시장을 통해서만 상장증권을 매매할 수 있도록 하였다.

1998년에는 공공적 법인 등을 제외한 상장법인 주식 취득한도가 폐지되었다. 이후 2017년에는 외국인 증권거래의 편의성을 높이기 위해 장외거래 허용 대상을 확대하고

---

90 이하 내용은 금융감독원 자본시장감독국 증권거래감독팀이 2023. 12. 발행한 〈외국인 투자제도에 대한 안내서〉를 참조

91 자본시장법 제168조 제1항에 따르면 "외국인"이란 국내에 6개월 이상 주소 또는 거소를 두지 아니한 개인을 말함

92 자본시장법 제9조 제16항에 따르면 "외국법인등"이란 다음 각 호의 어느 하나에 해당하는 자를 말함

1. 외국 정부
2. 외국 지방자치단체
3. 외국 공공단체
4. 외국 법령에 따라 설립된 외국 기업
5. 조약에 따라 설립된 국제기구
6. 그 밖에 외국에 있는 법인 등으로서 다음 각 목의 어느 하나에 해당하는 자
   가. 외국 법령에 따라 설정 · 감독하거나 관리되고 있는 기금이나 조합
   나. 외국 정부, 외국 지방자치단체 또는 외국 공공단체에 의하여 설정·감독하거나 관리되고 있는 기금 이나 조합
   다. 조약에 따라 설립된 국제기구에 의하여 설정 · 감독하거나 관리되고 있는 기금이나 조합

외국인 통합계좌를 신설하였다.

마지막으로, 2023년 12월에는 외국인의 자본시장 접근성을 높이기 위해 금융감독원 외국인의 사전등록 의무가 폐지되고, 외국인 통합계좌 및 일부 장외양수도 신고절차가 개선되었다.

(2) 외국인 투자등록제도 폐지와 외국인의 매매거래계좌 개설방법

과거 시행되던 외국인의 투자등록제도란, 외국인 및 외국법인 등이 국내에 상장된 증권을 최초로 취득·처분할 때 사전에 금융감독원에 인적사항 등을 등록하도록 하는 절차로 과거 시행되었으나, 2023년 12월 14일자로 폐지되었다. 이에 외국인 투자자는 금융감독원에 인적사항을 등록할 필요 없이 바로 증권사에서 식별수단을 제시하고 실명확인 등 절차를 거쳐 계좌개설이 가능하게 되었다.

한편, 외국인이 매매거래계좌를 개설할 때에는 '계산주체'의 명의로 하는 것이 원칙이고, 예외적으로 금융투자업규정 제6-14조의2에 해당하는 경우에는 당해 금융기관등의 명의로 별도의 계좌를 개설할 수 있다.[93]

---

93 제6-14조의2(계좌 개설의 특례)

① 제6-14조제1항에 불구하고 다음 각 호의 어느 하나에 해당하는 경우에는 당해 금융기관 등의 명의로 별도의 계좌를 개설할 수 있다. 이 경우, 제2호의 경우에는 고객자산을 구분관리하기 위한 것임을, 제3호의 경우에는 투자자집단의 주문을 처리하기 위한 것임을, 제4호의 경우에는 외국인 통합계좌로 활용하기 위한 것임을 기록·관리하여야 한다.

1. 국내 투자매매업자·투자중개업자의 해외지점 또는 해외영업소 및 일본투자자의유가증권자금등송금관련통첩(국금41271-235) 제1호에서 규정한 일본에 소재하는 투자매매업자 · 투자중개업자가 증권시장 또는 다자간매매체결회사에서의 매매거래에 관한 위탁의 주선을 위하여 필요한 경우
2. 외국 금융기관등이 투자자산을 자기자산과 고객자산으로 구분관리하기 위하여 필요한 경우
3. 외국 금융투자업자, 대표투자자, 투자매매업자·투자중개업자가 제6-7조제3항에 따라 투자자집단의 주문을 일괄매매의 방법으로 처리하기 위하여 필요한 경우
4. 외국 금융투자업자가 제6-7조제7항에 따라 외국인 통합계좌 내 외국인의 주문을 일괄주문 및 일괄결제의 방법으로 처리하기 위하여 필요한 경우

② 해외예탁기관이 주식예탁증권 및 유통주식예탁증권을 발행하기 위하여 원주를 취득하고자 하는 때에는 해외예탁기관의 자기자산 투자를 위한 계좌와 별도로 예탁증권의 원주별로 계좌를 개설하여야 하며, 이 경우 당해 해외예탁기관명 외에 예탁증권의 종류 및 원주명을 함께 기재하여야 한다.

나. 법원의 판단

앞서 살펴본 바와 같이, 제1심법원[94]은 원금보장약정을 체결하여 대여금의 회수가 보장된 상태에서 A사 및 B사의 주식을 장내에서 매수하였을 뿐임에도 마치 해외펀드가 정상적으로 투자위험을 감수하면서 주식을 매수한 듯한 외양을 갖추는 위계를 사용하였다고 판단하였다.

항소심 법원[95]은 피고인 甲과 피고인 丙이 행한 주식거래의 실질은 회사가 자사주를 취득하거나 대주주가 주식을 취득한 것임에도 제3자의 자금이나 외국인 자금이 정상적으로 유입된 외관을 형성시켜 자본시장의 공정성, 신뢰성 및 효율성을 해치게 된다고 전제한 다음, 사인 간의 원리금보장약정에 의한 주식인수나 유상증자가 금지되지 않고 차명증권계좌를 이용한 주식거래가 허용된다고 하더라도 甲과 丙의 원금보장약정에 의한 주식거래 행위는 <부정한 수단, 계획, 기교행위> 및 <위계 이용행위>에 해당된다고 판단하였다.

대법원[96]도 항소심과 동일한 취지로 대법원은 피고인 甲과 피고인 丙이 행한 주식거래는 외국인 자금이 투자·유입된 것과 같은 외관이 형성되어 인위적 주가관리가 가능하게 되었고, 이와 같은 거래는 주식거래 시장에서 투자자들로 하여금 잘못된 판단을 하게 함으로써 자본시장에서 공정한 경쟁을 해치고 선의의 투자자에게 손해를 전가하여 자본시장의 공정성, 신뢰성 및 효율성을 해하였으므로 피고인 甲과 피고인 丙의 행위가

---

③ 외국인이 제6-7조제1항제8호 및 제9호에 따라 증권을 취득하고자 하는 때에는 증권 종목별로 계좌를 개설할 수 있으며, 이 경우 당해 외국예탁기관명 이외에 증권의 종목명을 함께 기재하여야 한다.

④ 제1항제3호의 경우 투자자집단을 위하여 투자운용을 하는 자는 투자자집단에 속하는 외국인을 당해 투자매매업자 또는 투자중개업자에 신고하여야 한다. 투자자집단에 속하는 외국인이 변경된 경우에도 또한 같다.

94 서울중앙지방법원 2010. 9. 3. 선고 2010고합280, 2010고합282 판결

95 서울고등법원 2011. 2. 17. 선고 2010노2573 판결

96 대법원 2011. 7. 14. 선고 2011도3180 판결

제178조 제1항 제1호의 <부정한 수단, 계획, 기교행위>에 해당한다고 판시하였다.

결국 법원은 문제된 행위에 대하여 자본시장법 제178조 제2항 <위계 이용행위> 및 자본시장법 제178조 제1항 제1호 <부정한 수단, 계획, 기교행위>가 모두 성립한다고 판시하였다.

다. 평석

(1) 문제점

이 사건에서 E사 등 홍콩 소재 투자회사를 보유한 피고인 丙은 E사의 외국인투자전용계좌 등을 이용하여 B사의 주식 7,731,031주를 매수하고 A사 주식 1,878,127주를 매수하여 마치 해외펀드가 A사와 B사에 정상적으로 투자하는 것처럼 보이는 외관을 형성하였다.

피고인 丙처럼 외국인 투자자가 아님에도 외국인투자전용계좌를 이용하여 주식을 매수하는 경우에는 외국인 투자 비중에 대한 통계가 공개되어 일반 투자자들에게 정상적인 해외자금이 유입된 것으로 보이는 외관을 형성하게 되고, 외국인의 투자가 해당 기업의 가치 상승 신호로 받아들여져 주가상승으로 이어지는 경우가 있다는 점에서 자본시장법 제178조 제2항 <위계 이용행위>에 해당하는지 여부가 문제된다. 또 이러한 외국인 투자 외관형성거래는 정상적인 시장가격 형성을 왜곡하여 자본시장의 공정한 경쟁질서를 해칠 우려가 있다는 점에서 자본시장법 제178조 제1항 제1호 <부정한 수단, 계획 또는 기교행위>에 해당하는지 여부가 문제된다 할 것이다.

(2) 자본시장법 제178조 제2항의 〈위계 이용행위〉에의 해당 여부

피고인 丙처럼 외국인 투자자가 아님에도 외국인투자전용계좌를 이용하여 주식을 매수하는 경우에는 외국인 투자 비중에 대한 통계가 공개되어 일반 투자자들에게 정상적인 해외자금이 유입된 것으로 보이는 외관이 형성되지만, 피고인 丙이 객관적 사실과 다른 허위사실을 직접 표시하는 등의 방법으로 작위에 의하여 불특정 투자자를 기망한 사실이 없음은 명백하다.

한편, 부작위에 의한 기망은 고지의무 있는 자가 일정한 사실에 관하여 상대방이 착오에 빠져 있음을 알면서도 이를 고지하지 않는 것을 말하는바, 피고인 甲이나 丙에게 외국인이 아님에도 외국인투자자로 외관을 형성하였다는 사실에 대하여 고지할 의무가 있는 경우에 비로소 부작위에 의한 〈위계 이용행위〉에 해당할 여지가 있다.

그러나 앞서 살펴본 바와 같이, 주식시장은 가격·상품에 대한 위험성을 내재한 모험적 속성을 바탕으로 하고 있어 주식거래와 관련된 모든 정보를 고지할 의무가 있다고 볼 수 없다. 더욱이, 외국인투자자가 아님에도 외국인 투자계좌를 이용하여 투자하였다는 사실을 공표할 법적 제도적 장치는 존재하지 않는다. 즉, 이를 고지하여야 할 의무가 존재하지 않는다면, 외국인 투자자인 것처럼 외관을 형성한 행위는 자본시장법 제178조 제2항의 〈위계 이용행위〉에 해당하지 않는다고 봄이 타당하다.

(3) 자본시장법 제178조 제1항 제1호 〈부정한 수단, 계획 또는 기교행위〉에의 해당 여부

이 사건에서 E사 등 홍콩 소재 투자회사를 보유한 피고인 丙은 E사의 외국인투자전용계좌 등을 이용하여 B사의 주식 7,731,031주를 매수하고 A사 주식 1,878,127주를 매수하여 마치 해외펀드가 A사와 B사에 정상적으로 투자하는 것처럼 보이는 외관을 형성하였다.

법원은 앞서 본 바와 같이 자본시장법 제178조 제1항 제1호를 적용하면서 외국인 자금이 투자·유입된 것과 같은 외관이 형성되어 인위적 주가 관리가 가능하게 되었고, 이와 같은 거래는 주식거래 시장에서 투자자들로 하여금 잘못된 판단을 하게 함으로써 자본시장에서 공정한 경쟁을 해치고 선의의 투자자에게 손해를 전가하여 자본시장의 공정성, 신뢰성 및 효율성을 해치게 된다는 이유로 본건 행위는 〈부정한 수단, 계획 또는 기교행위〉에 해당한다고 판단하였다.

그러나, 앞서 본 바와 같이 자본시장법 제178조 제1항 제1호의 〈부정한 수단, 계획, 기교행위〉는 그 개념자체가 너무 추상적이고 구체성이 떨어져 개념을 정의하는 것이 매우 어렵고, 아울러 대법원은 〈부정한 수단, 계획, 기교행위〉는 '기망성'을 요하지 않는다고 판시하여 위법한 행위는 아니지만 소위 '꼼수'라고 불릴 수 있는 행위들이 위 규제내용에 포섭될 수 있는 위험성이 있다.

이러한 경우 법적 안정성이 구축될 수 없어 수행 가능한 행위와 규제되는 행위 간에 구분이 모호해져 자본시장의 창의성이 떨어질 수 있다. 전가의 보도처럼 위 조문을 사용하고자 하는 '유혹'에서 거리를 두면서 객관성을 구축할 필요가 있는 것이다.

과거에 비하여 외국인 투자자에 대한 자본시장의 접근성이 대폭 확대되어 있는 현행 외국인투자제도 하에서는 외국인 투자의 프리미엄에 대한 시장의 평가 역시 점차 약화되고 있는 추세이다. 오히려 특정 산업군이나 종목에 대한 시장의 관심, 국내외 정치경제 정세, 금리 및 환율 등의 거시경제 변수, 정책 수혜 기대가 주가에 미치는 영향이 더욱 커지고 있다.

따라서 외국인 투자자가 주식을 매수하였다는 사정만으로 그에 따라 해당 주식의 가격이 반드시 상승한다고 단정할 수는 없고, 외국인이 매수한 것처럼 외형이 형성되었다는 사정만으로 곧바로 자본시장의 공정성이나 신뢰성, 나아가 효율성을 해할 위험이 있는 행위에 해당한다고 평가하기는 어렵다.

더욱이, 실제 투자 주체가 내국인과 외국인이 혼재되어 있는 경우에 이를 어떻게 처벌할 것인가 등의 논의가 수반될 수밖에 없다. 따라서 앞으로 외국인 투자자 외관 형성을 한 행위를 사기적 부정거래로 처벌할 것인가의 문제는 신중한 검토가 필요한 영역으로 보인다.

물론 우리의 자본시장은 외국인 투자자가 주식을 매수하면 호재의 신호로 여겨지는 때가 있었긴 했다. 그러나, 현재 우리 자본시장에서 외국인 투자자가 주식을 매수하면 호재라는 공식은 다소 철지난 유행같은 것이 되고 말았다. 아울러, 외국인 투자자를 어떻게 규정할지(한국인이 외국에 세운 회사가 한국 주식을 매입하면 외국인 투자자로 봐야할 것인지 등), 반대로 한국인 투자자는 또 어떻게 규정할 수 있는지 등의 문제점도 있다.

결국, 외국인 투자를 유치한 것과 같은 외양을 갖추기 위해 외국 법인이 국내 주식을 매입했다고 해서 그것을 사기적 부정거래 행위로 규제하는 것은 타당하지 못하다고 판단된다.

물론, 이러한 행위가 사기적 부정거래 성립이 없다고 해서 자본시장법 상 시세조종이 성립하는지는 별개이다. 본 사건에서 법원은 위 행위는 사기적 부정거래 행위(자본시장법 제178조 제2항 〈위계 이용행위〉 및 자본시장법 제178조 제1항 제1호 〈부정한 수단, 계획, 기교행위〉) 외에도 자본시장법 제176조 제1항 제1호 내지 제3호 〈현실매매 및 통가장매매〉, 자본시장법 제176조 제2항 제1호 〈매매 유인 목적 매매성황 요인 유발행위〉이 성립한다고 판시하였다.

3. 자본시장법 제176조와 제178조의 관계

결론적으로 ① 원금보장 약정 하에서 주식을 장내 매수하는 행위 및 ② 외국인투자자인 것처럼 보이기 위해 외국법인 명의로 주식을 장내 매수하는 행위는 모두 자본시장법 제178조 제2항 〈위계 이용행위〉 및 제178조 제1항 제1호 〈부정한 수단, 계획, 기교행위〉에 해당하지 않는다.

그런데, 법원은 위 행위에 대하여 시세조종도 성립하고, 자본시장법 제178조 제2항 〈위계 이용행위〉 및 제178조 제1항 제1호 〈부정한 수단, 계획, 기교행위〉도 성립한다고 판시하였다. 그렇다면 시세조종 행위와 사기적 부정거래 행위가 경합을 할 때 어떻게 적용법조를 결정할 것인지에 대한 논의를 살펴볼 필요가 있다.

대법원은 주식시세조종 등의 목적으로 자본시장법 제176조와 제178조에 해당하는 수 개의 행위를 단일하고 계속된 범의 아래 일정기간 계속하여 반복한 경우 자본시장법 제176조와 제178조에서 정한 시세조종행위 및 사기적 부정거래행위 금지 위반의 포괄일죄가 성립한다고 판시하였다.[97] 그 밖에 ▲ 시세조종에 관한 자본시장법 제176조와 사기적 부정거래 일반 규정인 자본시장법 제178조 제1항 제1호 <부정한 수단, 계획, 기교>와의 관계, ▲ 사기적 부정거래 일반 규정인 자본시장법 제178조 제1항 제1호 <부정한 수단, 계획, 기교>와 기타 사기적 부정거래 규정과의 관계는 <3번_탄소나노튜브 (CNT) 사건>을 참조하면 된다.

살피건대, 시세조종 행위는 장내 주식거래에서 각 개별주문의 특성에 초점을 맞추어 범죄를 구성하는 것이고, 사기적 부정거래 행위는 장내 주식거래 행위와 별개의 사기적 행위에 초점을 맞추는 것이어서 서로 구분이 될 수 있다. 그렇지만, 주가를 부양하여 이익을 도모한다는 목적하에서 시세조종 행위와 사기적 부정거래 행위는 결합되어 위 목적달성을 지향하는 것이므로 대법원 입장처럼 포괄일죄로 접근해도 무방할 것으로 보여진다. 다만, 대법원 역시 포괄일죄가 되는 전제로 '계속된 범의 아래 일정기간 계속하여 반복한 경우'를 거론하고 있으므로 만약 시세조종 행위와 사기적 부정거래 행위가 시간적으로 이격되어 있거나, 주가부양의 궁극적 목적(배경)이 다른 상황이라면 포괄일죄가 아니라 경합범으로 보는 것이 타당할 것으로 보인다.

97 대법원 2011. 10. 27. 선고 2011도8109 판결

06

태창파로스 사건

Ⅰ. 사건의 진행 경과

날짜	행위
'11. 5.경	- 피고인 甲((주)태창파로스 회장으로 불림), 乙은 지인들에게 "곧 (주)태창파로스 주식을 작전을 하여 주가를 10배 가량 올릴 것이니 주식을 매수하라"고 말함
'12. 10. 25.	- 당시, (주)태창파로스는 자본잠식율이 50% 이상이 될 상태여서, 대규모 자본조달이 필요한 상태였음
'12. 11. 30.	- 피고인 甲은 한국법인(사실상 페이퍼 컴퍼니)인 C사의 실질 소유주 丁과, 丁이 (주)태창파로스에 300억원의 해외사모펀드(B)의 자금을 투자유치해주고, 丁은 그에 대한 대가로 (주)태창파로스의 대주주 지분과 경영권을 170억원에 양수받는 계약을 체결함
'12. 12. 31.	- 720만주(36억원 상당) 제3자 사모배정 유상증자 공시(투자유치 1차공시) - 『본 유상증자는 B의 총액 3,000만 달러 유상증자 투자약정 중 1차분이고, B는 신주인수인으로 C사를 지정하였다』
'13. 1. 3.	- 920만주(48억원 상당) 제3자 사모배정 유상증자 공시(투자유치 2차공시) - 『본 유상증자는 B의 총액 3,000만 달러 유상증자 투자약정 중 2차분이고, B는 신주인수인으로 C사를 지정하였다』

'13. 1. 1. ~ '13. 2. 26.	- 위 유상증자 공시의 납입일이 계속 연기되는 공시가 진행됨
'13. 1. 7.	- 위 제3자 사모배정 유상증자와 별도로 일반공모(10억) 유상증자 공시(발행주식 수 200만주, 발행금액 10억)
'13. 1. 22.	- 위 일반공모 유상증자가 흥행 성공하여 유상증자 성공됨 - '13. 1. 24. 청약금 10억원이 납입됨
'13. 2. 22.	- 丁과 C사는 위 제3자 사모배정 유상증자 참여를 포기

II. 관련 조문

자본시장법 제178조(부정거래행위 등의 금지)

① 누구든지 금융투자상품의 매매(증권의 경우 모집·사모·매출을 포함한다. 이하 이 조 및 제179조에서 같다), 그 밖의 거래와 관련하여 다음 각 호의 어느 하나에 해당하는 행위를 하여서는 아니 된다.

1. 부정한 수단, 계획 또는 기교를 사용하는 행위
2. 중요사항에 관하여 거짓의 기재 또는 표시를 하거나 타인에게 오해를 유발시키지 아니하기 위하여 필요한 중요사항의 기재 또는 표시가 누락된 문서, 그 밖의 기재 또는 표시를 사용하여 금전, 그 밖의 재산상의 이익을 얻고자 하는 행위
3. 금융투자상품의 매매, 그 밖의 거래를 유인할 목적으로 거짓의 시세를 이용하는 행위

② 누구든지 금융투자상품의 매매, 그 밖의 거래를 할 목적이나 그 시세의 변동을 도모할 목적으로 풍문의 유포, 위계(僞計)의 사용, 폭행 또는 협박을 하여서는 아니 된다.

이 사건에서 문제된 행위는 자본시장법이 시행된 2009. 2. 4. 이후에 이루어졌으므로, 이 사건은 자본시장법이 적용되었다.

III. 쟁점

1. '풍문 유포' 관련 쟁점

구 증권거래법 제188조의4 제4항 제1호는 "부당한 이득을 얻기 위하여 고의로 허위의 시세 또는 허위의 사실 기타 풍설을 유포하거나 위계를 쓰는 행위"를 금지한 반면, 자본시장법 제178조 제2항은 "누구든지 금융투자상품의 매매, 그 밖의 거래를 할 목적이나 그 시세의 변동을 도모할 목적으로 풍문의 유포, 위계(僞計)의 사용, 폭행 또는 협박을 하여서는 아니 된다."라고 규정함으로써 '허위사실의 유포'라는 부분을 삭제하였다.

여기서 '풍문(= 풍설)'은 문언적으로 바람결에 들리는 소문, 실상이 없이 떠돌아다니는 말을 뜻하는바, 구 증권거래법 재188조의4 제4항 제1호의 '풍설' 내지 자본시장법 제178조 제2항의 '풍문'은 '시장에 알려짐으로써 주식 등 시세의 변동을 일으킬 수 있을 정도의 사실로서 합리적 근거가 없는 것'을 의미하고,[98] 허위내용을 요건으로 하지 않는다. 증권방송이나 증권동호회 또는 인터넷 주식카페 등 다양한 매체를 통하여 허위 또는 합리적인 근거가 없는 말 또는 소문을 퍼뜨리는 것이 풍문의 유포에 해당할 것이다.

풍문에는 보통 허위사실이 포함되는 경우가 일반적이지만, 풍문은 허위내용을 요건으로 하지 않는다는 점에서 허위사실과는 개념적으로 구별된다.

본건에서 피고인 甲, 乙은 2011. 5. 경부터 2012. 1. 말경까지 8회에 걸쳐 피고인 甲이

98 서울고등법원 2013. 3. 22. 선고 2012노3764 판결, 서울중앙지방법원 2012. 9. 21. 선고 2012고합662 판결

직접 또는 피고인 乙를 통하여 피고인 乙의 지인들에게 (주)태창파로스의 주가가 (피고인 甲 또는 피고인 甲이 고용한) 작전세력의 조작에 의하여 변동한다는 말을 유포하는 행위를 하였던 것으로 확인되었다.

그런데, 이 사건에서 (주)태창파로스에 대한 시세조종행위가 실제로 존재하였다는 점에서 피고인 甲과 乙이 말한 것은 허위내용은 아니었기 때문에 피고인 甲과 乙의 행위는 일단 자본시장법 제178조 제2항 <위계 이용행위>에는 해당되지 않고, 아울러 위 피고인들이 (주)태창파로스와 관련된 시세를 거짓으로 발언한 바 없기 때문에 동법 제178조 제1항 제3호<거짓시세 이용행위>의 의율대상이 아니고, 폭행, 협박행위도 없기 때문에 동법 제178조 제2항 상 <폭행, 협박 행위>도 의율대상이 아님은 명백하다.

그렇다면 의율이 가능한 조문은 자본시장법 제178조 제1항 제1호 <부정한 수단, 계획, 기교 행위>와 자본시장법 제178조 제2항 <풍문 유포행위>가 남게 되는데, 피고인 甲과 乙이 한 발언들은 실제 시세조종행위의 존재여부를 떠나, 일응 '뜬소문'으로 이해될 수 있다.

그렇다면 피고인 甲과 乙의 위와 같은 발언이 자본시장법 제178조 제2항 <풍문 유포행위>의 '풍문 유포'에 해당하는지 여부가 문제된다

2. '풍문 유포'와 관련된 부당이득 문제

본건에서 피고인들의 위와 같은 발언으로 말미암아 (주)태창파로스 주가는 2011. 9. 27. 최저가 287원에서 2012. 2. 1. 최고가 2,770원까지 약 10배 상승하였던 것으로 확인된다.

그런데, 검사는 위 풍문유포 행위로 인한 주가상승분을 부당이득으로 기소하지 않았고, 불고불리의 원칙에 의해 법원도 부당이득에 대하여 특별한 판단을 하지 않았다.

그렇다면, 피고인들의 위와 같은 풍문유포 행위와 그 뒤 이은 주가의 상승의 결과를 두고, 피고인들에게 부당이득 책임을 귀속시킬 수 있는지 여부가 문제된다.

3. 사모배정 유상증자 공시가 허위공시인지 여부 관련 쟁점

본건에서 피고인 甲, 乙은 해외 사모펀드 B가 한국 법인인 C사를 통하여 3,000만 달러의 투자를 유치한다는 공시(제3자 사모 배정 유상증자 공시)를 내서 일반인 투자자들로 하여금 (주)태창파로스가 대규모의 자본금을 유치한다는 외관을 믿도록 형성해놓고, 일반인을 상대로 일반 유상증자 공모(10억)를 진행하여 10억원의 일반 공모 유상증자를 성공시킨 것이다.

물론 상장사가 자금유치에 성공했다는 점은 주가에 있어서는 양날의 칼이다. 즉, 대규모 투자를 해야 하는 상장사 입장에서 자금유치를 성공했다는 소식은 시장참여자로 하여금 그 상장사의 미래기업가치가 높아질 것이라는 예상을 하게 만들 수도 있다. 그러나, 반대로 상장사가 잦은 유상증자 혹은 CB나 BW를 발행하는 경우 위와 같은 자본유치로 인하여 주식시장에는 해당 상장사들의 주식유통수가 늘어나기 때문에 투자자 입장에서는 주가상승에 장애가 된다는 판단을 할 수도 있다.

그러나, 일반적으로 상장사의 자금유치 성공 소식은 기업의 투자여력, 자금운용 여력에 숨통을 트여주는 것이므로 호재정보가 되는 것이 통상이고, 특히 외국자본이 유치되었다는 소식은 더더욱 그러하다.

그런데, 본건에서 해외 사모펀드 B가 한국 법인인 C사를 통하여 3,000만 달러를 투자한다고 하는 계획은 실제 준비되지도 않았고, 그 결과 실현되지도 않았다. 결국 피고인들은 이와 같은 해외 투자유치 소식을 앞세워 (주)태창파로스 투자자들을 유인한 뒤 실제로는 그 뒤 이을 10억원 일반유상증자 성공을 꾀했던 것이다.

이와 같은 피고인들의 의도를 감안할 때, 피고인 甲, 乙의 문제되는 행위는 바로 해외 사모펀드 B의 투자유치 공시(제3자 사모 배정 유상증자 공시)가 과연 실현 가능성이 있는 행위인지 여부가 문제되고, 이는 위 투자유치 공시가 결국 자본시장법 제178조 제1항 제2호 <중요사항 거짓문서 등 이용행위>에 해당하는지 여부로 귀결된다. 나아가, 위 투자유치 공시가 중요사항 허위표시가 되면 그 뒤 이은 일반유상증자 성공은 사기적 부정거래를 통한 부당이득이라고 볼 수 있는 것이다.

IV. 각 쟁점에 대한 평석

1. '풍문 유포' 관련 쟁점

가. 법원의 판단

본건에서 1심[99], 항소심[100], 대법원[101] 모두 피고인 甲과 乙이'(주)태창파로스에 대해 작전세력이 작전을 하여 주가를 올린다'는 취지의 말을 한 것에 대해 이는 자본시장법 제178조 제2항<풍문 유포행위>에 해당한다고 하였다.

나. 평석

앞서 살펴본 바와 같이 풍문이라 함은 '시장에 알려짐으로써 주식 등의 시세 변동을 일으킬 수 있는 정도의 사실로서, 합리적 근거가 없는 것'이다.

주가조작 세력이 들어와서 주가를 부양한다는 말이 시장에 알려지게 되면, 주가가

---

99 서울남부지방법원 2015. 12. 3. 선고 2014고합271, 533, 308(병합) 판결

100 서울고등법원 2016. 6. 17. 선고 2016노54 판결

101 대법원 2017. 1. 12. 선고 2016도10313 판결

상승할 수 있는 가능성이 발생하므로 그러한 경우 해당 주식은 시세변동을 일으킬 수 있다.

따라서, 피고인 甲과 乙이 공소사실과 같은 발언을 하는 것은 자본시장법 상 '풍문유포'라고 보기에 무리가 없다. 판례의 태도가 타당하다고 보인다.

2. '풍문 유포'와 관련된 부당이득 문제

가. 문제점

본건에서 검사는 피고인 甲과 乙의 위와 같은 행위를 사실로 인정하였고, 아울러 그러한 〈풍문 유포행위〉 행위 이후 (주)태창파로스의 주가가 상승했음에도 불구하고 위 〈풍문 유포 행위〉로 인한 주가상승분을 부당이득으로 포착하여 기소내용에 포함시키지 않았다.

자본시장법에서 부당이득은 ▲ 법정형의 차이를 발생시키고, ▲ 몰수, 추징의 대상이 된다는 측면에서 형사법 실무에서는 불공정행위 성립과 별도로 매우 중요하게 취급되는 요소임에도 부당이득 부분이 기소되지 않았다는 점이 특이한 것인바, 그 이유에 대해서 살펴보고 그 당부를 판단할 필요가 있다.

나 법원의 판단

본건에서 검사는 부당이득 부분을 기소 내용에 포함시키지 않았고, 그에 따라 추징구형도 하지 않은 것으로 보아, 법원은 형사법의 대원칙인 불고불리의 원칙에 따라 자본시장법 제178조 제2항 〈풍문 유포행위〉에 따른 주가상승분에 관한 부당이득에 대하여 특별한 판단을 하지 않았다.

다. 평석

자본시장법 상 부당이득은 기본적으로 위반행위로 인하여 발생한 위험과 인과관계가 있는 주가의 상승분[102]을 의미하고, 대법원도 『자본시장법 제443조에서 규정하는 '위반행위로 얻은 이익 또는 회피한 손실액'은 유가증권의 처분으로 인한 행위자의 개인적이고 유형적인 경제적 이익에 한정되지 않고, 기업의 경영권 획득, 지배권 확보, 회사 내에서의 지위상승 등 무형적 이익 및 적극적 이득 뿐 아니라 손실을 회피하는 경우와 같은 소극적 이익, 아직 현실화되지 않은 장래의 이득도 모두 포함하는 개념이다』라고 판시[103]한 바 있다.

본건에서 피고인들은 시세조종 세력들이 (주)태창파로스에 대하여 주가조작을 할 것이라는 〈풍문 유포행위〉행위를 하였고,[104] 그 이후 (주)태창파로스 주가는 2011. 9. 27. 최저가 287원에서 2012. 2. 1. 최고가 2,770원까지 약 10배 상승하였던 것으로 확인된다.

그런데, 피고인들의 위와 같은 8개월 간 8회에 걸친 〈풍문 유포행위〉가 주식시장에 영향을 끼쳐 주가가 10배로 상승하였다고 보기에는 인과관계가 다소 희박해 보이는 것이 사실이다. 먼저 피고인들의 〈풍문 유포행위〉가 최초 시작된 시점은 2011. 5.경인데, 주가의 본격적인 상승은 2011. 9.경부터이므로 피고인들의 〈풍문 유포행위〉와 주가 상승간의 시간적 간격이 4개월 정도 차이가 나고, 또 총 8개월간 8회에 걸친 〈풍문 유포행위〉 때문에 주가가 10배 이상 상승했다는 점을 쉽사리 인정하기가 쉽지는 않아 보이긴 한다.

한편, 이 사건에서는 피고인 甲과 다른 피고인들은 2012. 5. 31.경부터 2012. 7. 25.경까지 (주)태창파로스에 대하여 시세조종 행위를 하였던 것으로 밝혀졌다. 즉, (주)태창파로스 주가가 최고점을 찍은 2012. 2. 1.경 이후에 시세조종 행위가 존재하였던 것으로 확인되기 때문에 2012. 2. 1.경 (주)태창파로스 주가가 최고점을 찍게 된 원인에는

102 임재현, 자본시장법(1087쪽), 박영사 2018년판

103 대법원 2002. 7. 22. 선고 2002도1696 판결

104 멈죄일람표 상으로는 2011. 5.경 ~ 2012. 1.말경까지 총 8회에 걸친 발언이 있었음

시세조종 행위가 배제된다.

다만, 본건의 주가의 상승 시점이 2011. 9.경 ~ 2012. 1.경인 점, 피고인들의 <풍문 유포행위>는 2011. 5.경 ~ 2012. 1.경인 점을 보면, <풍문 유포행위>가 주가의 상승 시점과 겹치는 부분이 있고, 풍문이라는 것은 최초 발설자가 발설할 때부터 상당한 시간이 지나야 그 유포결과가 이루어지는 점을 볼 때 본건 <풍문 유포행위>와 주가의 상승 간에 전혀 인과관계가 없다고 단정할 수 없다.

물론, 대법원은 부당이득과 관련하여 주식시장에서의 정상적인 주가변동요인에 의한 주가 상승분이나 위반행위자와 무관한 제3자가 야기한 주가 상승분이 존재하는 등과 같은 사정이 있는 경우에는 위반행위와 인과관계가 인정되는 이익만을 따로 구분하여 산정하여야 한다고 판시하기도 하였고[105], 그 연장선에서 법원이 피고인의 행위와 무관한 요인에 의한 주가 상승분이 존재한다고 판단되는 경우 "액수 미상의 부당이득"이라고 판시하는 사례가 다수 있다.[106]

즉, 본건에서 (주)태창파로스의 주가 상승은 피고인들의 <풍문 유포행위>에 영향을 받았다는 점은 배제할 수 없긴 하나, 주가가 10배 상승했다는 측면에서 볼 때, (주)태창파로스의 주가 상승은 <풍문 유포행위> 외에도 다른 요소가 결부되어 있을 개연성이 높다고 보여진다.

따라서, 본건에서 검사는 위 <풍문 유포행위>로 인한 부당이득을 위 언급한 판례의 취지에 따라 적어도 '불상액'으로 특정하고 기소하는 것이 자본시장법의 형사법적 운용 체계 및 실무에 맞는 조치였다고 보여지고, 만약 검사가 부당이득을 '불상액'으로 기소하였다고 하였다면, 법원은 그에 상응하는 적절한 판단을 하였을 것으로 예상된다.

105 대법원 2013. 7. 11. 선고 2011도15056 판결

106 서울고등법원 2018. 6. 21. 선고 2017노2969 판결, 서울고등법원 2022. 4. 29. 선고 2021노2108 판결

3. 투자유치 관련 공시가 허위인지 여부 관련 쟁점

가. 전제사실

앞서 살펴본 바와 같이, 피고인 甲, 乙은 상장사인 (주)태창파로스가 한국 법인인 C사를 통하여 해외 사모펀드 B의 자금 3,000만 달러의 투자를 유치한다는 공시(제3자 사모배정 유상증자 공시, 발행되는 주식은 1년간 보호 예수가 걸림)를 내서 일반인 투자자들로 하여금 (주)태창파로스가 대규모의 자본금을 유치한다는 외관을 믿도록 형성하려고 계획하였다.

그런데, 본건에서 위 사모펀드 B와 문제된 상장사인 (주)태창파로스 사이에 체결된 계약 내용에 의하면 (주)태창파로스는 투자유치를 위해서 먼저 "(주)태창파로스에서 B사모펀드에 약정수수료(Commitment fee) 명목으로 미화 약 100만 달러(한화 약 10억원)를 먼저 지급하여야 하고, B사모펀드에서는 투자를 통하여 (주)태창파로스에 대한 '자유거래주식(freely tradable share)'(보호예수가 걸리지 않은 주식)을 취득하기"로 되어 있었다. 즉, (주)태창파로스에서 B사모펀드에게 10억원(100만달러)를 먼저 제공해야 B사모펀드는 C사 명의로 3,000만 달러의 투자를 한다는 것이었다.

그러나 자금력이 부족했던 (주)태창파로스는 위 10억원 선지급 의무를 이행하지 못한 상태에 빠졌고, B사모펀드는 지속적으로 (주)태창파로스에게 위 10억원의 지급을 구하면서 그 미지급을 이유로 유상증자 참여를 지속으로 연기하다 결국 유상증자 참여를 최종 포기하게 되었던 것이다.

검찰은 애시당초 ▲ (주)태창파로스가 10억원을 지급할 능력이 없었고, ▲ 한국 법인 C사는 2010. 12. 6. 자본금 20만 원에 설립된 소프트웨어 개발 및 공급 등을 주된 목적으로 하는 사실상의 페이퍼컴퍼니로서 특별한 자금이 없으므로 (주)태창파로스를 대신하여 B사모펀드에 지급할 약 100만 달러를 부담할 수 없어 위 약정수수료의 지급에 관한 조건을 이행할 수 없었고, ▲ (주)태창파로스에서는 B사모펀드의 투자를 받아 1년간 보호예수 대상인 신주를 발행하는 내용의 유상 증자 결정 공시를 하였는데, 이는 B사모펀드와 (주)태창파로스간 계약 내용에 배치되는 것이므로 결국 위 투자유치가 이루어질 가능성이 없는 상황이므로 해외 사모펀드 B가 한국 법인인 C사를 통해 3,000만 달러의 투자를 유치한다는 것은 성사시킬 수 없는 투자계획이었다는 점을 근거로 위 투자 유치 공시는 허위의 공시이고, 그 이후 (주)태창파로스가 10억원의 일반 공모 유상증자를 통해 10억원을 유치한 것은 사기적 부정거래에 해당한다는 취지로 피고인 甲과 乙을 기소하였다.

나. 법원의 판단

그런데, 1심 법원은 ▲ B사모펀드의 투자의사가 허위라고 단정할 수 없고, ▲ (주)태창파로스와 B사모펀드 간 실제 계약 내용에 따르면 100만 달러의 실제 지급의무자는 (주)태창파로스(피고인 甲과 乙)가 아닌 B사모펀드를 소개한 丁이라고 판단하면서, 丁이 100만 달러를 B사모펀드에 지급하지 못한 사정을 들어 이를 피고인 甲과 乙을에게 책임을 물을 수 없고, ▲ 투자유치 1차, 2차 공시 상 발행주식은 보호 예수 1년이 걸린 주식임이 명백함에도, B사모펀드가 위 공시를 보고도 100만 달러의 선금지급을 요구하였던 점을 보면, 발행 주식이 보호예수가 걸린 것인지 안 걸린 것인지는 B사모펀드가 3,000만 달러를 투자하는데 있어 장애가 되는 것은 아니다고 판단하면서, 결국 피고인 甲과 乙에게 사기적 부정거래 고의가 있다고 볼 수 없다는 취지로 판시하였고, 항소심과 대법원도 동일한 취지로 판시하였다.

다. 평석

본건에서 결국 위 B사모펀드의 투자유치 공시가 허위인지 여부는 장래에 발생할 유상증자라는 '미래의 계획'에 대한 기망행위가 성립하는지 여부와 관련되는데, 통상 '기망행위'는 과거 또는 현재 존재하거나 존재하였던 사실에 대하여 속이는 것이 일반적이다.

그런데 본건의 경우 문제되는 부분은 '장래에 해외 사모펀드로부터 3,000만 달러는 투자받을 것이다'라는 공시 부분인바, 이는 결국 '미래의 계획'에 대한 기망행위가 성립하는지 여부와 관련된 논의가 필요하다.

대법원은『피고인이 경찰관을 상대로 진정한 사건이 혐의인정되지 않아 내사종결 처리되었음에도 불구하고 공연히 "사건을 조사한 경찰관이 내일부로 검찰청에서 구속영장이 떨어진다."고 말한 것은 현재의 사실을 기초로 하거나 이에 대한 주장을 포함하여 장래의 일을 적시한 것으로 볼 수 있어 명예훼손죄에 있어서의 사실의 적시에 해당한다고 한다[107]』고 판시한 바 있는 것처럼 장래 계획에 관한 것도 허위가 인정될 수 있다.

한편, 법원은 장래 계획이 허위인지 여부에 대한 판단기준 역시 〈1번_론스타 사건〉에서 제시하였다. 즉, 대법원은『유가증권의 매매 등 거래와 관련한 행위인지 여부나 허위 또는 위계인지 여부 및 부당한 이득 또는 경제적 이익의 취득 도모 여부 등은 행위자의 지위, 행위자가 특정 진술이나 표시를 하게 된 동기와 경위, 그 진술 등이 미래의 재무상태나 영업실적 등에 대한 예측 또는 전망에 관한 사항일 때에는 합리적인 근거에 기초하여 성실하게 행하여진 것인지 여부, 그 진술 등의 내용이 거래 상대방이나 불특정 투자자들에게 오인·착각을 유발할 위험이 있는지 여부, 행위자가 그 진술 등을 한 후 취한 행동과 주가의 동향, 그 행위 전후의 제반 사정 등을 종합적·전체적으로 고려하여 객관적인 기준에 의하여 판단하여야 한다』고 판시하면서, 나아가『상장법인 등이 재무구조에 변경을 초래하는 감자 또는 증자(이하 '감자 등'이라고 한다)에 관한 정보를 스스로 공표하는 경우 그러한 정보는 주주의 지위 및 증권시장에서의 주가 변동에 직접적이고 중대한 영향을 미칠 뿐만 아니라, 투자자들은 언론이나 투자분석가들이 예측 또는 전망을 한 경우와는 달리 그 정확성과 신뢰성이 훨씬 높다고 평가하는 것이 일반적이므로, 상장법인 등의 임직원으로서는 그러한 정보의 공표로 인하여 투자자들에게 오인·착각을 유발하지 않도록 합리적인 근거에 기초하여 성실하게 정보를 공표하여야 한다. 만일 이와

107 대법원 2003. 5. 13. 선고 2002도7420 판결

달리 상장법인 등이 객관적으로 보아 감자 등을 할 법적 또는 경제적 여건을 갖추고 있지 아니하거나, 또는 그 임직원이 그 감자 등을 진지하고 성실하게 검토·추진하려는 의사를 갖고 있지 아니함에도 불구하고, 감자 등의 검토 계획을 공표하면 투자자들이 그 실현가능성이 높은 것으로 판단하여 주식거래에 나설 것이고 이로 인하여 주가의 변동이 초래될 것임을 인식하면서도 그에 따른 이득을 취할 목적으로 그 검토 계획의 공표에 나아간 경우에는, 이러한 행위는 투자자들의 오인·착각을 이용하여 부당한 이득을 취하려는 기망적인 수단, 계획 내지 기교로서 증권거래법 제188조의4 제4항 제1호 소정의 위계를 쓰는 행위에 해당한다고 할 것이다』라고 판시[108]한 바 있는데, 즉, 장래의 계획이 허위가 되려면 그 장래 계획을 진지하고 성실하게 검토, 추진하였는지 여부가 그 기준이 되는 것이다. 예를 들어, 투자유치를 위해서 투자자와 접촉, 투자유치 계약내용 점검, 투자자의 투자자력 확인 등이 실제로 진지하게 이루어졌다면 장래의 투자유치 계획은 허위가 아니라고 볼 수 있는 것이다.

본건에서 C사모펀드의 투자유치는 (주)태창파로스에 의해서 이루어졌다기 보다는 丁에 의해서 주도된 것이 사실이긴 하다. 그러나, 3,000만 달러의 투자유치는 자본잠식율 50%에 육박하는 (주)태창파로스에게 있어서는 엄청난 호재로서, 주식시장에 참여하는 일반인들은 위 투자유치 공시를 보고 (주)태창파로스에 대하여 적극적인 투자 결정을 하였을 것으로 보여지고, 결국 위 1, 2차 투자유치 공시로 인하여 2013. 1. 22.자 10억원 일반 공모 유상증자는 흥행이 되었다고 볼 수 있다.

그렇다면, (주)태창파로스가 위 투자유치 공시를 함에 있어 투자유치 준비행위를 진지하게 진행하고 있었는지에 대한 검토가 필요하나, 피고인들이 단지 자본금 20만원인 페이퍼컴퍼니 C사를 운영하는 丁만 신뢰하였다는 점을 들어 본건 공시가 허위가 아니라고 판단하는 것은 다소 문제가 있어 보인다.

---

108 대법원 2011. 3. 10. 선고 2008도6335 판결(위 판결에서 원심판결의 무죄 부분이 파기환송되어 파기 환송심은 서울고등법원2011노806호, 상고심은 대법원2011도14248호)

결국, ▲ C사모펀드가 3,000만 달러를 투자할 수 있는 자력이 있는지에 대한 검증, ▲ 丁과 C사모펀드가 알게 된 경위, ▲ 그들과의 관계, ▲ 丁이 10억원을 선금으로 C사모펀드에게 지급할 수 있는 자력이 있는지에 대한 검증을 피고인들이 진지하고 성실하게 수행했다면 본건 공시는 허위공시라고 할 수 없으나, 그렇지 않다면 피고인들은 실제적인 C사모펀드의 3,000만 달러 투자에 중점을 두었다기 보다는 3,000만 달러 투자를 유치했다는 공시를 원했다는 것으로 추단(실제 투자가 이루어지지 않아도, 투자유치 공시를 통하여 주가부양만 되면 된다는 입장이면, 허위사실에 대한 미필적 고의가 인정된다고 보여짐)되고, 이는 허위공시라고 보아야 할 것이다.

이런 점에서 1심, 항소심, 대법원이 피고인들의 C사모펀드 자금 3,000만 달러 투자유치 준비행위를 진지하게 수행하였는지를 점검하지 아니하고, 단순하게 피고인들의 변소만만을 기초로 본건 투자유치 공시를 허위 공시가 아니라고 판단한 점은 다소 아쉬운 점이 있다.

나아가 만약 피고인들의 본건 투자유치 공시 행위를 허위라고 본다면, 그 뒤 이은 10억원의 일반 공모 유상증자 성공은 피고인들이 사기적 부정거래 행위를 통해서 얻게 된 이익이라고 볼 수 있고, 이는 부당이득으로 판단받을 수 있다고 보여진다.

07

포괄적 주식교환 사건

Ⅰ. 사건의 진행 경과

일시	행위
2005. 10.경	- 피고인은 상장사 A사의 대표이사이자 지분 22.47%(2,246,880주, 총 발행주식 10,000,000주)를 소유한 대주주였음. - 피고인은 바이오 비상장업체를 인수하여 우회 상장하는 방법으로 A사의 주가를 급상승시키기 위하여 신약개발사업을 목적으로 하는 B사를 소개받아 B사의 대표이사 甲과의 사이에 A사와 B사의 합병에 대하여 논의하였음.
2005. 10.경	- 피고인은 乙에게 'A사와 B사가 합병할 것인데, 내 명의로는 B사의 제3자배정 유상증자에 참여할 수 없으니, 명의와 금융계좌추적을 피할 수 있는 자금을 빌려주면 6개월 내에 원금을 돌려주고, 10% 상당 지분에 해당하는 이득금을 보장해주겠다.'라는 취지로 말하였고, 乙은 승낙하였음.
2005. 11. 13.	- 피고인은 丙에게 'B사의 제3자배정 유상증자에 참여하려고 하는데, 내 명의로 제3자배정 유상증자에 참여할 수 없으니 5억 원을 빌려달라.'는 취지로 말하였고, 丙은 승낙하였음.
2005. 11. 17.	- 피고인은 B사의 제3자배정 유상증자에 乙 명의로 699,990,000원(B사 주식 23,333주), 丙 명의로 499,980,000원(B사 주식 16,666주) 등 합계 1,199,970,000원(B사 주식 39,999주) 상당을 차명으로 참여하였음.

2005. 11. 21.	- A사는 B사와의 사이에 A사가 B사를 주식 100%를 보유하는 자회사로 편입하기로 하는 포괄적 주식교환계약을 체결하였고, 금융위원회 전자공시시스템에 주식교환·이전신고서를 공시하였음.
2006. 2. 7.	- A사는 최종적으로 주식교환비율 1:15.23358로 B사를 자회사로 편입하여 B사 주식이 A사 주식으로 전환됨으로써 B사의 우회상장에 성공하였음. - 피고인은 A사와 B사의 포괄적 주식교환계약에 따라 B사 주식 1주당 A사 주식 15.23358주를 취득함으로써 A사 주식 609,237주(= 乙 명의 355,455주 + 丙 명의 253,882주)를 차명으로 취득하였음.
2006. 2. 15.	- 피고인은 금융감독원 전자공시시스템을 통하여 '주식 등의 대량보유상황보고서'를 제출하면서 차명주식 609,327주를 산입하지 않은 채 본인 명의로 된 2,246,880주만 보유하고 있는 것처럼 공시하였음.
2006. 5. 10.[109]	- 피고인은 금융감독원 전자공시시스템을 통하여 '주식 등의 대량보유상황보고서'를 제출하면서 차명주식을 산입하지 않은 채 본인 명의로 된 2,246,880주만 보유하고 있는 것처럼 공시하였음.
2007. 8. 3.	- 피고인은 금융감독원 전자공시시스템을 통하여 '임원 · 주요주주 특정증권 등 소유상황보고서'를 제출하면서 차명주식을 산입하지 않은 채 본인 명의로 된 2,331,880주만 보유하고 있는 것처럼 공시하였음.
2006. 3. 29. ~ 2007. 12. 11.	- 피고인은 차명주식 341,394주(= 乙 명의 228,512주 + 丙 명의 112,882주)를 장내에 매도하였음.
2008. 4. 16. ~ 2008. 5. 21.	- 피고인은 丁, 戊와 공모하여 고가매수 주문 5회 3,500주, 물량소진 주문 56회 63,781주, 종가관여 주문 12회 30,012주를 주문하여 총 73회에 걸쳐 A사 주식의 시세를 고정시키거나 안정시킬 목적으로 시세를 조정하는 행위를 하였음.
2008. 9. 22. ~ 2008. 10. 21.	- 피고인은 甲, 丁, 己와 공모하여 고가매수 주문 4회 5,500주, 물량소진 주문 12회 4,497주, 종가관여 주문 14회 32,107주를 주문하여 총 30회에 걸쳐 A사 주식의 시세를 고정시키거나 안정시킬 목적으로 시세를 조정하는 행위를 하였음.

109 이 사건 판결문(서울중앙지방법원 2012. 11. 16. 선고 2012고합270 판결)에는 '2006. 6. 10.경'이라고 기재되어 있으나, 실제로는 2006. 5. 10.이다.

2008. 11. 4. ~ 2008. 11. 25.	- 피고인은 丁, 庚과 공모하여 고가매수 주문 6회 6,700주, 물량소진 주문 3회 1,800주, 종가관여 주문 17회 26,008주를 주문하여 총 26회에 걸쳐 A사 주식의 시세를 고정시키거나 안정시킬 목적으로 시세를 조정하는 행위를 하였음.
2008. 12. 12. ~ 2008. 12. 27.	- 피고인은 丁과 공모하여 고가매수 주문 20회 10,450주, 물량소진 주문 8회 5,250주, 종가관여 주문 9회 15,000주를 주문하여 총 37회에 걸쳐 A사 주식의 시세를 고정시키거나 안정시킬 목적으로 시세를 조정하는 행위를 하였음.
2008. 11. 20. ~ 2008. 12. 30.	- A사 외부의 기관투자자인 辛과 任은 공모하여, ① 辛은 A사 주식 520,588주를 매수하고 398,064주를 매도하면서 고가매수 주문 25회 26,510주, 물량소진 주문 71회 28,016주, 종가관여 주문 67회 222,900주 등 총 163회에 걸쳐 시세조종 주문을 제출하고, ② 任은 A사 주식 42,707주를 매수하면서 고가매수 주문 21회 5,200주, 종가관여 주문 13회 9,560주 등 총 34회에 걸쳐 시세조종 주문을 제출하였음.
2009. 2. 16. ~ 2009. 2. 26.	- 피고인은 丙 명의의 차명주식 141,000주를 장내에 매도하였음.

II. 관련 조문[110]

구 증권거래법 제188조의4(시세조종등 불공정거래의 금지)

④ 누구든지 유가증권의 매매 기타 거래와 관련하여 다음 각호의 1에 해당하는 행위를 하지 못한다.

2. 중요한 사항에 관하여 허위의 표시를 하거나 필요한 사실의 표시가 누락된 문서를 이용하여 타인에게 오해를 유발하게 함으로써 금전 기타 재산상의 이익을 얻고자 하는 행위

110 자본시장법은 2007. 8. 3. 법률 제8635호로 제정되었고, 2009. 2. 4.부터 시행되었다. 그에 따라 구 증권거래법은 폐지되었다. 이와 관련하여 자본시장법 시행 전에 행한 사기적 부정거래행위에 대해서는 구 증권거래법이 적용되고, 자본시장법 시행 후에 행한 사기적 부정거래행위에 대해서는 자본시장법이 적용된다. 이 사건에서 피고인은 자본시장법 시행 전에 사기적 부정거래행위를 행하였는바, 구 증권거래법이 적용되었다.

이 사건에서 문제된 행위는 자본시장법이 시행된 2009. 2. 4. 이전에 이루어졌으므로, 이 사건은 구 증권거래법이 적용되었다.

III. 쟁점

1. '문서의 이용'에의 해당 여부에 관하여

구 증권거래법 제188조의4 제4항 제2호 〈허위문서 이용 오해유발행위〉에는 "문서를 이용하여"라는 요건이 규정되었고, 그에 따라 구 증권거래법 하의 판례는 '문서의 이용'이라는 요건이 충족되지 않는 경우 사기적 부정거래의 성립을 부인하였다.[111]

이 사건에서 피고인은 금융위원회 전자공시시스템을 통하여 '주식 등의 대량보유상황보고서,' '임원·주요주주 특정증권 등 소유상황보고서'를 공시하였는바, 논의의 전제로서 '전자문서'도 '문서의 이용'에서의 문서에 해당하는지를 검토할 필요가 있다.

2. 허위표시 문서이용에의 해당 여부에 관하여

이 사건에서 피고인은 2006. 2. 15. 금융감독원 전자공시시스템을 통하여 '주식 등의 대량보유상황보고서'를 제출하면서 차명주식을 산입하지 않은 채 본인 명의로 된 주식만 보유하고 있는 것처럼 공시하였고, 차명주식 중 일부를 매도하는 과정에서 유사한 취지의 2006. 5. 10.자 '주식 등의 대량보유상황보고서' 및 2007. 8. 3.자 '임원·주요주주 특정증권 등 소유상황보고서'를 추가로 공시하였는데, 이것이 구 증권거래법 제188조의4

111 대법원 2010. 12. 9. 선고 2009도6411 판결, 대법원 2009. 7. 9. 선고 2009도1374 판결

제4항 제2호 <허위문서 이용 오해유발행위>의 허위표시 문서이용에 해당하는지가 문제되었다.

이와 관련하여 ① 피고인이 乙, 丙의 명의로 보유하고 있던 차명주식에 관한 보유 및 매도 여부가 구 증권거래법 제188조의4 제4항 제2호 <허위문서 이용 오해유발행위>의 '중요한 사항'에 해당하는지, ② 피고인이 금융위원회 전자공시시스템을 통하여 '주식 등의 대량보유상황보고서,' '임원·주요주주 특정증권 등 소유상황보고서'를 공시하면서 乙, 丙의 명의로 보유하고 있던 차명주식을 산입하지 않은 채 본인 명의로 된 주식만을 보유하고 있는 것처럼 기재한 것이 구 증권거래법 제188조의4 제4항 제2호 <허위문서 이용 오해유발행위>의 '이용'에 해당하는지를 검토할 필요가 있다.

또한, 피고인은 차명주식 중 일부를 4년 동안의 장기간에 걸쳐 매도하였다는 사정을 이유로 '타인에게 오해를 유발하게' 할만한 행위에 해당하지 않는다고도 주장하였는바, 구 증권거래법 제188조의4 제4항 제2호 <허위문서 이용 오해유발행위>가 성립하기 위하여 허위표시 문서이용과 타인의 오해 간에 인과관계가 있어야 하는지도 검토할 필요가 있다.

3. 부당이득액의 산정에 관하여

이 사건에서 피고인은 2006. 3. 29.부터 2007. 12. 11.까지 차명주식 341,394주(= 乙 명의 228,512주 + 丙 명의 112,882주)를 장내에 매도함으로써 시세차익을 얻었는데, 그 기간 동안 A사의 주가는 등락을 반복하였고, A사의 주가변동에 영향을 미칠 다양한 요인들이 존재하였다.

일자	A사의 주가(종가)
2006. 3. 29.	8,100원
2006. 4. 7.	10,550원
2006. 7. 24.	5,900원

2006. 12. 5.	18,400원
2006. 12. 28.	13,700원
2007. 1. 2.	15,200원
2007. 6. 1.	22,550원
2007. 8. 17.	10,950원
2007. 12. 11.	16,050원

또한, 피고인은 2009. 2. 16.부터 2009. 2. 26.까지 丙 명의의 차명주식 141,000주를 장내에 매도함으로써 시세차익을 얻었는데, 그 이전에 피고인은 2008. 4.경부터 2008. 5.경까지, 2008. 9.경부터 2008. 12.경까지 甲, 丁, 戊, 己, 庚과 공모하여 허위표시 문서이용과는 별도의 범의에 기한 시세고정 또는 주가안정 목적의 주가 조작 범행을 저질러 A사의 주가에 영향을 미쳤고, A사 외부의 기관투자자인 辛, 任이 2008. 11. 20.부터 2008. 12. 30.까지 저지른 시세조종 행위로 말미암아 A사의 주가가 상승하기도 하였다.

이때 피고인이 乙, 丙의 명의로 보유하고 있던 차명주식을 매도하여 얻은 시세차익을 피고인이 사기적 부정거래행위로 취득한 부당이득으로 볼 수 있는지, 즉 허위표시 문서이용과의 인과관계가 인정되는지가 문제되었다.

이와 관련하여 피고인이 투자자들로 하여금 차명주식의 매도 사실을 알지 못하게 하는 것은 A사의 주가를 부양하는 요소가 아니라 주가 하락을 저지하는 요소인바, 「부당이득액 = 차명주식의 매도금액 - 차명주식의 취득가액」이라는 수식으로 부당이득액을 산정하는 것이 타당한지를 검토할 필요가 있다.

IV. 각 쟁점에 대한 평석

1. '문서의 이용'에의 해당 여부에 관하여

구 증권거래법 제188조의4 제4항 제2호 <허위문서 이용 오해유발행위>는 유가증권의 매매 기타 거래와 관련하여 "중요한 사항에 관하여 허위의 표시를 하거나 필요한 사실의 표시가 누락된 문서를 이용하여 타인에게 오해를 유발하게 함으로써 금전 기타 재산상의 이익을 얻고자 하는 행위"를 금지하고 있는바, 그 행위의 매체는 문서에 국한되고, 제2호 위반행위에 해당하기 위해서는 '문서의 이용'이라는 요건이 충족되어야 한다.[112]

이와 관련하여 구 증권거래법 제194조의2에는 "이 법에 의하여 금융위원회·증권선물위원회 또는 거래소에 신고서·보고서 기타 서류 또는 자료 등을 제출하는 경우에는 대통령령이 정하는 바에 따라 전자문서의 방법에 의할 수 있다."라고 규정되어 있었다.

구 증권거래법 제194조의2가 전자문서를 문서제출의 방법 중 하나로 규정하고 있다는 점을 고려할 때, 이 사건에서 피고인이 금융위원회 전자공시시스템을 통하여 전자문서의 방식으로 '주식 등의 대량보유상황보고서,' '임원·주요주주 특정증권 등 소유상황보고서'를 공시한 것도 '문서의 이용'에 해당한다고 봄이 타당하다.

2. 허위표시 문서이용에의 해당 여부에 관하여

가. '중요한 사항'에의 해당 여부

(1) 법원의 판단

제1심법원[113]은 피고인이 2006. 2. 15. 제출한 '주식 등의 대량보유상황보고서'에 기

112 대법원 2010. 12. 9. 선고 2009도6411 판결

113 서울중앙지방법원 2012. 11. 16. 선고 2012고합270 판결

재된 허위사실, 즉 乙, 丙 명의로 보유하고 있던 차명주식을 산입하지 않은 채 본인 명의로 된 주식만 보유하고 있는 것처럼 기재한 것이 A사의 최대주주에 관한 사항으로서 A사의 경영에 관하여 중대한 영향을 미치거나 A사의 기업환경에 중대한 변경을 초래할 수 있는 사실로서 일반 투자자의 투자판단에 영향을 미칠 수 있는 사실에 해당한다고 할 것이어서 구 증권거래법 제188조의4 제4항 제2호 〈허위문서 이용 오해유발행위〉의 '중요한 사항'에 해당한다고 판단하였다. 그 구체적인 내용은 다음과 같다.

> 구 증권거래법 제186조 제1항[114] 각호의 1에 해당하는 사실은 그 취지에 비추어 볼 때 원칙적으로 제188조의4 제4항 제2호 소정의 '중요한 사항'에 해당한다 할 것인바, 제186조 제1항 각호의 1에 해당하는 사실로서 같은 조항 제13호는 "법인의 경영·재산 등에 관하여 중대한 영향을 미칠 사항으로서 대통령령이 정하는 사실이 발생한 때"를 규정하고 있고, 이에 따른 구 증권거래법 시행령(2008. 7. 29. 대통령령 제20947호로 공포되어 2009. 2. 4. 시행된 자본시장과 금융투자업에 관한 법률 시행령 부칙 제2조로 폐지되기 전의 것, 이하 같다) 제83조

114 구 증권거래법 제186조(상장법인 등의 신고·공시의무등) ① 상장법인 또는 협회등록법인은 다음 각호의 1에 해당하는 경우에는 그 사실 또는 이사회의 결의내용을 대통령령이 정하는 바에 따라 지체없이 금융감독위원회와 증권거래소 또는 협회에 신고하여야 한다.

1. 발행한 어음 또는 수표가 부도로 되거나 은행과의 거래가 정지 또는 금지된 때
2. 영업활동의 일부 또는 전부가 정지된 때
3. 법률의 규정에 의한 법인의 정리절차개시의 신청이 있거나 사실상 정리를 개시한 때
4. 사업목적의 변경에 관한 결의가 있은 때
5. 재해로 인하여 막대한 손해를 입은 때
6. 상장유가증권 또는 협회등록유가증권에 관하여 중대한 영향을 미칠 소송이 제기된 때
7. 상법 제374조·제522조·제527조의2·제527조의3 및 제530조의2에서 규정한 사실이 발생한 때
8. 법률에 의한 해산사유가 발생한 때
9. 증자, 감자 또는 주식의 소각에 관한 이사회의 결의가 있은 때
10. 특별한 사유에 의하여 조업을 중단하거나 조업을 계속할 수 없는 때
11. 거래은행에서 당해 법인의 관리를 개시한 때
12. 자기주식의 취득 또는 처분에 관한 이사회의 결의 또는 대표이사 기타 대통령령이 정하는 자의 결정이 있은 때
13. 제1호 내지 제12호 외에 법인의 경영·재산 등에 관하여 중대한 영향을 미칠 사항으로서 대통령령이 정하는 사실이 발생한 때

제3항[115]은 위 대통령령이 정하는 사실의 하나로 같은 조항 제1호에서 "최대주주, 주요주주 또는 계열회사의 변동이 있은 때"를 규정하고 있으므로, 피고인이 2006. 2. 15. 제출한 대량보유보고서에 기재된 판시 허위사실은 A사의 최대주주에 관한 사항으로서 A사의 경영에 관하여 중대한 영향을 미치거나 A사의 기업환경에 중대한 변경을 초래할 수 있는 사실로서 일반투자자의 투자판단에 영향을 미칠 수 있는 사실에 해당한다고 할 것이어서 원칙으로 법 제188조의4 제4항 제2호 소정의 '중요한 사항'에 해당한다고 할 것이다(대법원 2003. 11. 14. 선고 2003도686 판결 참조).

이에 대하여 항소심 법원[116]과 대법원[117]도 동일한 취지로 판단하였다.

(2) 평석

구 증권거래법 제188조의4 제4항 제2호 <허위문서 이용 오해유발행위>는 "중요한 사항에 관하여 허위의 표시를 하거나 필요한 사실의 표시가 누락된 문서를 이용하여 타인에게 오해를 유발하게 함으로써 금전 기타 재산상의 이익을 얻고자 하는 행위"를 금지하였는데, 자본시장법 제178조 제1항 제2호 <중요사항 거짓문서 등 이용행위>는 "중요한 사항에 관하여 거짓의 기재 또는 표시를 하거나 타인에게 오해를 유발시키지 아니하

115 구 증권거래법 시행령 제83조(상장법인 등의 신고등) ③ 법 제186조 제1항 제13호에서 "대통령령이 정하는 사실이 발생한 때"라 함은 다음 각호의 1에 해당하는 때를 말한다.

1. 최대주주, 주요주주 또는 계열회사의 변동이 있은 때
2. 최대주주, 최대주주의 특수관계인, 주요주주 또는 계열회사와 금융감독위원회가 정하는 중요한 거래를 한 때
3. 신물질 또는 신기술에 관한 특허권을 취득한 때
4. 자본금의 100분의 20 이상의 신규시설투자, 시설증설 또는 별도공장의 신설에 관한 이사회의 결의가 있은 때
5. 최근사업연도 매출액의 100분의 10 이상에 해당하는 제품에 대한 수거·파기 등을 실시하기로 결정한 때
6. 자본금의 100분의 10 이상의 특별손실 또는 특별이익이 발생한 때
7. 법 제186조 제1항 제1호 내지 제12호와 제1호 내지 제6호 외에 유가증권의 공정거래와 투자자보호를 위하여 필요한 사항으로서 금융감독위원회가 정하는 사실이 발생한 때

116 서울고등법원 2013. 7. 4. 선고 2012노4066 판결

117 대법원 2013. 10. 31. 선고 2013도8968 판결

기 위하여 필요한 주요사항의 기재 또는 표시가 누락된 문서, 그 밖의 기재 또는 표시를 사용하여 금전, 그 밖의 재산상의 이익을 얻고자 하는 행위"를 금지함으로써 법조문이 다소 변경되었다.

구 증권거래법 제188조의4 제4항 제2호 〈허위문서 이용 오해유발행위〉에는 '중요한 사항'이 무엇인지에 대하여 정의되어 있지 않으나, 대법원은 '중요한 사항'이 당해 법인의 재산·경영에 관하여 중대한 영향을 미치거나 유가증권의 공정거래와 투자자 보호를 위하여 필요한 사항으로서 투자자의 투자판단에 영향을 미칠 수 있는 사항을 의미한다고 정의하였다.[118]

이와 관련하여 대법원은 '임원·주요주주 소유주식 보고서'를 제출하면서 임직원 명의로 보유하고 있던 차명주식의 소유현황을 기재하지 않은 것이 문제된 사안에서 차명주식 보유 및 매도 여부는 투자자의 투자판단에 영향을 미칠 수 있는 '중요한 사항'에 해당한다고 판시한 바 있다.[119]

살피건대, A사의 대표이사이자 최대주주인 피고인이 乙, 丙 명의로 보유하고 있던 차명주식을 매도하는 것이 밝혀진다면 일반 투자자의 투자의욕이 떨어지게 되어 A사의 주가에 부정적인 영향을 미칠 수밖에 없으므로, 이 사건에서 법원이 피고인의 차명주식 보유 및 매도 여부를 투자자의 투자판단에 영향을 미칠 수 있는 '중요한 사항'에 해당한다고 판단한 것은 타당하다.

나. 허위표시 문서의 '이용'에의 해당 여부

(1) 법원의 판단

제1심법원은 피고인이 차명주식을 누락한 채 공시된 2006. 2. 15.자 '주식 등의 대량

118 대법원 2009. 7. 9. 선고 2009도1374 판결

119 대법원 2009. 7. 9. 선고 2009도1374 판결

보유상황보고서'를 바로잡지 않고 여전히 차명주식을 누락한 추가 보고서를 제출하는 방법으로 투자자들로 하여금 피고인이 보유 중이던 주식을 순차 처분하고 있다는 사정을 알지 못하게 함으로써 A사의 주가에 충격을 주지 않은 상태에서 乙, 丙 명의로 보유한 차명주식 약 32만 주를 집중적으로 처분하여 상당한 이익을 취득한 행위는 허위표시 문서를 이용한 행위로서 기존의 허위표시 문서를 시정하지 않은 채 방치하면서 단순히 반사적 이익을 얻은 경우에 해당한다고 볼 수 없다고 판단하였다. 그 구체적인 내용은 다음과 같다.

> 피고인은 2005. 11. 21.경 A사와 B사가 포괄적 주식교환계약을 체결하기 직전 단계인 2005. 11. 17. 지인인 乙, 丙의 명의로 B사의 제3자배정 유상증자에 참여하여 B사 주식 합계 39,999주를 배정받았는데, 위 포괄적 주식교환계약에 따라 B사 1주당 A사 15.23358주로 교환되어 결국 A사 주식 합계 609,327주를 취득하였고, 2006. 2. 15.경 금융감독위원회 등에 대량보유보고서를 제출하면서 보유하고 있는 주식으로 자신의 명의로 되어 있는 2,246,880주만을 기재하고 乙, 丙의 명의로 보유하고 있는 주식 609,327주를 누락시키는 방법으로 '보유주식 등의 내역'란에 허위사실을 기재한 다음, 자회사가 된 B사가 추진 중인 다국적 제약회사와의 PTD(Protein Transaction Domain, 단백질 세포 내 전달물질) 관련 기술 이전 계약의 성사 및 신약개발에 대한 기대감으로 A사의 주가가 상승하자, 위와 같이 피고인의 차명주식을 누락한 채 공시되어 있던 대량보유보고서의 내용을 바로잡지 않고 여전히 차명주식을 누락한 추가 보고서를 제출하는 방법으로 투자자들로 하여금 피고인이 보유 중이던 주식을 순차 처분하고 있다는 사정을 알지 못하게 함으로써 주가에 충격을 주지 아니하고 2006. 3.경부터 2007. 12.경까지 乙, 丙 명의로 보유하고 있던 차명주식을 34만 주 이상 집중적으로 처분하여 상당한 이익을 취하였는바, 이와 같은 피고인의 행위는 허위 표시된 문서를 이용한 행위로서 기존의 허위표시 문서를 시정하지 않고 방치하면서 단순히 반사적 이득을 얻은 경우에 해당한다고 보기 어렵다.

이에 대하여 항소심 법원과 대법원도 동일한 취지로 판단하였다.

(2) 평석

'주식 등의 대량보유상황보고서' 및 '임원·주요주주 특정증권 등 소유상황보고서'에 차명주식의 소유현황을 누락한 것이 허위표시 문서의 '이용'에 해당하여 사기적 부정거래행위가 성립하는지와 관련하여 ① 차명주식의 소유현황을 누락한 채 공시하는 것[제1행위], ② 그 이후 차명주식을 처분하고서도 그 처분내역을 공시하지 않는 것[제2행위]으로 구분하여 검토할 필요가 있다.

구 증권거래법 제188조의4 제4항 제2호 <허위문서 이용 오해유발행위>는 '타인에게 오해를 유발하게 함으로써 금전 기타 재산상의 이익을 얻기 위하여' 중요한 사항에 관한 허위표시 문서를 이용한 행위를 처벌하도록 규정하고 있는바,[120] 허위표시 문서의 '이용'에 해당하기 위해서는 기본적으로 주가의 상승 또는 주가 하락의 저지를 통하여 시세차익을 얻고자 하는 목적이 인정되어야 한다.

이러한 관점에서 볼 때, 차명주식의 소유현황을 누락한 채 공시하는 것[제1행위]만으로 곧바로 허위표시 문서의 '이용'에 해당하는지에 대하여 의문이 제기될 수 있다. 차명주식의 소유현황을 누락한 채 공시하였다고 하여 반드시 주가의 상승 또는 주가 하락의 저지를 유발하여 시세차익을 얻게 하는 요인이 된다고 단정할 수 없기 때문이다. 상장사의 대표이사이자 최대주주가 차명주식의 소유현황을 공시하지 않았다고 하여 일반투자자들의 주식 매수를 일으킬 수 있는지 의문이고, 역으로 상장사의 대표이사이자 최대주주가 차명주식의 소유현황을 공시하는 경우 일반 투자자들로서는 상장사의 대표이사이자 최대주주가 책임감 있게 상장사를 경영한다고 판단하여 오히려 주식을 매수할 수도 있을 것이다. 일반적으로 허위의 공시는 주가에 영향을 미칠 수 있는 악재를 은폐하려는 것인데, 차명주식의 소유현황을 누락하는 것과 주가의 상승 또는 주가 하락의 저지 사이에 필연적인 인과관계가 존재하는 것은 아니다.

120 자본시장법 제178조 제1항 제2호는 구 증권거래법 제188조의4 제4항 제2호와 유사하게 '금전, 그 밖의 재산상의 이익을 얻고자 하는 행위'를 구성요건으로 하고 있는바, 현행 자본시장법하에서도 동일한 문제의식이 도출될 수 있다.

결국, 차명주식의 소유현황을 누락한 채 공시하는 것[제1행위]은 허위표시일지언정, 곧바로 허위표시 문서의 '이용'으로 귀결된다고 단정할 수는 없고, 차명주식의 소유현황을 누락한 채 공시한 목적을 고려하여야 할 것이다.

우선, 애초부터 차명주식을 몰래 처분하여 시세차익을 얻을 목적으로 차명주식의 소유현황을 누락한 채 공시하였다면, 허위표시 문서의 '이용'에 해당하여 사기적 부정거래행위가 성립한다고 보는 것이 타당하다. 참고로, 법원은 피고인이 M&A 과정에서 차명주식의 소유현황을 누락한 채 주식 등의 대량보유상황보고서를 제출한 것에 대하여 자신이 매수한 주식을 타인이 보유하는 것으로 기재하여 최대주주인 피고인이 주가에 충격을 주지 않으면서 고가에 주식을 매도하기 위한 준비행위라는 점을 강조하면서 사기적 부정거래행위의 성립을 인정한 바 있다.[121]

참고판례 - 서울중앙지방법원 2003. 1. 22. 선고 2002노5173 판결

한편, 원심이 적법하게 조사하여 채택한 증거들을 종합하면 피고인이 2000. 6. 17. 주식 대량보유보고서를 허위로 작성하여 제출한 행위는 자신이 매수한 주식을 타인이 보유하는 것으로 기재하여 이 사건 회사의 최대주주인 피고인이 2000. 8. 22. 및 같은 달 23. 주가에 충격을 주지 않으면서 고가에 주식을 매도하기 위한 준비행위일 뿐 아니라, 일부 차입금으로 취득한 것을 자기자금으로만 취득한 것으로 기재하여 주가에 긍정적으로 영향을 미치려고 하였던 점이 인정되고, 피고인이 2000. 8. 18. 허위의 내용을 공시하고 같은 달 19., 20. 허위의 기사를 게시하게 한 행위는 당시의 소위 인터넷 열풍에 편승하여 이 사건 회사도 정보통신사업에 진출할 것 같은 인상을 준 결과 주가가 급등하여 피고인이 주식매도차익을 얻게 되었는바, 그렇다면 위 부분 행위는 모두 피고인이 얻은 이익과 인과관계를 부정할 수 없다고 할 것이므로 이 부분 피고인의 주장은 이유 없다.

121 서울중앙지방법원 2003. 1. 22. 선고 2002노5173 판결

다음으로, 애초에는 차명주식의 처분을 통하여 시세차익을 얻을 목적 없이 피치 못할 사정으로 인하여 경영상의 필요에 따라 차명주식의 소유현황을 누락한 채 공시하였고, 그로부터 상당한 시간이 경과한 후에 차명주식을 처분하고서도 그 처분내역을 공시하지 않았다면, 애초에 차명주식의 소유현황을 누락한 채 공시한 것[제1행위]은 허위표시일지언정 허위표시 문서의 '이용'에는 해당하지 않는다고 보는 것이 타당하다.

이와 관련하여 대법원은 기존의 허위표시 문서를 단순히 방치하는 데 그치는 것이 아니라 유사한 취지의 허위표시 문서를 계속 보고하는 등의 방법으로 적극적으로 활용하는 행위가 '문서의 이용'에 포함될 수 있다고 판시하였는데,[122] 앞서 살펴본 논의와 동일한 맥락인 것으로 보인다.

참고판례 - 대법원 2009. 7. 9. 선고 2009도1374 판결

그리고 위와 같은 중요한 사항에 관하여 허위 또는 부실 표시된 문서를 증권선물거래소를 통하여 이미 공시한 상태에서 이를 단순히 시정하지 않고 방치하는 데 그치는 것이 아니라, 구체적인 상황에서 그 문서가 투자자의 투자판단에 영향을 미칠 수 있는 사항에 관하여 오해를 유발할 수 있는 상황임을 알면서도 이를 금전 기타 재산상의 이익을 얻는 기회로 삼기 위해서 유사한 취지의 허위 또는 부실표시 문서를 계속 증권선물거래소에 보고하는 등의 방법으로 적극적으로 활용하는 행위는 위 조항에서 정한 문서의 이용행위에 포함될 수 있다(대법원 2002. 12. 10. 선고 2002도5407 판결, 대법원 2003. 11. 14. 선고 2003도686 판결 참조).

한편, 그 이후 차명주식을 처분하고서도 그 처분내역을 공시하지 않는 것[제2행위]은 차명주식의 소유현황을 누락한 채 공시하는 것[제1행위]과는 달리 보아야 한다.

122 대법원 2009. 7. 9. 선고 2009도1374 판결

상장사의 대표이사이자 최대주주가 보유주식을 처분하는 것은 주식시장에서의 주식 공급량이 증가하는 것과 더불어 일반 투자자들에게 상장사의 경영상 악재가 발생한 것으로 인식됨에 따라 주가 하락의 요인으로 작용하는바, 차명주식을 처분하고서도 그 처분내역을 공시하지 않는 것[제2행위]은 일반 투자자들로 하여금 차명주식의 매도 사실을 알지 못하게 함으로써 주가 하락을 저지하려는 목적에서 비롯된 행위라고 볼 수밖에 없고, 이때에는 허위표시 문서의 '이용'에 해당하여 사기적 부정거래행위가 성립한다고 보는 것이 타당하다.

이상의 논의를 정리하면 다음과 같다.

	차명주식의 소유현황을 누락한 채 공시하는 것[제1행위]	그 이후 차명주식을 처분하고서도 그 처분내역을 공시하지 않는 것 [제2행위]
허위표시 문서의 '이용'에의 해당 여부	애초부터 차명주식의 처분을 통하여 시세차익을 얻을 목적이 있었던 경우 : 해당	해당
	그렇지 않은 경우 : 제외	

이 사건에서 피고인은 2006. 2. 15. 금융감독원 전자공시시스템을 통하여 '주식 등의 대량보유상황보고서'를 제출하면서 乙, 丙의 명의로 보유하고 있던 차명주식을 산입하지 않은 채 본인 명의로 된 주식만 보유하고 있는 것처럼 공시하였는데, 피고인이 애초부터 乙, 丙의 명의를 빌려 B사의 제3자배정 유상증자에 참여하게 된 이유가 주가 상승이 예상되는 상황에서 B사를 우회상장시킨 후 A사 주식을 매도할 경우 A사의 대표이사이자 최대주주인 자신을 숨겨 상승하는 주가에 영향을 주지 않으면서 차명주식을 매도하여 시세차익을 얻기 위함이었고, 피고인은 2006. 2. 15. 금융감독원 전자공시시스템을 통하여 '주식 등의 대량보유상황보고서'를 제출한 때로부터 불과 45일 정도가 경과한 2006. 3. 29.부터 차명주식을 처분하기 시작하였는바, 피고인이 2006.

2. 15.자 '주식 등의 대량보유상황보고서'를 제출하면서 차명주식의 소유현황을 누락한 것은 허위표시 문서의 '이용'에 해당하여 구 증권거래법 제188조의4 제4항 제2호 〈허위문서 이용 오해유발행위〉가 성립한다고 할 것이다.

또한, 피고인은 2006. 3. 29.부터 2007. 12. 11.까지 차명주식 중 일부를 장내에 매도하였음에도 불구하고, 차명주식의 소유현황을 누락한 2006. 5. 10.자 '주식 등의 대량보유상황보고서' 및 2007. 8. 3.자 '임원 · 주요주주 특정증권 등 소유상황보고서'를 추가로 제출함으로써 일반 투자자들로 하여금 피고인이 보유 중인 주식을 순차 처분하고 있다는 사실을 알지 못하게 하였는바, 이때에도 허위표시 문서의 '이용'에 해당하여 구 증권거래법 제188조의4 제4항 제2호 〈허위문서 이용 오해유발행위〉가 성립한다고 할 것이다.

살피건대, 이 사건에서 법원이 피고인이 2006. 2. 15.자 '주식 등의 대량보유상황보고서,' 2006. 5. 10.자 '주식 등의 대량보유상황보고서' 및 2007. 8. 3.자 '임원 · 주요주주 특정증권 등 소유상황보고서'를 제출하면서 차명주식의 소유현황을 누락한 일련의 행위가 구 증권거래법 제188조의4 제4항 제2호 〈허위문서 이용 오해유발행위〉의 '이용'에 해당한다고 판단한 것은 타당하다.

다. 구 증권거래법 제188조의4 제4항 제2호 〈허위문서 이용 오해유발행위〉가 성립하기 위하여 허위표시 문서이용과 타인의 오해 간에 인과관계가 있어야 하는지 여부

(1) 법원의 판단

제1심법원은 피고인이 보유한 차명주식을 장기간에 걸쳐 매각하였다는 사정은 허위표시 문서이용이 타인에게 오해를 유발하게 할만한 행위에 해당하지 않는다고 볼 근거가 될 수 없고, 허위표시 문서이용으로 말미암아 실제로 타인에게 오해를 유발하였는지는 범죄의 성립에 영향이 없다고 판단하였다.

이에 대하여 항소심 법원과 대법원도 동일한 취지로 판단하였다.

(2) 평석

구 증권거래법(1997. 1. 13. 법률 제5254호로 개정되기 전의 것) 제188조의4 제4항 제2호는 '중요한 사항에 관하여 허위의 표시를 하거나 필요한 사실의 표시가 누락된 문서를 이용하여 타인에게 오해를 유발하게 함으로써 금전 기타 재산상의 이익을 취득하는 것'이라는 결과범 형식으로 규정되어 있었는데, 1997. 1. 13. 법률 제5254호로 구 증권거래법이 개정되면서 '중요한 사항에 관하여 허위의 표시를 하거나 필요한 사실의 표시가 누락된 문서를 이용하여 타인에게 오해를 유발하게 함으로써 금전 기타 재산상의 이익을 얻고자 하는 행위'라는 목적범 형식으로 변경되었다. 개정이유 중에는 "투자자 보호를 강화하기 위하여 시세조작행위와 내부자거래에 대한 처벌을 강화함."이라는 내용이 기재되어 있다.

이와 관련하여 대법원은 문언의 해석상 '타인에게 오해를 유발하게 함으로써 금전 기타 재산상의 이익을 얻기 위하여' 중요한 사항에 관한 허위표시 문서를 이용한 이상 그로써 바로 구 증권거래법 제188조의4 제4항 제2호 〈허위문서 이용 오해유발행위〉가 성립하는 것이고, 문서 이용행위로 인하여 실제 '타인에게 오해를 유발'하거나 '금전 기타 재산상의 이익을 얻을 것'을 요하지 않으므로, 허위표시 문서 이용행위와 타인의 오해 사이의 인과관계 여부는 위 죄의 성립에 아무런 영향을 미치지 않는다고 판시하였다.[123]

참고판례 - 대법원 2006. 4. 14. 선고 2003도6759 판결

구 증권거래법(2004. 1. 29. 법률 제7114호로 개정되기 전의 것) 제188조의4 제4항 제2호는 원래 "중요한 사항에 관하여 허위의 표시를 하거나 필요한 사실의 표시가 누락된 문서를 이용하여 타인에게 오해를 유발하게 함으로써 금전 기타 재산상의 이익을 취득하는 것"이라는 결과범 형식으로 규정되어 있던 것을 1997. 1. 13.

123 대법원 2006. 4. 14. 선고 2003도6759 판결 등

개정(법률 제5254호) 시 "중요한 사항에 관하여 허위의 표시를 하거나 필요한 사실의 표시가 누락된 문서를 이용하여 타인에게 오해를 유발하게 함으로써 금전 기타 재산상의 이익을 얻고자 하는 행위"라는 목적범 형식으로 바꾼 것인바, 그 문언의 해석상 일단 '타인에게 오해를 유발하게 함으로써 금전 기타 재산상의 이익을 얻기 위하여' 중요한 사항에 관한 허위·부실표시 문서를 이용한 이상 그로써 바로 위 조항 위반죄가 성립하는 것이고, 문서 이용행위로 인하여 실제 '타인에게 오해를 유발'하거나 '금전 기타 재산상의 이익을 얻을 것'을 요하지 않으므로, 허위·부실표시 문서 이용행위와 타인의 오해 사이의 인과관계 여부는 위 죄의 성립에 아무런 영향을 미치지 않는다.

살피건대, 구 증권거래법 제188조의4 제4항 제2호 <허위문서 이용 오해유발행위>의 문언, 개정 전후의 문언 차이, 개정이유 등을 고려할 때, 법원이 허위표시 문서이용과 타인의 오해 간에 인과관계를 요하지 않는다고 판단한 것은 타당하다.

3. 부당이득액의 산정에 관하여

가. 법원의 판단

(1) 제1심법원의 판단

(가) 2006. 3. 29.부터 2007. 12. 11.까지의 차명주식 처분으로 인한 차익과 관련하여

제1심법원은 피고인이 주가 상승을 예상하여 주도적으로 성사시킨 B사의 우회상장에 따라 예상대로 A사의 주가가 상승하자 시세차익을 취할 목적으로 미리 차명으로 보유하고 있던 주식을 매도하여 얻은 이익은 허위표시 문서를 이용한 증권거래법위반행위와 인과관계가 인정된다고 판단하였고, 그에 따라 피고인이 2006. 3. 29.부터 2007. 12. 11.까지 차명주식 341,394주(= 乙 명의 228,512주 + 丙 명의 112,882주)를 장내에 매도하

여 4,013,925,966원 상당의 부당이득을 취득하였다고 판시하였다. 그 구체적인 근거는 다음과 같다.

① 乙 명의 228,512주의 매도금액 합계 : 3,278,274,860원

② 丙 명의 112,882주의 매도금액 합계 : 1,407,970,653원(2006. 3. 29.부터 2007. 5. 22.까지)

③ ① + ② = 4,686,245,513원

④ 위 주식들의 최초 취득가액(제3자배정 유상증자 참여금액) : 672,319,547원[= 450,016,500원(乙로부터 빌린 699,990,000원 ÷ 乙 명의로 취득한 총 주식 355,445주 × 유죄로 인정된 228,512주) + 222,303,047원(丙으로부터 빌린 499,980,000원 ÷ 丙 명의로 취득한 총 주식 253,882주 × 유죄로 인정된 112,882주)]

※ 부당이득금 : ③ - ④ = 4,013,925,966원

① 구 증권거래법 제207조의2 제2항과 제214조 제2항은 2002. 4. 27. 법률 제6695호로 증권거래법이 개정되면서 신설되었고 그 전에는 구 증권거래법 제207조의2 제2항과 같이 위반행위로 얻은 이익 또는 회피한 손실액이 일정액에 이른 경우에 자유형의 하한이 따로 정해지지 아니하였는데, 이와 같이 구 증권거래법 제207조의2 제2항 등이 신설된 입법 취지는, 상장유가증권 또는 협회중개시장에 등록된 유가증권의 매매거래에 관하여 미공개정보 이용행위나 시세조종 등 불공정거래를 하여 부정하게 이익을 취득한 경우 이로 인한 불특정다수 증권투자 국민들의 피해가 막심하고 국가 경제에 부정적 영향을 크게 미치는데 반하여 그 벌칙이 미약하여 불공정거래를 근절하지 못하고 있는 실정일 뿐만 아니라 해당 범죄를 저지른 후 재범을 방지하지 못함으로 인해 경제질서를 왜곡·혼란시킬 우려가 높아 그에 대한 처벌을 강화하여 이러한 경제적 부작용을 막고자 함에 있는 점,

② 피고인은 상장법인인 A사의 최대주주이자 대표이사로서 2005. 10.경 A사 주식의 주가가 1주당 1,000원을 밑돌자 바이오업체인 B사를 A사가 지분의 100%를 가지는 자회사로 편입하여 우회상장함으로써 B사에 대한 기술 개발에 대한 기대심리 등에 따른 주가 상승 가능성을 예상하여 B사의 대표이사 甲과 합병에 대한 논의를 한 끝에 2005. 11. 21.경

포괄적 주식교환계약을 체결하고 이를 공시하였는데, 그로부터 불과 4일 전으로 위 계약이 체결될 것이 거의 확실시되었을 것으로 보이는 시점인 2005. 11. 17.경 실시된 B사의 제3자배정 유상증자에 차명으로 참여하여 결국 위 포괄적 주식교환계약에 따라 A사 주식 609,327주를 취득하였는바, 이는 위 계약 후 A사 발행주식 총수의 약 4%에 불과하기는 하지만, 피고인이 실질적으로 보유하는 전체 주식의 약 21%에 달하는 수량으로서 결코 적은 양의 주식이 아닌 점,

③ 피고인이 乙, 丙의 명의를 빌려 위 유상증자에 참여하게 된 이유는 주가 상승이 예상되는 상황에서 B사를 우회상장시킨 후 A사의 주식을 매도할 경우 A사의 대표이사이자 최대주주인 자신을 숨겨 상승하는 주가에 영향을 주지 않으면서 차명주식을 매도하여 시세차익을 얻기 위함인 점,

④ A사의 주가는 B사가 우회상장될 무렵부터 2배 이상 오르기 시작하여 2007. 12.경까지 비록 등락의 폭이 크긴 하지만 우회상장 이전보다 5배에서 20배에 달하는 주가 추이를 보였고, 피고인은 2006. 3.경부터 2007. 12.경까지 사이에 차명으로 보유한 주식의 반수 이상을 장내 매도한 점,

⑤ 위 기간 중 B사의 기술 개발 등에 대한 기대심리에 따른 주가의 변동 외에 A사 주가에 영향을 미칠만한 별다른 사정이 없어 대표이사이자 최대주주인 피고인이 2006년부터 시작한 A사 주식 매도의 정황은 일반에 알려질 경우 기대심리에 의존하여 상승하는 주가에 악영향으로 작용할 것이 분명한 점

(나) 2009. 2. 16.부터 2009. 2. 26.까지의 차명주식 처분으로 인한 차익과 관련하여

구 증권거래법위반의 공소사실 중 피고인이 2009. 2. 16.부터 2009. 2. 26.까지 丙 명의의 차명주식 141,000주를 장내에 매도하여 476,806,465원 상당의 재산상 이익을 취득하였다는 부분에 관하여, 제1심법원은 2009. 2. 16.부터 2009. 2. 26.까지의 주식처분으로 인한 이익액 중 피고인의 사기적 부정거래로 인한 부분을 분리하여 산정할 수 없다고 판단하였다. 그 구체적인 내용은 다음과 같다.

피고인은 2007. 12. 11. 차명주식을 매도한 후 2008년에는 차명주식을 매도한 바 없는데, 피고인 甲, 丁, 戊, 己, 庚이 피고인과 공모하여 2008. 4.경부터 2008. 5.경까지, 2008. 9.경부터 2008. 12.경까지 이 부분 사기적 부정거래와 별도의 범의에 기한 시세고정 또는 주가안정 목적의 주가 조작 범행을 저질러 A사 주가에 영향을 미쳤을 뿐만 아니라, A사 외부의 기관투자자인 辛, 任이 2008. 11. 20.경부터 2008. 12. 30.경까지 저지른 시세조종 행위로 말미암아 하락세의 A사 주가가 무려 4,000원가량 상승한 점, 특히 2008년에는 미국의 주택담보대출 관련 서브프라임 모기지 사태의 여파로 거대 투자은행 리먼브러더스가 파산하는 등 세계적인 금융위기가 본격화된 시점으로 우리나라의 코스피 지수가 2008. 10.경 최저점을 형성하는 등 전반적인 증권시장의 상황이 악화되었던 점, 게다가 B사의 기술 개발 등에 관한 가시적인 성과가 장기간 나타나지 않는 상황으로서 기대심리가 많이 위축되었던 것으로 보이기도 하는 점 등을 종합하면,

피고인이 2009. 2. 16.부터 2009. 2. 26.까지 丙 명의 차명주식 합계 141,000주를 매도할 당시의 주가에 따른 시세 차익 부분까지 피고인의 사기적 부정거래행위에 의한 결과에 전부 귀속시키는 것은 자기 책임의 원칙에 반한다고 할 것이므로 피고인의 위 행위로 인한 부분과 그 외의 제반 요소들로 인한 부분은 분리하여 산정되어야 하고 그 입증책임은 검사에게 있는바,

2009. 2. 16.부터 2009. 2. 26.까지의 주식 처분으로 인한 이익액 중 피고인의 사기적 부정거래행위로 인한 부분을 분리하여 인정할 증거가 없어 결국 위 기간 동안 피고인이 사기적 부정거래행위로 인하여 취득한 이익액을 산정할 수 없다.

(2) 항소심 법원의 판단[124]

피고인은 사기적 부정거래행위가 인정된다고 하더라도 사기적 부정거래로 인한 이익을 확정할 수 없으므로, 제1심법원의 판단에는 사실오인 내지 법리오해의 위법이 있

124 검사가 구 증권거래법위반 중 무죄 부분(피고인이 2009. 2. 16.부터 2009. 2. 26.까지 丙 명의의 차명주식 141,000주를 장내에 매도하여 476,806,465원 상당의 재산상 이익을 취득하였다는 부분)에 관하여 항소를 제기하지 않았을 뿐만 아니라 특별히 다투지 않았으므로, 항소심 법원은 제1심판결의 결론을 그대로 따랐다.

다고 주장하였다. 이와 관련하여 피고인은 항소이유서를 통하여 피고인의 행위 이외에 A사의 주가변동에 영향을 미친 다양한 요인들과 관련된 자료를 제출하였다.

이에 대하여 항소심 법원은 2006. 3. 29.부터 2007. 12. 11.까지의 사기적 부정거래행위와 인과관계가 인정되는 주가상승분만을 분리하여 그 이익액을 산정할 수 없다고 판단하면서 피고인의 주장이 이유 있다고 판시하였다. 그 구체적인 내용은 다음과 같다.

> ① 원심 유죄 사기거래 증권거래법위반 부분의 기간 동안 A사의 주가(종가)는 2006. 3. 29. 8,100원, 같은 해 4. 7. 10,550원, 같은 해 7. 24. 5,900원, 같은 해 12. 5. 18,400원, 같은 해 12. 28. 13,700원, 2007. 1. 2. 15,200원, 같은 해 6. 1. 22,550원, 같은 해 8. 17. 10,950원, 같은 해 12. 11. 16,050원 등으로 수차례 등락을 반복한 점,
>
> ② 위 기간 동안 B사의 면역억제 단백질신약 'FHT-CT4'가 2006. 7.경 산업자원부의 중기거점 산업기술개발사업의 지원과제로 선정되는 등 B사의 기술개발 등에 대한 기대심리가 A사의 위 기간 동안의 주가변동에 주요한 영향을 미친 것으로 보이는 점,
>
> ③ 증권선물거래소가 2007. 3.경 A사를 '코스닥50지수' 구성 종목으로 신규 편입하는 등 위 기간 동안 A사 자체에도 주가변동의 요인이 있었던 것으로 보이는 점,
>
> ④ 2005. 하반기의 이른바 황우석 사건 및 2006. 11.경의 정부의 바이오산업 육성정책 발표 등 다양한 외부적 요인들도 위 기간 동안의 B사와 A사의 주가변동에 어느 정도 영향을 미친 것으로 보이는 점 등을 종합하여 보면,
>
> 원심 유죄 사기거래 증권거래법위반 부분의 기간 동안의 A사 주식의 주가 상승은 위와 같은 여러 다양한 요인들이 복합적으로 작용하여 등락을 반복하면서 이루어진 것이어서 피고인의 사기적 부정거래행위가 위 주가 상승의 한 요인이 된 것인지 자체가 불분명할 뿐만 아니라, 설령 피고인의 사기적 부정거래행위가 위 주가 상승의 한 요인이 되었다고 하더라도, 위 주가상승분에는 피고인의 사기적 부정거래행위가 아닌 위와 같은 다른 여러 다양한 요인들로 인한 주가변동을 거친 상승분도 포함되어 있으므로, 피고인의 사기적 부정거래

이익액을 산정하기 위해서는 이를 분리하여 제외하여야 하는데, 검사의 전 거증에 의하더라도 원심 유죄 사기거래 증권거래법위반 부분의 기간 동안의 피고인의 사기적 부정거래행위와 인과관계가 인정되는 주가상승분 부분만을 분리하여 그 이익액을 산정할 수 없으므로, 결국 피고인의 위반행위(사기적 부정거래 행위)로 인한 사기적 부정거래 이익액을 산정할 수 없다고 할 것이고, 같은 이유에서 구 범죄수익규제법상의 몰수 또는 추징의 대상이 되는 피고인의 사기적 부정거래 행위에 의한 범죄수익 역시 산정할 수 없으므로, 피고인으로부터 사기적 부정거래 행위에 의한 범죄수익도 몰수 또는 추징할 수 없다고 할 것이다. 따라서 피고인의 이 부분 사실오인 내지 법리오해 주장은 이유 있다.

이에 대하여 검사는 상고하지 않았고, 그에 따라 대법원도 별도로 판단하지 않았다.

나. 평석

(1) 부당이득 산정에 관한 명문의 규정

사기적 부정거래행위로 취득한 부당이득의 규모에 따라 징역형 및 벌금의 가중이 달라지므로, 부당이득의 규모를 정확하게 산정하는 것이 형사재판에서는 매우 중요한 선결과제가 된다.

그럼에도 불구하고 구 증권거래법뿐만 아니라 자본시장법에도 부당이득의 산정방법에 관한 명시적인 규정이 없었기 때문에, 기존에 구체적인 부당이득액의 산정은 법원의 판단에 맡겨져 왔다.

이와 관련하여 대법원은 부당이득이 '당해 위반행위로 인하여 행위자가 얻은 이윤, 즉 그 거래로 인한 총수입에서 그 거래를 위한 총비용을 공제한 차액'을 의미한다고 판시하였다.[125]

125 대법원 2009. 4. 9. 선고 2009도675 판결

한편, 자본시장법 시행령이 2024. 1. 9. 대통령령 제34125호로 개정되면서 부당이득액의 산정에 관하여 제388조의2가 신설되었고, [별표 20의2]에 구체적인 산정방식이 규정되었다.

[별표 20의2] 중 일반기준과 관련하여 "외부요인에 의한 금융투자상품의 시세변동이 위반행위로 인한 금융투자상품의 시세변동을 완전히 상쇄하였다고 인정되는 경우," "외부요인에 의한 금융투자상품의 시세변동이 위반행위로 인한 금융투자상품의 시세변동을 초과하였다고 인정되는 경우," "외부요인에 의한 금융투자상품의 시세변동이 위반행위로 인한 금융투자상품의 시세변동에 준한다고 인정되는 경우" 및 "외부요인에 의한 금융투자상품의 시세변동이 위반행위로 인한 금융투자상품의 시세변동에 준하는 정도에 미치지 않는다고 인정되는 경우"라는 개념이 도입되었다.

자본시장법 시행령 제388조의2 및 [별표 20의2]가 도입된 배경은 수긍이 가나, 사기적 부정거래행위로 취득한 부당이득의 규모에 따라 징역형 및 벌금의 가중이 달라지는 상황에서 부당이득액은 엄격하게 산정되어야 하는데, ▲ 자본시장법 시행령 제388조의2 및 [별표 20의2]만으로 개별적인 사안에서 부당이득액을 산정하기에 충분한 기준이 마련되었다고 보기 어렵고, ▲ 특히, [별표 20의2] 중 일반기준과 관련하여 "외부요인에 의한 금융투자상품의 시세변동이 위반행위로 인한 금융투자상품의 시세변동을 완전히 상쇄하였다고 인정되는 경우," "외부요인에 의한 금융투자상품의 시세변동이 위반행위로 인한 금융투자상품의 시세변동을 초과하였다고 인정되는 경우," "외부요인에 의한 금융투자상품의 시세변동이 위반행위로 인한 금융투자상품의 시세변동에 준한다고 인정되는 경우" 및 "외부요인에 의한 금융투자상품의 시세변동이 위반행위로 인한 금융투자상품의 시세변동에 준하는 정도에 미치지 않는다고 인정되는 경우"라는 개념 자체가 판단을 요하는 것이고, 그 판단 기준도 불명확한 측면이 있다.

(2) 부당이득액 산정에 관한 판례의 기본적인 입장

부당이득은 사기적 부정거래행위로 인한 이익으로서 사기적 부정거래행위와의 인과관계가 인정되어야 하는데, 사기적 부정거래행위 외에 제3자의 개입, 증권시장의 상황, 그 밖에 주가에 중대한 영향을 미칠 수 있는 제반 요소가 다양하므로, 사기적 부정거래행위로 인한 부당이득액을 구체적으로 산정함에 있어서는 신중을 기하여야 한다.

이와 관련하여 대법원은 위반행위의 동기, 경위, 태양, 기간, 제3자의 개입 여부, 증권시장 상황 및 그 밖에 주가에 중대한 영향을 미칠 수 있는 제반 요소들을 전체적·종합적으로 고려하여 인과관계가 인정되는 이익을 산정해야 한다고 판시하였다.[126]

특히, 대법원은 주식시장에서의 정상적인 주가변동요인에 의한 주가상승분이나 위반행위자와 무관한 제3자가 야기한 주가상승분이 존재하는 등과 같은 사정이 있는 경우에는 위반행위와 인과관계가 인정되는 이익만을 따로 구분하여 산정하여야 한다고 판시하기도 하였다.[127]

그 연장선에서 법원이 피고인의 행위와 무관한 요인에 의한 주가상승분이 존재한다고 판단되는 경우 "액수 미상의 부당이득"이라고 판시하는 사례가 다수 있다.[128]

이 사건에서도 법원은 대법원 판례의 법리에 따라 피고인의 허위표시 문서이용 행위와 무관하게 A사의 주가에 영향을 미칠만한 특별한 사정(주식시장에서의 정상적인 주가변동요인에 의한 주가상승, 피고인이 甲, 丁, 戊, 己, 庚과 공모하여 허위표시 문서이용과는 별도의 범의에 기하여 행한 시세고정 또는 주가안정 목적의 주가 조작 범행에 따른 주가상승, A사 외부의 기관투자자인 辛, 任이 저지른 시세조종 행위로 인한 주가상승)이 있었다는 이유로 피고인의 부당이득액을 구체적으로 산정하지 않았다.

(3) 피고인이 차명주식의 매도 사실을 은닉함으로써 얻게 되는 부당이득의 특수성

법원은 「부당이득액 = 차명주식의 매도금액 - 차명주식의 취득가액」이라는 수식을 기초로 하되, 다만 피고인의 허위표시 문서이용 행위와 무관하게 A사의 주가에 영향을

126 대법원 2009. 7. 9. 선고 2009도1374 판결

127 대법원 2013. 7. 11. 선고 2011도15056 판결

128 서울고등법원 2018. 6. 21. 선고 2017노2969 판결, 서울고등법원 2022. 4. 29. 선고 2021노2108 판결

미칠만한 특별한 사정(주식시장에서의 정상적인 주가변동요인에 의한 주가상승, 피고인이 甲, 丁, 戊, 己, 庚과 공모하여 허위표시 문서이용과는 별도의 범의에 기하여 행한 시세고정 또는 주가안정 목적의 주가 조작 범행에 따른 주가상승, A사 외부의 기관투자자인 辛, 任이 저지른 시세조종 행위로 인한 주가상승)이 있었다는 이유로 피고인의 부당이득액을 구체적으로 산정하지 않았다.

그러나 A사의 대표이사이자 최대주주인 피고인이 일반 투자자들로 하여금 차명주식의 보유 및 매도 사실을 알지 못하게 하는 것은 A사의 주가를 부양하는 요소가 아니라 주가 하락을 저지하는 요소이고, 이때 피고인이 얻는 부당이득은 '피고인이 사기적 부정거래행위를 통하여 차명주식의 매도 사실을 은닉하였을 때의 A사 주가'와 '피고인이 정상적으로 차명주식의 매도 사실을 공시하였을 때의 A사 주가' 간의 차액이라고 봄이 타당하다. 즉, 「부당이득 = 피고인이 사기적 부정거래행위를 통하여 차명주식의 매도 사실을 은닉하였을 때의 A사 주가 - 피고인이 정상적으로 차명주식의 매도 사실을 공시하였을 때의 A사 주가」이고, 일반적인 부당이득액 산정수식인 「부당이득액 = 차명주식의 매도금액 - 차명주식의 취득가액」을 적용하는 것은 부당하다.

예컨대, 피고인이 부정거래행위를 통하여 차명주식의 매도 사실을 은닉하였을 때의 A사 주가가 10,000원이고, 피고인이 정상적으로 차명주식의 매도 사실을 공시하였을 때의 A사 주가가 8,000원이라고 가정할 때, 피고인이 얻는 부당이득은 2,000원인 셈이다.

다만, '피고인이 정상적으로 차명주식의 매도 사실을 공시하였을 때의 A사 주가'는 실증적인 개념이 아니라 관념적인 개념으로서 객관적인 증거에 의하여 입증하는 것이 불가능하므로, 그 연장선에서 사기적 부정거래행위로 인한 부당이득도 구체적으로 산정하기 어려울 것이고, 결과적으로 부당이득은 '불상'으로 귀결될 것으로 보인다.

08

팬텀엔터테인먼트그룹 사건

Ⅰ. 사건의 진행 경과

일시	행위
2005. 3.경	- 피고인 甲, 乙, 丙은 A사(골프용품 제조 등을 목적으로 하는 코스닥 상장법인)를 인수하여 피고인 甲이 운영하는 B사(음반회사) 및 피고인 乙이 운영하는 C사(비디오·DVD 유통회사)를 포괄적 주식교환의 방법으로 우회상장 시킨 다음 A사의 사업목적을 변경하여 종합적인 엔터테인먼트 회사로 운영하기로 계획함.
2005. 3. 17.	- 피고인 甲, D사(당시 A사의 최대주주)와 A사 주식 인수에 관한 양해각서(MOU) 체결함.
2005. 4. 1.	- 피고인 甲, 乙은 D사(당시 A사의 최대주주)로부터 A사 주식 1,023만 주[129](532만주 + 491만주)를 매수하는 계약을 체결함. - 그 중 경영권 확보를 위해 필요한 532만 주[130]는 피고인 丁(실질 보유자는 피고인 甲)과 피고인 乙명의로 매수함.

129 발행주식 총수의 67.30%, 총 매수대금 4,857,549,857원

130 발행주식 총수의 35% : 피고인 丁명의 319만 2천 주(21%), 피고인 乙명의 212만 8천 주(14%)

	- 그 중 주가 급등기에 매도할 계획인 491만 주[131]는 지분율을 3% 미만씩 분산하여 총 14인의 차명(실질 보유자는 피고인 甲, 乙)으로 매수함.[132] - 결국, 피고인 甲은 공식적으로 A사 주식을 보유하는 것이 아님.
2005. 4. 1.	- 피고인들은 금융감독원 전자공시시스템을 통하여 '주식 등의 대량보유상황보고서'를 제출하면서 사실은 피고인 甲, 乙이 A사 주식을 1,023만 주 매수하였고, 그 취득자금 중에는 차입금이 있음에도, 마치 피고인 丁과 피고인 乙의 이름으로 매수한 532만 주만 매수하였고, 그 취득자금이 전부 자기자금인 것처럼 기재하였음.
2005. 4. 18.	- 피고인 甲, 乙은 D사에 주식매수계약 잔금을 모두 지급하고 A사 주식 실물을 인수함.
2005. 4. 1. ~ 2005. 10. 28.	- 피고인 甲, 乙은 차명으로 매수한 위 491만 주를 모두 매도함.

II. 관련 조문

구 증권거래법 제188조의4(시세조종등 불공정거래의 금지)

④ 누구든지 유가증권의 매매 기타 거래와 관련하여 다음 각호의 1에 해당하는 행위를 하지 못한다.

2. 중요한 사항에 관하여 허위의 표시를 하거나 필요한 사실의 표시가 누락된 문서를 이용하여 타인에게 오해를 유발하게 함으로써 금전 기타 재산상의 이익을 얻고자 하는 행위

131 발행주식 총수의 32.28% : 차명 11인(실질 보유자 피고인 甲) 합계 421만 주(27.69%), 차명 3인(실질 보유자 피고인 乙) 합계 70만주(4.59%)

132 피고인들은 '5% 이상 보유 주주의 대량보유 보고의무' 및 '당해 법인의 3% 이상 주식을 소유한 대주주 및 친족 기타 특수관계인에 해당하는 경우 장내매도시 그 양도차익의 10%에 해당하는 양도소득세를 납부할 의무'를 각 회피하기 위한 목적으로 위 491만 주를 특별관계자 아닌 다른 사람의 이름으로 매수하였다.

이 사건에서 문제된 행위는 자본시장법이 시행된 2009. 2. 4. 이전에 이루어졌으므로, 이 사건은 구 증권거래법이 적용되었다.

III. 쟁점

1. 허위표시 문서이용에 관하여

이 사건에서 피고인 甲, 乙은 2005. 4. 1.경 금융감독원 전자공시시스템을 통하여 '주식등의 대량보유상황보고서'를 제출하면서, 사실은 피고인 甲, 乙이 그들의 계산으로 A사 주식 1,023만 주를 인수하였고, 또 그 취득자금 중 일부가 차입금임에도 불구하고, 보유내역에 '피고인 丁[133], 보통주 3,192,000주', '피고인 乙, 보통주 2,128,000주', 취득자금 조성내역에 '피고인 丁, 자기자금 1,515,669,516원, 차입금 0원', '피고인 乙, 자기자금 1,010,446,344원, 차입금 0원'이라고 각 기재하였다.

위 '주식등의 대량보유상황보고서'에서는 두 개의 허위가 존재하는데 첫 번째는 피고인 甲이 차명으로 주식을 인수하였음에도 그 차명분을 위 보고서에서 누락한 점(보고서 상으로는 피고인 甲의 주식취득 내역은 나오지 않고, 피고인 乙의 주식취득 내역은 2,128,000주로만 확인됨), 두 번째는 위 주식의 취득자금 일부가 차입금인데도 불구하고, 모두 자기자금으로 기재하였다는 점이다.

즉, '최대주주 또는 주요주주에 관한 사항' 및 '취득자금 조성내역'을 각 허위로 기재한 것인데, 이것이 구 증권거래법 제188조의4 제4항 제2호 <허위문서 이용 오해유발행위>의 '중요사항'에 해당하는지에 대한 검토가 요구된다.

133 이 부분 실질적 보유자는 피고인 甲이다.

한편, 위와 같은 '주식등의 대량보유상황보고서'는 다트(Dart)라는 금융감독위원회의 전자공시시스템을 통해 이루어지고, 그것이 PC 등을 통해 일반인에게 열람이 되는 구조이다. 즉, 우리가 열람할 수 있는 대량보유상황보고서는 전자화된 정보가 컴퓨터 화면을 통해 구현되는 것이다. 그런데, 구 증권거래법 제188조의4 제4항 제2호 〈허위문서 이용 오해유발행위〉에서는 '문서를 이용'하여 타인의 오해를 유발하는 행위를 규제하고 있는데, 이와 같이 전자화된 정보가 컴퓨터 화면을 통해 구현되는 것이 '문서를 이용'하는 것에 해당하는지 여부를 논의의 전제로서 살펴볼 필요가 있다.

다음으로, 피고인 甲은 차명주식의 취득 경위와 관련하여 '회사 운영자금을 마련할 목적으로 부득이하게 이름을 빌려서 주식을 인수한 것이므로 타인의 오해를 유발할 의도 등이 없었다'고 주장한바, 위 피고인들의 일련의 행위에 구 증권거래법 제188조의4 제4항 제2호 〈허위문서 이용 오해유발행위〉상 '타인에게 오해를 유발하게 함으로써 금전 기타 재산상의 이익을 얻고자 하는 의도'가 있었다고 볼 수 있는지, 나아가 본죄의 성립에 '타인에게 오해를 실제로 유발하였을 것'이 요구되는지에 대한 검토가 요구된다.

마지막으로, 검사는 항소심에 이르러 공소장변경을 통해 피고인 甲, 丁이 2005. 4. 1.자 〈허위문서 이용 오해유발행위〉에 더해 2005. 4. 18.부터 2005. 10. 28.까지 차명으로 A사의 주식을 매매하면서도 대량변동보고의무를 전혀 이행하지 않았다는 내용의 범행을 추가하였다. 이에 대해 피고인 甲은 '2005. 4. 18. 이후에 코스닥시장에서 별도로 매수한 A사 주식이나, 유상증자로 취득한 A사 주식 등을 처분한 것은 2005. 4. 1.자 대량보유보고의무 위반과는 아무런 관련이 없으므로 이 사건 사기적 부정거래에 해당하지 않는다'는 취지로 주장한바, 이 사건 사기적 부정거래에 해당하는 주식 거래의 범위에 대해 살펴볼 필요가 있다.

2. 부당이득의 산정에 관하여

피고인에게 구 증권거래법상 사기적 부정거래 혐의가 성립된다고 할 때, 피고인이 얻게 된 이득이 바로 '부당이득'이 된다. 이 사건에서 A사 주가는 피고인이 허위의 대량보유상황보고서를 제출하기 전인 2005. 3. 10.에는 300원이었으나, 대량보유보고상황보고서 제출일인 2005. 4. 1.에는 1,290원까지 상승하였고, 2005. 5.경 이후부터 이른바 한류 열풍에 힘입어 주가가 급등하기 시작하여 2005. 말경에는 15,000원대까지 상승하였다.

한편, 피고인들은 부당이득액의 산정과 관련하여 '차명주주의 주식 중에는 실제 그 주주들이 매수한 주식이 포함되어 있으므로 그 부분은 사기적 부정거래에 해당하지 않는다'거나 '코스닥시장 외에서 지인들에게 주당 1,000원에 A사 주식을 매도한 행위는 사기적 부정거래에 해당하지 않는다'는 취지로 주장하였다.

결국, 이는 구 증권거래법상 부당이득의 인과관계에 관한 논의로 이 사건에서 이루어진 법원의 판단이 타당한지, 나아가 피고인들이 얻은 양도차익 전부를 이 사건 사기적 부정거래와 인과관계 있는 이익이라고 볼 수 있는지에 대한 검토가 요구된다.

3. 추징에 관하여

이 사건에서 검사는 피고인들의 부당이득에 대하여 추징을 구형하였다. 이에 대해 사실심 법원은 구 범죄수익은닉의규제및처벌등에관한법률에 의한 몰수 또는 추징 대상인 이익은 위반행위와 직접적인 인과관계가 있는 것에 한정된다는 전제에서 불공정거래행위와 직접적인 인과관계가 있는 이익이 얼마인지를 특정할 수 있는 아무런 자료가 없다는 이유로 피고인들에 대해 추징을 선고하지 않았다. 그러나 대법원은 이와 다른 취지로 판단한바, 심급별 판단 요지와 그 타당성에 대한 검토가 요구된다.

IV. 각 쟁점에 대한 평석

1. 허위표시 문서이용에 관하여

가. '문서의 이용' 해당 여부

구 증권거래법 제188조의4 제4항 제2호 <허위문서 이용 오해유발행위>는 유가증권의 매매 기타 거래와 관련하여 "중요한 사항에 관하여 허위의 표시를 하거나 필요한 사실의 표시가 누락된 문서를 이용하여 타인에게 오해를 유발하게 함으로써 금전 기타 재산상의 이익을 얻고자 하는 행위"를 금지하고 있는바, 그 행위의 매체는 문서에 국한되고, 제2호 위반행위에 해당하기 위해서는 '문서의 이용'이라는 요건이 충족되어야 한다.[134]

앞서 언급한 바와 같이 '주식등의 대량보유상황보고서'는 종이 문서의 형태로 보고되는 것이 아니라 전자화된 정보를 전자공시시스템(Dart)에 올리는 방식으로 진행된다.

기존에 이러한 공시의무를 위한 보고는 종이 문서로 진행되다가, 금융감독위원회는 1999. 2.경 「전자문서에의한신고등에관한 규정」을 제정하고 사업연도가 1998년 12월 31일 이후에 종료되는 주권상장법인의 사업보고서 및 반기보고서 등의 일반 공시서류와 감사종료보고서에 대하여 전자공시를 시행하기로 하였다. 이는 당시 공시서류의 양적 팽창, 인터넷의 광범위한 사용으로 인해 전자공시시스템에 대한 필요성이 시급하게 요청된 데서 연유한 것이다.

이에 따라, 전자화된 정보의 형태로 신고하는 것을 종이 문서의 형태로 신고하는 것과 동일한 효력을 부여하는 법적 보강이 필요하였고, 1997. 1. 13. 구 증권거래법 제194조의2에 전자문서의 방식으로 신고서, 보고서, 기타 서류를 제출하는 경우에도 적법한 신고가 된다는 규정을 삽입하였다.

---

134 대법원 2010. 12. 9. 선고 2009도6411 판결

즉, 구 증권거래법 제194조의2에는 "이 법에 의하여 금융위원회·증권선물위원회 또는 거래소에 신고서·보고서 기타 서류 또는 자료 등을 제출하는 경우에는 대통령령이 정하는 바에 따라 전자문서의 방법에 의할 수 있다"라고 규정되어 있다.

따라서, 구 증권거래법 제194조의2가 전자문서를 문서제출의 방법 중 하나로 규정하고 있다는 점을 고려할 때, 이 사건에서 피고인이 금융위원회 전자공시시스템을 통하여 전자문서의 방식으로 대량보유상황보고서를 공시한 것 역시 '문서의 이용'에 해당한다고 봄이 타당하다.

나. '중요한 사항' 해당 여부

(1) 법원의 판단

제1심법원[135]은 피고인들이 2005. 4. 1. 제출한 '대량보유상황보고서'에 기재된 허위사실 중 '최대주주 또는 주요주주에 관한 사항' 및 '취득자금 조성내역'은 모두 일반 투자자의 투자 판단에 영향을 미칠 수 있는 사실에 해당하므로 구 증권거래법 제188조의4 제4항 제2호 소정의 '중요한 사항'에 해당한다고 판단하였고, 그 주요 논거는 다음과 같다.

> 구 증권거래법 제186조 제1항 각호의 1에 해당하는 사실은 그 취지에 비추어 볼 때 원칙적으로 제188조의4 제4항 제2호 소정의 '중요한 사항'에 해당한다 할 것인바, 제186조 제1항 각호의 1에 해당하는 사실로서 같은 조항 제13호[136]는 "법인의 경영·재산 등에 관하여 중대한 영향을 미칠 사항으로서 대통령령이 정하는 사실이 발생한 때"를 규정하고 있고, 이에 따른 구 증권거래법 시행령(2008. 7. 29. 대통령령 제20947호로 공포되어 2009. 2. 4. 시행된 자본시장과 금융투자업에 관한

135 서울중앙지방법원 2007. 12. 21. 선고 2007고합569, 831(병합), 1263(병합) 판결

136 구 증권거래법 제186조(상장법인 등의 신고·공시의무등) ① 상장법인 또는 협회등록법인은 다음 각호의 1에 해당하는 경우에는 그 사실 또는 이사회의 결의내용을 대통령령이 정하는 바에 따라 지체없이 금융감독위원회와 증권거래소 또는 협회에 신고하여야 한다.
    13. 제1호 내지 제12호 외에 법인의 경영·재산 등에 관하여 중대한 영향을 미칠 사항으로서 대통령령이 정하는 사실이 발생한 때

법률 시행령 부칙 제2조로 폐지되기 전의 것, 이하 같다) 제83조 제3항은 위 대통령령이 정하는 사실의 하나로 같은 조항 제1호[137]에서 "최대주주, 주요주주 또는 계열회사의 변동이 있은 때"를 규정하고 있으므로, 피고인 甲, 乙이 2005. 4. 1. 제출한 대량보유보고서에 기재된 판시 허위사실은 A사의 최대주주에 관한 사항으로서 A사의 경영에 관하여 중대한 영향을 미치거나 A사의 기업환경에 중대한 변경을 초래할 수 있는 사실로서 일반 투자자의 투자판단에 영향을 미칠 수 있는 사실에 해당한다고 할 것이어서 원칙으로 법 제188조의4 제4항 제2호 소정의 '중요한 사항'에 해당한다고 할 것이다(대법원 2003. 11. 14. 선고 2003도686 판결 참조).

피고인 甲, 乙은 취득목적을 '경영참여'로 공시한 점, '경영참여'로 취득목적을 공시한 사람들의 취득자금이 자기자금인지 차입금인지 여부는 그 공시 등의 진정성, 추가 주식 취득의 가능성, 경영권 분쟁의 발생이나 M & A의 성공 가능성과 그 후의 투자 적정성 등을 판단하는 기본적이고 중요한 자료가 되는 점, 피고인 甲, 乙이 2005. 4. 1.경 주식 대량보유상황 보고를 할 당시 시행되던 증권거래법 시행령은 제86조의4 제1항 제7호에서 주식 취득에 필요한 자금의 조성내역(차입의 경우 차입처 포함)을 주식 대량보유보고서에 기재할 사항으로 명시하고 있는 점 등에 비추어, 이 사건 주식 대량보유보고서 중 취득자금 조성내역은 그 취득목적과 함께 A사의 경영에 중대한 영향을 미치거나 기업환경에 중대한 변경을 초래할 수 있는 사항 또는 유가증권의 공정거래와 투자자 보호를 위하여 필요한 사항으로서 일반투자자의 투자판단에 영향을 미칠 수 있는 사실에 해당한다고 할 것이어서 위 '중요한 사항'에 해당한다고 볼 것이다(위 대법원 2006. 2. 9. 선고 2005도8652 판결 참조).

이에 대하여 항소심 법원[138]과 대법원[139]도 동일한 취지로 판단하였다.

---

137 구 증권거래법 시행령 제83조(상장법인 등의 신고등) ③ 법 제186조 제1항 제13호에서 "대통령령이 정하는 사실이 발생한 때"라 함은 다음 각호의 1에 해당하는 때를 말한다.

1. 최대주주, 주요주주 또는 계열회사의 변동이 있은 때

138 서울고등법원 2008. 6. 4. 선고 2008노145 판결

139 대법원 2011. 7. 28. 선고 2008도5399 판결

(2) 평석

구 증권거래법 제188조의4 제4항 제2호 <허위문서 이용 오해유발행위>는 “중요한 사항에 관하여 허위의 표시를 하거나 필요한 사실의 표시가 누락된 문서를 이용하여 타인에게 오해를 유발하게 함으로써 금전 기타 재산상의 이익을 얻고자 하는 행위”를 금지하였는데, 현행 자본시장법 제178조 제1항 제2호는 “중요한 사항에 관하여 거짓의 기재 또는 표시를 하거나 타인에게 오해를 유발시키지 아니하기 위하여 필요한 주요사항의 기재 또는 표시가 누락된 문서, 그 밖의 기재 또는 표시를 사용하여 금전, 그 밖의 재산상의 이익을 얻고자 하는 행위”를 금지함으로써 법조문이 다소 변경되었다.

먼저 ‘주식등의 대량보유상황보고서’에서 허위라고 지적되는 부분 중 차명 주식취득 부분을 누락한 부분과 관련하여 살펴본다.

구 증권거래법 제188조의4 제4항 제2호에는 ‘중요한 사항’이 무엇인지에 대하여 정의되어 있지 않으나, 대법원은 ‘중요한 사항’이 당해 법인의 재산·경영에 관하여 중대한 영향을 미치거나 유가증권의 공정거래와 투자자 보호를 위하여 필요한 사항으로서 투자자의 투자판단에 영향을 미칠 수 있는 사항을 의미한다고 정의하였다. 이와 관련하여, 대법원은 ‘임원·주요주주 소유주식 보고서’를 제출하면서 임직원 명의로 보유하고 있던 차명주식의 소유현황을 기재하지 않은 것이 문제된 사안에서 차명주식 보유 및 매도 여부는 투자자의 투자판단에 영향을 미칠 수 있는 ‘중요한 사항’에 해당한다고 판시한 바 있다.[140]

이 사건의 판결 및 다른 판례들은 일반적으로 위에서 본 바와 같이 ‘주식등의 대량보유상황보고서’에 차명 보유분을 누락한 것이 사기적 부정거래 행위가 된다는 취지로 판시하고 있다.

---

140 대법원 2009. 7. 9. 선고 2009도1374 판결

'주식등의 대량보유상황보고서'에 차명주식의 소유 현황을 누락한 것이 허위표시 문서의 '이용'에 해당하여 사기적 부정거래 행위가 성립하는지와 관련하여 ① 최초 차명주식의 소유 현황을 누락한 채 공시하는 것[제1행위], ② 그 이후 차명주식을 처분하고서도 그 처분 내역을 공시하지 않는 것[제2행위]으로 구분하여 검토할 필요가 있다.

이와 관련한 자세한 논의는 <7번_포괄적 주식교환 사건>에서 본 바와 같고, 그 논의를 정리하면 다음과 같다.

	차명주식의 소유현황을 누락한 채 공시하는 것[제1행위]	그 이후 차명주식을 처분하고서도 그 처분내역을 공시하지 않는 것 [제2행위]
허위표시 문서의 '이용'에의 해당 여부	애초부터 차명주식의 처분을 통하여 시세차익을 얻을 목적이 있었던 경우 : 해당	해당
	그렇지 않은 경우 : 제외	

결국, 이 사건에서 피고인들이 2005. 4. 1.경 제출한 '주식등의 대량보유상황보고서'에서 차명주식의 소유 현황 부분이 허위일지라도, 이를 사기적 부정거래 행위로 평가하기 위해서는 그 행위의 목적을 우선하여 살펴보아야 한다. 한편, 그 이후 차명 보유분을 처분했음에도 불구하고 이를 누락한 채 피고인들이 명의상 보유하고 있는 주식 보유분만 '주식등의 대량보유상황보고서'에 기재하여 신고했다면, 이는 사기적 부정거래 행위가 될 수 있다고 할 것이다.

다음으로 '주식등의 대량보유상황보고서'에서 허위라고 지적되는 부분 중 주식취득자원에 대한 설명을 허위로 한 점에 관하여 살펴본다.

상장사에서 대주주 혹은 주요주주의 경우 그 주식취득자금이 자기가 보유한 자금인지, 타인으로부터 빌린 자금인지 여부는 시장에서 중요하게 여기는 정보이다. 왜냐하면 대주주 혹은 주요주주가 상장사의 주식을 취득하면서 타인으로부터 자금을 빌려 주식을 매수했다면 그 자금의 변제 이슈가 발생하고, 변제를 위해 취득한 주식을 조만간 다시 처분할 수 있다는 가능성이 있기 때문이다. 특히, 과거 주가조작 세력들은 사채업자로부터 자금을 빌려 주식을 매입하면서 그 주식을 담보로 제공하는 사례가 많았고, 그 담보된 주식들은 일정한 주가를 유지하지 못하면 반대매매 처분되는 수가 많아 일반 투자자들이 예상치 못한 손해를 입은 경우가 많았다.

그러한 점에서 '주식등의 대량보유상황보고서'에서 주식취득 자금원에 대한 제대로 된 신고 여부는 일반 투자자들의 투자판단에 있어 매우 중요한 요소이다. 따라서 이 사건에서 피고인 甲, 乙은 총 1,023만 주의 A사 주식을 매수하였고, 그 자금의 많은 부분이 실제로는 피고인 甲, 丙이 차입해온 자금 등에서 나왔음에도 이를 숨기고 차입금이 전혀 없이 자기자금만으로 매수한 것처럼 '주식 등의 대량보유상황 보고서'를 제출한 것은 명백히 허위의 표시에 해당한다고 할 것이고, 만약 이러한 사실이 일반 투자자들에게 알려질 경우 일반 투자자의 투자의욕이 떨어지게 되어 A사의 주가에 부정적인 영향을 미칠 수밖에 없으므로 법원이 이를 투자자의 투자판단에 영향을 미칠 수 있는 '중요한 사항'에 해당한다고 판단[141]한 것은 일응 타당한 것으로 보인다.

다. '타인에게 오해를 유발하게 함으로써 금전 기타 재산상의 이익을 얻고자 하는 의도' 존부

(1) 법원의 판단

법원은 『구 증권거래법 제188조의4 제4항 제2호 소정의 '타인에게 오해를 유발하게 함으로써 금전 기타 재산상의 이익을 얻고자 하는 목적'은 다른 목적과의 공존 여부나 어

141 한편, 검사는 피고인 甲이 2005. 5. 8. 주식교환신고를 하면서 대표이사 가지급금 16억 원을 은폐한 B사의 허위의 재무제표를 제출한 것도 중요한 사항에 관하여 허위의 표시를 한 경우에 해당한다고 주장했으나, 이에 대해 제1심법원은 (A사의)완전자회사가 되는 B사에 실제로 그 정도의 대표이사 가지급금이 있다는 것이 2004. 말 기준으로 자산총액이 224억여 원인 A사에 대한 일반 투자자의 투자판단에 영향을 미칠 수 있는 사실에 해당한다고 단정하기는 어렵다고 판단하였다.

느 목적이 주된 것인지는 문제되지 아니하고, 그 목적에 대한 인식의 정도는 적극적 의욕이나 확정적 인식임을 요하지 아니하고 미필적 인식이 있으면 족하며, 타인에게 오해를 실제로 유발하였는지 여부나 타인에게 손해가 발생하였는지 여부 등도 문제가 되지 아니한다.[142]』고 판시하였다.

그러면서, 위 법리에 비추어 이 사건의 경우 적어도 피고인 甲, 乙에게는 발행 주식 총수의 약 67.28%를 보유한 대주주가 그 절반 가까이에 이르는 약 32.30%의 주식을 단기간에 장내에서 처분하고 있다는 사실을 일반투자자들이 알지 못하게 함으로써 A사의 주가 급등기에 주가에 충격을 주지 않으면서 차익을 실현하고자 하는 의도가 있었다고 봄이 상당하다고 판단하였는데, 그 주요 논거는 다음과 같다.

① 피고인 甲, 乙은 A사의 주식을 인수할 당시부터 개인적인 채무를 변제하는 등에 사용하기 위하여 A사의 경영권을 유지하는 데 필요한 정도의 지분만 유지하고 나머지를 엔터테인먼트 테마로 인한 A사의 주가 급등기에 매도하여 차익을 실현할 계획이었고, 이를 위해 위와 같이 총 14인의 차명을 동원하여 주식을 인수하였다.

② A사의 주가는 위 대량보유보고 전인 2005. 3. 10. 300원이었으나, 대량보유보고일인 2005. 4. 1. 1,290원까지 상승하였고, 2005. 5. 이후에는 이른바 한류 열풍에 힘입어 코스닥시장에서 엔터테인먼트가 테마를 이룸에 따라 종합 엔터테인먼트 회사를 표방하는 A사의 주가가 급등하기 시작하여 2005. 말경에는 15,000원대까지 상승하였다.

③ 피고인 甲, 乙은 A사의 주가가 급등하고 있던 때인 2005. 4. 18.부터 2005. 10. 28.까지 실제로 위와 같이 차명으로 인수한 주식 전부를 매도하여 피고인 甲은 180억여 원, 피고인 乙은 34억여 원의 막대한 시세차익을 얻었다.

④ 만일 피고인 甲, 乙이 사실대로 대량보유 및 그 변동상황을 보고하였다면, 발행주식 총수의 67.30%를 보유한 최대주주가 그 절반에 이르는 발행주식 총수의 32.28%를 장내에서 단기간에

142 대법원 2003. 12. 12. 선고 2001도606 판결

매도하고 있는 사실이 증권시장에 그대로 알려졌을 것이고, 이 경우 일반 투자자는 A사의 경영권을 이제 막 인수한 피고인 甲, 乙이 진정으로 A사를 종합 엔터테인먼트 회사로 키우려는 것이 아니라 A사의 주가를 올린 뒤 보유주식을 매도하고 떠나는 속칭 '먹튀'를 하려는 것으로 의구심을 갖게 되어 추격매수를 자제하였을 것으로 보이고, 그렇다면 A사의 주가가 위와 같이 급등하지는 않았을 것이다.

(2) 평석

구 증권거래법(1997. 1. 13. 법률 제5254호로 개정되기 전의 것) 제188조의4 제4항 제2호 〈허위문서 이용 오해유발행위〉는 '중요한 사항에 관하여 허위의 표시를 하거나 필요한 사실의 표시가 누락된 문서를 이용하여 타인에게 오해를 유발하게 함으로써 금전 기타 재산상의 이익을 취득하는 것'이라는 결과범 형식으로 규정되어 있었는데, 1997. 1. 13. 법률 제5254호로 구 증권거래법이 개정되면서 '중요한 사항에 관하여 허위의 표시를 하거나 필요한 사실의 표시가 누락된 문서를 이용하여 타인에게 오해를 유발하게 함으로써 금전 기타 재산상의 이익을 얻고자 하는 행위'라는 목적범 형식으로 변경되었다. 개정 이유 중에는 "투자자 보호를 강화하기 위하여 시세조작행위와 내부자거래에 대한 처벌을 강화함"이라는 내용이 기재되어 있다.

이와 관련하여 대법원은 『문언의 해석상 '타인에게 오해를 유발하게 함으로써 금전 기타 재산상의 이익을 얻기 위하여' 중요한 사항에 관한 허위·부실표시 문서를 이용한 이상 그로써 바로 구 증권거래법 제188조의4 제4항 제2호 〈허위문서 이용 오해유발행위〉가 성립하는 것이고, 문서 이용행위로 인하여 실제 '타인에게 오해를 유발'하거나 '금전 기타 재산상의 이익을 얻을 것'을 요하지 않으므로, 허위·부실표시 문서 이용행위와 타인의 오해 사이의 인과관계 여부는 위 죄의 성립에 아무런 영향을 미치지 않는다』고 판시하였다.[143] 이는 이 사건 상고심에서도 마찬가지로 인용된 판결 중 하나이다.

---

143 대법원 2006. 4. 14. 선고 2003도6759 판결

참고판례 - 대법원 2006. 4. 14. 선고 2003도6759 판결

구 증권거래법(2004. 1. 29. 법률 제7114호로 개정되기 전의 것) 제188조의4 제4항 제2호는 원래 "중요한 사항에 관하여 허위의 표시를 하거나 필요한 사실의 표시가 누락된 문서를 이용하여 타인에게 오해를 유발하게 함으로써 금전 기타 재산상의 이익을 취득하는 것"이라는 결과범 형식으로 규정되어 있던 것을 1997. 1. 13. 개정(법률 제5254호) 시 "중요한 사항에 관하여 허위의 표시를 하거나 필요한 사실의 표시가 누락된 문서를 이용하여 타인에게 오해를 유발하게 함으로써 금전 기타 재산상의 이익을 얻고자 하는 행위"라는 목적범 형식으로 바꾼 것인바, 그 문언의 해석상 일단 '타인에게 오해를 유발하게 함으로써 금전 기타 재산상의 이익을 얻기 위하여' 중요한 사항에 관한 허위·부실표시 문서를 이용한 이상 그로써 바로 위 조항 위반죄가 성립하는 것이고, 문서 이용행위로 인하여 실제 '타인에게 오해를 유발'하거나 '금전 기타 재산상의 이익을 얻을 것'을 요하지 않으므로, 허위·부실표시 문서 이용행위와 타인의 오해 사이의 인과관계 여부는 위 죄의 성립에 아무런 영향을 미치지 않는다.

이 사건에서 피고인들은 '차명으로 주식을 매수한 사실이 있다고 하더라도 이는 대주주가 취득한 주식은 보호예수에 걸려 한동안 매각하지 못한다는 이야기를 듣고 회사 운영자금을 마련하기 위하여 그렇게 한 것일 뿐, 타인에게 오해를 유발하게 함으로써 금전 기타 재산상의 이익을 얻고자 하는 의도는 전혀 없었다'는 취지로 주장한 것으로 보인다.

그러나 앞서 살펴본 바와 같이, ▲ 피고인들은 애초에 A사의 주식을 인수할 당시부터 경영권 유지에 필요한 지분을 제외한 나머지를 매도하여 차익을 실현할 계획이었던 점, ▲ 이와 같은 의욕 하에 총 14인의 차명을 동원하여 주식을 인수하였음에도 불구하고 허위의 대량보유보고서를 제출하였던 점, ▲ 나아가 구 증권거래법 제188조의4 제4항 제2호의 문언, 개정 전후의 문언 차이, 개정 취지와 이유 등에 비추어 허위의 문서 이용행위를 감행한 이상 실제 타인의 오해를 유발하였는지에 구애받지 않고 동 조항 위반죄가 성립한다고 보는 것이 합당하다고 보이는 점 등을 고려할 때 이 사건에서 법원이 피고인의 위 주장을 배척한 것은 타당하다고 본다.

라. 2005. 4. 1.자 대량보유보고의무 위반과는 별도의 사기적 부정거래 행위 성립 여부

(1) 전제사실

검사는 항소심에 이르러 공소장변경을 통해 피고인 甲, 丁이 2005. 4. 1.자 허위표시 문서 이용행위에 더해 2005. 4. 18.부터 2005. 10. 28.까지 차명으로 A사의 주식을 매매하면서도 대량변동보고의무를 전혀 이행하지 않았다는 내용의 범행을 추가하였다.

즉, 이 사건에서는 2005. 4. 1.에 이루어졌던 사기적 부정거래 행위(즉, <허위문서 이용 오해유발행위>) 이후 피고인 甲이 차명 11인 중 일부인 6인[144]의 명의로 주식을 취득하고 매각한 내역이 존재하였다. 검사는 이를 부당이득으로 포함하기 위해 피고인 甲이 2005. 4. 18. 이후 취득한 주식에 대해서 공시하지 않은 행위, 소위 '미신고' 행위도 구 증권거래법 상 사기적 부정거래 행위에 해당한다고 보아 공소장변경을 감행한 것이다.

이에 대해 피고인 甲은 '2005. 4. 18. 이후에 코스닥시장에서 별도로 매수한 A사 주식이나, 유상증자로 취득한 A사 주식 등을 처분한 것은 2005. 4. 1.자 대량보유보고의무 위반과는 아무런 관련이 없으므로 이 사건 사기적 부정거래에 해당하지 않는다'는 취지로 주장한 바, 사기적 부정거래가 성립한다고 본 2005. 4. 1.자 '누락공시'와는 별도로 2005. 4. 18. 이후 취득한 주식의 '미신고'행위 또한 사기적 부정거래행위로 포섭할 수 있는지가 문제된다.

144 판결문 기재상 5인이나, 설시 내용 전체를 고려할 때 피고인 甲의 모친 부분도 포함되는 것으로 보인다.

(2) 법원의 판단

항소심 법원은『피고인 甲이 2005. 4. 18.부터 2005. 10. 28.까지 공소외 1, 2, 3, 4, 5의 이름을 빌려서 유상증자에 참여하거나 코스닥시장에서 매수하는 방법으로 취득한 A사의 주식을 보유하다가 코스닥시장에서 다시 매도하였음에도 이에 대한 주식 대량변동 보고 의무를 전혀 이행하지 아니한 행위는 비록 증권거래법 제200조의2 제1항[145]에서 정하고 있는 주식 변동상황에 대한 보고의무 위반행위에는 해당된다고 할 수는 있지만, 피고인 甲이 위와 같은 취득, 처분행위에 관하여 허위의 표시를 하여 타인에게 오해를 유발시켰다고 할 수 없고, 필요한 사실의 표시가 누락된 문서를 이용하여 타인에게 오해를 유발시켰다고도 할 수도 없으므로, 결국 피고인 甲이 증권거래법 제188조의4 제4항 제2호에서 금지하고 있는 행위를 하였다고 할 수 없다』고 판단하였다.

이 부분에 관하여 검사는 따로 상고하지 않은 것으로 보이고[146], 다만 이후 파기환송심의 판단에서는 위 판단이 동일하게 유지되었다.

(3) 평석

앞서 본 쟁점의 서두에서 논의의 전제로 살펴본 바와 같이, 구 증권거래법 제188조의4 제4항 제2호는 유가증권의 매매 기타 거래와 관련하여 "중요한 사항에 관하여 허위의 표시를 하거나 필요한 사실의 표시가 누락된 문서를 이용하여 타인에게 오해를 유발하게 함으로써 금전 기타 재산상의 이익을 얻고자 하는 행위"를 금지하고 있는바, 그 행

145 구 증권거래법 제200조의2 (주식의 대량보유등의 보고) ① 주권상장법인 또는 코스닥상장법인의 주식등을 대량보유(본인과 그 특별관계자가 보유하게 되는 주식 등의 수의 합계가 당해 주식 등의 총수의 100분의 5 이상인 경우를 말한다)하게 된 자(대통령령이 정하는 자를 제외한다)는 그날부터 5일(대통령령이 정하는 날은 산입하지 아니한다. 이하 이 항, 제4항 및 제200조의3제2항에서 같다) 이내에 그 보유상황과 보유목적(발행인의 경영권에 영향을 주기 위한 목적 여부를 말한다)을 대통령령이 정하는 바에 따라 금융감독위원회와 거래소에 보고하여야 하며, 그 보유주식비율이 당해 법인의 주식등의 총수의 100분의 1의 비율 이상 변동된 경우(대통령령이 정하는 경우를 제외한다)에는 그 변동이 있은 날부터 5일 이내에 그 변동내용을 대통령령이 정하는 바에 따라 금융감독위원회와 거래소에 보고하여야 한다.

146 환송판결인 대법원에서는 이 부분에 대한 판단이 별도로 없는바, 검사의 상고가 없었던 것으로 보인다.

위의 매체는 문서에 국한되고, 제2호 위반행위에 해당하기 위해서는 '문서의 이용'이라는 요건이 충족되어야 한다.[147]

그런데 검사가 추가한 공소사실 기재 내용은 '문서의 이용'에 관한 것이라 할 수 없으므로 구 증권거래법 제188조의4 제4항 제2호 〈허위문서 이용 오해유발행위〉로는 의율할 수 없는바, 항소심 법원의 입장이 타당하다.

다만, 법원이 지적하고 있는 바와 같이, 피고인 甲이 2005. 4. 18.부터 2005. 10. 28.까지 공소외 1, 2, 3, 4, 5의 이름을 빌려서 유상증자에 참여하거나 코스닥시장에서 매수하는 방법으로 취득한 A사의 주식을 보유하다가 코스닥시장에서 다시 매도하였음에도 이에 대한 주식 대량변동 보고 의무를 전혀 이행하지 아니한 행위는 '주식 변동상황에 대한 보고의무 위반'에 해당하는바, 이는 구 증권거래법상 처벌규정(법 제210조 제5호의2, 제200조의2 제1항)으로 처벌이 가능할 것이다.

2. 부당이득의 산정에 관하여

가. 전제사실

이 사건에서 피고인 甲은 2005. 4. 1.경 차명주주 11인 명의로 A사 주식을 매수하는 계약을 체결하였고, 위 날을 전후하여 자신이 매수한 주식 중 일부를 차명주주들에게 실제로 매각하였다. 즉, 2005. 4. 18.경 잔금을 모두 지급하고 실물로 주권을 교부받기 이전에 주식의 일부 매각이 있었던 것이다.

한편, 앞서 본 바와 같이, 이 사건 사기적 부정거래는 피고인 甲이 대량보유상황 보고기준일인 2005. 4. 1.경 '주식등의 대량보유상황보고서'를 허위로 제출했다는 것인데, 그렇다면 2005. 4. 1.을 기준으로 볼 때 위 매각된 주식의 보유자로서 보유상황을 보고할

147 대법원 2010. 12. 9. 선고 2009도6411 판결

의무를 부담하고 있던 자를 누구로 볼 것인지가 문제된다. 만약, 2005. 4. 1.을 기준으로 볼 때 피고인 甲으로부터 A사 주식 일부를 매수한 차명주주 등을 당해 주식의 보유자로 본다면, 차명주주 등이 자신들이 실제로 보유하고 있던 주식을 매도한 부분은 피고인 甲의 부당이득 산정에서 제외되어야 하기 때문이다.

이와 관련하여, 상법은 제336조 제1항에서 "주권발행 후의 주식의 양도에 있어서는 주권을 교부하여야 효력이 발생하는 것"으로 규정하고 있고, 구 증권거래법 제21조 제1항은 "'보유'는 소유 기타 이에 준하는 경우로서 대통령령이 정하는 경우를 포함한다"고 규정하고 있으며, 이에 관한 구 증권거래법 시행령 제10조의4는 "같은 법 제21조 제1항에서 '소유 기타 이에 준하는 경우로서 대통령령이 정하는 경우'라 함은 다음 각 호의 1에 해당하는 경우를 말한다"고 규정하면서 "제1호에서 '누구의 명의로든지 자기의 계산으로 주식 등을 소유하는 경우', 제2호에서 '법률의 규정 또는 매매 기타 계약에 의하여 주식 등의 인도청구권을 갖는 경우' "등을 각 열거하고 있다.

제1심법원은 피고인들이 이 사건 사기적 부정거래, 즉 '2005. 4. 1.자 허위표시 문서 이용행위'를 통해 얻은 이익 모두를 실현이익으로 보고, 이에 따라 피고인 甲이 이 사건 위반행위로 얻은 이익을 산정하였는데, 여기에는 피고인 甲이 2005. 4. 1.경 취득한 A사 주식 중 일부를 차명주주 등에게 실제로 매각한 부분은 물론, 앞서 살펴본 바와 같이 피고인 甲이 2005. 4. 18. 이후 주식을 취득하고 매각한 부분(이른바 '미신고'행위)의 처분이익이 모두 포함된 것으로 보인다.

이에, 피고인 甲은 항소심에 이르러 부당이득액 산정의 전제로서 이 사건 사기적 부정거래에 해당하는 주식 거래의 범위[148]에 대하여 문제를 제기하였는데, 요지는 ❶ 차명

148 한편, 피고인 甲은 항소이유에서 다음의 ❶, ❷ 주장 외에도 '2005. 4. 18. 이후에 코스닥시장에서 별도로 매수한 A사 주식이나, 유상증자로 취득한 A사 주식 등을 처분한 것은 2005. 4. 1.자 대량보유보고의무 위반과는 아무런 관련이 없으므로 이 사건 사기적 부정거래에 해당하지 않는다'는 주장도 함께하였는데, 앞서 살펴본 바와 같이 항소심 법원이 이를 사기적 부정거래행위로 의율할 수 없다고 보아 결과적으로 부당이득액 산정에 영향이 있었던 것은 맞으나, 이는 논리 전개의 과정상 부당이득액 관련 쟁점이라기보다는 구 증권거래법 제188조의4 제4항

주주의 주식 중에는 실제 그 주주들이 매수한 주식이 포함되어 있으므로 그 부분은 사기적 부정거래에 해당하지 않는다는 것, ❷ 코스닥시장 외에서 지인들에게 주당 1,000원에 A사 주식을 매도한 행위는 사기적 부정거래에 해당하지 아니한다는 것이다.

즉, 사기적 부정거래행위에 해당하지 않는다면 애초부터 이를 기초로 부당이득액을 산정하는 것은 위법하다는 취지인데, 먼저 ❶ 쟁점은 서두에서 언급한 바와 같이, 허위표시 문서 이용행위가 있었던 2005. 4. 1.을 기준으로 볼 때 피고인 甲이 차명으로 매수한 A사 주식의 보유 주체는 누구이며, 이에 따라 대량보유보고의무를 부담하는 자가 누구인지를 특정하는 문제라 할 것이고, 다음으로 ❷ 쟁점은 피고인 甲이 장외거래로 얻은 양도차익을 이 사건 사기적 부정거래와 인과관계 있는 이익으로 볼 수 있는지에 대한 문제라고 할 것이다.

위 두 가지 쟁점에 관하여 항소심 법원과 대법원은 각기 다른 판단을 하였고, 그에 따라 파기환송심, 재상고심까지 그 판단이 이어지는바, 각 심급별 판단 요지와 타당성에 대해 살펴볼 필요가 있다. 나아가, 종국적으로 피고인들이 얻은 양도차익 전부를 이 사건 사기적 부정거래와 인과관계 있는 이익이라고 볼 수 있는지에 대한 검토 역시 요구된다.

나. 위 ❶쟁점에 관한 법원의 판단

(1) 항소심 법원의 판단

환송 전 항소심 법원은『피고인 甲이 타인의 이름을 빌려 매수한 주식 중에 차명 주주나 피고인 甲이 아닌 다른 사람이 실제로 보유하였던 주식이 일부 있었는지 여부에 관하여 보건대, 그 중 일부는 피고인 甲과 차명주주들 사이의 금전거래 내역 등 관련 증거

제2호를 적용할 수 있는지의 문제로 보는 것이 보다 자연스럽다고 보인다. 따라서 이 부분은 부당이득액 관련 쟁점으로 포함시키지 않고, 미리 위 Ⅳ. 1. 라.항에서 별도의 쟁점(2005. 4. 1.자 대량보유보고의무 위반과는 별도의 사기적 부정거래 성립 여부)으로 다루었다는 점을 말씀드린다.

를 종합하여 볼 때, 피고인 甲이 D사로부터 A사 주식을 매수한 직후에 각기 그들의 지분으로 인정이 되었던 것으로 보이므로(정확히는 피고인 甲이 2005. 4. 1. 매수한 위 각 주식들은 일단 피고인 甲에게 귀속되었다가 그날 바로 그들에게 양도된 것으로 보아야 할 것이므로), 피고인 甲이 금융감독위원회의 전자공시시스템을 통하여 '주식 등의 대량보유상황 보고서'를 제출한 2005. 4. 1.경을 기준으로 보면, 위 각 주식들은 이미 실소유자에게 이전되어 피고인 甲이 보유하고 있던 주식에는 포함되지 아니하고, 따라서 이 부분에 관하여는 위 '주식 등의 대량보유상황 보고서'가 허위라고 할 수 없으므로, 그 실소유자들이 사후에 자신들이 보유하고 있던 주식을 코스닥시장에서 처분하여 얻은 이익은 피고인 甲이 사기적 부정거래행위로 인하여 얻게 된 이득의 범위에서는 제외됨이 마땅하다』고 판단하였다.

(2) 대법원의 판단

환송판결인 대법원은『피고인 甲이 공소외 1 강OO 등에게 매도하였으나 주권을 교부하지 않고 있어서 보유자로서 보유상황을 보고할 의무를 부담하고 있던 위 각 주식들을 보유 주식에 포함되지 아니한 채 작성한 위 '주식 등의 대량보유상황 보고서'를 제출하는 행위는 허위·부실 문서 이용행위에 해당한다』고 판시하면서 원심(항소심)을 파기환송하였고, 이에 따라 파기환송심[149]과 재상고심[150] 또한 동일한 취지로 판단하였다. 구체적인 논거는 다음과 같다.

증권거래법 제200조의2 제1항은 주권상장법인 또는 코스닥상장법인의 주식 등을 대량보유(본인과 그 특별관계자가 보유하게 되는 주식 등의 수의 합계가 당해 주식 등의 총수의 100분의 5 이상인 경우를 말한다)하게 된 자는 그 날부터 5일 이내에 그 보유상황을 대통령령이 정하는 바에 따라 금융감독위원회와 거래소에 보고하여야 하며, 그 보유주식비율이 당해 법인의

149 서울고등법원 2011. 11. 24. 선고 2011노2110 판결

150 대법원 2012. 5. 9. 선고 2011도17429 판결

주식 등의 총수의 100분의 1의 비율 이상 변동된 경우에는 그 변동이 있은 날부터 5일 이내에 그 변동내용을 대통령령이 정하는 바에 따라 금융감독위원회와 거래소에 보고하여야 한다고 규정하고 있으며, 같은 법 제21조 제1항에서 '보유'는 소유 기타 이에 준하는 경우로서 대통령령이 정하는 경우를 포함한다고 규정하고 있고, 이에 관한 구 증권거래법 시행령(2008. 7. 29. 대통령령 제20947호 자본시장과 금융투자업에 관한 법률 시행령 부칙 제2조로 폐지. 이하 같다) 제10조의4는 같은 법 제21조 제1항에서 '소유 기타 이에 준하는 경우로서 대통령령이 정하는 경우'라 함은 다음 각 호의 1에 해당하는 경우를 말한다고 규정하면서 제1호에서 '누구의 명의로든지 자기의 계산으로 주식 등을 소유하는 경우', 제2호에서 '법률의 규정 또는 매매 기타 계약에 의하여 주식 등의 인도청구권을 갖는 경우' 등을 각 열거하고 있다. 여기서 위 제2호는 아직 주식 등을 소유하고 있지 않으나 법률의 규정 또는 매매 기타 계약에 기하여 매수인 등으로서 해당 주식 등의 인도청구권이 발생한 경우를 의미하고, 매수인의 경우에는 매매계약이 체결되어 매수인으로서의 지위를 취득하는 때에 해당 주식 등의 보유자가 된다.

피고인 甲은 2005. 3. 17. D사와 A사 주식 인수에 관한 양해각서를 체결하고, 2005. 4. 1. D사로부터 피고인 丁 외 차명주주 11인 명의로 A사 주식 740만 2,000주를 1주당 약 475원에 매수하는 계약을 체결한 사실, 피고인 甲은 2005. 4. 18. D사에 잔금을 모두 지급하고 위 740만 2,000주를 표창하는 주권을 교부받은 사실, 피고인 甲은 위 주식매수계약이 체결된 2005. 4. 1.을 전후하여 공소외 1 강OO을 비롯한 지인들에게 자신이 매수한 A사 주식 중 일부를 1주당 1,000원에 장외매도한 사실 등을 알 수 있다.

주권발행 후의 주식의 양도에 있어서는 주권을 교부하여야 효력이 발생하는 것이므로(상법 제336조 제1항), 위 사실관계에 의하면 피고인 甲은 자신이 차명으로 매수한 A사 주식 740만 2,000주의 소유권을 D사로부터 위 주권을 교부받은 2005. 4. 18. 취득하였고, 피고인 甲으로부터 다시 A사 주식 일부를 각 매수한 공소외 1 강OO 등은 각 해당 주권을 피고인 甲으로부터 교부받은 날에 그 소유권을 취득하였다고 할 것인데 그 소유권취득일은 피고인 甲이 주권을 교부받은 2005. 4. 18. 이후가 될 수밖에 없다. 그렇다면 피고인 甲은 장외에서 주식을 취득하는 경우의 대량보유상황 보고기준일이 되는 계약체결일(구 증권거래법 시행령 제86조의4 제2항 제4호)인 2005. 4. 1.을 기준으로 매도인인 D사에 대하여 자신이 매수한 A사

주식 740만 2,000주 전부에 관하여 주권의 인도청구권을 가지고 있었으므로 구 증권거래법 시행령 제10조의4 제2호에 따라 위 740만 2,000주 전부에 관하여 보유자로서 그 보유상황을 보고할 의무가 있다고 할 것이다.

다. 위 ❷ 쟁점에 관한 법원의 판단

(1) 항소심 법원의 판단

환송 전 항소심 법원은『피고인 甲이 자신이 차명으로 매수한 A사 주식을 장외시장에서 지인들에게 주당 1,000원에 매도한 부분은 직접 거래한 당사자들의 입장에서는 매도인이 피고인 甲이라는 사실도 알고 있었고, 장내 주식 가격에 비하여는 훨씬 싼 가격에 매도한 것이므로 사기적 부정거래에 해당하지 않는다고 생각할 여지가 있으나, 증권거래법상 사기적 부정거래 행위를 금지하고 있는 입법취지는 개별적인 거래상대방에 대한 사기행위를 처벌하기 위함이 아니라, 거래소나 코스닥시장 전체의 입장에서 모든 시장참여자들의 신뢰를 보호하고, 전체로서의 증권거래시장의 발전을 꾀하기 위함이고, A사의 주가가 우회상장 및 한류열풍 등의 영향으로 급격하게 상승하고 있는 상황에서 대주주인 피고인 甲이 어떤 이유로든지 처음 공시한 내용보다 더 많은 주식을 보유하고 있다가 이를 장외에서 싼 가격에 처분하고 있다는 사실이 일반 투자자들에게 알려질 경우 A사 주식의 주가가 떨어지거나 상승률이 낮아질 것이 분명함에도, 피고인 甲이 장외거래를 통하여 자신이 보유하고 있는 기존 주식의 가치하락을 막으면서 투자금에 대비하여서는 2배 이상의 수익을 얻은 행위도 사기적 부정거래에 해당한다고 판단되며, 피고인 甲이 장외에서 1주당 1,000원에 매도하여 얻은 차익을 '위반행위로 얻은 이익'에 포함하는 것이 타당하다』고 판단하였다.

(2) 대법원의 판단

환송판결인 대법원은『피고인 甲이 차명으로 인수한 A사 주식을 장외에서 1주당 1,000원에 매도한 부분은 그 양도차익이 이 사건 사기적 부정거래와 사이에 인과관계가 있음을 인정할 만한 증거가 없으므로, 이는 피고인 甲이 사기적 부정거래로 인하여 얻게 된 이익의 범위에서 제외되어야 한다』고 판시하면서 장외거래로 생긴 차익이 이 사건 사기적 부정거래행위로 얻은 이익에 포함된다고 본 원심(항소심)을 파기 환송하였고, 이에 따라 파기환송심과 재상고심 또한 동일한 취지로 판단하였다. 구체적인 논거는 다음과 같다.

> 먼저 피고인 甲이 이 사건 사기적 부정거래행위를 하기 전에 이미 이루어진 장외거래에서 생긴 차익은 그 시기로 보아 이 사건 사기적 부정거래행위와 인과관계가 있다고 볼 수 없다. 또한 원심이 인정한 이 사건 사기적 부정거래행위의 동기 내지 목적, 즉 대주주가 보유 주식 중 절반 가까이에 이르는 주식을 단기간에 장내에서 처분하고 있다는 사실을 일반투자자들이 알지 못하게 함으로써 A사의 주가 급등기에 주가에 충격을 주지 않으면서 차익을 실현하고자 하는 의도에 비추어 보아도, 피고인 甲이 이 사건 사기적 부정거래행위 전후로 장외에서 매도하면서 장내 시세와 관계없이 결정한 1주당 1,000원의 가격은 이 사건 사기적 부정거래행위로 인하여 발생한 위험, 즉 대주주의 주식 대량 처분 사실을 알지 못한 일반투자자들의 거래로 인한 주가의 변동과 인과관계가 있다고 보기 어렵다. 나아가 이 사건 사기적 부정거래행위의 동기에 대주주가 장외에서 장내 시세보다 싼 가격에 처분하는 사실을 일반투자자들이 알지 못하게 하여 주가에 충격을 주지 않으려는 의도가 포함되어 있다고 보더라도, 피고인 甲이 보유하고 있는 기존 주식의 가치하락을 막아 얻은 이익은 이 사건에서 문제된 장외거래에서 생긴 차익과는 관계없는 것이고, 1주당 1,000원의 장외거래가 실제로 공시되었다면 장내 시세가 1,000원 아래로 하락하였을 것이라는 점에 대한 검사의 입증이 없는 이상 이 사건 사기적 부정거래행위와 장외거래에서 생긴 차익 사이에 인과관계가 있다고 단정하기는 어렵다.

라. 부당이득 산정에 관한 법원의 종국적 판단

제1심법원은 피고인들의 일련의 행위를 구 증권거래법 제188조의4 제4항 제2호 <허위문서 이용 오해유발행위>로 의율하면서 피고인 甲은 18,066,059,755원, 피고인 乙은 3,415,915,182원, 합계 21,481,974,937원 상당의 부당이득을 취득한 것으로 보았다. 여기에는 앞서 살펴본 바와 같이 ⅰ) 피고인 甲이 2005. 4. 18. 이후 주식을 취득하고 매각한 부분(이른바 '미신고'행위)은 물론, ⅱ) 피고인 甲이 2005. 4. 1.경 취득한 A사 주식 중 일부를 차명주주 등에게 실제로 매각한 부분(위 ❶쟁점)이 모두 포함된 것으로 보인다.

환송 전 항소심 법원은 피고인 甲의 사기적 부정거래로 공소제기된 전체 차명주식 취득, 처분 내역 중에서 사기적 부정거래로 볼 수 없다고 판단한 부분인 위 ⅰ), ⅱ) 부분의 처분이익을 제외하고 산정하여 보면, 피고인 甲은 11,551,388,338원, 피고인 乙은 3,415,915,182원, 합계 14,967,303,520원 상당의 부당이득을 취득한 것으로 보았다.

한편 대법원[151]은 사기적 부정거래에 해당하는 주식 거래의 범위에 관하여는 환송 전 항소심 법원과 판단을 달리했으나, 위반행위로 얻은 이익을 산정함에 있어서는 결과적으로 위 피고인들이 동일한 액수의 부당이득을 취득한 것으로 보았다.[152]

그러나 파기환송심은 『피고인들이 이 사건 사기적 부정거래로 양도차익을 얻은 사실은 각 인정되나, 피고인 甲 등은 적극적으로 A사의 주가를 높이려고 한 것이 아니라 대주주가 상당한 주식을 단기간에 처분하고 있다는 사실을 일반투자자들이 알지 못하게 함으로써 A사의 주가 급등기에 주가에 충격을 주지 않으면서 차익을 실현하고자 하

151 환송판결인 대법원 2011. 7. 28. 선고 2008도5399 판결을 말한다.

152 『다만 원심이 '위반행위로 얻은 이익'을 산정함에 있어 공소외 강OO 등에게 매도한 그 각 해당 주식들에 관하여는 피고인 甲의 보유 주식이 아니라는 이유로 강OO, 최OO, 최OO 명의의 각 A사 주식 중 피고인 甲이 장외에서 매도하였음을 전제로 기소된 수량에서 제외하였는데, 뒤에서 보는 바와 같이 피고인 甲이 장외에서 지인들에게 매도하여 얻은 차익이 '위반행위로 얻은 이익'에 포함된다고 보기 어려운 이상, 결국 공소외 강OO 등에게 매도한 그 각 해당 주식들에 관하여 그 매도로 인한 차익을 '위반행위로 얻은 이익'에서 제외한 판결결과에는 영향이 없다고 할 것이다』고 판시하였다.

는 의도에서 사기적 부정거래를 하였던 것이고, 당시 A사 주식과 같은 엔터테인먼트 회사들의 주식이 한류 열풍 등으로 테마주로 각광받으면서 그 주가가 전반적으로 상당기간 계속 상승하고 있었던 사정 등을 종합하여 볼 때, 피고인 甲 등이 얻은 양도차익 전부가 사기적 부정거래와 인과관계 있는 이익이라고 보기는 어렵고, 검사가 제출한 증거들만으로는 사기적 부정거래와 인과관계가 있는 이익을 산정할 수 없으므로 결국 이 사건 사기적 부정거래로 피고인 甲, 乙은 가액 불상의 재산상 이익을 취득하였다』고 판단하였다.

재상고심도 동일한 취지로 판단하였는데, 이상의 결과를 정리하면 아래 표와 같다.

<table>
<tr><th></th><th>1심</th><th>항소심</th><th>대법원</th><th>파기환송심</th><th>재상고심</th></tr>
<tr><td>2005. 4. 18. 이후 주식을 취득하고 매각한 부분 (‘미신고’행위)</td><td>부당이득 O</td><td>부당이득 X</td><td colspan="3">–
(∵ 검사 상고 X)</td></tr>
<tr><td>2005 4. 1. 취득한 주식 중 일부를 차명주주 등에게 매각한 부분(쟁점❶)</td><td>부당이득 O</td><td>부당이득 X</td><td>부당이득 O</td><td>부당이득 O</td><td>부당이득 O</td></tr>
<tr><td>코스닥시장 외에서 지인들에게 주식을 매각한 부분(쟁점❷)</td><td>부당이득 O</td><td>부당이득 O</td><td>부당이득 X</td><td>부당이득 X</td><td>부당이득 X</td></tr>
<tr><td>인정된 부당이득액</td><td>甲 18,066,059,755원
乙 3,415,915,182원</td><td colspan="2">甲 11,551,388,338원
乙 3,415,915,182원</td><td colspan="2">가액 불상</td></tr>
</table>

마. 평석

(1) 위 ❶, ❷쟁점에 관한 법원 판단의 타당성

피고인 甲이 타인의 이름을 빌려 매수한 주식 중에 차명 주주나 피고인 甲이 아닌 다른 사람이 실제로 보유하였던 주식(❶쟁점)과 관련하여, 법원이 인정한 관련 증거상 일견 피고인 甲이 D사로부터 A사 주식을 매수한 직후에 각기 그들의 지분으로 인정이 되었던 것으로 볼 여지는 있다. 그러나 ▲ 상법 제366조 제1항에 "주권발행 후의 주식의 양도에 있어서는 주권을 교부하여야 효력이 발생한다"고 명문으로 규정되어 있는 점, ▲ 구 증권거래법[153]상 '매매 기타 계약에 의하여 주식 등의 인도청구권을 갖는 경우' 주식 등의 대량보유상황 보고의무가 있는 '보유'로 볼 것인 점을 고려할 때, 이 사건에서는 A사 주식 매수계약체결일인 2005. 4. 1.을 기준으로 피고인 甲이 보유자로서 그 보유상황을 보고할 의무가 있다고 할 것이므로 결국 항소심 판단의 법리오해를 지적하는 대법원의 입장에 동의한다.

장외거래로 생긴 차익을 이 사건 사기적 부정거래행위로 피고인 甲이 얻은 이익에 포함시킬 수 있는지 여부(❷쟁점)와 관련하여, '위반행위로 얻은 이익'은 위반행위로 인하여 발생한 위험과 인과관계가 인정되어야 한다는 상식적인 전제에서 이를 구체적으로 산정함에 있어서는 형사법의 대원칙인 책임주의를 염두에 두고 여러 제반 요소들을 전체적·종합적으로 고려하는 것이 마땅하다. 이 사건에서는 무엇보다도 1주당 1,000원의 장외거래가 실제로 공시되었다면 장내 시세가 1,000원 아래로 하락하였을 것이라는 점에 대한 검사의 입증이 없는 이상 피고인 甲의 부정거래행위와 장외거래에서 생긴 차익 사이에 인과관계가 있다고 단정하기는 어려우므로 항소심 판단의 법리오해를 지적하는 대법원의 입장에 동의한다.

(2) 부당이득액 산정에 관한 논의

부당이득은 사기적 부정거래행위로 얻은 이익으로서 부정거래행위와의 인과관계가 인정되어야 하는데, 사기적 부정거래행위 외에 제3자의 개입, 증권시장의 상황, 그 밖에 주가에 중대한 영향을 미칠 수 있는 제반 요소가 다양하므로, 사기적 부정거래행위로 인한 부당이득액을 구체적으로 산정함에 있어서는 신중을 기하여야 한다.

---

153 구 증권거래법 제200조의2 제1항, 제21조 제1항 및 동법 시행령 제10조의4

이와 관련하여 대법원은『위반행위의 동기, 경위, 태양, 기간, 제3자의 개입 여부, 증권시장 상황 및 그 밖에 주가에 중대한 영향을 미칠 수 있는 제반 요소들을 전체적·종합적으로 고려하여 인과관계가 인정되는 이익을 산정해야 한다』고 판시하였다.[154]

특히, 대법원은『주식시장에서의 정상적인 주가변동요인에 의한 주가상승분이나 위반행위자와 무관한 제3자가 야기한 주가상승분이 존재하는 등과 같은 사정이 있는 경우에는 위반행위와 인과관계가 인정되는 이익만을 따로 구분하여 산정하여야 한다』고 판시하기도 하였다.[155]

그 연장선에서 법원이 피고인의 행위와 무관한 요인에 의한 주가상승분이 존재한다고 판단되는 경우 "액수 미상의 부당이득"이라고 판시하는 사례가 다수 있다.[156]

이 사건에서도 법원(파기환송심, 재상고심)은 피고인들이 차명주식을 취득, 처분함으로써 양도차익을 얻은 사실은 인정하면서도 ▲ 그 의도가 적극적으로 A사의 주가를 높이려고 한 것은 아닌 점, ▲ 피고인들의 행위와 무관하게 당시 A사와 같은 엔터테인먼트 회사들의 주식이 한류 열풍 등으로 테마주로 각광받으면서 그 주가가 전반적으로 상당기간 계속 상승하고 있었던 점 등을 이유로 피고인들이 얻은 양도차익 전부가 사기적 부정거래와 인과관계 있는 이익이라고 보기는 어렵다고 보면서 종국적으로 부당이득액을 '가액 불상'으로 판단하였다.

이처럼 피고인들의 행위와는 무관한 별도의 주가 상승 요인이 명백하게 존재하는 경우라면, 사실상 검사가 주가 상승에 피고인들의 행위가 어느 정도의 영향을 미쳤는지 그 기여도를 구체적으로 산정하는 것이 용이하지 않고, 그 결과 부당이득액은 불상으로 귀결될 가능성이 높다. 따라서 이 사건에서 법원이 종국적으로 부당이득액을 불상으로

154 대법원 2009. 7. 9. 선고 2009도1374 판결

155 대법원 2013. 7. 11. 선고 2011도15056 판결

156 서울고등법원 2018. 6. 21. 선고 2017노2969 판결, 서울고등법원 2022. 4. 29. 선고 2021노2108 판결

본 것은 형사법의 대원칙인 책임주의에 입각한 것으로서 타당하다고 본다.

(3) 차명주식의 매도 사실을 은닉함으로써 얻게 되는 부당이득의 특수성

한편, 피고인의 행위와 무관한 요인에 의한 주가상승분이 존재할 경우 "액수 미상의 부당이득"으로 판단되는 사례가 다수 있음은 앞서 살펴본 바와 같다. 그런데 이 사건에서 A사의 대주주인 피고인 甲, 乙이 일반투자자들로 하여금 상당한 양의 차명주식을 단기간에 처분하고 있다는 사실을 알지 못하게 하는 것은 A사의 주가를 부양하는 요소가 아니라 주가 하락을 저지하는 요소로 볼 수 있다.

이때 피고인들이 얻는 부당이득은 '피고인들이 부정거래행위를 통하여 차명주식의 매도 사실을 은닉하였을 때의 A사 주가'와 '피고인들이 정상적으로 차명주식의 매도 사실을 공시하였을 때의 A사 주가' 간의 차액이라고 봄이 타당하다. 즉, 「부당이득 = 피고인들이 부정거래행위를 통하여 차명주식의 매도 사실을 은닉하였을 때의 A사 주가 - 피고인들이 정상적으로 차명주식의 매도 사실을 공시하였을 때의 A사 주가」인 것이다.

예컨대, 피고인들이 부정거래행위를 통하여 차명주식의 매도 사실을 은닉하였을 때의 A사 주가가 10,000원이고, 피고인들이 정상적으로 차명주식의 매도 사실을 공시하였을 때의 A사 주가가 8,000원이라고 가정할 때, 피고인들이 얻는 부당이득은 2,000원인 셈이다.

다만, 이 경우에도 '피고인들이 정상적으로 차명주식의 매도 사실을 공시하였을 때의 A사 주가'는 그 하락액 상당을 예측·특정할 수 없으므로 결국 부정거래행위로 인한 부당이득도 불상액으로 귀결될 것이다.

3. 추징에 관하여

가. 전제사실

이 사건에서 검사는 범죄수익은닉의규제및처벌등에관한법률[157]에 의하여 몰수 또는 추징의 대상이 되는 범죄수익은 범죄와 직접적으로 관련된 이익에 한정되는 것이 아니므로 피고인들이 사기적 부정거래행위로 인하여 얻은 수익 전부에 대하여 일관되게 추징을 구형하였다.

나. 법원의 판단

(1) 제1심법원, 환송 전 항소심 법원의 판단

검사의 추징 구형과 관련하여, 제1심법원과 환송 전 항소심 법원은 구 범죄수익은닉의규제및처벌등에관한법률에 의한 몰수 또는 추징 대상인 이익은 위반행위와 직접적인 인과관계가 있는 것에 한정된다는 전제에서 이 사건에서는 불공정거래행위와 직접적인 인과관계가 있는 이익이 얼마인지를 특정할 수 있는 아무런 자료가 없다는 이유로 피고인들에 대해 추징을 선고하지는 않았다. 구체적인 논거는 다음과 같다.

> 사기적 부정거래로 인한 증권거래법위반죄에 의하여 생긴 재산도 범죄수익은닉의 규제 및 처벌 등에 관한 법률 제2조 제1호 [별표] 제16호, 제8조 및 제10조에 의한 추징의 대상이 되고, 추징의 대상이 되는지 여부는 엄격한 증명을 필요로 하는 것은 아니나 그 대상이 되는 범죄수익을 특정할 수 없는 경우에는 추징할 수 없으며, 범죄수익은닉의 규제 및 처벌 등에 관한 법률 제10조 소정의 추징은 임의적인 것이므로 그 추징의 요건에 해당되는 재산이라도 이를 추징할 것인지의 여부는 법원의 재량에 맡겨져 있다(대법원 2007. 6. 14. 선고 2007도2451 판결).

157 구 증권거래법 및 초기 자본시장법에서는 부당이득에 대한 몰수·추징규정을 자체적으로 두지 않았다가, 2014. 12. 30.경 자본시장법 개정(2015. 7. 1.경 시행)을 통해 부당이득에 대한 몰수·추징 규정이 입법화되었다(현행 자본시장법 제447조의2). 따라서 이 사건 당시에는 범죄수익은닉의규제및처벌등에관한법률에 근거하여 추징을 시도한 것으로 보인다.

증권거래법 제207조의2 제1항 단서 및 제2항[158] 소정의 '위반행위로 얻은 이익'이라 함은 그 위반행위와 관련된 거래로 인한 이익을 말하는 것으로서(대법원 2002. 6. 14. 선고 2002도1256 판결 등 참조), 반드시 그 위반행위와 직접적인 인과관계가 있는 것만을 의미하는 것은 아니고, 그 위반행위가 개입된 거래로 인하여 얻은 이익에 해당하는 것이면 이에 해당한다(대법원 2004. 9. 3. 선고 2004도1628 판결 참조).

그러나 이는 주식을 비롯한 유가증권의 시장가격은 어느 특정 요인에 의해서만 결정되는 것이 아니고 매우 다양한 요인에 의해 영향을 받는다는 점을 고려하면 유가증권의 시세를 인위적으로 조종하는 행위를 하여 이익을 얻은 경우 이것이 모두 그 시세조종행위에 의한 것이라고 말할 수는 없지만, 형사책임이란 측면에서 볼 때 위반행위로 얻은 시세차익의 많고 적음이 그러한 위반행위를 한 자에 대한 형사책임의 경중을 결정하는 중요한 요소가 될 수 있다는 것을 고려한 것으로써, 위 증권거래법 제207조의2 조항은 형사처벌을 위한 법정형에 관한 조항이지, 손해배상책임의 범위를 정하기 위한 조항이거나 위반행위와 직접적인 인과관계가 있는 이익액을 박탈하려는 조항이 아니다{헌법재판소 2003. 9. 25. 2002헌바69, 2003헌바41(병합) 전원재판부 결정 참조}.

그렇다면, 범죄수익은닉의 규제 및 처벌에 관한 법률의 추징 조항을 근거로, 직접적인 인과관계 유무를 따지지 않고 증권거래법상 시세조정행위로 인한 이익 전부를 추징할 수 있다고 해석할 경우에는 개인의 재산권을 과도하게 침해하여 위 추징 조항 자체가 위헌으로 무효가 될 수도 있다는 점 등을 고려할 때, 법률의 합헌적 해석 원칙에 따라 증권거래법 제270조의2 소정의 사기적 부정거래의 경우 범죄수익은닉의 규제 및 처벌 등에 관한 법률에 의하여 몰수 또는 추징의 대상이 되는 범죄수익은 그 위반행위와 직접적인 인과관계가 있는 이익에 한정된다고 해석함이 옳다.

158 증권거래법 제207조의2(벌칙) ① 다음 각호의 1에 해당하는 자는 10년 이하의 징역 또는 2천만원 이하의 벌금에 처한다. 다만, 그 위반행위로 얻은 이익 또는 회피한 손실액의 3배에 해당하는 금액이 2천만원을 초과하는 때에는 그 이익 또는 회피손실액의 3배에 상당하는 금액 이하의 벌금에 처한다.
1. 제188조의2 제1항 또는 제3항의 규정에 위반한 자
2. 제188조의4의 규정에 위반한 자
② 제1항 각호의 위반행위로 얻은 이익 또는 회피한 손실액이 5억원 이상인 때에는 다음의 구분에 따라 가중처벌한다.
1. 이익 또는 회피한 손실액이 50억원 이상인 때에는 무기 또는 5년 이상의 징역에 처한다.
2. 이익 또는 회피한 손실액이 5억원 이상 50억원 미만인 때에는 3년 이상의 유기징역에 처한다.

이 사건에 돌아와 보건대, 피고인 甲 등이 행한 사기적 부정거래의 성격 및 그 기간 중의 동종 기업의 주가 변동상황, 기타 주가 변동에 영향을 미칠 수 있는 여러 가지 사정 변경 등을 종합하여 볼 때, 이 사건에서 피고인 甲이 얻은 시세차익 전부가 피고인 甲 등의 사기적 부정거래와 인과관계 있는 수익이라고 보기는 어렵고, 달리 직접적인 인과관계가 있는 이익이 얼마인지를 특정할 수 있는 아무런 자료가 없다.

따라서 피고인 甲에 대하여는 따로 추징을 선고하지 아니하고, 피고인 甲이 사기적 부정거래로 얻은 시세차익을 피고인 甲에 대하여 벌금을 병과함에 있어 양형자료로 사용하기로 한다.

(2) 대법원의 판단

대법원은 『구 범죄수익은닉의규제및처벌등에관한법률에서 몰수 또는 추징 대상으로 정한 구 증권거래법 제207조의2의 범죄행위에 의하여 생긴 재산인 불법수익은 구 증권거래법 제207조의2 위반행위와 관련된 거래로 인한 이익으로서 위반행위로 인하여 발생한 위험과 인과관계가 인정되는 것을 의미한다고 보는 것이 옳고, 법원은 그 인과관계가 인정되는 이익이라고 하더라도 여러 사정을 고려하여 재량에 따라 그 불법수익의 몰수 또는 추징 여부를 최종 결정하면 된다』고 판시하면서 피고인들의 이 사건 사기적 부정거래행위와 직접적인 인과관계가 있는 이익이 얼마인지를 특정할 수 있는 아무런 자료가 없다는 이유만으로 추징을 선고하지 아니한 원심(항소심)에는 위 법률이 정한 추징에 관한 법리를 오해한 위법이 있다고 판단하였다.

(3) 파기환송심, 재상고심의 판단

환송판결인 대법원의 판단 취지에 따라 법원이 재량으로 불법수익의 추징 여부를 결정하면 된다는 전제에서, 다만 이 사건에서는 『피고인 甲 등이 얻은 양도차익 전부가 사기적 부정거래와 인과관계 있는 이익이라고 보기는 어렵고, 검사가 제출한 증거들만으로는 사기적 부정거래와 인과관계가 있는 이익을 산정할 수 없다[159]』고 판시하였다

159 자세한 내용은 위 Ⅳ. 2. 라.항(부당이득 산정에 관한 법원의 종국적 판단) 참조

('가액 불상' 부당이득).

결과적으로는 제1심, 환송 전 항소심의 판단과 동일하게 피고인에 대하여 추징을 선고하지 않았는데, 이상의 결과를 정리하면 아래 표와 같다.

<table>
<tr><th>1심</th><th>항소심</th><th>대법원</th><th>파기환송심</th><th>재상고심</th></tr>
<tr><td colspan="2">추징선고 X
(∵ 직접적인 인과관계 있는 이익 특정 X)</td><td>추징 선고하지 않은 것은 위법</td><td colspan="2">추징선고 X
(∵ 부당이득액 가액불상)</td></tr>
</table>

다. 평석

물론, 이 사건에서는 피고인들의 부당이득액이 종국적으로 '가액 불상'으로 판단된 만큼 추징선고에 관한 환송 전·후 법원의 판단 또한 동일한 결과물로 나타났다.

판단에 이르는 각 논거의 타당성 측면에서 살펴보면, ▲ 주식을 비롯한 유가증권의 시장가격은 어느 특정 요인에 의해서만 결정되는 것이 아니고 매우 다양한 요인에 의해 영향을 받기에 특히 이 사건에서와 같은 부정거래행위로 인한 이익을 산정함에 있어서는 신중을 기하여야 하는 점, ▲ 증권거래법 제207조의2 조항은 형사처벌을 위한 법정형에 관한 조항이지, 손해배상책임의 범위를 정하기 위한 조항이거나 위반행위와 직접적인 인과관계가 있는 이익액을 박탈하려는 조항이 아니라는 헌법재판소의 의견이 존재하는 점, ▲ 범죄수익은닉의규제및처벌에관한법률의 추징 조항을 근거로 직접적인 인과관계 유무를 따지지 않고 증권거래법상 부정거래행위로 인한 이익 전부를 추징할 수 있다고 해석할 경우에는 개인의 재산권을 과도하게 침해하여 위 추징 조항 자체가 위헌으로 무효가 될 수도 있다는 점 등을 고려할 때, 이 사건에서 달리 직접적인 인과관계가 있는 이익이 얼마인지를 특정할 수 있는 아무런 자료가 없다면 피고인의 이익을 고려하여 이를 양형에서 고려하면 족하고, 반드시 추징하지 않았다고 하여 위법하다고 볼 것은 아니라고 본다. 따라서 사실심 판단이 일견 타당한 측면이 있다고 보인다.

그러나, 사실심 판단은 논리의 일관성 측면에서는 다소 아쉽다. 즉, 사실심은 이 사건에서는 불공정거래행위와 직접적인 인과관계가 있는 이익이 얼마인지를 특정할 수 있는 아무런 자료가 없다는 이유로 피고인들에 대해 추징을 선고하지는 않았는데, 같은 논리라면, 사실심이 피고인 甲이 얻은 부당이득액을 구체적으로 산정한 것은 쉽게 납득가지 않는다. 오히려, 제반 증거들만으로는 사기적 부정거래와 인과관계가 있는 이익을 산정할 수 없다는 것을 이유로 부당이득액을 불상으로 판단하면서, 이에 수반하여 추징 역시 선고하지 않은 파기환송심의 판단이 논리적 일관성 측면에서 보다 타당하다고 보인다.

09

유성티에스아이 사건

Ⅰ. 사건의 진행 경과

일시	행위
1980. 8.경 ~ 2006. 11. 26.	- 피고인은 경찰에 입문하여 서울경찰청 정보2과장, 강남경찰서장, 경찰청 공보담당관, 경찰청 보안4과장, 서울지방경찰청 정보부장, 충남지방경찰청장, 경기지방경찰청장, 경찰청 수사국장, 경찰대학장 등 경찰 요직을 거친 다음 국가정보원 제2차장으로 근무하다가 공직에서 퇴임하였음.
2007. 9. 20. 이전	- 甲은 속칭 '유명인 테마주' 수법을 이용하여 (주)유성티에스아이의 주가를 상승시킴으로써 자신이 취득한 주식의 담보가치를 높여 인수자금을 차질 없이 조달하여 (주)유성티에스아이의 경영권을 원활하게 확보하거나 취득한 주식의 매도차익을 실현하기 위해 경찰 주요 부서 및 국가정보원 제2차장 등 요직을 두루 거친 피고인을 내세워 (주)유성티에스아이를 인수하는 것처럼 가장하고, 피고인은 자신의 명의를 빌려주게 되면 (주)유성티에스아이의 가치가 상승되어 위 회사를 인수한 甲으로부터 종전에 차용해 준 돈을 변제받을 수 있다고 판단하여 甲의 요구를 받아들인 후 오랜 공직생활을 통해 쌓은 인적 네트워크와 사회적 명망을 바탕으로 해외투자자나 국내기관 등의 투자자금을 유치하여 신소재, 에너지, 미디어 등 새로운 사업을 신규로 추진하는 것처럼 호재성 허위사실을 언론보도 등을 통해 유포하기로 마음먹었음.
2007. 9. 20.	- 피고인은 자신의 명의로 (주)유성티에스아이의 최대주주인 A사로부터 (주)유성티에스아이의 주식 1,457,999주와 경영권을 137억 원에 인수하기로 하는 '최대주주 보유주식 및 경영권 양수도 계약'을 체결하고, (주)유성티에스아이의 공시담당자로 하여금 금융감독원의 전자공시시스템(DART)을 통해 위 내용을 공시하게 하였음. - 그러나 피고인은 위 계약체결과정의 명의만을 빌려준 것에 불과하고, 甲이 실제로 (주)유성티에스아이의 주식 및 경영권을 인수하였음.

2007. 9. 21.	- (주)유성티에스아이의 주가가 10,200원으로 상승하였음(감자전 주가 대비 43% 상승).
2007. 10. 1.	- 피고인은 기자들을 상대로 "오랜 공직생활 동안 쌓은 인적 네트워크와 다양한 경험을 회사에 접목시켜 사회에 공헌할 수 있는 기회를 갖고 싶었는데 빚이 없고 건실한 기업을 찾다 보니 (주)유성티에스아이를 인수하게 되었다," "(주)유성티에스아이 인수자금의 경우 130억 원 이상 투입되는데, 모든 자금을 내가 마련한 것은 아니고 나를 비롯해 금융계, 재계, 언론계 등 영향력 있는 지인들과 함께 투자하는 것이며, 구심점에 내가 있을 뿐이다," "인수 후 경영은 전문 경영인에게 맡길 것이며 사업비전도 충분히 준비했다. 신임 경영진의 인적 네트워크와 기존 경영능력을 토대로 기존 금속사업부에 신소재, 에너지, 미디어 등 3개 분야의 사업을 중점적으로 접목시켜 외형과 내실을 견실히 키울 자신이 있다," "사업자금 마련과 관련하여 외국계 펀드 및 우수 기관투자가 등 양질의 투자유치가 이미 진척되고 있고, 11월 9일로 예정된 (주)유성티에스아이 주주총회 및 인수계약 잔금지급 이후 구체적인 사업계획을 공개하겠다," "신사업 투자 목적으로 유상증자를 계획하고 있으며, 해외투자자 및 국내기관 투자를 유치할 계획이다."라는 취지로 인터뷰하였음. - 공직경력을 통해 주식시장의 유명인 테마에 합류하려는 것이 아니냐는 기자의 질문에 대해서 "그런 시각들이 있는데 솔직히 떨쳐버리고 싶은 대목이고 주가보다는 (주)유성티에스아이의 가치를 높여 당당한 기업인으로 인정받고 싶다."라고 대답하여 유명인을 내세워 주가를 띄우는 '유명인 테마주' 의혹을 강하게 부인하였음.
2007. 10. 19.	- (주)유성티에스아이의 주가가 장중 31,900원까지 상승(감자전 주가대비 348.6%상승).
2007. 10.경	- 甲은 사채업자들에게 주가가 상승하여 담보가치가 높아진 (주)유성티에스아이의 주식을 담보로 제공하고 (주)유성티에스아이 인수자금을 차질 없이 조달하여 (주)유성티에스아이의 경영권을 원활하게 확보하였음.
2007. 11. 1.	- 피고인이 자기자금 및 차입금으로 인수자금을 조달하여 2007. 9. 20.자 '최대주주 보유주식 및 경영권 양수도 계약'에 따른 주식인수를 통하여 (주)유성티에스아이의 최대주주가 A사에서 피고인으로 바뀌었다는 내용이 금융감독원의 전자공시시스템(DART)을 통해 공시되었음.

II. 관련 조문

구 증권거래법 제188조의4(시세조종등 불공정거래의 금지)

④ 누구든지 유가증권의 매매 기타 거래와 관련하여 다음 각호의 1에 해당하는 행위를 하지 못한다.

1. 부당한 이득을 얻기 위하여 고의로 허위의 시세 또는 허위의 사실 기타 풍설을 유포하거나 위계를 쓰는 행위
2. 중요한 사항에 관하여 허위의 표시를 하거나 필요한 사실의 표시가 누락된 문서를 이용하여 타인에게 오해를 유발하게 함으로써 금전 기타 재산상의 이익을 얻고자 하는 행위

이 사건에서 문제된 행위는 자본시장법이 시행된 2009. 2. 4. 이전에 이루어졌으므로, 이 사건은 구 증권거래법이 적용되었다.

III. 쟁점

이 사건 피고인은 경찰 요직을 거친 다음 국가정보원 제2차장으로 근무하다가 2006. 11. 26. 공직에서 퇴임한 사람으로, 甲과 공모하여 속칭 '유명인 테마주' 수법을 이용한 주가조작에 가담하였다.

이 사건에서 문제된 피고인의 행위를 구분하면 다음 두 가지로 정리할 수 있다.

① ▲ 피고인은 2007. 9. 20. 피고인 명의로 (주)유성티에스아이의 최대주주인 A사로부터 (주)유성티에스아이의 주식 1,457,999주와 경영권을 137억 원에 인수하기로 하

는 '최대주주 보유주식 및 경영권 양수도 계약'을 체결하였다는 내용을, ▲ 2007. 11. 1. 자기자금 및 차입금으로 인수자금을 조달하여 위 계약에 따른 주식인수를 통하여 (주)유성티에스아이의 최대주주가 A사에서 피고인으로 바뀌었다는 내용을 각 공시하게 하였으나, 실제로는 피고인은 명의만 빌려준 것에 불과하고 甲이 (주)유성티에스아이의 주식 및 경영권을 인수한 것이었다.

② 나아가, 피고인은 2007. 10. 1. 기자들을 상대로 "오랜 공직생활 동안 쌓은 인적 네트워크와 다양한 경험을 회사에 접목시켜 사회에 공헌할 수 있는 기회를 갖고 싶었는데 빚이 없고 건실한 기업을 찾다 보니 (주)유성티에스아이를 인수하게 되었다, (주)유성티에스아이 인수자금의 경우 130억 원 이상 투입되는데, 모든 자금을 내가 마련한 것은 아니고 나를 비롯해 금융계, 재계, 언론계 등 영향력 있는 지인들과 함께 투자하는 것이며, 구심점에 내가 있을 뿐이다."라고 하는 등 허위 인터뷰를 통해 (주)유성티에스아이의 주가를 상승시켰으며, 그 결과 (주)유성티에스아이의 주가는 2007. 10. 19. 장중 31,900원까지 상승하였다(감자전 주가대비 348.6% 상승).

이 사건에서 법원[160]은 〈포괄적으로〉 위 피고인의 두 가지 행위가 구 증권거래법[161] 제188조의4 제4항 제2호 〈허위문서 이용 오해유발행위〉 및 동법 제4항 제1호 〈허위사실 유포행위〉에 해당한다고 보아 유죄 판결을 하였다.

그러나 이러한 포괄적 접근보다는 피고인의 각 행위를 구체적으로 구분하여 각 행위들이 자본시장법(구 증권거래법) 상 사기적 부정거래가 성립하는지 분석할 필요가 있

160 서울중앙지방법원 2011. 3. 8. 선고 2010고단7412 판결. 이에 대하여 피고인과 검사가 모두 항소하지 않음에 따라 제1심판결이 그대로 확정되었다.

161 자본시장과 금융투자업에 관한 법률 부칙(2007. 8. 3.) 제41조 (벌칙 등에 관한 경과조치) ① 이 법 시행 전에 행한 종전의 「증권거래법」, 종전의 「선물거래법」, 종전의 「간접투자자산 운용업법」, 종전의 「신탁업법」, 종전의 「종합금융회사에 관한 법률」 및 종전의 「한국증권선물거래소법」의 위반행위에 대한 벌칙 및 과태료의 적용에 있어서는 종전의 규정에 따른다. 이 사건에서는 위 부칙규정에 따라, 자본시장과 금융투자업에 관한 법률 시행일인 2009. 2. 4 이전에 이루어진 피고인의 행위에 대해서 구 증권거래법이 적용되었다.

다. 즉, 피고인의 ① 행위(전자공시시스템을 통한 허위공시)가 구 증권거래법 제188조의4 제4항 제2호 〈허위문서 이용 오해유발행위〉에 해당하는지 여부, 그리고 피고인의 ② 행위(기자와 허위 인터뷰를 하여 기사화 한 행위)는 구 증권거래법 제188조의4 제4항 제1호의 〈허위사실 유포행위〉에 해당하는지 여부를 각각 개별적으로 검토하고, 두 처벌 규정의 상호관계에 대해서 살펴볼 필요가 있다.

IV. 각 쟁점에 대한 평석

1. 피고인의 '최대주주 보유주식 및 경영권 양수도 계약'및'최대주주변경'공시행위가 구 증권거래법 제188조의4 제4항 제2호 <허위문서 이용 오해유발행위>에 해당하는지 여부

가. '문서의 이용'에의 해당 여부

구 증권거래법 제188조의4 제4항 제2호 〈허위문서 이용 오해유발행위〉는 유가증권의 매매 기타 거래와 관련하여 "중요한 사항에 관하여 허위의 표시를 하거나 필요한 사실의 표시가 누락된 문서를 이용하여 타인에게 오해를 유발하게 함으로써 금전 기타 재산상의 이익을 얻고자 하는 행위"를 금지하고 있는바, 그 행위의 매체는 문서에 국한되고, 제2호 위반행위에 해당하기 위해서는 '문서의 이용'이라는 요건이 충족되어야 한다.[162]

이 사건에서 피고인은 일반적인 의미에서 '문서'가 아닌 금융감독원 전자공시시스템(DART)을 통하여 ① 2007. 9. 20. 피고인이 장외매매방법으로 (주)유성티에스아이의 최대주주인 A사로부터 (주)유성티에스아이사의 주식 1,457,999주와 경영권을 137억 원에

162 대법원 2010. 12. 9. 선고 2009도6411 판결

인수한다는 내용을, ② 2007. 11. 1. 자기자금 및 차입금으로 인수자금을 조달하여 위 계약에 따른 주식인수를 통하여 (주)유성티에스아이의 최대주주가 A사에서 피고인으로 바뀌었다는 내용을 각 공시하였다.

이와 관련하여 구 증권거래법 제194조의2에는 "이 법에 의하여 금융위원회·증권선물위원회 또는 거래소에 신고서·보고서 기타 서류 또는 자료 등을 제출하는 경우에는 대통령령이 정하는 바에 따라 전자문서의 방법에 의할 수 있다."라고 규정되어 있었다.

구 증권거래법 제194조의2가 전자문서를 문서제출의 방법 중 하나로 규정하고 있다는 점을 고려할 때, 이 사건에서 피고인이 금융위원회 전자공시시스템을 통하여 전자문서의 방식으로 '최대주주 보유주식 및 경영권 양수도 계약'과 '최대주주의 변경'을 공시한 것도 '문서의 이용'에 해당한다고 봄이 타당하다.

나. '중요사항'에의 해당 여부

(1) 법원의 판단

법원[163]은 피고인과 甲이 공모하여 행한 2007. 9. 20.자 '최대주주 보유주식 및 경영권 양수도 계약' 공시와 2007. 11. 1.자 '최대주주의 변경' 공시는 중요한 사항에 관하여 허위의 표시를 한 문서를 이용하여 타인의 오해를 유발하게 하여 금전 기타 재산상의 이익을 얻고자 하는 행위에 해당한다고 판단하였다.

(2) 평석

구 증권거래법 제188조의4 제4항 제2호는 "중요한 사항에 관하여 허위의 표시를 하거나 필요한 사실의 표시가 누락된 문서를 이용하여 타인에게 오해를 유발하게 함으로써 금전 기타 재산상의 이익을 얻고자 하는 행위"를 금지하였는데, 현행 자본시장법 제

---

163 서울중앙지방법원 2011. 3. 8. 선고 2010고단7412 판결.

178조 제1항 제2호는 "중요한 사항에 관하여 거짓의 기재 또는 표시를 하거나 타인에게 오해를 유발시키지 아니하기 위하여 필요한 주요사항의 기재 또는 표시가 누락된 문서, 그 밖의 기재 또는 표시를 사용하여 금전, 그 밖의 재산상의 이익을 얻고자 하는 행위"를 금지함으로써 법조문이 다소 변경되었다.

구 증권거래법 제188조의4 제4항 제2호 〈허위문서 이용 오해유발행위〉에는 '중요한 사항'이 무엇인지에 대하여 정의되어 있지 않으나, 대법원은 '중요한 사항'이 당해 법인의 재산·경영에 관하여 중대한 영향을 미치거나 유가증권의 공정거래와 투자자 보호를 위하여 필요한 사항으로서 투자자의 투자판단에 영향을 미칠 수 있는 사항을 의미한다고 정의하였다.[164]

이와 관련하여 대법원은 '대량보유보고서'를 제출하면서 인수자금이 차입금임에도 자기자금으로 기재하고, 실제 단독으로 주식을 취득한 것임에도 불구하고 다른 사람들의 명의를 빌려 주식취득자를 허위로 기재한 것이 문제된 사안에서 최대 주주 및 인수자금의 출처는 최대주주 또는 주요주주에 관한 사항으로 일반투자자의 투자판단에 영향을 미칠 수 있는 '중요한 사항'에 해당한다고 판시한 바 있다.[165]

살피건대, 이 사건과 같이 유력 인사가 회사를 인수한다는 소식은 해당 회사의 신뢰도와 성장 잠재력을 높게 평가하게 만들고, 이에 따라 일반 투자자들이 그 회사의 가치를 높게 평가하게 된다. 즉, 피고인이 실제 투자자가 아님에도 불구하고 자신의 명의를 빌려주어 투자자들에게 오랜 공직 경력을 가진 피고인이 주식과 경영권을 인수하는 것처럼 오해하게 한 행위는 해당 회사의 경영권 인수 및 성장 가능성에 대하여 투자자들이 부정확한 판단을 내리게 할 위험이 있는 행위에 해당한다. 또한, 피고인이 실제로 자신이 조달하거나 자신이 차입한 금원이 아님에도 불구하고, 마치 (주)유성티에스아이 인수

164 대법원 2009. 7. 9. 선고 2009도1374 판결

165 대법원 2003. 11. 14. 선고 2003도686 판결

자금을 자신이 조달하고 차입한 것처럼 기재한 사실은 투자자들에게 주요 주주의 자금능력과 자금 조달 방법에 대해 오해를 일으키는 행위로 일반투자자의 투자판단에 영향을 미칠 수 있는 중요한 사항에 해당한다.

이처럼 최대주주의 허위기재, 인수자금 조성내역의 허위기재는 투자자의 투자판단에 영향을 미칠 수 있는 중요한 사항이라고 할 것인바, 피고인의 허위 공시행위는 투자자들의 투자판단에 영향을 미칠 수 있는 중요한 정보를 의도적으로 왜곡하여 제공한 것으로 그와 같은 전제하에서 피고인에게 구 증권거래법 제188조의4 제4항 제2호 〈허위문서 이용 오해유발행위〉의 성립을 인정한 법원의 판단은 타당하다.

한편, 본 사안의 (주)유성티에스아이 주식을 인수하는 사람은 甲인데 공시내용으로는 피고인이 위 회사 주식을 인수하는 것으로 되어 있다. 그러므로, 일응 본 사건은 〈주식의 차명인수〉, 〈공시에서 차명 보유분 누락〉이라는 특성을 지니고 있다고 볼 여지가 있다.

그러나, 본건은 차명 명의자의 명성을 이용한다는 측면에서 적극적으로 허위공시를 하는 것으로, 차명 명의자를 통해 소극적으로 실제 주식 보유자를 감추려 하는 것이 아니다.

주식인수 혹은 유상증자 시 유명인 명의를 빌린 위 사안과 별도로, 실제 주식 보유자를 감추려는 목적에서 단순한 차명으로 주식을 인수하거나 유상증자한 뒤, 차명보유분을 누락하여 공시한 행위가 구 증권거래법 제188조의4 제4항 제2호 〈허위문서 이용 오해유발행위〉에 해당하는지 살펴볼 필요가 있다.

실제 주식 보유자를 감추려는 목적으로 한 차명보유분 누락 공시의 사기적 부정거래 성립과 관련해서는 ▲ 차명 보유분 누락공시 행위를 처음 차명 보유분을 누락하여 공시하는 행위와[제1행위], ▲이후 자신의 차명 보유분을 처분하고도 그 차명분의 처분내역을 공시하지 않는 행위[제2행위]로 구분하여 접근하여야 한다.

이와 관련한 자세한 논의는 〈7번_포괄적 주식교환 사건〉에서 본 바와 같고, 그 논의를 정리하면 다음과 같다.

<table>
<tr><th></th><th>차명주식의 소유현황을 누락한 채 공시하는 것[제1행위]</th><th>그 이후 차명주식을 처분하고서도 그 처분내역을 공시하지 않는 것 [제2행위]</th></tr>
<tr><td rowspan="2">거짓표시 문서의 '이용'에의 해당 여부</td><td>애초부터 차명주식의 처분을 통하여 시세차익을 얻을 목적이 있었던 경우 : 해당</td><td rowspan="2">해당</td></tr>
<tr><td>그렇지 않은 경우 : 제외</td></tr>
</table>

2. 피고인이 자신의 명의를 대여해 준 것에 불과함에도 마치 자신이 회사를 인수하는 주체인 것처럼 언론에 보도되도록 한 행위가 구 증권거래법 제188조의4 제4항 제1호 <허위사실 유포행위>에 해당하는지 여부

가. 법원의 판단

법원은 피고인이 甲에게 명의를 빌려준 것에 불과함에도 기자들을 상대로 자신이 금융계, 재계, 언론계 등 영향력 있는 지인들과 함께 (주)유성티에스아이의 주식 및 경영권을 인수하고 전문 경영인을 통하여 (주)유성티에스아이를 경영할 예정이라는 취지로 인터뷰를 하는 한편, '유명인 테마주' 의혹을 강하게 부인하기도 한 것이 허위사실 유포에 해당한다고 판단하였다.

나. 평석

(1) 〈허위사실 유포행위〉와 〈풍문 유포행위〉에 대한 설명

이 부분에 대한 설명은 〈3번_탄소나노튜브(CNT) 사건〉을 참조하면 된다.

(2) 〈허위사실 유포행위〉와 〈허위문서 이용 오해유발행위〉에 대한 설명

이 부분에 대한 설명은 〈3번_탄소나노튜브(CNT) 사건〉을 참조하면 된다.

(3) 〈허위사실 유포행위〉에의 해당 여부

피고인은 실제로는 甲에게 명의만을 빌려준 것에 불과함에도 불구하고, 기자들을 상대로 자신이 금융계, 재계, 언론계 등 영향력 있는 지인들과 함께 (주)유성티에스아이의 주식 및 경영권을 인수하고, 전문 경영인을 통해 (주)유성티에스아이를 운영할 예정이라는 취지로 인터뷰를 하였고, 이 과정에서 '유명인 테마주' 의혹을 강하게 부인하기도 하였다. 이는 피고인이 불특정 다수에게 허위사실이 전파될 수 있음을 인식하면서도 기자들을 통해 해당 허위사실을 유포한 경우에 해당한다.

더욱이 피고인은 실제로는 자신이 (주)유성티에스아이를 인수한 것이 아님에도 불구하고, 자신의 사회적 영향력을 이용하여 허위 인터뷰를 통해 주가 상승을 유도하고 그로 인한 이득을 취하였다. 즉, 피고인이 실체와 다른 허위사실을 의도적으로 언론에 전파한 배경에는 자신의 경제적 이익 추구라는 목적이 있었던 바, 이와 같은 행위는 자본시장 질서를 교란하고 투자자에게 잘못된 정보를 제공함으로써 시장의 공정성과 신뢰성을 심각하게 훼손할 우려가 있다고 할 것이므로 피고인에게 〈허위사실 유포행위〉를 인정한 법원의 판단은 타당하다고 보인다.

(4) 죄수관계

결과적으로 피고인의 ① 행위(전자공시시스템을 통한 허위공시)가 구 증권거래법 제188조의4 제4항 제2호 〈허위문서 이용 오해유발행위〉에 해당하고, ② 행위(기자와 허위 인터뷰를 하여 기사화 한 행위)는 구 증권거래법 제188조의4 제4항 제1호의 〈허위사실 유포행위〉에 해당한다면 두 가지의 처벌규정은 경합범 관계인지, 포괄일죄 관계에 있는지 문제될 수 있다.

이와 관련하여 본건 1심 법원은 본건에 대하여 적용법조 란에 구 증권거래법 제188

조의4 제4항 제2호 〈허위문서 이용 오해유발행위〉 및 구 증권거래법 제188조의4 제4항 제1호의 〈허위사실 유포행위〉를 모두 기재하면서 위 처벌규정의 관계가 경합범으로 보았다.

살피건대, 피고인은 (주)유성티에스아이의 주가부양이라는 목표하에 허위의 공시를 하거나 허위의 인터뷰를 수단으로 동원한 것이라는 점, 위 행위들은 궁극적으로 피고인이 (주)유성티에스아이의 실사주가 아님에도 실사주인 것처럼 행세하는 것인데 그 수단이 하나는 공시의 방법으로 하나는 허위 인터뷰의 방법으로 실현된 것이라는 점, 이러한 행위들은 근접한 시점에서 이루어졌다는 점으로 볼 때, 포괄일죄 관계로 봄이 상당하다.

대법원이 주식 시세조종 등의 목적으로 자본시장법 제176조와 제178조에 해당하는 수 개의 행위를 단일하고 계속된 범의 아래 일정기간 계속하여 반복한 경우 자본시장법 제176조와 제178조에서 정한 시세조종행위 및 사기적 부정거래행위 금지 위반의 포괄일죄가 성립한다고 판시하였던 바,[166] 위 판례 법리에 비추어봐도 동종 유형의 행위가 주가 부양이라는 동일한 목적을 향해 운용되었다고 볼 수 있는 이 사건의 경우에는 두 가지 처벌규정이 포괄일죄 관계에 있다고 봄이 상당하다.

166 대법원 2011. 10. 27. 선고 2011도8109 판결

10

차명주식 미공시 사건

Ⅰ. 사건의 진행 경과

일시	행위
2000. 6. 17. 이전	- 피고인, A사 주식 중 290만주(36.25%)를 피고인 본인이 254만주(31.75%) 인수하고, 피고인이 소유하는 업체인 B사가 36만주(4.50%)를 1주당 1,900원에 인수함 - 피고인은 주식 취득자금 중 20억 8,000만원을 차입금으로 충당하였음
2000. 6. 17.	- 피고인을 비롯한 6명이 마치 위 회사를 개발하기 위하여 공동으로 인수하였고 향후 위 회사를 정보통신 및 인터넷 관련 사업체로 발전시키기 위하여 지속적인 투자가 이루어질 것처럼 관련 호재성 재료를 허위 공시하는 등의 방법으로 주가를 상승시킨 후 인수 주식을 처분하여 부당한 시세차익을 취득하기로 함 - 금융감독위원회에 제출된 주식 등 대량보유보고서에는, '피고인이 108만주(13.50%), B사가 36만주(4.50%), 甲이 39만 2,000주(4.90%), 乙이 38만 4,000주(4.80%), 丙이 37만 2,000주(4.65%), 丁이 31만 2,000주(3.90%)'라고 기재하여 마치 여러 사람이 (주) A사 주식을 공동으로 인수한 것처럼 기재함(甲, 乙, 丙, 丁은 피고인에 대한 명의대여인) - 취득자금 내역에는 차입금은 없는 것처럼 '자기자금'이라고만 기재하여 제출하였음
2000. 7. 19.	- 이사회 결의로, A사의 사업목적에 '정보통신관련 등' 사업 내용을 추가한다는 내용의 안건을 임시주주총회에 부의

2000. 8. 18.	- 피고인은 위 A사의 사업목적에 '정보통신관련 등' 사업 내용을 추가하는 안건이 주주총회 의결로 확정되었다는 내용을 협회 전산망을 통해 공시함(위 2000. 7. 19.자 이사회 결의 사항 역시 함께 공시함)
2000. 8. 19. 2000. 8. 20.	- 위 공시 내용을 A경제신문과 B경제신문을 통해 각 기사화함
2000. 7. 26. ~ 2000. 8. 23.	- 2000. 7. 26. ~ 2000. 8. 7. : 피고인은, A사 인수 주식 중 乙, 丙, 丁 명의로 보유하고 있던 106만 8,000주를, 戊, 己, 庚, 申, 壬으로부터 각 명의를 빌려 개설한 동인들 명의의 증권계좌에 나누어 입고함 - 2000. 8. 22. : 戊 등 5명 명의로 분산이체된 주식을 장내에서 전량 매도함(1주당 3,940원에 매도) - 2000. 8. 23. : 乙, 丙, 丁이 보유하고 있던 주식을 2000. 8. 19.자로 위 戊 등 5명에게 장외 매도한 것처럼 허위 작성한 주식매매계약서를 첨부하여 사실은 위 戊 등 5명 명의로 분산 이체된 주식들이 모두 장내매각 되었음에도 『戊 등이 여전히 그 주식들을 가지고 있다』는 내용으로 금융감독위원회 등에 주식 등의 대량보유보고서를 제출함

II. 관련 조문

1. 구 증권거래법 제188조의4(시세조종등 불공정거래의 금지)

구 증권거래법 제188조의4(시세조종등 불공정거래의 금지)

④ 누구든지 유가증권의 매매 기타 거래와 관련하여 다음 각호의 1에 해당하는 행위를 하지 못한다.

- 부당한 이득을 얻기 위하여 고의로 허위의 시세 또는 허위의 사실 기타 풍설을 유포하거나 위계를 쓰는 행위
- 중요한 사항에 관하여 허위의 표시를 하거나 필요한 사실의 표시가 누락된 문서를 이용하여 타인에게 오해를 유발하게 함으로써 금전 기타 재산상의 이익을 얻고자 하는 행위

이 사건에서 문제된 행위는 자본시장법이 시행된 2009. 2. 4. 이전에 이루어졌으므로, 이 사건은 구 증권거래법이 적용되었다.

III. 쟁점

이 사건에서 문제된 피고인의 행위를 구분해보면 다음 세 가지 정도로 정리할 수 있다. ① 피고인이 실제로는 20억8천만원의 단기 차입금을 동원하여 A사 주식을 취득하였음에도 불구하고{피고인 본인 254만주(31.75%), 피고인이 소유하는 업체 B사가 36만주(4.50%)}, 2000. 6. 17.자 주식 등 대량보유보고서에는 피고인은 108만주(13.50%)만 취득하고 나머지는 명의대여자인 甲, 乙, 丙, 丁 등이 주식을 취득한 것처럼 기재하고 그 자금원천에 대해서는 차입금 없이 자기자본만으로 위 주식을 취득했다고 기재한 행위, ② 피고인과 A사가 실제로는 정보통신 관련 분야의 사업을 추진할만한 능력과 의사가 없었음에도 회사 사업목적에 '정보통신관련 등'과 같은 사업 내용을 추가하고 정관을 변경한 뒤 이를 공시하고 기사화한 행위, ③ 피고인이 실제로는 미리 명의신탁해 둔 인수 주식을 2000. 8. 22. 및 2000. 8. 23. 장내 매도했으면서도, 2000. 8. 23. 금융감독위원회 등에 주식 등 대량보유보고서를 제출할 때는 마치 정상적으로 장외거래된 것처럼 보이기 위해 허위 작성된 매매계약서를 첨부하여 제출한 행위 등이 그것이다.

이 사건에서 1심 법원은 위 피고인의 세 가지 행위 전부에 대해 구 증권거래법 제188조의4 제4항 제2호 〈허위문서 이용 오해유발행위〉에 해당한다고 보아 유죄 판결을 하였다. 그러나 상급심 법원은『② 행위는 실제로 (주) A사의 정관이 변경된 이상 이를 공시하고 기사화한 행위를 허위로 볼 수 없다』,『③ 행위는 주식 등 대량보유보고를 제출하기 전에 이미 주식을 전량매도 했으므로 주가 변동의 위험이 없으므로 위 행위는 '허위사실 유포 또는 허위 표시에 의한 문서의 이용'으로 볼 수 없다』[167]고 판시하면서 결론을 달

167 항소심 법원은 '③ 행위'만을 무죄로 보았고, 대법원은 '③ 행위'와 함께 '② 행위' 도 무죄라고 판단했다.

리하였는바, 각 심급 법원이 결론을 달리한 이유와 그 논리적 타당성 여부를 들여다보고 자 한다.

IV. 각 쟁점에 대한 평석

1. 피고인의 각 행위가 구 증권거래법 188조의4 제4항 제2호 <허위문서 이용 오해유발행위>에 해당하는지 여부

가. '정보통신관련 등'을 사업목적(정관)에 추가하고 이를 공시 및 기사화한 행위

(1) 법원의 판단

제1심법원[168]과 항소심 법원[169]은, 『피고인이 회사의 사업목적에 '정보통신관련 등'과 같은 사업 내용을 추가하여 정관을 변경하고 후에 이를 공시하고 기사화한 행위는, A사 인수 주식에 관한 부당한 이익을 얻기 위한 허위사실 유포 또는 허위 표시행위에 해당한다』고 판단하였다. 특히 항소심 법원은, 『피고인이 이 사건 회사 인수 전에 정보통신 관련 기업에 투자하고, 인수 후에는 관련 회사에 대한 투자를 검토한 사실은 있었다고 하더라도, 회사를 인수하여 그 주식을 다시 처분할 때까지 아무런 실질적인 사업을 진척시킨 일이 없었으므로 향후 정보통신 관련 분야의 사업을 추진할만할 능력은 물론 그러한 의사도 없었다』고 보아 피고인의 위 행위를 구 증권거래법 제188조의4 제4항 제1호 〈허위사실 유포행위〉 또는 구 증권거래법 제188조의4 제4항 제2호 〈허위문서 이용 오해유발행위〉에 해당한다고 보았다.

168 서울지방법원 2002. 5. 14. 선고 2002고단1230 판결

169 서울중앙지방법원 2003. 1. 22. 선고 2002노5173 판결

그런데 이에 대하여 대법원[170]은 다음과 같은 이유로 위 항소심 유죄 판단 부분을 무죄 취지로 판단하여 파기환송하였다.

> ① 허위사실을 유포하거나 허위의 표시를 하였는지 여부는 피고인이 실제로 정보통신관련 사업에 투자를 할 의사와 능력이 있었는지 여부에 의하여 판단할 것이 아니라 공시내용 자체가 허위인지 여부에 의하여 판단하여야 한다.
>
> ② 실제로 A사는 공시내용과 같이 주주총회 결의를 거쳐 회사의 사업목적에 '정보통신관련 등' 사업내용을 추가하는 정관변경을 하였다. 따라서 공시내용 자체가 허위라고 볼 수 없다.
>
> ③ 구 증권거래법(2001. 3. 28. 법률 제6423호로 개정되기 전의 것) 제186조 제1항 제4호에 의하면 "사업목적의 변경에 관한 결의가 있은 때"에는 그 사실을 반드시 공시하도록 되어 있으므로 가사 피고인이 처음부터 정보통신관련 등 사업에 투자를 할 의사와 능력이 없었다거나 공시 후 실제로 관련 사업을 추진하지 아니하였다 하더라도, 위 사실을 공시하거나 기사화한 것이 허위사실을 유포하거나 허위의 표시를 한 것으로 볼 수는 없다.

(2) 평석

(가) 정관변경(사업목적 추가)을 공시한 것이 허위 공시가 될 수 있는지 여부

구 증권거래법 제186조 제1항 제4호가 '사업목적이 변경된 때' 이에 대한 신고의무를 부과하고 있었고, 이를 위반할 경우 제211조에 따른 처벌 대상이 되어 관련 공시행위가 강제되는 이상, 적법한 주총결의를 통해 사업목적을 추가하는 것으로 정관이 변경되었다면 실제로 이를 공시하는 행위까지 '허위사실 유포 또는 허위의 표시' 행위로 해석하는 것은 피고인에게 불리한 방향으로 지나치게 확장해석하는 것으로 볼 여지가 있다.

또한 '피고인에게 실제로 정보통신관련 등 사업을 추진할 의사와 능력이 있었는지 여

170 대법원 2003. 11. 14. 선고 2003도686 판결

부'와 같은 주관적이고 불명확한 기준을 요구할 경우, 법적용에 있어 법관의 주관적 판단에 따라 '허위 표시' 여부가 달라지게 되어 불합리한 결과가 발생할 수 있는바, '공시된 내용을 진지하게 실현하려고 하였는지 여부가 아닌 공시 내용 그 자체가 허위인지 아닌지 여부'만을 허위성 표지로 삼아야 한다는 점에서 대법원의 결론이 타당하다고 생각된다.

참고로 구 증권거래법이 자본시장법으로 개정된 이후로도 각급 법원은, 『공시의 대상인 이 사건 제1, 2 공급계약은 실제로 체결된 사실이 인정되므로, 설령 피고인들에게 위 계약들을 실제로 이행할 의사가 없었다 하더라도 공시내용 자체가 거짓이라고 할 수는 없다』고 판시하는 등[171], 위 2003도686 판결의 논리를 차용하고 있는 것으로 보인다.

한편으로는 〈1번 론스타 사건〉에서 살펴본 것처럼, 장래의 계획에 대해서도 허위사실이 성립할 수 있고, 공표한 장래의 계획에 대한 진지한 검토 혹은 계획 수행준비행위가 존재하지 않았다면 그러한 장래 계획의 공표는 구 증권거래법 제188조의4 제4항 제2호 〈허위문서 이용 오해유발행위〉에 해당할 여지도 있는바, 이를 고려했을때 정관의 사업목적을 공시하는 행위 역시 '장래의 계획'의 허위성 판단과 유사한 논리를 통해 그 허위성 여부를 판별할 수 있다고 할 것이다.

살피건대, 본건 공시는 A사가 정관의 사업목적에 '정보통신관련 등'이라는 사업을 추가로 삽입하였다는 내용 그 이상, 그 이하도 아니다. 즉, 정관의 사업목적에 위와 같은 내용을 기재했다고 해서 회사는 그 사업목적을 반드시 수행해야할 의무가 있는 것이 아니다. 따라서 단지 정관의 사업목적에 추가된 사업목적이 있다고 해서 그 회사가 장래 그 사업을 반드시 수행할 것이라는 것까지 기대할 수는 없는바, 사업목적 추가 기재는 그 사업목적을 수행하겠다는 장래 계획 수립과 필연적으로 연결된다고 보기도 어렵다.

이러한 관점에서 볼 때, 본건 회사가 '정보통신관련 등'이라는 사업을 추가로 삽입했

---

171 서울고등법원 2022. 6. 24. 선고 2021노2299 판결 참조

다고 해서 그 회사가 장래 '정보통신관련 등'사업을 추진하겠다고 공표한 것은 아니므로 피고인에게 구 증권거래법 제188조의4 제4항 제2호 〈허위문서 이용 오해유발행위〉의 책임을 묻는다는 것은 부당해 보인다.

한편, 대법원은, 『해당 공시가 이사회 결의 내용 등 공시할 대상을 그대로 반영하여 그 공시 내용 자체를 거짓으로 보기 어려운 경우라 하더라도, 다른 수단이나 거래의 내용, 목적, 방식 등과 결부되어 사회통념상 부정하다고 볼 수 있다면, 그러한 공시가 이루어지도록 한 행위는 자본시장법 제178조 제1항 제1호의 '부정한 수단, 계획 또는 기교'를 사용하는 행위에 해당할 수 있다. 이때 해당 행위가 부정한 수단, 계획 또는 기교를 사용하는 행위에 해당하는지 여부는 행위자의 지위, 행위자가 특정 공시를 하게 된 동기와 경위, 그 공시 등의 내용이 거래 상대방이나 불특정 투자자들에게 오인·착각을 유발할 위험이 있는지 여부, 행위자가 그 공시 등을 한 후 취한 행동과 주가의 동향, 그 행위 전후의 제반 사정 등을 종합하여 객관적인 기준에 의하여 판단하여야 한다』는 일관된 입장을 보이고 있는바,[172] 이와 같은 각급 법원의 제 입장을 종합해보면 우리 법원은, 이 사건 쟁점과 같이 공시 내용 자체는 허위가 아닌 경우 구 증권거래법 제188조의4 제4항 제2호 〈허위문서 이용 오해 오발행위〉 혹은 위 처벌규정을 승계한 자본시장법 제178조 제1항 제2호 〈중요사항 거짓문서 이용 행위〉로는 의율할 수 없을지라도, 그 '공시 행위' 및 그 일련의 과정에서 사회통념상 용인되기 어려운 사기적 부정행위가 개입·결합되어 있다면 자본시장법 제178조 제1항 제1호 〈부정한 수단, 계획, 기교행위〉가 적용될 수는 있다고 보므로 개별 사안의 적용에 있어 주의를 요한다고 할 것이다.

(나) 적용규정 및 죄수

본건에서 피고인은 A사 정관에 '정보통신관련 등'이라는 사업목적을 추가하여 이를 공시하였고, 동시에 A경제신문 및 B경제신문에 보도자료를 배포하여 이를 유포시켰다.

172 대법원 2011. 3. 10. 선고 2008도6335 판결, 대법원 2018. 4. 26. 선고 2017도19019 판결, 대법원 2024. 5. 30. 선고 2019도12887 판결 등

구 증권거래법 제188조의4 제4항 제1호 〈허위사실 유포행위〉의 허위사실의 '유포'는 불특정 다수인에게 허위사실을 직·간접적으로 전파하는 경우를 말하고, 수단의 제한이 없어 보도자료 배포, 증권방송 이용, 인터넷 유포, 구두 전파 등 모든 방법이 포함된다. 즉, 허위사실의 유포는 허위사실의 '확산'에 초점이 맞추어져 있는 것이다. 반면, 구 증권거래법 제188조의4 제4항 제2호 〈허위문서 이용 오해유발행위〉의 허위표시 문서 이용은 '문서의 이용'이라는 요건이 충족되어야 하는바,[173] 허위표시 문서의 '작성·제출'에 초점이 맞추어져 있다. 일반적으로 대량보유보고서·증권발행신고서 등과 같이 금융위원회 전자공시시스템을 통하여 허위내용의 공시를 한 경우가 허위표시 문서이용으로 의율될 것이다.

따라서 『A사 정관에 '정보통신관련 등'이라는 사업목적을 추가했다』는 내용을 허위라고 판단한다면 피고인의 행위는 구 증권거래법 제188조의4 제4항 제1호 〈허위사실 유포행위〉 및 구 증권거래법 제188조의4 제4항 제2호 〈허위문서 이용 오해유발행위〉에 해당한다. 아울러 양자간의 죄수와 관련하여는 위와 같은 공시 및 언론보도 행위는 피고인의 주가부양이라는 단일한 목적하에 이루어진 것이므로 양죄는 포괄일죄 관계에 있다고 봄이 상당[174]하다. 다만, 위 판결에서 법원은 경합범 관계로 보는 것으로 보인다.

다만, 이 사건에서 대법원은 『A사 정관에 '정보통신관련 등'이라는 사업목적을 추가했다는 것이 허위라고 볼 수 없다』고 판시하였기 때문에 죄수논의는 필요 없을 것으로 보인다.

나. 피고인이 주식을 차명 취득한 뒤 주식 등 대량보유보고서에는 명의대여인들이 주식을 취득한 것처럼 허위 기재(제출)하고, 실제 주식 취득자금은 차입금임에도 이를 자기 자금으로 허위 기재(제출)한 행위

173 대법원 2010. 12. 9. 선고 2009도6411 판결, 대법원 2009. 7. 9. 선고 2009도1374 판결

174 이와 관련된 논의는 9번 유성티에스아이 사건에 상세히 서술되어 있다.

(1) 법원의 판단

앞서 본 바와 같이, 1심 법원은 피고인의 2000. 6. 17. 및 2000. 8. 23.자 허위 대량보유보고서 제출행위를 구분하지 않고 둘 모두를 '허위사실 유포 또는 허위 표시' 행위로 인정하였고, 항소심은 2000. 6. 17.자 대량보유보고서만 '허위사실 유포 또는 허위 표시' 행위로 인정하였다.

그리고 대법원은 다음과 같은 이유로 피고인이 2000. 6. 17.자 대량보유보고서에 실제로는 20.8억원의 차입금이 존재함에도 취득자금을 '자기자금'으로 기재하고, 실제로는 피고인이 단독 취득한 것임에도 불구하고 甲, 乙, 丙, 丁 등의 명의를 빌려 주식취득자를 '피고인 108만주(13.50%), B사 36만주(4.50%), 甲 39만 2,000주(4.90%), 乙 38만 4,000주(4.80%), 丙 37만 2,000주(4.65%), 丁 31만 2,000주(3.90%)'라고 기재[175]한 행위는 구 증권거래법 188조의4 제4항 제2호 〈허위문서 이용 오해유발행위〉에서 규정하는 '중요한 사항'에 해당한다고 보고, 이 부분 원심의 결론을 그대로 유지하였다.

> ① 증권거래법 제186조 제1항(상장법인 등의 신고·공시의무) 각호[176]에 해당하는 사실은 그 취지상 증권거래법 제188조의4 제4항 제2호 소정의 '중요한 사항'에 해당한다.

---

175 피고인의 대량보유보고서에 B사, 甲, 乙, 丙, 丁의 지분내역이 보고된 이유는 『자본시장법 제141조(특별관계자의 범위)

① 법 제133조제3항 본문에서 "대통령령으로 정하는 특별한 관계가 있는 자"란 특수관계인과 공동보유자를 말한다.

② 제1항에서 "공동보유자"란 본인과 합의나 계약 등에 따라 다음 각 호의 어느 하나에 해당하는 행위를 할 것을 합의한 자를 말한다.

1. 주식등을 공동으로 취득하거나 처분하는 행위
2. 주식등을 공동 또는 단독으로 취득한 후 그 취득한 주식을 상호양도하거나 양수하는 행위
3. 의결권(의결권의 행사를 지시할 수 있는 권한을 포함한다)을 공동으로 행사하는 행위』로 규정되어 있는바, 피고인이 B사 등 5명과 공동으로 A사 주식을 인수하여 경영한다고 했기 때문에 대량보유보고서 상 특별관계자로서 그 지분내역이 보고된 것으로 보인다.

176 제186조(상장법인 등의 신고·공시의무등〈개정 1999.2.1, 2000.1.21〉) ①상장법인 또는 협회등록법인은 다음 각호의 1에 해당하는 경우에는 그 사실 또는 이사회의 결의내용을 대통령령이 정하는 바에 따라 지체없이

② 증권거래법 시행령 제83조 제3항 제1호 및 제7호의 규정[177] 및 유가증권의발행및공시등에관한 규정 제69조 제1항 제2호 (자)목 등에 따라, '최대주주, 주요주주 또는 계열회사의 변동'이 발생하면 증권거래법 제186조 제1항 제13호 소정의 법인의 경영·재산 등에 관하여 중대한 영향을 미칠 사항으로서 대통령령이 정하는 사실이 발생한 때'에 해당하므로 공시 또는 신고 의무가 발생한다.

③ 따라서 2000. 6. 17.자 대량보유보고서에 기재된 허위사실은 A사의 최대주주 또는 주요주주에 관한 사항으로 일반 투자자의 투자판단에 영향을 미칠 수 있는 사실에 해당, 증권거래법 제188조의 4 제4항 제2호 소정의 '중요한 사항'에 해당한다.

금융감독위원회와 증권거래소 또는 협회에 신고하여야 한다.〈개정 1982.3.29., 1987.11.28., 1994.1.5., 1997.1.13., 1998.1.8., 1999.2.1., 2000.1.21.〉

1. 발행한 어음 또는 수표가 부도로 되거나 은행과의 거래가 정지 또는 금지된 때
2. 영업활동의 일부 또는 전부가 정지된 때
3. 법률의 규정에 의한 법인의 정리절차개시의 신청이 있거나 사실상 정리를 개시한 때
4. 사업목적이 변경된 때
5. 재해로 인하여 막대한 손해를 입은 때
6. 상장유가증권 또는 협회등록유가증권에 관하여 중대한 영향을 미칠 소송이 제기된 때
7. 상법 제374조·제522조·제527조의2·제527조의3 및 제530조의2에서 규정한 사실이 발생한 때
8. 법률에 의한 해산사유가 발생한 때
9. 증자 또는 감자에 관한 이사회의 결의가 있은 때
10. 특별한 사유에 의하여 조업을 중단하거나 조업을 계속할 수 없는 때
11. 거래은행에서 당해 법인의 관리를 개시한 때
12. 자기주식의 취득 또는 처분에 관한 이사회의 결의 또는 대표이사 기타 대통령령이 정하는 자의 결정이 있은 때
13. 제1호 내지 제12호외에 법인의 경영·재산 등에 관하여 중대한 영향을 미칠 사항으로서 대통령령이 정하는 사실이 발생한 때

177 제83조(상장법인의 신고등) ③법 제186조제1항제13호에서 "대통령령이 정하는 사실이 발생한 때"라 함은 다음 각호의 1에 해당하는 때를 말한다.〈개정 1998.2.24.〉

1. 최대주주, 주요주주 또는 계열회사의 변동이 있은 때
2. 최대주주, 최대주주의 특수관계인, 주요주주 또는 계열회사와 금융감독위원회가 정하는 중요한 거래를 한 때
3. 신물질 또는 신기술에 관한 특허권을 취득한 때
4. 자본금의 100분의 20이상의 신규시설투자, 시설증설 또는 별도공장의 신설에 관한 이사회의 결의가 있은 때
5. 최근사업연도 매출액의 100분의 10이상에 해당하는 제품에 대한 수거·파기등을 실시하기로 결정한 때
6. 자본금의 100분이 10이상의 특별손실 또는 특별이익이 발생한 때
7. 법 제186조제1항제1호 내지 제12호와 제1호 내지 제6호외에 유가증권의 공정거래와 투자자보호를 위하여 필요한 사항으로서 금융감독위원회가 정하는 사실이 발생한 때

판결내용을 정리하면 아래 표와 같다.

	1심	항소심	대법원
2000. 6. 17.자 공시	유죄	유죄	유죄
2000. 8. 23.자 공시	유죄	무죄	무죄

(2) 평석

물론 위와 같이 법률(증권거래법 제186조 제1항)의 위임에 따라 동법 시행령 및 금융위원회 고시에서 '최대주주, 주요주주의 변동'이 있으면 이를 공시 또는 신고대상으로 의무화하고 있었던 것이 사실이고, 최대주주의 변동은 곧 회사의 경영에 있어 중대한 영향을 미칠 수 있는 요소일 수 있다. 이 사건을 포함한 다수의 판례 역시 이러한 측면에서 주식 등 대량보유보고에 차명 주식 취득 사실을 누락하거나 허위 기재한 사안에 대해 '중요한 사항'으로 봄과 동시에 '허위 표시 문서 이용 행위'에 해당한다고 보는 듯 하다.

그런데 전술한 바와 같이 구 증권거래법 제188조의4 제4항 제2호 〈허위문서 이용 오해유발행위〉은 '부당한 이득을 얻기 위하여', '금전 기타 재산상의 이익을 얻고자 하는 행위'와 같은 목적범 요건을 두고 있는바, 이러한 측면에서 봤을 때 차명 주식 취득사실을 누락하거나 허위 기재한 행위가 있었다고 해서 그것만으로 구 증권거래법 제188조의4 제4항 제2호 〈허위문서 이용 오해유발행위〉 소정의 구성요건이 곧바로 충족된다고 보기는 어렵다고 생각된다. 관련 논의를 좀 더 세부적으로 들여다보면 아래와 같다.

먼저 차명 보유분 누락공시 행위는 대체로 두 가지로 구분될 수 있다. 첫 번째는 차명 보유분을 누락하여 최초로 공시하는 것이고**[제1행위]**, 두 번째는 그 이후 자신의 차명 보유분을 처분하고도 그 차명분의 처분내역을 공시하지 않는 행위이다**[제2행위]**.

이와 관련한 자세한 논의는 〈7번_포괄적 주식교환 사건〉에서 본 바와 같고, 그 논의를 정리하면 다음과 같다.

	차명주식의 소유현황을 누락한 채 공시하는 것[제1행위]	그 이후 차명주식을 처분하고서도 그 처분내역을 공시하지 않는 것 [제2행위]
허위표시 문서의 '이용'에의 해당 여부	애초부터 차명주식의 처분을 통하여 시세차익을 얻을 목적이 있었던 경우 : 해당	해당
	그렇지 않은 경우 : 제외	

이 사건에서 법원이 2000. 6. 17.자 대량보유보고와 관련하여 피고인에게 사기적 부정거래행위를 인정한 이유는, '피고인이 M&A 과정에서 차명주식의 소유현황을 누락한 채 주식 등의 대량보유상황보고서를 제출한 것에 대하여 자신이 매수한 주식을 타인이 보유하는 것으로 기재하여 최대주주인 피고인이 주가에 충격을 주지 않으면서 고가에 주식을 매도하기 위한 준비행위'로 보았기 때문이므로, 위의 논의에 비추어 봤을 때 법원의 판단은 타당하다고 여겨진다.

또한 피고인은 위 2000. 6. 17.자 주식 등 대량보유보고에서 주식취득자금에 대해서도 차입금의 존재를 숨기고 자기 자금으로 취득한 것처럼 허위 기재하였던바, 위의 논의에 더하여 상장사에서 대주주 혹은 주요주주의 경우 그 주식취득자금이 자기가 보유한 자금인지, 타인으로부터 빌린 자금인지 여부는 시장에서 중요하게 여기는 정보인 점[178], 이에 '주식등의 대량보유상황보고서'에서 주식취득 자금원에 대한 제대로 된 신고여부는 일반 투자자들의 투자판단에 있어 매우 중요한 요소라고 볼 수밖에 없다는 점 등을 고려하면 피고인의 이 부분 허위 기재 역시 '중요한 사항에 관한 허위 표시의 이용'에 해당한다고 할 것이다. 따라서 이 부분 대법원의 결론은 타당하다고 여겨진다.

178 주주 혹은 주요주주가 상장사의 주식을 취득하면서 타인으로부터 자금을 빌려 주식을 매수했다면 그 자금의 변제 이슈가 발생하고, 변제를 위해 취득한 주식을 조만간 다시 처분할 수 있다는 가능성이 있기 때문이다. 특히, 과거 주가조작 세력들은 사채업자로부터 자금을 빌려 주식을 매입하면서 그 주식을 담보로 제공하는 사례가 많았고, 그 담보된 주식들은 일정한 주가를 유지하지 못하면 반대매매 처분되는 수가 많아 일반 투자자들이 예상치 못한 손해를 입은 경우가 많았다.

다. 피고인이 취득한 A사 주식을 매도한 이후, 허위 주식매매계약서 등이 첨부되고 일부 내용이 허위로 기재된 주식 등 대량보유보고서를 제출한 행위

(1) 법원의 판단

1심 법원은 피고인이 2000. 6. 17. 다수인의 명의를 차용, 마치 여러 명이 공동하여 차입금 없이 A사를 인수하는 것처럼 허위 기재한 주식등 대량보유보고서를 제출한 행위 및 피고인이 2000. 8. 22.경 실제로는 명의신탁된 자기의 주식을 장내 매도하였으면서도 2000. 8. 23.경 차명계좌를 이용, 여러 명에게 장외 매도한 것처럼 꾸며 허위로 기재한 주식대량보유보고서를 제출한 행위[179]를 구 증권거래법 제188조의4 제4항 제2호 〈허위문서 이용 오해유발행위〉로 보아 유죄로 인정하였다.

그런데 항소심은, 피고인이 2000. 8. 23. 허위의 주식 대량보유보고서를 제출한 사실은 인정하면서도, 주식이 매도된 것은 이 보고서가 작성되기 전인 2000. 8. 22.이므로, 이를 증권거래법 제188조의4 제4항 제2호에서 규정된 '부당한 이득을 얻기 위한 행위'로 볼 수 없다고 보아 1심 판단을 파기하고 해당 부분을 무죄로 보았다(다만, 피고인의 위 2000. 6. 17. 허위 대량보유보고서의 제출행위는 여전히 유죄로 보았고 2000. 8. 23.자 주식등대량보유보고서 제출행위는 위 2000. 6. 17.자 행위와 일죄로 보아 따로 무죄 선고를 하지는 아니하였다). 이에 검사가 상고하였으나 대법원은 이 부분에 관한 검사의 상고를 기각하였다.

(2) 평석

살피건대, 일단 위 항소심과 대법원의 판단에 대해서는 다소 의문이 있다. 앞서 본 바와 같이 차명주식을 처분하고서도 그 처분내역을 공시하지 않는 행위는 일반 투자자

---

179 이를 위해 피고인은 허위의 주식매매계약서를 첨부하기도 했다.

들로 하여금 차명주식의 매도 사실을 알지 못하게 함으로써 주가 하락을 저지하려는 목적에서 비롯된 행위라고 볼 수밖에 없다.

이 경우 허위표시 문서의 '이용'에 해당하여 사기적 부정거래행위가 성립한다고 보는 것이 타당하다.

더군다나 피고인은 차명주식 처분 사실을 숨기기 위해 허위의 매매계약서를 동원하기도 하였는바, 해당 주식대량보유보고서를 사후적으로 제출하였다고 하더라도 이는 구 증권거래법 제188조의4 제4항 제2호 〈허위문서 이용 오해유발행위〉로 포섭함이 타당하다고 생각된다.

따라서 피고인의 위 행위를 무죄로 본 항소심 및 대법원 판단은 다시 재고할 필요가 있다고 보여진다.

3. '부당한 이득과 인과관계'에 관하여

(1) 법원의 판단

1심 법원은 ① 2000. 6. 17. 주식 대량보유보고 허위 공시행위, ② 2000. 8. 18. 정관 사업목적 추가 관련 허위 공시행위, ③ 2000. 8. 19. 및 2000. 8. 20. 정관 사업목적 추가 관련 언론보도, ④ 2000. 8. 23. 주식 대량보유보고 허위 공시행위 전부를 유죄로 보면서 피고인이 2000. 8. 22. ~ 23.까지 차명으로 보유하고 있는 주식을 모두 처분한 대가를 〈30억원 상당〉이라고 하면서 이를 부당이득으로 특정하여 판결하였다. 다만, 부당이득 추징, 몰수 규정을 적용하지 않았다.

항소심 법원은 위 ①, ②, ③행위를 유죄로 판단하면서 피고인이 2000. 8. 22. ~ 23.까지 차명으로 보유하고 있는 주식을 모두 처분한 대가를 〈2,980,062,010원〉이라고 특정하여 판결하였고, 1심 판결과 같이 부당이득 추징, 몰수 규정을 적용하지 않았다.

대법원은 위 ①행위만 유죄로 판단하면서도 항소심의 부당이득 판단에 대해서는 동일한 입장을 유지하였다. 즉, 피고인이 2000. 6. 17. 주식 대량보유보고서를 허위로 작성하여 제출한 행위는 자신이 매수한 주식을 타인이 보유하는 것으로 기재하여 최대주주인 피고인이 2000. 8. 22. 및 2000. 8. 23. 주가에 충격을 주지 않으면서 고가에 주식을 매도하기 위한 준비행위이고, 일부 차입금으로 취득한 것을 자기 자금으로만 취득한 것으로 기재한 행위는 주가에 긍정적으로 영향을 미치려고 한 행위였으며, 이로 인해 주가가 급등하여 피고인이 주식매도차익을 얻게 되었으므로 피고인이 얻은 이익과 인과관계를 부정할 수 없다고 판시하였다. 구체적인 판결 취지는 아래에서 보는 바와 같다.

① 피고인이 주당 1,900원에 다른 사람의 이름으로 취득한 주식을 2000. 8. 22. 및 8. 23. 1,068,000주를 주당 3,940원에, 392,000주를 주당 4,000원에 전부 매도하여 막대한 차익(약 30억원)을 남기는 과정에서

② 최대주주가 주식을 매도할 경우 주가에 충격이 갈 것을 우려하여 이를 회피하기 위해 타인의 명의를 이용한 행위,

③ 재무구조가 실제보다 더 충실한 것으로 보이게 하여 회사의 신인도를 제고하고 주가를 상승시키기 위해, 차입금의 존재에도 불구하고 대량보유보고서에 자기자금으로만 주식을 취득한 것으로 기재한 행위,

④ 다른 자금 여력이 없었음에도 회사의 사업목적에 '정보통신관련 등' 사업 내용을 추가하는 정관변경을 하고 공시하여 실제로 신사업 추진 자금 능력이 있는 것으로 보이게 한 행위 등은 구 증권거래법 제188조의4 제4항 소정의 '부당한 이득을 얻기 위한 행위' 또는 '금전 기타 재산상의 이익을 얻고자 하는 행위'에 해당하고, 그 행위와 피고인이 얻은 이익 사이의 인과관계 또한 인정된다.

(2) 평석

여기에는 두가지 쟁점이 존재한다. 즉 ❶ 부당이득액을 파악하였으면서도 이를 몰수, 추징으로 나아가지 않은 이유와 ❷ 유죄로 인정된 허위 공시부분과 A사의 주가 상승간에 어떤 인관관계가 있는지, 인과관계가 없다면 부당이득액은 어떻게 되어야 하는 것인지에 대한 것이다.

먼저 ❶ 쟁점과 관련하여 살피건대, 위 범행이 존재하는 시점에 적용되는 구 증권거래법의 경우 부당이득액수의 규모에 따라 법정형이 달라지지 않았다. 부당이득액수의 규모에 따라 법정형이 달라지는 시점은 2002. 2. 17.경 시행된 구 증권거래법 이후였다.

구 증권거래법 제207조의2 (벌칙)

① 다음 각호의 1에 해당하는 자는 10년이하의 징역 또는 2천만원이하의 벌금에 처한다. 다만, 그 위반행위로 얻은 이익 또는 회피한 손실액의 3배에 해당하는 금액이 2천만원을 초과하는 때에는 그 이익 또는 회피손실액의 3배에 상당하는 금액이하의 벌금에 처한다.

1. 제188조의2제1항 또는 제3항의 규정에 위반한 자
2. 제188조의4의 규정에 위반한 자

② 제1항 각호의 위반행위로 얻은 이익 또는 회피한 손실액이 5억원 이상인 때에는 다음의 구분에 따라 가중처벌한다. <신설 2002. 4. 27.>

1. 이익 또는 회피한 손실액이 50억원 이상인 때에는 무기 또는 5년 이상의 징역에 처한다.
2. 이익 또는 회피한 손실액이 5억원 이상 50억원 미만인 때에는 3년 이상의 유기징역에 처한다. 누구든지 유가증권의 매매 기타 거래와 관련하여 다음 각호의 1에 해당하는 행위를 하지 못한다.

- 부당한 이득을 얻기 위하여 고의로 허위의 시세 또는 허위의 사실 기타 풍설을 유포하거나 위계를 쓰는 행위
- 중요한 사항에 관하여 허위의 표시를 하거나 필요한 사실의 표시가 누락된 문서를 이용하여 타인에게 오해를 유발하게 함으로써 금전 기타 재산상의 이익을 얻고자 하는 행위

한편, 구 증권거래법 및 초기 자본시장법에서는 부당이득에 대한 몰수, 추징규정을 두지 않았다가 2014. 12. 30.경 자본시장법 개정(2015. 7. 1. 시행)을 통해 부당이득에 대한 몰수, 추징 규정이 입법되었다. 따라서, 2015. 6. 30.경 이전에는 자본시장법(또는 구 증권거래법)에 의해서 부당이득을 몰수, 추징할 수 없었던 것이다.

그러한 점에서 위 판결에서 부당이득 액수를 특정하고도 몰수, 추징을 하지 않았던 사정은 이해할 수 있다. 다만, 위와 같은 부당이득은 사기적 부정거래라는 위법행위를 통해 얻게 된 불법수익으로 형법 제48조 제1항에 의해서도 몰수, 추징이 가능하였던바, 비록 구 증권거래법에 몰수 추징에 관한 규정은 없었다고 하더라도 보충적으로 형법에 근거하여 몰수, 추징을 시도하였다면 이는 가능했을 수도 있다고 보여진다.

다음으로 ❷쟁점과 관련하여 살피건대, 대법원 판결과 같이 ①행위만 유죄로 인정된다고 할 때, ①행위와 주가의 상승이라는 것이 인과관계가 존재하는지 의문이다. 왜냐하면 앞서 살펴본 바와 같이 차명주식의 누락은 주가 부양적 요소가 아니라 주가 하락저지 요소이다. 즉, 대주주가 자신의 차명 지분을 처분하는 것이 시장에 알려질 경우 시장은 해당 상장사에 어떤 문제가 있다고 생각할 것이고, 그러한 경우 일반투자자들의 매도로 이어져 이는 주가하락 요소가 될 가능성이 높다.

즉, ①행위는 주가를 부양하는 요소가 아니기 때문에 ①행위를 했다고 해서 주가 상승이 있었다고 볼 수 없고, 따라서 피고인이 주식을 매도하여 시세차익을 얻었다는 사실

과의 사이에 인과관계가 있다고 볼 수 없다.

부당이득은 사기적 부정거래행위로 인한 이익으로서 사기적 부정거래행위와의 인과관계가 인정되어야 하는데, 사기적 부정거래행위 외에 제3자의 개입, 증권시장의 상황, 그 밖에 주가에 중대한 영향을 미칠 수 있는 제반 요소가 다양하므로, 사기적 부정거래행위로 인한 부당이득액을 구체적으로 산정함에 있어서는 신중을 기하여야 한다.

이와 관련하여 대법원은 위반행위의 동기, 경위, 태양, 기간, 제3자의 개입 여부, 증권시장 상황 및 그 밖에 주가에 중대한 영향을 미칠 수 있는 제반 요소들을 전체적·종합적으로 고려하여 인과관계가 인정되는 이익을 산정해야 한다고 판시하였다.[180]

특히, 대법원은 주식시장에서의 정상적인 주가변동요인에 의한 주가상승분이나 위반행위자와 무관한 제3자가 야기한 주가상승분이 존재하는 등과 같은 사정이 있는 경우에는 위반행위와 인과관계가 인정되는 이익만을 따로 구분하여 산정하여야 한다고 판시하기도 하였다.[181]

그 연장선에서 법원이 피고인의 행위와 무관한 요인에 의한 주가상승분이 존재한다고 판단되는 경우 "액수 미상의 부당이득"이라고 판시하는 사례가 다수 있다.[182]

본건에서 피고인이 차명 부분을 누락하는 공시를 함으로써 피고인이 얻는 부당이득은 '피고인이 사기적 부정거래행위를 통하여 차명주식의 매도 사실을 은닉하였을 때의 A사 주가'와 '피고인이 정상적으로 차명주식의 매도 사실을 공시하였을 때의 A사 주가' 간의 차액이라고 봄이 타당하다. 즉, 「부당이득 = 피고인이 사기적 부정거래행위를 통하여 차명주식의 매도 사실을 은닉하였을 때의 A사 주가 - 피고인이 정상적으로 차명주식의 매도 사실을 공시하였을 때의 A사 주가」인 것이다.

180 대법원 2009. 7. 9. 선고 2009도1374 판결

181 대법원 2013. 7. 11. 선고 2011도15056 판결

182 서울고등법원 2018. 6. 21. 선고 2017노2969 판결, 서울고등법원 2022. 4. 29. 선고 2021노2108 판결

예컨대, 피고인이 부정거래행위를 통하여 차명주식의 매도 사실을 은닉하였을 때의 A사 주가가 10,000원이고, 피고인이 정상적으로 차명주식의 매도 사실을 공시하였을 때의 A사 주가가 8,000원이라고 가정할 때, 피고인이 얻는 부당이득은 2,000원인 셈이다.

다만, '피고인이 정상적으로 차명주식의 매도 사실을 공시하였을 때의 A사 주가'는 객관적인 증거에 의하여 입증하는 것이 불가능하므로, 그 연장선에서 사기적 부정거래행위로 인한 부당이득도 구체적으로 산정하기 어려울 것인바, 결과적으로 부당이득은 '불상'으로 보는 것이 합당하다.

11

홍콩 페이퍼컴퍼니 사건

Ⅰ. 사건의 진행 경과

날짜	행위
전제	- 피고인 甲은 홍콩 소재 A, B, C, D 페이퍼컴퍼니의 실제 운영자이자, 위 A, B, C는 크레딧스위스(글로벌 투자IB)에 계좌를 보유하고 있음 - 피고인 乙은 E그룹 재벌3세로 F 법인의 우회상장을 위해서 코스닥 상장사인 G 법인을 인수하였음 - 피고인 乙은 G 법인에 대하여 해외투자자가 투자하는 듯한 외관을 보이게 하기 위해 피고인 甲에게 그가 실제로 운영하는 A 등이 ▲ G 법인의 유상증자에 참여하고, ▲ 주식을 장내매수하고, ▲ 피고인 乙이 보유한 BW를 인수해달라고 요청하고, 피고인 甲은 이에 동의함
'06. 9. 27. ~ '06. 9. 28.	- ①행위, 피고인 甲은 9/27 ~ 9/28 크레딧스위스 명의로 G 법인 주식 29만주 상당을 장내매수하고, 9/28 A, B, C가 G 법인 제3자 유상증자(50만주)에 참여
'06. 9. 17. ~ '07. 4. 30.	- ②행위, 피고인 甲은 크레딧스위스 명의, A, B, C 명의로 G 법인 주식을 매수하였음에도 대량보유보고의무를 이행 하지 않음
'06. 10. 13.	- ③행위, 피고인 乙은 자신이 운영하는 H 법인으로부터 250억원을 차용하여 G 법인을 인수하면서, 〈대량보유보고의무〉를 공시할 때, 위 250억원의 자금조성경위와 관련하여 '차입금'이라고 하지 않고, '자기자금'이라고 기재함
'06. 10. 18.	- ④행위, 피고인 甲의 페이퍼컴퍼니인 D는 피고인 乙이 보유한 G 법인 BW 180만주 중 90만주를 주당 45,000원(405억원)에 인수함(시세보다 고가)
'06. 10.하순경	- ⑤행위, 피고인 乙은 "해외펀드(D)가 G 법인의 가치를 높이 평가하여 장기보유의 목적으로 투자를 했다"고 언론대응함

II. 관련 조문

구 증권거래법 제188조의4 (시세조종등 불공정거래의 금지)

④ 누구든지 유가증권의 매매 기타 거래와 관련하여 다음 각호의 1에 해당하는 행위를 하지 못한다.

1. 부당한 이득을 얻기 위하여 고의로 허위의 시세 또는 허위의 사실 기타 풍설을 유포하거나 위계를 쓰는 행위
2. 중요한 사항에 관하여 허위의 표시를 하거나 필요한 사실의 표시가 누락된 문서를 이용하여 타인에게 오해를 유발하게 함으로써 금전 기타 재산상의 이익을 얻고자 하는 행위

이 사건에서 문제된 행위는 자본시장법이 시행된 2009. 2. 4. 이전에 이루어졌으므로, 이 사건은 구 증권거래법이 적용되었다.

III. 쟁점

이 사건은 피고인 乙이 코스닥 상장사인 G 법인을 인수하면서 해외펀드가 G 법인에게 투자를 하는 듯한 외관을 씌워 주가부양을 한 사례로서, 대법원에서 일부 행위에 대해서 무죄 취지로 파기 환송되면서 파기 환송심에서 검찰이 공소유지를 위해서 공소장을 변경하였고, 그에 대해서 별도의 대법원 판단이 이루어진 사안이다.

따라서 이 사건은 크게 파기환송심 전에 피고인들의 문제되는 행위와 파기환송 후 공소장 변경을 통해 적시된 행위를 구분하여 판례의 취지 및 그 판례의 당부를 논의할 필요가 있다.

1. 파기환송 전 문제된 행위

파기환송 전 피고인들의 문제된 행위는 ①부터 ⑤까지 행위였다.

가. ①행위 관련 쟁점(피고인들 공범)

본건에서 피고인 갑(한국인, 국적은 미국)이 운영하는 페이퍼컴퍼니인 A, B, C, D가 글로벌 IB(투자은행)인 크레딧스위스에 증권계좌를 보유하고 있었고, 크레딧스위스가 자신의'고유자금'으로 거래소에서 자신 명의로 G 법인의 주식을 장내매수(자기자산투자)하여 글로벌 IB가 G 법인에 대하여 투자하는 외관이 형성되었고, 아울러 홍콩법인인 A, B, C가 G 법인의 유상증자에 나서 그것이 공시되었던 바, 이 역시 해외 투자자가 G 법인의 투자에 나선 것과 같은 외관이 형성되었다.

그런데, ▲ 크레딧스위스의 G 법인 주식 장내매수도, ▲ 페이퍼컴퍼니인 홍콩법인 A, B, C의 G 법인에 대한 유상증자 참여는 실제로는 피고인 甲의 투자임에도 이렇게 해외 투자자가 투자하는 것과 같은 외관을 형성한 것이 구 증권거래법 제188조의4 제4항 제1호 〈위계 이용행위〉 혹은 유상증자와 관련하여서는 공시가 되었기 때문에 구 증권거래법 제188조의4 제4항 제2호 〈허위문서 이용 오해유발행위〉에 해당하는지 여부가 쟁점이 될 것으로 보인다.

나. ②행위 관련 쟁점(피고인들 공범)

본건에서 피고인 甲은 2006. 9. 27. ~ 2007. 4. 3. 크레딧스위스 및 A, B, C계좌로 G 법인 주식을 장내매수, 매도하면서도 대량보유보고의무를 이행하지 않았다. 그런데, 검찰은 피고인 甲의 행위를 구 증권거래법 제188조의4 제4항 제2호 〈허위문서 이용 오해유발행위〉로 기소를 하였는데, 피고인 甲은 대량보유보고의무를 전혀 이행한 바 없기 때문에 실상 어떤 문서를 이용한 바가 없었다. 이렇게 공시의무를 전혀 이행하지 않은 것(이른바 '미공시')이 구 증권거래법 제188조의4 제4항 제2호 〈허위문서 이용 오해유발행위〉가 되는지 쟁점이 된다 할 것이다.

다. ③행위 관련 쟁점(피고인 乙)

본건에서 피고인 乙은 자신이 운영하던 H 법인(한국 법인)으로부터 250억원을 차용하여 G 법인 주식을 인수하면서, 〈대량보유보고의무〉를 공시할 때, 위 250억원의 자금조성 경위와 관련하여 '차입금'이라고 하지 않고, '자기자금'이라고 기재하였다.

결국, 실제 차입금이면서 〈대량보유보고의무〉를 공시하면서 그 자금의 성격을 〈자기자금〉이라고 기재한 것이 구 증권거래법 제188조의4 제4항 제2호 〈허위문서 이용 오해유발행위〉가 되는 것인지 쟁점이 된다 할 것이다.

라. ④행위 관련 쟁점(피고인들 공범)

본건에서 피고인 甲은 자신의 페이퍼컴퍼니인 D가 피고인 乙이 보유한 G 법인 BW(신주인수권부 사채)를 1주당 45,000원에 고가매수하였고, 그것이 공시될 때, 마치 해외 펀드가 G 법인의 BW에 투자를 하는 듯한 외관이 형성되게 하였다.

따라서, 이러한 BW투자행위는 공시되었기 때문에 구 증권거래법 제188조의4 제4항 제2호 〈허위문서 이용 오해유발행위〉에 해당하는지 여부가 쟁점이 된다 할 것이다.

마. ⑤행위 관련 쟁점(피고인들 공범)

피고인 乙은 언론 등에서 D는 페이퍼컴퍼니이고 실제 운영자는 한국인이라는 의혹이 제기되자, 언론과 인터뷰를 하면서 "해외펀드 D가 G 법인의 가치를 높이 평가하여 장기보유의 목적으로 투자를 했다"고 언론대응하였다.

그러나, 실제로 D의 경우 피고인 甲이 운영하는 페이퍼컴퍼니였던 바, 이러한 피고인 乙의 언론대응이 구 증권거래법 제188조의4 제4항 제1호 〈허위사실 유포행위〉에 해당하는지 문제된다 할 것이다.

바. 부당이득 관련 쟁점(피고인들 공범)

검찰은 위 ①, ②, ④, ⑤행위를 통해 피고인 甲이 G 법인의 주식을 장내매수도 한 차액 171억원 상당을(본건에서 주식 장내매수도한 사람은 피고인 甲이고, 피고인 乙은 주식 장내매수도가 없음) 피고인들이 취득한 부당이득(실현이익)으로 기소하였다.

2. 파기환송 후 문제된 행위

파기환송 후 항소심에서 검찰은 공소장변경을 통해 문제되는 행위를 다음과 같이 정리하였다.

❶ 행위	① 행위가 무죄취지로 파기되자, 검찰은 『사실은 피고인 甲이 G 법인 주식을 매입하는 것임에도 크레딧스위스가 위 주식을 장내매수하는 외관을 형성하여 위계행위를 하였다』는 취지로 공소장변경함
❷ 행위	② 행위가 무죄취지로 파기되자, 검찰은 『2007. 3. 30.자 G 법인 사업보고서에 크레딧스위스가 위 주식을 보유하고 있는 취지로 기재되었던 것을 근거로, 사실은 피고인 甲이 G 법인 주식을 매입하는 것임에도 크레딧스위스가 위 주식을 보유하고 있는 것처럼 사업보고서를 허위기재하여 오해를 유발하였다』고 공소장변경을 함
❸ 행위	그대로 유지
❹ 행위	② 행위가 무죄취지로 파기되자, 검찰은 『2006. 10. 9.자 증권신고서 및 예비투자설명서/ 2006. 10. 13.자 증권신고서/ 2006. 10. 23.자 투자설명서 상 홍콩법인 A, B, C의 유상증자 참여 관련 사항에서 사실은 홍콩법인 A, B, C의 투자는 피고인 甲의 투자임에도 "G 법인의 투자를 원하는 개별 투자자자를 대상으로 납입능력을 고려하여 유상증자 참여자를 선정하였다"고 위 증권신고서 등을 허위로 기재하여 오해를 유발하였다』고 공소장변경을 함
❺ 행위	⑤ 행위를 더욱 상세하게 공소장 변경함

한편, 검찰은 공소장변경을 통해, 피고인 甲이 G 법인 장내매수도를 통해 취득한 이익 171억원 외 피고인 乙이 취득한 이익 즉 ▲ BW 90만주를 피고인 甲에게 매각한 차익 329억원[실현이익, (45,000원 - 8,390원)*900,000주]] + ▲ 잔여 BW 90만주의 미실현이익 311억원(최고주가 43,000원)을 부당이득에 포함하였다.

IV. 각 쟁점에 대한 평석

1. 파기환송 전 문제된 행위

가. ① 행위 관련

(1) 법원의 태도

본 사건에서 제1심[183], 항소심[184] 법원은 ① 행위가 구 증권거래법 제188조의4 제4항 제1호 <위계 이용행위>가 성립한다고 판단하였다. 제1심, 항소심 법원은 다양한 근거를 대면서 위계행위 성립을 인정하였는데, 그 중 주요한 것은『▲ 피고인 甲이 크레딧스위스 명의로 주식매수도를 하고, A, B, C명의로 유상증자에 참여하는 것은 정상적인 거래라기보다는 외국인 지분의 활발한 변동이 있는 것과 같은 외관을 갖추려는 의도적인 거래로 밖에 볼 수 없는 점, ▲ 피고인 甲은 삼일빌딩의 소유자로서 국내에서 자금조달이 가능하였음에도 국내자금을 홍콩 스몰록 계좌로 송금한 다음 크레딧스위스 및 여러 페이퍼컴퍼니 계좌로 나누어 다시 국내로 송금하였고, 외국인 투자등록이 되어 있는 자신 또는 스몰록 명의를 사용하는 대신, 외국인 투자등록도 되어 있지 않은 다른 페이

183 서울중앙지방법원 2009. 1. 22. 선고 2008고합569, 720(병합), 721(병합) 판결

184 서울고등법원 2009. 6. 17. 선고 2009노355 판결

퍼컴퍼니 명의를 사용하였던 점(그 과정에서 피고인 甲은 丙에게 국내에 자신의 회사로 알려진 스몰록이 나타나서는 안된다는 취지로 당부하기도 하였다)』을 거론하였다.

그런데, 대법원[185]은 이에 대하여『구 증권거래법 제188조의4 제4항 제1호는 유가증권의 매매 기타 거래와 관련하여 '부당한 이득을 얻기 위하여 고의로 허위의 시세 또는 허위의 사실 기타 풍설을 유포하거나 위계를 쓰는 행위'를 금지하고 있는바, 여기서 '위계'라 함은 거래 상대방이나 불특정 투자자를 기망하여 일정한 행위를 유인할 목적의 수단, 계획, 기교 등을 말하는 것이고(대법원 2008. 5. 15. 선고 2007도11145 판결 참조), '기망'이라 함은 객관적 사실과 다른 내용의 허위사실을 내세우는 등의 방법으로 타인을 속이는 것을 의미한다. 그런데 원심판결 이유에 의하면, ...(중략).... 피고인 甲은 외국 국적을 가진 사람으로서 이 사건 주식거래 이전부터 외국계 투자은행에 계좌를 개설하여 금융자산을 관리하거나 자신이 직·간접적으로 운영하고 있는 외국법인의 명의를 이용하여 국내외자산에 투자하여 온 사실을 알 수 있는바, 원칙으로 주식거래에 있어서는 실명에 의한 거래가 강제되지 아니할 뿐만 아니라 투자자가 자신의 투자 동기나 계획 등을 스스로 시장에 공개하여야 할 의무가 없다는 점을 감안할 때, 원심이 인정한 바와 같이 외국인인 피고인 甲이 자신의 자금을 가지고 그의 계산 하에 실재하는 외국법인 명의 혹은 계좌를 이용하여 일반적인 주식시장에서 이 사건 G 법인 주식을 매수하였다면 그 행위는 객관적 측면에서 모두 사실에 부합하는 것으로서 아무런 허위내용이 없으므로 위 법리에 비추어 이와 같은 행위를 기망행위에 해당하는 것이라고 볼 수는 없다. 따라서 피고인들이 이 사건 주식거래를 함에 있어 관련 외국법인의 실체를 과장하거나 그에 관한 허위의 정보를 제공하는 등 허위사실을 내세웠다는 특별한 사정이 없는 이상, 원심이 유죄 인정의 근거로 들고 있는 사실(단 아래의 허위사실 유포행위는 제외)만으로는 피고인 甲의 위와 같은 투자행태를 법률이 금지하는 위계의 사용에 해당한다고 단정하기에 부족하다』고 판시하였다.

185 대법원 2010. 12. 9. 선고 2009도6411 판결

(2) 평석

위 판결에서는 ① 크레딧스위스 명의로 G 법인 주식을 장내매수도한 경우 및 홍콩법인 A, B, C 명의로 G 법인 주식을 장내매수도한 부분, ② 홍콩법인 A, B, C 명의로 G 법인의 유상증자에 참여한 부분을 포괄하여 구 증권거래법 제188조의4 제4항 제1호<위계 이용행위>가 성립되는지 판단하고 있다.

그런데, 위 ② 부분과 관련하여서는 공시가 이루어졌기 때문에 구 증권거래법 제188조의4 제4항 제1호 <위계 이용행위> 성립 외에도 구 증권거래법 제188조의4 제4항 제2호 <허위문서 이용 오해유발행위> 성립도 문제될 수 있다고 보여지는 바, 이하에서는 장내 주식매수도 부분과 유상증자 부분을 구분하여 쟁점을 살펴보기로 한다. 물론 위 판결에서는 구 증권거래법 제188조의4 제4항 제2호 <허위문서 이용 오해유발행위> 성립을 다룬 바 없다.

(가) 크레딧스위스 명의로 주식 장내매수도 부분의 <위계 이용행위> 성립여부

(가)-1. 외국인투자 절차

이 부분은 <4번_외국인 투자자 외관 형성 사건> 내용을 참조하면 된다.

(가)-2. '위계'의 의미

구 증권거래법 제188조의4 제4항 제1호 '위계'의 개념에 대하여는 견해가 대립하는데, '위계'가 ▲ 형법 상 사기죄와 동일한 개념이라는 학설도 있지만, ▲ 형법에서 기망행위와 위계는 구분한다는 점, 위계는 기망과 유혹을 포함하는 개념이라는 점에서 '위계'는 사기죄의 기망행위보다는 보다 넓은 개념으로 보아야 한다는 학설이 대립한다.

대법원은 '위계'의 해석과 관련하여, 『'위계'란 거래 상대방이나 불특정 투자자를 기망하여 일정한 행위를 하도록 유인할 목적의 수단, 계획, 기교 등을 말하고, '기망'이란 객관적 사실과 다른 내용의 허위사실을 내세우는 등의 방법으로 타인을 속이는 것을 의미한다』고 판시[186]한바 있고, 다수의 사례[187]에서 일관된 태도를 보이고 있다.

판례의 해석은 타당하다고 보이며, 이에 따르면 객관적 사실과 다른 허위사실을 내세우거나, 거래 신의성실의 원칙상 상대방에게 고지해야 할 의무가 있음에도 이를 고지하지 않은 경우에는 '위계'가 성립한다고 보아야 할 것이다.

(가)-3. '위계' 성립 여부와 관련한 판단

본건처럼 외국인 투자자가 아님에도 외국인투자전용계좌를 이용하여 주식을 매수하는 경우에는 외국인 투자 비중에 대한 통계가 공개되어 일반 투자자들에게 정상적인 해외자금이 유입된 것으로 보이는 외관을 형성하게 되고, 우리 주식시장의 경우 한 때 외국인의 투자가 해당 기업의 가치 상승 신호로 받아들여져 주가상승으로 이어지는 경우가 있다는 점에서 구 증권거래법 제188조의4 제4항 제1호 <위계 이용행위>에 해당할 여지도 없지 않다고 보여진다.

그러나, 앞서 본 바와 같이 '위계'는 기망행위를 전제로 하는 것이고, 기망행위는 명시적, 묵시적 기망행위로 구분될 수 있는데, 본건의 경우 피고인들은 실제 주식매입 주체가 피고인 甲임에도 이를 알리지 않고, G 법인 주식을 장내 매수도하였다는 점에서 묵시적 기망행위가 존재하는지 문제된다 할 것이다.

묵시적 기망은 고지의무 있는 자가 일정한 사실에 관하여 상대방이 착오에 빠져 있음을 알면서도 이를 고지하지 않는 것을 말한다. 그런데, 주식시장은 가격 · 상품에 대한 위험성을 내재한 모험적 속성을 바탕으로 하고 있어 주식거래와 관련된 모든 정보를 고지할 의무가 있다고 볼 수 없다. 더욱이, 외국인투자자가 아님에도 외국인 투자계좌를

186 대법원 2010. 12. 9. 선고 2009도6411 판결

187 법원은 소위 '론스타' 사건에서 감자(減資, 주식회사나 유한회사가 결손을 보전하거나 과대 자본을 시정하기 위하여 법원에 등록되어 있는 자본의 총액을 줄이는 일)할 법적·경제적 여건을 갖추고 있지 않거나 임직원이 감자 검토 및 추진 의사가 있지 않았는데도 감자 등의 검토계획의 공표에 나아간 경우 이를 '위계'행위로 본 적이 있다.

이용하여 투자하였다는 사실을 공표할 법적 제도적 장치는 존재하지 않는다. 즉, 이를 고지하여야 할 의무가 존재하지 않는다면, 외국인 투자자인 것처럼 외관을 형성한 행위는 구 증권거래법 제188조의4 제4항 제1호 <위계 이용행위>에 해당하지 않는다고 봄이 타당하고, 대법원의 판단이 적절한 것으로 보인다.

한편, 외국인 투자 외관을 형성했다고 해서 곧바로 사기적 부정거래를 인정할 수 없음을 다른 차원에서 논의해보자 한다. 우리는 자유시장경쟁체제 하에서 살고 있다. 자유시장경제는 어떻게 어떤 방식으로 투자할 것인지에 대한 자유를 보장하는데, 그러한 투자주체의 자유로운 선정도 당연히 내포하고 있다.

물론 우리의 자본시장은 외국인 투자자가 주식을 매수하면 호재의 신호로 여겨지는 때가 있었긴 했다. 그러나 과거에 비하여 외국인 투자자에 대한 자본시장의 접근성이 대폭 확대되어 있는 현행 외국인투자제도 하에서는 외국인 투자의 프리미엄에 대한 시장의 평가 역시 점차 약화되고 있는 추세이다. 오히려 특정 산업군이나 종목에 대한 시장의 관심, 국내외 정치경제 정세, 금리 및 환율 등의 거시경제 변수, 정책 수혜 기대가 주가에 미치는 영향이 더욱 커지고 있다.

따라서 외국인 투자자가 주식을 매수하였다는 사정만으로 그에 따라 해당 주식의 가격이 반드시 상승한다고 단정할 수는 없고, 외국인이 매수한 것처럼 외형이 형성되었다는 사정만으로 곧바로 자본시장의 공정성이나 신뢰성, 나아가 효율성을 해할 위험이 있는 행위에 해당한다고 평가하기는 어렵다.

더욱이, 실제 투자 주체가 내국인과 외국인이 혼재되어 있는 경우에 이를 어떻게 처벌할 것인가 등의 논의 즉, 외국인 투자자를 어떻게 규정할지(한국인이 외국에 세운 회사가 한국 주식을 매입하면 외국인 투자자로 봐야할 것인지 등), 반대로 한국인 투자자는 또 어떻게 규정할 수 있는지 등의 문제점도 있다.

결국, 외국인 투자를 유치한 것과 같은 외양을 갖추었다고 해서 그것을 곧바로 사기적 부정거래 행위로 단정하는 것은 타당하지 못하다.

(나) A, B, C 명의로 G법인 유상증자 참여 부분의 <위계 이용행위> 성립 여부

본건에서 외형상 홍콩법인인 A, B, C가 G법인의 유상증자 참여하는 것으로 공시되었으나, 실제적으로는 피고인 甲이 G법인의 유상증자 참여하는 실질이 있기 때문에, 본건과 같은 유상증자는 일응 G법인에 대하여 외국인이 투자하는 것으로 오해될 여지는 있다.

살피건데, 본건에서 피고인 甲은 한국혈통을 가지고 있을 뿐 국적은 미합중국 국적자이다. 즉, 피고인 甲이 G법인의 유상증자에 참여한다는 것의 실체도 외국인의 투자인 것이다. 물론 피고인 甲이 한국에 건물을 가지고 있는 등 한국자산을 가지고 있다고 있다고 하나, 피고인 甲의 국적, 실제 거주지, 대부분 자산의 보유지는 미국인 바, 그의 투자를 한국인의 투자라고 보기는 어려울 것으로 보인다.

아울러, 이러한 상황과 관련한 공시에서, 'A, B, C의 자금은 피고인 甲의 자금이고, 피고인 甲은 한국에 건물을 가지고 있는 자산가다'라는 취지로 공시해야할 의무가 있는지, 아울러 이를 공시할 수 있는 방법이 있는지 의문이다.

따라서, 위와 같은 공시내용을 두고 묵시적 기망행위가 있었다고 보기는 어렵다고 판단된고, 결국 구 증권거래법 제188조의4 제4항 제1호 <위계 이용행위>가 성립한다고 보기 어렵다.

(다) A, B, C 명의로 G법인 유상증자 참여 부분의 <허위문서 이용 오해유발행위> 성립 여부

한편, 본건에서 외형상 홍콩법인인 A, B, C가 G법인의 유상증자 참여하는 것으로 공시한 것 자체가 구 증권거래법 제188조의4 제4항 제2호 <허위문서 이용 오해유발행위>로 의율할 수 있을지 문제된다.

공시내용 자체는 홍콩법인인 A, B, C가 G법인의 유상증자에 참여한다는 것이 전부이므로 일응 허위로 볼 여지가 있는 것은 위 유상증자금은 피고인 甲이 A, B, C에 송금한

개인적 자금을 재원으로 한다는 점에서 홍콩법인 A, B, C는 피고인 甲의 차명으로 볼 여지가 있다.

살피건데, 먼저 홍콩법인 A, B, C가 피고인 甲의 차명법인이라는 판단을 하려면 홍콩법인 A, B, C가 각자 고유의 법인 활동을 하는 것이 아니라, 그저 피고인 甲의 자금을 이동시키는 그야말로 '도관'의 역할만 해야한다. 만약, 홍콩법인 A, B, C가 고유의 영업 활동을 하는 상황에서 본건과 같이 일회성으로 피고인 甲이 홍콩법인 A, B, C에 자금을 넣고, 홍콩법인 A, B, C가 유상증자에 참여했다면, 그러한 경우 홍콩법인 A, B, C를 피고인 甲의 차명이라고 단정할 수 없다.

가사, 홍콩법인 A, B, C가 피고인 甲의 차명법인이라고 할지라도(즉, 본건 공시를 허위라고 볼 지라도) 구 증권거래법 제188조의4 제4항 제2호 〈허위문서 이용 오해유발 행위〉에는 '오해를 유발하여 재산상 이익을 얻으려고 하는 목적'라는 별도의 구성요건 있다. 즉, 실체를 왜곡하는 공시가 이루어졌더라도 오해유발 가능성이 없으면 본 구성요건을 충족시키지 못한다.

본건에서 피고인 甲이 외국인으로서 유상증자 참여 주체로 공시되는 것과 홍콩법인인 A, B, C가 유상증자 참여 주체로 공시되는 것이 투자자들 관점에서는 투자 의사결정에 별다른 차이가 있을 수 없다. 만약, 홍콩법인 A, B, C 법인이 자본투자와 관련하여 저명한 명성을 갖추고 있는 법인이라면 개인 자금(즉, 피고인 甲 자금)을 저명한 명성의 법인 자금으로 둔갑시킨 것은 투자자들의 판단에 다른 영향을 끼칠 수 있는 것이긴 하나, 본건에서는 그와 달리 일반 투자자자들이 홍콩 A, B, C 법인과 피고인 甲 사이에 어떠한 차별성을 찾기는 쉽지 않다.

자금의 실제 주인을 감추는 이른바 '차명 공시'가 허위 공시가 된다는 점은 이론이 없다. 그러나 이러한 '차명 공시'는 '오해 유발 가능성'이 있어야만 구 증권거래법 제188조의4 제4항 제2호 〈허위문서 이용 오해유발행위〉 규정을 충족시킬 수 있는 것이다. 예컨대, 대주주가 자기 보유 주식 매각 사실을 공시해야 하는 자본시장법 상 의무 때문에 그 공시를 회피하기 위해 '차명 공시'를 하는 것은 시장 투자자로 하여금 대주주 보유 주식의 매각을 알 수 없게 만들고자 하는 의도가 있는 것이기 때문에 이는 '오해 유발 가능성'이 있는 것이다.

그러나, 본 사건에서는 피고인 甲은 위와 같은 의도(대주주 보유지분 매각사실을 감추고자 하는 의도)하에서 G 법인의 주식을 홍콩법인 A, B, C 명의로 분산매집했다고 단정할 수 없다.

결론적으로 본건 쟁점과 관련해서는 일단 '차명 공시'가 이루어진 것인지에 대한 의문도 존재하고, 나아가 '차명 공시'가 이루어졌다고 하더라도 오해 유발 가능성이 존재하지 않아 이 부분에 대해서 구 증권거래법 제188조의4 제4항 제2호 〈허위문서 이용 오해유발행위〉 가 성립할 수 없다고 보여진다.

나. ② 행위 관련

(1) 법원의 태도

본 사건에서 제1심, 항소심 법원은 ② 행위가 구 증권거래법 제188조의4 제4항 제2호 〈허위문서 이용 오해유발행위〉에 포섭된다고 판단하였다.

이에 대하여 대법원은『구 증권거래법 제188조의4 제4항 제2호는 유가증권의 매매 기타 거래와 관련하여 '중요한 사항에 관하여 허위의 표시를 하거나 필요한 사실의 표시가 누락된 문서를 이용하여 타인에게 오해를 유발하게 함으로써 금전 기타 재산상의 이익을 얻고자 하는 행위'를 금지하고 있는바, 이는 투자자의 투자판단에 영향을 미치는 중요한 사항에 관하여 허위·부실 표시 문서를 이용하는 방법으로 타인의 오해를 유발하여 재산상의 이익을 얻고자 하는 행위를 처벌하는 것으로(대법원 2006. 4. 14. 선고 2003도6759 판결, 대법원 2009. 7. 9. 선고 2009도1374 판결 등 참조), 그 행위의 매체는 문서에 국한되므로, 위 제2호 위반행위에 해당하기 위해서는 '문서의 이용'이라는 요건이 충족되어야 한다. 그런데 이 부분 공소사실의 기재 내용은 "피고인 乙과 甲이 주식의 대량보유보고 및 소유주식상황변동보고를 하지 않는 방법으로 일반투자자들로 하여금 외국인들의 정상적인 투자나 지분변동이 있는 것과 같은 오해를 유발하였다."는 것으로, 문서의 이용에 관한 것이라 할 수 없으므로, 위 행위가 구 증권거래법 제210조 제5의2호 소정의 위반행위에 해당하는 것은 별론으로 하더라도 구 증권거래법 제188조의4 제4항 제2호 소정의 사기적 부정거래행위에는 해당하지 아니한다고 할 것이다.』고 판시하였다.

(2) 평석

살피건데, 이 부분 쟁점은 ① 차명 보유 부분 일부 누락 공시, ② 차명 보유 부분 완전 미공시와 관련된 사기적 부정거래의 성립 문제이다.

만약 어떤 대주주가 자신의 주식(예컨대 100주) 중 50주를 차명 보유하면서 '공시를 하되(즉, 대주주가 50주를 보유하고 있다는 것)' 차명 부분 50주를 누락하는 경우는 ①번의 경우이고, 어떤 주식 보유자가 자신의 주식(예컨대 100주) 중 100주를 모두 차명 보유하면서 외형상 자신이 보유한 주식이 없으니 공시 자체를 하지 않는 경우가 ②번의 경우이다.

대법원은 과거부터 ①번 경우와 달리 ②번 경우 즉 '미공시'는 구 증권거래법 제188조의4 제4항 제2호에서 말하는 '문서의 이용'이 존재하지 않기 때문에 사기적 부정거래가 성립되지 않는다는 확립된 입장을 유지하고 있고, 현행 자본시장법 하에서도 동일한 논리 즉 "문서, 그 밖의 기재 또는 표시 사용"에 해당하지 않기 때문에 자본시장법 제178조 제1항 제2호가 성립되지 않는다는 입장[188]을 유지하고 있다.

살피건대, 본건과 같은 완전한 미공시는 구 증권거래법 상 '문서이용', 자본시장법 상 '문서, 그 밖의 기재 또는 표시 사용'이라는 법조문을 만족시키지 못하는 것이므로 이 부분에 대한 판례는 타당하다고 보여진다.

---

188 대법원 2011. 7. 28. 선고 2008도5399 판결 등

다. ③ 행위 관련

(1) 법원의 판단

본건에 대하여 제1심, 항소심, 대법원 모두 구 증권거래법 제188조의4 제4항 제2호 〈허위문서 이용 오해유발행위〉에 해당한다고 판시하였다.

법원은 그 근거로 『▲ 피고인 乙은 주식 145만주, 신주인수권부사채 180만주를 인수하고, 피고인 甲은 주식 약 80만주를 인수함으로써 피고인들은 발행주식 총수의 과반수를 넘는 대규모 물량을 확보하고 있었던 점, 따라서 ▲ 시장에서 실제로 유통되는 주식 물량이 많지 않았기 때문에 주가변동에 대한 불확실성이 크게 가중되었을 것으로 보이는 점, ▲ 이러한 상황에서 대주주가 주식 및 신주인수권부사채 취득자금을 '자기자금'이라고 공시하는 것은 시장에서 대규모 매도물량에 대한 공포심을 해소하고 향후 주가가 안정적으로 유지될 것이라는 기대를 불러옴으로써 일반투자자들의 투자판단에 영향을 미치게 된다는 것은 경험칙상 명백하고, ...(중략).... ▲ 피고인 乙의 자력이 충분하다고 하더라도, 일반투자자들 입장에서 개인재산으로 차용금을 변제하려고 하는지, 주식을 처분하여 차용금을 변제하려고 하는지 알 수 없기 때문에, 위와 같은 공시가 그들의 투자판단에 영향을 미치지 않는다고 할 수 없는 점 등에 비추어 보면, 주식취득자금 조성내역 등에 관한 공시는 일반투자자들의 투자판단에 영향을 미치는 중요한 사항이고, 그럼에도 피고인 乙가 이를 허위로 공시함으로써 그들로 하여금 오해를 유발시켰다고 봄이 상당하다』고 판시하였다.

(2) 평석

주식인수 관련 자금의 원천을 〈자기자금〉인지, 〈차용금〉인지 여부는 그 차용금의 해소를 위해 인수한 주식의 처분을 예정하기 때문에 일반투자자들 입장에서는 주식인수 관련 자금의 원천 내용이 중요사항이 되는 것이다. 자금의 원천을 위와 같이 허위기재하는 행위에 대해서 법원[189]은 일관되게 구 증권거래법 제188조의4 제4항 제2호 〈허위문서 이용 오해유발행위〉로 인정하고 있다. 법원의 태도는 타당하다고 보여진다.

라. ④행위 관련

(1) 법원의 태도

본건에서 제1심, 항소심, 대법원은 위 행위를 구 증권거래법 제188조의4 제4항 제1호 〈위계 이용행위〉에 포섭되는 것으로 보았다. 1심 판결에서는 위 ④행위가 『일반투자자들로서는 E 그룹과 관련된 피고인 乙의 배경 등에 비추어 해외기관투자자 또는 다수의 외국인 투자자들이 정상적인 투자판단을 거쳐 투자를 한 것으로 오인할 가능성이 있다는 것은 경험칙상 명백하다』는 취지로 판결을 하고, 항소심 및 대법원도 위 판단에 특별한 이견을 보이지 않았다.

(2) 평석

그런데, 대법원은 위 ①행위에 대하여 『외국인인 피고인 甲이 자신의 자금을 가지고 그의 계산 하에 실재하는 외국법인 명의 혹은 계좌를 이용하여 일반적인 주식시장에서 이 사건 G 법인 주식을 매수하였다면 그 행위는 객관적 측면에서 모두 사실에 부합하는 것으로서 아무런 허위내용이 없으므로 위 법리에 비추어 이와 같은 행위를 기망행위에 해당하는 것이라고 볼 수는 없다』 판시하면서 구 증권거래법 제188조의4 제4항 제1호 〈위계 이용행위〉의 성립을 부정하면서 본건 ④행위에 대해서는 〈위계 이용행위〉의 성립을 긍정하고 있다.

살피건대, 본건은 피고인 甲이 피고인 乙로부터 G 법인의 BW를 매수한 것으로, ①행위와 차이는 장내 주식매수냐 아니면 장외 BW 매수냐 밖에 없다. 즉, 대법원은

189 대법원 2006. 2. 9. 선고 2005도8652 판결

④행위에 대해서는 외국인이 투자하는 것으로 오해될 수 있다고 하면서, ①행위에 대해서는 기망행위가 성립하지 않는다는 다소 모순된 판단을 하고 있는 것이다.

①행위에는 기망적 요소가 없고, 그 논리적 근거가 "주식시장은 가격·상품에 대한 위험성을 내재한 모험적 속성을 바탕으로 하고 있어 주식거래와 관련된 모든 정보를 고지할 의무가 있다고 볼 수 없다. 더욱이, 외국인투자자가 아님에도 외국인 투자계좌를 이용하여 투자하였다는 사실을 공표할 법적 제도적 장치는 존재하지 않는다"라는 것이라면, ④행위에도 동일하게 기망행위가 없다고 판단해야 할 것이다. 즉, BW인수 역시 주식 장내매수도와 같이 위험성을 내재한 모험적 속성을 바탕으로 하고 있어 BW인수와 관련된 모든 정보를 고지할 의무가 있다고 볼 수 없고, 또 이를 고지할 법적 제도적 장치도 별도로 존재하지 않는다. 그렇다면 논리적 일관성으로 볼 때, 이 부분 역시 기망행위 성립이 부정되고, 따라서 '위계'가 성립하지 않는다는 결론으로 귀속되는 것이 타당[190]할 것으로 보인다.

마. ⑤ 행위 관련

(1) 법원의 태도

제1심, 항소심, 대법원 모두 위 ⑤ 행위는 구 증권거래법 제188조의4 제4항 제1호 〈허위사실 유포〉에 해당한다고 보았다. 그 이유를 살펴보면 다음과 같다. 즉, 법원은 피고인 乙와 피고인 甲 간에는 피고인 乙이 G 법인의 시세조종을 통해 주가를 부양하고, 피고인 甲은 주가가 어느정도 부양되었을 때 피고인 乙에게 자금을 융통해주기 위해

190 다만, 위 1심 판결에서는 피고인 甲이 G 법인 주식의 시세(BW 매수 당시 주당 38,550원)보다 훨씬 높은 가격에 BW를 인수해주고, 투자 원금 보장의 이면의 합의가 있었던 것을 지적하는 바, 법원은 이러한 점을 감안하여 '위계행위'의 성립이 있다고 판단한 것으로 볼 여지는 있다. 만약 그렇다면 BW인수와 관련된 내용은 공시사항인 점을 감안할 때, "사실은 투자 원금 보장 약정의 이면 약정이 있음에도 이러한 사실을 누락한 채, 피고인 甲이 피고인 乙로부터 BW를 고가에 인수하고 이를 공시하였다"는 범죄사실로 구 증권거래법 제188조의4 제4항 제2호 〈허위문서 이용 오해유발행위〉로 판단했더라면 훨씬 더 논리적일 것이라는 아쉬움은 존재한다.

피고인 乙이 보유한 G 법인 BW를 고가에 매수해주고, 주가가 상당히 높아지면 BW의 신주인수권을 통해 신주 전환된 주식을 매도한 뒤 시세차익을 얻고자 하였다는 점이 인정되기 때문에 피고인 甲의 D를 이용한 BW 매입은 장기투자 목적이 아니라는 취지로 판시하였다.

(2) 평석

구 증권거래법 제188조의4 제4항 제1호 〈허위사실 유포행위〉에서 말하는 '유포'는 불특정 다수인에게 허위사실을 직·간접적으로 전파하는 경우를 말하고, 수단의 제한이 없어 보도자료 배포, 증권방송 이용, 인터넷 유포, 구두 전파 등 모든 방법이 포함된다. 즉, 허위사실의 유포는 허위사실의 '확산'에 초점이 맞추어져 있는 것이다.

본 사건에서 피고인 乙은 피고인 甲와 합의한 대로 피고인 甲의 해외 페이퍼컴퍼니인 D에 BW의 신주인수권 90만주를 주당 45,000원에 매도하였는데, 그 무렵부터 주식시장에서 D의 정체에 대해 의혹이 제기되기 시작하자, 피고인 乙은 언론을 통해 D는 장기투자를 목적으로 하는 홍콩계 투자회사라고 발표하였던 것으로 확인된다.

위와 같은 언론대응의 동기, 허위사실을 알리는 방법 등을 고려할 때, 판례의 태도는 타당해보인다.

바. 부당이득 관련

(1) 법원의 태도

제1심, 항소심 모두 피고인 甲의 장내주식매매 행위를 통한 차익(172억원 상당)을 피고인들 모두의 부당이득으로 보았다.

그러나, 대법원은 『구 증권거래법 제207조의2와 제214조에서 정한 '위반행위로 얻은 이익'이라 함은 위반행위로 인하여 발생한 위험과 인과관계가 인정되는 이익을 의미하고, 여기에는 공범에게 귀속된 이익도 포함된다. 통상적인 경우에는 위반행위와 관련된 거래로 인한 총수입에서 그 거래를 위한 총 비용을 공제한 차액을 산정하는 방법으로 인과관계가 인정되는 이익을 산출할 수 있으나, 구체적인 사안에서 위반행위로 얻은 이익의 가액을 위와 같은 방법으로 인정하는 것이 부당하다고 볼 만한 사정이 있는 경우에는 사기적 부정거래행위를 근절하려는 구 증권거래법 제207조의2와 제214조의 입법 취지와 형사법의 대원칙인 책임주의를 염두에 두고 위반행위의 동기, 경위, 태양, 기간, 제3자의 개입 여부, 증권시장 상황 및 그 밖에 주가에 중대한 영향을 미칠 수 있는 제반 요소들을 전체적·종합적으로 고려하여 인과관계가 인정되는 이익을 산정하여야 하고, 그에 관한 입증책임은 검사가 부담한다(대법원 2007. 12. 14. 선고 2005도4645 판결, 대법원 2009. 7. 9. 선고 2009도1374 판결 등 참조).』고 판시하면서, ▲ ①, ② 행위에 대해서 무죄 취지로 파기환송하였던 점, ▲ 피고인들 별로 부당이득을 계산해야한다는 점, ▲ 위반행위와 인과관계가 있는 이익에 대해서만 부당이득으로 인정해야한다는 취지로 제1심, 항소심 법원의 결론을 파기하면서 피고인 갑의 주식 장내매수도로 인한 매매차익 172억원은 부당이득이 될 수 없다고 판단하였다.

(2) 평석

대법원은 ①행위(피고인들 공범, 2006. 9. 27. ~ 9. 28.)와 ②행위(피고인들 공범, 2006. 9. 17. ~ 2007. 4. 30.)를 사기적 부정거래 행위로 인정하지 않았고, ④행위, ⑤행위(피고인들 공범, 2006. 10. 18. ~ 2006. 10. 하순)만을 사기적 부정거래 행위로 인정하였는데, 그렇다면 2006. 10. 18. 이전에 발생되었던 주식 장내 매수도로 인한 차익 발생 부분이 피고인들의 부당이득으로 산정될 수 없다.

한편 ③행위(2006. 10. 13.)와 관련해서는 피고인 乙의 단독범행이다. 결국 대법원은 1) 2006. 10. 18. 이전 피고인 甲의 주식 장내매수도 부분은 무죄 판단된 사기적 부정거래행위와 연관된 것이기 때문에 부당이득으로 볼 수 없고, 2) 2006. 10. 18. 이후 피고인 甲의 주식 장내매수도 부분은 단독범행인 피고인 乙의 사기적 부정거래 행위와 연관된 것이기 때문에 부당이득으로 볼 수 없다고 판단한 것이다.

대법원 판결은 이러한 점을 지적한 것이고, 타당해 보인다.

2. 파기환송 후 문제되는 행위

가. ❶ 행위 관련

(1) 법원의 태도

위 ①행위가 무죄취지로 파기되자, 검찰은『사실은 피고인 甲이 G 법인 주식을 매입하는 것임에도 크레딧스위스가 위 주식을 장내매수하는 외관을 형성하여 위계행위를 하였다』는 취지로 공소장 변경하였다.

이에 대하여 파기환송심 법원[191]과 대법원[192]은『피고인 甲이 크레딧스위스 은행에 <고객위탁계정>으로 G 법인을 주식을 매수하라고 하지 않고 <자기자산투자계정>으로 G 법인 주식을 매수하라고 지시한 것이 아니므로 실제로는 주식매수 자금이 피고인 甲의 자금임에도 단지 크레딧스위스 명의로 매수할 때 <자기자산투자계정> 자금으로 매수하였다고 해서 이를 위계로 볼 수 없다』는 취지로 판시하였다.

(2) 평석

IB은행은 일반적으로 고객이 위탁한 자금을 관리하는 <고객위탁계정>과 자신의 자산을 가지고 투자를 할 <자기자산투자계정>을 운용한다. 본건에서 홍콩 법인 A, B, C는 크레딧스위스 은행에 계좌를 가지고 투자금을 운용하고 있었는데, 크레딧스위스가 G 법인 주식에 대한 장내매수도 주문을 낼 때, 홍콩 법인 A, B, C가 주문 주체로 나서지 않고, 크레딧스위스가 주문 주체로 나선 것이다.

검찰은 위 홍콩 법인 A, B, C의 주식매수도 자금은 모두 피고인 甲으로부터 유래했으니 피고인 甲의 계산으로 하는 주식매수도임에도 크레딧스위스가 주식매수도의 주문

---

191 서울고등법원 2011. 8. 18. 선고 2010노3506 판결

192 대법원 2012. 3. 15. 선고 2011도11684 판결

주체로 나서서 외국계 투자은행이 주식매수도에 참여한 것으로 오해할 소지를 마련했다는 취지로 '위계'의 성립을 주장한 것으로 보인다.

살피건대, 당시 외국계 투자은행의 고객들이 한국 주식을 매수하는 경우 외국계 투자은행의 한국 IRC(외국인 투자자 등록제도, 외국인이 한국주식에 투자를 하려면 금융감독원에 외국인 투자자 등록을 해야함)[193]를 이용하여 주식을 투자해야 했다. 원칙적으로는 외국계 투자은행의 고객들이 각각 자신의 IRC를 개설하여 주식거래를 해야하나, 전 세계 수많은 고객들의 IRC를 일일이 등록해야하는 엄청난 불편이 초래되며 그것은 기술적으로 불가능하기 때문에 개별 IRC가 없는 고객들의 주문은 편의상 한국에 IRC가 등록되어 있는 외국계 투자은행의 명의를 이용하여 주식의 매매거래를 하는 것이 관행이었다.

즉, 홍콩 법인 A, B, C가 IRC 등록되어 있지 않기 때문에, 크레딧스위스 은행은 〈자기자산투자계정〉으로 G 법인 주식을 장내 매수도 하였고, 이후 홍콩 법인 A, B, C는 크레딧스위스와 수익금을 정산하면 되는 것이었다.

따라서, 이러한 외국계 투자은행의 주식매수 관행 상 피고인 甲이 처음부터 의도적으로 외국계 기관투자자가 G 법인에 투자하는 것 같은 외관을 만들기 위해 홍콩법인 A, B, C가 크레딧스위스에 주식계좌를 개설한 것이라고 볼 수 있는 증거도 없고, 아울러, 앞서 본 외국계 투자은행의 고객 자금 투자 시 IRC 때문에 외국계 투자은행의 명의를 사용하였다는 관행에 비추어볼 때, 피고인 甲에게 '위계'의 책임을 지우기 어려워 보인다. 판례의 태도가 타당하다고 보여진다.

193 '92년 도입된외국인 투자자 등록제도(IRC*)로 인해 한국 시장에 대한외국인투자자의 접근성이떨어진다는 지적이 지속적으로 제기됨에 따라, 자본시장법시행령을 개정하여 30여년간 유지되어 온 외국인 투자자 등록제도를'23.12.14일부터폐지하였다. 이에 따라, 외국인 투자자는별도의 금융감독원사전등록 절차 없이LEI(Legal Entity Identifier, 법인에게 부여되는 국제적으로 표준화된 아이디),여권번호(개인)등을 식별수단으로 하여 금융회사에계좌를 개설하고국내 상장증권 등에 투자할 수 있게 되었다.

나. ❷ 행위 관련

(1) 법원의 태도

② 행위가 무죄취지로 파기되자, 검찰은『2007. 3. 30.자 G 법인 사업보고서에 크레딧스위스가 위 주식을 보유하고 있는 취지로 기재되었던 것을 근거로, 사실은 피고인 甲이 G 법인 주식을 매입하는 것임에도 크레딧스위스가 위 주식을 보유하고 있는 것처럼 사업보고서를 허위기재하여 오해를 유발하였다』고 공소장변경을 하였다.

파기환송 심 법원과 대법원은 사업보고서에 크레딧스위스가 G 법인 주식을 매입한 것은 객관적 사실이고, 크레딧스위스 명의로 일정한 지분이 기재된 것 역시 객관적 사실이므로 이를 두고 구 증권거래법 제188조의4 제4항 제2호 〈허위 문서이용 오해유발〉 행위라고 볼 수 없다고 판시하였다.

(2) 평석

위 파기환송심 법원과 대법원은 위 사업보고서 내용은 '허위'라고 볼 수 없다는 입장에서 논리를 전개하고 있다.

그런데, 위 논의는 제1의 가. 중 (다) A, B, C 명의로 G법인 유상증자 참여 부분의 〈허위 문서이용 오해유발 행위〉성립 여부와 같은 논의가 적용된다고 본다.

본건에서 검찰의 기소 논리(항소심에서 공소장 변경된 내용)는 크레딧스위스의 G 법인 주식매수 자금은 실제로는 피고인 甲의 계산으로 운용되는 것인데, 그 자금을 이용하여 외형상 크레딧스위스 명의로 G 법인 주식이 매수되었으니 이러한 내용의 사업보고서는 자금의 실제 주인을 감추는 허위 '사업보고서' 라는 논리이다.

살피건데, 먼저 크레딧스위스가 피고인 甲의 자금의 실제 주인을 감추는 이른바 '차명'이라는 판단을 하려면 크레딧스위스가 고유의 법인 활동을 하는 것이 아니라, 그저 피고인 甲의 자금을 이동시키는 그야말로 '도관'의 역할만 해야 한다. 그러나, 크레딧스위스는 저명한 외국계 투자은행으로 그 고유의 영업활동이 있음이 명백한 바, 크레딧스위스가 피고인 甲을 위해 차명으로 G 법인의 주식을 차명 매입하였다고 단정할 수 없다.

가사, 크레딧스위스가 피고인 甲을 위해 G 법인 주식을 '차명' 매수한 것이라고 보더라도('차명'매수라면 위 사업보고서는 허위 내용을 반영한 것임) 구 증권거래법 제188조의4 제4항 제2호에는 '오해를 유발하여 재산상 이익을 얻으려고 하는 목적'이라는 별도의 구성요건 있다. 즉, 실체를 반영하는 공시가 이루어졌더라도 오해유발 가능성이 없으면 본 구성요건을 충족시키지 못하는 것이다.

앞서 본 바와 같이 사실은 피고인 甲의 자금으로 매수한 G 법인 주식이 크레딧스위스 명의로 사업보고서 공시되었다는 것은 위 주식의 실제 주인을 감추는 이른바 허위 사업보고서가 될 여지는 있다. 그러나 이러한 '차명 사업보고서'는 '오해 유발 가능성'이 있어야만 구 증권거래법 제188조의4 제4항 제2호 규정을 충족시킬 수 있는 것이다. 즉, 투자자들로 하여금 피고인 甲이라는 외국인이 G 법인의 주식을 매입하는 것이 아니라 해외 저명한 기관투자자인 크레딧스위스가 G 법인의 주식을 매입하는 것으로 오해하게 만들 수 있는 것이어야 한다는 것이다.

본건에서 피고인 甲이 G 법인의 주가를 부양할 의도로 행한 문제된 행위들은 대부분 2006. 9. ~ 10.경 사이에 존재하였고, 차액실현도 그 즈음을 통해 이루어졌다. 그런데, 본건 사업보고서 공시는 이러한 문제된 행위와 차액실현이 끝난 뒤 2007. 3. 30.경 이루어진 것이다.

그렇다면 2007. 3. 30.경 이루어진 허위 사업보고서 공시를 두고, 2006. 9.경 ~ 10.경 투자자들로 하여금 '오해 유발 가능성'이 있다고 보기는 어렵다. 만약 2007. 3. 30.경 위 허위 사업보고서를 공시한 이유가 그 이후 G 법인의 주가 부양을 의도한 것이라면 달리 판단할 수는 있을 것으로 보여진다.

다. ❸ 행위 관련

이 부분 판단은 파기환송전 판결과 파기환송 후 판결내용이 동일하다.

라. ❹ 행위 관련

(1) 법원의 태도

파기환송전 사건에서 ② 행위가 무죄 취지로 파기되자(미신고 행위임을 이유로), 검찰은『2006. 10. 9.자 증권신고서 및 예비투자설명서/ 2006. 10. 13.자 증권신고서/ 2006. 10. 23.자 투자설명서 상 홍콩법인 A, B, C의 유상증자 참여 관련 사항에서 사실은 홍콩법인 A, B, C의 투자는 피고인 甲의 투자임에도 "G 법인의 투자를 원하는 개별 투자자를 대상으로 납입능력을 고려하여 유상증자 참여자를 선정하였다"고 위 증권신고서 등을 허위로 기재하여 오해를 유발하였다』고 공소장변경을 하였다.

이에 대하여 파기환송심 법원과 대법원은 사실은 피고인 甲이 자신의 페이퍼컴퍼니인 홍콩법인 A, B, C 명의를 이용하여 G 법인 유상증자에 참여하는 것임에도 위 증권신고서 등에 홍콩법인 A, B, C는 각각 개별적인 투자자이고, G 법인은 A, B, C에 각각 접촉하여 유상증자 참여를 이끌어냈다는 취지가 기재되어 있는바, 이는 허위에 해당하므로 ❹ 행위는 〈허위 문서이용 오해유발〉행위라고 볼 수 있다고 판시하면서 위 증권신고서 등 작성에 관여한 피고인 乙에 대해서는 유죄를 선고하였고, 다만, 피고인 甲의 경우 피고인 乙의 행위에 가담한 증거가 없다는 취지로 무죄를 선고하였다.

(2) 평석

살피건대, 위 논의 역시 제1의 가. 중 (다) A, B, C 명의로 G법인 유상증자 참여 부분의 '허위문서 이용 오해유발행위' 성립 여부와 같은 논의가 적용된다고 본다.

즉, 파기환송심 법원과 대법원은 이 부분에 대하여 구 증권거래법 제188조의4 제4항 제2호 〈허위문서 이용 오해유발행위〉가 성립한다고 판시하였으나, 먼저 ▲ 홍콩법인 A, B, C가 피고인 甲의 차명 법인이라고 단정할 수 없고, 나아가 ▲ 가사 차명 법인이라고 하더라도 피고인 甲, 홍콩법인 A, B, C 모두 외국인이라는 점, 홍콩법인 A, B, C가 투자계에서 저명한 외국계 기관이 아닌 점에서 볼 때 투자자들로 하여금 '오해 유발 가능성'이 있다고 볼 수 없다.

이 부분과 관련하여 판례의 입장은 재고 필요성이 있다고 보여진다.

마. ❺ 행위 관련

이 부분 판단은 파기환송전 판결과 파기환송 후 판결내용이 동일하다.

사. 부당이득 관련

이 사건의 파기환송심 및 재상고심의 결론은 아래와 같다.

❶ 행위	①행위가 무죄취지로 파기되자, 검찰은 『사실은 피고인 甲이 G 법인 주식을 매입하는 것임에도 크레딧스위스가 위 주식을 장내매수하는 외관을 형성하여 위계행위를 하였다』는 취지로 공소장변경함	피고인들 각 무죄
❷ 행위	②행위가 무죄취지로 파기되자, 검찰은 『2007. 3. 30.자 G 법인 사업보고서에 크레딧스위스가 위 주식을 보유하고 있는 취지로 기재되었던 것을 근거로, 사실은 피고인 甲이 G 법인 주식을 매입하는 것임에도 크레딧스위스가 위 주식을 보유하고 있는 것처럼 사업보고서를 허위기재하여 오해를 유발하였다』고 공소장변경을 함	피고인들 각 무죄
❸ 행위	그대로 유지	피고인 乙 유죄
❹ 행위	②행위가 무죄취지로 파기되자, 검찰은 『2006. 10. 9.자 증권신고서 및 예비투자설명서/ 2006. 10. 13.자 증권신고서/ 2006. 10. 23.자 투자설명서 상 A, B, C의 유상증자 참여 관련 사항에서 사실은 A, B, C의 투자는 피고인 甲의 투자임에도 "G 법인의 투자를 원하는 개별 투자자자를 대상으로 납입능력을 고려하여 유상증자 참여자를 선정하였다"고 위 증권신고서 등을 허위로 기재하여 오해를 유발하였다』고 공소장변경을 함	피고인 乙 유죄, 피고인 甲 무죄
❺ 행위	⑤행위를 더욱 상세하게 공소장 변경함	피고인들 유죄

(1) 법원의 판단

아래는 G 법인의 주가 그래프이다. ①행위가 시작된 2006. 9. 27.경 7,300원에서 주가는 급상승하여 2006. 10. 18.경 38,550원 최고가격을 시현하였다.

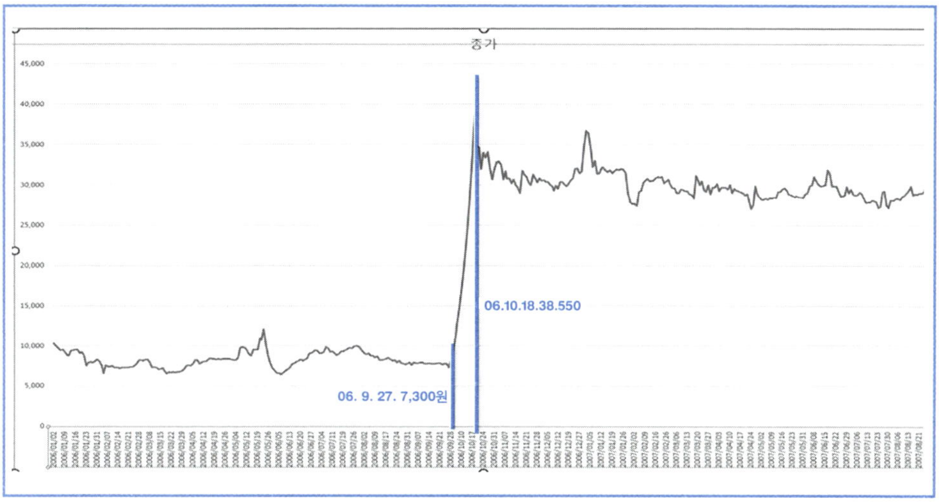

부당이득과 관련하여 파기환송 항소심과 대법원은『위와 같은 주가상승은 피고인들의 사기적 부정거래 행위에 더하여 재벌3세인 피고인 乙의 투자공식화 및 G 법인의 우회상장 이슈라는 복합적 이유가 포함된 것이고, 따라서, 피고인 乙의 경우 주가상승분 중 사기적 부정거래행위와 연결되는 부당이득만을 구분하여 특정할 수 없다. 아울러 피고인 甲의 경우 인정된 사기적 부정거래행위는 ❺행위인데, 위 행위는 G 법인 주가 최고상승 이후 하강기 때 행위로 판단되므로 피고인 甲의 사기적 부정거래 행위로 인하여 주가부양의 결과를 인정할 수 없기 때문에 피고인들에 대한 부당이득은 불상으로 봄이 상당하다』는 취지로 판시하였다.

(2) 평석

대법원은 주식시장에서의 정상적인 주가변동요인에 의한 주가상승분이나 위반행위자와 무관한 제3자가 야기한 주가상승분이 존재하는 등과 같은 사정이 있는 경우에는 위반행위와 인과관계가 인정되는 이익만을 따로 구분하여 산정하여야 한다고 판시하기도 하였다.[194]

참고판례 - 대법원 2013. 7. 11. 선고 2011도15056 판결
구 증권거래법(2007. 8. 3. 법률 제8635호 자본시장과 금융투자업에 관한 법률 부칙 제2조로 폐지, 이하 같다) 제207조의2와 제214조는 시세조종행위 등 '위반행위로 얻은 이익'이 일정액을 초과하면 징역형의 법정형을 가중하고 벌금형의 상한도 상향되도록 규정하고 있다. 또한, 구 범죄수익은닉의 규제 및 처벌 등에 관한 법률(2007. 12. 21. 법률 제8719호로 개정되기 전의 것) 제8조, 제10조 등에 의하면 구 증권거래법상 시세조종행위 등 범죄행위에 의하여 생긴 재산인 불법수익은 몰수·추징하도록 되어 있다. 이와 같은 법률 규정 체계에 비추어 위 '위반행위로 얻은 이익'은 그 위반행위와 관련된 거래로 인하여 얻은 이익 중 위반행위로 인하여 발생한 위험과 인과관계가 인정되는 것을 의미한다고 보아야 한다. 이는 통상적인 경우에는 위반행위와 관련된 거래로 인한 총수입에서 그 거래를 위한 총비용을 공제한 차액을 산정하는 방법으로 산출할 수 있겠지만, 주식시장에서 정상적인 주가변동요인에 의한 주가상승분이나 위반행위자와 무관한 제3자가 야기한 변동요인에 의한 주가상승분이 존재하는 등으로 구체적인 사안에서 위반행위로 얻은 이익의 가액을 위와 같은 방법으로 산정하는 것이 부당하다고 볼 만한 사정이 있는 경우에는 위반행위와 인과관계가 인정되는 이익만을 따로 구분하여 산정해야 하고, 그에 대한 증명책임은 검사가 부담한다.

194 대법원 2013. 7. 11. 선고 2011도15056 판결

그 연장선에서 법원이 피고인의 행위와 무관한 요인에 의한 주가상승분이 존재한다고 판단되는 경우 "액수 미상의 부당이득"이라고 판시하는 사례가 다수 있다.[195]

'위반행위로 얻은 이익'은 위반행위로 인하여 발생한 위험과 인과관계가 인정되어야 한다는 상식적인 전제에서 이를 구체적으로 산정함에 있어서는 형사법의 대원칙인 책임주의를 염두에 두고 여러 제반 요소들을 전체적·종합적으로 고려하는 것이 마땅하다.

따라서, 피고인 乙의 경우 사기적 부정거래로 인정된 행위로 인하여 주가상승된 부분이 있고, 재벌3세인 피고인 乙의 투자공식화 및 G 법인의 우회상장 이슈로 인하여 주가상승된 부분이 있는데, 전자의 영향력에 의한 주가 상승분을 검사가 입증하여야 하는 것이나 그에 대한 입증은 사실상 불가능하므로 피고인 乙에 대한 부당이득은 불상으로 보는 것이 타당하다.

한편, 피고인 甲의 경우 그에 대해 사기적 부정거래로 인정된 행위(2006. 10. 하순) 이후 주가는 하락하고 있는 상황이어서 위와 같은 사기적 부정거래 행위로 인하여 취득한 부당이득은 불상으로 봄이 상당하다.

195 서울고등법원 2018. 6. 21. 선고 2017노2969 판결, 서울고등법원 2022. 4. 29. 선고 2021노2108 판결

12

우즈벡 규사 사건

Ⅰ. 사건의 진행 경과

기본적 사실관계
- 우즈베키스탄 규사광산의 매장량 및 순도가 정확하게 확인된 바 없었다. - 규사의 가격은 통상 톤당 미화 15불 내외이며, 최상위 등급도 톤당 미화 30불을 넘지 못하였다. - 규사는 흔한 광물로서 품귀현상 내지 가격급등 가능성이 거의 없는 것이다. - '규사광산의 확보'와 '폴리실리콘 제조업 진출' 사이에는 관련성이 거의 없다. - 피고인은 폴리실리콘 제조업에 대한 사업추진 의사나 능력이 있었다고 보기 어렵다. - 2007. 8. 초경 피고인의 회사인 A사는 우즈베키스탄 정부로부터 광산개발 정식사업자로 선정된 바가 없었다. - 2007. 8.경 테크니컬실리콘(메탈실리콘) 내지 폴리실리콘에 대한 향후 수요는 예상하기 어려웠고, 이를 입도선매하겠다는 대기업은 없었다.

일시	행위
2006. 6. 30. 이전	- 피고인은 2001. 2. 23. A사의 대표이사로 취임하였음. - 피고인은 2001.경부터 본인 명의로 A사 주식 80,000주를 보유하고 있었고, 위 주식은 2005.경 액면 분할로 인하여 800,000주로, 2006. 3.경 무상증자를 통하여 1,540,846주로 증가하였음. - 피고인은 2002.경부터 2004.경까지 A사의 직원들 명의로 A사 주식 16,750주를 매수하였고, 위 주식은 2005.경 액면 분할로 인하여 167,500주로, 2006. 3.경 무상증자를 통하여 322,615주로 증가하였음.
2006. 6. 30.	- A사가 코스닥에 상장되었음.
2006. 7. 6.	- 피고인은 금융감독원 전자공시시스템을 통하여 '임원 · 주요주주 소유주식 보고서'를 제출하면서 차명주식 322,615주를 산입하지 않은 채 본인 명의로 된 1,540,846주만 보유하고 있는 것처럼 공시하였음.
2006. 11.경	- 피고인은 우즈베키스탄의 매각 대상 공기업인 B사의 인수 여부를 타진하기 위하여 우즈베키스탄을 방문하였을 때 우즈베키스탄에 개발되지 않은 규사광산이 있다는 사실을 알게 됨을 기화로 A사가 마치 엄청난 투자가치를 가진 해외자원 개발사업을 진행하는 것처럼 호재성 허위사실을 유포하여 주가를 상승시키기로 하고, 이에 따라 A사의 주가가 상승하면 피고인이 소유하고 있던 차명주식과 피고인 본인 명의의 주식을 매도하여 시세차익을 얻기로 마음먹었음.
2007. 2. 27.	- 피고인은 매일경제 기사를 통하여 "A사는 27일 태양에너지 주원료인 SiO2 실리콘 광산 독점개발권을 확보하고 1,000만 달러를 투자해 민영화를 추진하는 현지 솔라셀 제조사 지분 76%를 인수해 직접 경영할 계획이다. … 현지 샘플을 채취해 한국지질자원연구원 분석 결과 99.37%의 순도로 적절한 품질을 가졌다는 시험성적을 받았다."라는 취지의 내용이 보도되게 하였음. - 그 당시 피고인은 A사 직원들 명의로 217,311주의 차명주식을 보유하고 있었음. - 그 당시 A사의 주가는 주당 3,880원이었음.
2007. 3. 7.	- 피고인은 이데일리 기사를 통하여 "중앙아시아 국가의 규소광산 채굴권을 가지고 있는 솔라-셀(Solar-cell) 모듈회사의 지분 76%를 인수해 태양전지사업에 진출할 예정이라면서 3월 안으로 MOU를 체결하면서 본격적인 태양광전지사업을 시작하게 될 것"이라는 취지의 내용이 보도되게 하였음.
2007. 3. 22.	- 피고인이 본인 명의로 보유한 주식은 무상증자를 통하여 3,081,692주로 증가하였음. - 피고인이 A사의 직원들 명의로 보유한 주식은 무상증자를 통하여 479,622주로 증가하였음.

2007. 3. 26.	- 피고인은 금융감독원 전자공시시스템을 통하여 '임원 · 주요주주 소유주식 보고서'를 제출하면서 차명주식 479,622주를 산입하지 않은 채 본인 명의로 된 3,081,692주만 보유하고 있는 것처럼 공시하였음.
2007. 4. 17.	- 피고인은 이데일리 기사를 통하여 "태양전지사업의 최대 관건 가운데 하나가 전지를 만드는 원재료인 규사를 확보하는 일이라며 현재 국내 몇몇 업체들과 공동으로 컨소시엄을 구성해 구소련 지역에 있는 한 국가와 규사개발을 위한 투자를 추진하고 있다. … A사는 이 컨소시엄에서 전체 지분의 70%를 확보하는 등 주도적으로 참여하고 있다. … 올해 안에 계약을 마친 뒤 수익성 분석 등을 거쳐 내년 초에 생산에 들어갈 수 있을 것"이라는 취지의 내용이 보도되게 하였음.
2007. 4. 19.	- A사는 금융감독원 전자공시시스템을 통하여 태양에너지 관련 원재료개발사업 추진을 위하여 우즈베키스탄 내 현지 합작회사 설립에 관한 양해각서(MOU)를 체결한 사실을 공시하였음. - 그 당시 A사의 주가는 주당 5,830원이었음.
2007. 4. 26.	- 피고인은 본인 명의의 주식 1,000,000주를 매도하였음.
2007. 4. 27.	- 피고인은 매일경제 기사를 통하여 "우즈베키스탄에 설립될 합자회사는 A사가 51%, C사가 19%, 우즈베키스탄 정부와 공기업이 30% 지분을 갖는다. A사가 C사의 지분 51%를 보유하고 있는 점을 감안할 때 실제 지분은 70%다. … 5월 중 합작사 설립 본계약을 체결하게 되면 우즈베키스탄 정부에서 우즈베키스탄 안에 있는 규사광산 독점개발 면허를 받게 된다. 규사는 태양에너지 사업에 있어서 80%를 차지하는 중요한 자원이라 이번 광산 확보가 큰 의미를 지닌다. … 규사는 순도에 따라 ㎏당 1달러에서 100달러까지 차이가 난다. 중국은 순도 98% 규사를 1달러에 수출해 99%로 가공한 규사를 80~100달러에 구입하고 있다. A사가 독점개발하는 우즈베키스탄 규사의 순도는 99%대이다. … 현재까지 발견된 규사 물량을 순도 98%를 기준으로 계산해도 100억 달러에 근접한다. … A사는 우즈베키스탄에 태양전지 원소재인 폴리실리콘을 직접 생산하기 위한 공장 건립도 계획 중이다. 이를 위해 D은행, E캐피탈과 함께 프로젝트 파이낸싱을 체결했다. 투자 규모는 3,000~5,000억 원이다."라는 취지의 내용이 보도되게 하였음.
2007. 5. 21.	- 피고인은 조선일보 기사를 통하여 "피고인은 또 우즈베크 정부와 협의해 태양전지 원료인 규소광산 개발권을 획득했다. 3,000억 원 이상 들어가는 대형 프로젝트로, 올 7월쯤 국내 제조업체 및 금융기관과 컨소시엄을 구성할 계획이다. 피고인은 '규소 원재료는 ㎏당 1달러인데, 이를 가공하면 200달러까지 받을 수 있다.'고 밝혔다."라는 취지의 내용이 보도되게 하였음.

2007. 8. 17.	- 피고인은 한국경제TV 인터뷰를 통하여 "우즈베키스탄 각료회의에서 A사가 솔라셀의 주원료가 되는 규소광산 개발업체로 최종 지정받았다. … 지난 4월 우즈베키스탄 자원개발위원회를 포함해 우즈베키스탄 정부투자기관인 B사 등과 솔라셀 사업을 위한 원재료(규소) 개발과 합작사 설립 양해각서 체결 후 구체적인 결과물 등이 나오고 있는 것이다. A사의 태양광 개발사업은 솔라셀의 주원료인 규소광산 개발부터 이를 가공해 솔라셀의 모듈을 생산하는 것까지 포함하고 있다. … 합작사 설립 후 국내에서 폴리실리콘 등 태양전지 관련 원자료를 확보하고자 하는 사업자를 포함해 재무적 투자자 등과의 그랜드 컨소시엄이 구성되면 본격적인 사업이 추진된다. … 당초 예상했던 1천만 톤의 원재료 확보를 전제로 이미 발표된 성과는 충분히 올릴 것으로 본다."라는 취지의 내용이 보도되게 하였음. - 그 당시 A사의 주가는 주당 15,800원이었음.
2007. 8. 30.	- 피고인은 매일경제 이코노미 기사를 통하여 "현재까지 진척된 사항은 우즈베키스탄 정부로부터 지난 8월 초 규사광산 개발사업자로 정식 통보받았다는 것이다. 지난 4월 규사광산 개발을 할 수 있는 양해각서를 체결한 이후 4개월 만에 정식 인가를 받아낸 셈이다. … 10월까지는 테크니컬실리콘 생산 결과가 나온다. … 일이 순조롭게 된다면 올해 말까지 합작회사를 설립하고 투자자를 모집하게 된다. 벌써부터 입도선매를 하겠다는 대기업이 3곳에 달하고 자금을 투자하겠다는 은행도 많다. 경제성과 함께 폴리실리콘을 만들 수 있는 기술력 확보도 중요하다. 모든 게 잘 풀리면 2010년에 폴리실리콘 설비투자를 완료할 수 있을 것이다."라는 취지의 내용이 보도되게 하였음.
2007. 9. 13.	- 피고인은 조선일보 이코노미 플러스 기사를 통하여 "규사는 태양전지의 기판 원료인 폴리실리콘의 원자재다. 최근 신재생에너지에 전 세계의 관심이 쏠리면서 무한한 성장가능성이 점쳐지는 분야다. A사는 우즈베키스탄 정부로부터 지난 8월 초 규사광산 개발사업자로 선정됐다. 지난 4월 규사광산 개발을 할 수 있는 양해각서를 체결한 이후 4개월 만에 정식 인가를 받아낸 것이다."라는 취지의 내용이 보도되게 하였음. - 그 당시 A사의 주가는 주당 34,500원이었음.
2007. 2. 27. ~ 2007. 10. 10.	- 피고인은 차명주식 총 283,912주(발행주식 총수의 1.76%)를 합계 9,098,446,650원에 매도하였음.
2007. 10. 5. ~ 2007. 10. 8.	- 피고인은 본인 명의의 주식 총 400,000주를 합계 34,359,000,000원에 매도하였음.
2007. 10. 10. 이후	- 피고인은 본인 명의로 1,681,692주의 주식을, A사 직원 ○○○ 명의로 210,710주의 차명주식을 보유하고 있었음.

II. 관련 조문[196]

구 증권거래법 제188조의4(시세조종등 불공정거래의 금지)

④ 누구든지 유가증권의 매매 기타 거래와 관련하여 다음 각호의 1에 해당하는 행위를 하지 못한다.

1. 부당한 이득을 얻기 위하여 고의로 허위의 시세 또는 허위의 사실 기타 풍설을 유포하거나 위계를 쓰는 행위
2. 중요한 사항에 관하여 허위의 표시를 하거나 필요한 사실의 표시가 누락된 문서를 이용하여 타인에게 오해를 유발하게 함으로써 금전 기타 재산상의 이익을 얻고자 하는 행위

이 사건에서 문제된 행위는 자본시장법이 시행된 2009. 2. 4. 이전에 이루어졌으므로, 이 사건은 구 증권거래법이 적용되었다.

196 자본시장법은 2007. 8. 3. 법률 제8635호로 제정되었고, 2009. 2. 4.부터 시행되었다. 그에 따라 구 증권거래법은 폐지되었다. 이와 관련하여 자본시장법 부칙 제41조 제1항은 "이 법 시행 전에 행한 종전의 「증권거래법」, 종전의 「선물거래법」, 종전의 「간접투자자산 운용업법」, 종전의 「신탁업법」, 종전의 「종합금융회사에 관한 법률」 및 종전의 「한국증권선물거래소법」의 위반행위에 대한 벌칙 및 과태료의 적용에 있어서는 종전의 규정에 따른다."라고 규정하였는바, 자본시장법 시행 전에 행한 사기적 부정거래행위에 대해서는 구 증권거래법이 적용되고, 자본시장법 시행 후에 행한 사기적 부정거래행위에 대해서는 자본시장법이 적용된다. 이 사건에서 피고인은 자본시장법 시행 전에 사기적 부정거래행위를 행하였는바, 구 증권거래법이 적용되었다.

III. 쟁점

1. 구 증권거래법 제188조의4 제4항 제1호 <허위사실 유포행위>에 관하여

가. 허위사실 유포와 풍문 유포, 허위표시 문서이용 간의 관계

구 증권거래법 제188조의4 제4항 제1호는 "허위의 사실 기타 풍설을 유포하는 행위"라고 규정함으로써 풍문의 유포와 함께 허위사실의 유포를 금지하였는데, 자본시장법 제178조 제2항은 풍문의 유포만을 금지한 채 허위사실의 유포를 삭제하였는바, 허위사실 유포와 풍문 유포 간의 관계를 검토할 필요가 있다.

한편, 허위사실의 유포는 허위사실이 대외적으로 공개된다는 측면에서 구 증권거래법 제188조의4 제4항 제2호 〈허위문서 이용 오해유발행위〉의 허위표시 문서이용과 유사한 측면이 있는바, 허위사실 유포와 허위표시 문서이용의 관계도 검토할 필요가 있다.

나. 허위사실 유포에의 해당 여부

이 사건에서 피고인은 2007. 2. 27.부터 2007. 9. 13.까지 총 8회에 걸쳐 보도자료, 인터뷰 등을 통하여 피고인이 추진하는 신규사업의 실체나 추진 정도에 관한 홍보성 언론보도가 연속으로 보도되도록 하였는데, 이것이 구 증권거래법 제188조의4 제4항 제1호 〈허위사실 유포행위〉에 해당하는지가 문제되었다.

2. 구 증권거래법 제188조의4 제4항 제2호 <허위문서 이용 오해유발행위>에 관하여

가. '문서의 이용'에의 해당 여부

구 증권거래법 제188조의4 제4항 제2호 〈허위문서 이용 오해유발행위〉에는 "문서를 이용하여"라는 요건이 규정되었고, 그에 따라 구 증권거래법 하의 판례는 '문서의 이용'이라는 요건이 충족되지 않는 경우 사기적 부정거래의 성립을 부인하였다.[197]

이 사건에서 피고인은 금융위원회 전자공시시스템을 통하여 '임원·주요주주 소유주식 보고서'를 공시하였는바, 논의의 전제로서 '전자문서'도 '문서의 이용'에서의 문서에 해당하는지를 검토할 필요가 있다.

나. 허위표시 문서이용에의 해당 여부

이 사건에서 피고인은 2006. 7. 6. 금융감독원 전자공시시스템을 통하여 '임원·주요주주 소유주식 보고서'를 제출하면서 차명주식을 산입하지 않은 채 본인 명의로 된 주식만 보유하고 있는 것처럼 공시하였고, 차명주식 중 일부를 매도하는 과정에서 유사한 취지의 2007. 3. 26.자 '임원·주요주주 소유주식 보고서'를 추가로 공시하였는데, 이것이 구 증권거래법 제188조의4 제4항 제2호 <허위문서 이용 오해유발행위>에 해당하는지가 문제 되었다.

이와 관련하여 ① 피고인이 A사의 직원들 명의로 소유하고 있는 차명주식에 관한 보유 및 매도 여부가 구 증권거래법 제188조의4 제4항 제2호 <허위문서 이용 오해유발행위>의 '중요한 사항'에 해당하는지, ② 피고인이 금융감독원 전자공시시스템을 통하여 '임원·주요주주 소유주식 보고서'를 공시하면서 차명주식을 산입하지 않은 채 본인 명의로 된 주식만을 보유하고 있는 것처럼 기재한 것이 구 증권거래법 제188조의4 제4항 제2호 <허위문서 이용 오해유발행위>의 '이용'에 해당하는지를 검토할 필요가 있다.

한편, 구 증권거래법 제188조의4 제4항 제2호 <허위문서 이용 오해유발행위>가 성립하기 위하여 허위표시 문서이용과 타인의 오해 간에 인과관계가 있어야 하는지, 피고인에게 타인에게 오해를 유발함으로써 재산상의 이익을 얻고자 하는 목적이 있었는지가 문제되었다.

---

197 대법원 2010. 12. 9. 선고 2009도6411 판결, 대법원 2009. 7. 9. 선고 2009도1374 판결

3. 부당이득액의 산정에 관하여

이 사건에서 피고인은 i) 2007. 2. 27.부터 2007. 10. 10.까지 차명주식 총 283,912주를 매도하고 ii) 2007. 10. 5.부터 2007. 10. 8.까지 본인 명의의 주식 총 400,000주를 매도함으로써 시세차익을 얻었는데, 그 기간 동안 A사의 주가는 상승하였고, A사의 주가변동에 영향을 미쳤다고 볼만한 요인들(특히, 甲이 운영하는 F투자연구소 회원 등 투자세력의 집중적인 매수)이 존재하였다.

일자	A사의 주가(종가)
2006. 7.경	4천 원대
2007. 1. 4.	8,740원
2007. 1. 30.	7,100원
2007. 2. 26.	8,000원
2007. 2. 27.	7,760원
2007. 5. 초경	8천 원대
2007. 7. 2.	12,050원
2007. 8. 1.	16,200원
2007. 8. 31.	19,350원
2007. 9. 3.	22,000원
2007. 10. 1.	56,600원
2007. 10. 9.	81,000원

이때 피고인이 본인 명의의 주식 및 차명주식을 매도하여 얻은 시세차익을 피고인이 사기적 부정거래행위로 취득한 부당이득으로 볼 수 있는지, 즉 사기적 부정거래행위와의 인과관계가 인정되는지가 문제되었다.

한편, 이 사건에서 피고인은 2007. 10. 10. 이후로도 본인 명의로 1,681,692주의 주식을, A사 직원 ○○○ 명의로 210,710주의 차명주식을 보유하고 있었는바, 잔존주식에 대한 미실현이익이 부당이득에 포함되는지를 검토할 필요가 있다.

IV. 각 쟁점에 대한 평석

1. 구 증권거래법 제188조의4 제4항 제1호 <허위사실 유포행위>에 관하여

(1) 법원의 판단

제1심법원[198]은 피고인이 보도자료, 인터뷰 등을 통하여 자신이 대표이사 겸 대주주인 A사가 추진 중인 우즈베키스탄 내 규사광산 개발사업의 추진 현황과 전망에 관하여 실제와 다른 내용을 계속·반복적으로 언론에 보도되도록 한 행위는 A사의 주가상승을 통한 부당한 이익을 얻기 위한 허위사실 유포행위에 해당한다고 판단하였다.

이에 대하여 항소심 법원[199]과 대법원[200]도 동일한 취지로 판단하였다.

(2) 평석

(가) <허위사실 유포행위>와 <풍문 유포행위> 간의 관계

이 부분에 대한 설명은 〈3번_탄소나노튜브(CNT) 사건〉을 참조하면 된다.

(나) <허위사실 유포행위>와 <허위문서 이용 오해유발행위> 간의 관계

이 부분에 대한 설명은 〈3번_탄소나노튜브(CNT) 사건〉을 참조하면 된다.

(다) 허위사실 유포에의 해당 여부

이 사건에서 피고인은 A사의 내부관계자인 대표이사 겸 대주주로서 보도자료, 인터뷰 등을 통하여 A사가 추진 중인 우즈베키스탄 내 규사광산 개발사업의 추진 현황과 전

198 서울중앙지방법원 2008. 9. 19. 선고 2008고합475 판결

199 서울고등법원 2009. 1. 23. 선고 2008노2564 판결

200 대법원 2009. 7. 9. 선고 2009도1374 판결

망에 관한 내용이 언론에 보도되도록 하였는데, '풍설(= 풍문)'은 문언적으로 바람결에 들리는 소문, 실상이 없이 떠돌아다니는 말을 뜻하는바, 이 사건은 풍설의 유포가 아니라 허위사실의 유포가 문제되는 사안이다.

이 사건에서 피고인이 보도자료, 인터뷰 등을 통하여 보도되도록 한 홍보성 언론보도 내용은 우즈베키스탄 내 규사광산의 규모와 순도, 규사광산의 경제적 가치, 규사광산 개발사업자 지위의 확정적인 취득 여부, 규사와 메탈실리콘 및 폴리실리콘의 경제적 관련성, 폴리실리콘 제조사업의 가능성 및 이익 실현의 시기 등의 부분에서 객관적인 사실과 전혀 다르거나 객관적인 사실을 크게 과장되었으므로, 법원이 허위사실 유포에 해당한다고 판단한 것은 타당하다.

2. 구 증권거래법 제188조의4 제4항 제2호 <허위문서 이용 오해유발행위>에 관하여

가. '문서의 이용'에의 해당 여부

구 증권거래법 제188조의4 제4항 제2호 〈허위문서 이용 오해유발행위〉는 유가증권의 매매 기타 거래와 관련하여 "중요한 사항에 관하여 허위의 표시를 하거나 필요한 사실의 표시가 누락된 문서를 이용하여 타인에게 오해를 유발하게 함으로써 금전 기타 재산상의 이익을 얻고자 하는 행위"를 금지하고 있는바, 그 행위의 매체는 문서에 국한되고, 제2호 위반행위에 해당하기 위해서는 '문서의 이용'이라는 요건이 충족되어야 한다.[201]

이와 관련하여 구 증권거래법 제194조의2에는 "이 법에 의하여 금융위원회·증권선물위원회 또는 거래소에 신고서·보고서 기타 서류 또는 자료 등을 제출하는 경우에는 대통령령이 정하는 바에 따라 전자문서의 방법에 의할 수 있다."라고 규정되어 있었다.

---

201 대법원 2010. 12. 9. 선고 2009도6411 판결

구 증권거래법 제194조의2가 전자문서를 문서제출의 방법 중 하나로 규정하고 있다는 점을 고려할 때, 이 사건에서 피고인이 금융위원회 전자공시시스템을 통하여 전자문서의 방식으로 '임원·주요주주 특정증권 등 소유상황보고서'를 공시한 것도 '문서의 이용'에 해당한다고 봄이 타당하다.

나. 허위표시 문서이용에의 해당 여부

(1) '중요한 사항'에의 해당 여부

(가) 법원의 판단

제1심법원은 피고인의 차명주식 보유 및 매도 여부는 투자자의 투자판단에 영향을 미칠 수 있는 '중요한 사항'에 해당한다고 판단하였다. 그 구체적인 근거는 다음과 같다.

> ① 피고인은 2006. 7. 6.과 2007. 3. 26. '임원·주요주주 소유주식 보고서'를 각 제출하면서 2006. 6. 30. 코스닥 상장과 2007. 3. 22. 유상증자 당시 보유하고 있던 A사 주식 중 실명주식만을 보고하고 임직원들 명의로 보유하고 있던 차명주식은 보고하지 않은 사실
>
> ② 이를 기초로 하여 임직원들 명의로 보유하고 있던 차명주식을 매도하였음에도 이에 대한 소유주식 상황변동보고를 전혀 하지 않은 사실
>
> ③ 피고인의 언론인터뷰 기사와 2007. 4. 19. 체결된 양해각서 등이 언론과 공정공시 등을 통하여 공개된 후 A사의 주가가 상승하기 시작하면서 본 계약체결 여부와 경영자인 피고인의 의지와 전망 등에 대한 일반 투자자들의 관심이 집중되었고, 이에 따라 한국증권선물거래소의 조회공시요구가 있기도 하였던 사실
>
> ④ 이러한 상황에서 피고인이 임직원들의 차명으로 보유하고 있던 A사의 주식을 매도하는 것이 밝혀진다면 주가에 부정적인 영향을 미칠 수밖에 없었던 사실

이에 대하여 항소심 법원과 대법원도 동일한 취지로 판단하였다.

(나) 평석

구 증권거래법 제188조의4 제4항 제2호 <허위문서 이용 오해유발행위>는 "중요한 사항에 관하여 허위의 표시를 하거나 필요한 사실의 표시가 누락된 문서를 이용하여 타인에게 오해를 유발하게 함으로써 금전 기타 재산상의 이익을 얻고자 하는 행위"를 금지하였는데, 자본시장법 제178조 제1항 제2호 <중요사항 거짓문서 등 이용행위>는 "중요한 사항에 관하여 거짓의 기재 또는 표시를 하거나 타인에게 오해를 유발시키지 아니하기 위하여 필요한 주요사항의 기재 또는 표시가 누락된 문서, 그 밖의 기재 또는 표시를 사용하여 금전, 그 밖의 재산상의 이익을 얻고자 하는 행위"를 금지함으로써 법조문이 다소 변경되었다.

구 증권거래법 제188조의4 제4항 제2호 <허위문서 이용 오해유발행위>에는 '중요한 사항'이 무엇인지에 대하여 정의되어 있지 않으나, 대법원은 '중요한 사항'이 당해 법인의 재산·경영에 관하여 중대한 영향을 미치거나 유가증권의 공정거래와 투자자 보호를 위하여 필요한 사항으로서 투자자의 투자판단에 영향을 미칠 수 있는 사항을 의미한다고 정의하였다.[202]

이와 관련하여 대법원은 '임원·주요주주 소유주식 보고서'를 제출하면서 임직원 명의로 보유하고 있던 차명주식의 소유현황을 기재하지 않은 것이 문제된 사안에서 차명주식 보유 및 매도 여부는 투자자의 투자판단에 영향을 미칠 수 있는 '중요한 사항'에 해당한다고 판시한 바 있다.[203]

살피건대, A사의 대표이사 겸 대주주인 피고인이 A사의 직원들 명의로 소유하고 있던 차명주식을 매도하는 것이 밝혀진다면 일반 투자자의 투자의욕이 떨어지게 되어 A사의 주가에 부정적인 영향을 미칠 수밖에 없으므로, 이 사건에서 법원이 피고인의 차명

202 대법원 2009. 7. 9. 선고 2009도1374 판결

203 대법원 2009. 7. 9. 선고 2009도1374 판결

주식 보유 및 매도 여부를 투자자의 투자판단에 영향을 미칠 수 있는 '중요한 사항'에 해당한다고 판단한 것은 타당하다.

(2) 허위표시 문서의 '이용'에의 해당 여부

(가) 법원의 판단

제1심법원은 피고인의 행위가 구 증권거래법 제188조의4 제4항 제2호 〈허위문서 이용 오해유발행위〉의 '이용'에 해당하는지를 명시적으로 판단하지 않았다. 이에 대하여 피고인은 기존의 허위표시 문서를 방치한 것은 허위표시 문서의 '이용'에 해당하지 않으므로, 제1심법원의 판단에는 사실오인 내지 법리오해의 위법이 있다고 주장하였다.

이와 관련하여 항소심 법원은, ⅰ) 이용대상이 되는 허위표시 문서는 기존의 문서인지, 새로 작출된 문서인지를 불문하고, ⅱ) 피고인의 허위표시문서 이용행위는 2007. 3. 26.자 허위표시문서 제출행위부터 이후의 차명주식 처분행위에 이르기까지 일정한 시간적 간격 내에 동일한 계획과 범의에 의하여 실현된 것이므로, 피고인의 행위를 기존의 허위표시 문서를 시정하지 않고 방치하면서 단순히 반사적인 이득을 얻은 경우에 해당한다고 보기 어렵다고 판단하였다.

① 증권거래법 제188조의4 제4항 제2호는 문언의 해석상 일단 '타인에게 오해를 유발하게 함으로써 금전, 기타 재산상의 이익을 얻기 위하여' 중요한 사항에 관한 허위·부실표시 문서를 이용한 이상 그로써 바로 위 조항 위반죄가 성립하는 것이고, 이용대상이 되는 허위표시 문서가 기존의 문서인지, 새로이 작출된 문서인지 여부는 위 죄의 성립에 영향이 없다할 것이므로 피고인의 이 부분 주장은 이유 없다.

② 또한 피고인은 앞서 본 바와 같이 2007. 2. 27. 부당한 이득을 얻기 위하여 허위사실을 유포하기 시작하였고, 이후 2007. 3. 22. A사의 무상증자결정에 의하여 신주 1,540,848주를 배정받고 같은 달 26. '임원·주요주주 소유주식 보고서'를 제출하면서 소유하고 있는 주식

> 으로 자신의 명의로 되어 있는 3,081,692주 만을 기재하고, 직원들 명의로 보유하고 있는 주식 479,622주를 누락시키는 방법으로 '보유주식량'부분에 허위사실을 기재한 다음, A사의 주가가 상승하자 2007. 5. 4.부터 원심 별지 범죄일람표 II 기재와 같이 피고인이 임직원들 명의로 보유하고 있던 차명주식을 '소유주식 상황보고' 등을 이행하지 않고 집중적으로 매도하였던바, 피고인의 허위표시문서 이용행위는 2007. 3. 26.자 허위표시문서 제출행위부터 이후의 차명주식 처분행위에 이르기까지 일정한 시간적 간격 내에 동일한 계획과 범의에 의하여 실현된 것으로, 이와 같은 피고인의 행위를 기존의 허위·부실표시 문서를 시정하지 않고 방치하면서 단순히 반사적인 이득을 얻은 경우에 해당한다고 보기도 어렵다 할 것이므로 그 점에서도 피고인의 주장은 이유 없다.

이에 대하여 대법원도 동일한 취지로 판단하였다.

(나) 평석

'임원·주요주주 소유주식 보고서'에 차명주식의 소유현황을 누락한 것이 허위표시문서의 '이용'에 해당하여 사기적 부정거래행위가 성립하는지와 관련하여 ① 차명주식의 소유현황을 누락한 채 공시하는 것[제1행위], ② 그 이후 차명주식을 처분하고서도 그 처분내역을 공시하지 않는 것[제2행위]으로 구분하여 검토할 필요가 있다.

이와 관련한 자세한 논의는 〈7번_포괄적 주식교환 사건〉에서 본 바와 같고, 그 논의를 정리하면 다음과 같다.

	차명주식의 소유현황을 누락한 채 공시하는 것[제1행위]	그 이후 차명주식을 처분하고서도 그 처분내역을 공시하지 않는 것[제2행위]
허위표시 문서의 '이용'에의 해당 여부	애초부터 차명주식의 처분을 통하여 시세차익을 얻을 목적이 있었던 경우 : 해당	해당
	그렇지 않은 경우 : 제외	

이 사건에서 ⅰ) 피고인은 2002. 경부터 2004. 경까지 A사의 직원들 명의로 A사 주식 16,750주를 매수하였고, 위 주식은 2005. 경 액면 분할로 인하여 167,500주로, 2006. 3. 경 무상증자를 통하여 322,615주로 증가하였으며, ⅱ) 피고인은 A사가 코스닥에 상장된 이후인 2006. 7. 6. 금융감독원 전자공시시스템을 통하여 '임원·주요주주 소유주식 보고서'를 제출하면서 차명주식 322,615주를 산입하지 않은 채 본인 명의로 된 1,540,864주만 보유하고 있는 것처럼 공시하였는데, ⅲ) 피고인은 2006. 11. 경 우즈베키스탄의 매각 대상 공기업인 B사의 인수 여부를 타진하기 위하여 우즈베키스탄을 방문하였을 때 우즈베키스탄에 개발되지 않은 규사광산이 있다는 사실을 알게 됨을 기화로 비로소 A사가 마치 엄청난 투자가치를 가진 해외자원 개발사업을 진행하는 것처럼 호재성 허위사실을 유포하여 주가를 상승시키기로 하고, 이에 따라 A사의 주가가 상승하면 피고인이 소유하고 있던 차명주식과 피고인 본인 명의의 주식을 매도하여 시세차익을 얻기로 마음먹었고, ⅳ) 피고인은 2006. 7. 6. 금융감독원 전자공시시스템을 통하여 '임원·주요주주 소유주식 보고서'를 제출한 때로부터 약 8개월이 경과한 2007. 2. 27.부터 차명주식을 처분하기 시작하였는바, 피고인이 2006. 7. 6.자 '임원·주요주주 소유주식 보고서'를 제출하면서 차명주식의 소유현황을 누락한 것은 애초부터 차명주식을 몰래 처분하여 시세차익을 얻을 목적에서 비롯된 행위가 아니므로, 이때에는 허위표시 문서의 '이용'에 해당하지 않는다고 할 것이다.

반면, 피고인은 2007. 2. 27.부터 2007. 10. 10.까지 차명주식 중 일부를 장내에 매도하였음에도 불구하고, 차명주식의 소유현황을 누락한 2007. 3. 26.자 '임원·주요주주 소유주식 보고서'를 제출함으로써 일반 투자자들로 하여금 피고인이 보유 중인 주식을 순차 처분하고 있다는 사실을 알지 못하게 하였는바, 이때에는 허위표시 문서의 '이용'에 해당하여 구 증권거래법 제188조의4 제4항 제2호 〈허위문서 이용·오해유발행위〉가 성립한다고 할 것이다.

살피건대, 이 사건에서 법원은 『피고인의 허위표시문서 이용행위는 "2007. 3. 26.자 허위표시문서 제출행위부터" 이후의 차명주식 처분행위에 이르기까지 일정한 시간적 간격 내에 동일한 계획과 범의에 의하여 실현된 것으로, 이와 같은 피고인의 행위를 기존의 허위·부실표시 문서를 시정하지 않고 방치하면서 단순히 반사적인 이득을 얻은 경우에 해당한다고 보기도 어렵다.』라고 판시하였는바, 이것은 피고인이 2006. 7. 6.자 '임원·주요주주 소유주식 보고서'를 제출하면서 차명주식의 보유상황을 누락한 행위가 허위표시 문서의 '이용'에 해당하지 않는다고 간접적으로 판단한 결과라고 할 것이고, 그와 같은 전제하에서 법원의 판단은 타당하다.

다. 구 증권거래법 제188조의4 제4항 제2호 <허위문서 이용 오해유발행위>가 성립하기 위하여 허위표시 문서이용과 타인의 오해 간에 인과관계가 있어야 하는지 여부

(1) 법원의 판단

제1심법원은 허위표시 문서를 이용한 피고인의 행위는 일반 투자자들의 오해를 유발하기에 충분한 것이었고, 피고인에게는 타인에게 오해를 유발하게 함으로써 재산상의 이익을 얻고자 하는 목적도 있었다고 판단하였다. 그 구체적인 근거는 다음과 같다.

> ① 피고인은 언론인터뷰를 통하여 객관적인 사실과 다른 정보를 제공하거나 불확실한 장래의 사업 전망을 마치 그러한 계획이 곧 실현되거나 그러한 사업이 엄청나게 큰 가치를 가진 것처럼 공표한 사실
>
> ② 피고인은 2006. 7. 6.과 2007. 3. 26. '임원·주요주주 소유주식 보고서'를 제출하면서 피고인이 임직원들 명의로 보유하고 있던 차명주식을 보고하지 않은 사실
>
> ③ 그로 인하여 투자자들은 피고인이 차명주식을 보유하고 있는지 여부나 그 주식을 매도하는지 여부를 알 수 없었던 사실
>
> ④ 피고인은 A사의 주가가 상승하자 2008. 10. 5.과 10. 8. 피고인의 실명주식을 매도하기 전에 2007. 5. 4.경부터 피고인이 임직원들 명의로 보유하고 있던 차명주식을 거의 대부분 매도한 사실
>
> ⑤ 피고인의 차명주식을 관리하던 OOO은 A사의 주가가 오르자 피고인에게 차명주식의 매도를 건의하였고, 피고인도 이에 동의한 사실

이에 대하여 항소심 법원과 대법원도 동일한 취지로 판단하였다.

(2) 평석

구 증권거래법(1997. 1. 13. 법률 제5254호로 개정되기 전의 것) 제188조의4 제4항 제2호는 '중요한 사항에 관하여 허위의 표시를 하거나 필요한 사실의 표시가 누락된 문서를 이용하여 타인에게 오해를 유발하게 함으로써 금전 기타 재산상의 이익을 취득하는 것'이라는 결과범 형식으로 규정되어 있었는데, 1997. 1. 13. 법률 제5254호로 구 증권거래법이 개정되면서 '중요한 사항에 관하여 허위의 표시를 하거나 필요한 사실의 표시가 누락된 문서를 이용하여 타인에게 오해를 유발하게 함으로써 금전 기타 재산상의 이익을 얻고자 하는 행위'라는 목적범 형식으로 변경되었다. 개정이유 중에는 "투자자 보호를 강화하기 위하여 시세조작행위와 내부자거래에 대한 처벌을 강화함."이라는 내용이 기재되어 있다.

이와 관련하여 대법원은 문언의 해석상 '타인에게 오해를 유발하게 함으로써 금전 기타 재산상의 이익을 얻기 위하여' 중요한 사항에 관한 허위표시 문서를 이용한 이상 그로써 바로 구 증권거래법 제188조의4 제4항 제2호 〈허위문서 이용 오해유발행위〉가 성립하는 것이고, 문서 이용행위로 인하여 실제 '타인에게 오해를 유발'하거나 '금전 기타 재산상의 이익을 얻을 것'을 요하지 않으므로, 허위표시 문서 이용행위와 타인의 오해 사이의 인과관계 여부는 위 죄의 성립에 아무런 영향을 미치지 않는다고 판시하였다.[204]

살피건대, 구 증권거래법 제188조의4 제4항 제2호 〈허위문서 이용 오해유발행위〉의 문언, 개정 전후의 문언 차이, 개정이유 등을 고려할 때, 법원이 허위표시 문서이용과 타인의 오해 간에 인과관계를 요하지 않는다고 판단한 것은 타당하다.

한편, 타인에게 오해를 유발하게 함으로써 금전 기타 재산상의 이익을 얻고자 하는

---

204 대법원 2006. 4. 14. 선고 2003도6759 판결 등

목적에 대한 인식의 정도는 미필적 인식으로 족하므로, 법원이 피고인에게 타인에게 오해를 유발하게 함으로써 재산상의 이익을 얻고자 하는 목적도 있었다고 판단한 것도 타당하다.

참고판례 - 대법원 2003. 12. 12. 선고 2001도606 판결

증권거래법 제188조의4 제2항 소정의 '매매거래를 유인할 목적'이라 함은 인위적인 조작을 가하여 시세를 변동시킴에도 불구하고 투자자에게는 그 시세가 유가증권시장에서의 자연적인 수요·공급의 원칙에 의하여 형성된 것으로 오인시켜 유가증권의 매매거래에 끌어들이려는 목적을 말하는데, 이러한 목적은 다른 목적과의 공존 여부나 어느 목적이 주된 것인지는 문제되지 아니하고, 그 목적에 대한 인식의 정도는 적극적 의욕이나 확정적 인식임을 요하지 아니하고 미필적 인식이 있으면 족하며, 투자자의 오해를 실제로 유발하였는지 여부나 타인에게 손해가 발생하였는지 여부 등도 문제가 되지 아니하고, 이러한 목적은 당사자가 이를 자백하지 않더라도 그 유가증권의 성격과 발행된 유가증권의 총수, 매매거래의 동기와 태양(순차적 가격상승주문 또는 가장매매, 시장관여율의 정도, 지속적인 종가관여 등), 그 유가증권의 가격 및 거래량의 동향, 전후의 거래상황, 거래의 경제적 합리성 및 공정성 등의 간접사실을 종합적으로 고려하여 판단할 수 있다.

3. 부당이득액의 산정에 관하여

가. 법원의 판단

(1) 제1심법원 및 항소심 법원의 판단

이 사건에서 피고인은 i) 2007. 2. 27.부터 2007. 10. 10.까지 차명주식 총 283,912주를 매도하고 ii) 2007. 10. 5.부터 2007. 10. 8.까지 본인 명의의 주식 총 400,000주를

매도함으로써 시세차익을 얻었는데,[205] 그 기간 동안 A사의 주가는 상승하였고, A사의 주가변동에 영향을 미쳤다고 볼만한 요인들(특히, 甲이 운영하는 F투자연구소 회원 등 투자세력의 집중적인 매수)이 존재하였다.

일자	A사의 주가(종가)
2006. 7.경	4천 원대
2007. 1. 4.	8,740원
2007. 1. 30.	7,100원
2007. 2. 26.	8,000원
2007. 2. 27.	7,760원
2007. 5. 초경	8천 원대
2007. 7. 2.	12,050원
2007. 8. 1.	16,200원
2007. 8. 31.	19,350원
2007. 9. 3.	22,000원
2007. 10. 1.	56,600원
2007. 10. 9.	81,000원

이와 관련하여 피고인은 i) 피고인의 언론인터뷰 기사가 보도된 뒤에도 A사의 주가는 크게 변동이 없었고, ii) 호재성 인터뷰만으로는 주가의 급격한 상승을 가져올 수 없으며, iii) 피고인의 차명주식 처분은 독자적으로 주가를 상승시키는 원인이 될 수 없고, iv) A사의 주가상승 중 2007. 3.부터 2007. 8.까지의 것은 자원테마주임과 동시에 태양광에너지 관련주였기 때문이며, v) 그 이후의 주가상승은 甲을 필두로 하는 F투자연구소 회원 등의 집중적인 매수가 원인이므로, 설령 허위사실 유포와 허위표시 문

205 한편, 피고인은 2007. 4. 26.에도 본인 명의의 주식 1,000,000주를 매도하였는데, 법원은 피고인이 사기적 부정거래행위로 취득한 부당이득액을 산정하면서 2007. 4. 26.자 매도분 1,000,000주를 고려하지 않았다. 추측하건대, 피고인이 2007. 4. 26. 본인 명의의 주식 1,000,000주를 매도하는 과정에서는 시세차익을 얻지 못하였기 때문에, 법원의 부당이득액 산정에 반영되지 않은 것으로 보인다.

서 이용행위가 인정된다고 하더라도 A사의 주가상승과는 인과관계가 없다고 주장하였다.

이에 대하여 제1심법원은 대법원 2004. 9. 3. 선고 2004도1628 판결을 인용하면서 피고인의 허위사실 유포 및 허위표시 문서이용 행위가 A사의 주가상승에 상당한 영향을 미쳤다고 판단한 다음 피고인이 사기적 부정거래행위로 취득한 부당이득액이 40,361,173,770원이라고 산출하였다.[206] 그 구체적인 내용은 다음과 같다.

참고판례 - 대법원 2004. 9. 3. 선고 2004도1628 판결

증권거래법 제207조의2 제1항 단서 및 제2항 소정의 '위반행위로 얻은 이익'이라 함은 그 위반행위와 관련된 거래로 인한 이익을 말하는 것으로서(대법원 2002. 6. 14. 선고 2002도1256 판결 등 참조), 반드시 그 위반행위와 직접적인 인과관계가 있는 것만을 의미하는 것은 아니고, 그 위반행위가 개입된 거래로 인하여 얻은 이익에 해당하는 것이면 이에 해당한다.

(2) 피고인은 2007. 2. 27.부터 언론인터뷰를 통하여 허위사실을 유포하였고, 차명주식을 포함하지 않은 채로 이미 제출되어 있던 허위표시 문서인 2006. 7. 6.자와 2007. 3. 26.자 임원·주요주주 주식소유 상황보고서 등을 이용한 사실, (피고인이 보도되도록 한) 기사에는 투자자들의 투자판단에 영향을 미치기에 충분한 내용들이 포함되어 있는 사실, 그로 인하여 A사의 주가는 전반적으로 상승하기 시작하여 2007. 3. 22. 100% 무상증자에 따른

206 위반행위로 얻은 이익을 산정함에 있어서는 구체적 거래로 인한 이익뿐만 아니라 시세조종행위 종료 시점 당시 보유 중이던 시세조종 대상 주식의 평가이익 등이 모두 포함되어야 하는데, 이 사건에서 검사는 피고인이 시세조종행위 종료 시점 당시 보유 중이던 A사 주식의 평가이익 부분을 이득액에 포함시키지 않았고, 그에 따라 법원은 피고인의 방어권 행사에 실질적인 불이익이 초래되지 않도록 검사가 이득액이라고 적시한 43,760,556,573원의 범위 내에서 검사가 계산한 방식에 따라 피고인의 이득액을 산정하였다.

권리락이 있은 뒤 2007. 5. 초경에는 그 전의 주가인 8,000원대를 거의 회복하여 실질적으로는주가가 2배 정도 상승하였고, 2007. 5.경부터는 피고인의 차명주식이 매도되고 있었는데도 그러한 사실이 외부에는 알려지지 않아 주가는 보합을 유지하거나 다소 상승한 사실, 그러다가 피고인이 2007. 5. 말경부터 우즈베키스탄 내 규사광산 개발사업에서 사업자로 최종 지정되었다는 취지의 언론인터뷰를 하자 A사의 주가는 종가 기준 최고가를 갱신하면서 7. 2. 12,050원, 8. 1. 16,200원, 9. 3. 22,000원, 10. 1. 56,600원, 10. 9. 81,000원으로 상승한 사실, 그런데 A사가 조립한 하드디스크 헤드를 전량 납품받는 G전자가 고집적 하드디스크 드라이브로 주력 제품군을 변경함에 따라 A사의 매출액은 2006년의 1,657억 원에서 2007년에는 905억 원으로 급감하였고, 영업이익 역시 2006년의 75억 원에서 2007년에는 3,400만 원으로 대폭 감소하는 등 이 기간 동안 회사의 실적은 저조했던 사실이 인정된다.

(3) 2007. 9.경부터의 A사 주가의 급격한 상승에는 甲이 운영하는 F투자연구소 회원 등 투자세력의 집중적인 매수가 상당 부분 영향을 미쳤음을 알 수 있으나, 다른 한편 위 각 증거들에 의하면, 甲 등의 A사에 대한 투자판단 및 회원들에 대한 투자권유는 피고인의 언론인터뷰 등에 직접적으로 기인한 것이었던 점이 인정되므로, 피고인의 허위사실 유포 및 허위표시 문서 이용 행위는 A사의 주가상승에 상당한 영향을 미쳤음이 분명하고, 피고인은 위와 같은 위반행위가 개입된 거래로 인하여 부당이득을 얻었다고 할 것이다.

① 피고인은 자신 명의의 주식 400,000주를 34,359,000,000원에, 차명으로 보유하고 있던 283,912주를 9,098,446,650원에 각각 매도함으로써, 결국 피고인 소유의 주식 683,912주를 총 43,457,446,650원에 매각하였고, 이러한 매각에 따른 수수료 및 거래세는 합계 255,494,320원이다.

② 한편, 피고인이 허위사실을 유포하기 시작한 2007. 2. 27. 종가 기준으로 A사의 주가는 1주당 7,760원이었고, 이는 100% 무상증자를 실시하기 전이어서 피고인이 매각한 주식 중 피고인 본인 명의의 400,000주를 무상증자 이전의 주식 수로 환산하면 200,000주가 되므로, 시세조종 행위 개시 당시의 피고인 본인 명의 주식의 가치는 1,552,000,000원(200,000주×7,760원)이 된다.

③ 한편, 피고인은 2007. 3. 초경 OOO 소유의 30,000주를 240,000,000원에 매수하였다가, 2007. 3. 22.자 100% 무상증자 후의 주식 60,000주 중 15,000주를 2007. 3. 22.경 OOO에게 증여한 후 나머지 75%인 45,000주만을 OOO의 차명으로 피고인이 보유하게 되었으므로, 위 45,000주의 취득비용은 240,000,000원의 75%에 해당하는 180,000,000원으로 봄이 상당하고, 피고인은 또 2007. 8. 1.경 OOO 소유의 15,000주를 240,000,000원에 매수하여 OOO의 차명으로 피고인이 보유하게 되었다.

따라서 피고인이 매각한 차명주식 중 시세조종행위 개시 시점인 2007. 2. 27. 당시부터 보유하고 있던 OOO, OOO, OOO 명의의 차명주식 223,912주의 취득비용은 무상증자 전의 주식 수로 환산한 111,956주를 2007. 2. 27. 종가에 따라 계산한 868,778,560원(111,956주×7,760원)이 되고, 피고인이 시세조종행위 개시 시점 이후로서 2007. 3. 22.자 무상증자 후에 취득한 OOO, OOO 명의의 차명주식 60,000주의 취득비용은 그 매수가격인 420,000,000원(180,000,000원 + 240,000,000원)이 되므로, 피고인이 매각한 주식의 취득비용은 2,840,778,560원(1,552,000,000원 + 868,778,560원 + 420,000,000원)이 된다.

④ 결국, 피고인은 허위사실을 유포하고 허위로 표시된 문서를 이용하는 등의 사기적 부정거래와 관련된 거래를 통하여 40,361,173,770원[43,457,446,650원(매도금액) - 2,840,778,560원(매수금액) - 255,494,320원(수수료 및 거래세 등의 거래비용)] 상당의 부당이득을 얻었다.

이에 대하여 항소심 법원도 동일한 취지로 판단하였다.

(2) 대법원의 판단

대법원은 구 증권거래법 제207조의2, 제214조에서 정한 이익은 위반행위와 직접적인 인과관계가 있는 것만을 의미하는 것은 아니고 그 위반행위가 개입된 거래로 인하여 얻은 이익에 해당하는 것이면 족하다는 전제하에서 허위사실 유포 및 허위표시 문서이용과 그 이익의 가액 간에 인과관계가 존재하는지를 분명하게 하지 않은 채 구 증권거래법 제207조의2 제2항 및 제214조를 적용한 원심법원의 판단에는 법리오해의 위법이 있다고 판단하였다.

이와 관련하여 대법원은 위반행위의 동기, 경위, 태양, 기간, 제3자의 개입 여부, 증권시장 상황 및 그 밖에 주가에 중대한 영향을 미칠 수 있는 제반 요소들을 전체적·종합적으로 고려하여 인과관계가 인정되는 이익을 산정해야 한다고 판시하였다.

증권거래법 제207조의2 제1항은, 같은 법 제188조의4의 규정에 위반한 자(제2호)는 10년 이하의 징역 또는 2천만 원 이하의 벌금에 처한다고 하면서, "다만, 그 위반행위로 얻은 이익 또는 회피한 손실액의 3배에 해당하는 금액이 2천만 원을 초과하는 때에는 그 이익 또는 회피손실액의 3배에 상당하는 금액 이하의 벌금에 처한다."고 하고, 제2항은 "제1항 각호의 위반행위로 얻은 이익 또는 회피한 손실액이 5억 원 이상인 때에는 다음의 구분에 따라 가중 처벌한다."고 한 다음 "이익 또는 회피한 손실액이 50억 원 이상인 때에는 무기 또는 5년 이상의 징역에 처한다."(제1호), "이익 또는 회피한 손실액이 5억 원 이상 50억 원 미만인 때에는 3년 이상의 유기징역에 처한다."(제2호)고 하고, 제3항은 "제1항과 제2항의 규정에 의하여 징역에 처하는 경우에는 10년 이하의 자격정지를 병과할 수 있다."고 하였다. 또, 같은 법 제214조는 제1항에서 "제207조의2 내지 제210조에 규정하는 죄를 범한 자에게는 징역과 벌금을 병과할 수 있다."고 한 다음 제2항에서 "제1항의 규정에 따라 제207조의2 제2항의 규정을 위반한 자에 대하여 벌금형을 병과하는 경우에는 그 위반행위로 얻은 이익 또는 회피손실액의 3배에 상당하는 금액 이하의 벌금에 처한다."고 하였다. 나아가, 구 범죄수익은닉의 규제 및 처벌 등에 관한 법률(2007. 12. 21. 법률 제8719호로 개정되기 전의 것. 아래에서도 같다) 제2조 제1호 별표 제16호, 제2호 가목, 제8조, 제10조에서는 구 증권거래법 제207조의2의 범죄행위에 의하여 생긴 재산을 범죄수익으로 정하여 이를 몰수 또는 추징할 수 있도록 하고 있다.

형법 제17조는 "어떤 행위라도 죄의 요소되는 위험 발생에 연결되지 아니한 때에는 그 결과로 인하여 벌하지 아니한다."라고 선언하여 범죄행위와 인과관계가 인정되지 않는 결과는 형사처벌의 근거가 될 수 없음을 분명히 하고 있고,

위와 같이 구 증권거래법 제207조의2, 제214조는 '위반행위로 얻은 이익'을 범죄구성요건의 일부로 삼아 그 가액에 따라 그 죄에 대한 형벌을 매우 가중하고 있으므로, 이를 적용할 때에는 위반행위로 얻은 이익의 가액을 엄격하고 신중하게 산정함으로써 범죄와 형벌 사이에 적정한 균형이 이루어져야 한다는 죄형균형 원칙이나 형벌은 책임에 기초하고 그 책임에 비례하여야 한다는 책임주의 원칙이 훼손되지 않도록 유의하여야 할 것인바(대법원 2007. 4. 19. 선고 2005도7288 전원합의체 판결 등 참조), 구 증권거래법 제207조의2와 제214조에서 정한 '위반행위로 얻은 이익'이라 함은 그 위반행위와 관련된 거래로 인한 이익을 말하는 것으로서 위반행위로 인하여 발생한 위험과 인과관계가 인정되는 것을 의미한다고 볼 것이다. 통상적인 경우에는 위반행위와 관련된 거래로 인한 총수입에서 그 거래를 위한 총 비용을 공제한 차액을 산정하는 방법으로 인과관계가 인정되는 이익을 산출할 수 있겠지만, 구체적인 사안에서 위반행위로 얻은 이익의 가액을 위와 같은 방법으로 인정하는 것이 부당하다고 볼 만한 사정이 있는 경우에는 사기적 부정거래행위를 근절하려는 구 증권거래법 제207조의2와 제214조의 입법취지와 형사법의 대원칙인 책임주의를 염두에 두고 위반행위의 동기, 경위, 태양, 기간, 제3자의 개입 여부, 증권시장 상황 및 그 밖에 주가에 중대한 영향을 미칠 수 있는 제반 요소들을 전체적·종합적으로 고려하여 인과관계가 인정되는 이익을 산정해야 할 것이며, 그에 관한 입증책임은 검사가 부담한다.

나아가, 구 범죄수익은닉의 규제 및 처벌 등에 관한 법률 제2조 제1호 별표 제16호, 제2호 가목, 제8조, 제10조에서 몰수 또는 추징 대상으로 정한 구 증권거래법 제207조의2의 범죄행위에 의하여 생긴 재산인 불법수익 역시 위와 마찬가지로 구 증권거래법 제207조의2 위반행위와 관련된 거래로 인한 이익으로서 위반행위로 인하여 발생한 위험과 인과관계가 인정되는 것을 의미한다고 보는 것이 옳고, 법원은 그 인과관계가 인정되는 이익이라고 하더라도 여러 사정을 고려하여 재량에 따라 그 불법수익의 몰수 또는 추징 여부를 최종 결정하면 된다.

이와 달리, 구 증권거래법 제207조의2, 제214조에서 정한 이익은 위반행위와 직접적인 인과관계가 있는 것만을 의미하는 것은 아니고 그 위반행위가 개입된 거래로 인하여 얻은 이익에 해당하는 것이면 족한 반면, 구 범죄수익은닉의 규제 및 처벌 등에 관한 법률에 의한 몰수 또는 추징 대상인 이익은 위반행위와 직접적인 인과관계가 있는 것만을 의미한다는 전제 아래, 이 사건 허위사실 유포 및 허위·부실 표시 문서 이용행위와 그 이익의 가액 사이에 인과관계가 존재하는지가 주된 쟁점이 되어 있는 이 사건에서, 이들 사이에 인과관계가 존재하는지를 분명하게 하지 아니한 채 구 증권거래법 제207조의2 제2항 및 제214조를 적용하는 한편, 직접적인 인과관계가 있는 이익의 범위를 특정할 수 없다는 이유로 그 이익 전부를 바로 구 범죄수익은닉의 규제 및 처벌 등에 관한 법률에 의한 추징 대상으로 삼을 수 없다고 판단한 원심에는, 위 조항들에서 정한 위반행위로 인한 이익 등의 개념과 한계에 관한 법리를 오해한 위법이 있다.

원심이 인용한 대법원 2004. 9. 3. 선고 2004도1628 판결은 2002. 4. 27. 법률 제6695호로 증권거래법이 개정되어 제207조의2 제2항의 징역형 가중처벌 조항이 신설되기 전의 사안에 대한 것으로서 공소사실에 기재된 피고인의 여러 허위사실 유포행위 중 일부가 무죄로 판단된 상황에서 공소사실 기재와 같은 이익액을 그대로 인정할 수 있는지가 쟁점이 된 사안이고, 또 대법원 2005. 4. 15. 선고 2005도632 판결은 일부 계좌들만 시세조정행위에 제공되고 다른 계좌들은 이에 제공된 바 없다고 하더라도 다른 계좌들을 이용한 거래로 얻은 이익을 위반행위로 인한 이익에 해당된다고 볼 수 있는지가 쟁점이 된 사안에 대한 것으로, 이들 판시 자체에 의하더라도 '위반행위로 얻은 이익'은 위반행위와 직접적인 관련이 있는 이익에만 한정되는 것이 아니라는 취지일 뿐임을 알 수 있으므로, 구 증권거래법 제207조2, 제214조에서 정한 '위반행위로 얻은 이익'의 위반행위와 이익 사이에 인과관계가 필요하지 않다는 논리의 근거로 삼을 수 없다.

따라서, 이 사건 허위사실 유포행위 및 허위·부실 표시 문서 이용행위와 그 이익 사이의 관계에 관한 원심의 구체적인 판단에 관한 피고인과 검사의 나머지 상고이유에 대하여 나아가 살필 필요 없이 이 부분 원심 판단은 그대로 유지될 수 없다.

(3) 파기환송심 및 재상고심의 판단

파기환송심[207]은, i) 피고인의 사기적 부정거래행위와 A사의 주가상승 사이에 상당인과관계가 있고, ii) 甲은 자신의 강연을 통하여 2007. 9. 1.부터의 주가상승에 개입하였다고 보아야 하며, iii) 피고인의 이 사건 태양광사업에 관한 허위사실 유포가 없는 상태에서 2007. 2. 27. 이후 A사의 주가가 상승하였을 것으로 보이지 않는다고 판단한 다음 피고인의 사기적 부정거래행위로 인하여 피고인이 취득한 이익액은 8,683,893,030원이라고 산출하였다. 그 구체적인 내용은 다음과 같다.

나. 피고인의 사기적 부정거래와 주가상승 사이의 인과관계 존부 등

(1) 인과관계의 존부

원심, 환송 전·후 당심에서 적법하게 채택하여 조사한 증거들에 의하여 인정되는 다음과 같은 사정, 즉 ① ㉠ 피고인은 2006. 6. 30. A사 주식을 액면가 500원의 13배가 넘는 주당 6,800원을 공모가로 하여 코스닥에 등록을 하였으나 주가가 오르지 않고, 오히려 2006. 7.경에는 주가가 4천 원대로 공모가보다 더 떨어져 주변의 투자자들로부터 많은 불평을 듣고 있었고, ㉡ 이에 따라 피고인은 주가를 끌어올리기 위한 방편으로 2006년 말 일반 주주들에게는 주당 300원, 최대주주와 특수관계인은 100원의 차등배당을 실시하였고, 2007. 1.경에는

207 서울고등법원 2009. 11. 26. 선고 2009노1838 판결

A사 상무인 ○○○에게 A사 주식 매입을 지시하여 임직원들 명의의 차명계좌로 주식을 매수하기도 하였으며, 2007. 1. 12. 자기주식 취득을 결정하여 공시하기도 하였으나, 주가에는 별다른 영향을 미치지 못하였으며, ⓒ 코스닥상장 후 애널리스트 등으로부터 A사의 경우 대주주 물량이 60%에 가깝고 유통량이 적어서 거래가 활성화되지 않아 기관 등에서 별 관심을 갖지 못하니 시장에서 관심을 얻으려면 유통량이 늘어나야 된다는 얘기를 들어온 데다가, 위 ⓒ과 같은 자사주 취득으로 대주주의 물량이 더 커져 유통량 문제가 더 심각해지자 이를 해소하는 방편으로 2007. 3. 100% 무상증자를 실시하게 되었고, ⓔ 피고인 스스로도 상장 후 A사의 주가가 공모가보다 훨씬 떨어져 주가에 관심을 갖게 되었다고 진술하고 있고, 원심 증인 ○○○ 역시 ○○○를 통하여 피고인이 주가가 안 올라서 고민한 것을 알고 있다고 진술하고 있는 사실 등에 비추어 볼 때, 피고인은 A사 주식의 코스닥 등록 이후부터 줄곧 A사의 주가 상승을 의도하고 이를 위한 시도가 여러 차례에 걸쳐 있어 왔던 것으로 보이는 점, ② 피고인은 언론인터뷰를 통하여 2007. 2. 27.부터 자신이 대표이사 겸 대주주인 A사가 추진 중인 이 사건 태양광사업의 추진 현황과 전망에 관하여 허위사실을 유포하였고, 임직원들 명의의 차명주식을 포함하지 않은 허위표시 문서인 2006. 7. 6.자와 2007. 3. 26.자 임원·주요주주 주식소유 상황보고서 등을 이용하였으며, (피고인이 보도되도록 한) 기사에는 우즈베키스탄 내 규사광산의 경제적 가치, 규사광산 개발사업자 지위의 확정적인 취득 여부, 규사와 메탈 실리콘 및 폴리실리콘의 경제적 관련성, 폴리실리콘 제조사업의 가능성 및 이익실현의 시기 등에 관한 것으로서 투자자들의 투자판단에 영향을 미치기에 충분한 내용들이 포함되어 있는 사실, ③ 그로 인하여 A사의 주가는 전반적으로 상승하기 시작하여 2007. 3. 22.100% 무상증자에 따른 권리락이 있은 뒤 2007. 5. 초경에는 그전의 주가인 8천 원대를 거의 회복하여 실질적으로는 주가가 2배 정도 상승하였고, 2007. 5.경부터는 피고인의 차명주식이 매도되고 있었는데도 그러한 사실이 외부에는 알려지지 않아 주가는 보합을 유지하거나 다소 상승하였으며, 피고인이 2007. 5. 말경부터 이 사건 태양광사업에서 사업자로 최종 지정되었다는 취지의 언론인터뷰를 하자 A사의 주가는 종가 기준 최고가를 갱신하면서 7. 2. 12,050원, 8. 1. 16,200원, 9. 3. 22,000원, 10. 1. 56,600원, 10. 9. 81,000원으로 상승한 점, ④ 이 사건 태양광사업과 관련한 A사 측의 실무담당자인 ○○○은 태양광개발에 관한 전문적인 지식이 전혀 없을 뿐 아니라, 학교 등에서 사람들을 만나러 다니는 외에는 달리 이 사건 태양광사업과 관련하여 추진한 일이 없다고 진술하고 있고, 피고인 스스로도 2007. 6.경 우즈베키스탄과의

지분협의가 이루어지지 않아 모든 사업이 멈춰버려서 특별히 이 사건 태양광사업과 관련하여 추진한 것이 없다고 진술하고 있는 사실 등에 비추어 볼 때, A사는 이 사건 태양광사업과 관련하여 2007. 4. 19. 우즈베키스탄 측과 양해각서를 작성한 이외에는 달리 추진한 일이 없어 이 사건 태양광사업의 실체는 없는 것으로 보이는 점, ⑤ 한편, A사가 조립한 하드디스크 헤드를 전량 납품받는 G전자가 2007. 1분기부터 고집적 하드디스크 드라이브로 주력 제품군을 변경함에 따라 단일 품목인 하드디스크 헤드 전량을 G전자에 납품하던 A사의 매출액은 2006년의 1,657억 원에서 2007년에는 905억 원으로 급감하였고, 영업이익 역시 2006년의 75억 원에서 2007년에는 3,400만 원으로 대폭 감소하였으며, 당기순이익도 2006년의 101억 4,400만 원에서 2007년의 13억 5,200만 원으로 감소하는 등 이 부분 기간 동안의 회사실적은 저조하였으며, 이러한 사실 및 더 나아가 향후 실적이 더 어려워질 것이라는 내용의 공시까지 행하여졌고, □□투자증권 수석연구원인 ○○○ 등 여러 증권전문가들도 A사의 주가 상승은 이 사건 태양광사업에 기인한 것이라는 의견을 피력하고 있으며, 더군다나 A사의 유일한 납품처인 G전자는 수출 위주의 업체로 미화 1달러당 2006. 1.경 1,300원 대이던 환율이 2006. 11. 중순경 950원 대, 2007. 4.경 940원 대, 2007. 7.경 930원 대를 거쳐서 2007. 10. 말경 920원대로까지 하락하는 등 2007년 당시에는 환율의 지속적인 하락으로 인하여 실적이 나빠져 그 주가가 하락추세이었고 반도체아이티(IT)업종 역시 이와 같은 환율 하락 영향으로 전망이 어두워 주가가 하락하던 경향이었고, 피고인의 허위 언론인터뷰 기사 내용이 유포되기 전의 2007년 A사 주가는 종가기준으로 최고가가 2007. 1. 4. 8,740원, 최저가가 2007. 1. 30. 7,100원으로 갈수록 하락추세였던 사실 등에 비추어 볼 때, A사의 기존 사업 실적으로 인하여서는 그 주가상승이 있었을 것으로는 보이지 아니하는 점, ⑥ 위 ○○○는 또한 회사 대표이사의 인터뷰 기사에 대하여 회사가 나아가는 방향에 대하여 가장 잘 아는 사람이 대표이사이고 특히 A사처럼 중소기업에서는 거의 모든 의사결정을 대표이사가 하기 때문에 그 회사의 주가나 애널리스트 평가에 큰 영향을 미친다고 진술하고 있는 점, ⑦ A사는 2007. 7. 19.과 2007. 8. 17.경에 한국증권선물거래소의 요구에 따라 조회공시를 함으로써 피고인으로서는 A사 주식에 대한 이상 과열 현상을 감지할 수 있었을 것인데도, 2007. 8. 17. 한국경제 TV와의 인터뷰, 2007. 8. 30. 매일경제 이코노미 인터뷰와의 인터뷰 등을 통하여 계속적으로 허위 내용의 홍보성 언론기사가 보도되도록 한 점, ⑧ 피고인은 주가가 비정상적으로 급등한

2007. 9.경에도 이와 같은 허위, 과장된 내용의 언론인터뷰를 계속하였는데, 특히 피고인이 MOU 사업단계를 벗어나 정식사업인가를 받았다고 허위사실을 홍보함으로써 주식투자자들에게는 A사의 이 사건 태양광사업 전망에 대한 실현가능성이 높아진 것으로 보였고, 그것이 주가가 급격하게 상승하는데 중요한 요인으로 작용한 것으로 보이는 점, ⑨ 피고인은 2007. 10. 4. 자신의 차명주식을 매각한 후인 2007. 10. 5.과 같은 달 8. 2회에 걸쳐 자신 명의의 주식을 매도한 것에 대하여 이는 너무 급등한 주가를 안정시키기 위한 것이라고 하나, 그 시점이 주가가 최고조로 오른 상태였고, 10. 5. 주식을 이미 처분한 후 A사 게시판에 처분할 예정이라는 글을 게시하였을 뿐 아니라, 그 게시한 글에는 주가가 높다는 언급과 동시에 현재 이 사건 태양광사업이 차질 없이 진행되고 있어 장기적으로 결코 높은 가격이 아니라는 취지의 내용도 있었고 주식처분이 회사에 필요한 자금을 마련하기 위한 것으로 절세차원에서 개인 명의로 된 주식을 처분할 계획이라는 언급만이 있을 뿐이고 주가안정을 위한 것이라는 언급이 전혀 없는 사실 등에 비추어 볼 때, 피고인의 주식매각은 주가를 안정시키려는 의도라기보다는 주가가 최고조로 치솟은 상태에서 시세차익을 위하여 매각한 것으로 보이는 점, ⑩ 인터넷 등 정보통신 수단이 발달되고 각종 투자자 카페, 애널리스트, 甲과 같은 유사투자자문사 등이 난립하는 현재의 증권시장 환경에 비추어 피고인과 같은 기업의 대표이사가 자신이 운영하는 기업에 대하여 허위, 과장된 사실을 계속적, 반복적으로 언론매체를 통하여 유포할 경우 그러한 허위, 과장된 사실이 확대 재생산되어 주가에 커다란 영향을 미칠 수 있다는 점을 충분히 예견되는 점 등을 종합하면, 피고인의 허위사실 유포 및 허위표시 문서 이용 행위라는 사기적 부정거래행위는 A사의 주가상승에 상당한 영향을 미쳤다고 할 것이고, 따라서 피고인의 사기적 부정거래행위와 A사의 주가상승 사이에는 상당인과관계가 있다고 할 것이다.

(2) 甲이 주가상승에 개입하였는지 여부

원심과 환송 전·후 당심이 적법하게 채택하여 조사한 증거들에 의하면, ① 甲은 자신이 운영하는 F투자연구소 회원들로부터 회비를 받고 투자상담을 해 주거나 상당한 강의료를 받고 회원 및 비회원을 상대로 강연을 하면서 특정 종목을 추천하기도 하였는데, F투자연구소의 회원수는 2007. 6.경에는 300-400명 정도, 2007. 9.경에는 700-800명 정도에 이르렀고, 한편 甲은 2007. 5. 중순경부터 A사 주식매수를 권유하기 시작하여, 2007. 6. 6.부터는 순회

강연시 집중매수 의견을 제시하는 등 본격적으로 A사 주식의 매수를 권유한 사실, ② 甲은 매일경제신문와 한국경제신문에, ㉠ 2007. 8. 18. 'A사 우즈베키스탄에서 국내 대그룹 모기업을 물리치고 본계약 체결'이라는 내용의 광고를, ㉡ 같은 달 25. '폴리실리콘 가격이 천정부지로 치솟고 있다. 폴리실리콘 확보 태양광업계 초비상'이라는 내용의 광고를, 2007. 9. 1. '폴리실리콘 가격이 천정부지로 치솟고 있다. 폴리실리콘 확보 태양광업계 초비상'이라는 내용과 함께 '폴리실리콘 원재료 규사광산에 A사'라고 하여 다른 업체들과 함께 A사를 소개하는 광고를, ㉢ 2007. 9. 8. '○○테마주 대장주 A사 5,000원부터 매집 금요일 종가 39,650원 수익률 793% 진행 중', 'A사 태양에너지 사업진행 추이 및 향후일정, 2007. 4. 10. 우즈베키스탄 지질위원회, B사 등과 규소개발 사업 위한 MOU 체결, 5월 24일 우즈베키스탄 프로젝트 관련 D은행 등과 PF 양해각서 체결, 8월 17일 우즈베키스탄 자원위원회로부터 규소광산 개발업체로 최종 지정, 9월 4일 B사 등과 규소개발사업 추진일정에 관한 합의서 체결, 10월 3일 지질광물탐사 작업 시행안 결정, 2008. 1. 3. 산업용 실리콘 생산을 위한 설비구축' 등의 내용을 담은 광고를, ㉣ 2007. 9. 22. A사의 공시내용과 함께 '○○테마주(신재생에너지)의 대장주 A사 5,000원부터 매집 금요일 44,000원 수익률 880% 진행 중'이라는 내용의 광고를, ㉤ 2007. 9. 29. A사의 공시내용과 'F투자연구소 甲 회장 10월 우즈베키스탄 규사광산 직접 탐사 추진 중'이라는 내용의 광고를, ㉥ 2007. 10. 6. 'A사 우즈벡 규사광산 확보' 등의 내용과 '乙과 우즈베키스탄 대통령이 호형호제하는 사이'라는 등의 내용의 광고를 각 게재한 사실, ③ 甲은 2007. 8. 초순경부터는 "몰빵"이라는 표현까지 사용하면서 F투자연구소 회원들이나 자신의 강의에 참석한 사람들을 상대로 적극적으로 A사 주식의 매수를 권유하였고, 2007. 10. 초경에는 乙의 자서전을 자비로 구입하여 강연회에 참석한 회원들에게 나누어 주면서 A사를 추천하기도 한 사실, ④ 2007. 5. A사 전체 거래량 대비 F투자연구소 회원의 매수 비중은 평균 3.76%이었고, 甲이 A사 주식매수를 본격적으로 권유한 2007. 6.부터 2007. 7.경까지 회원매수비중이 7.6%이었으며, 2007. 8. 13. 회원매수비중이 23.36%이었고, 2007. 9. 3.부터 2007. 10. 4.까지의 기간에는 회원매수비중이 평균 12.41%이었던 사실, ⑤ 환송 전 당심 증인 ○○○, ○○○은, A사 주가에 대하여 2007. 7. 중순경부터 통계적으로 유의하게 실제 주가가 정상범위 이상으로 형성되었고, 2007. 9. 상반기부터 2007. 10. 상반기에는 이러한 비정상적 주가 상승 움직임이 가속화된 것으로 보인다는 증언을 한 사실, ⑥ 甲은 위 ①에서와 같은 순회강연을 하면서 A사 주식매수를 권유함에 있어, 2007. 8. 초순경에는 A사 주식에 '몰빵'하고, 乙과 우즈베키스탄 대통령과 거의 친구 사이라는 내용을 언급하였을 뿐, A사의 주가 및 영업이익율에 관한 언급을 하지 않다가, 2007. 9. 22.에는 '천조 원의 매출'과 '2009년 주가가 최소한 100만 원까지 상승한다'는 언급을, 같은 달 29.에는 '영업이익율 80% 이상'과 '주가가 500만 원까지 상승한다'는 언급을, 2007. 10. 6.에는 '영업이익율 70% 이상'과 '주가가 500만 원까지 상승한다'는 취지의 언급을 하였고, 甲 스스로도 2007. 9.부터는 강연장에서 A사 주가가 2010년까지는 수백만 원까지 상승하니 몰빵하라고 추천하였고, 자신의 강연으로 주가상승에 영향을 미친 사실에 대하여는 어느 정도 인정하고 있다고 진술하고 있는 사실, ⑦ 乙은 원심 증인으로 나와 자신은 1995년 당시 대통령의 우즈베키스탄 순방시 경제인 대표로 수행하였고 우즈베키스탄 대통령의 방한시 국내 면방업체 회장단의 우즈베키스탄에 대한 투자회의를 주선하였으며, 1993년부터 현재까지도 대한민국 · 우즈베키스탄 친선협회의 회장을 맡고 있을 뿐 아니라 2005년에는 우즈베키스탄 대통령으로부터 우호, 친선 훈장을 받은 적이 있는 등의 관계로 우즈베키스탄 대통령과 친분관계를 유지하고 있다고 진술하고 있고, 피고인 스스로도 乙의 우즈베키스탄에서의 영향력이 크다고 진술하고 있는 사실을 각 인정할 수 있다.

위 인정사실에다가 피고인의 이 사건 언론인터뷰 내용을 덧붙여 보면, 甲의 강연 등으로 A사 주식의 주가상승에 어느 정도 영향을 미친 것은 사실이나, 한편 甲의 강연 중 매출액 천조 원의 언급 부분은 피고인의 언론인터뷰 내용 중 현재까지 우즈베키스탄 광산에서 발견된 규사 물량을 순도 99.37%이지만 순도 98%를 기준으로 계산해도 100억 달러에 근접한다(2007. 2. 27. 및 같은 해 4. 27. 매일경제 인터뷰기사), 규소 원재료는 KG당 1달러인데, 이를 가공하면 200달러까지 받을 수 있다(2007. 5. 21. 조선일보 인터뷰기사), 당초 예상했던 1천만 톤의 원재료 확보를 전제로 이미 발표된 성과는 충분히 올릴 것으로 본다(2007. 8. 17. 한국경제TV 인터뷰) 등에 기초한 것으로 보이고, 乙과 우즈베키스탄 대통령과의 친분관계 부분은 사실과 다르지 아니한 것으로 보여서 최소한 2007. 8. 31.까지는 甲이 강연으로 A사의 주가상승에 개입하였다고 볼 수 없고, 반면에 예상 주가 및 영업이익율은 주식투자자들이 투자 여부를 결정할 때 중요하게 고려하는 요소들인데, 甲이 A사 주식매수를 추천하면서 밝힌 주가 및 영업이익율은 피고인의 언론인터뷰 내용과는 무관한 것으로 甲이 이를 산정함에 있어서 영업이익율 70-80%에 관하여는 당시 폴리실리콘 제작사업의 선발주자인 H사 주식회사 담당직원으로부터 영업이익율이 50-60%라는 것을 듣고 폴리실리콘의 전단계인 메탈실리콘을 수입하는 H사에 비하여 규사광산의 채굴권까지 확보하여 메탈실리콘을 만들고 이를 기초로 폴리실리콘을 만드는 A사는 영업이익율이 그 이상일 것이라는 자신의 계산에 의한 것이고, 주가에 대하여는 H사가 2007. 11. 신제품을 완성하고 나서 그 주가가 391,000원까지 상승하였고, 실제로 H사가 시제품을 만들었을 때 500만 원까지 상승하였던 것에 비추어 액면가가 500원인 A사의 주식은 그 가격이 5,072,000원까지 상승하는 것으로 계산이 나왔다는 것에 불과하여, 어떠한 객관적인 자료에 기초한 것이 아니어서 甲이 강연시 투자자들에게 A사 주식의 매수를 추천하면서 그 근거로 제시한 영업이익율이나 주가에 관한 수치는 사실이 아니거나 그 정도가 지나치게 과장된 것으로 보이므로, 결국 甲은 자신의 강연을 통하여 2007. 9. 1.부터의 주가상승에는 개입하였다고 보아야 할 것이다.

(3) 주가의 정상상승분 유무

앞서 위 3의 나. (1)항의 ④에서 본 바와 같이 피고인의 허위 언론인터뷰 기사 내용과 달리 그 실상은 A사가 이 사건 태양광사업과 관련하여 양해각서를 작성한 것 이외에는 달리 추진된 바가 없어 그 실체가 없는 점, 2007. 4. 19.자로 A사가 우즈베키스탄 정부투자기관 B사, 우즈베키스탄 자원위원회 등과 사이에 이 사건 태양광사업에 관한 양해각서가 체결되었다는 공시가 되었는데, A사의 주가가 그로부터 10일 정도 주가가 별 변동이 없고 오히려 하락하였던 점, 주가분석전문가인 ○○○은 환송전 당심 법정에서 양해각서가 체결되었다는 것만으로는 변수가 많아 불확실성이 있으니까 주가가 반응하지 않다가 그 뒤에 정식적인 계약체결 등의 후속적인 정보가 나와서 그것을 더 구체화하고 믿게 하면 주가에 반영될 수 있다는 취지로 증언하고 있는 점 등에 비추어 볼 때, 피고인의 허위사실유포행위가 없었다면 양해각서의 체결사실만으로는 A사 주식의 주가에 대체에너지 관련 기업의 전반적인 주가상승과 같은 주가상승이 있었을 것으로는 보이지 아니하고, 또한 A사의 기존 주력업종은 단일품목 전량을 단일 업체에 납품하는 구조적 취약점을 안고 있는 상황에서 납품을 받는 업체의 주력 제품군 변경으로 인하여 그 매출액, 영업이익이 급감하는 등 매출실적이 저조해졌고 이러한 사정 및 향후 더욱더 실적이 어려워질 것이라는 공시가 행하여졌으며(이와 같은 공시 등 실적발표는 통상적으로 다음 분기 내에 행하여짐으로써 당해 분기의 실적은 다음 분기의 실적 발표일 이후부터의 주가에 영향을 준다고 할 것이다) 당시 환율의 급락으로 인하여 G전자를 비롯한 반도체 등 수출업종의 주가가 하락하는 추세였던 점 등에 비추어 볼 때, 피고인의 이 사건 태양광사업에 관한 허위사실 유포가 없는 상태에서도 2007. 2. 27. 이후의 A사 주식 가격이 상승하였을 것으로는 보이지 아니한다.

(4) 피고인의 사기적 부정거래행위로 인한 이득액

피고인의 사기적 부정거래행위로 인하여 피고인이 취득한 이익액을 산정함에 있어서, 2007. 8. 31.까지의 주가상승으로 인한 부분은 전적으로 피고인의 사기적 부정거래행위에 기한 것이므로 그로 인한 시세차익 전부를 피고인이 취득한 이익액으로 보아야 할 것이고, 반면 2007. 9. 1.부터의 주가상승으로 인한 부분은 주가상승에 피고인의 행위뿐 아니라 甲의 행위까지 개입되어 있고 甲이 그와 같이 과장된 강의를 하는 것에 대하여 피고인이 알고도 이를 용인 내지 이용하였다는 사실을 인정할 아무런 증거가 없어서 이러한 甲의 행위로 인한 부분까지 피고인의 행위 결과에 귀속시키는 것은 자기책임의 원칙에 반하므로 이를 분리하여 제외하여야 할 것이고, 주가상승 중 피고인의 행위로 인한 부분과 甲의 행위로 인한 부분을 분리하여 산정할 증거를 제출할 입증책임은 검사에게 있다고 할 것인데 2007. 9. 1. 이후의 주가상승분 중 피고인의 행위에 의한 부분을 구분하여 특정할 수 있는 아무런 증거가 없고 결국 피고인의 행위로 인한 부분을 산정할 수 없어서 피고인에게 최대한 유리하게 해석하여 이 부분에 관하여는 2007. 8. 31. 종가가 그대로 유지된 것으로 보고 이를 기초로 산정한 이득액만이 피고인의 책임에 귀속시키기로 한다.

따라서, 피고인의 이 사건 사기적 부정거래행위로 인하여 피고인이 취득한 이익액은 2007. 8. 31.까지는 해당 매각일 종가를 기준으로, 2007. 9. 1.부터는 2007. 8. 31. 종가인 19,350원을 기준으로 하여 산정하여야 할 것인데, 우선 주식 총 매각대금은 11,855,035,350원[= ① 피고인 명의의 2007. 10. 5.자 13만 주, 같은 달 8.자 27만 주 합계 40만 주의 매각대금 7,740,000,000원(= 400,000주 x 19,350원) + ② 차명주식의 매각대금 4,115,035,350원{= 854,560,350원(2007. 5. 4.자 98,912주의 매각대금 706,420,350원 + 2007. 5. 14.자 16,500주의 매각대금 148,140,000원) + 3,260,475,000원(2007. 9. 14.자 45,000주의 매각대금 1,784,250,000원 + 같은 달 17.자 6만 주의 매각대금 2,663,809,200원 + 같은 달 18.자

19,500주의 매각대금 902,915,150원 + 같은 달 19.자 5천 주의 매각대금 244,811,950원 + 2007. 10. 4.자 39,000주의 매각대금 2,648,100,000원)}]에 이르고, 여기에서 위 주식 총 매수금액 2,915,648,000원{원심은 매수대금을 산정함에 있어서 피고인의 이 사건 허위사실유포 시작일인 2007. 2. 27.자를 기준으로 그 이전부터 보유하고 있던 주식과 그 이후에 매수한 부분으로 분류하여 2007. 2. 27. 이후의 매수 부분은 실제의 매수대금으로, 2007. 2. 27. 이전의 보유 부분은 위 2007. 2. 27. 종가인 1주당 7,760원을 기준으로 산정한 대금으로 하였는바, 2007. 2. 27. 이전의 보유 부분에 관한 매수대금을 산정함에 있어서는 A사의 주가가 피고인의 이 사건 허위사실유포로 인하여 영향을 받지 아니한 최종 시점의 종가를 기준으로 하여야 할 것인데, 피고인의 허위 언론인터뷰 내용이 최초로 게재된 2007. 2. 27.자 매일경제신문은 조간이어서 2007. 2. 27. 당일 오전부터 주식투자자들에게 피고인의 허위 언론인터뷰 내용이 유포되었다고 할 것이고 주식거래 마감시간이 15:00인 점을 감안하면, 피고인의 허위 언론인터뷰 내용이 게재된 매일경제신문의 기사로 인하여 해당일인 2007. 2. 27. 역시 A사 주식의 종가에 영향을 미치지 않았다고 할 수 없으므로, 2007. 2. 27. 이전 보유 부분의 매수대금을 산정함에 있어서는 피고인의 허위사실 유포가 주식시장에 영향을 미쳤다고 할 수 있는 2007. 2. 27.의 바로 전날인 2007. 2. 26.자 종가인 1주당 8,000원을 기준으로 함이 타당하다. 이에 따라 매수비용을 산정하면, ① 먼저 피고인 명의의 40만 주는 2007. 2. 26. 이전부터 피고인이 보유하고 있던 것으로 100% 무상실시 전의 수량으로 환산한 경우에 20만 주에 해당하므로, 이 부분 주식의 가치는 16억 원(= 20만 주 x 8,000원)이 되고, ② 피고인이 매각한 차명주식 중 시세조종행위 개시시점인 2007. 2. 27. 당시부터 보유하고 있던 ○○○, ○○○, ○○○ 명의의 차명주식 223,912주의 취득비용은 무상증자 전의 주식 수로 환산한 111,956주를 2007. 2. 26. 종가에 따라 계산한 895,648,000원(111,956주 x 8,000원)이 되고, 2007. 2. 27. 이후에 보유하게 된 ○○○ 명의의 차명주식 45,000주 및 ○○○ 명의의 차명주식 15,000주의 매수대금은 4억 2천만 원(= ○○○ 차명 부분 1억 8천만 원 + ○○○ 차명 부분 2억 4천만 원)이 되므로, 결국 피고인이 매각한 주식의 취득비용은 2,915,648,000원(16억 원 + 895,648,000원 + 4억 2천만 원)이 된다}과 수수료 및 거래세 등의 거래비용 255,494,320원을 제외하면, 피고인의 이 사건 사기적 부정거래행위로 인하여 피고인이 취득한 이익액은 8,683,893,030원{= 11,855,035,350원(총 매도금액) - 2,915,648,000원(총 매수금액) - 255,494,320원(수수료 및 거래세 등의 거래비용)}에 이른다.

이에 대하여 재상고심[208]도 동일한 취지로 판단하였다.

나. 평석

(1) 부당이득 산정에 관한 명문의 규정

사기적 부정거래행위로 취득한 부당이득의 규모에 따라 징역형 및 벌금의 가중이 달라지므로, 부당이득의 규모를 정확하게 산정하는 것이 형사재판에서는 매우 중요한 선결과제가 된다.

그럼에도 불구하고 구 증권거래법뿐만 아니라 자본시장법에도 부당이득의 산정방법에 관한 명시적인 규정이 없었기 때문에, 기존에 구체적인 부당이득액의 산정은 법원의 판단에 맡겨져 왔다.

이와 관련하여 대법원은 부당이득이 '당해 위반행위로 인하여 행위자가 얻은 이윤, 즉 그 거래로 인한 총수입에서 그 거래를 위한 총비용을 공제한 차액'을 의미한다고 판시하였다.[209]

한편, 자본시장법 시행령이 2024. 1. 9. 대통령령 제34125호로 개정되면서 부당이득액의 산정에 관하여 제388조의2가 신설되었고, [별표 20의2]에 구체적인 산정방식이 규정되었다.

[별표 20의2] 중 일반기준과 관련하여 "외부요인에 의한 금융투자상품의 시세변동이 위반행위로 인한 금융투자상품의 시세변동을 완전히 상쇄하였다고 인정되는 경우," "외부요인에 의한 금융투자상품의 시세변동이 위반행위로 인한 금융투자상품의 시세변동을 초과하였다고 인정되는 경우," "외부요인에 의한 금융투자상품의 시세변동이 위반행위로 인한 금융투자상품의 시세변동에 준한다고 인정되는 경우" 및 "외부요인에 의한

---

208 대법원 2010. 4. 15. 선고 2009도13890 판결

209 대법원 2009. 4. 9. 선고 2009도675 판결

금융투자상품의 시세변동이 위반행위로 인한 금융투자상품의 시세변동에 준하는 정도에 미치지 않는다고 인정되는 경우"라는 개념이 도입되었다.

자본시장법 시행령 제388조의2 및 [별표 20의2]가 도입된 배경은 수긍이 가나, 사기적 부정거래행위로 취득한 부당이득의 규모에 따라 징역형 및 벌금의 가중이 달라지는 상황에서 부당이득액은 엄격하게 산정되어야 하는데, ▲ 자본시장법 시행령 제388조의2 및 [별표 20의2]만으로 개별적인 사안에서 부당이득액을 산정하기에 충분한 기준이 마련되었다고 보기 어렵고, ▲ 특히, [별표 20의2] 중 일반기준과 관련하여 "외부요인에 의한 금융투자상품의 시세변동이 위반행위로 인한 금융투자상품의 시세변동을 완전히 상쇄하였다고 인정되는 경우," "외부요인에 의한 금융투자상품의 시세변동이 위반행위로 인한 금융투자상품의 시세변동을 초과하였다고 인정되는 경우," "외부요인에 의한 금융투자상품의 시세변동이 위반행위로 인한 금융투자상품의 시세변동에 준한다고 인정되는 경우" 및 "외부요인에 의한 금융투자상품의 시세변동이 위반행위로 인한 금융투자상품의 시세변동에 준하는 정도에 미치지 않는다고 인정되는 경우"라는 개념 자체가 판단을 요하는 것이고, 그 판단 기준도 불명확한 측면이 있다.

(2) 부당이득액 산정에 관한 판례의 기본적인 입장

부당이득은 사기적 부정거래행위로 인한 이익으로서 사기적 부정거래행위와의 인과관계가 인정되어야 하는데, 사기적 부정거래행위 외에 제3자의 개입, 증권시장의 상황, 그 밖에 주가에 중대한 영향을 미칠 수 있는 제반 요소가 다양하므로, 사기적 부정거래행위로 인한 부당이득액을 구체적으로 산정함에 있어서는 신중을 기하여야 한다.

이와 관련하여 대법원은 위반행위의 동기, 경위, 태양, 기간, 제3자의 개입 여부, 증권시장 상황 및 그 밖에 주가에 중대한 영향을 미칠 수 있는 제반 요소들을 전체적·종합적으로 고려하여 인과관계가 인정되는 이익을 산정해야 한다고 판시하였다.[210]

210 대법원 2009. 7. 9. 선고 2009도1374 판결

특히, 대법원은 주식시장에서의 정상적인 주가변동요인에 의한 주가상승분이나 위반행위자와 무관한 제3자가 야기한 주가상승분이 존재하는 등과 같은 사정이 있는 경우에는 위반행위와 인과관계가 인정되는 이익만을 따로 구분하여 산정하여야 한다고 판시하기도 하였다.[211]

그 연장선에서 법원이 피고인의 행위와 무관한 요인에 의한 주가상승분이 존재한다고 판단되는 경우 "액수 미상의 부당이득"이라고 판시하는 사례가 다수 있다.[212]

이 사건에서 대법원은 위반행위의 동기, 경위, 태양, 기간, 제3자의 개입 여부, 증권시장 상황 및 그 밖에 주가에 중대한 영향을 미칠 수 있는 제반 요소들을 전체적·종합적으로 고려하여 인과관계가 인정되는 이익을 산정해야 한다고 판시하였고, 그에 따라 파기환송심은 ⅰ) 주식시장에서의 정상적인 주가변동요인에 의한 주가상승분이 없다고 판단하는 한편, ⅱ) 피고인과 무관하게 甲이 야기한 주가상승분을 제외하여야 한다고 판단한 다음 피고인의 사기적 부정거래로 인한 이익액을 구체적으로 산출하였는바, 이것은 형사법의 대원칙인 책임주의에 입각한 것으로서 타당하다. 다만, 피고인이 주식시장에서의 정상적인 주가변동요인에 의한 주가상승분이 존재한다는 사실을 충분히 주장하였는지는 의문이다.

(3) 잔존주식에 대한 미실현이익의 포함 여부

이 사건에서 피고인은 2007. 10. 10. 이후로도 본인 명의로 1,681,692주의 주식을, A사 직원 ○○○ 명의로 210,710주의 차명주식을 보유하고 있었는데, 법원은 잔존주식에 대한 미실현이익을 별도로 산정하지 않았다. 그 이유는 검사가 잔존주식에 대한 미실현이익을 부당이득액에 포함하지 않았고, 법원은 피고인의 방어권 행사에 실질적인 불이익이 초래되지 않도록 검사가 부당이득액이라고 적시한 43,760,556,573원의 범위 내에

211 대법원 2013. 7. 11. 선고 2011도15056 판결

212 서울고등법원 2018. 6. 21. 선고 2017노2969 판결, 서울고등법원 2022. 4. 29. 선고 2021노2108 판결

서 검사가 계산한 방식에 따라 피고인의 부당이득액을 산정하였기 때문이다.

그러나 부당이득 산정에 관한 기본 법리로서 잔존주식에 대한 미실현이익이 부당이득에 포함되는지를 검토할 필요가 있다.

이와 관련하여 대법원은 ⅰ) 잔존주식에 대한 미실현이익뿐만 아니라 ⅱ) 기업의 경영권 획득, 지배권 확보, 회사 내에서의 지위상승 등 무형적 이익, 손실을 회피하는 경우와 같은 소극적 이득, 아직 현실화되지 않는 장래의 이득까지도 부당이득에 포함된다고 판단하였다.[213]

실현이익과 미실현이익의 산정방식
● **실현이익** = (가중평균 매도단가 - 가중평균 매수단가) × 매매일치수량 - (매수수수료 + 매도수수료) ● **미실현이익** = (부정거래행위 종료 시점의 종가 - 가중평균 매수단가) × 잔여수량

만약 사기적 부정거래행위와 관련된 주식을 처분하지 않았다고 하여 부당이득에서 제외한다면, 사기적 부정거래 이후 주식을 처분하였다는 우연한 사정에 따라 부당이득액이 달리 산정되고, 그 연장선에서 징역형 및 벌금의 가중에도 영향을 미치게 되므로, 법원이 부당이득액을 산정함에 있어서 잔존주식에 대한 미실현이익을 포함한 것은 타당하다.

추측하건대, 이 사건에서 검사가 잔존주식에 대한 미실현이익을 부당이득액에 포함하여 공소를 제기하였다면, 법원은 대법원 판례의 기본 법리에 따라 잔존주식에 대한 미실현이익까지 포함하여 피고인의 부당이득액을 산정하였을 것으로 보인다.

213 대법원 2003. 12. 12. 선고 2001도606 판결, 대법원 2003. 11. 14. 선고 2003도686 판결

13

벤처기업 거짓 사업보고서 사건

Ⅰ. 사건의 진행 경과

일시	행위
1999. 7. 7.	- 피고인은 PC방 프랜차이즈 및 운영관리 프로그램 개발을 목적으로 하는 A사(비상장) 설립함.
1999. 12. 3.	- 피고인은 자신이 보유한 A사 주식 중 12,692주를 투자상담사인 공소외 1, 2에게 매도[214]한 후, 이들이 투자신탁회사인 B사에 다시 해당 주식을 매도하도록 함.
1999. 12. 10.~	- B사의 고유재산운용팀 소속 부장 甲은 A사에 대한 투자여부를 결정하기 위해 벤처투자업무 등을 담당하고 있던 乙에게 A사에 대한 기업분석을 지시하였고, 이에 乙은 그 무렵부터 A사를 수회 방문해서 대표이사인 피고인을 만나 사업내용 및 전망 등을 알아봄. - 이때 피고인은 乙에게 "A사의 1999년도 매출액이 3억원이고, 당기순이익이 3,000만원이며, 2000년도에는 매출액 400억원, 당기순이익이 40억원으로 예상된다"고 설명함. - 또한 피고인은 "A사에서 확보하고 있는 회원수가 20만명에 달한다"는 내용이 기재되어 있는 「IMM 부가사업 계획서」를 乙에게 교부함.

214 1주당 22,061원, 합계 2억 8,000만원

1999. 12. 27.	- 피고인은 공소외 1, 2 소유의 A사 주식 매각협상을 위한 모임에 참석하여 甲, 乙에게 A사의 1999년도 사업실적 및 2000년도 예상매출액 및 당기순이익에 대하여 동일한 내용으로 설명함.
2000. 1. 초순경	- 피고인은 乙로부터 A사의 매출액 자료를 보내줄 것을 요청받은 뒤 "A사의 1999년도 매출액이 3억원이고, 당기순이익이 3,000만원이며, 2000년도에는 매출액 400억원, 당기순이익이 40억원으로 예상된다"는 내용이 기재된 「A사 매출 및 당기순이익」이라는 자료를 송부해 줌.
2000. 1. 5.	- B사에서 공소외 1, 2가 보유하고 있는 A사 주식 30,000주를 매수[215]함.
2000. 1. 16.	- 피고인은 자신이 보유한 A사 주식 약 42,000주 중 10,000주를 공소외 1, 2에게 매도[216][217]함.
2000. 1. 19.	- 피고인은 기자로부터 B사에서 A사에 투자하였는지 여부에 관한 질문을 받고 "구주매출방식으로 100억원을 투자했다"는 취지로 말하였고, 이에 위 기자는 A사가 B사로부터 100억원을 유치했다고 보도함.

II. 관련 조문

구 증권거래법 제188조의4(시세조종등 불공정거래의 금지)

① 누구든지 상장유가증권 또는 협회중개시장에 등록된 유가증권의 매매거래에 관하여 그 거래가 성황을 이루고 있는 듯이 잘못 알게 하거나 기타 타인으로 하여금 그릇된 판단을 하게 할 목적으로 다음 각호의 1에 해당하는 행위를 하지 못한다.

215 1주당 333,000원, 합계 99억 9,000만원

216 1주당 40,000원, 합계 4억원

217 피고인은 그 후에도 여러 소액투자자들에게 수차례에 걸쳐 A사 주식을 1주당 약 300,000원에 매도하였다.

1. 자기가 매도하는 같은 시기에 그와 같은 가격으로 타인이 그 유가증권을 매수할 것을 사전에 그 자와 통정한 후 매도하는 행위
2. 자기가 매수하는 같은 시기에 그와 같은 가격으로 타인이 그 유가증권을 매도할 것을 사전에 그 자와 통정한 후 매수하는 행위
3. 유가증권의 매매거래에 있어서 그 권리의 이전을 목적으로 하지 아니하는 가장된 매매거래를 하는 행위
4. 제1호 내지 제3호의 행위의 위탁 또는 수탁을 하는 행위

② 누구든지 유가증권시장 또는 협회중개시장에서의 매매거래를 유인할 목적으로 다음 각호의 1에 해당하는 행위를 하지 못한다.

1. 단독으로 또는 타인과 공모하여 유가증권의 매매거래가 성황을 이루고 있는 듯이 잘못 알게 하거나 그 시세를 변동시키는 매매거래 또는 그 위탁이나 수탁을 하는 행위
2. 당해 유가증권의 시세가 자기 또는 타인의 시장조작에 의하여 변동한다는 말을 유포하는 행위
3. 당해 유가증권의 매매에 있어서 중요한 사실에 관하여 고의로 허위의 표시 또는 오해를 유발하게 하는 표시를 하는 행위

③ 누구든지 단독 또는 공동으로 대통령령이 정하는 바에 위반하여 유가증권의 시세를 고정시키거나 안정시킬 목적으로 유가증권시장 또는 협회중개시장에서의 매매거래 또는 그 위탁이나 수탁을 하지 못한다.

④ 누구든지 유가증권의 매매 기타 거래와 관련하여 다음 각호의 1에 해당하는 행위를 하지 못한다.

1. 부당한 이득을 얻기 위하여 고의로 허위의 시세 또는 허위의 사실 기타 풍설을 유포하거나 위계를 쓰는 행위

2. 중요한 사항에 관하여 허위의 표시를 하거나 필요한 사실의 표시가 누락된 문서를 이용하여 타인에게 오해를 유발하게 함으로써 금전 기타 재산상의 이익을 얻고자 하는 행위

이 사건에서 문제된 행위는 자본시장법이 시행된 2009. 2. 4. 이전에 이루어졌으므로, 이 사건은 구 증권거래법이 적용되었다.

III. 쟁점

1. 구 증권거래법 제188조의4 제4항의 적용범위에 관하여

이 사건에서 문제되는 피고인의 행위는 A사에 대한 매출액과 당기순이익, B사의 투자규모에 관하여 허위사실을 언급하고 이를 이용하여 비상장 주식인 A사 주식을 매도한 것이다.

이 사건에서 A사는 비상장회사로, 문제되는 A사 주식은 유가증권시장 또는 코스닥시장에 상장된 증권이 아니다. 그렇다면, 유가증권의 불공정거래행위를 포괄적으로 금지하는 구 증권거래법 제188조의4 제4항 규정이 비상장·비등록 유가증권의 장외시장에서의 직접·대면 거래에도 적용되는지 여부를 우선하여 검토해야 할 필요가 있다. 다음으로, 만약 위 규정을 본 사안에 적용할 수 있다면, 피고인의 일련의 행위가 구 증권거래법 제188조의 4항 제2호 <허위문서 이용 오해유발행위>에 해당하는지 살펴볼 필요가 있다.

2. <허위문서 이용 오해유발행위> 여부에 관하여

이 사건에서 피고인은 투자자인 B사 소속 甲, 乙에게 'A사의 1999년도 매출액이 3억원이고, 당기순이익이 3,000만원이며, 2000년도에는 매출액 400억원, 당기순이익이 40억원으로 예상된다'는 설명과 함께 해당 내용이 기재된 〈A사 매출 및 당기순이익〉 자료를 제시하였고, 또한 'A사에서 확보하고 있는 회원수가 20만명에 달한다'는 내용이 기재되어 있는 〈IMM 부가사업 계획서〉를 교부하였다.

그런데, 실제로 위 회사의 1999년도 매출액은 '0'원이고, 손실액도 352,643,145원에 달할 정도로 회사 실적이 전무하였으며, 〈IMM 부가사업 계획서〉에 기재된 당시의 회원수는 실제 회원수가 아닌 예상치에 불과하였다.

그렇다면, 이와 같이 피고인이 투자자에게 허위 자료를 교부하면서 그로 하여금 A사 주식을 매수하게 한 행위가 구 증권거래법 제188조의 4항 제2호 〈허위문서 이용 오해유발행위〉에 해당하는지 검토가 요구된다.

한편, 피고인은 공소외 1, 2와 B사 간의 A사 주식매매거래와 관련하여 투자자인 B사 소속 甲, 乙 등에게 자신이 대표이사로 있는 A사의 경영상태와 사업전망에 대하여 오해를 유발하게 하였다거나, 이로써 이익을 얻고자 한 사실이 없다고도 주장한바, 구 증권거래법 제188조의4 제4항 제2호 〈허위문서 이용 오해유발행위〉가 성립하기 위하여 '허위·부실 표시 문서 이용행위'와 '타인의 오해' 사이에 인과관계가 요구되는지 여부가 문제된다.

3. 위반행위로 얻은 이익(부당이득액)에 관하여

이 사건에서는 결과적으로 피고인의 구 증권거래법 위반행위가 개입되어 공소외 1, 2와 B사 간의 A사 주식매매거래가 이루어졌고, 그 결과 B사는 공소외 1, 2가 보유하고 있는 A사 주식 30,000주를 1주당 333,000원, 합계 99억 9,000만원에 매수하였다.

그렇다면, A사 주식매매거래에 따라 공소외 1, 2에게 귀속되는 이익을 피고인의 위반행위로 얻은 이익, 즉 부당이득액에 포함할 수 있는지에 대한 검토가 요구된다.

IV. 각 쟁점에 대한 평석

1. 구 증권거래법 제188조의4 제4항의 적용범위에 관하여

가. 전제사실

구 증권거래법(2004. 1. 29. 법률 제7114호로 개정되기 전의 것)은 제188조의4에서 시세조종등 불공정거래 행위 금지규정을 두고 있는데, 같은 조 제1항 내지 제3항은 문언상 거래객체를 '상장유가증권 또는 협회중개시장에 등록된 유가증권'으로 한정하거나 거래장소를 '유가증권시장 또는 협회중개시장'으로 제한하고 있다.

이에 반해, 같은 조 제4항은 "누구든지 유가증권의 매매 기타 거래와 관련하여 다음 각호의 1에 해당하는 행위를 하지 못한다"고 포괄적으로 규정하고 있는바, 이 사건에서 문제되는 A사 주식매매거래의 경우처럼 비상장·비등록 유가증권의 장외시장에서의 직접·대면거래에도 당해 규정을 적용하여 처벌할 수 있는지를 우선하여 살펴볼 필요가 있다.

나. 법원의 판단

(1) 제1심 법원[218]의 판단

이 사건 제1심은 적용법조를 '증권거래법 제188조의4 제4항 제2호'로 명시하면서 피고인에게 위 규정 위반행위의 죄책을 인정하여 징역 1년에 집행유예 2년, 사회봉사 100

218 서울중앙지방법원 2002. 8. 14. 선고 2002고단2580 판결

시간을 선고하였는데, 판결문 상에는 제1심 공판과정에서 피고인의 구체적인 주장은 물론, 이를 탄핵하는 구체적인 이유가 따로 설시되어 있지 않고, 양형이유도 별도로 설시되어 있지 않다.

(2) 항소심 법원[219]의 판단

이 사건 항소심에서 피고인은 구 증권거래법 제188조의4 제4항 제2호 〈허위문서 이용 오해유발행위〉는 비상장·비등록 법인의 주식을 일대일 대면거래로 매매하는 경우에는 적용될 수 없음에도 원심(제1심)이 피고인에 대하여 위 조항을 적용하여 처벌한 것은 위법하다는 주장을 하였다.

이에 대하여 항소심 법원은『구 증권거래법 제188조의4 제1항 내지 제3항과는 달리 동법 제188조의4 제4항에서는 '상장유가증권 또는 협회중개시장에 등록된 유가증권'이 아닌 '유가증권'의 매매거래에 관련될 것만을 요건으로 하고 있고, 위계나 허위표시등에 의한 영득행위는 거래소나 협회중개시장뿐 아니라 장외거래나 대면거래의 경우에도 발생할 수 있으며, 증권거래에 참가하는 개개의 투자자의 이익을 보호하고 증권시장에 대한 신뢰를 보호하기 위하여는 증권거래에 있어서 이 사건과 같은 사기적 부정거래에 대한 규제는 장외거래나 대면거래의 경우에도 반드시 필요하다』고 판시하면서 피고인의 위 주장을 배척하였고, 원심(제1심) 판단을 유지하였다.

(3) 대법원[220]의 판단

대법원 역시 동일한 취지로 판단하면서『구 증권거래법 제188조의4 제4항은 상장유가증권 또는 협회중개시장에 등록된 유가증권은 물론 동법 제2조 제1항 각 호와 제2항이 정의한 유가증권에 포함되는 모든 유가증권의 매매 기타 거래에 적용되며, 유가증권

---

219 서울중앙지방법원 2003. 10. 22. 선고 2002노8457 판결

220 대법원 2006. 4. 14. 선고 2003도6759 판결

시장 또는 협회중개시장에서의 거래는 물론 장외시장에서의 직접·대면거래에 대하여도 마찬가지로 적용된다』고 판시하였는데, 주요 내용은 다음과 같다.

> 구 증권거래법(2004. 1. 29. 법률 제7114호로 개정되기 전의 것) 제188조의4 제4항은 같은 조 제1항 내지 제3항에 대한 일반규정으로서 '유가증권의 매매 기타 거래'와 관련하여 소정의 불공정행위를 포괄적으로 금지하고 있을 뿐, 같은 조 제1항 내지 제3항과 같이 거래객체를 '상장유가증권 또는 협회중개시장에 등록된 유가증권'으로 한정하거나 거래장소를 '유가증권시장 또는 협회중개시장'으로 제한하고 있지 않으므로, 위 조항은 상장유가증권 또는 협회중개시장에 등록된 유가증권은 물론 구 법 제2조 제1항 각 호와 제2항이 정의한 유가증권에 포함되는 모든 유가증권의 매매 기타 거래에 적용되며, 유가증권시장 또는 협회중개시장에서의 거래는 물론 장외시장에서의 직접·대면거래에 대하여도 마찬가지로 적용된다고 봄이 상당하다.

다. 평석

이 사건 위 대법원판결이 있기 전까지는 구 증권거래법상 불공정거래행위 금지규정의 적용 범위를 유가증권시장 또는 코스닥시장에 상장된 증권으로 해석하여 비상장주식이나 장외거래에 있어서의 불공정거래행위에 대하여는 사안별로 그 구성요건해당성을 따져 증권거래법의 적용이 아닌 형법상의 사기죄 등으로 의율해 왔던 것으로 보인다.

한편, 법률의 적용과 해석은 가능한 한 법률에 사용된 문언의 통상적인 의미에 충실하게 해석하는 것을 원칙으로 하고, 나아가 당해 법률의 입법 취지와 목적 등을 함께 고려하여야 한다.

참고판례 - 대법원 2009. 4. 23. 선고 2006다81035 판결

법은 원칙적으로 불특정 다수인에 대하여 동일한 구속력을 갖는 사회의 보편타당한 규범이므로 이를 해석함에 있어서는 법의 표준적 의미를 밝혀 객관적 타당성이 있도록 하여야 하고, 가급적 모든 사람이 수긍할 수 있는 일관성을 유지함으로써 법적 안정성이 손상되지 않도록 하여야 한다. 그리고 실정법이란 보편적이고 전형적인 사안을 염두에 두고 규정되기 마련이므로 사회현실에서 일어나는 다양한 사안에서 그 법을 적용함에 있어서는 구체적 사안에 맞는 가장 타당한 해결이 될 수 있도록, 즉 구체적 타당성을 가지도록 해석할 것도 또한 요구된다. 요컨대, 법해석의 목표는 어디까지나 법적 안정성을 저해하지 않는 범위 내에서 구체적 타당성을 찾는 데에 두어야 할 것이다. 그리고 그 과정에서 가능한 한 법률에 사용된 문언의 통상적인 의미에 충실하게 해석하는 것을 원칙으로 하고, 나아가 법률의 입법 취지와 목적, 그 제·개정 연혁, 법질서 전체와의 조화, 다른 법령과의 관계 등을 고려하는 체계적·논리적 해석방법을 추가적으로 동원함으로써, 앞서 본 법해석의 요청에 부응하는 타당한 해석이 되도록 하여야 할 것이다.

구 증권거래법 제188조의4 제4항은 규정의 문언상 같은 조 제1항 내지 제3항에 대한 일반규정으로서 '유가증권의 매매 기타 거래'와 관련하여 소정의 불공정행위를 포괄적으로 금지하고 있을 뿐, 같은 조 제1항 내지 제3항과 같이 거래객체를 '상장유가증권 또는 협회중개시장에 등록된 유가증권'으로 한정하거나 거래장소를 '유가증권시장 또는 협회중개시장'으로 제한하고 있지 않다. 게다가 구 증권거래법은 자본시장의 건전성뿐만 아니라, 증권거래에 참가하는 개개의 투자자의 이익을 보호하고 증권시장에 대한 신뢰를 보호하는 데 그 목적이 있다.

현행 자본시장법 또한 제178조에서 부정거래행위에 관한 포괄적 금지규정을 두고 있는데, 규제 대상을 상장증권이나 장내파생상품으로 제한하지 않고 모든 금융투자상품을 대상으로 하고 있고, 거래장소는 거래소시장뿐만 아니라 장외시장까지 포함되며, 행위 유형도 매매를 포함한 모든 거래에 미친다고 보고 있다.

따라서 구 증권거래법 제188조의4 제4항은 모든 유가증권의 매매 기타 거래에 적용되며, 유가증권시장 또는 협회중개시장에서의 거래는 물론 장외시장에서의 직접·대면거래에 대하여도 마찬가지로 적용된다고 보는 법원의 판단이 일응 타당하다. 그러한 점에서 이 사건 판결은 위 조항의 적용 범위를 확장한 판결이라는 점에서 중요한 의미가 있다고 보인다.

2. <허위문서 이용 오해유발행위> 여부에 관하여

가. 법원의 판단

(1) 제1심법원의 판단

앞서 본 바와 같이, 이 사건 제1심은 피고인에게 구 증권거래법 제188조의4 제4항 제2호 〈허위문서 이용 오해유발행위〉의 죄책을 인정하였음에도, 판결문 상에는 제1심 공판과정에서 피고인의 구체적인 주장은 물론, 이를 탄핵하는 구체적인 이유가 따로 설시되어 있지 않고, 양형이유도 별도로 설시되어 있지 않다.

(2) 항소심 법원의 판단

이 사건 항소심에서 피고인은 공소외 1, 2와 B사 간의 A사 주식매매거래와 관련하여 투자자인 B사 소속 甲, 乙 등에게 자신이 대표이사로 있는 A사의 경영상태와 사업전망에 대하여 오해를 유발하게 하였다거나, 이로써 이익을 얻고자 한 사실이 없다고 주장하였다.

이에 대하여 항소심 법원은 피고인이 A사의 1999년도 매출 및 당기순이익과 2000년도 예상매출액 및 당기순이익, 그리고 A사에서 확보하고 있는 회원수에 관하여 허위의 사실을 B사 소속 甲, 乙에게 알려줌으로써 동인들로 하여금 A사의 경영상태와 사업 전망이 좋은 것처럼 오해를 유발하게 하였고, 이에 따라 기관투자자인 B사로 하여금 위 A사 주식을 매수하게 함으로써 피고인이 보유하고 있던 A사 주식의 가치증대나 공소외 1, 2로부터 주식매도이익금의 일부를 얻고자 하는 행위를 하였다고 판단하면서 피고인의 위 주장을 배척하였는데, 주요 판단 논거는 다음과 같다.

① 실제 A사는 1999. 7. 7.경 설립된 이후 같은 해 12.경까지 매출액이 전혀 없었고, 누적적자만 약 3억원 이상 되었을 뿐 아니라 2000년도의 매출액은 금 802,294,386원이고, 영업손실은 금 1,327,837,311원인 점,

② IMM부가 사업계획서에 기재된 1999. 12. 현재의 회원수는 실제 회원수가 아닌 예상치에 불과한 점,

③ 피고인은 B사와 공소외 1, 2 간의 위 주식매매계약이 성사된 이후인 2000. 1. 중순경 △△투데이의 기자인 공소외 홍○○으로부터 B사에서 A사에 투자하였는지 여부에 관한 질문을 받고 구주매출방식으로 100억원을 투자했다는 취지로 말하였고, △△투데이에서는 2000. 1. 19. A사가 B사로부터 100억원을 유치했다고 보도한 점,

④ 피고인은 1999. 12. 31.경 약 42,000주 정도의 A사 주식을 보유하고 있었는데, 2000. 1. 16.경 공소외 1, 2에게 그 중 10,000주를 주당 40,000원에 매도하였고, 그 후에도 공소외 이○○을 비롯한 소액투자자들에게 수차에 걸쳐 A사 주식을 주당 약 30만원 정도에 매도한 점,

⑤ 피고인은 검찰에서 1999. 12. 27.경 B사와 공소외 1, 2 간의 A사 주식매각을 위한 협상을 하는 자리에 매도 당사자도 아니면서 참석을 한 이유를 묻는 질문에 공소외 1이 주식이 매도되면 이익금의 반을 주겠다고 약속을 해서 참석을 했다고 진술하였고, 원심(제1심)법정에서는 공소외 1, 2로부터 동인들이 피고인으로부터 시세보다 헐값에 구입한 A사 주식을 다른 곳에 매각하여 막대한 이익을 취한다면 그 중 절반 정도인 50억원 상당으로 피고인이 보유하고 있는 주식을 시세대로 매입해 준다는 약정이 있었기 때문에 참석한 것이라고 진술한 점

등에 비추어 피고인은 공소외 1, 2와 B사간의 A사 주식의 매매와 관련하여 자신이 대표이사로 있는 A사의 1999년도 매출 및 당기순이익과 2000년도 예상매출액 및 당기순이익, 그리고 A사에서 확보하고 있는 회원수에 관하여 허위의 사실을 B사의 甲, 乙에게 알려줌으로써 동인들로 하여금 A사의

경영상태와 사업전망이 좋은 것처럼 오해를 유발하여 기관투자자인 B사로 하여금 위 A사 주식을 매수하게 함으로써 자신이 보유하고 있던 A사 주식의 가치증대나 공소외 1, 2로부터 주식매도이익금의 일부를 얻고자 하는 행위를 하였다고 할 것이므로, 피고인의 위 주장은 이유 없다.

(3) 대법원의 판단

대법원 역시 동일한 취지로 판단하면서, 나아가 『구 증권거래법 제188조의4 제4항 2호는 그 문언의 해석상 '타인에게 오해를 유발하게 함으로써 금전 기타 재산상의 이익을 얻기 위하여' 중요한 사항에 관한 허위·부실 표시 문서를 이용한 이상 그로써 바로 위 조항 위반죄가 성립하는 것이고, 문서 이용행위로 인하여 실제 '타인에게 오해를 유발'하거나 '금전 기타 재산상의 이익을 얻을 것'을 요하지 않으므로 허위·부실 표시 문서 이용행위와 타인의 오해 사이의 인과관계 여부는 위 죄의 성립에 아무런 영향을 미치지 않는다』고 설시하였다.

더욱이 이 사건 각 문서는 B사 측에서 A사 주식을 매수할 것인지 여부를 최종적으로 결정하기 전에 전달되어 A사의 경영 상태와 장래 사업 전망에 대한 B사 측의 평가에 영향을 미쳤음이 인정되므로 이 사건 각 문서 이용행위와 B사 측의 오해 사이의 인과관계 역시 인정된다고 판단하였다.

나. 평석

구 증권거래법 제188조의4 제4항 제2호에는 '중요사항'이 무엇인지에 대하여 정의되어 있지 않으나, 대법원은 '중요사항'이 당해 법인의 재산·경영에 관하여 중대한 영향을 미치거나 유가증권의 공정거래와 투자자 보호를 위하여 필요한 사항으로서 투자자의 투자판단에 영향을 미칠 수 있는 사항을 의미한다고 정의한 바 있다.[221]

221 대법원 2009. 7. 9. 선고 2009도1374 판결

구 증권거래법 제188조의4 제4항 제2호 <허위문서 이용 오해유발행위>로 의율하기 위해서는 피고인이 B사 측에 교부한 <A사 매출 및 당기순이익>, <IMM 부가사업계획서> 문서에 기재된 각 내용이 '허위'이면서 '중요한 사항'에 해당하는 것이어야 하는데, 위 각 문서에는 A사의 기 발생 매출액과 당기순이익은 물론 예상 매출액과 당기순이익, 그리고 위 회사가 확보하고 있는 회원수가 객관적 사실과 다르게 기재되어 있음이 명백하므로 '허위'라는 점에는 이론의 여지가 없어 보인다.

아울러 이러한 사항들은 경영 상태와 장래 사업 전망에 관한 것으로서 일반 투자자인 B사 측으로서는 투자판단에 영향을 미칠 수 있는 '중요사항'에 해당한다고도 할 것이므로 법원의 판단은 타당하다.

한편, 구 증권거래법(1997. 1. 13. 법률 제5254호로 개정되기 전의 것) 제188조의4 제4항 제2호는 '중요한 사항에 관하여 허위의 표시를 하거나 필요한 사실의 표시가 누락된 문서를 이용하여 타인에게 오해를 유발하게 함으로써 금전 기타 재산상의 이익을 취득하는 것'이라는 결과범 형식으로 규정되어 있었는데, 1997. 1. 13. 법률 제5254호로 구 증권거래법이 개정되면서 '중요한 사항에 관하여 허위의 표시를 하거나 필요한 사실의 표시가 누락된 문서를 이용하여 타인에게 오해를 유발하게 함으로써 금전 기타 재산상의 이익을 얻고자 하는 행위'라는 목적범 형식으로 변경되었다. 개정이유 중에는 "투자자 보호를 강화하기 위하여 시세조작행위와 내부자거래에 대한 처벌을 강화함"이라는 내용이 기재되어 있다.

이와 관련하여, 앞서 살펴본 바와 같이 이 사건 대법원은 『문언의 해석상 일단 '타인에게 오해를 유발하게 함으로써 금전 기타 재산상의 이익을 얻기 위하여' 중요한 사항에 관한 허위·부실표시 문서를 이용한 이상 그로써 바로 구 증권거래법 제188조의4 제4항 제2호 위반죄가 성립하는 것이고, 문서 이용행위로 인하여 실제 '타인에게 오해를 유발'하거나 '금전 기타 재산상의 이익을 얻을 것'을 요하지 않으므로, 허위·부실표시 문서 이용행위와 타인의 오해 사이의 인과관계 여부는 위 죄의 성립에 아무런 영향을 미치지 않

는다』고 판시하였고, 이는 이후 다수의 사건에서 동일하게 인용되고 있다.[222]

참고판례 - 대법원 2009. 7. 9. 선고 2009도1374 판결

'허위·부실 표시 문서를 이용하여 타인에게 오해를 유발하게 함으로써 금전 기타 재산상의 이익을 얻으려는 목적'은 그것이 행위의 유일한 동기일 필요는 없는 것이므로 다른 목적과 함께 존재하여도 무방하고 그 경우 어떤 목적이 행위의 주된 원인인지는 문제되지 아니한다.

나아가 위 조항의 문언 해석상 일단 '타인에게 오해를 유발하게 함으로써 금전 기타 재산상의 이익을 얻기 위하여' 중요한 사항에 관한 허위·부실 표시 문서를 이용한 이상 그로써 바로 위 조항 위반죄가 성립하는 것이고, 문서 이용행위로 인하여 실제 '타인에게 오해를 유발'하거나 '금전 기타 재산상의 이익을 얻을 것'을 요하지 않는 것이므로, 허위·부실 표시 문서 이용행위와 타인의 오해 사이의 인과관계 여부는 위 죄의 성립에 아무런 영향을 미치지 않는다.

이 사건에서는 피고인이 교부한 각 문서가 B사 측에서 A사 주식을 매수할 것인지 여부를 최종적으로 결정하기 전에 전달된 것이 사실관계 상 분명하므로 피고인의 이 사건 각 문서 이용행위와 B사 측의 오해 사이의 인과관계는 무리 없이 인정된 것으로 보인다. 이와 더불어 구 증권거래법 제188조의4 제4항 제2호 <허위문서 이용 오해유발행위>의 문언, 개정 전후의 문언 차이, 개정이유 등을 고려할 때 결과적으로 법원이 피고인의 주장을 배척하면서 허위표시 문서이용과 타인의 오해 간에 인과관계를 요하지 않는다고 판단한 것은 타당하다.

한편, 타인에게 오해를 유발하게 함으로써 금전 기타 재산상의 이익을 얻고자 하는

222 대법원 2009. 7. 9. 선고 2009도1374 판결 등

목적에 대한 인식의 정도는 미필적 인식으로 족하므로, 법원이 피고인에게 타인에게 오해를 유발하게 함으로써 재산상의 이익을 얻고자 하는 목적도 있었다고 판단한 것도 타당하다.

참고판례 - 대법원 2003. 12. 12. 선고 2001도606 판결

증권거래법 제188조의4 제2항 소정의 '매매거래를 유인할 목적'이라 함은 인위적인 조작을 가하여 시세를 변동시킴에도 불구하고 투자자에게는 그 시세가 유가증권시장에서의 자연적인 수요·공급의 원칙에 의하여 형성된 것으로 오인시켜 유가증권의 매매거래에 끌어들이려는 목적을 말하는데, 이러한 목적은 다른 목적과의 공존 여부나 어느 목적이 주된 것인지는 문제되지 아니하고, 그 목적에 대한 인식의 정도는 적극적 의욕이나 확정적 인식임을 요하지 아니하고 미필적 인식이 있으면 족하며, 투자자의 오해를 실제로 유발하였는지 여부나 타인에게 손해가 발생하였는지 여부 등도 문제가 되지 아니하고, 이러한 목적은 당사자가 이를 자백하지 않더라도 그 유가증권의 성격과 발행된 유가증권의 총수, 매매거래의 동기와 태양(순차적 가격상승주문 또는 가장매매, 시장관여율의 정도, 지속적인 종가관여 등), 그 유가증권의 가격 및 거래량의 동향, 전후의 거래상황, 거래의 경제적 합리성 및 공정성 등의 간접사실을 종합적으로 고려하여 판단할 수 있다.

다. 기타 쟁점

한편, 이 사건에서 피고인은 기자에게 'B사는 구주매출방식으로 100억 원을 A사에게 투자하였다'는 취지로 말하였고, 기자는 이를 기사화하였다. 그런데 실제 사실관계는 피고인이 공소외 1, 2에게 매도한 A사 주식 30,000주를 B사가 약 99.9억 원에 매수하였다는 점이다. 즉, 투자신탁회사인 B사가 공소외 1, 2로부터 A사 주식을 99.9억 원에 매수한 사실을 두고, 피고인은 B사가 100억 원에 달하는 구주매출의 방식으로 A사에게 투자를 하였다고 말하여, 마치 100억 원이 A사에 유입되는 것과 같은 오해를 불러일으킨 것이다.

이와 같은 피고인의 발언은 기자를 상대로 한 것으로 향후 기사화를 염두에 둔 것으로 보이는바, 이는 구 증권거래법 제188조의4 제4항 제1호 〈허위사실 유포행위〉에 해당할 여지가 있다.

살피건대, 피고인이 기자에게 했던 말 자체는 'B사가 A사 주식을 매수하는 방법으로 100억 원 상당의 투자를 했다'는 것인데, 실제로 B사는 공소외 1, 2로부터 A사 주식 30,000주를 99.9억 원에 매입한 사실이 있기 때문에 기본적인 사실관계에서는 허위가 있다고 보기는 어렵다. 물론, 피고인의 위와 같은 발언은 'B사의 100억 원이 A사에게 유입되었다'고 오해를 불러일으킬 소지는 있으나, 위 발언을 구체적으로 살펴보면, '구주매출을 통하여 100억 원을 투자하였다'는 것이므로 이를 'B사의 100억 원이 반드시 A사에게 귀속된다'는 인식을 불러일으키는 내용으로 볼 것은 아니다.

결국, 피고인의 위와 같은 발언이 〈허위사실 유포행위〉에 해당한다고 단정하기는 어렵다고 보인다.

3. 위반행위로 얻은 이익(부당이득액)에 관하여

가. 전제사실

이 사건에서는 결과적으로 피고인의 구 증권거래법 위반행위가 개입되어 공소외 1, 2와 B사 간의 A사 주식매매거래가 이루어졌고, 그 결과 B사는 공소외 1, 2가 보유하고 있는 A사 주식 30,000주를 1주당 333,000원, 합계 99억 9,000만원에 매수하였다. 한편, 검사는 피고인을 구 증권거래법 위반죄로 기소하면서도 범죄사실에 피고인이 이 사건 위반행위로 얻은 이익, 즉 부당이득액을 별도로 포함하지는 않았고, 따라서 이 부분에 대해서는 법원의 판단이 이루어지지 않았다.

즉, 검사가 피고인을 부당이득으로 기소하지 않은 것이 타당한지 여부와 관련하여, 결과적으로 A사 주식의 매매거래를 통해 공소외 1, 2에게 귀속되는 이익을 부정거래 행위자인 피고인의 부당이득액으로 포함할 수 있는지에 대한 검토가 요구된다.

나. 평석

부당이득은 사기적 부정거래행위로 인한 이익으로서 사기적 부정거래행위와의 인과관계가 인정되어야 하는데, 사기적 부정거래행위 외에 제3자의 개입, 증권시장의 상황, 그 밖에 주가에 중대한 영향을 미칠 수 있는 제반 요소가 다양하므로, 사기적 부정거래행위로 인한 부당이득액을 구체적으로 산정함에 있어서는 신중을 기하여야 한다.

이와 관련하여 대법원은『위반행위의 동기, 경위, 태양, 기간, 제3자의 개입 여부, 증권시장 상황 및 그 밖에 주가에 중대한 영향을 미칠 수 있는 제반 요소들을 전체적·종합적으로 고려하여 인과관계가 인정되는 이익을 산정해야 한다』고 판시하였다.[223]

특히, 대법원은『'위반행위로 얻은 이익'은 당해 위반행위로 인하여 행위자가 얻은 이익을 의미하고, 행위자 및 공범 이외의 제3자에게 귀속되는 이익은 포함되지 않는다』고 판시하였다.[224]

이 사건에서는 피고인의 행위가 개입되어 B사가 공소외 1, 2가 보유하고 있는 A사 주식을 매수하였고, 이로써 공소외 1, 2에게 A사 주식매매거래에 따른 이익이 실현된 것은 사실이다. 그러나 공소외 1, 2가 피고인의 증권거래법위반 범죄사실에 가담한 공범이라는 입증이 없는 이상 당해 이익을 피고인의 부당이득액에 포함할 수는 없다고 할 것이고, 실제로 검사는 피고인만을 기소하면서 공소외 1, 2가 A사 주식을 B사에 매도하면서 취득한 이익을 피고인의 부당이득액으로 보지 않았던바, 이는 형사법의 대원칙인 책임주의에 입각한 것으로서 타당하다고 본다.

---

223 대법원 2009. 7. 9. 선고 2009도1374 판결

224 대법원 2011. 4. 28. 선고 2010도7622 판결

14

남한제지 사건

Ⅰ. 사건의 진행 경과

일시	행위
2004. 1. 29.	- 피고인 甲은 상장사인 (주)남한제지를 경영하거나 경영에 참여할 의사나 능력이 없음에도 불구하고, (주)남한제지 주식 147,000주(전체 (주)남한제지 주식의 5.76%)에 관하여 대량보유사실을 공시하면서 보유목적란에 취득목적을 '경영참여, 경영권확보, 주식투자'로 기재하고, 취득자금내역 기재를 누락하였음.
2004. 2. 4.	- 피고인 甲은 (주)남한제지 주식 30,000주 추가 취득에 따른 대량보유(변경) 보고 공시하면서 보유목적란에 취득목적을 '경영참여'로 기재하고, 취득자금내역 기재를 누락하였음
2004. 2. 10.	- 피고인 甲, 乙, 丙, 丁, 戊(모두 전직 또는 현직 언론사 지국장)이 (주)남한제지를 인수할 자금과 회사 경영 경험이 없었고, (주)남한제지의 지분 구조로 인해 M&A가 현실적으로 어려움에도, ① (주)남한제지의 주식을 5% 이상 대량 보유한 후 주식 대량보유보고서에 마치 경영 참여 목적으로 주식을 취득한 것처럼 보유 목적을 허위로 기재하거나, ② 인터넷게시판 등을 통하여 M&A를 선언하여 경영권 확보를 위한 지분 인수 경쟁이 발생할 것처럼 가장하는 한편, ③ 회사의 지급보증 문제, 집중투표제 도입 등 경영상 이슈를 제기하며 압박하여 (주)남한제지 차원의 주가 관리가 이루어지지 않으면 언론 등에 비리를 폭로할 태세를 보이거나 ④ (주)남한제지의 대주주 의결권 행사 금지 가처분을 제기하여 (주)남한제지로 하여금 어떤 방법으로든지 주가를 부양하도록 압박하여 부당한 이익을 취득하기로 하면서, 각자 1억원씩 출자하여 소위 '甲 펀드' 결성함

2004. 2. 중순	- (피고인 甲, 乙, 丙, 丁, 戊의 공모와 무관하게) 피고인 乙, 己는 피고인 乙이 인터넷게시판 등을 통하여 M&A를 선언하여 타인의 매매거래를 유인하는 등의 방법으로 (주)남한제지 주가를 상승시키고, 己는 乙에게 자신명의의 증권계좌로 주식거래를 할 수 있도록 해 주는 한편, 자신명의의 다른증권 계좌로 주식거래를 하여 위 두 계좌를 이용한 주식거래를 통하여 부당한 이익을 취득하기로 공모하였음.
2004. 3. 16.	- 피고인 甲이 (주)남한제지 주식 168,200주 매도에 따른 대량보유(변경)보고 공시하면서, 보유목적 또는 변동사유란에 '기타 입장표명을 위함 - (주)남한제지가 B사와 C사에 대하여 약 700억원의 채무 보증을 하고, 개인주주를 무시하며 그 권익에 반하는 행위를 하였다. 이에 개인주주를 대표하여 주주중심의 기업풍토를 만들고자 하였다. 그러나 금감원과 공정위에 질의하자 불법이지만 제재할 방법이 없다는 말을 들었고, 법원에 의결권행사금지가처분신청을 하였으나 기각 당하였다'고 기재하였음
2004. 3. 23.	- 피고인 甲이 (주)남한제지 주식 128,000주(전체 (주)남한제지 주식의 5.02%)에 관하여 대량보유사실(변동)보고하면서, 위 공시의 보유목적 또는 변동사유란에 '경영참여, 경영권확보. 주식투자. 많은 개인주주분들에게 알리고 주어진 여건 속에서 정정 당당히 맞서고 싶다 개인주주를 무시하는 회사들과 맞서 개인주주의 권익을 찾고 정의로운 사회를 만들고자 하니 힘이 되어 달라. 투기를 하거나 초단타와 미수 매매를 하지 말라'고 기재하면서, 취득자금 내역 기재를 누락하였음(위 공시부터 2004. 6. 22. 까지 모두 3회에 걸쳐 경영참여 목적으로 보고하였고, 위 공시부터 2004. 6. 3.까지 모두 3회에 걸쳐 취득자금 내역 기재 누락하였음)
2004. 3. 24.	- 피고인 甲이 추가 취득한 주식에 대해 대량보유(변동)보고(경영참여 취지의 보고)사실을 공시함
2004. 4. 28.	- 피고인 己가 (주)남한제지 주식 대량보유보고(7.88%)사실을 공시하면서 타인의 자금이 포함되어 있음에도 위 공시의 취득자금을 '본인자금'으로 기재함(피고인 己가 2004. 6. 11.까지 모두 2회에 걸쳐 타인의 자금이 포함되어 있음에도 취득자금내역 기재를 허위로 기재)
2004. 4. 29.	- 피고인 乙이 (주)남한제지 주식 대량보유보고(152,985주 : 주식총수의 6.00% 보유)사실을 공시하면서, 위 공시에 취득목적 '단순투자'로 기재하고, 타인의 자금이 포함되어 있음에도 취득자금 내역에 '본인자금'으로 기재함(피고인 甲, 乙이 2004. 9. 23.까지 4회에 걸쳐 타인의 자금이 포함되어 있음에도 취득자금내역 기재를 허위로 기재)

2004. 5. 11.	- 피고인 乙은 인터넷게시판에 '소액주주연합회를 결성할 예정이다'는 취지의 글을 게시함(이후, 2004. 7. 16.까지 8회에 걸쳐 유가증권매매와 관련하여 허위사실을 유포함)
2004. 5. 12.	- 피고인 乙은 인터넷게시판에 (주)남한제지에 대한 M&A를 선언함
2004. 5. 12.	- 피고인 乙이 2차 대량보유보고(178,685주 : 주식총수의 7.01% 보유)공시를 하면서 취득목적 '경영참여'로 기재함
2004. 6. 3.	- 피고인 甲이 대량보유(변동)보고(경영참여 취지의 보고) 공시를 하면서, 위 공시의 보유목적 또는 변동사유에 '초단타와 미수는 저의 선의의 경쟁자일 분입니다', '주식을 투기로 하는 것이 아니라 투자로 하는 것이라 생각합니다. 저의 마음은 변함이 없습니다'라는 취지로 기재하면서, 취득자금 내역 기재를 누락하였음
2004. 6. 18.	- 피고인 乙이 인터넷게시판에 (주)남한제지에 대한 제2차 M&A를 선언함
2004. 6. 22.	- 피고인 甲이 대량보유(변동)보고(경영참여 취지의 보고)하면서, 보유목적 또는 변동사유를 '경영권확보, 주식투자', '희망의 돈 3억6,000만원을 필요한 사람에게 나누어 주겠다'는 취지로 기재하면서, 취득자금내역을 '본인자금'으로 기재함
2004. 7. 중순	- 금융감독원에서 내사진행 중, 피고인 乙이 아는 사람을 통하여 자신의 계좌에 대하여 내사가 진행되고 있다는 사실을 알게 되었고, 그 후 己를 제외한 나머지 피고인들이 자주 만나서 대책을 논의하였는데, 이 때 향후 조사를 받게 되면 다른 피고인들이 乙에게 돈을 빌려준 것으로 진술하기로 약속함(실제로 금융감독원에서 조사를 받으면서 위 5명의 피고인들은 모두 乙에게 돈을 빌려주어 乙 혼자 주식투자를 한 것이라는 취지로 진술)
2004. 7. 16.	- 피고인 乙이 인터넷게시판에 (주)남한제지 M&A 포기 선언함
2004. 9. 23.	- 피고인 乙이 특수관계자인 己 보유 지분을 포함하여 대량보유보고공시, 취득목적 '단순투자'로 변경함

Ⅱ. 관련 조문

1. 구 증권거래법 제188조의4(시세조종등 불공정거래의 금지)

구 증권거래법 제188조의4(시세조종등 불공정거래의 금지)

② 누구든지 유가증권시장 또는 코스닥시장에서의 매매거래를 유인할 목적으로 다음 각호의 1에 해당하는 행위를 하지 못한다.

3. 당해 유가증권의 매매에 있어서 중요한 사실에 관하여 고의로 허위의 표시 또는 오해를 유발하게 하는 표시를 하는 행위

④ 누구든지 유가증권의 매매 기타 거래와 관련하여 다음 각호의 1에 해당하는 행위를 하지 못한다.

1. 부당한 이득을 얻기 위하여 고의로 허위의 시세 또는 허위의 사실 기타 풍설을 유포하거나 위계를 쓰는 행위
2. 중요한 사항에 관하여 허위의 표시를 하거나 필요한 사실의 표시가 누락된 문서를 이용하여 타인에게 오해를 유발하게 함으로써 금전 기타 재산상의 이익을 얻고자 하는 행위

이 사건에서 문제된 행위는 자본시장법이 시행된 2009. 2. 4. 이전에 이루어졌으므로, 이 사건은 구 증권거래법이 적용되었다.

III. 쟁점

우선, 이 사건에서 문제가 된 공시별 취득목적과 취득자금내역을 표로 정리하면 아래와 같다.

일시[225]	공시주체	취득목적	취득자금내역
2004. 1. 29.	甲	경영참여, 경영권확보, 주식투자	미기재
2004. 2. 4.	甲	경영참여, 경영권확보, 주식투자	미기재
2004. 3. 23.	甲	경영참여, 경영권확보, 주식투자	미기재
2004. 3. 24.	甲	경영참여, 경영권확보, 주식투자	미기재
2004. 4. 28.	己	단순투자	자기자금
2004. 4. 29.	乙	단순투자	자기자금
2004. 5. 12.	乙	경영참여	자기자금
2004. 6. 3.	甲	'초단타와 미수는 저의 선의의 경쟁자일 뿐입니다.'	미기재
2004. 6. 11.	己	단순투자	미기재
2004. 6. 22.	甲	경영권확보, 주식투자	자기자금
2004. 9. 23.	乙	단순투자	자기자금

이 사건 피고인들은 (주)남한제지를 경영하거나 경영에 참여할 의사나 능력이 없음에도 인위적으로 주가를 부양시켜 자신들의 이득을 취할 목적으로, (주)남한제지 주식을 취득하면서 그 목적을 경영참여로 공시하였는 바, 이와 같은 행위가 구 증권거래법 제188조의4 제2항 제3호 허위표시에 의한 시세조종에 해당하는지가 문제되었다.

또한 피고인들은 위 주식의 취득자금에 타인의 자금이 포함되어 있었음에도 불구하고 취득자금을 본인 자금이라고 기재하거나, 취득자금내역 기재를 누락하였다. 이처럼

225 한편, 판결문에 기재된 공시일자와 금융감독원의 DART 공시시스템에서 확인되는 공시일자간에 하루정도의 차이가 있어, 본 표에서는 금융감독원의 DART 공시시스템에서 확인되는 공시일자를 기준으로 정리하였다.

피고인들이 '취득자금내역'에 관하여 허위로 기재하거나 기재를 누락하여 공시한 행위가 구 증권거래법 제188조의4 제4항 제2호 〈허위문서 이용 오해유발행위〉의 '중요한 사항'에 해당하는지 여부가 문제되었다.[226]

이와 같이 법원은, 피고인들이 대량보유보고서에 취득 목적을 '경영참여'로 공시한 행위에 대하여는 구 증권거래법 제188조의4 제2항 제3호를 적용[227]하였고, '취득자금 내역'에 관하여 허위로 기재하거나 기재를 누락한 공시행위에 대하여는 제188조의4 제4항 제2호를 적용하여 판단하였다. 우선 두 조항의 적용범위 및 상호관계를 검토한 후, 각 공시행위가 구 증권거래법위반에 해당하는지 여부를 순차적으로 살펴보기로 한다.

한편, (주)남한제지에 대한 경영권 인수의사나 실현가능성이 없음에도, 마치 그러한 계획이 존재하는 것처럼 "소액주주연합회를 결성하였으며 반드시 M&A를 성사시키겠다"는 취지의 허위 게시글을 반복적으로 작성하였는바, 이와 같은 행위가 구 증권거래법 제188조의4 제4항 제1호의 〈허위사실 유포행위〉에 해당하는지 여부를 검토할 필요가 있다.

226 특히, 이 사건에서 피고인들의 주식대량보유보고공시 중 '취득자금내역'과 관련하여 1심은 투자자의 투자판단에 영향을 미칠 수 있는 사항이라고 보기 어려워 구 증권거래법 제188조의4 제4항 제2호의 '중요한 사항'에 해당하지 않는다고 보아 무죄로 판단하였다. 그러나, 항소심 법원 및 대법원은 '취득자금내역'의 기재가 일반투자자의 투자판단에 상당한 영향을 미칠 수 있는 사항에 해당한다고 보아 그 결론을 달리하였는바, 각 심급 법원이 결론을 달리한 이유와 그 논리적 타당성 여부를 확인해 볼 필요가 있다.

227 구 증권거래법 제188조의4 제1항부터 제3항까지는 시세조종을 규율하는 규정이고, 제4항은 사기적 부정거래를 규율하는 규정이다.

Ⅳ. 각 쟁점에 대한 평석

1. 회사를 경영하거나 경영에 참여할 의사나 능력이 없음에도 인위적으로 주가를 부양시켜 자신들의 이득을 취하기 위하여 주식의 취득목적을 경영참여로 공시한 행위가 구 증권거래법 위반에 해당하는지 여부

가. 법원의 판단

이 사건 법원[228]은 구 증권거래법 제188조의4 제2항 제3호의 중요한 사실이란, "당해 법인의 기업경영환경에 중대한 변경을 초래하거나, 유가증권의 공정거래와 투자자 보호를 위하여 필요한 사실로서 투자자의 투자판단에 영향을 미칠 수 있는 사실을 의미한다"고 판시하면서, 피고인이 보유목적으로 기재한 경영참여라는 목적은 객관적으로나, 피고인 주관적으로나 모두 경영권 확보를 하겠다는 의미이고, 대량보유(변동)보고서에 기재한 보유목적 또는 변동사유는 구 증권거래법 제188조의4 제2항 제3호의 중요한 사실에 해당하고, 피고인에게 매매거래를 유인할 목적이 있었음을 충분히 인정할 수 있다고 판시하여, 피고인들이 실제 경영참여의사가 없음에도 주식취득목적을 '경영참여'로 기재한 것은 구 증권거래법 제188조의4 제2항 제3호에 해당한다고 판시하였다.

> 증권거래법 제188조의4 제2항이 현실거래로 인한 시세조종행위를 금지하는 것은 증권거래에 관한 시세조종행위가 다수인에게 영향을 미치고 증권시장 전체를 불건전하게 할 수 있기 때문에 증권거래에 참가하는 개개의 투자자의 이익을 보호함과 함께 투자자 일반의 증권시장에 대한 신뢰를 보호하여 증권시장이 국민경제의 발전에 기여할 수 있도록 함에 그 목적이 있다고 할 것이므로(대법원 2003. 11. 14. 선고 2003도686 판결 참조), 법 제188조의4 제2항 제3호의 '중요한 사실'이란 당해 법인의 기업경영환경에 중대한 변경을 초래하거나,

228 서울중앙지방법원 2005. 7. 8. 선고 2005고합108 판결

유가증권의 공정거래와 투자자 보호를 위하여 필요한 사실로서 투자자의 투자판단에 영향을 미칠 수 있는 사실을 의미한다고 할 것이다.

다음으로, 대량보유(변경)보고서의 '취득목적 또는 변동사유'가 중요한 사실에 해당하는 것인지에 관하여 보건대, 증권거래법 제200조의2 제1항은 "주권상장법인 또는 코스닥상장법인의 주식 등을 대량보유하게 된 자는 그날부터 5일 이내에 그 보유상황과 보유목적(발행인의 경영권에 영향을 주기 위한 목적여부를 말한다)을 대통령령이 정하는 바에 따라 금융감독위원회와 거래소에 보고하여야 하며, 그 보유주식비율이 당해 법인의 주식등의 총수의 100분의 1의 비율 이상 변동된 경우에는 그 변동이 있은 날부터 5일 이내에 그 변동내용을 대통령령이 정하는 바에 따라 금융감독위원회와 거래소에 보고하여야 한다."고 규정하고 있고, 이에 따라 증권거래법시행령 제86조의4 제1항은 "법 제200조의2 제1항 본문의 규정에 의하여 주식등의 보유상황 또는 변동내용을 보고하는 자는 다음 각호의 사항을 기재한 보고서에 의하여야 한다."고 규정하면서 '보유목적 또는 변동사유'를 보고서에 기재해야 할 사항으로 열거하고 있는바, 5% 이상의 주식을 대량보유한 자가 '경영참여'를 목적으로 주식을 취득하였다는 사실은 일반 투자자의 입장에서 볼 때 경영권을 유지하려는 자와 새로이 경영권을 확보하려는 자 사이에 지분경쟁이 생길 것으로 생각하여 투자의 합리적인 의사결정에 영향을 미칠 소지가 다분한 점, 실제로 피고인의 경영참여를 위한 주식 취득이 주식 투자자들 사이에 화제가 되었고, 그 후 (주)남한제지 거래량 및 주가가 폭등한 점 등에 비추어 보면 대량보유(변동)보고서에 기재하는 '보유목적 또는 변동사유'는 법 제188조의4 제2항 제3호의 '중요한 사실'에 해당한다고 할 것이다.

끝으로, 피고인에게 매매거래를 유인할 목적이 있었는지 여부에 관하여 보건대, 위와 같은 목적은 미필적인 것으로도 족하다 할 것인바, 위 인정사실에서 나타난 바와 같이 피고인이 이익을 실현하기 위하여 주식의 대부분을 매도하였다가 다시 매수하고, 매도하는 행위를 하였고, 그로 말미암아 실제로 상당한 시세차익을 실현한 점, 피고인이 (주)남한제지를 찾아가 회사 차원의 주가관리를 요구한 사실에 비추어 볼 때 피고인은 (주)남한제지 주식이 저평가 되었다고 판단하고 그 주식을 매수한 다음 회사 차원의 주가관리를 요구하거나 M&A 재료를 이용하는 등의 방법을 사용하여 (주)남한제지의 주가를 올린 다음 그 시세차익을 얻을 생각을 가지고 있었던 것으로 보이는 점 등에 비추어 보면 피고인에게 매매거래를 유인할 목적이 있었음을 충분히 인정할 수 있다.

나. 평석

(1) 구 증권거래법 제188조의4 제2항 제3호 및 제188조의4 제4항 제2호 〈허위문서 이용 오해유발행위〉의 관계

구 증권거래법 제188조의4 제2항 제3호는 시세조종의 유형 중 하나로 '허위표시에 의한 시세조종'을 금지하고 있는데, ① 유가증권시장 또는 코스닥시장에서의 매매거래를 유인할 목적으로 ② 당해 유가증권의 매매에 있어서 중요한 사실에 관하여 ③ 허위의 표시 또는 오해를 유발하게 하는 표시를 한 경우에 적용된다.

한편, 구 증권거래법 제188조의4 제4항 제2호 〈허위문서 이용 오해유발행위〉는 사기적 부정거래 규제 조항으로서 ① 타인에게 오해를 유발하게 함으로써 금전 기타 재산상의 이익을 얻고자 ② 유가증권의 매매 기타 거래와 관련하여 중요한 사항에 관하여 ③ 허위의 표시를 하거나 필요한 사실의 표시가 누락된 문서를 이용하는 경우에 적용되는바, 구 증권거래법 제188조의4 제2항 제3호와 비교할 때 기본적으로 동일한 규제이념 또는 유사한 행위를 규제하고 있다.

구 증권거래법 제188조의4 제2항 제3호는 '매매거래를 유인할 목적'이라는 목적성을 요구하고, 문언상 거래객체를 '상장유가증권 또는 협회중개시장에 등록된 유가증권'으로 한정하고, 거래장소를 '유가증권시장 또는 협회중개시장'으로 제한하고 있는 반면에, 구 증권거래법 제188조의4 제4항 제2호는 '누구든지 유가증권의 매매 기타 거래와 관련하여'라고 규정하여 그 적용범위를 포괄적으로 규정하고 있는 바, 구 증권거래법 제188조의4 제4항 제2호 〈허위문서 이용 오해유발행위〉는 구 증권거래법 제188조의4 제2항 제3호에 의한 규제의 공백을 보완하는 기능을 하는 보충적인 규정에 해당한다.

대법원도 위와 같은 취지로 증권거래법 제188조의4 제4항 제2호 〈허위문서 이용 오해유발행위〉는 같은 항 제1호와 더불어 같은 조 제1항 내지 제3항에 대한 일반 규정으로서의 성격을 갖는 것이라고 정의한 바 있다.[229]

---

229 대법원 2003. 9. 2. 선고 2003도3455 판결

살피건대, 이 사건에서 법원이 문제된 주식보유 목적 관련 공시에 대하여 구 증권거래법 제188조의4 제4항 제2호 〈허위문서 이용 오해유발행위〉가 아니라 제188조의4 제2항 제3호를 적용한 것은 다소 이례적이고, 허위공시와 관련된 실무에서 일반적으로 구 증권거래법 제188조의4 제4항 제2호 〈허위문서 이용 오해유발행위〉가 적용되는 것과는 괴리가 있다.

법원은 불고불리의 원칙에 따라 검사가 기소한 공소사실대로 판단한 것으로 보이는데, 허위표시와 관련된 위와 같은 실무와 달리 구 증권거래법 제188조의4 제2항 제3호를 적용하였다고 하더라도 적용법조에 문제가 있는 것은 아니다.

그러나, 다만 구 증권거래법이나 현행 자본시장법의 경우 시세조종 행위를 규율하는 규정과 사기적 부정거래행위를 규율하는 규정은 체계적으로 구분이 되어 있다. 따라서, 동일한 규율대상 행위를 각각 시세조종 규율규정과 사기적 부정거래행위 규율규정에 각각 배치하는 것이 타당한지에 대한 의문이 있다. 통상 시세조종은 거래소에 상장된 주식 등 금융투자상품에 대하여 부정한 매수 혹은 매도 주문을 통해 그 시세를 조작하려고 하는 것이고, 사기적 부정거래는 위와 같은 주문 외의 방법을 동원하여 금융투자상품의 시세를 조작하려는 것으로 인식되고 있는 것이 일반적이다. 따라서 그러한 점에서 볼 때, 언론보도를 통하여 허위사실을 유포하거나 공시를 통하여 허위사실을 공표하여 특정 금융투자상품의 시세를 조작하려고 하는 행위는 시세조종보다는 사기적 부정거래행위 규율 규정을 적용하는 것이 체계정합적이라 보여진다.

아울러, 시세조종 규정에 있는 허위사실 표시 혹은 유포 규율 대상은 〈상장된 금융투자상품〉의 〈매매〉로 제한되나 사기적 부정거래에 있는 허위사실 표시 혹은 유포 규율대상은 〈상장된 금융투자상품〉 외에도 모든 금융투자상품을 그 대상으로 하면서도 〈매매〉 외의 거래행태도 포섭대상으로 하고 있다.

예컨대, 비상장주식이 거래되는 시장에서 허위사실 표시(혹은 유포) 규율은 매우 중요하다. 비상장주식의 거래는 향후 상장의 가능성을 두고 일종의 '베팅'을 하는 것이다.

그래서 위와 같은 비상장주식을 사기적 방법으로 동원하여 매각하려는 부정한 의도를 가진 집단들은 그 비상장주식의 미래 투자가치에 대한 오해를 유발하기 위해 각종 허위 사실을 공시나 언론, 인터넷 매체를 통해 퍼뜨리고 싶어한다. 혹은 위와 같은 매매 형식의 거래가 아닐지라도 비상장주식의 담보제공을 통한 대규모 자금 융통 과정에서도 허위사실이 공시나 언론, 인터넷 매체를 통해 퍼뜨려 질 수 있다.

따라서, 허위사실 표시(혹은 유포) 행위를 규율함으로써 일반 투자자를 보호해야한다는 측면에서 볼 때, 그 규율 대상이 〈상장주식〉의 〈매매〉에 국한되는 규제 형식보다는 〈모든 금융투자상품〉의 〈매매 기타행위〉까지 포함되는 규제 형식이 타당하다고 보여진다. 향후 입법으로서 이 부분을 정리하는 것이 좋을 것으로 보여진다.

(2) 회사를 경영하거나 경영에 참여할 의사나 능력이 없음에도 인위적으로 주가를 부양시켜 자신들의 이득을 취하기 위하여 주식을 취득하면서 그 목적을 경영참여로 공시한 행위가 구 증권거래법 제188조의4 제2항 제3호 소정의 허위표시에 해당하는지 여부

구 증권거래법 제188조의4 제2항 제3호의 '중요한 사실'이 무엇인지에 대하여 정의되어 있지 않다. 다만, 구 증권거래법 제188조의4 제4항 제2호의 중요한 사항에 대하여, 대법원은 '중요한 사항'이 당해 법인의 재산·경영에 관하여 중대한 영향을 미치거나 유가증권의 공정거래와 투자자 보호를 위하여 필요한 사항으로서 투자자의 투자판단에 영향을 미칠 수 있는 사항을 의미한다고 정의한 바 있다.[230]

구 증권거래법 제200조의2 제1항 및 동법 시행령 제86조의4 제1항은 일정 지분 이상을 보유하게 된 주식대량보유자에 대하여 보유목적 또는 보유주식의 변동사유를 보고서에 기재하여 금융감독위원회와 한국거래소에 보고하도록 규정하고 있다. 이와 같은 보고의무는 주식투자자들의 판단에 중대한 영향을 미칠 수 있는 정보를 제공하는 데에 본질적인 기능이 있다. 특히 경영권을 유지하려는 기존 주주와 새로이 경영권을 확보하려는 자 사이에 지분경쟁이 촉발될 가능성이 있는 경우, 그러한 대량보유 사실 및 그 목

230 대법원 2009. 7. 9. 선고 2009도1374 판결 등

적은 투자자에게 중대한 판단자료가 되며, 실제로 이와 관련하여 거래량 및 주가가 급등하는 경우가 빈번하게 발생한다. 따라서 이와 같은 사정을 종합적으로 고려할 때, 대량보유(변동)보고서에 기재되는 '보유목적 또는 변동사유'는 구 증권거래법 제188조의4 제2항 제3호에서 정한 '중요한 사실'에 해당한다고 해석함이 타당하다.

그런데 피고인들은 실제로는 (주)남한제지를 경영하거나 경영에 참여할 의사나 능력이 전혀 없음에도 불구하고, 인위적으로 주가를 부양시켜 주식거래를 통한 이득을 취할 목적 하에 (주)남한제지 주식을 대량으로 취득하면서, 그 보유목적을 '경영참여'로 기재하여 공시하였다. 이는 명백히 사실과 다른 내용을 기재한 것으로서, 대량보유보고서에 기재된 보유목적이 투자자의 합리적 의사결정에 중대한 영향을 미칠 수 있는 정보이고, 특히 M&A가 실제로 일어난다면 주가 상승으로 이루어진다는 점을 고려할 때, 중요한 사실에 해당한다고 할 것이므로 이를 구 증권거래법 제188조의4 제2항 제3호의 '중요한 사실'에 관한 허위표시행위로 인정한 법원의 판단은 문제가 없다고 보여진다.[231] 다만, 공시에서 허위기재 부분은 구 증권거래법 제188조의4 제4항 제2호 〈허위문서 이용 오해유발행위〉로 의율하는 것이 일반적인 실무경향이라는 점을 거래행태도 필요가 있다.

2. 차입금을 자기 자금으로 표시하거나, 취득자금 내역기재를 누락하여 공시한 행위가 구 증권거래법 제188조의4 제4항 제2호 <허위문서 이용 오해유발행위>에 해당하는지 여부

가. 법원의 판단

(1) 제1심 법원의 판단

주식대량보유보고서 중 '취득자금 내역'은 당해 법인의 기업경영환경에 중대한 변경

231 구 증권거래법 제188조의4 제2항 제3호의 구성요건에 포섭되므로, 보충적 규정인 구 증권거래법 188조의4 제4항 제2호의 적용여부에 대해서는 별도로 검토하지 않도록 한다.

을 초래하거나, 유가증권의 공정거래와 투자자 보호를 위하여 필요한 사항으로서 투자자의 투자판단에 영향을 미칠 수 있는 사항이라고 보기 어려워 구 증권거래법 제188조의4 제4항 제2호 〈허위문서 이용 오해유발행위〉의 '중요한 사항'에 해당하지 않는다고 판단하였다.[232] 그 구체적인 판단근거는 다음과 같다.

① 주식대량보유보고제도는 유가증권시장에서의 주식매수를 투명하게 하여 일반 투자자가 급격한 가격변동에 따른 불측의 손해를 입지 않도록 하는 한편, 기존 대주주에 대하여 적대적 기업 인수 합병에 대응하도록 도입된 제도로서, 일반 투자자에게는 대량매수행위의 존재 자체, 그 목적, 대량보유자의 장래의 계획 등이 자신의 투자계획을 수립하는 데 있어 중요한 의미를 지닌다고 할 수 있는데, 그와 같은 사정의 공개는 직접적으로는 대량보유 및 변동내용의 보고 자체, 대량보유자 및 그 특별관계자에 관한 사항, 보유목적 또는 변동사유, 보유 또는 변동 주식등의 종류 및 수의 기재에 의하여 확보되는 것이고, 취득에 필요한 자금 또는 교환대상물건의 조성내역은 주식취득의 목적, 장차의 추가취득의 가능성 등을 판단할 수 있는 간접적인 자료에 그치는 것으로 보이는 점,

② 게다가, 주식 투자자의 자금출처가 매우 다양하므로 단순히 자금이 차입금인지, 본인자금인지 여부만으로 주식투자에 중요한 정보를 얻을 수 있다고 보기도 어려운 점,

③ 원칙적으로 투자자는 자신의 위험부담으로 자금을 조달하는 것이므로 따로이 자금 조성 내역을 공개할 의무가 없었는데, 1997. 1. 13. 증권거래법이 개정되어 상장법인 주식의 10% 이상 취득을 금지하는 제도가 폐지되면서 그에 대한 보완책으로 1997. 3. 22. 개정된 증권거래법시행령에 취득에 필요한 자금의 조성내역이 보고사항에 새로 편입되었고, 실제로 일반 투자자의 보호보다는 대주주의 경영권 방어에 보다 큰 의미가 있는 것인 점,

④ 피고인 甲이 취득자금 내역의 기재를 누락한 채 대량보유보고를 거듭하였는데도 금융감독위원회나 증권거래소로부터 그에 대한 어떠한 보정 요구도 받지 아니한 채 그대로 공시가 된 것으로 보이는 점

232 서울중앙지방법원 2005. 7. 8. 선고 2005고합108 판결

(2) 항소심 법원[233] 및 대법원[234]의 판단

항소심은 제1심법원과 달리 주식대량보유보고서 중 '취득자금 내역'은 (주)남한제지의 경영에 관하여 중대한 영향을 미치거나 그 기업환경에 중대한 변경을 초래할 수 있는 사항 또는 유가증권의 공정거래와 투자자 보호를 위하여 필요한 사항으로서 일반투자자의 투자판단에 상당한 영향을 미칠 수 있는 사항에 해당하여 증권거래법 제188조의4 제4항 제2호〈허위문서 이용 오해유발행위〉에 규정하고 있는 유가증권의 매매 기타 거래와 관련한 '중요한 사항'에 해당한다고 판단하였다. 그 구체적인 판단근거는 다음과 같다.

> ① 피고인 甲, 乙은 주식대량보유보고서의 보유목적란의 취득목적을 '경영참여'로 기재하였는바, 특정 법인에 대한 경영권 교체 내지 경영권 다툼의 가능성이 있는 경우에는 경영권 확보를 둘러싼 지분취득 경쟁으로 주가상승이 예상되어 일반 투자자 사이에서도 그 법인의 주식을 취득하려는 투자결정이 많이 이루어질 수 있고, 이 사건에서도 피고인 甲, 乙이 '경영참여'로 취득목적을 공시하고 M&A를 선언함에 따라 실제 (주)남한제지의 주식에 대한 일반 투자자들의 많은 투자가 이루어져 주가가 폭등한 점,
>
> ② '경영참여'로 취득목적을 공시한 사람들의 취득자금이 본인자금인지 차입금인지 여부는 비록 그 정보가 단순한 것에 불과하여도 그 공시 등의 진정성, 추가 주식 취득의 가능성, 경영권 분쟁의 발생이나 M&A의 성공 가능성과 그 후의 투자 적정성 등을 판단하는 기본적이고 중요한 자료가 되는 점,
>
> ③ 실제로 이 사건에서 위 피고인들은 공시 등의 방법으로 시세조종을 하기로 공모한 후 피고인 甲의 경영참여의 공시가 있은 후이고 피고인 乙의 경영참여의 공시가 있기 직전 또는 그 공시가 있은 후에 자신들의 자금능력을 과장함으로써 일반 투자자들의 관심을 끌어 주가를 상승시키는 수단으로 취득자금의 내역을 한 번도 사실대로 밝히지 않은 채 매번 그 기재를 누락하거나 자기자금인 것으로 허위기재를 한 것으로 보이는 점,

233 서울고등법원 2005. 10. 26. 선고 2005노1530 판결

234 대법원 2006. 2. 9. 선고 2005도8652 판결

④ 피고인 甲과 피고인 乙, 피고인 乙과 피고인 己는 (주)남한제지 주식의 시세조종을 공모한 긴밀한 관계에 있고 공모자별로 취득한 주식을 합산하면 그 지분이 증권거래법에 의하여 특별한 규제를 받는 주요주주의 지분 요건을 상회하게 되므로 위 피고인들이 주요주주에 준하는 지위에 있다고 볼 수 있는 점(주요주주에 관한 사항은 증권거래법 제186조 제1항 제13호, 동법 시행령 제83조 제3항 제1호 등에 의하여 '중요한 사항'으로 인정된다, 대법원 2003. 11. 14. 선고 2003도686 판결 참조),

⑤ 취득자금 내역의 기재가 누락된 대량보유보고서가 보정요구 없이 그대로 공시되기도 하였다고 하더라도 법령상 취득에 필요한 자금의 조성내역이 보고서에 기재되어야 하는 사항으로 명백히 정하여져 있는 점(증권거래법 시행령 제86조의4 제1항 제7호)

대법원도 항소심 법원과 동일한 취지로 판단하였다.[235] 그 구체적인 논거는 다음과 같다.

① 피고인 甲은 (주)남한제지 주식을 취득할 당시부터 '경영참여'의 공시 등을 통하여 주가를 상승시킨 후 주식을 매도하여 시세차익을 실현할 의사를 가지고 있었고, 실제로 (주)남한제지 주식 매매를 통하여 상당한 시세차익을 남긴 사실을 인정할 수 있고, 특정 법인에 대한 경영권 교체 내지 경영권 다툼의 가능성이 있는 경우 경영권 확보를 둘러싼 지분취득 경쟁으로 주가상승이 예상되어 일반 투자자 사이에서도 그 법인의 주식을 취득하려는 투자결정이 많이 이루어질 수 있고, 실제로 피고인 甲 등이 주식 대량보유보고서에 '경영참여'를 취득목적을 공시하고 M&A를 선언함에 따라 (주)남한제지의 주식에 대한 일반 투자자들의 투자로 주가가 폭등한 점,

② '경영참여'로 취득목적을 공시한 사람들의 취득자금이 본인자금인지 차입금인지 여부는 그 공시 등의 진정성, 추가 주식 취득의 가능성, 경영권 분쟁의 발생이나 M&A의 성공 가능성과 그 후의 투자 적정성 등을 판단하는 기본적이고 중요한 자료가 되는 점,

235 대법원 2006. 2. 9. 선고 2005도8652 판결

③ 피고인 甲이 주식 대량보유보고를 할 당시 시행되던 구 증권거래법 시행령(2005. 3. 28. 대통령령 제18757호로 개정되기 전의 것)은 제86조의4 제1항 제7호에서 주식 취득에 필요한 자금의 조성내역(차입의 경우 차입처 포함)을 주식 대량보유보고서에 기재할 사항으로 명시하고 있는 점

나. 평석

(1) 구 증권거래법 제188조의4 제2항 제3호의 적용여부[236]

구 증권거래법 제188조의4 제2항 제3호는 유가증권시장 또는 코스닥시장에 있어서의 매매거래를 유인할 목적이 인정되는 경우 중요한 사실에 관한 허위표시행위를 처벌한다고 규정하고 있다. 이에 따라 동 조항을 적용하기 위해서는 허위 공시행위가 단순한 공시의무 위반에 그치는 것이 아니라, 피고인들에게 일반 투자자들로 하여금 실제로 매매에 나서도록 유도하려는 목적을 내포하고 있다는 사실이 인정되어야 한다.

그러나 이 사건에서 피고인들이 차입금을 자기 자금으로 표시하거나, 취득자금 내역기재를 누락하여 공시한 행위는 그 자체만으로 일반 투자자들의 매매행위를 유인하고자 하는 적극적 목적이 인정되기는 어려울 것으로 보인다.

검찰 또한 이와 같은 취지에서 피고인들이 경영참여 의사 없이 주식을 취득하면서 그 목적을 경영참여로 공시한 행위에 대해서는 구 증권거래법 제188조의4 제2항 제3호를 적용하여 공소를 제기하면서, 이와 달리 피고인들이 차입금을 자기 자금으로 표시하거나, 취득자금 내역기재를 누락하여 공시한 행위에 대해서는 보충적 규정인 구 증권거래법 제188조의4 제4항 제2호 〈허위문서 이용 오해유발행위〉로 공소를 제기한 것으로 보인다.

236 구 증권거래법 제188조의4 제2항 제3호 및 188조의4 제4항 제2호의 관계는 앞서 살펴본 바와 같다.

따라서 피고인들이 차입금을 자기 자금으로 표시하거나, 취득자금내역을 누락하여 공시한 행위가 구 증권거래법 제188조의4 제2항 제3호의 적용 요건인 '매매거래 유인 목적'이 명확히 인정되기 어렵다고 평가되므로 위 공시행위들이 구 증권거래법 제188조의4 제4항 제2호 〈허위문서 이용 오해유발행위〉가 적용되는지 여부에 대하여 검토하도록 한다.

(2) 구 증권거래법 제188조의4 제4항 제2호 〈허위문서 이용 오해유발행위〉의 적용여부

(가) 구 증권거래법 제188조의4 제4항 제2호 <허위문서 이용 오해유발행위>의 "중요한 사항"에 해당하는지 여부

구 증권거래법 제188조의4 제4항 제2호 〈허위문서 이용 오해유발행위〉에서는 "중요한 사항에 관하여 허위의 표시를 하거나 필요한 사실의 표시가 누락된 문서를 이용하여 타인에게 오해를 유발하게 함으로써 금전 기타 재산상의 이익을 얻고자 하는 행위"를 금지하였는데, 현행 자본시장법 제178조 제1항 제2호 〈중요사항 거짓문서 이용행위〉에서는 "중요한 사항에 관하여 거짓의 기재 또는 표시를 하거나 타인에게 오해를 유발시키지 아니하기 위하여 필요한 주요사항의 기재 또는 표시가 누락된 문서, 그 밖의 기재 또는 표시를 사용하여 금전, 그 밖의 재산상의 이익을 얻고자 하는 행위"를 금지함으로써 법조문이 다소 변경되었다.

구 증권거래법 제188조의4 제4항 제2호 〈허위문서 이용 오해유발행위〉에는 '중요한 사항'이 무엇인지에 대하여 정의되어 있지 않으나, 대법원은 '중요한 사항'이 당해 법인의 재산·경영에 관하여 중대한 영향을 미치거나 유가증권의 공정거래와 투자자 보호를 위하여 필요한 사항으로서 투자자의 투자판단에 영향을 미칠 수 있는 사항을 의미한다고 정의하였다.[237]

---

237 대법원 2009. 7. 9. 선고 2009도1374 판결

이와 관련하여 대법원은 '주식등의 대량보유보고서'를 제출하면서 인수자금이 차입금임에도 자기자금으로 기재하고, 실제 단독으로 주식을 취득한 것임에도 불구하고 다른 사람들의 명의를 빌려 주식취득자를 허위로 기재한 것이 문제된 사안에서 최대 주주 및 인수자금의 출처는 최대주주 또는 주요주주에 관한 사항으로 일반투자자의 투자판단에 영향을 미칠 수 있는 '중요한 사항'에 해당한다고 판시한 바 있다.[238]

피고인들은 취득목적을 경영참여로 기재한 '주식등의 대량보유보고서'를 수 차례 제출하면서, 취득자금내역 기재와 관련하여 차입금임에도 자기 자금으로 표시하거나, 취득자금 기재를 누락하였다. 경영권 참여 목적 투자자의 자금 출처가 본인 자금인지 여부는 실제로 M&A의 실현 가능성에 중요한 영향을 미치는 정보로[239], 일반 투자자가 투자 여부를 결정하는 중요한 요소로 작용한다. 따라서 일반 투자자 보호의 관점에서 주식대량보유공시에 자금의 출처를 누락하거나 타인 자금임에도 본인 자금이라고 허위로 기재한 행위는 증권거래법 제188조의4 제4항 제2호 〈허위문서 이용 오해유발행위〉의 '중요한 사항'에 해당한다고 할 것이다. 따라서 이 부분 항소심 법원과 대법원의 결론은 타당하다고 여겨진다.

(나) '허위표시 문서'와 '필요한 사실의 표시가 누락된 문서'에 해당하는지 여부

이 사건 법원은 피고인들이 대량보유보고서상 취득자금 내역에 '자기자금'이라고 기재한 행위와, 아예 해당 항목의 기재 자체를 누락한 행위를 명확히 구분하지 않고 포괄적으로 허위의 표시가 되거나 필요한 사실의 표시가 누락된 문서를 이용하였다고 판단하였다.

---

238 대법원 2003. 11. 14. 선고 2003도686 판결

239 일반적으로 경영권 취득을 목적으로 주식을 매수하는 자의 자금 출처가 차입금인 경우에는 해당 주식매수자의 자금조달능력에 대한 의문이 들어 인수가능성을 낮게 판단하여 주가가 상승할 여지가 낮은 반면에 경영권 취득 목적 주식매수자의 취득자금이 자기자금인 경우에는 추가적인 자금조달 가능성이 있다고 판단하여 주가의 상승으로 이어질 가능성이 높다.

그러나, 구 증권거래법 제188조의4 제4항 제2호 〈허위문서 이용 오해유발행위〉는 '사실관계를 허위로 표시한 행위'와 '필요한 사실의 표시가 누락한 행위'를 구별하여 규정하고 있으므로, 개별적으로 검토할 필요가 있다.

차입금을 자기자금으로 기재하여 공시한 행위는 사실관계를 허위로 기재한 것으로서, 투자자에게 자금조달의 신뢰성을 오인하게 할 수 있는 명백한 허위표시 행위에 해당한다. 따라서 이는 구 증권거래법 제188조의4 제4항 제2호 〈허위문서 이용 오해유발행위〉에서 정한 "허위의 표시가 있는 문서"를 이용한 행위에 해당한다.

한편, 취득자금 내역의 기재를 누락하여 공시한 행위와 관련하여, 비록 과거에는 원칙적으로 투자자는 자신의 위험부담으로 자금을 조달하는 것으로 보아 자금조달 내역의 공시의무가 명문으로 규정되지 않았으나, 1997. 1. 13. 증권거래법이 개정되어 상장법인 주식의 10% 이상 취득을 금지하는 제도가 폐지되면서 그에 대한 보완책으로 1997. 3. 22. 개정된 증권거래법시행령에 취득에 필요한 자금의 조성내역이 보고사항에 새로 편입되면서 '자금의 조성내역'이 대량보유보고의 보고사항으로 명시되었다. 이에 따라, 자금조성 내역의 기재는 법령상 요구되는 보고사항이며, 이를 누락한 경우는 법령에서 요구한 중요한 사실의 표시를 결여한 문서의 제출로 평가된다. 따라서 이는 구 증권거래법 제188조의4 제4항 제2호 〈허위문서 이용 오해유발행위〉의 '필요한 사실의 표시가 누락된 문서'를 이용한 행위에 해당한다고 할 것이다.

즉, 피고인들이 차입금을 자기자금으로 표시한 행위는 구 증권거래법 제188조의4 제4항 제2호 〈허위문서 이용 오해유발행위〉의 '허위의 표시'에 해당하고, 취득자금내역의 기재를 누락한 행위는 구 증권거래법 제188조의4 제4항 제2호 〈허위문서 이용 오해유발행위〉의 '필요한 사실의 표시 누락'에 해당한다고 구별하여 판단하는 것이 좀 더 명확한 법 적용에 해당한다고 할 것임에도, 이 사건 법원은 이를 구별하지 않고 포괄적으로 판단한 것으로 보인다.

3. 실제 M&A를 실행할 의사나 능력없이 경영권 분쟁이 있는 것처럼 인터넷에 게시한 행위가 구 증권거래법 제188조의4 제4항 제1호 <허위사실 유포 행위>에 해당하는지 여부

가. 법원의 판단

제1심법원은 피고인 乙이 (주)남한제지의 경영권을 확보하거나, (주)남한제지의 주식을 인수하여 직접 경영할 능력이나 의사가 있었다고 할 수 없음에도, 마치 경영권을 확보하려는 것과 같은 태도를 보여 일반투자자들로 하여금 경영권 확보를 위한 지분경쟁이 발생한 것으로 오인하게 하고 이를 통해 피고인이 부당한 이득을 취득할 목적이 있었으므로, 부당한 이득을 취득할 목적으로 고의로 허위의 사실을 유포하거나 위계를 사용한 행위에 해당한다고 판시하였다.[240] 그 구체적인 판단근거는 다음과 같다.

> 먼저, 피고인 甲 등에게 남한제지의 경영권을 확보하거나, 남한제지의 주식을 인수하여 직접 경영할 능력이나 의사가 있었는지에 관하여 보건대
>
> ① 甲과 乙의 최고지분율을 보면 甲이 6.94%, 乙이 7.01%를 취득하는 데 그쳤는데, 甲은 주로 차입금으로 주식을 매수하였고, 乙의 계좌는 甲 등이 일부씩 투자하여 조성한 '甲 펀드'를 자금으로 하고 있고, 위 펀드 구성원들에게 달리 큰 자금을 조달할 능력이 있다고 보기 어려워 최대주주가 보유한 42.01%보다 많은 지분을 확보한다는 것은 사실상 불가능하다고 보일 뿐 아니라, 본격적으로 지분경쟁이 있게 되면 최대주주로서는 불과 8%의 주식을 추가 매수함으로써 경영권을 손쉽게 방어할 수 있는 점,
>
> ② 설령 소액주주를 연합한다고 하더라도, 소액주주 중 최대주주에 우호적인 사람이나 경영에 전혀 관심이 없는 사람을 제외하면 피고인들을 지지할 사람은 한정적이라고 할 수 있을 뿐 아니라 그러한 우호적인 소액주주들을 규합하는 것조차 쉽지 않을 것으로 보이는 점,

240 이에 대해서 피고인이 항소하지 않아 항소심과 대법원에서는 별도의 쟁점이 되지 않았다.

③ 乙이나 甲이 소액주주를 규합하기 위하여 한 행위로는 甲이 대량보유(변동)보고를 하면서 보고서에 소액주주 규합을 호소한 것, 乙이 인터넷 게시판에 소액주주연합회를 결성하겠다고 공언하고 소액주주 등록을 요청한 것이 있을 뿐인데, 위와 같은 행위는 일정 수의 주식을 매수하면 할 수 있는 수단에 기대고 있거나, 누구든지 이용할 수 있는 인터넷 게시판을 이용하여 자신들의 의사를 표명한 것에 불과할 뿐 구체적이고도 실효적인 수단이라고 보기 어려워 과연 乙이나 甲 등이 진정으로 소액주주를 규합할 의사가 있었는지조차 의심스러운 점,

④ 乙에게 생수사업과 신문사 지국 등을 운영한 경험이 있다고는 하나, 이는 중견기업인 (주)남한제지와 같은 규모의 회사에 비할 수 없을뿐더러, 그 업종이 판이하게 달라 위와 같은 경험이 (주)남한제지 경영에 큰 도움이 될 것으로 보이지는 않는 점 등에 비추어 보면, 피고인 甲 등 '甲 펀드'의 구성원들에게 남한제지의 경영권을 확보하거나, 남한제지의 주식을 인수하여 직접 경영할 능력이나 의사가 있었다고 할 수 없다.

다음으로, 피고인 甲에게 부당한 이득을 얻기 위한 목적이 있었는지에 관하여 보건대, 위 피고인 甲에 대한 판단 부분에서 본 바와 같이 부당한 이득의 도모 여부는 그 행위자의 지위, 발행회사의 경영상태와 그 주가의 동향, 그 행위 전후의 제반 사정 등을 종합적으로 고려하여 객관적인 기준에 의하여 판단하여야 하고, 위와 같은 증권거래법의 목적과 위 규정의 입법취지 등에 비추어 위 부당한 이득에는 유가증권의 처분으로 인한 경제적 이익이 포함된다고 할 것이며, 이 때 합리적인 투자자로 하여금 그릇된 판단 아래 투자를 하도록 유인하여 유가증권시장의 자유경쟁 질서를 훼손하는 경우에는 부당한 이득을 얻을 목적이 있다고 할 것인바, 피고인이 위에서 본 바와 같이 남한제지의 경영권을 확보할 의사나 능력이 없음에도 불구하고, 마치 경영권을 확보하려는 것과 같은 태도를 보여 일반투자자들로 하여금 경영권 확보를 위한 지분경쟁이 발생한 것으로 오인하게 하였음이 분명하므로 피고인에게 부당한 이득을 취득할 목적이 있었다고 할 것이다.

나. 평석

(1) 〈허위사실 유포행위〉와 〈풍문 유포행위〉의 관계

이 부분에 대한 설명은 〈3번_탄소나노튜브(CNT) 사건〉을 참조하면 된다.

(2) 〈허위사실 유포행위〉와 〈위계 이용행위〉의 관계

우선, 구 증권거래법 제188조의4 제4항 제1호 〈허위사실 유포행위〉에서 규정하는 "허위사실 유포"와 구 증권거래법 제188조의4 제4항 제1호 〈위계 이용행위〉의 "위계" 개념을 구성요건이 비슷한 형법상 신용훼손죄의 판례에서 나타난 법리에 비추어 검토하면 다음과 같다.[241]

"허위사실 유포"란 객관적으로 진실과 부합하지 않는 과거 또는 현재의 사실을 불특정 또는 다수인에게 전파하는 행위를 의미한다. "위계"란 행위자가 자신의 목적을 달성하기 위해 상대방에게 오인·착각·부지를 일으키게 하는 기망 행위를 뜻하며, 반드시 불특정 또는 다수인을 대상으로 할 것을 요하지 않는다. 즉, 불특정 다수인에게 기망 행위를 하는 경우뿐만 아니라 특정인을 대상으로 하는 경우 모두 "위계"에 포함된다고 해석할 수 있다.

즉, 법문언상 "허위사실 유포"는 "위계"의 구체적인 한 유형으로 볼 수 있다. 따라서, 불특정 다수인을 대상으로 허위사실을 전파하는 행위는 "허위사실 유포"와 "위계" 모두에 해당할 수 있다. 반면, 특정인을 대상으로 한 기망행위는 "허위사실 유포"에는 해당하지 않지만 "위계"에 해당한다고 해석할 수 있다.

참고판례 - 대법원 2006. 12. 7. 선고 2006도3400 판결

'허위사실의 유포'라 함은 객관적으로 보아 진실과 부합하지 않는 과거 또는 현재의 사실을 불특정 또는 다수인에게 전파시키는 것을 말하고, '위계'라 함은 행위자의 행위목적을 달성하기 위하여 상대방에게 오인·착각 또는 부지를 일으키게 하여 이를 이용하는 것을 말한다.

기록에 의하면, 피고인은 조흥은행 본점 앞으로 '피해자 공소외 1이 대출금 이자를 연체하여 위 은행의 수락지점장인 공소외 2가 3,000만 원의 연체이자를 대납하였다'는 등의 내용을 기재한 편지를 보낸 사실, 그러나 실제로는 공소외 2가 위 연체

241 (대법원 2006. 12. 7. 선고 2006도3400 판결 참고)

이자를 대납한 적이 없는 사실을 인정할 수 있고, 피고인은 위 내용이 허위라는 점에 대하여 미필적으로나마 인식하고 있었던 것으로 보이는바, 위 인정 사실에 의하면 피고인이 위 편지를 조흥은행 본점에 송부한 행위가 그 내용을 불특정 또는 다수인에게 전파시킨 경우에 해당한다고 보기는 어려우나, 그로써 조흥은행의 오인 또는 착각 등을 일으켜 위계로써 피해자의 신용을 훼손한 경우에는 해당한다.

한편, 일반적으로 형법상 위계란 "타인의 부지 또는 착오를 이용하는 일체의 행위"를 말하고 기망뿐만 아니라 유혹의 경우도 포함하는데, 대법원은 구 증권거래법 제188조의4 제4항 제1호 〈위계 이용행위〉의 "위계란 상대방이나 불특정 투자자를 기망하여 일정한 행위를 유인할 목적의 수단, 계획, 기교 등을 말하는 것이고, 기망이라 함은 객관적 사실과 다른 내용의 허위사실을 내세우는 등의 방법으로 타인을 속이는 것을 의미한다."라고 판시하였다.[242]

(3) 소결

이 사건에서 피고인 乙은 (주)남한제지의 경영권을 실질적으로 확보할 능력이나 의사가 없음에도 불구하고, 인터넷 게시판을 통해 소액주주연합회 결성을 공언하는 등 외형상 경영권 확보를 위한 움직임이 있는 것처럼 가장하였다. 그러나 피고인들이 (주)남한제지의 최대주주가 보유한 지분을 능가할 자금력이나 실제 경영 능력을 보유하고 있었다고 평가하기는 어렵고, 다른 소액주주들의 도움을 받는다는 계획 또한 구체적이고 실효적인 M&A 수단으로 보기 어려운 점에 비추어, 실제 피고인들의 경영권 확보 시도는 현실성이 결여된 것으로 보인다. 그럼에도 불구하고 피고인 乙은 자신의 경제적 이익을 도모하기 위해, 불특정 다수가 접근 가능한 온라인 게시판에 (주)남한제지의 경영참

242 대법원 2010. 12. 9. 선고 2009도6411 판결 등

여 선언 등을 하며 허위 사실을 유포하였으므로, 이를 구 증권거래법 제188조의4 제4항 제1호 〈허위사실 유포행위〉로 인정할 수 있다.

또한, 경영권을 실질적으로 확보할 능력이나 의사가 없음에도 불구하고, 피고인 乙은 부당한 이득을 취할 목적으로 투자자들로 하여금 (주)남한제지에 경영권 분쟁이 실제로 존재하는 것으로 오인하게 하기 위하여 인터넷 게시글을 작성하는 적극적인 기망행위를 통하여 자본시장 질서를 교란하고 투자자 보호의 원칙을 심각하게 침해하였으므로 구 증권거래법 제188조의4 제4항 제1호 〈위계 이용행위〉에도 해당한다고 할 것이다. 다만, 불특정 다수인을 상대로 허위사실을 유포한다는 관점에서 볼 때 구 증권거래법 제188조의4 제4항 제1호 〈허위사실 유포행위〉는 구 증권거래법 제188조의4 제4항 제1호 〈위계 이용행위〉에 대하여 특별법적인 지위에 있다고 보여지기 때문에 구 증권거래법 제188조의4 제4항 제1호 〈허위사실 유포행위〉가 성립한다고 보는 것이 자연스럽다.

따라서, 실제 경영권을 확보할 능력과 의사가 없음에도 자신의 부당한 이득을 취득할 목적으로 허위의 인터넷 게시글을 작성한 행위에 대하여 구 증권거래법 제188조의4 제4항 제1호 〈허위사실 유포행위〉에 해당한다고 판단한 법원의 판결이 타당하다고 보여진다.

15

허위 재무제표 공시 사건

Ⅰ. 사건의 진행 경과

일시	행위
배경사실	- A사는 아래와 같이 1996년 이후 수년간에 걸친 반도체업계의 공급과잉과 반도체가격 하락으로 인하여 사업환경이 악화됨. - 1996년부터 시작한 국내외 반도체 공장 증설 등 대규모 프로젝트를 외부차입에 의존하였고 사업다각화 차원에서 유선방송사업 등에 진출하기 위하여 사업목적 외 분야에 무리한 투자를 하는 등 방만하게 운영함. - 1997년 12월 외환위기 이후 차입금에 대한 금융비용 부담이 더욱더 가중되는 등 수익성이 크게 악화되어 1997년 이후 매년 경상손실, 당기순손실 상태로 영업활동을 통해서는 차입금을 상환할 수 없어 부족한 현금은 외부차입을 통해 조달하였으나 손실이 계속하여 발생하여 이자비용은 커녕 판매비, 일반관리비도 감당하지 못하는 등 경영상태 및 재무구조가 부실화됨. - 1998년부터 만기가 도래하는 장단기 차입금 상환, 기간연장 및 운영자금 등에 소요될 약 10조 원 이상 자금을 조달하여야 하고 1998년 12월 주채권은행인 C은행 등 모그룹 계열 채권단과의 재무구조개선약정에 의하여 부실 계열사 정리, 계열사간 채무보증 해소, 약정된 부채비율 등을 준수하지 못하면 신규여신 중단, 기 취급여신 회수 등 금융상 제재조치를 당하여 퇴출기업에 포함될 수밖에 없는 위기상황에서 실제 경영상태 및 재무구조가 그대로 공시될 경우 신용평가기관의 평가등급 하향 조정 등으로 인하여 자금조달이 어려워 질 뿐 아니라 퇴출될 수도 있는 위기상황이 발생함.

1996.경	- 피고인 甲은 A사 대표이사(1996. 9.부터 2000. 2.까지)로, 피고인 乙은 A사 부사장(1996. 9. 2.부터 2001. 2. 28.까지)으로 각 재임함.
1997.경 ~ 1999.경	- 피고인들은 A사 제50기(1997. 1. 1. ~ 1997. 12. 31.), 제51기(1998. 1. 1. ~ 1998. 12. 31.), 제52기(1999. 1. 1. ~ 1999. 12. 31.)의 재무제표를 허위로 작성, 공시함. - 수익의 과대계상, 비용의 과소계상과 건설가계정의 과대계상 등 방법으로 실제 당기순손실이 나는 상태를 그 손실규모를 대폭 축소하거나 당기순이익이 나는 것으로 반전시키고 부채비율, 유동비율을 조정한 각 재무제표를 허위로 작성함.
1998. 2. 17.	- 피고인들은 丙 등과 공모하여, A사 서울사무소에서 2,000억 원대 규모로 유상증자하기로 결정함. - B사를 주간사로 하여 유상증자를 추진하기로 함에 있어 증권감독위원회에 A사의 재무상황 등이 기재된 "A사 대표이사 甲" 명의의 유가증권신고서를 제출하고 증권감독위원회, 증권거래소, 증권사 본·지점 등에 같은 내용의 유가증권신고서 및 사업설명서를 비치하여 위와 같이 허위로 작성된 1997회계연도 연간 재무제표가 진실한 것처럼 기재하는 등 유가증권발행 신고서의 중요한 사항을 허위로 작성함.
1998. 6.경 ~ 1999. 12.경	- 피고인들은 C은행 △△지점에서, 보통주 15,037,594주를 1주당 11,500원에 공모청약을 받는 등 합계 172,932,331,000원을 청약대금으로 납입받은 것을 비롯하여 1998.6.경부터 1999년 12월경까지 총 4회에 걸쳐 합계 4,330,502,736,300원을 청약대금으로 각 납입받음.

II. 관련 조문

1. 구 증권거래법 제188조의4(시세조종등 불공정거래의 금지)

구 증권거래법 제188조의4(시세조종등 불공정거래의 금지)

④ 누구든지 유가증권의 매매 기타 거래와 관련하여 다음 각호의 1에 해당하는 행위를 하지 못한다.

2. 중요한 사항에 관하여 허위의 표시를 하거나 필요한 사실의 표시가 누락된 문서를 이용하여 타인에게 오해를 유발하게 함으로써 금전 기타 재산상의 이익을 얻고자 하는 행위

구 증권거래법 제8조 (모집 또는 매출의 신고)

① 총리령이 정하는 바에 따라 산정된 유가증권의 모집가액 또는 매출가액의 총액이 총리령이 정하는 금액 이상인 경우 그 유가증권의 모집 또는 매출은 발행인이 당해 유가증권에 관하여 신고서를 금융위원회에 제출하여 수리되지 아니하면 이를 할 수 없다. 다만, 총리령이 정하는 바에 따라 발행인이 발행예정기간을 정하여 그 기간동안 모집 또는 매출할 예정인 유가증권에 관하여 금융위원회에 일괄하여 신고서(이하 "일괄신고서"라 한다)를 제출하여 수리된 경우에는 그 기간내에 모집 또는 매출하는 당해 유가증권에 관한 신고서를 따로 제출하지 아니할 수 있다. <개정 1991.12.31., 1997.1.13., 1998.1.8., 1998.5.25., 2001.3.28., 2008.2.29.>

구 증권거래법 시행규칙 제2조의2 (유가증권신고서의 기재사항 및 첨부서류)

① 법 제8조 제1항 본문의 규정에 의한 신고서는 다음 각호의 구분에 따라 작성하여야 한다.

② 제1항의 규정에 의한 신고서에는 금융감독위원회가 정하는 바에 따라 다음 각호의 사항을 기재하여야 한다.

2. 발행인에 관한 사항

다. 재무에 관한 사항(설립중인 법인의 경우를 제외한다)

이 사건에서 문제된 행위는 자본시장법이 시행된 2009. 2. 4. 이전에 이루어졌으므로, 이 사건은 구 증권거래법이 적용되었다.

III. 쟁점

A사의 경영진이었던 피고인들이 점차 회사의 재정상태가 악화되는 상황에서 금융기관으로부터 거액의 대출을 받기 위해 1997회계연도 연간 재무제표를 허위로 조작한 것이 이 사건의 발단이었다. 이들은 재무제표를 허위로 조작 및 공시한 뒤 재정상태가 건전한 것처럼 금융기관을 기망하여 거액의 대출을 받은 행위, 회장의 비자금 조성 목적에서 회사 돈을 횡령한 행위, 관계사에 대한 부당자금 지원에 따른 배임 행위 등으로 기소되었고 법원은 위 혐의들을 전부 유죄로 인정하였다.

이 뿐만 아니라 피고인들은 1998년 2. 17. 2,000억 원대 규모로 유상증자를 하기로 결정하고 위와 같이 조작된 허위의 재무제표[243]를 공시한 뒤 1998. 6.경부터 유상증자를

243 피고인들은 수익의 과대계상, 비용의 과소계상과 건설가계정의 과대계상 등 방법으로 실제 당기순손실이 나는 상태를 그 손실규모를 대폭 축소하거나 당기순이익이 나는 것으로 반전시키고 부채비율, 유동비율을 조정하는 등의 방법으로 A사 제50기(1997. 1. 1. ~ 1997. 12. 31.), 제51기(1998. 1. 1. ~ 1998. 12. 31.), 제52기(1999. 1. 1. ~ 1999. 12. 31.)의 재무제표를 허위로 작성한 뒤 이를 공시하였다.

실시하고 청약대금을 납입받았는바,[244] 검찰은 이를 구 증권거래법 제188조의4 제4항 2호 〈허위문서 이용 오해유발행위〉로 보아 위 사기 대출 등 혐의와 함께 기소하였으며, 법원에서는 증권거래법 위반 혐의에 대해서도 유죄인정하였다.

이 사건에서 피고인들은 분식회계 및 재무제표 조작 행위를 통한 사기 대출 행위 비자금 조성 목적 횡령행위 자체에 대하여 범의가 없었다고 다투거나, 그 외 기소된 별죄(분식회계를 이용한 사기대출, 비자금 조성 목적 횡령, A사에서 관리하던 J뮤직 등 회사에 대한 부당자금지원에 의한 배임 등)에 대하여 다투었을 뿐, 위 사실관계에 적시한 유상증자 과정에서의 허위 재무제표 제출 및 이에 따른 허위 유가증권발행신고서 작성 행위에 대해서 적극적으로 다투었는지는 확인되지 않는다. 그리고 법원도 피고인들의 구 증권거래법 위반의 점에 대해 유죄로 인정하면서도 그 이유나 구체적인 논리에 관하여서는 자세히 설시하지는 아니하였다.

일반적으로 재무제표가 투자 판단에 있어 가장 기초적이고 중요한 문서라는 데에는 이론의 여지가 없다. 이에 이 사건 판결에서도 법원은 피고인들의 구 증권거래법 위반 혐의를 인정하는데 있어 별도의 자세한 설명 없이 〈허위문서 이용 오해유발행위〉에 해당한다고 보고 일응 쉽게 유죄로 인정했던 것으로 보인다.

이처럼 유가증권신고서에 기재되는 재무제표의 내용에 허위사실을 기재하는 것이 구 증권거래법 제188조의4 제4항 2호 〈허위문서 이용 오해유발행위〉에 해당하는지 여부가 이 사건에서 주된 쟁점으로 다투어지지는 아니하였으나, 여기서는 이 사건 피고인들과 같이 유가증권발행 신고서에 허위 작성된 재무제표를 기재하고 제출한 행위가 일반적으로 위 구 증권거래법 제188조의4 제4항 2호 〈허위문서 이용 오해유발행위〉의 구성요건을 충족하는지, 허위 재무제표의 작성 행위와 오해유발이라는 결과 사이에 인

244 피고인들은 1998. 6.경부터 보통주 15,037,594주를 1주당 11,500원에 공모청약을 받아 172,932,331,000원을 청약대금으로 납입받은 것을 비롯하여 1999년 12월경까지 총 4회에 걸쳐 합계 4,330,502,736,300원을 청약대금으로 납입받았다.

과관계까지 필요로 하는지 여부 등에 대하여 유사 판례에서는 어떻게 판단하였는지 분석하여 들여다보고자 한다.

IV. 쟁점에 대한 평석

1. 유가증권신고서 제출시 필수적 기재사항

구 증권거래법에 의하면 유가증권을 발행할 때에는 금융위원회에 유가증권신고서를 제출하여야 하고, 구 증권거래법 시행규칙 제2조의2에 의하면 위 신고서에는 유가증권 발행인의 재무에 관한 사항이 기재되어야 한다. 통상 실무적으로는 유가증권신고서에 위 재무에 관한 사항을 직접 기재하기 보다는 재무제표를 첨부하는 방법으로 위와 같은 기재를 대체하는 방식으로 진행된다. 현행 자본시장법에서도 마찬가지이다.

2. 법원의 판단

1심[245]은 피고인들에 대한 구 증권거래법 제188조의4 제4항 제2호 〈허위문서 이용 오해유발행위〉 혐의에 대하여 유죄 인정하고, 이를 다른 범죄(사기, 횡령 등)와 경합범으로 의율하였고, 항소심[246]에서는 피고인들이 위 구 증권거래법 위반 부분에 관하여 항소하지 않았는지 따로이 판단하지도 않았다. 그리고 이는 대법원[247]에서 그대로 확정되었다. 아래는 1심에서 인정한 범죄사실이다.

245 서울중앙지방법원 2005. 4. 28. 선고 2005고합65 판결

246 서울고등법원 2006. 11. 30. 선고 2005노946 판결

247 대법원 2007. 11. 30. 선고 2006도8947 판결

피고인들은 1998. 2. 17. 서울 K구 Y동 소재 A사 서울사무소에서 2,000억 원대 규모로 유상증자하기로 결정하고, P증권사를 주간사로 하여 유상증자를 추진하기로 함에 있어 증권감독위원회에 A사의 재무상황 등이 기재된 "A사 대표이사 甲" 명의의 유가증권신고서를 제출하고 증권감독위원회, 증권거래소, 증권사 본·지점 등에 같은 내용의 유가증권신고서 및 사업설명서를 비치하여 위 가항 기재와 같이 허위로 작성된 1997회계연도 연간 재무제표가 진실한 것처럼 기재하는 등 유가증권발행 신고서의 중요한 사항을 허위로 작성하여,

1998년 6월경 서울 K구 Y동 소재 C은행 Y동지점에서, 보통주 15,037,594주를 1주당 11,500원에 공모청약을 받는 등 합계 172,932,331,000원을 청약대금으로 납입받은 것을 비롯하여 별지 4[유가증권 발행내역]기재와 같이 그 시경부터 1999년 12월경까지 총 4회에 걸쳐 합계 4,330,502,736,300원을 청약대금으로 각 납입받는 등 재산상 이익을 얻고자 유가증권의 매매 기타 거래와 관련하여 투자자의 판단에 영향을 미칠 중요한 사항에 관하여 허위의 표시를 하거나 필요한 사실의 표시가 누락된 문서를 이용하여 타인에게 오해를 유발하게 하였다.

3. 평석

가. 관련 판례

재산상 이익을 얻고자 유가증권의 매매에 관하여 부실 또는 허위 재무제표를 공시한 경우 법원은 일관하여 이를 구 증권거래법 제188조의4 제4항 2호 〈허위문서 이용 오해유발행위〉로 보았고, 이 같은 태도는 구 증권거래법이 자본시장법으로 개정된 이후로도 일관되게 유지되어 왔다. 이를 구체적으로 살펴보면 아래와 같다.

참고판례 - 대법원 2001. 1. 19. 선고 2000도4444 판결

피고인이 분식결산의 방법으로 작성된 허위의 대차대조표나 손익계산서 등 재무제표에 기초하여 공소외 회사의 재무에 관하여 허위의 사항을 기재한 사업보고서 등을 증권거래위원회나 증권거래소에 제출하고, 또 회사의 유통단지 건설사업 등 불확실한 사업전망을 마치 그러한 계획이 확정되었거나 곧 공사에 착수할 것처럼

공표하고 그 내용을 신문보도나 회사설명회 등에서의 유인물을 통하여 다시 홍보하여 회사의 주가가 상승하자 피고인이 지배하는 주식을 매도하여 상당한 경제적 이득을 얻었을 뿐만 아니라, 특히 위와 같은 허위 사실의 유포 등에 앞서 미리 사모전환사채를 인수하는 방법으로 주식의 매도에 대비하였다가 주식을 매도한 후에 위 전환사채를 주식으로 전환하여 피고인의 지분율을 유지한 점에 비추어 보면, 피고인이 유가증권의 매매 등과 관련하여 부당한 이득을 얻기 위하여 허위의 사실을 유포하고, 중요한 사항에 관하여 허위의 표시를 한 문서를 이용하여 타인에게 오해를 유발함으로써 재산상의 이익을 얻었다고 할 것이다.

참고판례 - 대법원 2015. 1. 15. 선고 2014도9691 판결

당해 법인의 재산·경영에 중대한 영향을 미치거나 유가증권의 공정거래와 투자자 보호를 위하여 필요한 사항으로서 투자자의 투자 판단에 영향을 미칠 수 있는 중요한 사항에 관하여 허위 또는 부실 표시된 재무제표를 금융감독원 전자공시시스템에 공시한 상태에서 이를 단순히 시정하지 아니하고 방치하는 데 그치는 것이 아니라, 구체적인 상황에서 그 문서가 투자자의 투자 판단에 영향을 미칠 수 있는 사항에 관하여 오해를 유발할 수 있음을 알면서도 이를 금전 기타 재산상의 이익을 얻는 기회로 삼기 위하여 적극적으로 활용하는 행위는 구 증권거래법(2007. 8. 3. 법률 제8635호로 공포되어 2009. 2. 4. 시행된 「금융투자업에 관한 법률」에 의하여 폐지되기 전의 것. 이하 '구 증권거래법'이라 한다) 제188조의4 제4항 제2호에서 정한 '문서의 이용행위'에 포함된다(대법원 2009. 7. 9. 선고 2009도1374 판결 등 참조).

한편 구 증권거래법 제188조의4 제4항 제2호의 문언 해석상 일단 '타인에게 오해를 유발하게 함으로써 금전 기타 재산상의 이익을 얻고자' 중요한 사항에 관한 허위·부실 표시 문서를 이용한 이상 그로써 바로 위 조항 위반죄가 성립하는 것이고, 문서 이용행위로 인하여 실제로 '타인에게 오해를 유발'하거나 '금전 기타 재산상의 이익을 얻을 것'을 요하지 아니한다. 따라서 허위·부실 표시 문서의 이용행위와 타인의 오해 사이의 인과관계 여부는 위 죄의 성립에 아무런 영향을 미치지 아니한다(대법원 2006. 4. 14. 선고 2003도6759 판결 등 참조).

참고판례 - 대법원 2016. 8. 29. 선고 2016도6297 판결

중요사항에 관하여 허위 또는 부실 표시된 재무제표가 구체적인 상황에서 투자자의 투자 판단에 영향을 미칠 수 있는 사항에 관하여 오해를 유발할 수 있음을 알면서도, 이를 금전, 그 밖의 재산상의 이익을 얻는 기회로 삼기 위하여 적극적으로 활용하는 행위는 자본시장법 제178조 제1항 제2호에서 정한 '문서의 사용행위'에 포함된다. 한편 자본시장법 제178조 제1항 제2호의 문언 해석상 일단 타인에게 오해를 유발하게 함으로써 금전, 그 밖의 재산상의 이익을 얻고자 중요사항에 관하여 거짓의 기재 또는 표시를 한 문서를 사용한 이상 이로써 바로 위 조항 위반죄가 성립하고, 문서의 사용행위로 인하여 실제로 타인에게 오해를 유발하거나 금전, 그 밖의 재산상의 이익을 얻을 필요는 없다. 따라서 거짓의 기재 또는 표시를 한 문서의 사용행위와 타인의 오해 사이의 인과관계 유무는 위 조항 위반죄의 성립에 영향을 미치지 아니한다(대법원 2006. 4. 14. 선고 2003도6759 판결, 대법원 2015. 1. 15. 선고 2014도9691 판결 등 참조).

(가) ① 공소외 1 주식회사(이하 '공소외 1 회사'라 한다)의 대표이사인 피고인 1이 알사(ALSA) 관련 허위매출을 공소외 1 회사의 재무제표에 기재한 것에서 나아가, 이 사건 유상증자를 실시하면서 위와 같은 허위매출이 기재된 재무제표를 포함한 증권신고서, 투자설명서 등을 제출, 공시한 것은 금융투자상품의 매매와 관련성이 있고, ② 공소외 1 회사는 알사 관련 허위매출을 제외하면 2009년 누적 매출액이 30억 원에 미달하여 코스닥 상장규정에 따라 2010년에 이미 관리종목으로 지정되고 주식의 매매거래가 정지될 우려가 있었으므로, 관리종목의 지정과 직접적인 관련이 있는 공소외 1 회사의 2009년 매출액은 투자자 보호를 위하여 필요한 사항으로서 투자자의 투자판단에 영향을 미칠 수 있는 사항, 즉 '중요사항'에 해당하며,

③ 이 사건 유상증자를 하기 위하여 위와 같은 허위매출이 기재된 재무제표를 포함한 증권신고서, 투자설명서 등을 제출, 공시한 것은 위 문서가 투자자의 투자판단에 오해를 유발할 수 있는 상황임을 알면서도 적극적으로 활용한 것으로서, '부정한 수단' 또는 '거짓의 기재 또는 표시를 한 문서'를 사용한 행위에 해당하고, ④ 나아가 피고인 1은 이 사건 유상증자 당시 알사 관련 거래가 허위 거래임을 인식하고 있었으므로, 피고인 1에게 이 사건 유상증자와 관련하여 부정한 수단이나 거짓으로 기재한 문서를 사용하여 공소외 1 회사로 하여금 유상증자대금을 납입받도록 함으로써 재산상 이익을 얻을 목적 내지 고의가 있었음을 인정할 수 있다는 취지로 판단하여, (나) 이를 다투는 피고인 1의 사실오인 및 법리오해에 관한 항소이유 주장을 받아들이지 아니한 원심 판단은 타당하다.

참고판례 - 대법원 2006. 4. 14. 선고 2003도6759 판결

구 증권거래법(2004. 1. 29. 법률 제7114호로 개정되기 전의 것) 제188조의4 제4항 제2호는 원래 "중요한 사항에 관하여 허위의 표시를 하거나 필요한 사실의 표시가 누락된 문서를 이용하여 타인에게 오해를 유발하게 함으로써 금전 기타 재산상의 이익을 취득하는 것"이라는 결과범 형식으로 규정되어 있던 것을 1997. 1. 13. 개정(법률 제5254호)시 "중요한 사항에 관하여 허위의 표시를 하거나 필요한 사실의 표시가 누락된 문서를 이용하여 타인에게 오해를 유발하게 함으로써 금전 기타 재산상의 이익을 얻고자 하는 행위"라는 목적범 형식으로 바꾼 것인바, 그 문언의 해석상 일단 '타인에게 오해를 유발하게 함으로써 금전 기타 재산상의 이익을 얻기 위하여' 중요한 사항에 관한 허위·부실 표시 문서를 이용한 이상 그로써 바로 위 조항 위반죄가 성립하는 것이고, 문서 이용행위로 인하여 실제 '타인에게 오해를 유발'하거나 '금전 기타 재산상의 이익을 얻을 것'을 요하지 않으므로, 허위·부실 표시 문서 이용행위와 타인의 오해 사이의 인과관계 여부는 위 죄의 성립에 아무런 영향을 미치지 않는다.

나. 평석

위와 같이 현 자본시장법 제도 하에서도 분식회계 등에 의한 허위 재무제표를 유상증자 절차 등에 적극 활용할 경우, 우리 법원은 이를 예외 없이 '중요한 사항'에 해당한다고 볼 뿐 아니라 나아가 허위 문서 사용으로 인하여 실제로 투자자들의 오해가 유발되었는지 따지지 않고(즉, 인과관계 유무를 따지지 않고) 구 증권거래법 제188조의4 제4항 제2호 〈허위문서 이용 오해유발행위〉의 성립을 인정하는 입장이다.

다시 말하면 허위 재무제표로 인해 투자자가 회사의 재정 건전성에 대해 실제로 오해하였는지 여부는 불문한다는 것인바, 이처럼 확립된 판례상의 법리를 보면 허위 재무제표를 공시한 자체만으로 피고인들으로서는 죄책을 면하기 어려울 가능성이 높다.

재무제표야말로 투자 여부를 결정하기 위한 가장 기본적, 기초적인 자료로 일단 공시될 경우 절대 다수의 일반 투자자들로서는 이를 신빙할 수 밖에 없으므로 분식회계를 통해 허위 작성한 재무제표를 공시한 행위에 대해 구 증권거래법 및 자본시장법 위반으로 의율한 위 제 판결들은 타당하다고 할 것이다.

이 사건의 경우에도 피고인들은 수익과 비용 수치를 허위로 조작(각 과다·과소계상)하였을 뿐만 아니라 당기순손실이 나는 상태를 그 손실규모를 대폭 축소하거나 당기순이익이 나는 것으로 반전시키고 부채비율과 유동비율을 조정하는 등, 회사 재정상태의 전반을 허위로 조작한 재무제표를 작성하였을 뿐만 아니라, 이를 유상증자를 계획하고 있던 상황에서 유가증권발행신고서에 그대로 기재(허위 기재)하였는바, 이를 구 증권거래법 제188조의4 제4항 2호 〈허위문서 이용 오해유발행위〉로 의율한 위 법원의 판결은 타당하다고 생각된다.

16

유명 연예인 M&A 사건

Ⅰ. 사건의 진행 경과

날짜	행위
전제	- 피고인 甲(유명 연예인)은 A사의 대주주이자 실제 경영자 - 피고인 乙은 A사의 명의상 대표이사이고, 피고인 甲의 부하 - 피고인 丙은 상장사인 B사의 대주주이자 실제 경영자
05. 7. 20.	- A사는 B사로부터 B사 주식 100만주를 10억원에 양수하기로 하고, A사는 약속어음 10억원을 발행하여 B사에게 지급하기로 하였음 - A사의 자금사정으로 위 10억원 약속어음 지급은 무산됨
05. 7.	- 피고인 甲과 피고인 乙 사이에 〈투자협약서〉 체결 - B사는 A사의 브랜드 가치를 10억원으로 평가하여 10억원을 A사에 투자를 하고, A사는 B사 경영에 참가 - A사가 취득한 B사 주식을 장외에서 매각할 때, 시세차익을 5:5로 나누기로 함
05. 7. 26.	- 피고인 乙은 A사의 증권계좌를 개설하고, 그 비밀번호 및 보안카드를 피고인 丙에게 줌 - 피고인 丙은 A사 명의로 B사 주식을 장내매집(366,977주) - 피고인 丙은 丁이 보유하고 있던 B사 주식 150,000주를 A사로 이관 - 한편, 피고인 丙은 戊로부터 B사 주식 61,900주를 추가로 취득함

05. 7. 26.	- A사 대량보유상황보고 - 인수자금란에 "자기자금", 변경사유란에 "장내매수"라고 기재함
05. 7. 26.	- 피고인 丙이 보유한 B사 주식 260,000주를 A사에게 넘긴다는 〈주식매매계약서〉를 작성하고, 이를 공시 - 그러나, 실제로 위 주식을 넘긴 것이 아님
05. 7. 28.	- 매일경제신문과 한국경제신문 - A사가 B사 주식 516,977주를 취득하여 B사의 최대주주가 되었다는 언론보도자료 배포
	- 그 결과, 주가는 1,155원(2005. 7. 26. 종가)에서 최고 2,255원(2005. 9. 22. 종가)로 상승하였음 - 위 기간동안 피고인 丙은 B사 주식 516,977주 및 61,900주를 매도하여 총 484,140,000원의 수익을 실현함

II. 관련 조문

구 증권거래법 제188조의4 (시세조종등 불공정거래의 금지)

④ 누구든지 유가증권의 매매 기타 거래와 관련하여 다음 각호의 1에 해당하는 행위를 하지 못한다.

1. 부당한 이득을 얻기 위하여 고의로 허위의 시세 또는 허위의 사실 기타 풍설을 유포하거나 위계를 쓰는 행위
2. 중요한 사항에 관하여 허위의 표시를 하거나 필요한 사실의 표시가 누락된 문서를 이용하여 타인에게 오해를 유발하게 함으로써 금전 기타 재산상의 이익을 얻고자 하는 행위

이 사건에서 문제된 행위는 자본시장법이 시행된 2009. 2. 4. 이전에 이루어졌으므로, 이 사건은 구 증권거래법이 적용되었다.

III. 쟁점

1. <대량보유상황보고> 관련 쟁점

본건에서 피고인들은 사실 1) 피고인 丙 측이 10억원을 피고인 甲 측에 제공하여 그 돈으로 B사 주식 366,977주를 A사 명의로 취득하였고, 2) 나머지 150,000주 역시 A사가 자금을 지출하지 않고, 그저 丁 명의로 있던 B사 주식을 A사 명의로 계좌이체한 것에 불과하다.

먼저, 피고인들이 2005. 7. 26.자 대량보유상황보고에서 B사 주식 366,977주 인수자금 10억원의 출처를 〈자기자금〉이라고 기재한 것은 허위라고 볼 수 있는데, 이러한 행위가 구 증권거래법 제188조의4조 제4항 제2호 〈허위문서 이용 오해유발행위〉에 해당하는지 여부가 문제된다 할 것이다.

한편, 피고인 丙은 위 2005. 7. 26.자 대량보유상황보고 시 최대주주변경의 '기타'란에 "상기 장내매수와 별도로 전 최대주주 丙으로부터 보호예수분 260,000주도 별도로 인수함"이라고 기재했던 바, 실제로 A사에게 B사 주식 260,000주를 양도한 바 없으므로 이 역시 허위라 할 것이고, 이러한 행위가 구 증권거래법 제188조의4조 제4항 제2호 〈허위문서 이용 오해유발행위〉에 해당하는지 여부 역시 문제된다 할 것이다.

한편, 위와 같은 대량보유상황보고는 다트(Dart)라는 전자공시시스템을 통해 이루어지고, 그것이 PC 등을 통해 일반인에게 열람이 되는 구조이다. 즉, 우리가 열람할 수 있는 대량보유상황보고는 전자화된 정보가 컴퓨터 화면을 통해 구현되는 것이다. 그런데, 구 증권거래법 제188조의4 제4항 제2호 〈허위문서 이용 오해유발행위〉에서는 '문서를 이용하여 '타인의 오해를 유발하는 행위를 규제하고 있는데, 이와 같이 전자화된 정보가 컴퓨터 화면을 통해 구현되는 것이 '문서를 이용'하는 것에 해당하는지 역시 살펴볼 필요가 있다.

2. 보도자료 관련 쟁점

한편, 피고인 丙은 2005. 7. 28.경 매일경제신문, 한국경제신문과 인터뷰를 하면서 A사가 B사 주식 516,977주를 취득하여 B사의 최대주주가 되었다고 말하였고, 위 신문은 이를 언론보도화하였다.

앞서 살펴본 것처럼 A사의 B사 주식 취득은 허위인바, 피고인들이 이렇게 언론을 이용하여 허위사실을 퍼뜨리는 것이 구 증권거래법 제188조의4조 제4항 제1호<허위사실 유포행위>에 해당하는지 여부가 문제되고, 아울러 위와 같은 허위사실은 언론 지면을 통해서 이루어졌기 때문에 일응 구 증권거래법 제188조의4 제4항 제2호 <허위문서 이용 오해유발행위>에 해당할 여지도 있는바, 구 증권거래법 제188조의4조 제4항 제1호 <허위사실 유포행위>와 구 증권거래법 제188조의4조 제4항 제2호 <허위문서 이용 오해유발행위>의 상관관계를 살펴보기로 한다.

3. 부당이득 관련 쟁점

피고인들의 위와 같은 허위공시 및 허위 언론보도로 인하여 B사의 주가는 1,155원(2005. 7. 26. 종가)에서 최고 2,255원(2005. 9. 22. 종가)로 상승하였는데, 위 기간 동안 피고인 丙은 B사 주식 516,977주 및 61,900주를 장내매도하여 총 484,140,000원의 수익을 실현한 것으로 확인되었다.

그런데, 검찰은 위 부당이득에 대하여 몰수, 추징 구형을 하지 않았고, 1심 법원 및 항소심 법원도 이에 대한 몰수, 추징을 선고하지 않았다. 이하에서는 왜 검찰과 법원이 피고인 丙이 취득한 부당이득에 대해서 몰수, 추징을 하지 않았는지에 관하여 살펴볼 필요가 있다.

Ⅳ. 각 쟁점에 대한 평석

1. <대량보유상황보고> 관련 쟁점

가. 문서의 이용 여부

구 증권거래법 제188조의4 제4항 제2호 〈허위문서 이용 오해유발행위〉는 유가증권의 매매 기타 거래와 관련하여 "중요한 사항에 관하여 허위의 표시를 하거나 필요한 사실의 표시가 누락된 문서를 이용하여 타인에게 오해를 유발하게 함으로써 금전 기타 재산상의 이익을 얻고자 하는 행위"를 금지하고 있는바, 그 행위의 매체는 문서에 국한되고, 제2호 위반행위에 해당하기 위해서는 '문서의 이용'이라는 요건이 충족되어야 한다.[248]

과거 대량보유상황보고 등 각종 보고는 종이 문서의 형태로 보고된 적이 있었다. 그런데, 기존에 이러한 공시의무를 위한 보고는 종이 문서로 진행되다, 당시 금융감독위원회는 1999. 2.경「전자문서에의한신고등에관한 규정」을 제정하고 사업연도가 1998년 12월 31일 이후에 종료되는 주권상장법인의 사업보고서 및 반기보고서 등의 일반 공시서류와 감사종료보고서에 대하여 전자공시를 시행하기로 하였다. 당시 공시서류의 양적 팽창, 인터넷의 광범위한 사용으로 인해 전자공시시스템에 대한 필요성이 시급하게 요청되었기 때문이다.

248 대법원 2010. 12. 9. 선고 2009도6411 판결

이에 따라, 전자화된 정보의 형태로 신고하는 것을 종이 문서의 형태로 신고하는 것과 동일한 효력을 부여하는 법적 보강이 필요하였고, 1997년 1년 13일 구 증권거래법 제194조의2에 전자문서의 방식으로 신고서, 보고서, 기타 서류를 제출하는 경우에도 적법한 신고가 된다는 규정을 삽입되기에 이른 것이다.

따라서, 전자정보공시시스템에 신고된 대량보유상황보고는 비록 전자화된 정보이긴 하나, 위 구 증권거래법의 규정에 의할 때 전자문서로 인정되고 있고, 결국 구 증권거래법 제188조의2 제4항 '문서를 이용하여'라는 요건은 충족되는 것이다.

나 허위문서 이용 오해유발행위에 해당하는지 여부

(1) 법원의 판단

본 사건에서 1심,[249] 항소심[250] 모두 ▲ A사가 10억원의 자기자금으로 B사 주식 366,977주을 장내취득했다는 대량보유상황보고 내용, ▲ A사가 피고인 丙으로부터 260,000주를 계좌이체로 인수했다는 대량보유상황보고 내용 모두 허위사실에 해당하고, 이는 구 증권거래법 제188조의4조 제4항 제2호 〈허위문서 이용 오해유발행위〉 위반이라고 판단하였다.

위 사건에서 피고인들 및 검찰은 위 항소심 결과에 대하여 상고를 하지 않아 항소심 판결이 확정되기에 이른 것으로 확인된다.

(2) 평석

대량보유상황보고는 주권상장법인의 주식등을 5%이상 보유하게 된 자가 그 날부터 5일 이내에, 아울러 그 보유 주식등의 수 합계가 그 주식등의 총수의 1% 이상 변동된 때

249 서울고등법원 2009. 2. 5. 선고 2008노210 판결

250 수원지방법원 2007. 12. 31. 선고 2007고합260, 292(병합) 판결

에는 그 변동된 날로부터 5일 이내에 금융위원회와 거래소에 보고하여야 한다(자본시장법 제147조 제1항, 구 증권거래법 제200조의2 제1항)는 것으로 내용으로 한다.

대량보유상황보고 제도는 일정 비율 이상의 주식 취득과 변동을 신속하게 공시함으로써 적대적 M&A를 목적으로 하는 음성적인 주식매집을 규제함으로써 경영권에 대한 불공정한 침탈을 방지하고 증권시장의 투명성과 공정성 확보를 통하여 일반투자자를 보호하기 위한 제도이다.[251]

대량보유상황보고는 1) 신고보고(최초 5% 이상 주식등을 보유하게 되는 경우), 2) 변동보고(5% 이상 주식 등을 보유하다가 1%의 변동이 생기게 된 경우), 3) 변경보고(보유목적 등 대통령이 정하는 중요한 사항의 변경이 있는 경우)로 구분된다.

구 증권거래법 제200조의2 (주식등의 대량보유등의 보고 〈개정 2008.3.14.〉)

① 주권상장법인 또는 코스닥상장법인의 주식등을 대량보유(본인과 그 특별관계자가 보유하게 되는 주식 등의 수의 합계가 당해 주식 등의 총수의 100분의 5 이상인 경우를 말한다)하게 된 자(대통령령이 정하는 자를 제외한다)는 그날부터 5일(대통령령이 정하는 날은 산입하지 아니한다. 이하 이 항, 제4항 및 제200조의3제2항에서 같다) 이내에 그 보유상황과 보유목적(발행인의 경영권에 영향을 주기 위한 목적 여부를 말한다)을 대통령령이 정하는 바에 따라 금융위원회와 거래소에 보고하여야 하며, 그 보유 주식등의 비율이 당해 법인의 주식등의 총수의 100분의 1의 비율 이상 변동된 경우(대통령령이 정하는 경우를 제외한다)에는 그 변동이 있은 날부터 5일 이내에 그 변동내용을 대통령령이 정하는 바에 따라 금융위원회와 거래소에 보고하여야 한다.

251 임재연, 자본시장법위반, 박영사(2018년), 624p

이 경우 그 보유목적이 발행인의 경영권에 영향을 주기 위한 것(임원의 선임·해임 또는 직무의 정지, 이사회 등 회사의 기관과 관련된 정관의 변경 등 대통령령이 정하는 것을 말한다)이 아닌 경우와 대통령령이 정하는 기관투자자 등의 경우에는 대통령령이 정하는 바에 따라 그 보고내용 및 보고시기 등을 달리 정할 수 있다. <개정 1994.1.5., 1997.1.13., 1998.1.8., 1998.5.25., 2000.1.21., 2004.1.29., 2005.1.17., 2008.2.29., 2008.3.14.>

자본시장과금융투자업에관한법률 제147조(주식등의 대량보유 등의 보고)

① 주권상장법인의 주식등(제234조제1항에 따른 상장지수집합투자기구인 투자회사의 주식은 제외한다. 이하 이 절에서 같다)을 대량보유(본인과 그 특별관계자가 보유하게 되는 주식등의 수의 합계가 그 주식등의 총수의 100분의 5 이상인 경우를 말한다)하게 된 자는 그 날부터 5일(대통령령으로 정하는 날은 산입하지 아니한다. 이하 이 절에서 같다) 이내에 그 보유상황, 보유 목적(발행인의 경영권에 영향을 주기 위한 목적 여부를 말한다), 그 보유 주식등에 관한 주요계약내용, 그 밖에 대통령령으로 정하는 사항을 대통령령으로 정하는 방법에 따라 금융위원회와 거래소에 보고하여야 하며, 그 보유 주식등의 수의 합계가 그 주식등의 총수의 100분의 1 이상 변동된 경우(그 보유 주식등의 수가 변동되지 아니한 경우, 그 밖에 대통령령으로 정하는 경우를 제외한다)에는 그 변동된 날부터 5일 이내에 그 변동내용을 대통령령으로 정하는 방법에 따라 금융위원회와 거래소에 보고하여야 한다. 이 경우 그 보유 목적이 발행인의 경영권에 영향을 주기 위한 것(임원의 선임·해임 또는 직무의 정지, 이사회 등 회사의 기관과 관련된 정관의 변경 등 대통령령으로 정하는 것을 말한다)이 아닌 경우와 전문투자자 중 대통령령으로 정하는 자의 경우에는 그 보고내용 및 보고시기 등을 대통령령으로 달리 정할 수 있다. <개정 2008.2.29., 2016.3.29.>

〈전자공시시스템 다트(Dart), https://dart.fss.or.kr/〉의 대량보유상황보고를 보면 아래 화면과 같이 ▲ 보고의 개요, ▲ 대량보유내역, ▲ 직전보고일 이후 대량변동 내역으로 구분되고, 직전보고일 이후 대량변동 내역의 〈세부변동내역〉을 보면 주식을 장내매수했는지 여부, 그 매수가액의 규모가 나타나고, 〈취득에 필요한 자금등의 조성〉을 보면 위 주식을 취득하기 위한 자금의 원천이 확인된다.

결국 본건에서 위 2005. 7. 26.자 대량보유상황보고에서 B사 주식 366,977주의 취득자금의 원천에 관하여, 피고인들은 A사이 보유한 자금이라는 취지로 〈자금자금〉이라고 기재했기 때문에 그 표시가 허위가 되는 것이다.

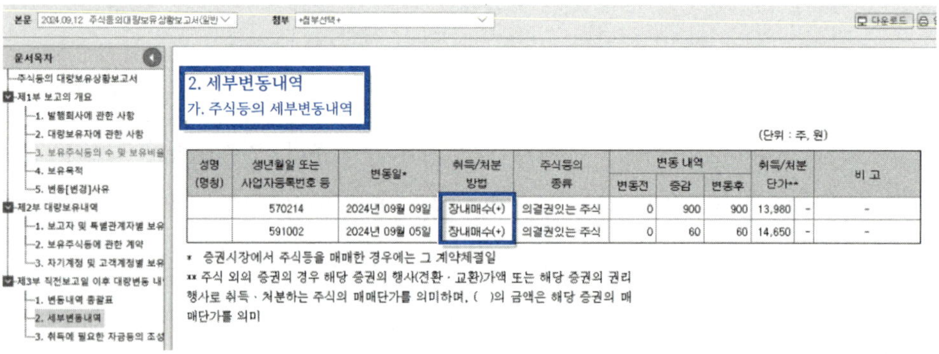

본문 2024.09.12 주식등의대량보유상황보고서(일반
첨부 +첨부선택+

문서목차
주식등의 대량보유상황보고서
제1부 보고의 개요
1. 발행회사에 관한 사항
2. 대량보유자에 관한 사항
3. 보유주식등의 수 및 보유비율
4. 보유목적
5. 변동[변경]사유
제2부 대량보유내역
1. 보고자 및 특별관계자별 보유
2. 보유주식등에 관한 계약
3. 자기계정 및 고객계정별 보유
제3부 직전보고일 이후 대량변동 내
1. 변동내역 총괄표
2. 세부변동내역
3. 취득에 필요한 자금등의 조성

2. 세부변동내역

가. 주식등의 세부변동내역

(단위 : 주, 원)

성명(명칭)	생년월일 또는 사업자등록번호 등	변동일*	취득/처분 방법	주식등의 종류	변동 내역			취득/처분 단가**		비 고
					변동전	증감	변동후			
	570214	2024년 09월 09일	장내매수(+)	의결권있는 주식	0	900	900	13,980	-	-
	591002	2024년 09월 05일	장내매수(+)	의결권있는 주식	0	60	60	14,650	-	-

* 증권시장에서 주식등을 매매한 경우에는 그 계약체결일

** 주식 외의 증권의 경우 해당 증권의 행사(전환 · 교환)가액 또는 해당 증권의 권리행사로 취득 · 처분하는 주식의 매매단가를 의미하며, ( )의 금액은 해당 증권의 매매단가를 의미

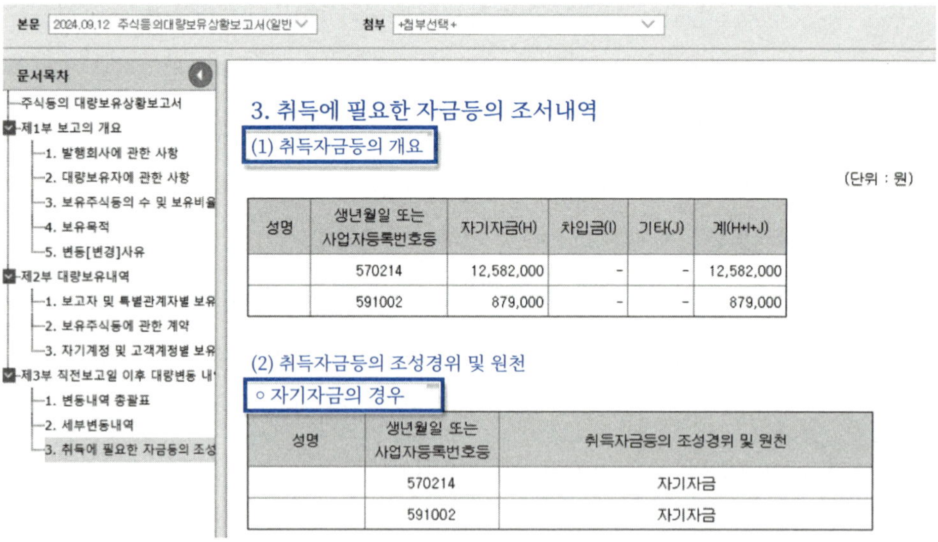

본문 2024.09.12 주식등의대량보유상황보고서(일반
첨부 +첨부선택+

문서목차
주식등의 대량보유상황보고서
제1부 보고의 개요
1. 발행회사에 관한 사항
2. 대량보유자에 관한 사항
3. 보유주식등의 수 및 보유비율
4. 보유목적
5. 변동[변경]사유
제2부 대량보유내역
1. 보고자 및 특별관계자별 보유
2. 보유주식등에 관한 계약
3. 자기계정 및 고객계정별 보유
제3부 직전보고일 이후 대량변동 내
1. 변동내역 총괄표
2. 세부변동내역
3. 취득에 필요한 자금등의 조성

3. 취득에 필요한 자금등의 조서내역

(1) 취득자금등의 개요

(단위 : 원)

성명	생년월일 또는 사업자등록번호등	자기자금(H)	차입금(I)	기타(J)	계(H+I+J)
	570214	12,582,000	-	-	12,582,000
	591002	879,000	-	-	879,000

(2) 취득자금등의 조성경위 및 원천

○ 자기자금의 경우

성명	생년월일 또는 사업자등록번호등	취득자금등의 조성경위 및 원천
	570214	자기자금
	591002	자기자금

한편, 피고인들이 최대주주변경의 '기타'란에 『상기 장내매수와 별도로 전 최대주주 丙으로부터 보호예수분 260,000주도 별도로 인수함』이라고 기재한 것과 관련하여, 본건 범행 당시 전자공시시스템 상 대량보유상황보고에 그와 같은 기재를 하는 경우가 있었을 것으로 추정되고(현재 전자공시시스템 상 대량보유상황보고에는 그와 같은 기재란이 없음), 그에 따라 위 <세부변동내역>에 B사 주식 260,000주를 취득하였는데, 그 취득방법과 관련하여 <장외취득> 형태로 기재하였을 것으로 추측된다.

결국, 이 사건에서 문제된 행위는 대량보유상황보고에서 B사 주식취득 자금 10억의 출처와 관련하여 위 10억원은 A사의 돈이 아니라 피고인 丙의 돈이라는 점에서 허위가 있는 것이고, 아울러 A사는 피고인 丙으로부터 B사 주식 260,000주를 계좌이체 받았지만 실제로는 피고인 丙이 위 주식을 A사에 진정으로 양도한 것이 아니라는 점에서 추가적인 허위가 있다 할 것인 바, 위 판례의 태도는 전반적으로 타당하다고 보여진다.

2. 보도자료 관련 쟁점

가. 법원의 판단

본 사건에서 1심, 항소심 모두 A사의 B사 주식 취득은 허위인바, 피고인들이 이렇게 언론을 이용하여 허위사실을 퍼뜨리는 것이 구 증권거래법 제188조의4조 제4항 제1호 <허위사실 유포행위>에 해당한다고 판시하였다.

나. 평석

구 증권거래법 제188조의4 제4항 제1호 <허위사실 유포행위>의 허위사실의 '유포'는 불특정 다수인에게 허위사실을 직·간접적으로 전파하는 경우를 말하고, 수단의 제한이 없어 보도자료 배포, 증권방송 이용, 인터넷 유포, 구두 전파 등 모든 방법이 포함된다. 즉, 허위사실의 유포는 허위사실의 '확산'에 초점이 맞추어져 있는 것이다.

이와 관련하여 법원은 기자들에게 허위의 보도자료를 배포한 경우를 구 증권거래법 제188조의4 제4항 제1호 <허위사실 유포행위>로 의율하면서 '허위사실의 유포'에는 불특정 다수인에게 직접 허위사실을 전파한 경우뿐만 아니라 불특정 다수인에게 허위사실이 전파될 것으로 인식하면서 기자들과 같은 특정인에게 전파한 경우도 포함되고, 허위의 보도자료가 기자들에게 배포된 이상 실제로 언론에 보도되지 않거나 축소하여 보도된 경우에도 허위사실의 유포에 해당한다고 판시한 바 있다.[252]

참고판례 - 서울고등법원 2009. 1. 22. 선고 2008노2315 판결

2005. 6. 2.자 보도자료와 2005. 6. 30.자 보도자료가 기자들에게 배포는 되었으나 언론에 보도되지는 아니한 사실이 인정되고, 또한 언론이 이 사건 보도자료를 기초로 보도를 함에 있어 이 사건 보도자료와 다르게 허위의 사실을 다소 축소하여 보도를 한 사실이 인정되기도 하지만, 증권거래법 제188조의4 제4항 소정의 '허위사실 등 유포'에는 행위자가 직접 불특정 다수인에게 허위사실 등을 전파하는 경우뿐만 아니라 불특정 다수인에게 허위사실 등이 전파될 것을 인식하면서 기자들과 같은 특정인에게 전파하는 것도 포함된다고 봄이 상당하므로, 허위사실 등이 기재된 이 사건 보도자료가 기자들에게 배포된 이상, 그 기자들이 실제 이를 언론에 보도하지 아니하거나 보도자료와 다르게 허위의 사실을 다소 축소하여 보도를 하였다고 하더라도, 위 '허위사실 등 유포'에 영향을 미치지는 아니한다고 판단된다.

반면, 구 증권거래법 제188조의4 제4항 제2호 <허위문서 이용·오해유발행위>는 '문서의 이용'이라는 요건이 충족되어야 하는바,[253] 허위표시 문서의 '작성·제출'에 초점이 맞추어져 있다. 일반적으로 대량보유보고서·증권발행신고서 등과 같이 금융위원회 전자공

252 서울고등법원 2009. 1. 22. 선고 2008노2315 판결

253 대법원 2010. 12. 9. 선고 2009도6411 판결, 대법원 2009. 7. 9. 선고 2009도1374 판결

시시스템을 통하여 허위내용의 공시를 한 경우가 구 증권거래법 제188조의4 제4항 제2호 〈허위문서 이용 오해유발 행위〉로 의율될 것이다.

이 사건 역시 피고인들은 기자들과 인터뷰를 하여 언론보도를 통하여 허위사실을 '확산'시키는 데 주안점을 두고 있기 때문에, 구 증권거래법 제188조의4 제4항 제2호 〈허위문서 이용 오해유발행위〉 보다는 구 증권거래법 제188조의4 제4항 제1호 〈허위사실 유포행위〉로 의율하는 것이 훨씬 더 자연스럽다고 보여진다.

판례 역시 일반적으로 허위사실이 기재된 보도자료를 배포하는 것을 두고, 구 증권거래법 하에서는 〈허위문서 이용 오해유발행위〉보다는 〈허위사실 유포행위〉가 성립한다고 일관되게 판시[254]하고 있다.

본건의 경우 피고인들이 비록 보도자료를 배포한 것은 아니지만, 언론과의 인터뷰를 통해 허위사실이 뉴스에 보도되도록 하였기 때문에 그 실질은 보도자료를 배포한 것과 동일한 것이라고 할 수 있어 판례의 태도는 적절한 것으로 보여진다.

한편, 자본시장법 제178조 제2항은 풍문의 유포만을 금지한 채 허위사실의 유포를 삭제하였고, 자본시장법 제178조 제1항 제2호는 "문서, 그 밖의 기재 또는 표시"라고 규정함으로써 허위표시의 수단을 문서로 제한하지 않고 있는바, 현행 자본시장법하에서 허위사실의 유포는 자본시장법 제178조 제1항 제2호 〈중요사항 거짓문서 등 이용행위〉로 처벌할 수 있을 것이다. 또한, 자본시장법 제178조 제2항 〈위계 이용행위〉으로 처벌할 수도 있다.

3. 부당이득 관련 쟁점

본건에서 검찰은 피고인 丙의 주식매도를 통한 수익에 대하여 부당이득으로여 몰

254 대법원 2011. 10. 27. 선고 2009도1370 판결

수, 추징 구형을 하지 않았고, 1심 법원 및 항소심 법원도 이에 대한 몰수, 추징을 선고하지 않았다.

그런데, 구 증권거래법 및 초기 자본시장법에서는 부당이득에 대한 몰수, 추징규정을 두지 않았다가 2014. 12. 30.경 자본시장법 개정(2015. 7. 1. 시행)을 통해 부당이득에 대한 몰수, 추징 규정이 입법되었다.

따라서, 2015. 6. 30.경 이전에는 자본시장법(또는 구 증권거래법)에 의해서 부당이득을 몰수, 추징할 수 없었던 것이다.

다만, 위와 같은 부당이득은 사기적 부정거래라는 위법행위를 통해 얻게 된 불법수익으로 형법 제48조 제1항에 의해 몰수, 추징이 가능하고 아울러 범죄수익은닉의 규제 및 처벌 등에 관한 법률에서 자본시장법 제443조(혹은 구 증권거래법 제297조의2)가 〈중대범죄〉에 해당하고, 위 〈중대범죄〉를 통해 얻게 된 범죄수익 역시 몰수, 추징이 가능하였던 바, 형법이나 범죄수익은닉의 규제 및 처벌 등에 관한 법률에 근거하여 몰수, 추징을 시도하였다면 가능했을 수도 있다고 보여진다.

17

환매조건부채권(RP) 가입 사건

Ⅰ. 사건의 진행 경과

일시	행위
2000. 6.경 이전	- 피고인은 1972. 2. 2.경부터 A사의 대표이사로 근무하였음. - 상장사인 A사는 위성통신기기 및 전자계측기 등의 제조 · 판매 등을 목적으로 설립된 법인임.
2000. 6.경	- 피고인은 B투자증권의 투자자금본부장(상무이사) 甲과의 사이에 "A사의 경우 신용도 등으로 볼 때 큰 규모로 해외 신주인수권부사채(BW)를 발행해도 팔리지 않으니 형식적으로는 발행 규모를 미화 3,000만 불(사채와 신주인수권 분리형)로 하지만, 이면약정을 통해서 해외 BW 발행액 미화 3,000만 불 중 ▲ 피고인의 지분율 제고를 위해 발행되는 미화 1,500만 불 상당의 BW는 B투자증권에서 인수하여 보관하되 A사는 B투자증권으로부터 받은 해외 BW 납입대금을 발행일 익일 B투자증권의 환매조건부채권(RP)에 가입하고, ▲ 자금조달목적으로 발행되는 1,500만 불 상당의 해외 BW 중에서 500만 불 부분과 관련하여, 이 역시 B투자증권이 인수하되 B투자증권으로부터 받은 납입대금을 발행일 익일부터 1개월간 A사가 B투자증권의 RP에 가입하여 주기로 하고, ▲ B투자증권은 형식상 인수한 미화 1,500만 불의 해외 BW에서 분리된 신주인수권증권(워런트) 150개를 피고인에게 10억 원에 매도하고, ▲ 일정기간 경과 후 A사가 가입한 금융상품을

	해지하면서 B투자증권에 대하여 가지는 2,000만 불 상당의 RP채권 환매청구로 인한 채권과 B투자증권이 상품계정으로 보유하게 되는 2,000만 불 상당액의 신주인수권증권이 분리된 일반 사채를 상계처리한 후 소각하기로 하자."는 내용의 합의를 하였음.
2000. 7. 10.	- A사는 B투자증권에 외화증권 발행업무를 의뢰하였음.
2000. 8. 3.	- 피고인은 증권거래소에 A사의 제15회 BW 발행과 관련하여 『사채의 권명 : 미화 3,000만 불(원화 기준 330억 원), 사채발행시장 및 방법 : 유로시장 공모, 자금조달 목적 : 시설자금 165억 원, 운영자금 165억 원, 행사기간 : 2000. 11. 2. ~ 2005. 7. 2., 주간회사 : B투자증권』 등의 허위 내용으로 공시하였음.
2000. 8. 8.	- 피고인은 매일경제신문 기자 등에게 『A사, 해외신주인수권부 사채발행 성공, 7일 A사가 B투자증권을 주간사로 홍콩 유로금융시장에서 3,000만 달러 규모의 해외 신주인수권부사채 발행에 성공했다.』라는 허위 내용의 보도자료를 배포하여 각 언론에 보도되게 하였음.
2000. 8. 9.	- A사는 미화 3천만 불의 해외 BW(행사가격 3,000원, 발행예정 주식수 11,148,000주)를 발행하여 B투자증권으로부터 사채 미화 3천만 불에 대한 납입대금을 납입받았음.
2000. 8. 10.	- A사는 해외 BW 납입대금 중 미화 1,500만 불 상당액과 미화 500만 불 상당액을 B투자증권의 RP에 가입하였음(A사가 실제로 해외 BW 발행을 통해서 조달한 자금은 미화 1,000만 불에 불과하였음).

II. 관련 조문[255]

구 증권거래법 제188조의4(시세조종등 불공정거래의 금지)

① 누구든지 상장유가증권 또는 코스닥상장 유가증권의 매매거래에 관하여 그 거래가 성황을 이루고 있는 듯이 잘못 알게 하거나 기타 타인으로 하여금 그릇된 판단을 하게 할 목적으로 다음 각호의 1에 해당하는 행위를 하지 못한다.

1. 자기가 매도하는 같은 시기에 그와 같은 가격으로 타인이 그 유가증권을 매수할 것을 사전에 그 자와 통정한 후 매도하는 행위
2. 자기가 매수하는 같은 시기에 그와 같은 가격으로 타인이 그 유가증권을 매도할 것을 사전에 그 자와 통정한 후 매수하는 행위
3. 유가증권의 매매거래에 있어서 그 권리의 이전을 목적으로 하지 아니하는 가장된 매매거래를 하는 행위
4. 제1호 내지 제3호의 행위의 위탁 또는 수탁을 하는 행위

② 누구든지 유가증권시장 또는 코스닥시장에서의 매매거래를 유인할 목적으로 다음 각호의 1에 해당하는 행위를 하지 못한다.

1. 단독으로 또는 타인과 공모하여 유가증권의 매매거래가 성황을 이루고 있는 듯이 잘못 알게 하거나 그 시세를 변동시키는 매매거래 또는 그 위탁이나 수탁을 하는 행위

255 자본시장법은 2007. 8. 3. 법률 제8635호로 제정되었고, 2009. 2. 4.부터 시행되었다. 그에 따라 구 증권거래법은 폐지되었다. 이와 관련하여 자본시장법 부칙 제41조 제1항은 "이 법 시행 전에 행한 종전의 「증권거래법」, 종전의 「선물거래법」, 종전의 「간접투자자산 운용업법」, 종전의 「신탁업법」, 종전의 「종합금융회사에 관한 법률」 및 종전의 「한국증권선물거래소법」의 위반행위에 대한 벌칙 및 과태료의 적용에 있어서는 종전의 규정에 따른다."라고 규정하였는바, 자본시장법 시행 전에 행한 행위에 대해서는 구 증권거래법이 적용되고, 자본시장법 시행 후에 행한 행위에 대해서는 자본시장법이 적용된다. 이 사건에서 피고인은 자본시장법 시행 전에 시세조종행위를 하였는바, 구 증권거래법이 적용되었다.

2. 당해 유가증권의 시세가 자기 또는 타인의 시장조작에 의하여 변동한다는 말을 유포하는 행위
3. 당해 유가증권의 매매에 있어서 중요한 사실에 관하여 고의로 허위의 표시 또는 오해를 유발하게 하는 표시를 하는 행위

③ 누구든지 단독 또는 공동으로 유가증권의 시세를 고정시키거나 안정시킬 목적으로 유가증권시장 또는 코스닥시장에서의 매매거래 또는 그 위탁이나 수탁을 하지 못한다. 다만, 다음 각 호의 어느 하나에 해당하는 경우에는 그러하지 아니하다.

1. 증권회사(모집 또는 매출되는 유가증권의 발행인 또는 소유자와 인수계약을 체결한 증권회사로서 대통령령이 정하는 자에 한한다. 이하 이 조에서 같다)가 대통령령이 정하는 바에 따라 당해 유가 증권의 모집 또는 매출의 청약기간의 종료일 전 30일의 범위 내에서 대통령령이 정하는 날부터 그 청약기간의 종료일까지의 기간 동안 유가증권의 가격을 안정시킴으로써 유가증권의 모집 또는 매출을 원활하도록 하기 위한 매매거래(이하 "안정조작"이라 한다)를 하는 경우

〈중략〉

④ 누구든지 유가증권의 매매 기타 거래와 관련하여 다음 각호의 1에 해당하는 행위를 하지 못한다.

1. 부당한 이득을 얻기 위하여 고의로 허위의 시세 또는 허위의 사실 기타 풍설을 유포하거나 위계를 쓰는 행위
2. 중요한 사항에 관하여 허위의 표시를 하거나 필요한 사실의 표시가 누락된 문서를 이용하여 타인에게 오해를 유발하게 함으로써 금전 기타 재산상의 이익을 얻고자 하는 행위

이 사건에서 문제된 행위는 자본시장법이 시행된 2009. 2. 4. 이전에 이루어졌으므로, 이 사건은 구 증권거래법이 적용되었다.

III. 쟁점

피고인과 甲 간의 이면약정에 따라 A사가 실제로 해외 BW 발행을 통하여 조달한 자금이 미화 1,000만 불에 불과하였음에도 불구하고, 피고인은 ① 甲과의 이면약정에 관하여 아무런 설명도 하지 않은 채 단순히 A사의 해외 BW의 발행 규모를 미화 3,000만 불로만 공시하고, ② 'A사가 3,000만 불 규모의 해외 BW 발행에 성공하였다.'라는 내용의 보도자료를 배포하여 각 언론에 보도되게 하였는데, 이것이 구 증권거래법 제188조의4 제2항 제3호의 허위표시에 해당하는지가 문제되었다. 구체적으로, 미화 3,000만 불 규모의 해외 BW 발행이 성사된다는 것이 '중요한 사실'에 해당하는지와 피고인에게 유가증권의 매매거래를 유인할 목적이 있었는지가 문제되었다.

한편, 법원은 2000. 8. 3.자 공시 및 2000. 8. 8.자 보도자료 배포에 관하여 구 증권거래법 제188조의4 제2항 제3호를 적용하였는바, 논의의 전제로서 구 증권거래법 제188조의4 제2항 제3호와 제188조의4 제4항 제1호 〈허위사실 유포행위〉 및 제2호 〈허위문서 이용 오해유발행위〉 간의 관계를 검토할 필요가 있다.

IV. 각 쟁점에 대한 평석

1. 법원의 판단

제1심법원[256]은 ⅰ) 甲과의 이면약정에 관하여 아무런 설명 없이 단순히 A사의 해외 BW의 발행 규모를 미화 3,000만 불로만 공시한 것은 허위로 해외 BW를 증액시켜 공시한 것이고, ⅱ) 미화 3,000만 불 규모의 해외 BW 발행이 성사된다는 것은 유가증권의 매매에 있어서 중요한 사실이며, ⅲ) 피고인에게 유가증권의 매매거래를 유인할 목적이 있었다고 판단하였다.

> (상략) 위 피고인은 2000. 6.경 위 甲으로부터 위 피고인의 지분율을 높이고 자금을 조달하기 위하여 해외 BW를 발행할 것을 제의받고 이를 승낙하였던 사실, 그 후 위 피고인과 위 甲은 A사의 재무구조, 대외신인도 등을 고려할 때 발행 규모는 실제 미화 약 1,500만 불 정도로 하되, 형식적으로는 발행 규모를 미화 약 3,000만 불로 하여 이를 B투자증권에서 총액 인수하기로 하고, 이면약정을 통하여 위 해외 BW 발행액 미화 3,000만 불 중 위 피고인의 지분율 제고를 위하여 발행되는 미화 1,500만 불 상당은 B투자증권에서 인수하되, A사의 해외 BW 납입대금의 다음날 발행할 B투자증권의 환매조건부채권에 가입하는 형식으로 처리하기로 하며, 자금조달 목적으로 발행되는 1,500만 불 상당의 해외 BW 중 500만 불에 대한 납입대금 상당액도 총액인수에 따른 B투자증권의 자금부담을 덜어주기 위하여 발행일 다음날부터 1개월간 A사가 B투자증권의 RP에 가입하여 주기로 하는 내용의 합의를 하였던 사실, A사는 같은 해 7. 10. 위와 같은 내용의 외화증권 발행업무를 B투자증권에 인수의뢰를 한 후, 같은 해 8. 3. 및 같은 달 8. 이 부분 범죄사실 기재와 같이 A사가 미화 3,000만 불 규모의 해외 BW를 발행하였다는 내용으로 각 공시한 사실이 인정되는바,

256 서울중앙지방법원 2003. 5. 21. 선고 2002고합1141, 2003고합127(병합) 판결

위와 같이 위 피고인은 자신의 경영권 확보 및 자금조달을 목적으로 해외 BW를 발행하되, A사의 신용도, 재무구조 및 국내외의 지명도 등에 비추어 많은 규모로 발행해도 팔리지 않을 것이니, 실제로는 미화 약 1,000만 불만 이를 발행하기로 하고 나머지 2,000만 불에 대하여는 당연히 발행되지 아니할 것을 전제로 B투자증권의 RP에 가입하는 조건으로 형식적으로만 그 발행 규모를 미화 약 3,000만 불로 하기로 하는 내용의 이면약정하에 위 해외 BW를 발행하였음에도 불구하고, 위와 같은 이면약정에 관하여는 아무런 설명 없이 단순히 A사의 해외 BW의 발행 규모를 미화 3,000만 불로만 공시한 것은 허위로 해외 BW의 증액시켜 공시한 것이라고 보아야 할 것이고, 이 사건과 같은 규모의 해외 BW 발행의 성사될 경우 투자자들에게 기업에 대한 신용이나 수익성 등이 해외 금융시장에서 인정받은 것이 되어 주식의 가치가 상승할 것으로 기대되는 점 등에 비추어 이 사건과 같은 규모의 해외 BW 발행의 성사 여부는 유가증권 매매에 있어서 중요한 사항이고, 위 피고인이 해외 BW를 발행한 목적은 위 피고인의 지분율을 높이고 자금을 조달하려는 데에 있었던 점 등에 비추어 보면, 위 피고인에게 유가증권의 매매거래를 유인할 목적이 있었다고 보이므로, 결국 위 피고인의 위 주장도 이유 없다.

이에 대하여 항소심 법원[257]과 대법원[258]도 동일한 취지로 판단하였다.

2. 평석

가. 2000. 8. 3.자 공시에 관하여

(1) 구 증권거래법 제188조의4 제2항 제3호와 제188조의4 제4항 제2호 〈허위문서 이용 오해유발행위〉 간의 관계

257 서울고등법원 2003. 9. 19. 선고 2003노1458 판결

258 대법원 2004. 1. 27. 선고 2003도5915 판결

이 사건에서 법원은 피고인이 甲과의 이면약정에 관하여 아무런 설명 없이 단순히 A사의 해외 BW의 발행 규모를 미화 3,000만 불로만 공시한 행위에 대하여 구 증권거래법 제188조의4 제4항 제2호 〈허위문서 이용 오해유발행위〉가 아니라 제188조의4 제2항 제3호를 적용하였다.

구 증권거래법 제188조의4 제2항 제3호는 법체계적으로 사기적 부정거래행위와 관련된 조항이 아니라 시세조종행위와 관련된 조항에 편입되어 있다. 즉, 시세조종의 유형 중 하나로 〈허위표시에 의한 시세조종〉을 금지하고 있는데, ① 유가증권시장 또는 코스닥시장에서의 매매거래를 유인할 목적으로 ② 당해 유가증권의 매매에 있어서 중요한 사실에 관하여 ③ 고의로 허위의 표시 또는 오해를 유발하게 하는 표시를 한 경우에 적용된다.

한편, 구 증권거래법 제188조의4 제4항 제2호 〈허위문서 이용 오해유발행위〉는 '포괄적 부정거래행위 금지조항'으로서 ① 타인에게 오해를 유발하게 함으로써 금전 기타 재산상의 이익을 얻고자 ② 유가증권의 매매 기타 거래와 관련하여 중요한 사항에 관하여 ③ 허위의 표시를 하거나 필요한 사실의 표시가 누락된 문서를 이용하는 경우에 적용되는바, 구 증권거래법 제188조의4 제2항 제3호와 비교할 때 기본적으로 동일한 규제 이념 또는 유사한 행위를 규제하고 있다.

다만, 구 증권거래법 제188조의4 제2항 제3호는 시세조종 금지규정 중 하나로서 구체적인 구성요건을 가지고 있다는 점에서 구 증권거래법 제188조의4 제4항 제2호 〈허위문서 이용 오해유발행위〉와 차이가 있다. 구 증권거래법 제188조의4 제4항 제2호 〈허위문서 이용 오해유발행위〉는 "매매거래를 유인할 목적"이라는 목적성을 요구하지 않고, 거래장소의 제한도 없으며, 매매거래 이외의 다양한 거래유형을 포함한다.

구 증권거래법 제188조의4 제2항 제3호	구 증권거래법 제188조의4 제4항 제2호
매매거래를 유인할 목적	금전 기타 재산상의 이익을 얻을 목적
유가증권시장 또는 코스닥시장	-
매매거래	매매 기타 거래

이와 관련하여 대법원은 구 증권거래법 제188조의4 제4항 제2호 <허위문서 이용 오해유발행위>가 구 증권거래법 제188조의4 제1항 내지 제3항에 대한 일반규정으로서의 성격을 갖는다고 판시한 바 있다.[259]

참고판례 - 대법원 2003. 9. 2. 선고 2003도3455 판결

증권거래법 제188조의4 제4항 제2호는 같은 항 제1호와 더불어 같은 조 제1항 내지 제3항에 대한 일반규정으로서의 성격을 갖는 것으로서 중요한 사항에 관한 허위표시를 하거나 필요한 사실이 누락된 문서의 사용이라는 방법으로써 타인의 오해를 유발하고 이로 인하여 재산상의 이익을 얻는 행위를 금지하고 있는바, 허위로 표시되거나 누락된 내용은 일반인의 투자판단에 영향을 미칠 만한 중요한 사항에 관한 것이어야 할 뿐만 아니라, 그러한 중요한 사항에 대한 허위표시를 하거나 필요한 사실이 누락된 문서를 이용하여 타인에게 오해를 유발하게 함으로써 재산상의 이익을 얻고자 하는 일련의 객관적 구성요건에 대한 피고인의 고의가 인정되어야 위 조항 위반죄가 성립한다 할 것이다.

허위표시와 관련된 실무에서는 구성요건이 완화된 구 증권거래법 제188조의4 제4항 제2호 <허위문서 이용 오해유발행위>가 구 증권거래법 제188조의4 제2항 제3호보다 더 적극적으로 활용되고 있다. 구 증권거래법 제188조의4 제4항 제2호 <허위문서 이용 오해유발행위>는 구 증권거래법 제188조의4 제2항 제3호에 의한 규제의 공백을 보완하는 기능을 한다고도 볼 수 있다.

한편, 시세조종행위를 규제하기 위한 자본시장법 제176조 제2항 제3호는 구 증권거래법 제188조의4 제2항 제3호와 유사하고, 사기적 부정거래행위를 규제하기 위한 자

259 대법원 2003. 9. 2. 선고 2003도3455 판결

본시장법 제178조 제1항 제2호 <중요사항 거짓문서 등 이용행위>는 구 증권거래법 제188조의4 제4항 제2호 <허위문서 이용 오해유발행위>와 유사하므로, 현행 자본시장법 하에서도 동일한 법리가 적용될 것이다.

자본시장법 제176조(시세조종행위 등의 금지)

① 누구든지 상장증권 또는 장내파생상품의 매매에 관하여 그 매매가 성황을 이루고 있는 듯이 잘못 알게 하거나, 그 밖에 타인에게 그릇된 판단을 하게 할 목적으로 다음 각 호의 어느 하나에 해당하는 행위를 하여서는 아니 된다.

1. 자기가 매도하는 것과 같은 시기에 그와 같은 가격 또는 약정수치로 타인이 그 증권 또는 장내파생상품을 매수할 것을 사전에 그 자와 서로 짠 후 매도하는 행위(통정매도)
2. 자기가 매수하는 것과 같은 시기에 그와 같은 가격 또는 약정수치로 타인이 그 증권 또는 장내파생상품을 매도할 것을 사전에 그 자와 서로 짠 후 매수하는 행위(통정매수)
3. 그 증권 또는 장내파생상품의 매매를 함에 있어서 그 권리의 이전을 목적으로 하지 아니하는 거짓으로 꾸민 매매를 하는 행위(가장매매)
4. 제1호부터 제3호까지의 행위를 위탁하거나 수탁하는 행위

② 누구든지 상장증권 또는 장내파생상품의 매매를 유인할 목적으로 다음 각 호의 어느 하나에 해당하는 행위를 하여서는 아니 된다.

1. 그 증권 또는 장내파생상품의 매매가 성황을 이루고 있는 듯이 잘못 알게 하거나 그 시세(증권시장 또는 파생상품시장에서 형성된 시세, 다자간매매체결회사가 상장주권의 매매를 중개함에 있어서 형성된 시세, 그 밖에 대통령령으로 정하는 시세를 말한다. 이하 같다)를 변동시키는 행위 또는 그 위탁이나 수탁을 하는 행위

2. 그 증권 또는 장내파생상품의 시세가 자기 또는 타인의 시장 조작에 의하여 변동한다는 말을 유포하는 행위

3. 그 증권 또는 장내파생상품의 매매를 함에 있어서 중요한 사실에 관하여 거짓의 표시 또는 오해를 유발시키는 표시를 하는 행위

자본시장법 제178조(부정거래행위 등의 금지)

① 누구든지 금융투자상품의 매매(증권의 경우 모집·사모·매출을 포함한다. 이하 이 조 및 제179조에서 같다), 그 밖의 거래와 관련하여 다음 각 호의 어느 하나에 해당하는 행위를 하여서는 아니 된다.

2. 중요사항에 관하여 거짓의 기재 또는 표시를 하거나 타인에게 오해를 유발시키지 아니하기 위하여 필요한 중요사항의 기재 또는 표시가 누락된 문서, 그 밖의 기재 또는 표시를 사용하여 금전, 그 밖의 재산상의 이익을 얻고자 하는 행위

살피건대, 이 사건에서 법원이 2000. 8. 3.자 공시에 대하여 구 증권거래법 제188조의4 제4항 제2호 〈허위문서 이용 오해유발행위〉가 아니라 제188조의4 제2항 제3호를 적용한 것은 이례적이고, 허위표시와 관련된 실무에서 일반적으로 구 증권거래법 제188조의4 제4항 제2호 〈허위문서 이용 오해유발행위〉가 적용되는 것과는 괴리가 있다. 법원은 불고불리의 원칙에 따라 검사가 기소한 공소사실대로 판단한 것으로 보이는데, 허위표시와 관련된 실무와 달리 구 증권거래법 제188조의4 제2항 제3호를 적용하였다고 하더라도 적용법조에 문제가 있는 것은 아니다.

다만, 구 증권거래법과 현행 자본시장법에서 시세조종행위를 규율하는 규정과 사기적 부정거래행위를 규율하는 규정은 체계적으로 구분되어 있으므로, 사실상 동일한 행위와 관련된 내용을 시세조종행위를 규율하는 규정과 사기적 부정거래행위를 규율하는

규정에 각각 배치하는 것이 타당한지에 대한 의문이 있다. 시세조종행위는 상장증권 등에 대하여 부정한 매도·매수주문을 통하여 그 시세를 조작하려는 것이고, 사기적 부정거래행위는 부정한 매도·매수주문 외의 방법으로 상장증권 등의 시세를 조작하려는 것으로 인식되는 것이 일반적이다. 그러한 관점에서 볼 때, 허위의 공시 또는 허위의 보도자료 배포 등을 통하여 상장증권 등의 시세를 조작하려는 행위에 대해서는 시세조종행위보다는 사기적 부정거래행위로 의율하는 것이 체계 정합적이라고 판단된다.

현행 자본시장법을 기준으로 할 때, 시세조종행위를 규율하는 자본시장법 제176조의 적용대상은 ⅰ) 상장증권 또는 장내파생상품의 ⅱ) 매매와 관련된 것인 반면, 사기적 부정거래행위를 규율하는 자본시장법 제178조의 적용대상은 ⅰ) 금융투자상품의 ⅱ) 매매, 그 밖의 거래와 관련된 것으로서 거래장소의 제한이 없을 뿐만 아니라 매매 이외의 다양한 거래유형을 포함하고 있다.

이와 관련하여 비상장주식의 매매에 있어서 향후의 상장 가능성을 염두에 두고 비상장주식의 미래 투자가치에 대한 오해를 유발하기 위하여 허위표시(허위사실 유포 등)와 같은 부정한 방법을 동원하는 경우가 있고, 비상장주식의 매매가 아니라 담보제공을 통한 자금 조달에 있어서도 동일한 문제가 발생할 수 있는데, 이때에는 시세조종행위를 규율하는 자본시장법 제176조가 적용될 수 없다.

허위표시(허위사실 유포 등)를 규율함으로써 일반 투자자들을 보호하여야 한다는 측면에서 볼 때, 그 규제대상이 '상장증권 또는 장내파생상품의 매매'에 국한되는 것보다는 '금융투자상품의 매매, 그 밖의 거래'까지 확대되는 것이 타당하다고 판단되고, 향후 입법을 통하여 시세조종행위를 규율하는 규정 중 사기적 부정거래행위를 규율하는 규정과 비교하여 그 내용 및 형식이 유사한 부분을 삭제하는 방향으로 정리할 필요가 있다고 생각된다.

(2) 구 증권거래법 제188조의4 제2항 제3호의 허위표시에의 해당 여부

구 증권거래법 제188조의4 제2항 제3호는 "당해 유가증권의 매매에 있어서 중요한 사실에 관하여 고의로 허위의 표시 또는 오해를 유발하게 하는 표시를 하는 행위"를 금지하는데, 여기서 '중요한 사항'은 구 증권거래법 제188조의4 제4항 제2호 〈허위문서 이용 오해유발행위〉의 '중요한 사항'과 동일하게 보아야 한다.

이와 관련하여 대법원은 '중요한 사항'이 당해 법인의 재산·경영에 관하여 중대한 영향을 미치거나 유가증권의 공정거래와 투자자 보호를 위하여 필요한 사항으로서 투자자의 투자판단에 영향을 미칠 수 있는 사항을 의미한다고 정의하였다.[260]

살피건대, 유가증권 매매에 있어서 미화 3,000만 불 규모의 해외 BW 발행이 성사된다는 것은 기업에 대한 신용이나 수익성 등이 해외 금융시장에서 인정받은 것이 되어 주식의 가치가 상승할 것으로 기대할 수 있는 것이므로, 3,000만 불 규모의 해외 BW 발행의 성사 여부는 투자자의 투자판단에 영향을 미칠 수 있는 '중요한 사항'에 해당한다고 할 것인바, 그와 같은 전제하에서 구 증권거래법위반죄를 인정한 법원의 판단은 타당하다.

나. 2000. 8. 8.자 보도자료 배포에 관하여

이 사건에서 법원은 피고인이 'A사가 3,000만 불 규모의 해외 BW 발행에 성공하였다.'라는 내용의 보도자료를 배포하여 각 언론에 보도되게 한 행위에 대하여 구 증권거래법 제188조의4 제4항 제1호 〈허위사실 유포행위〉가 아니라 제188조의4 제2항 제3호를 적용하였다.

이와 관련하여 법원은『같은 해 8. 3. 및 같은 달 8. 이 부분 범죄사실 기재와 같이 A사가 미화 3,000만 불 규모의 해외 BW를 발행하였다는 내용으로 각 공시한 사실』이라고

260 대법원 2009. 7. 9. 선고 2009도1374 판결

판시함으로써 2000. 8. 8.자 보도자료 배포를 2000. 8. 3.자 공시와 동일한 관점으로 판단하였다.

구 증권거래법 제188조의4 제2항 제3호가 "당해 유가증권의 매매에 있어서 중요한 사실에 관하여 고의로 허위의 표시 또는 오해를 유발하게 하는 표시를 하는 행위"를 금지한 반면, 구 증권거래법 제188조의4 제4항 제1호는 "부당한 이득을 얻기 위하여 고의로 허위의 시세 또는 허위의 사실 기타 풍설을 유포하거나 위계를 쓰는 행위"를 금지하고 있는바, 명문의 규정상으로는 각기 다른 행위를 규율하는 것처럼 보인다. 즉, 구 증권거래법 제188조의4 제2항 제3호는 '유포'가 아니라 '표시'에 주안점을 두고 있기 때문에, 구 증권거래법 제188조의4 제2항 제3호가 언론보도를 통한 허위사실 유포를 포섭하지 못하는 것은 아닌지 해석상 의문이 제기될 여지가 있는 것이다.

이에 대하여 대법원은 구 증권거래법 제188조의4 제4항 제1호 〈허위사실 유포행위〉가 구 증권거래법 제188조의4 제4항 제2호 〈허위문서 이용 오해유발행위〉와 함께 구 증권거래법 제188조의4 제1항 내지 제3항에 대한 일반규정으로서의 성격을 갖는다고 판시하였다.[261]

살피건대, 이 사건에서 법원이 2000. 8. 8.자 보도자료 배포에 대하여 구 증권거래법 제188조의4 제4항 제1호 〈허위사실 유포행위〉가 아니라 제188조의4 제2항 제3호를 적용한 것은 이례적이고, 보도자료 배포와 관련된 실무에서 일반적으로 구 증권거래법 제188조의4 제4항 제1호 〈허위사실 유포행위〉가 적용되는 것과는 괴리가 있다.

법원은 불고불리의 원칙에 따라 검사가 기소한 공소사실대로 판단한 것으로 보이는데, 피고인이 'A사가 3,000만 불 규모의 해외 BW 발행에 성공하였다.'라는 내용의 보도자료를 배포하여 각 언론에 보도되게 하는 과정에서 보도자료에 허위의 표시를 한 것으로 보아 구 증권거래법 제188조의4 제2항 제3호의 "고의로 허위의 표시 또는 오해를 유

261 대법원 2003. 9. 2. 선고 2003도3455 판결

발하게 하는 표시를 하는 행위"로 포섭될 수 있으므로, 보도자료 배포와 관련된 실무와 달리 구 증권거래법 제188조의4 제2항 제3호를 적용하였다고 하더라도 적용법조에 문제가 있는 것은 아니다.

다만, 이 사건과 같이 보도자료를 이용하여 허위사실을 '유포'하는 경우에는 실무적으로 구 증권거래법 제188조의4 제4항 제1호 <허위사실 유포행위>로 의율하고, 금융위원회 전자공시시스템을 통하여 허위내용을 '표시(공시)'하는 경우에는 구 증권거래법 제188조의4 제4항 제2호 <허위문서 이용 오해유발행위>로 의율하는 것이 일반적이다. 이와 관련하여 법원은 보도자료를 이용하는 경우 구 증권거래법 제188조의4 제4항 제1호 <허위사실 유포행위>에 해당한다고 판시한 것이 다수이기는 하나, 구 증권거래법 제188조의4 제4항 제2호 <허위문서 이용 오해유발행위>에 해당한다고 판시한 경우도 있다.[262]

한편, 자본시장법 제178조 제2항은 풍문의 유포만을 금지한 채 허위사실의 유포를 삭제하였고, 자본시장법 제178조 제1항 제2호 <중요사항 거짓문서 등 이용행위>는 "문서, 그 밖의 기재 또는 표시"라고 규정함으로써 허위표시의 수단을 문서로 제한하지 않고 있는바, 현행 자본시장법하에서 허위사실의 유포는 자본시장법 제178조 제1항 제2호 <중요사항 거짓문서 등 이용행위>의 '거짓의 기재 또는 표시'로 처벌할 수 있을 것이다.

이와 관련하여 현행 자본시장법에서 시세조종행위를 규율하는 규정과 사기적 부정거래행위를 규율하는 규정은 체계적으로 구분되어 있고, 허위표시(허위사실 유포 등)를 규율함으로써 일반 투자자들을 보호하여야 한다는 측면에서 볼 때, 그 규제대상이 '상장증권 또는 장내파생상품의 매매'에 국한되는 것보다는 '금융투자상품의 매매, 그 밖의 거래'까지 확대되는 것이 타당하다고 판단되고, 향후 입법을 통하여 시세조종행위를 규율하는 규정 중 사기적 부정거래행위를 규율하는 규정과 비교하여 그 내용 및 형식이 유사한 부분을 삭제하는 방향으로 정리할 필요가 있다고 생각된다.

262 서울지방법원 서부지원 2001. 12. 6. 선고 2001고단2003, 2099, 2111, 2401, 2854, 2855, 2988, 2999(병합) 판결〈19번_가짜 학력 홍보 및 매출 조작 유상증자 사건〉

18

명문대 출신 <벤처황제> 허위공시 사건

Ⅰ. 사건의 진행 경과

일시	행위
2002. 10. 18.	- 피고인을 비롯한 甲, 乙, 丙, 丁 5인(이하, '피고인 등')은 피고인의 주도로 본인들 명의 및 차명을 이용한 10인 명의로 본래 섬유제조업체였던 A사 대주주와 경영권 양도·양수계약을 체결하면서 A사의 경영권을 인수함.
2002. 10. 31.	- 피고인은 A사의 주식 인수자금을 조달하기 위하여 B저축은행으로부터 변제기를 1년 후로 하여 16억원을 차용하면서 A사의 주식을 B저축은행에게 담보로 제공함.
2002. 11. 4.	- 피고인 등은 A사 대주주로부터 A사 주식 900,700주[263]를 주당 11,700원에 인수함으로써 A사의 최대주주가 위 10인으로 변경됨. - 피고인은 이때부터 A사의 사장으로 자신의 부(父)를 등기이사로 등재시킨 후 A사를 실질적으로 경영함. - 피고인은 A사의 주식 인수자금을 조달하기 위하여 개인 C로부터 변제기를 6개월 후로 하여 15억원을 차용하면서 A사의 주식을 C에게 담보로 제공함.
2002. 11. 6.	- A사는 피고인 등 10인 앞으로 1,056,000주에 대하여 주당 7,000원에 제3자 배정 유상증자를 실시하였고, 그 결과 위 10인 명의의 보유지분은 甲 34.7%, 피고인과 乙 각 8.2% 등 합계 77.7%를 차지하게 됨.

263 발행주식 총수의 61.6%, 이 중 피고인 지분은 94,448주

2002. 11. 말경 ~ 12. 초경	- 피고인은 甲에게, 피고인이 과거에 설립한 엔터테인먼트 회사들의 각 주식을 매도하면서 이를 차명으로 인수하도록 권유함. - 또한, 甲이 보유하고 있던 기존의 다른 주식들도 차명으로 전환케 함.
2002. 11. 28.	- A사의 주가가 계속하여 상한가를 기록하자 일각에서 M&A로 인한 시세차익 실현 가능성에 관한 의혹이 제기됨. - 이에 丙이 "주식 공동보유자 간에 6개월간 주식을 매각하지 않는 협정을 체결하자"고 제의하였고, 이에 피고인 등은 모두 위 제안에 동의하여 '주주간 매각 제한 협약'을 체결함. - 乙은 뉴스방송을 통해 "79% 지분을 갖고 있는 주주들이 6개월 동안 주식을 매각하지 않기로 주주협약을 맺었기 때문에 일부에서 있었던 M&A 의혹은 있을 수 없다"는 취지의 발표를 함. - 피고인 등이 보유 또는 관리하던 A사 주식 중 일부는 이미 차입금에 대한 담보로 제공되어 그 처분권이 타인에게 있었던 상태였음.
2002. 12. 11.	- 피고인 등은 A사가 엔터테인먼트 지주회사로 발돋움한다는 명목하에 이사회를 열어 자회사 인수에 관한 안건을 상정하고 결의함. - 이때, 매수대금은 총 114억 5,000만원으로, A사 자본금 125억 9,000만원의 약 91%에 달함.

II. 관련 조문

구 증권거래법 제188조의4(시세조종등 불공정거래의 금지)

④ 누구든지 유가증권의 매매 기타 거래와 관련하여 다음 각호의 1에 해당하는 행위를 하지 못한다.

1. 부당한 이득을 얻기 위하여 고의로 허위의 시세 또는 허위의 사실 기타 풍설을 유포하거나 위계를 쓰는 행위
2. 중요한 사항에 관하여 허위의 표시를 하거나 필요한 사실의 표시가 누락된 문서를 이용하여 타인에게 오해를 유발하게 함으로써 금전 기타 재산상의 이익을 얻고자 하는 행위

이 사건에서 문제된 행위는 자본시장법이 시행된 2009. 2. 4. 이전에 이루어졌으므로, 이 사건은 구 증권거래법이 적용되었다.

III. 쟁점

1. 구 증권거래법 제188조의4 제4항 제1호 위반 여부에 관하여

가. 〈위계 이용행위〉 해당 여부

이 사건에서 피고인은 자금력 있는 투자자인 甲 등과 모 증권사 회장을 역임한 재계의 거물로 알려진 乙을 내세워 A사를 인수하였다. 그 후 일각에서 M&A로 인한 시세차익 실현 의혹을 제기하였고, 이에 피고인 등은 공동보유자 간 6개월 동안 주식 매각을 제한하는 내용의 협약을 체결하였다. 그러나 실제로 피고인 등이 보유 또는 관리하던 A사 주식 중 일부는 이미 차입금에 대한 담보로 제공되어 그 처분권이 타인에게 있었던 상태였다.

그럼에도 불구하고 피고인은 '대주주들이 구주를 6개월간 매각하지 않기로 주주협약을 맺었기 때문에 M&A 의혹은 없다'라고 뉴스 방송에 보도되도록 하여, 마치 공동 보유 주식이 처분되지 않을 것처럼 보인바, 이것이 구 증권거래법 제188조의4 제4항 제1호 〈위계 이용행위〉에 해당하는지 검토가 요구된다.

나. 〈허위사실 유포행위〉 해당 여부

이 사건에서 피고인은 A사를 인수한 후 엔터테인먼트 지주회사를 표방하면서 10개의 자회사를 인수하였는데, 실제로 피인수 기업 대부분은 적자를 실현하고 있었을 뿐만 아니라 자본금 납입을 가장하여 설립되거나 사실상 페이퍼컴퍼니 수준의 회사가 포함되어 있었다.

그럼에도 불구하고, 자회사 인수를 주도하던 피고인은 乙로 하여금 'A사가 자회사로 인수한 10개 기업은 각 분야에서 1위를 달리는 대표적인 엔터테인먼트 회사이며 현재 모두 흑자를 거두고 있는 알짜기업이기 때문에 기업가치가 매우 높다'는 취지로 언론과의 인터뷰를 하도록 하여 같은 내용의 기사가 신문에 보도된바, 이것이 구 증권거래법 제188조의4 제4항 제1호 〈허위사실 유포행위〉에 해당하는지 검토가 요구된다.

2. 구 증권거래법 제188조의4 제4항 제2호 위반 여부에 관하여

이 사건에서 A사는 자회사로 10개 회사를 동시에 인수하였는데, 그 중 7개 회사는 임원인 피고인, 최대주주인 甲이 위 7개 회사에 대하여 차명으로 보유하고 있던 각 지분을 A사가 매수하는 방법으로 인수하였다. 따라서 본래 '최대주주등과의 거래'로 공시하여야 함에도 불구하고 피고인은 A사의 자회사 인수를 '타법인 출자'로 공시되도록 한바, 이는 주요사항보고서에 허위의 사실을 기재한 것으로 볼 수 있는데, 이러한 행위가 구 증권거래법 제188조의4 제4항 제2호 〈허위문서 이용 오해유발행위〉에 해당하는지 여부가 문제된다.

한편, 위와 같은 주요사항보고는 다트(Dart)라는 전자공시시스템을 통해 이루어지고, 그것이 PC 등을 통해 일반인에게 열람이 되는 구조이다. 즉, 우리가 열람할 수 있는 주요사항보고는 전자화된 정보가 컴퓨터 화면을 통해 구현되는 것이다. 그런데, 구 증권거래법 제188조의4 제4항 제2호 〈허위문서 이용 오해유발행위〉에서는 '문서를 이용하여' 타인의 오해를 유발하는 행위를 규제하고 있는바, 이와 같이 전자화된 정보가 컴퓨터 화면을 통해 구현되는 것이 '문서를 이용'하는 것에 해당하는지 여부를 논의의 전제로서 우선 살펴볼 필요가 있다.

3. 위반행위로 인하여 얻은 이익의 범위(부당이득액의 산정)에 관하여

이 사건에서 피고인이 위반행위로 얻은 이익의 범위, 즉 부당이득액의 산정과 관련하여 제1심 법원과 항소심 법원은 판단을 달리하였다. 즉, 제1심법원은 피고인이 A사의 주가가 상승한 이후에도 A사의 주식을 처분하지 않은 채 계속하여 보유하고 있었던 부분을 미실현이익으로 계산하여 부당이득액을 산정한 반면, 항소심법원은 다른 요인들을 배제한 채 이 사건 허위공시만으로 A사의 주가가 상승되었다고 단정할 수 없다는 취지의 판단을 한 것이다. 이는 구 증권거래법 상 부당이득의 인과관계에 관한 논의로 각 심급별 판단 요지와 타당성에 대한 검토가 요구된다.

IV. 각 쟁점에 대한 평석

1. 구 증권거래법 제188조의4 제4항 제1호 위반 여부에 관하여

가. <위계 이용행위> 해당 여부

(1) 법원의 판단

'위계'해당 여부와 관련하여, 제1심법원[264]은『주주간 매각 제한 협약이 있었음에도 불구하고 일부 주식이 6개월 내에 처분된 사실은 인정되나, 주주간 협약을 체결하게 된 동기, 이를 제안하고 결정하게 된 경위 등에 비추어 피고인을 비롯한 주주들이 담보로 제공된 주식이 반대매매될 수도 있다는 가능성이 있다는 것을 고의로 숨기고 매각 제한 합의를 하였다고 보기는 어렵고, 따라서 이러한 합의가 주가에 부정한 영향을 미쳐 부당한 이익을 얻고자 하는 '위계'에 해당한다고 보기 어렵다』고 판단하였다. 구체적인 논거는 다음과 같다.

264 서울중앙지방법원 2005. 3. 25. 선고 2004고합1255 판결

피고인 등의 주식은 주식 인수 대금을 차입하면서 담보로 제공된 것으로서 그 중 J의 경우 차용기간이 3개월에 불과하였고, 담보로 제공된 주식은 계약의 일반원칙에 따라 차용인이 의무를 이행하지 않거나 담보가치가 하락할 경우 반대매매할 수 있는 조건이었던 점,

비록 담보권자에 의하여 반대매매가 가능한 상황이라고 하더라도, 이는 어디까지나 채무불이행, 주가의 하락 등과 같은 사정이 있을 때에나 현실화될 문제인 점,

C가 피고인으로부터 담보로 제공받은 주식을 처분한 것이 피고인의 의사에 따른 것이라도 단정하기 어렵고, 피고인을 포함한 주주들은 실제로 자신이 주식을 처분하지 않을 의지를 가지고 있었던 것으로 보이는 점.

검사는 이러한 제1심의 결과에 대하여 항소하지 않아 제1심법원의 판단이 그대로 확정된 것으로 확인된다.

(2) 평석

사기적 부정거래에 해당하는 '위계'의 개념에 대하여는 견해가 대립하는데, '위계'가 ▲ 형법 상 사기죄와 동일한 개념이라는 학설도 있지만, ▲ 형법에서 기망행위와 위계는 구분한다는 점, 위계는 기망과 유혹을 포함하는 개념이라는 점에서 '위계'는 사기죄의 기망행위보다는 보다 넓은 개념으로 보아야 한다는 학설이 대립한다.

대법원은 '위계'의 해석과 관련하여, 『'위계'란 거래 상대방이나 불특정 투자자를 기망하여 일정한 행위를 하도록 유인할 목적의 수단, 계획, 기교 등을 말하고, '기망'이란 객관적 사실과 다른 내용의 허위사실을 내세우는 등의 방법으로 타인을 속이는 것을 의미한다』고 판시[265]한바 있고, 다수의 사례[266]에서 일관된 태도를 보이고 있다.

---

265 대법원 2010. 12. 9. 선고 2009도6411 판결 등

266 〈1번_론스타 사건〉에서 감자(減資, 주식회사나 유한회사가 결손을 보전하거나 과대 자본을 시정하기 위하여 법원에 등록되어 있는 자본의 총액을 줄이는 일)할 법적·경제적 여건을 갖추고 있지 않거나 임직원이 감자 검토 및 추진 의사가 있지 않았는데도 감자 등의 검토계획의 공표에 나아간 경우 이를 '위계'행위로 본 적이 있다.

'위계'의 개념에 관한 대법원의 일관된 입장이 일응 타당해 보이며, 이 사건의 경우 피고인 등이 담보로 제공한 주식은 그 처분이 필연적으로 예정되어 있던 것이 아니고, 계약의 일반원칙에 따라 채무불이행 등 제한적 상황에서'만' 담보권자에 의한 반대매매가 가능했던 점, 피고인 등이 '주주간 매각제한 협정'을 했기 때문에 문제된 주식이 처분되지 않은 것이 아니라 담보로 제공되어 있기 때문에 주식이 처분되지 않은 것이라고 하더라도 그 실제적인 효과는 동일한 점, 아울러 피고인 등은 사실 해당 주식을 처분하려고 하는 의도를 가졌음에도 위와 같은 '주주간 매각제한 협정'이라는 것을 내세워 다른 사람을 속이려고 했다면 '위계'의 성립가능성은 있지만, '주주간 매각제한 협정'을 한 경위를 보면 피고인들이 해당 주식을 처분하려고 하는 의도가 있었다고 단정할 수 없는 점, 따라서 피고인 등이 애초부터 기망의 의도를 가지고 매각 제한 협의를 한 것으로 단정할 수는 없고, 실제로 피고인을 포함한 주주들이 스스로 주식을 처분한 사실이 없는 점 등 사정을 고려할 때, 피고인의 행위가 구 증권거래법 제188조의4 제4항 제1호 〈위계 이용행위〉에서 금지하는 '위계'에 해당한다고 볼 수는 없다. 따라서 이 부분 공소사실을 무죄로 본 법원의 판단이 타당하다고 보인다.

나. 〈허위사실 유포행위〉 해당 여부

(1) 법원의 판단

'허위사실 유포' 해당 여부와 관련하여, 제1심법원은 『법정에 현출된 증거만으로는 피고인이 乙에게 기사 내용과 같은 취지의 말을 했다거나 그와 같은 내용이 적힌 자료를 제공했다고 보기는 어렵고, 나아가 乙이 언론과 인터뷰를 하는 과정에서 그 내용을 전하거나 혹은 A사 전략기획실 내지 피고인이 인터뷰 자료를 언론에 직접 제공함으로써 해당 보도가 행해진 것인지 또한 의문이 든다』고 보았다.

결국, 피고인이 乙을 이용하거나 그를 부추겨 허위의 사실을 유포하게 하였다고 보기는 어렵다고 판단하였는데, 그 구체적인 논거는 다음과 같다.

피고인의 말을 그대로 언론에 전달했다는 乙의 진술에 의하더라도, "업계 1위니, 알짜기업이니" 하는 말은 하지 않았고, 단지 전략기획실에서 인터뷰 내용을 정리하여 언론사에 제공한 것으로 안다고 진술하고 있는 점,

언론과 접촉하는 등 대외적인 활동을 담당했던 乙이 언론과 인터뷰를 하면서 다소 부풀린 표현을 사용하였을 가능성이 있는 점,

乙은 과거 증권사의 대표이사로 재직하는 등 재계에서 풍부한 경력과 경험을 소유한 자로서 자회사의 가치에 대하여 모두 업계 1위에 해당하는 회사라고 믿었다고 보기는 어려운 점,

평소 피고인이 乙에게 피인수 회사의 가치를 다소 과장되게 표현하고 미래가치를 부풀려 알려주었다고 하더라도 그와 같은 행위만으로 乙이 언론에 그와 같은 내용을 발표하게 하여 허위의 사실을 유포할 고의가 있었다고 보기도 어려운 점.

검사는 이러한 제1심의 결과에 대하여 항소하지 않아 제1심법원의 판단이 그대로 확정된 것으로 확인된다.

(2) 평석

대법원은 '허위사실 유포'와 관련하여『언론을 통하여 기업의 사업 추진 현황이나 전망 등에 관한 인터뷰 기사 등이 보도되도록 한 경우, 그것이 단순히 사업과 관련된 의견 또는 평가, 단순한 홍보성 발언에 불과한 것이 아니라, 구 증권거래법 제188조의4 제4항 제1호 〈허위사실 유포행위〉에 정한 허위의 사실을 유포하는 행위에 해당하는지 여부는 위 조항의 취지를 염두에 두고 행위자의 지위, 해당 기업의 경영 상태와 그 주가의 동향, 인터뷰 및 보도 내용의 구체적인 표현과 전체적인 취지, 보도의 계기 및 그 계속·반복성 여부, 보도 내용과 관련된 기업의 여러 실제 사정 등을 전체적·종합적으로 고려하여 객관적인 기준에 의하여 판단하여야 한다』고 판시[267]하고 있다.

---

267 대법원 2009. 7. 9. 선고 2009도1374 판결

다만, 이 사건에서는 피고인이 실제로 乙에게 보도내용과 같은 발언, 즉 'A사가 자회사로 인수한 10개 기업은 각 분야에서 1위를 달리는 대표적인 엔터테인먼트 회사이며 현재 모두 흑자를 거두고 있는 알짜기업이기 때문에 기업가치가 매우 높다'는 취지의 말을 한 적이 있는지, 또한 乙 역시 언론과의 인터뷰 과정에서 동일한 취지의 말을 한 적이 있는지 여부가 쟁점이 된 것으로 보이고, 법원의 판단에 의하면 이러한 점들을 인정할 만한 객관적 증거가 충분히 현출되지 않았던 것으로 보인다.

이 사건 제1심 판결문을 살펴보면, 피고인이 위와 같은 말을 乙에게 했다고 인정할 만한 증거가 없음은 물론, 인터뷰 당사자인 乙 스스로도 단지 '앞으로 미래가 밝고 굉장히 가능성 있는 나름대로 업계에서 잘 나가는 회사'라는 취지로 말했을 뿐이라고 법정에서 진술한 것으로 보인다. 가사 피고인이 유사한 취지로 乙에게 말한 사실이 있다고 하더라도, 그것만으로 피고인이 언론발표를 미리 예상하고 乙을 이용하거나 그를 부추겨 허위의 사실을 유포하게 하였다고 단정할 수는 없다. 따라서 제1심 법원의 판단이 타당하다고 본다.

2. 구 증권거래법 제188조의4 제4항 제2호 위반 여부에 관하여

가. '문서의 이용' 해당 여부

구 증권거래법 제188조의4 제4항 제2호 〈허위문서 이용 오해유발행위〉는 유가증권의 매매 기타 거래와 관련하여 "중요한 사항에 관하여 허위의 표시를 하거나 필요한 사실의 표시가 누락된 문서를 이용하여 타인에게 오해를 유발하게 함으로써 금전 기타 재산상의 이익을 얻고자 하는 행위"를 금지하고 있는바, 그 행위의 매체는 문서에 국한되고, 제2호 위반행위에 해당하기 위해서는 '문서의 이용'이라는 요건이 충족되어야 한다.[268]

268 대법원 2010. 12. 9. 선고 2009도6411 판결

앞서 본 글 서두의 쟁점에서 언급한 바와 같이 '주요사항보고'는 종이 문서의 형태로 보고되는 것이 아니라 전자화된 정보를 전자공시시스템(Dart)에 올리는 방식으로 진행된다.

기존에 이러한 공시의무를 위한 보고는 종이 문서로 진행되다가, 금융감독위원회는 1999. 2.경 「전자문서에의한신고등에관한 규정」을 제정하고 사업연도가 1998년 12월 31일 이후에 종료되는 주권상장법인의 사업보고서 및 반기보고서 등의 일반 공시서류와 감사종료보고서에 대하여 전자공시를 시행하기로 하였다. 이는 당시 공시서류의 양적 팽창, 인터넷의 광범위한 사용으로 인해 전자공시시스템에 대한 필요성이 시급하게 요청된 데서 연유한 것이다.

이에 따라, 전자화된 정보의 형태로 신고하는 것을 종이 문서의 형태로 신고하는 것과 동일한 효력을 부여하는 법적 보강이 필요하였고, 1997. 1. 13. 구 증권거래법 제194조의2에 전자문서의 방식으로 신고서, 보고서, 기타 서류를 제출하는 경우에도 적법한 신고가 된다는 규정을 삽입하였다.

즉, 구 증권거래법 제194조의2에는 "이 법에 의하여 금융위원회 · 증권선물위원회 또는 거래소에 신고서·보고서 기타 서류 또는 자료 등을 제출하는 경우에는 대통령령이 정하는 바에 따라 전자문서의 방법에 의할 수 있다"라고 규정되어 있다.

따라서, 구 증권거래법 제194조의2가 전자문서를 문서제출의 방법 중 하나로 규정하고 있다는 점을 고려할 때, 이 사건에서 피고인이 금융위원회 전자공시시스템을 통하여 전자문서의 방식으로 주요사항보고서를 공시한 것 역시 '문서의 이용'에 해당한다고 봄이 타당하다.

나. <허위문서 이용 오해유발행위> 해당 여부

(1) 법원의 판단

제1심 법원은 피고인이 A사의 자회사 인수에 관한 공시를 '최대주주등과의 거래'로 공시하여야 함에도 '타법인 출자'로 공시되도록 한 것은 A사 주식의 거래와 관련한 중요한 사항에 관하여 허위의 표시를 함으로써 일반투자자들이 A사에 대한 투자판단을 함에 있어 오해를 유발하게 한 것으로 판단하였다. 항소심 법원도 동일한 취지로 판시하였다.

한편, 이 사건에서 피고인은 일관되게 자신은 공시업무에 관여한 사실이 없고, 허위의 공시를 통해 재산상의 이익을 얻고자 할 의사도 없었다는 취지로 범의를 부인한바, 이에 대해 제1심법원, 항소심법원 모두 피고인이 A사의 주식이나 전환사채의 가격을 상승시키거나 유지시킴으로써 금전 또는 재산상의 이익을 얻을 목적으로 최대주주 등과의 거래를 은폐하는 허위의 공시를 하는 데에 주도적으로 관여하였다고 봄이 상당하고, 형식적으로 피고인이 최종 결재권자가 아니라거나 공시업무를 직접 담당하지 않았다는 사정만으로 위 허위 공시에 대한 책임을 면할 수는 없다고 판단하였다. 그 구체적인 논거는 다음과 같다.

> A사가 엔터테인먼트 지주회사로 변신하면서 자회사가 될 회사의 주식 대부분을 A사의 최대주주, 경영자, 임원 등이 보유하는 주식을 인수하는 것으로 공시될 경우, 내부자의 부당한 자기거래가 있을 수 있다는 의혹이 제기될 수 있으므로 A사의 엔터테인먼트 사업 추진을 총괄하고 있던 피고인으로서는 그와 같은 의혹을 불식시킬 필요가 있었던 것으로 보이는 점,
>
> 피고인이 채권자들에게 담보로 제공한 A사의 주식과 C에게 양도하기로 약정하고 미리 그 대금을 받은 전환사채의 가격을 상승시키거나 최소한 종전 가격대로 유지시킬 필요도 있었던 것으로 보이는 점,
>
> 피고인이 자신이 보유하고 있는 인수 대상 회사의 주식을 차명으로 전환하고 최대주주인 甲에게도

다른 인수 대상 회사들의 주식을 차명으로 전환하도록 유도한 이유를 사실대로 공시할 경우 주가형성에 중대한 영향을 미칠 것을 우려하여 최대주주 등과의 거래임을 은폐할 의도가 있었던 것이라고 보는 것 외에 별다른 합리적인 이유를 찾기 어려운 점,

피고인의 학력과 경력, 기업경영 및 주식거래의 경험, A사에서의 피고인의 지위 등에 비추어 피고인은 자회사 인수 내역에 관한 공시의 의미와 그 중요성에 관하여 잘 알고 있으면서, 차명으로 등재된 자회사들의 주주명부를 J에게 건네 줄 당시 그 등재내용대로 허위의 공시가 될 것임을 당연히 예상할 수 있었던 것으로 보이는 점

피고인은 이러한 항소심 결과에 대하여 상고하지 않아 항소심 판단이 그대로 확정된 것으로 확인된다.

(2) 평석

구 증권거래법 제188조의4 제4항 제2호 〈허위문서 이용 오해유발행위〉는 "중요한 사항에 관하여 허위의 표시를 하거나 필요한 사실의 표시가 누락된 문서를 이용하여 타인에게 오해를 유발하게 함으로써 금전 기타 재산상의 이익을 얻고자 하는 행위"를 금지하였는데, 현행 자본시장법 제178조 제1항 제2호 〈중요사항 거짓문서 등 이용행위〉는 "중요한 사항에 관하여 거짓의 기재 또는 표시를 하거나 타인에게 오해를 유발시키지 아니하기 위하여 필요한 주요사항의 기재 또는 표시가 누락된 문서, 그 밖의 기재 또는 표시를 사용하여 금전, 그 밖의 재산상의 이익을 얻고자 하는 행위"를 금지함으로써 법조문이 다소 변경되었다.

구 증권거래법 제188조의4 제4항 제2호 〈허위문서 이용 오해유발행위〉에는 '중요한 사항'이 무엇인지에 대하여 정의되어 있지 않으나, 대법원은 '중요한 사항'이 당해 법인의 재산·경영에 관하여 중대한 영향을 미치거나 유가증권의 공정거래와 투자자 보호를 위하여 필요한 사항으로서 투자자의 투자판단에 영향을 미칠 수 있는 사항을 의미한

다고 정의하였다.[269] 이와 관련하여 대법원은 주식 대량보유보고서 중 취득목적과 취득자금 조성내역이 '중요한 사항'에 해당한다고 판시한 바 있다.[270]

이 사건에서 A사의 자회사 인수와 관련하여 본래 '최대주주등과의 거래'로 공시하였어야 함이 마땅한데, 피고인은 그와 같이 공시될 경우 주가 형성에 큰 영향을 미칠 것이 우려되어 이를 은폐하기 위하여 '타법인 출자'로 공시한바, 이는 명백히 허위의 표시에 해당한다고 할 것이다. 한편, 만약 이러한 사실이 일반 투자자들에게 알려질 경우 일반 투자자의 투자의욕이 떨어지게 되어 A사의 주가에 부정적인 영향을 미칠 수밖에 없으므로 법원이 이러한 허위표시를 '중요사항'에 해당한다고 본 것은 지극히 타당하다.

또한, '최대주주등과의 거래'로 공시될 경우 일반투자자들로 하여금 A사 내부자의 부당한 자기거래가 있을 수 있다는 합리적인 의심을 살 수 있고, 이는 곧 투자 판단의 중요한 요소로 작용할 것이 분명하므로 피고인에게는 본건 허위공시의 동기가 충분하다고 보이고, 피고인 개인적으로도 채권자에게 담보로 제공한 A사의 주식과 채권자에게 양도하기로 약정하고 미리 그 대금을 받은 전환사채의 가격을 상승시킬 필요가 있었던 것으로 보이는바, 결국 허위표시에 관한 피고인의 범의 또한 존재한다고 보아야 한다.

나아가, 법원도 지적하고 있는 바와 같이, 피고인은 한국과학기술대 경영대학원 공학석사과정을 이수한 후 1999. 4. 인터넷컨설팅그룹을 설립하는 등 약관의 나이에 불구하고 일찍부터 벤처회사를 경영하여 왔고, 여러 회사의 주식을 보유하고 있었으며, 이 사건 사업을 추진하기 전에 이와 유사한 사례를 찾아 연구한 사실이 있는 등 여러 사정에 비추어 볼 때 형식적으로 피고인이 최종 결재권자가 아니라거나 공시업무를 직접 담당하지 않았다는 사정만으로 이 사건 허위공시에 대한 책임을 면할 수는 없다고 본다. 따라서 법원의 입장이 전반적으로 타당해 보인다.

---

269 대법원 2009. 7. 9. 선고 2009도1374 판결

270 대법원 2006. 2. 9. 선고 2005도8652 판결

3. 위반행위로 인하여 얻은 이익의 범위(부당이득액의 산정)에 관하여

가. 법원의 판단

제1심법원은 피고인이 이 사건 허위공시로 인해 A사의 주가가 상승한 이후에도 이를 처분하지 않은 채 계속 보유하고 있었던바, 피고인이 이 사건 부정거래행위 종료일 당시 미실현이익으로서 1,865,482,314원[271][= 94,448주(보유 주식수) × {31,500원(2002. 12. 13. 종가) - 11,700원(매수 단가)} - 4,588,086원(거래비용)]의 부당이득을 취득하였다고 판단하였다.

피고인은 항소심에 이르러 이 사건 허위공시 당시 이미 A사의 주가가 상승할 만큼 상승해 있던 상태에 있었기 때문에 다른 요인들은 배제한 채 단지 위 허위공시만으로 A사의 주가가 상승되었다고는 단정할 수 없고, 또한 위 허위공시가 주가상승에 기여한 정도를 따로 산정할 수도 없으므로 제1심의 판단은 위법하다는 취지의 주장을 한 것으로 보인다.

이에 대하여 항소심 법원은 A사 주가의 변동추이에 비추어 볼 때, 여러 다른 요인들에 의해 꾸준한 주가 상승이 이루어졌음이 인정되고, 따라서 이 사건 허위공시가 A사 주가의 상승에 얼마나 기여했는지를 검사가 제출한 증거들만으로는 구체적으로 산정할 수 없는바, A사의 주가상승이 전적으로 이 사건 허위공시로 인한 효과임을 전제로 피고인이 그로 인하여 얻은 이익액이 구 증권거래법 제207조의2 제2항[272] 소정의 가중적 처벌요건

---

271 다만, 판결문 상 인정된 부당이득액은 699,350,238원인데, 이유인 즉 검사는 C가 피고인으로부터 담보로 제공받은 A사의 주식을 2003. 4. 22.경부터 같은 해 5. 6.경까지 75,351주를 1,207,424,424원에 매도함으로써 얻은 이익 321,229,638원을 피고인의 실현이익으로 계산함으로써 피고인이 합계 금 699,350,238원의 이익을 취득하였다고 공소를 제기하였고, 이에 대해 법원이 검사가 공소제기한 방식으로 계산하더라도 피고인에게 불리하지 않으므로 위 금액에 한하여 유죄로 인정하기로 한 것이다.

272 구 증권거래법 제207조의2 (벌칙) ② 제1항 각호의 위반행위로 얻은 이익 또는 회피한 손실액이 5억원 이상인 때에는 다음의 구분에 따라 가중처벌한다. 〈신설 2002.4.27〉

1. 이익 또는 회피한 손실액이 50억원 이상인 때에는 무기 또는 5년 이상의 징역에 처한다.
2. 이익 또는 회피한 손실액이 5억원 이상 50억원 미만인 때에는 3년 이상의 유기징역에 처한다.

인 5억원을 넘는지 여부는 물론 그 이익액이 얼마인지를 따져 보는 것 자체가 불가능하다고 판단하면서 이 부분 범죄사실에 대해 (이유)무죄로 판단하였다. 그 구체적인 논거는 다음과 같다.

> A사의 경영권 양도·양수계약이 체결되고 증권업계 유명인사인 乙이 A사의 최고경영자로 영입되었다는 언론 보도가 나간 2002. 10. 19.경부터 같은 해 11. 5.자 최대주주 변경 공시, 같은 해 11. 28.자 주식매각제한협약 발표, 같은 해 12. 12.자 A사의 10개 자회사 모두 흑자를 거두고 있는 알짜기업들이라는 내용을 비롯하여 위 기간 사이에 비슷한 취지의 乙의 발표 또는 인터뷰 형식을 띤 홍보성 기사가 지속적으로 언론매체에 보도된 것만으로도, 투자자들에게는 A사가 엔터테인먼트 관련 사업에 성공적으로 진출하는 것처럼 보이는 상당한 심리적인 효과를 일으켜(이른바 CEO주가 효과) 위와 같이 꾸준한 주가 상승의 결정적인 요인이 되었다고 인정하기에 모자람이 없다고 보이고, 따라서 위 12. 12.자 언론보도와 같은 날 위와 같은 허위공시가 있었고 위 허위공시에 의한 시세조종행위의 종료일인 같은 해 12. 13. A사의 주가가 전날보다 100% 이상 상승하였다는 사정만으로는 그와 같은 주가상승에 위 허위공시가 어느 정도의 영향을 미쳤는지 검사가 제출한 증거들만으로는 그 기여도를 산정할 수 없으며, 달리 이를 알 수 있는 아무런 자료가 없다.

이러한 항소심 결과에 대하여 검사는 따로 상고하지 않았고, 따라서 대법원에서는 해당 쟁점이 더 이상 다루어지지 않았다.

나. 평석

부당이득은 부정거래행위로 인한 이익으로서 부정거래행위와의 인과관계가 인정되어야 하는데, 부정거래행위 외에 제3자의 개입, 증권시장의 상황, 그 밖에 주가에 중대한 영향을 미칠 수 있는 제반 요소가 다양하므로, 부정거래행위로 인한 부당이득액을 구체적으로 산정함에 있어서는 신중을 기하여야 한다.

이와 관련하여 대법원은『위반행위의 동기, 경위, 태양, 기간, 제3자의 개입 여부, 증권시장 상황 및 그 밖에 주가에 중대한 영향을 미칠 수 있는 제반 요소들을 전체적·종합

적으로 고려하여 인과관계가 인정되는 이익을 산정해야 한다』고 판시하였다.[273]

특히, 대법원은『주식시장에서의 정상적인 주가변동요인에 의한 주가상승분이나 위반행위자와 무관한 제3자가 야기한 주가상승분이 존재하는 등과 같은 사정이 있는 경우에는 위반행위와 인과관계가 인정되는 이익만을 따로 구분하여 산정하여야 한다』고 판시하기도 하였다.[274]

그 연장선에서 법원이 피고인의 행위와 무관한 요인에 의한 주가상승분이 존재한다고 판단되는 경우 "액수 미상의 부당이득"이라고 판시하는 사례가 다수 있다.[275]

'위반행위로 얻은 이익'은 위반행위로 인하여 발생한 위험과 인과관계가 인정되어야 한다는 상식적인 전제에서 이를 구체적으로 산정함에 있어서는 형사법의 대원칙인 책임주의를 염두에 두고 여러 제반 요소들을 전체적·종합적으로 고려하는 것이 마땅하다.

이 사건의 경우 피고인의 허위공시 행위와 무관한 다른 요인들에 의한 주가 상승분은 부당이득의 범위에서 제외되어야 함이 분명하고, 검사의 입증이 없는 이상 A사의 주가 상승에 이 사건 허위공시가 어느 정도의 영향을 미쳤는지 그 기여도를 구체적으로 산정할 수는 없다고 본다. 따라서 항소심의 판단은 형사법의 대원칙인 책임주의에 입각한 것으로서 타당하다.

---

273 대법원 2009. 7. 9. 선고 2009도1374 판결

274 대법원 2013. 7. 11. 선고 2011도15056 판결

275 서울고등법원 2018. 6. 21. 선고 2017노2969 판결, 서울고등법원 2022. 4. 29. 선고 2021노2108 판결

19

가짜 학력 홍보 및 매출 조작 유상증자 사건

Ⅰ. 사건의 진행 경과

일시	행위
2000. 3. 6.	- 피고인 甲은 신문사에 자신이 운영하는 A사에 대한 주식공모 광고를 게재하면서, A사의 자본금이 5,000만원임에도 5억원이라고 허위로 표시하고, 자신이 서울대 경영학과를 졸업하였거나 미국 하버드대 경제학박사학위를 취득하지 않았음에도 자신의 학력을 허위로 소개하였음
2000. 4. 24.	- 피고인 甲은 '신문사 광고 및 홈페이지'에 A사가 B사에 720억원 상당의 교재를 납품하기로 하였다는 허위 내용을 신규사업내용 및 향후 전망란에 기재하여 주식공모 광고를 하였음. - 그러나, 실제로 720억 상당의 납품계약을 체결한 사실이 없음
2000. 7. 26.	- 피고인 甲은 A사 사무실에서 294명의 주주들에게 회사운영상황 및 유상증자 실시에 대한 '안내문'을 송달하면서 사실은 위 회사의 매출실적 및 순이익이 각 금 2억 1,600만원 및 금 2,900만원에 불과함에도 그 안내문에 매출액 금 95억 1,900만원, 순이익 금 16억5900만원으로 허위표시 하였음.
2000. 11. 8.	- 피고인 甲은 A사 사무실에서 294명의 주주들에게 회사운영상황 및 유상증자 실시에 대한 '안내문'을 추가로 송달하면서 사실은 회사에서 세종증권을 유상증자의 주관사로 선정한 사실이 없음에도 불구하고 그 안내문에 세종증권이 주관사로 선정되어 있는 것으로 허위표시를 하였음
2000. 3. 7. ~ 2000. 12. 22.	- 피고인 甲은 2000. 3. 7. 피해자로부터 A사의 주식청약대금 명목으로 3,000,000원을 지급받은 것을 비롯하여 2000. 12. 22.경까지 피해자 21명으로부터 총 합계 금 465,708,500원을 주식청약대금 명목으로 교부받아 이를 편취하였음.

II. 관련 조문

구 증권거래법 제188조의4(시세조종등 불공정거래의 금지)

④ 누구든지 유가증권의 매매 기타 거래와 관련하여 다음 각호의 1에 해당하는 행위를 하지 못한다.

1. 부당한 이득을 얻기 위하여 고의로 허위의 시세 또는 허위의 사실 기타 풍설을 유포하거나 위계를 쓰는 행위
2. 중요한 사항에 관하여 허위의 표시를 하거나 필요한 사실의 표시가 누락된 문서를 이용하여 타인에게 오해를 유발하게 함으로써 금전 기타 재산상의 이익을 얻고자 하는 행위

일단 본 사건에서 문제되는 행위가 있었던 시점은 자본시장법이 그 효력을 발생하였던 2009. 2. 4.경 이전이므로 이 사건은 구 증권거래법이 적용되는 사건이다.

III. 쟁점

이 사건에서 피고인 甲은 A사에 대한 유상증자를 통하여, A사의 가치 및 자신이 보유한 A사의 가치를 높여 재산상 이익을 얻기 위하여, 허위 사실을 언론에 제보하여 이를 기사화하게 하거나, 허위의 사실이 포함된 안내문을 작성하여 피해자들에게 송달하였다.

피고인 甲의 행위를 구분해보면, ① 언론사에 A사의 자본금과 자신의 학력을 허위로 소개하고, 실제로는 수백억의 납품계약이 체결된 사실이 없음에도 납품계약이 체결된 것처럼 광고를 한 행위 ② 유상증자 안내문에 A사의 매출실적 및 순이익을 부풀려 기재하고, 주관사가 선정된 것처럼 허위로 기재한 행위로 나누어 볼 수 있다.

이 사건 법원은 위 피고인 甲의 행위들 전부에 대하여 구 증권거래법 제188조의4 제4항 제2호 〈허위문서 이용 오해유발행위〉에 해당한다고 판시하였다. 이와 관련하여, 〈허위문서 이용 오해유발행위〉은 허위사실이 대외적으로 공개된다는 측면에서 구 증권거래법 제188조의4 제4항 제1호 〈허위사실 유포행위〉와 유사한 측면이 있는바, 위 두 가지 범죄의 상호관계를 살펴보고, 이후 이 사건 피고인의 각 행위가 구 증권거래법 제188조의4 제4항 제1호 〈허위사실 유포행위〉에 해당하는지 아니면 구 증권거래법 제188조의4 제4항 제2호 〈허위문서 이용 오해유발행위〉에 해당하는지 여부를 검토할 필요가 있다.

IV. 각 쟁점에 대한 평석

1. 법원의 판단

제1심 법원[276]은 피고인 甲의 행위들 전부에 대하여 위 회사의 신주 발행·모집 및 유상증자를 통하여 회사 가치 및 피고인 보유 주식의 가치를 높여 재산상의 이익을 얻고자 마음먹고 각 행위들을 통하여 허위표시함으로써, 유가증권의 거래상 중요한 사항에 관하여 타인에게 오해를 유발하게 하였다고 판시하여 구 증권거래법 제188조의4 제4항 제2호의 〈허위문서 이용 오해유발행위〉에 해당한다고 판단하였다.[277]

276 서울지방법원 서부지원 2001. 12. 6. 선고 2001고단2003, 2099, 2111, 2401, 2854, 2855, 2988, 2999(병합) 판결

277 이 부분에 관하여 피고인 甲이 항소심(서울지방법원 2002. 4. 24. 선고 2001노12199 판결)에서 특별히 다투지 않아, 항소심 법원은 제1심판결의 결론을 그대로 따랐다.

2. 평석

가. <허위사실 유포행위>와 <허위문서 이용 오해유발행위> 간의 관계

이 부분에 대한 설명은 <3번_탄소나노튜브(CNT) 사건>을 참조하면 된다.

나. <허위사실 유포행위>와 <위계 이용행위> 간의 관계

구 증권거래법 제188조의4 제4항 제1호는 부당한 이익을 얻기 위해서 위계를 쓰는 행위도 규제대상으로 하고 있다.

법적인 개념에서 '위계'라 함은 유가증권의 매매 기타 거래와 관련하여 부당한 이득을 얻기 위하여 거래상대방이나 일반투자자들에게 오인, 착각 또는 부지를 일으키게 하여 이를 이용하는 일체의 것을 말한다. 이에 대하여 '위계'가 ▲ 형법 상 사기죄와 동일한 개념이라는 학설도 있지만, ▲ 형법에서 기망행위와 위계는 구분한다는 점, 위계는 기망과 유혹을 포함하는 개념이라는 점에서 '위계'는 사기죄의 기망행위보다는 보다 넓은 개념으로 보아야 한다는 학설이 대립한다.

대법원은 『'위계'란 거래 상대방이나 불특정 투자자를 기망하여 일정한 행위를 하도록 유인할 목적의 수단, 계획, 기교 등을 말하고, '기망'이란 객관적 사실과 다른 내용의 허위사실을 내세우는 등의 방법으로 타인을 속이는 것을 의미한다』고 판시[278]한 바 있다.

살피건데, 형법적인 관점에서 '위계'는 형법상 사기죄의 기망행위에 '유혹'을 포함하는 개념이다. 구 증권거래법(자본시장법에서도 마찬가지임) 상 '위계'에 '유혹'도 포함되는 개념이라고 하더라도 '위계'는 기망행위를 전제로 하여야 하여야 한다. 왜냐하면 자본시장에서 투자를 권유할 때에는 각종 장밋빛 전망을 표출하기 마련인데 장밋빛 전망 표출 자체가 투자유혹이기 때문에 자본시장에서 발생할 수 있는 대부분의 투자권유가

278 대법원 2011. 10. 27. 선고 2011도8109 판결 등 참조

'위계'에 포섭될 가능성이 있기 때문이다.

예컨대, 丙이라는 기업이 丁과 투자 MOU를 맺었다는 사실을 전제로 애널리스트가 향후 丙의 주가는 상승할 것이라고 전망을 발표했다고 할 때, 만약 MOU를 맺은 바 없음에도 MOU를 맺었다고 말하며 주가상승 전망을 이야기했다면 이는 '위계'가 있다고 평가할 수 있어도, MOU가 실제로 존재하는 것을 전제로 투자 권유 '유혹'을 한다고 해서 이를 '위계'가 있다고 보기 어렵다고 할 것인바, 따라서, 구 증권거래법 상 '위계'는 '기망행위'를 전제로 하는 개념으로 보아야 한다.

그렇다면 속인다는 개념을 전제로 하기 때문에 〈위계 이용행위〉에 해당하는 사건은 구 증권거래법 제188조의4 제4항 제1호의 〈허위사실 유포행위〉에도 해당할 때가 많고, 이렇게 두 가지의 적용법조가 충돌하는 경우, 〈위계 이용행위〉는 일반적으로 속이는 행위를 일컫는다는 점에서 일종의 '일반법'적 성질을 가지고, 〈허위사실 유포행위〉는 허위사실을 신문 등 매체를 통해 '확산'시키는 행위적 특성을 지니기 때문에 '특별법'적 지위를 가진다고 보여진다. 따라서, 어떤 행위가 위 두 가지 적용법조에 모두 해당할 경우 구 증권거래법 제188조의4 제4항 제1호 〈허위사실 유포행위〉가 먼저 성립한다고 봄이 상당하다.

다. 피고인 甲이 언론사에 A사의 자본금과 자신의 학력을 허위로 소개하고, 실제로는 수백억의 납품계약이 체결된 사실이 없음에도 납품계약이 체결된 것처럼 광고한 행위(피고인 甲의 제①행위)가 구 증권거래법 제188조의4 제4항 제1호의 〈허위사실 유포행위〉 해당 여부

피고인 甲의 제①행위와 같이 기자들에게 허위 정보를 제공하거나 허위광고를 한 경우에는 문서의 이용이 아니라 언론보도를 통하여 허위사실을 '확산'시키는 데 주안점이 있기 때문에, 구 증권거래법 제188조의4 제4항 제2호 〈허위문서 이용 오해유발행위〉보다는 구 증권거래법 제188조의4 제4항 제1호 〈허위사실 유포행위〉로 의율하는 것이 훨

씬 더 자연스럽다.[279]

피고인 甲은 A사의 대표이사로서 실질적인 매출 실적이나 영업 실적이 전무하다는 회사의 내부 사정을 잘 알고 있음에도 불구하고, 실제로는 A사의 자본금이 5천만 원에 불과함에도 자본금이 5억 원이라는 허위사실과 자신이 서울대학교 경영학과를 졸업하였거나 미국 하버드대학교에서 경제학 박사학위를 취득한 사실이 없음에도 마치 해당 학력을 보유한 것처럼 허위로 소개하는 내용의 기사가 배포되도록 하였으며, A사가 피고인 甲이 운영하는 또 다른 회사인 B사와 720억원 규모의 초등학교 영어교재 납품 계약을 체결하였다는 등의 사실과 다른 내용이 기사화하게 하거나 홈페이지에 이를 배포하였는 바, 피고인 甲의 ①행위는 허위사실의 '확산'에 초점이 맞추어져 있는 것으로 보이므로, <허위사실 유포행위>에 해당한다고 판단하는 것이 바람직해 보인다.

라. 유상증자 <안내문>에 A사의 매출실적 및 순이익을 부풀려 기재하고, 주관사가 선정된 것처럼 허위로 기재한 행위(피고인 甲의 제②행위)가 구 증권거래법 제188조의4 제4항 제2호의 허위표시 문서이용에의 해당 여부

(1) 구 증권거래법 제188조의4 제4항 제2호 <허위문서 이용 오해유발행위> 해당 여부

피고인 甲이 허위사실이 기재된 유상증자 안내문을 기존 주주들에게 배포한 것은 그 기존 주주들이 이를 다른 곳에 알릴 가능성을 배제할 수 없기 때문에 일응 구 증권거래법 제188조의4 제4항 제1호 <허위사실 유포행위>에 해당할 소지도 있고, 아울러 허위사실이 기재된 유상증자 안내문을 사용하였기 때문에 구 증권거래법 제188조의4 제4항 제2호 <허위문서 이용 오해유발행위>에도 해당할 소지가 있다.

279 한편, 자본시장법 제178조 제2항은 풍문의 유포만을 금지한 채 허위사실의 유포를 삭제하였고, 자본시장법 제178조 제1항 제2호는 "문서, 그 밖의 기재 또는 표시"라고 규정함으로써 허위표시의 수단을 문서로 제한하지 않고 있는바, 현행 자본시장법하에서 허위사실의 유포는 자본시장법 제178조 제1항 제2호의 '거짓의 기재 또는 표시'로 처벌할 수 있을 것이다. 또한, 자본시장법 제178조 제2항의 '위계의 사용'으로 처벌할 수도 있다.

앞서 살펴본 바와 같이 위 안내문은 유상증자에 참여할 것인지 여부를 기존 주주들에게 확인하는 것으로 허위사실을 '확산'하는데 주안점이 있는 것이 아니기 때문에 구 증권거래법 제188조의4 제4항 제1호 〈허위사실 유포행위〉로 의율하는 것은 적절치 않은 것으로 보인다.

한편, 유상증자는 회사에 필요한 자금을 조달함으로써 경영 안정 및 성장 기반 마련에 기여할 수 있으나, 기존 주주에게는 반드시 긍정적인 결과만을 초래하는 것은 아니고, 시가보다 낮게 신주가 발행된다면 기존 주식의 가치는 상대적으로 하락하게 되어 주주의 재산권에 불이익이 발생할 수 있을 뿐만 아니라, 기존 주주에게 주식이 배정되지 않는 경우에는 기존 주주의 회사에 대한 영향력이 감소하는 결과로 이어질 수 있다.

이와 같이 유상증자가 기존 주주의 이익의 침해할 수 있다는 점을 고려하여, 법은 주주 보호를 위한 여러 절차적 장치 중 하나로 주주에게 통지의무를 부과하고 있다. 주주배정방식의 경우에는 회사는 청약일 2주 전까지 신주인수권 미행사시 권리가 소멸된다는 내용을 통지하여야 하고, 제3자 배정 방식의 경우에도 회사가 납입기일 2주 전까지 기존 주주에게 통지하거나 공고할 의무를 부과하고 있다.

이와 같이 유상증자는 회사의 자금 조달을 위한 주요 수단으로, 그 절차의 적법성 확보를 위하여 주주에 대한 통지가 필수적 절차로 규정되어 있고, 이러한 유상증자의 통지는 회사가 법적 의무에 따라 유상증자와 관련된 주요 사항을 기재한 문서를 작성하여 주주 등에게 통지하는 절차에 초점이 맞추어져 있다고 할 것이므로, 회사가 유상증자와 관련하여 허위의 내용이 담긴 통지를 한 경우에는 구 증권거래법 제188조의4 제4항 제2호의 〈허위문서 이용 오해유발행위〉로 의율되어야 할 것이다.

상법 제418조(신주인수권의 내용 및 배정일의 지정·공고)

① 주주는 그가 가진 주식 수에 따라서 신주의 배정을 받을 권리가 있다.

② 회사는 제1항의 규정에 불구하고 정관에 정하는 바에 따라 주주 외의 자에게 신주를 배정할 수 있다. 다만, 이 경우에는 신기술의 도입, 재무구조의 개선 등 회사의 경영상 목적을 달성하기 위하여 필요한 경우에 한한다.

③ 회사는 일정한 날을 정하여 그 날에 주주명부에 기재된 주주가 제1항의 권리를 가진다는 뜻과 신주인수권을 양도할 수 있을 경우에는 그 뜻을 그 날의 2주간전에 공고하여야 한다. 그러나 그 날이 제354조제1항의 기간 중인 때에는 그 기간의 초일의 2주간전에 이를 공고하여야 한다.

④ 제2항에 따라 주주 외의 자에게 신주를 배정하는 경우 회사는 제416조제1호, 제2호, 제2호의2, 제3호 및 제4호에서 정하는 사항을 그 납입기일의 2주 전까지 주주에게 통지하거나 공고하여야 한다.

제419조(신주인수권자에 대한 최고)

① 회사는 신주의 인수권을 가진 자에 대하여 그 인수권을 가지는 주식의 종류 및 수와 일정한 기일까지 주식인수의 청약을 하지 아니하면 그 권리를 잃는다는 뜻을 통지하여야 한다. 이 경우 제416조제5호 및 제6호에 규정한 사항의 정함이 있는 때에는 그 내용도 통지하여야 한다.

② 제1항의 통지는 제1항의 기일의 2주간전에 이를 하여야 한다.

③ 제1항의 통지에도 불구하고 그 기일까지 주식인수의 청약을 하지 아니한 때에는 신주의 인수권을 가진 자는 그 권리를 잃는다.

(2) 유상증자 〈안내문〉에 A사의 매출실적 및 순이익을 부풀려 기재하고, 주관사가 선정된 것처럼 허위로 기재한 행위가 '중요한 사항'에 관하여 허위표시를 한 것으로 볼 수 있는지 여부

구 증권거래법 제188조의4 제4항 제2호에는 '중요사항'이 무엇인지에 대하여 정의되어 있지 않으나, 대법원은 '중요사항'이 당해 법인의 재산·경영에 관하여 중대한 영향을 미치거나 유가증권의 공정거래와 투자자 보호를 위하여 필요한 사항으로서 투자자의 투자판단에 영향을 미칠 수 있는 사항을 의미한다고 정의하였다.[280] 이와 관련하여 대법원은 주식 대량보유보고서 중 취득목적과 취득자금 조성내역이 '중요사항'에 해당한다고 판시한 바 있다.[281]

A사의 매출실적 및 순이익에 관한 정보는 객관적인 회사의 현재의 운영상황 및 재정상태를 알 수 있는 정보에 해당하므로 '중요한 사항'에 해당함은 명백하고, 유상증자의 주관사가 선정되었다는 사실은 일반투자자의 입장에서 보면 유상증자가 단순한 논의를 넘어서 유상증자가 구체적으로 실행되는 단계라고 인식할 가능성이 있으므로 제188조의4 제4항 제2호 〈허위문서 이용 오해유발행위〉의 '중요한 사항'에 해당한다고 할 것이다. 이와 같은 전제하에서 유상증자 통지에 A사의 매출실적 및 순이익을 부풀려 기재하고, 주관사가 선정된 것처럼 허위로 기재한 행위(피고인 甲의 제②행위)에 대하여 구 증권거래법 제188조의4 제4항 제2호의 〈허위문서 이용 오해유발행위〉의 성립을 인정한 법원의 판단은 타당하다.

라. 결론

허위 내용을 기사화화여 외부에 전파하는 행위는, 허위사실을 외부에 알리는 것에 초점이 맞추어져 있으므로 〈허위사실 유포행위〉로 평가되어야 한다. 반면에, 회사가

280 (대법원 2009. 7. 9. 선고 2009도1374 판결)

281 (대법원 2006. 2. 9. 선고 2005도8652 판결)

허위의 내용이 포함된 통지문을 작성하여 발송한 경우에는 유상증자 통지는 회사가 법적 의무에 따라 신주 발행과 관련된 주요 사항을 기재한 문서를 작성하여 주주에게 통지하는 절차에 초점이 맞추어져 있으므로 이는 <허위문서 이용 오해유발행위>로 평가함이 타당하다.

결국, 법원은 피고인의 행위를 구별하지 않고, 모두 <허위사실 유포행위>에 해당한다고 판단하였으나, 피고인의 제①행위는 구 증권거래법 제188조의4 제4항 제1호 <허위사실 유포행위>로, 제②행위는 구 증권거래법 제188조의4 제4항 제2호 <허위문서 이용 오해유발행위>에 해당한다고 판단하는 것이 타당하다고 보여진다.

3. 기타사항

이 사건에서 검사는 위와 같은 <허위사실 유포행위> 및 <허위문서 이용 오해유발행위>를 이용하여 A사가 2000. 3. 7. ~ 2000. 12. 22.까지 총 21명으로부터 합계 465,708,500원의 유상증자 대금을 수령한 부분에 대해서 이를 부당이득으로 특정하지 않았고, 법원도 부당이득 관련 판단을 하지 않았다. 이는 위 범행이 존재하는 시점에 적용되는 구 증권거래법의 경우 부당이득액수의 규모에 따라 법정형이 달라지지 않았다. 즉, 부당이득액수의 규모에 따라 법정형이 달라지는 시점은 2002. 2. 17.경 시행된 구 증권거래법 이후였던 바, 법정형을 다르게 만드는 요인이 아니었기 때문에 부당이득을 특정하는 것은 본 사건 기소의 본질적인 부분은 아니었던 것으로 보인다.

부당이득에 관한 논의에 앞서 쟁점은 1) 위와 같은 유상증자금 납입과 인과관계가 인정되는 피고인 甲의 <허위사실 유포행위> 및 <허위문서 이용 오해유발행위>는 어디까지로 보아야 할 것인지, 2) 위 유상증자 대금은 피고인 甲이 수령한 것이 아니라 A사가 수령한 것인바, 회사가 수령한 부당이득을 피고인 甲에 대한 부당이득으로 볼 수 있는지에 관한 것이다.

먼저 1)과 관련하여 문제되는 행위는 ❶ 2000. 3. 6.자 신문광고(허위사실 유포행위), ❷ 2000. 4. 24.자 신문광고(허위사실 유포행위), ❸ 2000. 7. 26.자 안내문(허위문서 이용 오해유발행위), ❹ 2000. 11. 8.자 안내문(허위문서 이용 오해유발행위)인데, ❶의 경우 과연 위와 같은 허위 광고(A사 자본금 및 학력 허위기재)를 본 기존 주주들이 그에 속아서 A사의 유상증자에 참여하였다고 보기에는 다소 지나친 측면이 있다. 즉, 기존 주주들은 A사의 매출실적에 대한 허위내용 즉 ❷, ❸, ❹을 보고 A사의 성장가능성을 높이 평가하여 위와 같은 유상증자에 나섰다고 볼 수 있다.

다음으로 2)와 관련하여 대법원은 법인의 대표자 등이 그 법인의 기관으로서 그 법인의 업무에 관하여 자본시장법 제443조에 정한 위반행위를 한 경우에는 그 위반행위로 인하여 법인이 얻은 이익도 법인의 대표자 등의 위반행위로 얻은 이익에 포함[282]되고 나아가 회사의 실질적 대표자가 회사에 대한 지배력에 기하여 회사의 주식에 대한 시세조종행위를 한 결과 생긴 이익이 회사에 귀속되었다 하더라도 그 이익을 행위자인 실질적 대표자 및 공범들이 얻은 것으로 볼 수 있다[283]고 판시한 바 있다.

최근에는 법인에게 귀속된 이익 역시 부당이득으로 본다는 대법원 판례를 자본시장법 시행령 제388조의2 별표 20의2에 규정화하였다.

그렇다면 결국 피해자들의 유상증자 참여와 인과관계가 인정되는 사기적 부정거래행위는 ❷, ❸, ❹행위일 것이고, 유상증자 참여 금액은 비록 A사가 취득했더라도 이는 피고인 甲이 취득한 부당이득으로 볼 수 있다. 그런 관점에서 보자면, ❷행위가 있었던 2000. 4. 24.자 신문광고 이후 ~ 2000. 12. 22.까지 유상증자 납입금액이 부당이득으로 산정될 수 있을 것으로 보여진다.

282 대법원 2011. 12. 22. 선고 2011도12041 판결, 대법원 2015. 6. 24. 선고 2015도2408 판결

283 대법원 2013. 7. 11. 선고 2011도15056 판결

20

매출계획 부풀리기 사건

Ⅰ. 사건의 진행 경과

일시	행위
등장인물	- 피고인 甲 : A사를 乙과 함께 인수(5:5)하여 회장으로 행세한 자, 인수 후 乙과 함께 시세조종을 통해 A사의 주가를 지속적으로 부양함. - 공소외 乙(이 사건 재판 당시 도주 중) : 피고인 甲 과 함께 A사를 인수한 뒤, 재무담당 상무이사로 취임함. 시세조종을 통해 A사의 주가를 부양하고 이후 A사 명의의 주식담보대출금 등을 횡령하여 2005. 2. 16.경 잠적함. - 피고인 丙 : 유명 가구업체 회장의 동생으로, 대만에서 PDA를 수입하는 업체인 B사를 운영하는 자. A사 인수 후 감사로 취임. - 피고인 丁 : 위 甲의 사촌으로 A사의 이사로 취임하였다가 위 乙의 도주 이후 甲과 함께 A사의 경영권을 쥐고 각종 허위 공시 행위에 가담함. - 공소외 戊 : A사의 해외업무담당 이사로 해외 영업을 담당하면서 각종 필요 서류를 해외 거래처로부터 조달하였음.
2004.초경	- 甲과 乙, 50 : 50 비율로 자금을 투입하여 하수처리기계제조업 등을 영위하던 A사를 인수하기로 약정함 - 당시 丙은 B사를 운영하면서 대만에서 PDA를 수입하여 판매하는 사업을 하고 있었는데, 乙은 丙에게 'A사 인수를 도와주면 B사의 PDA 수입 및 판매사업을 그대로 가지고 들어와 운영할 수 있도록 A사 내부에 IT사업부를 신설하여 당신에게 운영을 맡길 뿐만 아니라 충분한 자금지원을 하고 A사 명의로 다액의 신용장을 개설해주어 PDA 수입판매사업을 확장할 수 있도록 도와주겠다'고 제안함.

2004. 7. 21.	- 乙이 내세운 丙과 庚(A사의 전 대주주) 사이에 경영권 양수도 가계약이 체결됨.
2004. 8. 3.	- 甲과 乙, A사 주식 1,501,737주(발행주식 총수의 21.25%)를 전 최대주주 庚으로부터 70억원에 공동으로 인수함.
2004. 6. 2. ~ 2005. 2. 23.경	- 甲과 乙, 총 9,175회에 걸쳐 3,609,785주의 시세조종거래로 주가를 저가기준으로 2,895원에서 고가기준으로 24,950원까지 761.8% 상승시킴
2005. 1. 20.	- 丙이 A사 감사 지위에서, 금융감독원 전자공시시스템을 통하여 "텔레매틱스(PDA) 공급계약 체결, 계약상대방 : C사사, 계약체결일 : 2005. 1. 20., 납품예정일 : 2005. 1. 25., 계약금액 : 3,168,000,000원"이라는 내용 및 같은 날 15:45경 "텔레매틱스(PDA) 공급, 납품금액 : 1,520,000,000원, 납품처 : D사"라는 내용의 허위 공시(이하 '① 공시')
2005. 2. 16.	- 乙의 회사 자금 37억여 원 횡령 및 잠적
2005. 2. 17. ~	- 乙의 횡령 및 도주를 알게 된 공범들의 투매 시작으로 주가 폭락 시작(2005. 2. 17.부터 연일 하한가를 기록하여 2005. 2. 28.에는 8,190원까지 하락하였고, 2005. 9. 6.에는 3,640원까지 하락함)
2005. 2. 19. ~ 2005. 2. 20.	- 甲, 丙, 丁이 경영권을 완전히 장악하고 허위 공시 등의 방법으로 주가 하락을 방어하면서 보유주식을 매도하기 시작함. - 丙, 丁은 乙의 범행과 도주 사실을 수사기관에 고소하는 것을 적극적으로 반대. 丙은 A사의 주가를 안정화시킬 수 있는 대책을 마련하자고 하면서 주가 안정을 위하여 허위공시를 하자고 제안, 이에 丁이 동조함.
2005. 2. 22.	- 丙이 A사 감사 지위에서, 회사 돈을 횡령한 乙이 잠적한 사실이 알려질 경우 당시 보유하고 있던 A사 주식 466,371주의 가치(2005. 2. 16. 당일 종가 22,400원 총 10,446,710,400원 상당)가 폭락할 것을 우려, 호재성 허위 공시를 내어 주가하락을 막으면서 보유주식을 매도처분하기로 마음먹고 - 금융감독원 전자공시시스템을 통하여 "다국적 컴퓨터 전문회사인 E사와 텔레매틱스 단말기 독점 공급계약 체결예정, 대만에 본사를 둔 다국적컴퓨터 전문회사인 E사와 텔레매틱스단말기 국내 독점 공급계약을 체결하여 당사의 전국영업망을 통해 출시할 예정이며, 2005년 3.5인치급 텔레매틱스단말기 국내시장 점유율을 약 40 ~ 50%를 목표로 한 약 350억원의 예상매출을 기대"라는 내용으로 공시함(이하 '② 공시')

	- 甲과 丁, 호재성 허위공시를 내어 주가하락을 막으면서 보유주식을 매도처분 하기 위해,
2005. 2. 23.	- "2005년 매출계획, 매출액 850억원, 영업이익 170억원, 순이익 130억원, 2005년 매출구조(총 850억원), 국내환경사업 250억원, 해외환경사업 50억원, IT사업 400억원, 건축석자재사업 150억원, 사업별 계획 나. 해외환경사업: ...(중략) 2005년 1월 F개발건설공사와 대만의 중부과학원구 신축공사(원화 약 15억원)를 공동으로 수주하는 등 환경사업의 해외 진출 교두보를 마련하였으며, 또한 급격한 공업화로 인한 환경산업에 대한 수요가 빠르게 증가하고 있는 중국 및 동남아시아 등으로 사업을 확대해 나갈 예정임, 다. IT사업 : ...(중략) 2005년은 다국적컴퓨터 전문회사인 E사와 약 350억원의 매출이 기대되는 텔레매틱스 단말기 국내 독점 공급계약 체결예정으로 3.5인치급 텔레매틱스단말기 국내시장 점유율을 약 40~50%를 목표로 하고 있음. 라. 건축 외장재 사업 : 당사의 기존 환경설비사업와 병행하여 시작한 친환경소재를 사용한 건축 외장재 사업이며, 2004. 12. G사와 물품공급계약을 체결하는 등 기존 환경설비 사업에 부가하여 매출이 발생할 것으로 기대됨."이라는 내용으로 공시함(이하 '③ 공시')
2005. 2. 24.	- 甲과 丁, 증권선물위원회[284]로부터 당시 현저한 주가급락에 영향을 미칠만한 구체적인 사유가 있는지에 관한 조회공시를 요구받자, 위 재무담당 상무이사 乙이 위 회사 자금 37억여 원을 횡령하여 도주한 사실을 감춘 채, "당사 주권의 최근 현저한 시황변동(주가급락)에 영향을 미칠만한 현재 진행중이거나 확정된 사항은 없음"이라는 내용으로 공시함(이하 '④ 공시')

II. 관련 조문

구 증권거래법 제188조의4(시세조종등 불공정거래의 금지)

④ 누구든지 유가증권의 매매 기타 거래와 관련하여 다음 각호의 1에 해당하는 행위를 하지 못한다.

284 증권위원회는 2005. 2. 17.부터 乙의 도주 사실을 알게 된 공범들이 투매함으로써 주가가 폭락하자 이를 이상신호로 보아 A사 측에 조회공시를 요구하였던 것으로 보인다.

1. 부당한 이득을 얻기 위하여 고의로 허위의 시세 또는 허위의 사실 기타 풍설을 유포하거나 위계를 쓰는 행위
2. 중요한 사항에 관하여 허위의 표시를 하거나 필요한 사실의 표시가 누락된 문서를 이용하여 타인에게 오해를 유발하게 함으로써 금전 기타 재산상의 이익을 얻고자 하는 행위

이 사건에서 문제된 행위는 자본시장법이 시행된 2009. 2. 4. 이전에 이루어졌으므로, 이 사건은 구 증권거래법이 적용되었다.

III. 쟁점

1. 문제된 피고인들의 각 공시 내용

공시행위 주체	허위 공시 내용
丙	**2005. 1. 20.자 호재성 허위공시**(A사가 2005. 1. 20. C사와 3,168,000,000원 상당의 텔레메틱스단말기 PDA 공급계약을 체결하였다는 내용 및 같은 날 D사와도 1,520,000,000원 상당의 PDA 공급계약을 체결하였다는 내용)
丙	**2005. 2. 22.자 호재성 허위공시**(A사가 다국적 컴퓨터 전문회사인 E사와 국내 독점 PDA 공급계약을 체결하고 전국영업망을 통해 출시할 예정이며, 2005년 3.5인치급 텔레매틱스단말기 국내시장 점유율을 약 40 ~ 50%를 목표로 한 약 350억원의 예상매출이 기대된다는 취지의 내용)
甲, 丁	**2005. 2. 23.자 주가하락 방어를 위한 호재성 공시**(위 ② 공시 내용을 포함하여 2005년 매출계획 및 예상 영업이익 등 실적을 과다 기재하고, 해외 신축공사의 수주를 확정한 것처럼 기재하여 공시함)
甲, 丁	**2005. 2. 24.자 공시**(증권선물위원회의 주가 급락이유에 관한 이유를 밝히라는 취지의 조회공시에 대하여 乙의 횡령·도주 사실 보고 누락 및 '아무일 없다'는 취지로 공시함)

2. 쟁점의 정리

이 사건에서 법원은 피고인 甲, 丙, 丁의 위 ① 내지 ④ 공시 행위 전부에 대하여, 내용상으로는 구 증권거래법 제188조의4 제4항 제2호 〈허위 문서 이용 오해유발행위〉에 해당한다는 맥락에서 유죄 판결하였다. 그런데 법원은 적용 법령이 구 증권거래법 제188조의4 제4항 1호 〈허위 사실 유포행위〉 혹은 〈위계 이용행위〉 인지 아니면 2호 〈허위 문서 이용 오해유발행위〉에 해당하는지를 구분하여 명시하지는 아니면서도, 범죄사실 부분에서는 '유가증권의 매매 기타 거래와 관련하여 부당한 이익을 얻기 위하여 고의로 허위의 시세 또는 허위의 사실 기타 풍설을 유포하는 행위를 하여서는 아니됨에도 불구하고'라고 기재하였는바, 일응 구 증권거래법 제188조의4 제4항 1호를 적용한 듯한 모호한 입장을 보였다.

관련하여, 구 증권거래법 제188조의4 제4항 제1호 〈허위사실 유포행위〉와 구 증권거래법 제188조의4 제4항 제2호 〈허위문서 이용 오해유발행위〉는 허위사실이 대외적으로 공개된다는 점에서 유사한 측면이 있는바, 이 사건과 같이 거래소에 대한 공시가 허위인 경우 이에 대하여 1호 〈허위사실 유포행위〉를 적용할 것인지인지, 아니면 2호 〈허위문서 이용 오해유발행위〉를 적용할 것인지 살펴볼 필요가 있다.

한편 '③공시'와 관련하여 피고인들은, '해당 공시 내용은 회사의 계획 내지 목표, 포부를 밝히는 것에 불과하므로, 당시 실제 그러한 계획을 세웠던 이상 추후 사정상 실현되지 않았더라도 계획을 밝힌 공시 자체를 허위라고 할 수 없다'는 취지로 변소하였으나 법원은 이에 대하여서도 구 증권거래법 제188조의4 제4항 제1호 〈허위사실 유포행위〉로 보아 처벌하였는바, 법원의 판단이 타당한지 살펴보고자 하며,

'④공시'와 관련하여서 피고인들은, '乙은 비공식 미등기이사에 불과하였고 정확한 횡령금액이나 확정적으로 잠적 또는 도주 여부를 확신할 수 없는 단계였으므로 그러한 불확실한 사실을 공시할 수도 없었으므로, 위 내용의 공시를 한 점을 두고 허위 공시로 단정할 수 없다'고 변소하였으나 법원은 이에 대하여서도 피고인들의 주장을 배척하였는바, 해당 판단이 타당한지 여부도 함께 검토하고자 한다.

3. 소결

여기서는, ① 이 사건 피고인들의 허위 공시 행위가 구 증권거래법 제188조의4 제4항 제1호 〈허위사실 유포행위〉 및 제2호 〈허위문서 이용 오해유발행위〉 중 어느 구성요건에 해당하는지, ② 당해연도의 사업 계획, 매출계획을 공시함에 있어 다소 과장된 수치를 기재한 행위를 두고 단순히 계획 내지 목표, 포부를 밝히는 것으로 보아 허위성을 부정할 수 있는지, ③ 수일 전 발생한 미등기이사의 횡령사실을 공시하여야 할 의무가 있는지 및 공시하지 아니할 경우 이를 허위 공시로 볼 수 있는지 등을 검토하고자 한다.

IV. 각 쟁점에 대한 평석

1. 구 증권거래법 상 <허위사실 유포행위> 혹은 <허위문서 이용 오해유발행위> 성립여부

가. 법원의 판단[285][286][287]

전술한 바와 같이, 법원은 피고인들의 허위 공시 행위를 두고, '유가증권의 매매 기타 거래와 관련하여 부당한 이익을 얻기 위하여 고의로 허위의 시세 또는 허위의 사실 기타 풍설을 유포하는 행위를 하여서는 아니됨에도 불구하고 각 허위 공시를 하였다'는 취지로 판단하였는바, 일응 구 증권거래법 제188조의4 제4항 제1호 〈허위사실 유포행위〉를 적용한 것으로 보인다.

---

285 서울중앙지방법원 2007. 1. 12. 선고 2006고합836 판결

286 서울고등법원 2007. 5. 10. 선고 2007노322 판결

287 대법원 2007. 9. 7. 선고 2007도4509 판결

나. 평석

구 증권거래법 제188조의4 제4항 제1호 <허위사실 유포행위>의 허위사실 '유포'는 불특정 다수인에게 허위사실을 직·간접적으로 전파하는 경우를 말하고, 수단의 제한이 없어 보도자료 배포, 증권방송 이용, 인터넷 유포, 구두 전파 등 모든 방법이 포함된다. 즉, 허위사실의 유포는 허위사실의 '확산'에 초점이 맞추어져 있는 것이다.

이와 관련하여 법원은 기자들에게 허위의 보도자료를 배포한 경우를 구 증권거래법 제188조의4 제4항 제1호 <허위사실 유포행위>로 의율하면서 '허위사실의 유포'에는 불특정 다수인에게 직접 허위사실을 전파한 경우뿐만 아니라 불특정 다수인에게 허위사실이 전파될 것으로 인식하면서 기자들과 같은 특정인에게 전파한 경우도 포함되고, 허위의 보도자료가 기자들에게 배포된 이상 실제로 언론에 보도되지 않거나 축소하여 보도된 경우에도 허위사실의 유포에 해당한다고 판시한 바 있다.[288]

반면, 구 증권거래법 제188조의4 제4항 제2호의 허위표시 문서이용은 '문서의 이용'이라는 요건이 충족되어야 하는바,[289] 여기에는 허위표시 문서의 '작성·제출' 행위에 초점이 맞추어져 있다. 이를 앞에서 본 허위사실 유포의 개념과 비교하여 생각해보면, 구 증권거래법 제188조의4 제4항 제1호 <허위사실 유포행위>는 같은 항 제2호 <허위문서 이용 오해유발행위>와 비교했을 때 일응 더 포괄적이고 일반적인 개념으로 이해될 수 있다. 즉, 일반법과 특별법 관계에 있다고 볼 수 있다.

따라서 불특정다수에 대한 허위 정보 또는 문서의 남발이나 유포행위의 경우가 아닌, 이 사건과 같이 증권거래소에의 허위 공시 행위 또는 기타 유가증권 매매와 관련된 각종 기관에 대한 허위 문서 작성·제출 행위의 경우에는 구 증권거래법 제188조의4 제4항 제2호 <허위문서 이용 오해유발행위> 규정을 적용함이 타당하다. 실제로도 대량보

288 서울고등법원 2009. 1. 22. 선고 2008노2315 판결

289 대법원 2010. 12. 9. 선고 2009도6411 판결, 대법원 2009. 7. 9. 선고 2009도1374 판결

유보고서·증권발행신고서 등과 같이 금융위원회 전자공시시스템을 통하여 허위내용의 공시를 한 경우라면 대부분 구 증권거래법 제188조의4 제4항 제2호 <허위문서 이용 오해유발행위>으로 의율되었고 현 자본시장법 시행 이후로도 허위 공시의 경우에는 통상 자본시장법 제178조 제1항 제2호의 <중요사항 거짓문서 이용 행위>가 적용되는 것이 현실이다.[290]

그러므로 이 사건에서 법원이 피고인들의 각 허위 공시에 대하여 구 증권거래법 제188조의4 제4항 제2호 <허위문서 이용 오해유발행위>가 아닌 동항 제1호 <허위사실 유포행위>를 적용한 것은 타당치 않다고 보여진다. '허위공시'를 구 증권거래법 제188조의4 제4항 제1호 <허위사실 유포행위>로 처벌한 본건 판례는 매우 이례적인 판례이고, 대부분의 판례에서는 구 증권거래법 제188조의4 제4항 제2호 <허위문서 이용 오해유발행위>로 의율하는 것이 실무례이다.

2. 당해연도의 사업 계획, 매출계획을 밝히는 행위를 단순히 계획 내지 목표, 포부를 밝히는 것으로 보아 허위성을 부정할 수 있는지 여부

가. 법원의 판단

제1심 법원은 이에 관하여, 『A사는 2005. 1. 28.경 사업 각 부문별로 2005년도 사업계획을 보고하는 연례회의를 개최한 적이 있기는 하나, 2005. 2. 23. 공시된 '2005년도 경영계획'은 주가 부양을 위하여 당초 부문별로 제출한 2005년도 사업계획안을 취합한 것보다 매출액을 훨씬 상향조정한 것인 점, 당시 이사 공소외 H가 '2005년도의 경영계획'의 매출액 부분이 당초 회의 때보다 상향조정되었음을 이유로 결재를 거부한 점 등을 들어 해당 부분의 공시를 허위 공시로 판단하였으며, 이로써 피고인 甲, 丁, 丙 등이 구 증권거

290 대법원 2013. 10. 31. 선고 2013도8968 판결, 대법원 2006. 2. 9. 선고 2005도8652 판결, 서울남부지방법원 2018. 1. 25. 선고 2017고단5653 판결 등

래법 제188조의4 제4항을 위반하였다』고 보아 유죄 인정하였다.

피고인들이 항소하였으나 항소심 역시 같은 이유로 피고인들의 항소를 기각하였고 대법원 역시 이에 대해 별도의 판단을 하지 아니한 채 피고인들의 상고를 기각하여 판결은 확정되었다.

나. 평석

일반적으로 매출 계획 내지 목표 등과 같은 장래의 계획은 필연적으로 사업 내외부 환경의 변화 여부에 따라 변동성을 내재할 수밖에 없다고 할 것이다. 따라서 단순히 당초 공시했던 매출 계획을 달성하지 못하였다거나 매출 계획의 실현 여부가 다소 불투명하다고 하더라도 곧바로 이를 중요한 사항에 관한 허위 표시로 단정하기는 어렵다.

다만, 특정 매출 액수를 산정하게 된 전후 사정과 근거, 매출 계획에 실현이 불가능하거나 불가능에 가까운 신사업 추진 등의 항목이 포함되었는지 여부, 신사업 추진 등의 이슈가 포함되었다면 공시 당시에 신사업 추진이 어느 정도로 진척되었는지 여부, 기존 매출액 및 성과에 비추어봤을 때 공시된 매출계획 수치의 현실적 실현 가능성 등과 같은 여러 사정에 따라 해당 공시의 허위성을 판별할 수 있을 것이다.

참고판례 - 대법원 2011. 3. 10. 선고 2008도6335 판결

유가증권의 매매 등 거래와 관련한 행위인지 여부나 허위 또는 위계인지 여부 및 부당한 이득 또는 경제적 이익의 취득 도모 여부 등은 행위자의 지위, 행위자가 특정 진술이나 표시를 하게 된 동기와 경위, 그 진술 등이 미래의 재무상태나 영업실적 등에 대한 예측 또는 전망에 관한 사항일 때에는 합리적인 근거에 기초하여 성실하게 행하여진 것인지 여부, 그 진술 등의 내용이 거래 상대방이나 불특정 투자자들에게 오인·착각을 유발할 위험이 있는지 여부, 행위자가 그 진술 등을 한 후 취한 행동과 주가의 동향, 그 행위 전후의 제반 사정 등을 종합적·전체적으로 고려하여

> 객관적인 기준에 의하여 판단하여야 한다........(중략).......상장법인 등이 재무구조에 변경을 초래하는 감자 또는 증자(이하 '감자 등'이라고 한다)에 관한 정보를 스스로 공표하는 경우 그러한 정보는 주주의 지위 및 증권시장에서의 주가 변동에 직접적이고 중대한 영향을 미칠 뿐만 아니라, 투자자들은 언론이나 투자분석가들이 예측 또는 전망을 한 경우와는 달리 그 정확성과 신뢰성이 훨씬 높다고 평가하는 것이 일반적이므로, 상장법인 등의 임직원으로서는 그러한 정보의 공표로 인하여 투자자들에게 오인·착각을 유발하지 않도록 합리적인 근거에 기초하여 성실하게 정보를 공표하여야 한다. 만일 이와 달리 상장법인 등이 객관적으로 보아 감자 등을 할 법적 또는 경제적 여건을 갖추고 있지 아니하거나, 또는 그 임직원이 그 감자 등을 진지하고 성실하게 검토·추진하려는 의사를 갖고 있지 아니함에도 불구하고, 감자 등의 검토 계획을 공표하면 투자자들이 그 실현가능성이 높은 것으로 판단하여 주식거래에 나설 것이고 이로 인하여 주가의 변동이 초래될 것임을 인식하면서도 그에 따른 이득을 취할 목적으로 그 검토 계획의 공표에 나아간 경우에는, 이러한 행위는 투자자들의 오인·착각을 이용하여 부당한 이득을 취하려는 기망적인 수단, 계획 내지 기교로서 증권거래법 제188조의4 제4항 제1호 소정의 위계를 쓰는 행위에 해당한다고 할 것이다.

위 여러 사정을 종합하여 공시된 매출계획이나 신사업 추진 사항 등이 '진지하고 성숙한 계획이나 목표'가 아닌, '아무런 준비작업도 선행된바 없는 근거 없는 계획 또는 막연한 희망'에 불과하다면 이는 허위 공시로 보아 처벌대상이 됨이 당연하다.

이 사건의 경우, 문제되는 '2005년 매출계획'은 공시 시점으로부터 불과 한 달 전인 2005. 1. 연례회의에서 언급된 사업계획서상의 매출계획보다 한달 사이에 100억원 내지 200억원 정도 상향되어 있었다는 점, E사와의 수입 및 판매 신사업의 경우 진척이 더뎠던데다 회사 자체의 대금 지불 능력이 없었다는 점, 건축 석자재 등 신사업 관련 부분은 진행이 안되는 것으로 거의 판명이 되어 있었고, 공시 이전에 이미 乙의 잠적으로 자금문제 또한 발생했다는 점 등에서 법원은 해당 공시를 허위 공시로 인정하였던바, 이는 전술한 판별 기준을 고려했을 때 타당한 판단이라고 생각된다.

3. 수일 전 발생한 미등기이사의 횡령사실을 공시하여야 할 의무가 있는지 및 공시하지 아니할 경우 이를 허위 공시로 볼 수 있는지 여부

가. 법원의 판단

1심 및 항소심 법원은 '피고인 甲과 丁은 2005. 2. 18.경 피고인 丙으로부터 乙이 잠적하면서 A사의 자금 27억원 정도를 횡령하였다는 말을 들었던 사실, 乙이 잠적하자마자 주가가 급락하고 있었던 사실, 피고인 甲은 乙과 공모하여 시세조종을 해왔고, 피고인 甲과 丁은 주가하락을 막기 위하여 2005. 2. 23. 허위 공시를 직접 지시한 사실' 등을 이유로 비록 乙이 등기이사는 아니었다고 하더라도 그의 사실상 지위 및 공시 시점까지 알려진 횡령 규모로 봤을 때 경영에 관하여 중대한 영향을 미치는 사실로서 공시하여야 할 중요한 사항에 해당한다고 판단하였다. 대법원은 이 부분에 대하여서도 별도의 판단 없이 피고인의 상고를 기각한 바 있다.

나. 평석

현행 한국거래소 유가증권시장 공시규정은, 임원(퇴직한 자 포함)의 횡령·배임 혐의가 확인된 때 및 그 혐의가 사실로 확인된 때, 당일 즉시 거래소에 공시하도록 의무를 부여하고 있고(규정 제7조 제1항 제2호 라목의 3), 아래에서 보는 바와 같이 이는 이 사건 당시인 2005년 2월경에도 마찬가지였다.

유가증권시장 공시규정
[일부개정 2025.7.9 규정 제2346호 <시행일:2025.8.1>]

제7조(주요경영사항) ① 유가증권시장주권상장법인은 다음 각 호의 어느 하나에 해당하는 때에는 그 사실 또는 결정(이사회의 결의 또는 대표이사 그 밖에 사실상의 권한이 있는 임원·주요주주 등의 결정을 말하며, 이 경우 이사회의 결의는 「상법」 제393조의2에 따른 이사회내 위원회의 결의를 포함한다. 이하 같다) 내용을 그 사유 발생일 당일에 거래소에 신고하여야 한다.

2. 해당 유가증권시장주권상장법인의 재무구조에 변경을 초래하는 다음 각 목의 어느 하나에 해당하는 사실 또는 결정이 있은 때

라. 해당 유가증권시장주권상장법인의 손익에 관한 다음의 어느 하나에 해당하는 사실 또는 결정이 있은 때

(3) 임·직원 등(퇴직한 자를 포함한다)의 횡령·배임혐의가 확인된 때 및 그 혐의가 사실로 확인된 때. 단, 임원이 아닌 직원 등의 경우에는 횡령·배임금액이 자기자본의 100분의 5(대규모법인의 경우 1,000분의 25) 이상인 경우로 한한다.

유가증권시장 공시규정[제정 2005.1.21 규정 제8호 <시행일:2005.1.27>]

제7조(주요경영사항) ① 주권상장법인은 다음 각호의 1에 해당하는 때에는 그 사실 또는 결정(이사회의 결의 또는 대표이사 그 밖에 사실상의 권한이 있는 임원·주요주주 등의 결정을 말하며, 이 경우 이사회의 결의는 상법 제393조의2의 규정에 의한 이사회내 위원회의 결의를 포함한다. 이하 같다)내용을 그 사유 발생일 당일에 거래소에 신고하여야 한다.

46. 자기자본의 100분의 1(대규모법인의 경우 1,000분의 5) 이상의 금액에 상당하는 임·직원 등의 횡령·배임혐의가 확인된 때 및 그 혐의가 사실로 확인된 때

코스닥시장 공시규정[제정 2005.1.21 규정 제11호 <시행일:2005.1.27>]

제6조(공시신고 사항) ① 코스닥상장법인은 다음 각호의 1에 해당하는 경우에는 그 사실 또는 결정(이사회의 결의 또는 대표이사 그 밖의 사실상의 권한이 있는 임원·주요주주 등의 결정을 말한다. 이 경우 이사회의 결의는 상법 제393조의2의 규정에 의한 이사회내 위원회의 결의를 포함한다. 이하 같다)의 내용을 그 사유발생일 당일까지 거래소에 신고하여야 하며, 부득이한 사유로 이 규정 시행세칙(이하 "세칙"이라 한다)에서 정하는 바에 따라 신고한 경우에는 당일에 신고한 것으로 본다(이하 제2항제1호 및 제7조제1항 단서에서 같다). 다만, 제1호다목, 제2호가목의 (9), 나목의 (1), (7), 다목의 (4) 중 채무자가 제3호나목의 (1) 내지 (3)의 1에 해당하는 때, 라목의 (3), (7), 제3호가목의 (1) 중 주요주주 또는 계열회사가 변경된 때, (3) 내지 (5), 나목의 (5) 및 제4호에 해당하는 경우에는 사유발생일 다음날의 매매거래시간 종료시까지 신고하여야 한다.

2. 당해 코스닥상장법인의 재무구조에 중대한 변경을 초래하는 다음 각목의 1에 해당하는 사실 또는 결정이 있은 때

라. 당해 코스닥상장법인의 손익에 관한 다음에 해당하는 사실 또는 결정이 있은 때

(6) 자기자본의 100분의 3(대규모법인의 경우 1,000분의 15) 이상의 금액에 해당하는 임원·직원 등의 횡령·배임혐의를 확인한 때 및 그 혐의가 사실로 확인된 때

따라서 이 사건 피고인들에게는 거래소 규정상 乙의 횡령 혐의 또는 사실을 인지한 당일 즉시 거래소에 이를 공시할 의무가 있었다는 점, 미등기 임원이라도 역할이나 권한, 책임 등이 등기이사와 별반 다르지 않다면 사실상 핵심 경영담당자로 볼 수 있는 점, 이 사건의 경우 회사의 실질적 경영자인 피고인들이 이미 乙의 횡령 사실 및 주가 부양

사실 등에 대해 인지하고 있었던 것으로 확인됨에도 횡령 사실을 공시하지 아니하는 소위 부작위 상태에 그친 것이 아니라 증권선물위원회 측의 주가급락 이유를 묻는 조회공시에 대하여서도 '아무런 일도 없다'는 취지의 공시를 하였는바, 이는 소극적 부작위에 그치지 않고 적극적 허위 공시 행위로 나아간 것으로 평가할 수 있다는 점 등을 고려하면, 이 부분에 대해 유죄인정한 법원의 판단은 타당하다고 할 것이다.

21

쌈지 BW 사채자금 사건

Ⅰ. 사건의 진행 경과

날짜	행위
전제	- 피고인 甲은 상장사인 (주)쌈지의 대표이사, 피고인 乙은 (주)쌈지의 최대주주 겸 이사임 - A사는 (주)쌈지에게 191억원 규모의 산업폐기물 처리시설 건설공사를 도급주었는데, 사실 A사는 페이퍼컴퍼니로서 위 공사를 시행할 능력이 없고, 아울러 산업은행에 시설대금 융자를 신청한 적이 없음
09. 9. 10.	- (주)쌈지는 177억원 상당의 신주인수권부사채(BW)를 공모한다고 <증권신고서>를 공시 - 위 공시에는 ① 도급인인 A사가 산업은행에 시설대금 융자를 신청하였고, - ② (주)쌈지는 177억원 상당의 BW공모자금 중 86억원을 공사대금에 사용한다고 기재함
09. 9. 25.	- (주)쌈지는 위 BW 발행에 따른 <증권발행실적보고서>를 공시 - 공모대금 17,715,000,000원이 공모로 모집되었다고 공시하였으나 - 일반투자자의 청약대금은 695,000,000원이고, 나머지 17,020,000,000원은 사채자금으로 조달한 것인데도, 일반투자자들이 공모에 참여한 것으로 기재하였음
특이사항	- 일반인의 청약자금 695,000,000원(회사가 취득한 이익) - BW의 신주인수권 행사로 취득한 주식 18,106,352주를 장내매도하여 9,957,000,000원의 재산상 이익을 취함(피고인들이 취득한 이익)

II. 관련 조문

자본시장법 제178조(부정거래행위 등의 금지)

① 누구든지 금융투자상품의 매매(증권의 경우 모집·사모·매출을 포함한다. 이하 이 조 및 제179조에서 같다), 그 밖의 거래와 관련하여 다음 각 호의 어느 하나에 해당하는 행위를 하여서는 아니 된다.

1. 부정한 수단, 계획 또는 기교를 사용하는 행위
2. 중요사항에 관하여 거짓의 기재 또는 표시를 하거나 타인에게 오해를 유발시키지 아니하기 위하여 필요한 중요사항의 기재 또는 표시가 누락된 문서, 그 밖의 기재 또는 표시를 사용하여 금전, 그 밖의 재산상의 이익을 얻고자 하는 행위
3. 금융투자상품의 매매, 그 밖의 거래를 유인할 목적으로 거짓의 시세를 이용하는 행위

② 누구든지 금융투자상품의 매매, 그 밖의 거래를 할 목적이나 그 시세의 변동을 도모할 목적으로 풍문의 유포, 위계(僞計)의 사용, 폭행 또는 협박을 하여서는 아니 된다.

제444조(벌칙)

다음 각 호의 어느 하나에 해당하는 자는 5년 이하의 징역 또는 2억원 이하의 벌금에 처한다. <개정 2009. 2. 3., 2013. 4. 5., 2013. 5. 28., 2015. 7. 24.>

13. 다음 각 목의 어느 하나에 해당하는 서류 중 중요사항에 관하여 거짓의 기재 또는 표시를 하거나 중요사항을 기재 또는 표시하지 아니한 자 및 그 중요사항에 관하여 거짓의 기재 또는 표시가 있거나 중요사항의 기재 또는 표시가 누락되어 있는 사실을 알고도 제119조제5항 또는 제159조제7항(제160조 후단 또는 제161조제1항 각 호 외의 부분 후단에서 준용

하는 경우를 포함한다)에 따른 서명을 한 자와 그 사실을 알고도 이를 진실 또는 정확하다고 증명하여 그 뜻을 기재한 공인회계사·감정인 또는 신용평가를 전문으로 하는 자

가. 제119조에 따른 증권신고서 또는 일괄신고추가서류

나. 제122조에 따른 정정신고서

다. 제123조에 따른 투자설명서(집합투자증권의 경우 제124조제2항제3호에 따른 간이투자설명서를 포함한다)

라. 제159조에 따른 사업보고서

마. 제160조에 따른 반기보고서 또는 분기보고서

바. 제161조에 따른 주요사항보고서

사. 제164조제2항에 따른 정정명령에 따라 제출하는 사업보고서등

이 사건에서 문제된 행위는 자본시장법이 시행된 2009. 2. 4. 이후에 이루어졌으므로, 이 사건은 자본시장법이 적용되었다.

III. 쟁점

1. 위 사건 공소사실에서 <중요사항 거짓문서 등 이용행위> 부분

본건 판결의 범죄사실에서 자본시장법 제178조 제1항 제2호의 〈중요사항 거짓문서 등 이용행위〉로 특정된 부분은 크게 두 부분으로 구성된다. 즉, 첫 번째는 페이퍼 컴퍼니에 불과한 A사가 (주)쌈지에게 191억원 상당의 산업폐기물 처리시설 건설공사를 도급 줄 수 없음에도 불구하고 (주)쌈지에게 위 공사를 도급준다고 하여 (주)쌈지가

신주인수권부사채(BW) 발행 관련 '증권신고서'에 (주)쌈지가 A사로부터 191억원 상당의 산업폐기물 처리시설 건설공사를 도급받았다고 기재하고 이를 공시한 것이 바로 그것이다.

두 번째는 (주)쌈지가 위 공사를 수행하기 위한 자금조달을 위해서 177억원 신주인수권부사채(BW)를 발행할 때, 실제로 6억원 상당 정도만 일반투자자들로부터 조달하고, 나머지 170억원 상당은 사채자금으로 조달한 것임에도 위 신주인수권부사채 발행 관련 '증권발행실적보고서'에 일반투자자들로부터 177억원의 자금을 모았고, 그들에게 177억원 상당의 신주인수권부사채를 발행하였다는 것이 바로 그것이다.

2. 산업폐기물 처리시설 건설공사 진행 관련 거짓기재 쟁점

이 부분 자본시장법 제178조 제1항 제2호 〈중요사항 거짓문서 등 이용행위〉 즉, 허위사실로 적시된 산업폐기물 처리시설 건설공사의 실제 진행가능여부는 사실인정의 문제로 법리적인 쟁점은 존재하지 않는다. 다만, 이와 관련하여 검사는 증권신고서에 거짓기재된 부분과 관련하여 이를 사기적 부정거래 규제 조문인 자본시장법 제178조 제1항 제2호 〈중요사항 거짓문서 등 이용행위〉가 아닌 자본시장법 제444조 제13호 가.목 위반으로 기소를 하였고, 법원도 이에 대하여 유죄판결을 선고했다.

자본시장법 제44조 제13호 가.목은 상장사의 대표이사 혹은 공시담당임원이 증권신고서에 거짓기재된 부분이 있는 것을 알면서도 증권신고서에 확인 서명을 하는 경우에 처벌되는 규정이다.

> **자본시장법 제444조(벌칙)** 다음 각 호의 어느 하나에 해당하는 자는 5년 이하의 징역 또는 2억원 이하의 벌금에 처한다. 〈개정 2009.2.3., 2013.4.5., 2013.5.28., 2015.7.24.〉

13. 다음 각 목의 어느 하나에 해당하는 서류 중 중요사항에 관하여 거짓의 기재 또는 표시를 하거나 중요사항을 기재 또는 표시하지 아니한 자 및 그 중요사항에 관하여 거짓의 기재 또는 표시가 있거나 중요사항의 기재 또는 표시가 누락되어 있는 사실을 알고도 제119조 제5항 또는 제159조제7항(제160조 후단 또는 제161조제1항 각 호 외의 부분 후단에서 준용하는 경우를 포함한다)에 따른 서명을 한 자와 그 사실을 알고도 이를 진실 또는 정확하다고 증명하여 그 뜻을 기재한 공인회계사·감정인 또는 신용평가를 전문으로 하는 자

가. 제119조에 따른 증권신고서 또는 일괄신고추가서류

자본시장법 제119조(모집 또는 매출의 신고) ⑤ 증권신고서를 제출하는 경우 신고 당시 해당 발행인의 대표이사(집행임원 설치회사의 경우 대표집행임원을 말한다. 이하 이 조에서 같다) 및 신고업무를 담당하는 이사(대표이사 및 신고업무를 담당하는 이사가 없는 경우 이에 준하는 자를 말한다)는 그 증권신고서의 기재사항 중 중요사항에 관하여 거짓의 기재 또는 표시가 있거나 중요사항의 기재 또는 표시가 누락되어 있지 아니하다는 사실 등 대통령령으로 정하는 사항을 확인·검토하고 이에 각각 서명하여야 한다. <개정 2013.5.28.>

그런데, 증권신고서에 거짓기재 부분이 있는 경우 이는 자본시장법 제178조 제1항 제2호 <중요사항 거짓문서 등 이용행위>로 의율될 수도 있다. 따라서 이하에서는 산업폐기물 처리시설 건설공사와 관련하여 증권신고서에 기재된 거짓기재 행위가 자본시장법 제444조 제13호 가.목 위반이 되는 것인지, 아니면 자본시장법 제178조 제1항 제2호 <중요사항 거짓문서 등 이용행위>가 의율되는 것인지, 두 범죄의 관계는 어떻게 보아야 할 것인지에 대한 쟁점이 있다.

3. 일반투자자로부터 177억원의 BW를 조달했다는 부분 관련 거짓기재 쟁점

【에피밸리 사건】[291]에서 법원은 『사채업자들의 자금은 원리금이 보장된 상태에서 납입된 주금이므로 정상적으로 유상증자가 이루어진 금액은 전혀 없었고, 유상증자 대금 납입 즉시 절반에 해당하는 금원이 사채업자에게 담보로 제공되게 되어 증자금을 최초 의도한 목적대로 사용할 수 없는 상황』이라는 점을 거론하면서 사기적 부정거래 성립을 인정하였다. 다만, 법원은 자본시장법 제178조 제1항 2호 〈중요사항 거짓 문서 등 이용행위〉로 의율하지 않고 자본시장법 제178조 제1항 제1호 〈부정한 수단, 계획, 기교〉로 의율하였다.

유상증자(혹은 주식의 대량 취득) 시 일반투자자의 자금이 아닌 사채자금으로 유상증자 대금을 납입(혹은 주식취득자금 제공)하고서도 일반투자자로부터 유상증자금 납입(혹은 주식취득자금 제공)이 이루어졌다고 공시하는 경우 이는 사기적 부정거래가 성립한다는 것이 법원과 학계의 통설적인 입장이다.

왜냐하면 유상증자에 참여하여 유상증자 대금을 납입하는 것은 투자행위로서 원금보장을 받을 수 없고, 위 유상증자 대금은 회사의 운영비로 사용될 것이므로 유상증자가 이루어질 때 일반인들은 위 회사에 자금적 여유가 생겼다는 판단을 할 수 있다.

그런데, 주식과 달리 사채의 경우 사채를 발행하는 회사에게 원금 반환 및 이자 지급 의무가 존재하는 자금이고, 일정한 시일이 지나면 회사는 이를 변제해야 할 자금이기 때문에 유상증자와 같은 자금여유 효과가 발생하였다고 보기 어렵다. 따라서 형식적으로 유상증자가 이루어 졌지만 유상증자 납입금의 자금원이 사채자금이라면 이는 유상증자를 통해 자금적 여유가 생겨서 회사에 호재라는 착각을 불러일으키는 것이므로 이러한 행위는 사기적 부정거래 행위가 된다는 점은 충분히 수긍할 수 있다.

그런데, 유상증자와 달리 신주인수권부사채(BW)를 발행함에 있어 사채자금이 조

291 대구지방법원 선고 2014. 5. 30. 2013고단6217 사건(피고인들이 항소하지 않아 1심 판결이 확정됨)

달되었을 경우에도 사기적 부정거래 성립이 있는지는 검토해야할 부분이 있다. 즉, 유상증자 참여는 원금 반환이 보장되지 않는 일종의 투자이지만, 신주인수권부사채(BW) 역시 일종의 사채로 원금 반환 및 이자지급 의무가 있는 것으로 시중에서 흔히 사용되는 용어인 '사채'와 그 효과적인 측면에서 다를 바가 없다. 그렇기 때문에 BW를 모집할 때 사채자금이 동원되었다고 하더라도 경제적인 측면에서 일반인으로부터 BW모집하는 것과 사채업자로부터 BW를 모집하는 것이 다를 바가 없기 때문에 그러한 경우에도 사기적 부정거래가 성립될 수 있는지 살펴볼 필요가 있다

4. 부당이득 관련 쟁점

이 사건에서 위 두 가지가 자본시장법 제178조 제1항 제2호 〈중요사항 거짓문서 등 이용행위〉로 포섭된다면, (주)쌈지가 일반투자자로부터 모집한 BW 모집액 695,000,000원을 피고인들의 부당이득으로 볼 수 있는지(회사가 취득한 부당이득을 피고인들의 부당이득으로 볼 수 있는지) 나아가, 약 위 이익들을 피고인들의 부당이득으로 볼 수 있다면 이들에 대하여 왜 추징, 보전 조치가 취해지지 않았는지에 대한 검토도 필요하다고 보여진다.

IV. 각 쟁점에 대한 평석

1. 증권신고서 및 증권발행실적보고서

(1) 증권신고서

증권을 모집 또는 매출하는 경우 발행인은 그 모집 또는 매출에 관한 신고서를 금융위원회에 제출하여 수리되지 아니하면 이를 할 수 없다(자본시장법 제119조 제1항). 한

편 발행인은 증권의 종류, 발행예정기간, 발행횟수, 발행인의 요건 등을 고려하여 일정 기간 동안 모집을 하거나 매출할 증권의 총액을 일괄하여 기재한 신고서 이른바 '일괄신고서'를 제출할 수도 있고, 이러한 '일괄신고서'가 제출하여 수리된 경우 그 기간 중에는 그 증권을 모집하거나 매출할 때마다 신고서를 따로 제출하지 않고 그 증권을 모집, 매출할 수 있다(자본시장법 제119조 제2항)

위와 같이 위 제1항과 제2항의 신고서를 합쳐서 '증권신고서'라고 한다. 자본시장법에서 증권의 모집, 매출 전에 증권신고서의 제출, 수리를 요구하는 것은 투자자에게 투명한 정보를 제공하여 투자자를 보호하기 위한 조치이다. 이러한 '증권신고서'가 제출되어야 하는 금액기준은 10억원이다(자본시장법 시행령 제120조 제1항). '증권신고서'가 수리되기 전에는 증권에 대한 청약, 청약의 권유[292]가 금지된다.

(2) 증권발행실적보고서

증권신고의 효력이 발생한 증권의 발행인은 금융위원회가 정하여 고시하는 방법에 따라 그 발행실적에 관한 보고서 즉 '증권발행실적보고서'를 금융위원회에 제출하여야 한다.

결국 '증권신고서'는 증권발행 전에 취해야 하는 조치이고, '증권발행실적보고서'는 증권발행 후 그 결과에 대해 취하는 조치라고 보면 된다.

292 자본시장법 시행령 제2조 제2호 본문에 의하면 청약의 권유는 권유받는 자에게 증권을 취득하도록 하기 위하여 신문·방송·잡지 등을 통한 광고, 안내문·홍보전단 등 인쇄물의 배포, 투자설명회의 개최, 전자통신 등의 방법(법 제249조의5에 따른 투자광고의 방법을 포함한다)으로 증권 취득청약의 권유 또는 증권 매도청약이나 매수청약의 권유 등 증권을 발행 또는 매도한다는 사실을 알리거나 취득의 절차를 안내하는 활동을 말한다. 다만, 인수인의 명칭과 증권의 발행금액을 포함하지 아니하는 등 금융위원회가 정하여 고시하는 기준에 따라 다음 각 목의 사항 중 전부나 일부에 대하여 광고 등의 방법으로 단순히 그 사실을 알리거나 안내하는 경우는 제외한다.

2. 산업폐기물 처리시설 건설공사 진행 관련 거짓기재 쟁점

(1) 법원의 판단

위 사건에서 1심 법원[293]은 증권신고서에 산업폐기물 처리시설 건설공사 진행 관련 거짓기재 행위를 자본시장법 제444조 제13호 가.목을 의율하여 형사처벌 하였다.

항소심 법원,[294] 대법원[295] 역시 1심 법원의 판결을 유지하였고, 특별히 위 적용 법조의 적절성 혹은 자본시장법 제178조 제1항 제2호와의 관계에 대하여 설시한 바는 없다.

(2) 평석

자본시장법 제444조 제13호 가.목의 구성요건은 ①'증권신고서' 거짓 기재 행위 혹은 ② '증권신고서' 거짓 기재 사실을 알고도 대표이사(혹은 공시담당임원)가 이를 확인한다고 서명한 행위 혹은 ③ 증권신고서' 거짓 기재 사실을 알고도 공인회계사(감정인, 신용평가를 전문으로 하는 자)가 이를 진실하다고 증명한 행위이고, 그에 반해 자본시장법 제178조 제1항 제2호의 구성요건은 ▲ 재산상 이익을 취득할 목적으로, ▲ 금융투자상품 매매와 관련하여, ▲ 중요 부분에 관하여 문서에 거짓 기재하거나 기타 거짓 표시한 행위이다.

전자의 경우 그 법정형이 징역5년 이하(2억원 이하의 벌금 선택)이지만, 후자의 경우 그 법정형이 징역10년 이하(부당이득액의 1배 ~ 3배 이하 벌금 선택)여서 후자의 경우 더 중한 범죄로 볼 수 있다.

---

293 서울동부지방법원 2013. 4. 23. 선고 2013고정525호 판결

294 서울동부지방법원 2013. 10. 31. 선고 2013노587호 판결

295 대법원 2013. 12. 27. 선고 2013도13868호 판결

결국 자본시장법 제444조 제13호 가.목은 금융투자상품 매매 관련성 없이 혹은 재산상 이익을 취득할 목적 없이 그러한 행위가 이루어졌을 때 이를 규제하는 행위이고, 거기에 더 나아가 금융투자상품 매매 관련성을 가지고 재산상 이익을 취득할 목적이 있는 경우 자본시장법 제178조 제1항 제2호 ＜중요사항 거짓문서 등 이용행위＞가 성립한다고 보아야 한다.

예를 들어 어떤 상장사의 대표이사가 주가 부양과 같은 목적없이 그저 규제기관의 감독을 회피하기 위해 '증권신고서'에 허위내용을 기재했다면 자본시장법 제444조 제13호 가.목이 성립될 것이다. 그러나 대부분의 경우 이러한 '증권신고서' 허위 기재는 해당 증권을 매매하려는 목적과 연결되는 것이 일반적이라 할 것이므로 통상은 자본시장법 제178조 제1항 제2호 ＜중요사항 거짓문서 등 이용행위＞의 사기적 부정거래가 성립할 것으로 보인다.

그런데, '증권신고서'에 거짓 기재를 해서 이를 공시함으로써 완성되는 사기적 부정거래행위(자본시장법 제178조 제1항 제2호)의 경우 '증권신고서' 제출 행위가 필수적이고, '증권신고서' 제출에 선행하여서는 대표이사(혹은 공시담당임원)가 '증권신고서'에 확인서명을 하는 것이 일반적이다.

이 사건에서 피고인들은 '증권신고서'에 자본시장법 제178조 제1항 제2호 ＜중요사항 거짓문서 등 이용행위＞를 통해서 (주)쌈지가 191억원대의 공사매출을 얻을 수 있다는 점을 자본시장에 알려 주가를 부양할 의도가 있었다고 보여진다. 따라서 피고인들이 이러한 재산상 이익을 얻고자 위와 같은 '증권신고서'에 대한 허위 공시를 적극적으로 도모한 것이라면 이러한 경우에는 자본시장법 제178조 제1항 제2호 ＜중요사항 거짓문서 등 이용행위＞로 의율함이 상당하다고 보여진다.

다만, 이 사건에서 법원은 '불고불리'의 원칙 때문에 이 부분 '거짓기재'를 사기적 부정거래 행위로 처벌할 수 없었고, 검사의 기소처럼 자본시장법 제444조 제13호 가.목을 적용한 것으로 보인다.

3. 일반투자자로부터 177억원의 BW를 조달했다는 부분 관련 거짓기재

(1) 법원의 판단

1심 법원은 실제로는 사채자금을 동원하여 BW를 발행하였음에도 일반투자자로부터 177억원을 조달하고 그들에게 BW를 발행하였다고 증권발행실적보고서에 기재한 것은 자본시장법 제178조 제1항 제2호 <중요사항 거짓문서 등 이용행위>에 해당한다고 판단하였고, 그 판단은 항소심, 대법원에서도 유지되었다.

(2) 평석

앞서 『Ⅲ. 쟁점』에서 살펴본 바와 같이 실제로 사채자금을 동원하여 BW를 발행하였음에도 일반투자자에게 177억원의 BW를 발행하고 동액의 자금을 조달하였다는 '증권발행실적보고서' 내용이 '허위'인지 여부가 일단 문제된다.

그런데, BW와 같은 회사채 인수 자금의 실제 출처가 이른바 사채업자의 사채임에도 일반투자자로부터 자금이 유래되었다는 점이 바로 허위가 되는지에 대해서는 진지한 검토가 필요하다.[296]

더욱이 BW는 유상증자처럼 납입자금이 자본으로 전입되는 것이 아니라 회계상 회사의 부채로 계상되는 것이라, 일반적인 회사채와 동일하기 때문에 단지 자금의 성격이 사채업자로부터 유래하는 사채자금이라고 해서 자본시장법 제178조 제1항 제2호의 <중요사항 거짓문서 등 이용행위>가 성립한다고 단정하기는 어려울 것으로 보인다.

아울러 '증권발행실적보고서'에는 증권의 총 발행액, 청약현황, 인수자별 최종배정

296 앞서 언급한 바와 같이 유상증자 시 그 유상증자 자금의 출처가 일반투자자가 아니라 사채업자의 사채자금일 경우 법원은 사기적 부정거래의 성립을 인정하면서도 자본시장법 제178조 제1항 제1호 〈부정한 수단, 계획, 기교〉을 의율하였다(에피밸리 사건). 그에 반해 〈8번_팬텀엔터테인먼트그룹 사건〉 등 대다수의 판결은 그 적용법조를 구 증권거래법 제188조의4 제4항 제2호 〈허위문서 이용 오해유발행위〉 혹은 자본시장법 제178조 제2항 제1호 〈중요사항 거짓문서 등 이용행위〉로 의율하였다.

현황에 대한 정보만 있기 때문에 그 자금의 원천을 사채업자의 사채자금임에도 자기자금이라고 기재하는 것을 허위라고 단정하기는 무리가 있다.

증권발행실적보고서 예시

1. 기업개요

상장구분	기업규모	업종구분
유가증권	대기업	종합 건설업

2. 발행 개요

(단위 : 원)

총 발행금액 :	90,000,000,000

회차 : 156-1 (단위 : 원)

구분	사채의 종류	회차별 발행총액	상환기일
무보증	일반사채	44,000,000,000	2026년 06월 17일

신용평가기관	신용평가등급
한국기업평가	BBB+
NICE신용평가	BBB+

회차 : 156-2 (단위 : 원)

구분	사채의 종류	회차별 발행총액	상환기일
무보증	일반사채	46,000,000,000	2026년 12월 17일

신용평가기관	신용평가등급
한국기업평가	BBB+
NICE신용평가	BBB+

II. 청약 및 배정에 관한 사항

회차 : 156-1 (단위 : 원, 주)

청약개시일	청약종료일	납입기일	비고
2025년 06월 17일	2025년 06월 17일	2025년 06월 17일	-

인수기관	인수수량	인수금액	비 율(%)	비 고
케이비증권	900,000	9,000,000,000	20.4	총액인수
한국산업은행	2,000,000	20,000,000,000	45.4	총액인수
대신증권	500,000	5,000,000,000	11.4	총액인수
BNK투자증권	500,000	5,000,000,000	11.4	총액인수
아이비케이투자증권	500,000	5,000,000,000	11.4	총액인수
계	4,400,000	44,000,000,000	100.0	-

구 분	최초 배정		청약 현황				최종 배정 현황			
	수량	비율	건수	수량	금액	비율	건수	수량	금액	비율
케이비증권	900,000	20.4	-	-	-	-	-	-	-	-
한국산업은행	2,000,000	45.4	-	-	-	-	-	-	-	-
대신증권	500,000	11.4	-	-	-	-	-	-	-	-
BNK투자증권	500,000	11.4	-	-	-	-	-	-	-	-
아이비케이투자증권	500,000	11.4	-	-	-	-	-	-	-	-
기관투자자	-	-	9	4,400,000	44,000,000,000	100.0	9	4,400,000	44,000,000,000	100.0
계	4,400,000	100	9	4,400,000	44,000,000,000	100	9	4,400,000	44,000,000,000	100

따라서, 본건 판례와 같이 BW인수 자금의 실체가 사채업자의 자금이라고 해서 '증권발행실적보고서' 기재 내용을 바로 '허위'라고 판단한 위 판례는 재고의 필요성이 있다고 생각된다.

다만, 위 '증권발행실적보고서'는 모집(즉, 공모)의 형태로 진행되었다고 기재되는 것이 일반적이다. 그런데, 사채업자의 자금이 동원되었다는 것은 실제로는 소수의 사람에게 증권의 청약권유가 이루어졌을 개연성이 있고, 그러한 경우 그 증권발행은 실질적으로 〈사모〉의 형태일 수 있는데, 이렇게 외형상 〈공모〉의 형태로 진행되었지만, 그 실질은 〈사모〉일 경우 이때 사기적 부정거래가 성립할 수 있는지를 검토할 필요가 있다.

Ⅰ. 발행개요

1. 기업개요

상장구분	기업규모	업종구분
코스닥	중소기업	연구개발업

2. 발행 개요 (단위 : 원)

구분	발행총액	비고
기타	103,155,000,000	주주배정 후 실권주 일반공모 유상증자

자본시장법 상 〈모집(募集)〉과 〈사모(私募)〉는 구분되는 개념으로, 〈사모〉는 소수의 투자자를 상대로 금융투자상품을 발행하는 것인데 이는 〈모집〉과 달리 증권신고서 제출의무가 면제되는 등 투자자들의 보호가 〈모집〉보다 강화되어 있지 않다.

자본시장법 상 〈모집〉은 대통령령이 정하는 방법에 따라 산출한 50인 이상의 투자자들에게 새로 발행되는 증권의 취득을 권유하는 것을 말하는데, 그와 관련된 규정이 아래와 같다.

자본시장법 제9조(그 밖의 용어의 정의) ⑦ 이 법에서 "모집"이란 대통령령으로 정하는 방법에 따라 산출한 50인 이상의 투자자에게 새로 발행되는 증권의 취득의 청약을 권유하는 것을 말한다.

⑧ 이 법에서 "사모"란 새로 발행되는 증권의 취득의 청약을 권유하는 것으로서 모집에 해당하지 아니하는 것을 말한다.

⑨ 이 법에서 "매출"이란 대통령령으로 정하는 방법에 따라 산출한 50인 이상의 투자자에게 이미 발행된 증권의 매도의 청약을 하거나 매수의 청약을 권유하는 것을 말한다.

자본시장법 시행령 제11조(증권의 모집·매출) ① 법 제9조제7항 및 제9항에 따라 50인을 산출하는 경우에는 청약의 권유를 하는 날 이전 6개월 이내에 해당 증권과 같은 종류의 증권에 대하여 모집이나 매출에 의하지 아니하고 청약의 권유를 받은 자를 합산한다. 다만, 다음 각 호의 어느 하나에 해당하는 자는 합산 대상자에서 제외한다. 〈개정 2009.10.1., 2010.12.7., 2013.6.21., 2013.8.27., 2016.6.28., 2016.7.28.〉

통상 자본시장에서는 자본조달 시 〈모집〉과 〈사모〉라는 개념을 사용하지 않고, 〈공모(公募)〉와 〈사모〉라는 용어를 사용하나, 자본시장법에서는 〈모집〉과 〈사모〉라는 개념을 사용하고, 〈사모〉가 아닌 증권의 신규발행을 〈모집〉이라고 규정한다. 자본시장법 시행령 제11조에서는 〈모집〉이 되기 위해서는 50명 이상의 투자자에게 청약의 권유를 하는 것으로 정하고 있고, 위 50명은 청약의 권유일로부터 6개월 이내에 해당 증권과 같은 종류의 증권에 대해 청약의 권유가 있었던 투자자를 모두 합산하는 것으로 규정하고 있다.

위 50명의 산정과 관련하여 대법원은 발행인이 직접 청약을 권유하는 자를 대상으로 하지, 발행인이 순차 또는 간접적으로 청약을 권유하는 자를 포함하는 것은 아니라는 취지로 판시[297]한 바 있고, 한편, 본건 후순위채권을 100명의 투자자를 상대로 청약을 권유하여 그 중 89명이 청약을 하였고, 청약금액의 다과와 청약순서에 따라 49인을 선발한 사례에서 법원은 비록 49인을 후순위채권 인수자로 선발하였으나, 89명에 대하여 후순위채권 인수를 권유하였기 때문에 이는 〈모집(공모)〉으로 봐야한다고 판시한 바 있다.[298]

〈모집(공모)〉과 〈사모〉의 구별이 중요하게 되는 것은 바로 증권의 발행인이 '증권신고서'를 금융위원회(금융감독원)에 제출해야하는 의무를 부담하는지 여부와 직결된다. 즉 〈사모〉인 경우 '증권신고서'를 제출할 의무가 없다.

그런데, 본 사례에서는 정확하지는 않으나, 위 BW의 청약권유를 받은 사람은 695,000,000원의 일반인들과 소수의 사채업자로 보여진다. 그렇다면 본건의 경우 위 BW발행은 실질적으로 〈사모〉이나 다수의 일반투자자들의 BW인수에 참여한 외관을 띠는 〈모집(공모)〉의 형식으로 이루어진 것으로 보여진다.

살피건데, 일반투자자의 입장에서 소수의 투자자들을 상대로 〈사모〉를 성공시켰다는 정보보다 다수의 일반투자자들을 상대로 〈공모〉를 성공시켰다는 정보가 훨씬 더 회사의 입장에서 신뢰감을 줄 수 있고, 이러한 신뢰감은 회사에 호재로서 작용할 수 있다. 왜냐하면 후자의 경우 다수의 일반인들이 문제된 회사의 〈사모〉 사채 발행에 참여하여 이를 인수한다는 것은 그 회사의 재무상태가 건전하다거나, 그 회사가 향후 사채원리금 변제에 큰 문제가 없을 것이라는 시그널을 시장에 줄 수 있기 때문이다.

더군다나, BW 인수인이 고리의 이자를 요구하는 사채업자라는 점이 알려지면, 그 회사는 제도 금융권에서 자금을 융통하기 어려울 정도로 재무사정이 악화되었다는 판단으로 이어질 수 있기 때문에 더더욱 일반인을 대상으로 BW를 발행하였다고 공시할 필요성이 있는 것이다.

---

297 대법원 2004. 2. 13. 선고 2003도7554호 판결

298 대법원 2016. 3. 10. 선고 2015도12560호 판결

따라서, 주가 부양의 목적을 가진 사람이 실질적으로는 <사모>이면서 형식은 <공모> 방식으로 BW를 발행한다고 공시하는 것[299]은 시장에 잘못된 정보를 퍼뜨리고 하는 의도성이 있는 것으로, 이러한 행위는 자본시장법 제178조 제1항 제1호 <부정한 수단, 계획, 기교>가 성립한다고 봄이 타당하다.

결국 요약하자면 본건의 경우 유상증자가 아닌 채권인 BW를 발행함에 있어 그 BW 인수인들의 상당부분이 실제로는 피고인들이 동원한 사채업자인 경우, 그 BW발행 공시는 허위 공시로 볼 수 없어 자본시장법 제178조 제1항 제2호 <중요사항 거짓문서 등 이용행위>로 의율할 수는 없고, 다만 피고인들이 실제로는 BW를 사모 형식으로 발행한 것임에도 BW발행의 성황을 꾸미기 위해 모집(공모) 형식으로 발행하였다고 공시하는 것은 자본시장법 제178조 제1항 제1호 <부정한 수단, 계획, 기교>로 의율하는 것이 타당하다.

4. 부당이득 관련 쟁점

먼저 피고인들의 위와 같은 사기적 부정거래 행위를 한 뒤 (주)쌈지가 일반투자자로부터 모집한 BW 모집액 695,000,000원의 경우 그 돈은 피고인들이 취득한 것이 아니라 (주)쌈지가 취득하였기 때문에 피고인들의 부당이득으로 볼 수 있는지 여부가 문제된다.

대법원은 법인의 대표자 등이 그 법인의 기관으로서 그 법인의 업무에 관하여 자본시장법 제443조에 정한 위반행위를 한 경우에는 그 위반행위로 인하여 법인이 얻은 이익도 법인의 대표자 등의 위반행위로 얻은 이익에 포함[300]되고 나아가 회사의 실질적 대표자가 회사에 대한 지배력에 기하여 회사의 주식에 대한 시세조종행위를 한 결과 생긴

299 〈2번_저축은행 BIS비율 조작 사건〉은 실질적으로 〈공모〉이면서 형식은 〈사모〉형식을 취한 경우여서 본건과 반대되는 상황이라 할 것이다.

300 대법원 2011. 12. 22. 선고 2011도12041호 판결, 대법원 2015. 6. 24. 선고 2015도2408호 판결

이익이 회사에 귀속되었다 하더라도 그 이익을 행위자인 실질적 대표자 및 공범들이 얻은 것으로 볼 수 있다[301]고 판시한 바 있다.

최근에는 법인에게 귀속된 이익 역시 부당이득으로 본다는 대법원 판례를 자본시장법 시행령 제388조의2 별표 20의2에 규정화하였다.

부당이득액의 산정방식(제388조의2 관련)

1. 일반기준

가. ....

나. ....

다. 법인의 대표자나 법인 또는 개인의 대리인, 사용인, 그 밖의 종업원이 그 법인 또는 개인의 업무에 관하여 법 제443조에 따른 위반행위를 한 경우 그 위반행위로 법인 또는 개인이 얻은 이익도 부당이득액에 포함한다.

그런데, 위 판결에서는 이와 같은 부당이득에 대한 몰수, 추징이 누락되어 있다. 아마도 자본시장법 상 부당이득 몰수, 추징 규정(자본시장법 제447조의2)은 2014. 12. 30.경 신설(2015. 7. 1.경 발효)되었는데, 이 사건은 그 이전에 발생·기소된 사건이기 때문에 당시 상황 상 위와 같은 부당이득에 대하여 몰수, 추징을 하는 형사법적 관행이 없었던 것으로 보인다.

그러나, 기소 당시 자본시장법 상 몰수, 추징 규정이 없다고 하더라도, 형법의 몰수, 추징규정(형법 제134조) 혹은 범죄수익은닉의규제및처벌등에관한법률 제2조 '중대범죄'에 의하여 생긴 재산의 몰수, 추징(동법 제8조) 규정으로 몰수, 추징은 가능하다고 보여진다.

301 대법원 2013. 7. 11. 선고 2011도15056호 판결

22

유상증자 주금 가장납입 사건

Ⅰ. 사건의 진행 경과

일시	행위
2009. 9.경 이전	- 甲은 A사의 최대주주 겸 대표이사이고, A사의 자회사인 B사의 대표이사, C사의 실질적인 대표이사로 재무, 회계, 인사, 자금집행 등 모든 업무를 총괄하였음. - 乙은 甲의 친형으로, 2007. 3. 23.부터 A사의 이사로 등기되어 A사와 B사에서 자금집행 등 경영 전반에 관여하였음. - 피고인은 공인회계사로 2009. 3. 30.부터 A사의 재무 및 자금집행 업무를 총괄하는 재무이사 겸 부사장으로 근무하였음. - A사는 2009. 3. 13. 15기(2008년도 귀속) 감사보고서에 누적결손 및 우발채무 과다 등으로 기업으로서의 존속능력에 대한 불확실성이 존재한다는 이유로 회계법인으로부터 의견 표명이 거절되어 상장폐지가 우려되는 상황이었음. - 甲은 상장폐지를 면하기 위하여 주식감자와 300억 원 상당의 유상증자를 통하여 회사 재무구조의 건전성을 회복하고자 하였으나, A사의 대주주·임원 등은 주주배정에 따른 주금을 납입할 능력이 없었고, 제3자배정 주식청약 실적도 부진하여 유상증자의 실패가 예상되었음.
2009. 9. 12.	- 甲은 재무이사인 피고인과 주금을 가장납입하기로 모의한 뒤, 사채업자인 丙과 丁으로부터 합계 154억 7,000만 원을 차용하였음.

2009. 9. 22.	- 甲은 차용금 154억 7,000만 원을 포함한 306억 9,806만 원을 주금으로 납입 예치하였음.
2009. 9. 23.	- 甲은 주금납입증명서를 발급받아 증자변경등기를 마친 다음 주금 306억 9,806만 원 중 104억 7,000만 원을 인출하여 사채업자에 대한 채무변제 등에 사용함으로써 주금납입을 가장하였음. - 피고인은 甲과 공모하여 가장납입과 차명계좌 36개를 이용하여 12,060,418주(전체 주식의 39.29%)를 차명으로 취득하여 완료된 유상증자에 대하여 금융감독원에 제출한 '증권발행실적보고서'에 제3자배정을 통하여 53인이 18,579,489주를 청약한 결과 총 306억 9,806만 원이 납입되었다고 기재하였음.
2009. 11. 13.	- 피고인은 甲과 공모하여 제출한 '분기보고서'(2009년 3분기)에 甲, 乙 등 회사의 주요 임원의 지분소유내역 변동이 없는 것처럼 기재하였음.
2009. 11. 18.	- 피고인은 甲과 공모하여 제출한 '소액공모공시서류[302]'에 甲, 乙 등 회사의 주요 임원의 지분소유내역 변동이 없는 것처럼 기재하였음.
2009. 10. 5. ~ 2010. 3. 5.	- 甲은 유상증자시 본인 명의 및 차명으로 취득한 1,547만 주를 전량 장내 매도하였음. - 그 과정에서 甲은 대량보유 및 소유주식 보고의무를 누락하였음.

302 자본시장법상 소액공모제도는 10억 원 미만을 모집 또는 매출하는 경우 공시서류를 간소화하여 기업부담을 완화시켜 주는 제도이다. 과거 1년 동안 이루어진 증권의 모집 또는 매출(증권의 종류 불문)로서 신고서를 제출하지 않은 모집가액 또는 매출가액 각각의 합계액이 10억 원 미만인 경우에는 증권신고서 제출이 면제되는데, 이때에는 투자자가 발행인에 대한 기초 정보를 알 수 있도록 발행인의 재무상태, 영업실적 및 공모의 개요 등이 기재된 '소액공모공시서류'를 공모실시 3일 전까지 제출하여야 한다.

II. 관련 조문[303]

자본시장법 제178조(부정거래행위 등의 금지)

① 누구든지 금융투자상품의 매매(증권의 경우 모집·사모·매출을 포함한다. 이하 이 조 및 제179조에서 같다), 그 밖의 거래와 관련하여 다음 각 호의 어느 하나에 해당하는 행위를 하여서는 아니 된다.

2. 중요사항에 관하여 거짓의 기재 또는 표시를 하거나 타인에게 오해를 유발시키지 아니하기 위하여 필요한 중요사항의 기재 또는 표시가 누락된 문서, 그 밖의 기재 또는 표시를 사용하여 금전, 그 밖의 재산상의 이익을 얻고자 하는 행위

이 사건에서 문제된 행위는 자본시장법이 시행된 2009. 2. 4. 이후에 이루어졌으므로, 이 사건은 자본시장법이 적용되었다.

III. 쟁점

피고인은 甲과 공모하여 ▲ 사실은 甲이 본인 명의뿐만 아니라 차명계좌 36개를 이용하여 12,060,418주(전체 주식의 39.29%)를 차명으로 취득하는 과정에서 주금 306

303 자본시장법은 2007. 8. 3. 법률 제8635호로 제정되었고, 2009. 2. 4.부터 시행되었다. 그에 따라 구 증권거래법은 폐지되었다. 이와 관련하여 자본시장법 부칙 제41조 제1항은 "이 법 시행 전에 행한 종전의 「증권거래법」, 종전의 「선물거래법」, 종전의 「간접투자자산 운용업법」, 종전의 「신탁업법」, 종전의 「종합금융회사에 관한 법률」 및 종전의 「한국증권선물거래소법」의 위반행위에 대한 벌칙 및 과태료의 적용에 있어서는 종전의 규정에 따른다."라고 규정하였는바, 자본시장법 시행 전에 행한 사기적 부정거래행위에 대해서는 구 증권거래법이 적용되고, 자본시장법 시행 후에 행한 사기적 부정거래행위에 대해서는 자본시장법이 적용된다. 이 사건에서 피고인은 자본시장법 시행 후에 사기적 부정거래행위를 행하였는바, 자본시장법이 적용되었다.

억 9,806만 원 중 절반 이상인 154억 7,000만 원을 가장납입한 것임에도 불구하고, 2009. 9. 23.자 증권발행실적보고서에 제3자 배정을 통하여 53인이 18,579,489주를 청약한 결과 총 306억 9,806만 원이 납입되었다고 기재하였고, ▲ 2009. 11. 13.자 분기보고서 및 2009. 11. 18.자 소액공모공시서류에 甲이 가장납입과 차명계좌를 이용하여 취득한 차명주식을 누락한 채 甲, 乙 등 회사의 주요 임원의 지분소유내역 변동이 없는 것처럼 기재하였는데, 이것이 자본시장법 제178조 제1항 제2호 <중요사항 거짓문서 등 이용행위>에 해당하는지 여부가 문제되었다.

이와 관련하여 ① A사의 유상증자가 주금의 가장납입 없이 정상적으로 성공하는지 여부(甲이 A사의 유상증자 당시 주금의 절반 이상을 가장납입한 사실과 관련하여) 및 A사의 최대주주 겸 대표이사인 甲의 차명주식 보유 및 매도 여부(甲이 A사의 유상증자 과정에서 차명주식을 취득하고 그 이후 매도한 사실과 관련하여)가 자본시장법 제178조 제1항 제2호 <중요사항 거짓문서 등 이용행위>의 '중요한 사항'에 해당하는지, ② 피고인이 甲과 공모하여 증권발행실적보고서, 분기보고서 및 소액공모공시서류를 공시하면서 주금의 가장납입이 있었다는 사실을 누락한 채 A사의 유상증자가 정상적으로 성공한 것처럼 기재함과 동시에 甲의 차명주식 취득 및 매도에도 불구하고 甲, 乙 등 회사의 주요 임원의 지분소유내역 변동이 없는 것처럼 기재한 것이 자본시장법 제178조 제1항 제2호 <중요사항 거짓문서 등 이용행위>의 '이용(사용)'에 해당하는지, ③ 피고인의 행위가 자본시장법 제178조 제1항 제2호 <중요사항 거짓문서 등 이용행위>의 '금전 기타 재산상의 이익을 얻고자 하는 행위'에 해당하는지, ④ 피고인은 甲과 공모하여 가장납입으로 취득한 1,547만 주의 주식을 사채업자인 戊에게 담보로 제공하여 전량 매도하게 하였는데, 이때 피고인이 사기적 부정거래행위로 취득한 부당이득을 구체적으로 산정할 수 있는지를 검토할 필요가 있다.

또한, 甲은 피고인과 공모하여 2009. 10. 5.부터 2010. 3. 5.까지 유상증자시 본인 명의 및 차명으로 취득한 1,547만 주를 전량 장내 매도하였음에도 불구하고 대량보유 및 소유주식 보고의무를 누락하였는데, 이것이 자본시장법 제178조 제1항 제2호 <중요사

항 거짓문서 등 이용행위>에 해당하는지 여부가 문제되었다.[304]

IV. 각 쟁점에 대한 평석

1. 2009. 9. 23.자 증권발행실적보고서, 2009. 11. 13.자 분기보고서 및 2009. 11. 18.자 소액공모공시서류와 관련하여

가. 자본시장법 제178조 제1항 제2호의 '중요한 사항'에의 해당 여부

(1) 법원의 판단

제1심법원[305]은 A사의 유상증자가 정상적으로 성공하는지 여부가 A사의 재산·경영에 관하여 중대한 영향을 미치거나 유가증권의 공정거래와 투자자 보호를 위하여 필요한 사항으로서 투자자의 투자판단에 영향을 미칠 수 있는 '중요한 사항'에 해당한다고 판단하였다. 그 구체적인 판단근거는 다음과 같다.

① A사는 2009. 3. 13.경 회계법인으로부터 15기 감사보고서 재무제표(2008. 1. 1. ~ 2008. 12. 31.)에 대하여 누적결손 및 우발채무 과다를 이유로 계속기업으로서의 존속능력에 대한 불확실성으로 인한 의견거절을 받아 상장폐지의 위기에 처하게 되었고, 이에 따라 피고인이 위 회계감사인을 만나 구조조정, 감자 및 300억 원 이상의 증자를 통하여 부채를 상환하여 회사를 정상화하기로 하고, 300억 원 이상의 유상증자를 조건으로 수정하여 감사의견을 받은 상황이었던 점,

304 한편, 이 사건에서 허위사실 유포로 인한 자본시장법위반의 점도 문제되었으나, 그 주된 쟁점은 피고인이 각 기사의 내용이 허위사실임을 인식하였는지, 주가부양이나 주가하락의 방어를 위하여 甲 등과 미필적으로나마 공모하였는지와 같은 사실인정의 문제였으므로, 별도로 검토하지 않았다.

305 서울서부지방법원 2014. 11. 7. 선고 2014고합216 판결

② A사는 2009. 6. 30.경 20:1의 주식 감자에 성공하였고, 결국 300억 원의 유상증자 성공 여부에 따라 A사의 상장폐지 여부 및 회생 여부가 결정될 수 있는 상황이었으므로, 위 유상증자의 성부에 대한 시장의 관심이 높았을 것으로 보이는 점,

③ 실제로 A사의 주가는 유상증자에 대한 기대감으로 상승하는 추세였다가 2009. 9. 22. 유상증자 전후로 다소 하락하여 2009. 9. 21.경에는 2,860원, 2009. 9. 22.에는 2,600원, 2009. 9. 23.에는 2,210원, 2009. 9. 24.경에는 1,880원이었는바, 이는 유상증자 신주 발행가액인 1,000원을 훨씬 상회하였던 점,

④ 당시 A사는 유상증자로 보충된 운영자금으로 신규사업을 모색하고 있었고, 특히 2009. 7.경 이후로 우즈베키스탄 샤와즈사이 리튬광산 개발사업을 발굴하여 2009. 10.경 이후로는 위 사업을 호재성 소재로 홍보하고 있는 상황이었으며, 위 사업의 파트너인 D사에 대하여는 A사가 306억 원 상당의 유상증자를 하여 자금이 충분하다는 취지로 안심시켜 왔으므로, 306억 원 상당의 유상증자에 154억 원 상당이 가장납입되었다는 것이 밝혀진다면 신규사업의 성사 여부 및 신규사업의 수익성에 대한 시장의 평가가 불투명해지는 상황이었던 점,

⑤ A사는 300억 원의 유상증자에 실제로 성공하더라도 금융비용만을 감당할 수 있을 정도로 재무구조가 악화된 상황이었으나, 약 154억 원의 주금이 가장납입되어 실질적으로는 자본금으로 편입되지 않아 A사의 실제 재산·경영상태가 개선되지 못한 점,

⑥ 자본시장법이 증권신고서와 투자설명서에 관하여는 허위기재가 된 경우 이사 등으로 하여금 민사상 손해배상책임을 부담하게 하고 형사처벌하는 규정을 두고 있으나 증권발행실적보고서에 관하여는 이러한 규정이 없다고 하여, 일률적으로 증권발행실적보고서는 자본시장법 제178조 제1항 제2호의 중요사항을 기재하는 문서가 아니라고 할 수는 없는 점

이에 대하여 항소심 법원[306]도 동일한 취지로 판단하였다.[307]

306 서울고등법원 2015. 9. 17. 선고 2014노3653 판결

307 위 항소심 판결은 검사가 상고하지 않음에 따라 그대로 확정되었다.

(2) 평석

(가) 자본시장법 제178조 제1항 제2호의 '중요한 사항'의 의미

구 증권거래법 제188조의4 제4항 제2호 〈허위문서 이용 오해유발행위〉는 "중요한 사항에 관하여 허위의 표시를 하거나 필요한 사실의 표시가 누락된 문서를 이용하여 타인에게 오해를 유발하게 함으로써 금전 기타 재산상의 이익을 얻고자 하는 행위"를 금지하였는데, 현행 자본시장법 제178조 제1항 제2호 〈중요사항 거짓문서 등 이용행위〉는 "중요한 사항에 관하여 거짓의 기재 또는 표시를 하거나 타인에게 오해를 유발시키지 아니하기 위하여 필요한 주요사항의 기재 또는 표시가 누락된 문서, 그 밖의 기재 또는 표시를 사용하여 금전, 그 밖의 재산상의 이익을 얻고자 하는 행위"를 금지함으로써 법조문이 다소 변경되었다.

구 증권거래법 제188조의4 제4항 제2호 〈허위문서 이용 오해유발행위〉에는 '중요한 사항'이 무엇인지에 대하여 정의되어 있지 않았으나, 대법원은 '중요한 사항'이 당해 법인의 재산·경영에 관하여 중대한 영향을 미치거나 유가증권의 공정거래와 투자자 보호를 위하여 필요한 사항으로서 투자자의 투자판단에 영향을 미칠 수 있는 사항을 의미한다고 정의하였다.[308] 이것은 현행 자본시장법 제178조 제1항 제2호 〈중요사항 거짓문서 등 이용행위〉에서도 마찬가지이다.

(나) 2009. 9. 23.자 증권발행실적보고서에 관하여

2009. 9. 23.자 증권발행실적보고서에는 ▲ 주주배정 유상증자를 통하여 12,118,573주(전체 주식의 34.62%)를 발행하고 12,118,573,000원이 납입되었고, ▲ 제3자배정 유상증자를 통하여 18,579,487주(전체 주식의 53.08%)를 발행하고 18,579,487,000원이 납입된 것으로 기재되어 있다.

---

308 대법원 2009. 7. 9. 선고 2009도1374 판결

2009. 9. 23.자 증권발행실적보고서

나. 청약 및 배정 현황

(단위: 주, 원, %)

구분	최초배정내역		청약결과		
	수량	비율	수량	금액	비율
주주배정	35,000,000	100.00	12,118,573	12,118,573,000	34.62%
기타 제3자 배정		-	18,579,487	18,579,487,000	53.08%
계	-	-	30,698,060	30,698,060,000	87.71%

이와 관련하여 제1심법원의 판결문에는 i) 甲이 2009. 9. 12. 재무이사인 피고인과 주금을 가장납입하기로 모의한 뒤, 사채업자인 丙과 丁으로부터 합계 154억 7,000만 원을 차용하였고, ii) 甲이 2009. 9. 22. 가장납입과 차명계좌 36개를 이용하여 12,060,418주(전체 주식의 39.29%)를 차명으로 취득하였으며, iii) 甲이 2009. 10. 5.부터 2010. 3. 5.까지 유상증자시 본인 명의 및 차명으로 취득한 1,547만 주를 전량 장내 매도하였다는 취지의 내용이 포함되어 있는바, 甲은 ▲ 주주배정 유상증자를 통하여 본인 명의로 3,409,582주(= 1,547만 주 - 12,060,418주)를 취득하였고, ▲ 제3자배정 유상증자를 통하여 차명으로 12,060,418주를 취득하였으며, ▲ 그 과정에서 차용금으로 주금 154억 7,000만 원 전액을 납입한 것으로 보인다.

위와 같은 사실관계를 전제로 할 때, 2009. 9. 23.자 증권발행실적보고서에서는 i) 甲의 유상증자 참여분 전체(본인 명의 및 차명)와 관련하여 甲이 차용금으로 주금을 납입한 다음 곧바로 인출하여 사채업자에 대한 채무변제 등에 사용함으로써 주금납입을 가장한 부분, ii) 甲의 유상증자 참여분 12,060,418주(차명)와 관련하여 甲이 차명으로 A사 주식을 취득한 부분이 문제된다.

먼저, 甲이 차용금으로 주금을 납입한 다음 곧바로 인출하여 사채업자에 대한 채무변제 등에 사용함으로써 주금납입을 가장한 것이 자본시장법 제178조 제1항 제2호 〈중요사항 거짓문서 등 이용행위>의 '중요한 사항'에 해당하는지를 살펴본다. 회사의 최대주주가 납입한 유상증자대금이 자본금으로 편입되어 회사의 운영자금(투자자금 등)으로 사용되는지 아니면 유상증자 이후 곧바로 인출되어 회사의 운영자금(투자자금 등)으로 사용되지 못하는지는 회사의 재무구조, 향후의 성장 가능성 등과 관련하여 매우 중요한 정보이다. 특히, 이 사건에서 유상증자의 성공 여부에 따라 A사의 상장폐지 여부 및 회생 여부가 결정되었으며, 약 300억 원의 유상증자 중 가장납입된 약 154억 원은 실질적으로 자본금으로 편입되지 않아 실제로는 A사의 재산·경영상태가 개선되지 않았으므로, A사와 같이 상장폐지 위기에 처한 회사가 주금의 가장납입 없이 정상적으로 유상증자를 성공하는지 여부는 투자자의 투자판단에 영향을 미칠 수 있는 '중요한 사항'에 해당한다고 하겠다.

다음으로, A사의 최대주주 겸 대표이사인 甲이 A사의 유상증자 과정에서 차명으로 주식을 취득한 것이 자본시장법 제178조 제1항 제2호 <중요사항 거짓문서 등 이용행위>의 '중요한 사항'에 해당하는지를 살펴본다. 통상적으로 상장사의 최대주주 겸 대표이사는 상장사와 일종의 운명공동체 관계에 있다고 여겨지고, 상장사의 최대주주 겸 대표이사가 보유주식을 처분하는 것은 일반 투자자들에게 상장사의 경영상 악재가 발생한 것으로 인식되기 때문에, 주식시장에서의 일반 투자자들은 회사의 최대주주 겸 대표이사가 보유주식을 처분하는 것에 대해서 민감하게 반응할 수밖에 없다. 따라서 상장사의 최대주주 겸 대표이사가 보유한 주식과 관련된 사항(취득 및 매도 여부)은 주식시장에서 매우 중요한 정보이고, 그 연장선에서 차명주식 보유(취득) 여부도 투자자의 투자판단에 영향을 미칠 수 있는 '중요한 사항'에 해당한다고 할 것이다.

이와 관련하여 대법원은 '임원·주요주주 소유주식 보고서'를 제출하면서 임직원 명의로 보유하고 있던 차명주식의 소유현황을 기재하지 않은 것이 문제된 사안에서 차명주식 보유 및 매도 여부는 투자자의 투자판단에 영향을 미칠 수 있는 '중요한 사항'에 해당한다고 판시한 바 있다.[309]

309 대법원 2009. 7. 9. 선고 2009도1374 판결

(다) 2009. 11. 13.자 분기보고서 및 2009. 11. 18.자 소액공모공시서류에 관하여

甲은 2009. 10. 5.부터 2010. 3. 5.까지 유상증자시 본인 명의 및 차명으로 취득한 1,547만 주를 전량 장내 매도하였는데, 피고인은 甲과 공모하여 유상증자시 취득한 甲의 차명주식을 장내 매도하면서도 2009. 11. 13.자 분기보고서 및 2009. 11. 18.자 소액공모공시서류에 甲의 차명주식을 누락한 채 甲, 乙 등 회사의 주요 임원의 지분소유내역 변동이 없는 것처럼 기재하였는바, 여기서도 A사의 대표이사이자 최대주주인 甲의 차명주식 매도 여부가 '중요한 사항'에 해당하는지가 문제된다.

살피건대, A사의 대표이사이자 최대주주인 甲이 차명주식을 매도하는 것이 밝혀진다면 일반 투자자의 투자의욕이 떨어지게 되어 A사의 주가에 부정적인 영향을 미칠 수 밖에 없으므로, 甲의 차명주식 매도 여부도 투자자의 투자판단에 영향을 미칠 수 있는 '중요한 사항'에 해당한다고 할 것이다.

나. 자본시장법 제178조 제1항 제2호의 '이용(사용)'에의 해당 여부

(1) 법원의 판단

제1심법원은 피고인이 甲과 공모하여 2009. 9. 23.자 증권발행실적보고서에 총 306억 9,806만 원 중 절반 이상인 154억 7,000만 원이 가장납입되었다는 사실을 숨기고 정상적으로 유상증자가 성공한 것처럼 기재한 것은 중요한 사항에 관한 허위표시 문서를 이용한 것이고, 허위표시된 2009. 9. 23.자 증권발행실적보고서가 이미 공시된 상태에서 위 유상증자가 정상적으로 성공한 것을 전제로 기재된 2009. 11. 13.자 분기보고서 및 2009. 11. 18.자 소액공모공시서류를 계속하여 제출한 것은 허위표시된 문서를 적극적으로 활용하여 '문서를 이용한 행위'에 해당한다고 판단하였다.

이에 대하여 항소심 법원도 동일한 취지로 판단하였다.

(2) 평석

(가) 자본시장법 제178조 제1항 제2호의 '이용(사용)'의 의미

구 증권거래법 제188조의4 제4항 제2호 <허위문서 이용 오해유발행위>는 유가증권의 매매 기타 거래와 관련하여 '중요한 사항에 관하여 허위의 표시를 하거나 필요한 사실의 표시가 누락된 문서를 이용하여 타인에게 오해를 유발하게 함으로써 금전 기타 재산상의 이익을 얻고자 하는 행위'를 금지하고 있었는바, 그 행위의 매체는 문서에 국한되었고, 제2호 위반행위에 해당하기 위해서는 '문서의 이용'이라는 요건이 충족되어야 하였다.[310]

한편, 현행 자본시장법 제178조 제1항 제2호 <중요사항 거짓문서 등 이용행위>는 금융투자상품의 매매, 그 밖의 거래와 관련하여 '중요사항에 관하여 거짓의 기재 또는 표시를 하거나 타인에게 오해를 유발시키지 아니하기 위하여 필요한 중요사항의 기재 또는 표시가 누락된 문서, 그 밖의 기재 또는 표시를 사용하여 금전, 그 밖의 재산상의 이익을 얻고자 하는 행위'를 금지하고 있는바, 허위표시의 수단을 문서로 제한하지 않고 있다.

이와 관련하여 대법원은 기존의 허위표시 문서를 단순히 방치하는 데 그치는 것이 아니라 유사한 취지의 허위·부실표시 문서를 계속 보고하는 등의 방법으로 적극적으로 활용하는 행위가 '문서의 이용'에 포함될 수 있다고 판시하였다.[311]

(나) 증권발행실적보고서, 분기보고서 및 소액공모공시서류에 유상증자가 주금의 가장납입 없이 정상적으로 성공한 것처럼 기재한 부분

이 사건에서 피고인은 甲과 공모하여 2009. 9. 23. 금융감독원에 증권발행실적보고서를 제출하면서 총 306억 9,806만 원 중 절반 이상인 154억 7,000만 원이 가장납입되었다는 사실을 숨기고 정상적으로 유상증자가 성공한 것처럼 기재하였고, 허위표시된 2009. 9. 23.자 증권발행실적보고서가 이미 공시된 상태에서 위 유상증자가 정상적으로

310 대법원 2010. 12. 9. 선고 2009도6411 판결

311 대법원 2009. 7. 9. 선고 2009도1374 판결

성공한 것을 전제로 기재된 2009. 11. 13.자 분기보고서 및 2009. 11. 18.자 소액공모공시서류를 계속하여 제출하였는바, 법원이 자본시장법 제178조 제1항 제2호의 '이용'에 해당한다고 판단한 것은 타당하다.

(다) 증권발행실적보고서, 분기보고서 및 소액공모공시서류에 甲의 차명주식 소유현황을 누락한 부분

이 사건에서 피고인은 甲과 공모하여 ▲ 2009. 9. 23.자 증권발행실적보고서에 총 306억 9,806만 원 중 절반 이상인 154억 7,000만 원을 가장납입하면서 甲이 차명주식을 취득하였다는 사실을 숨기고 유상증자가 성공한 것처럼 기재하였고, ▲ 유상증자시 취득한 甲의 차명주식을 장내 매도하면서도 2009. 11. 13.자 분기보고서 및 2009. 11. 18.자 소액공모공시서류에 甲의 차명주식을 누락한 채 甲, 乙 등 회사의 주요 임원의 지분소유내역 변동이 없는 것처럼 기재하였다.

이와 관련하여 법원은 증권발행실적보고서, 분기보고서 및 소액공모공시서류에 甲의 차명주식 소유현황을 누락한 것이 허위표시 문서의 '이용'에 해당하여 사기적 부정거래행위가 성립하는지에 대해서는 별도로 판단하지 않았는데, ① 차명주식의 소유현황을 누락한 채 공시하는 것[제1행위], ② 그 이후 차명주식을 처분하고서도 그 처분내역을 공시하지 않는 것[제2행위]으로 구분하여 검토할 필요가 있다.

이와 관련한 자세한 논의는 〈7번_포괄적 주식교환 사건〉에서 본 바와 같고, 그 논의를 정리하면 다음과 같다.

<table>
<tr><th></th><th>차명주식의 소유현황을 누락한 채 공시하는 것[제1행위]</th><th>그 이후 차명주식을 처분하고서도 그 처분내역을 공시하지 않는 것 [제2행위]</th></tr>
<tr><td rowspan="2">허위표시 문서의 '이용'에의 해당 여부</td><td>애초부터 차명주식의 처분을 통하여 시세차익을 얻을 목적이 있었던 경우 : 해당</td><td rowspan="2">해당</td></tr>
<tr><td>그렇지 않은 경우 : 제외</td></tr>
</table>

살피건대, 이 사건에서 ⅰ) 피고인은 2009. 9. 23.자 증권발행실적보고서에 유상증자가 성공한 것처럼 기재하면서 가장납입 및 차명계좌를 통하여 甲이 차명주식을 취득한 사실을 숨겼고, ⅱ) 甲은 2009. 10. 5.부터 피고인과의 공모하에 차명주식을 장내 매도하기 시작하였는바, 피고인이 2009. 9. 23.자 증권발행실적보고서를 제출하면서 甲의 차명주식 소유현황을 누락한 것은 애초부터 차명주식을 몰래 처분하여 시세차익을 얻을 목적에서 비롯된 행위이므로, 이때에는 허위표시 문서의 '이용'에 해당한다고 할 것이다.

또한, 甲이 2009. 10. 5.부터 2010. 3. 5.까지 유상증자시 취득한 차명주식을 장내 매도하였음에도 불구하고, 피고인은 2009. 11. 13.자 분기보고서 및 2009. 11. 18.자 소액공모공시서류에 甲의 차명주식을 누락한 채 甲, 乙 등 회사의 주요 임원의 지분소유내역 변동이 없는 것처럼 기재함으로써 일반 투자자들로 하여금 甲이 보유 중인 주식을 처분하고 있다는 사실을 알지 못하게 하였는바, 이때에도 허위표시 문서의 '이용'에 해당한다고 할 것이다.

다. 자본시장법 제178조 제1항 제2호의 '금전 기타 재산상의 이익을 얻고자 하는 행위'에의 해당 여부

(1) 법원의 판단

제1심법원은 피고인이 신규자금 유입 등으로 경영정상화가 이루어진 것처럼 일반 투자자들을 기망하여 A사의 상장폐지를 방지하고, A사의 주가를 상승시키거나 유지하여 향후 가장납입으로 취득된 주식의 처분을 용이하게 하며 그 처분을 통한 이득을 증가시킬 목적을 가지고 있었으므로, '금전 기타 재산상의 이익을 얻고자 하는 행위'에 해당한다고 판단하였다. 그 구체적인 판단근거는 다음과 같다.

① 甲은 2009. 10. 8.경 및 같은 달 14.경 위 306억 원의 유상증자 과정에서 가장납입으로 취득한 A사의 주식 합계 900만 주를 戊에게 담보로 제공하고 戊로부터 47억 원을 차용하였던 점,

② 戊는 위 차용과 관련하여 체결된 2009. 10. 14.자 약정에 의하여, 담보로 제공된 주식이 가격변동에 따라 약정된 담보비율을 만족시키지 못하게 될 경우 담보제공주식을 처분하여 대출원리금변제에 충당할 수 있었고 실제로도 위와 같이 담보제공주식을 처분하였으므로, 甲으로서는 현금상환 또는 담보비율 유지를 위한 추가 주식담보 제공의 부담을 면하기 위하여 A사의 주가가 상승하거나 적어도 유지되어야만 하고, 또한 주식이 매도되는 경우에도 주가가 높을수록 대출원리금에 충당되는 매도금액이 증가되는 점,

③ 비록 피고인이 甲의 위 주식담보대출에는 직접 개입하지 않았으나, 피고인은 가장납입을 모의할 당시 甲과 함께 유상증자에서 가장납입된 부분의 주식을 순차적으로 매도하여 A사의 부채를 상환할 계획을 세웠으므로, 결국 위 주식을 처분할 생각이었고, 마찬가지로 A사의 주가가 상승하거나 유지되어야 할 동기를 가지고 있었던 점,

④ 또한 피고인은 甲이 위 가장납입으로 취득한 주식을 처분하고 있다는 것을 알고 있었던 점

이에 대하여 항소심 법원도 동일한 취지로 판단하였다.

(2) 평석

대법원은 구 증권거래법 제188조의4 제4항 제2호 〈허위문서 이용 오해유발행위〉의 이익이 기업의 경영권 획득, 지배권 확보, 회사 내에서의 지위상승 등 무형적 이익, 손실을 회피하는 경우와 같은 소극적 이득, 아직 현실화되지 않는 장래의 이득도 포함하는 포괄적인 개념으로 해석하였다.[312] 이것은 현행 자본시장법 제178조 제1항 제2호 〈중요사항 거짓문서 등 이용행위〉에서도 마찬가지이다.

312 대법원 2003. 11. 14. 선고 2003도686 판결

또한, 대법원은 포괄적인 의미의 부당한 이득을 얻으려는 목적이 있으면 족하며 그 행위 당시부터 장차 유가증권을 처분하여 이득을 얻겠다는 목적이 구체적이고 확정적으로 존재하여야 하는 것은 아니라고 판시하였다.[313]

참고판례 - 대법원 2009. 7. 9. 선고 2009도1374 판결

(…) 허위의 사실을 유포하는 행위 당시 위와 같은 포괄적인 의미의 부당한 이득을 얻으려는 목적이 있으면 족하며 그 행위 당시부터 장차 유가증권을 처분하여 이득을 얻겠다는 목적이 구체적이고 확정적으로 존재하여야 하는 것은 아니다. 위와 같은 부당한 이익을 얻으려는 목적은 그것이 행위의 유일한 동기일 필요는 없는 것이므로 다른 목적과 함께 존재하여도 무방하고 그 경우 어떤 목적이 행위의 주된 원인인지는 문제되지 아니한다.

살피건대, 이 사건에서 피고인은 정상적인 유상증자를 통한 신규자금 유입 등으로 경영정상화가 이루어진 것처럼 일반 투자자들을 기망하여 A사의 상장폐지를 방지하는 한편, A사의 주가를 상승시키거나 유지하여 향후 가장납입으로 취득된 주식의 처분을 용이하게 하려는 등의 목적을 가지고 있었는바, 법원의 판단은 타당하다.

라. 부당이득액의 산정

(1) 법원의 판단

자본시장법위반의 공소사실 중 피고인이 甲과 공모하여 가장납입으로 취득한 1,547만 주의 주식을 사채업자인 戊에게 담보로 제공하여 전량 매도하게 하는 등의 방법으로 처분함으로써 8,228,088,813원의 이익을 얻었다는 부분에 관하여, 제1심법원은 주식 처

313 대법원 2009. 7. 9. 선고 2009도1374 판결

분으로 인한 매도차익이 8,228,088,813원에 달한다거나 매도차익 전액이 사기적 부정거래행위와 인과관계가 인정되는 이익이라고 보기 어렵다고 판단하였다. 그 구체적인 판단근거는 다음과 같다.

① 2009. 11. 13. 제출된 분기보고서(2009년 3분기)가 공시될 무렵의 주가는 2009. 11. 12. 1,200원, 2009. 11. 13. 1,225원, 2009. 11. 16. 1,045원으로 공시 이후 주가가 오히려 하락하였고 위 공시로 주가가 덜 하락하였음을 인정할 증거가 없으며, 2009. 11. 18. 제출된 '소액공모공시서류'가 공시될 무렵의 주가는 상승하였으나, 위 서류 자체가 운영자금을 조달하기 위하여 소액을 제3자 배정 방식으로 모집한다는 것이어서 위와 같은 허위공시만으로는 주가의 상승을 불러올 호재가 되기는 부족한 점,

② A사의 주가는 2009. 10. 20. 805원, 2009. 10. 21.경 760원이었다가, 2009. 10. 22. 870원, 2009. 10. 23. 1,000원, 2009. 10. 26. 1,025원, 2009. 10. 27. 1,010원으로 급상승하였는데, 2009. 10. 21. 전후로는 A사의 이 사건 리튬광산 사업과 관련된 기사가 나가지 않았고 허위공시가 이루어진 바 없음에도 위와 같이 주가가 상승하기도 하였던 점,

③ 사기적 부정거래행위의 일부로 공소제기된 2009. 10. 28.자 머니투데이 기사 및 2009. 10. 28.자 자율공시, 2009. 11. 19.자 머니투데이 기사, 2009. 12. 10.자 머니투데이 기사, 2010. 2. 8.자 한국일보 기사의 배포행위가 무죄로 판단되는 점 등

이에 대하여 항소심 법원도 동일한 취지로 판단하였다.

(2) 평석

(가) 부당이득 산정에 관한 명문의 규정

사기적 부정거래행위로 취득한 부당이득의 규모에 따라 징역형 및 벌금의 가중이 달라지므로, 부당이득의 규모를 정확하게 산정하는 것이 형사재판에서는 매우 중요한 선결과제가 된다.

그럼에도 불구하고 구 증권거래법뿐만 아니라 자본시장법에도 부당이득의 산정방법에 관한 명시적인 규정이 없었기 때문에, 기존에 구체적인 부당이득액의 산정은 법원의 판단에 맡겨져 왔다.

이와 관련하여 대법원은 부당이득이 '당해 위반행위로 인하여 행위자가 얻은 이윤, 즉 그 거래로 인한 총수입에서 그 거래를 위한 총비용을 공제한 차액'을 의미한다고 판시하였다.[314]

한편, 자본시장법 시행령이 2024. 1. 9. 대통령령 제34125호로 개정되면서 부당이득액의 산정에 관하여 제388조의2가 신설되었고, [별표 20의2]에 구체적인 산정방식이 규정되었다.

[별표 20의2] 중 일반기준과 관련하여 "외부요인에 의한 금융투자상품의 시세변동이 위반행위로 인한 금융투자상품의 시세변동을 완전히 상쇄하였다고 인정되는 경우," "외부요인에 의한 금융투자상품의 시세변동이 위반행위로 인한 금융투자상품의 시세변동을 초과하였다고 인정되는 경우," "외부요인에 의한 금융투자상품의 시세변동이 위반행위로 인한 금융투자상품의 시세변동에 준한다고 인정되는 경우" 및 "외부요인에 의한 금융투자상품의 시세변동이 위반행위로 인한 금융투자상품의 시세변동에 준하는 정도에 미치지 않는다고 인정되는 경우"라는 개념이 도입되었다.

자본시장법 시행령 제388조의2 및 [별표 20의2]가 도입된 배경은 수긍이 가나, 사기적 부정거래행위로 취득한 부당이득의 규모에 따라 징역형 및 벌금의 가중이 달라지는 상황에서 부당이득액은 엄격하게 산정되어야 하는데, ▲ 자본시장법 시행령 제388조의2 및 [별표 20의2]만으로 개별적인 사안에서 부당이득액을 산정하기에 충분한 기준이 마련되었다고 보기 어렵고, ▲ 특히, [별표 20의2] 중 일반기준과 관련하여 "외부요인에 의한 금융투자상품의 시세변동이 위반행위로 인한 금융투자상품의 시세변동을 완전히

314 대법원 2009. 4. 9. 선고 2009도675 판결

상쇄하였다고 인정되는 경우," "외부요인에 의한 금융투자상품의 시세변동이 위반행위로 인한 금융투자상품의 시세변동을 초과하였다고 인정되는 경우," "외부요인에 의한 금융투자상품의 시세변동이 위반행위로 인한 금융투자상품의 시세변동에 준한다고 인정되는 경우" 및 "외부요인에 의한 금융투자상품의 시세변동이 위반행위로 인한 금융투자상품의 시세변동에 준하는 정도에 미치지 않는다고 인정되는 경우"라는 개념 자체가 판단을 요하는 것이고, 그 판단 기준도 불명확한 측면이 있다.

(나) 부당이득액 산정에 관한 판례의 기본적인 입장

부당이득은 사기적 부정거래행위로 인한 이익으로서 사기적 부정거래행위와의 인과관계가 인정되어야 하는데, 사기적 부정거래행위 외에 제3자의 개입, 증권시장의 상황, 그 밖에 주가에 중대한 영향을 미칠 수 있는 제반 요소가 다양하므로, 사기적 부정거래행위로 인한 부당이득액을 구체적으로 산정함에 있어서는 신중을 기하여야 한다.

이와 관련하여 대법원은 위반행위의 동기, 경위, 태양, 기간, 제3자의 개입 여부, 증권시장 상황 및 그 밖에 주가에 중대한 영향을 미칠 수 있는 제반 요소들을 전체적·종합적으로 고려하여 인과관계가 인정되는 이익을 산정해야 한다고 판시하였다.[315]

특히, 대법원은 주식시장에서의 정상적인 주가변동요인에 의한 주가상승분이나 위반행위자와 무관한 제3자가 야기한 주가상승분이 존재하는 등과 같은 사정이 있는 경우에는 위반행위와 인과관계가 인정되는 이익만을 따로 구분하여 산정하여야 한다고 판시하기도 하였다.[316]

그 연장선에서 법원이 피고인의 행위와 무관한 요인에 의한 주가상승분이 존재한다고 판단되는 경우 "액수 미상의 부당이득"이라고 판시하는 사례가 다수 있다.[317]

---

315 대법원 2009. 7. 9. 선고 2009도1374 판결

316 대법원 2013. 7. 11. 선고 2011도15056 판결

317 서울고등법원 2018. 6. 21. 선고 2017노2969 판결, 서울고등법원 2022. 4. 29. 선고 2021노2108 판결

살피건대, 이 사건에서 법원은 피고인의 행위와 무관하게 A사의 주가가 변동된 사정이 있다는 이유로 피고인의 부당이득액을 산정하지 않았는바, 이것은 대법원 판례의 법리에 따른 것으로서 타당하다.

2. 대량보유 및 소유주식 보고의무 누락과 관련하여

가. 법원의 판단

2009. 9. 23.자 증권발행실적보고서에는 ▲ 주주배정 유상증자를 통하여 12,118,573주(전체 주식의 34.62%)를 발행하고 12,118,573,000원이 납입되었고, ▲ 제3자배정 유상증자를 통하여 18,579,487주(전체 주식의 53.08%)를 발행하고 18,579,487,000원이 납입된 것으로 기재되어 있다.

이와 관련하여 제1심법원의 판결문에는 ⅰ) 甲이 2009. 9. 12. 재무이사인 피고인과 주금을 가장납입하기로 모의한 뒤, 사채업자인 丙과 丁으로부터 합계 154억 7,000만 원을 차용하였고, ⅱ) 甲이 2009. 9. 22. 가장납입과 차명계좌 36개를 이용하여 12,060,418주(전체 주식의 39.29%)를 차명으로 취득하였으며, ⅲ) 甲이 2009. 10. 5.부터 2010. 3. 5.까지 유상증자시 본인 명의 및 차명으로 취득한 1,547만 주를 전량 장내 매도하였다는 취지의 내용이 포함되어 있는바, 甲은 ▲ 주주배정 유상증자를 통하여 본인 명의로 3,409,582주(= 1,547만 주 - 12,060,418주)를 취득하였고, ▲ 제3자배정 유상증자를 통하여 차명으로 12,060,418주를 취득한 것으로 보인다.

위와 같은 사실관계를 전제로 할 때, 甲은 본인 명의로 취득한 주식 3,409,582주를 처분하는 경우 ① A사의 최대주주로서 '주식등의 대량보유 보고'를 하여야 하고(자본시장법 제147조 제1항), ② A사의 대표이사로서 '특정증권등 소유상황 보고'를 하여야 한다(자본시장법 제173조 제1항). 또한, 甲이 차명으로 취득한 주식 12,060,418주를 처분하는 경우에도 마찬가지이다.

그럼에도 불구하고 甲은 피고인과 공모하여 2009. 10. 5.부터 2010. 3. 5.까지 유상증자시 본인 명의 및 차명으로 취득한 1,547만 주를 전량 장내 매도하였음에도 불구하고 대량보유 및 소유주식 보고의무를 누락하였는바, 이것이 자본시장법 제178조 제1항 제2호 〈중요사항 거짓문서 등 이용행위〉에 해당하는지 여부가 문제되었던 것이다.

이에 대하여 제1심법원은 甲이 피고인과 공모하여 유상증자시 본인 명의 및 차명으로 취득한 1,547만 주를 전량 장내 매도하였음에도 불구하고 대량보유 및 소유주식 보고의무를 누락한 것이 자본시장법 제178조 제1항 제2호 〈중요사항 거짓문서 등 이용행위〉에 해당하지 않는다고 판단하였고, 항소심 법원도 동일한 취지로 판단하였다.

나. 평석

자본시장법 제178조 제1항 제2호 〈중요사항 거짓문서 등 이용행위〉는 '타인에게 오해를 유발시키지 아니하기 위하여 필요한 중요사항의 기재 또는 표시가 누락된 문서, 그 밖의 기재 또는 표시를 사용하여 금전, 그 밖의 재산상의 이익을 얻고자 하는 행위'를 금지하고 있다. 위 조항은 구 증권거래법 제188조의4 제4항 제2호 〈허위문서 이용 오해 유발행위〉가 금지하던 '필요한 사실의 표시가 누락된 문서를 이용하여 타인에게 오해를 유발하게 함으로써 금전 기타 재산상의 이익을 얻고자 하는 행위' 부분이 자본시장법의 제정·시행 및 구 증권거래법의 폐지에 따라 자본시장법 제178조 제1항 제2호 〈중요사항 거짓문서 등 이용행위〉로 옮겨 오면서 일부 문구가 변경된 것이다.

그런데 대법원은 구 증권거래법 제188조의4 제4항 제2호의 위반행위에 해당하기 위해서는 '문서의 이용'이라는 요건이 충족되어야 하므로, 주식의 대량보유 보고 및 소유주식상황 변동보고를 전혀 하지 않는 것은 '문서의 이용'에 해당하지 않는다고 판단하였다.[318]

---

318 대법원 2010. 12. 9. 선고 2009도6411 판결

구 증권거래법과 자본시장법의 각 관련 규정의 내용이나 입법 연혁 및 구 증권거래법의 '문서를 이용'이라는 부분이 자본시장법에서 '문서, 그 밖의 기재 또는 표시를 사용'이라는 부분으로 변경된 취지는 문서 외에도 다양한 수단에 의한 부실표시를 규제하기 위한 것으로 보이는 점과 자본시장법은 일정한 요건 하에 대량보유주식 보고의무 불이행(제445조 제20호, 제147조 제1항)과 소유주식 보고의무 불이행(제446조 제31호, 제173조 제1항)을 별도로 처벌하는 규정을 두고 있는 점 등을 고려할 때, 대량보유 및 소유주식 보고의무 사항을 누락하는 것만으로는 자본시장법 제178조 제1항 제2호에서의 '중요사항의 기재 또는 표시가 누락된 문서, 그 밖의 기재 또는 표시를 사용'하는 것에 해당한다고 볼 수 없는바, 법원의 판단은 타당하다.

23

재벌 회장 차명주식 누락공시 사건

Ⅰ. 사건의 진행 경과

기본적 사실관계
- 피고인은 코스닥 상장법인인 A사, 비상장법인인 B사, C사, D사 등 4개 사의 대표이사임과 동시에 비상장법인인 E사 등 9개 회사의 대주주이다. - 피고인은 A사(코스닥상장)와 S사(비상장)를 합병하는 방법으로 S사를 우회상장하는 과정에서, 피고인이 자신 명의로 배정받은 주식에 대하여는 합병기일로부터 2년[319]간 증권예탁원에 보호예수 되도록 처분이 제한되었다. - A사 주식의 주가는 합병 한 달 전인 2006. 3. 7. 주당 3,010원에서 2006. 3. 24. 3,480원으로 상승하였고, 그때부터 연일 상승하여 합병 발표일인 2006. 4. 3.에는 5,410원이 되었고, 합병 발표 후 8거래일 만인 2006. 4. 12.에는 9,900원에 이르는 등 불과 한 달 만에 3,010원에서 9,900원으로 328.9% 급등하였으며, 그 후에도 상승을 계속하여 2006. 4. 28. 주당 16,000원[320]에 이르렀고, 이후 등락을 반복하다가 2006. 8. 8. 종가는 10,900원이었다.

319 1년이 경과한 경우에는 매 1월마다 최초 보유주식 등의 100분의 5에 상당하는 부분까지 매각할 수 있음

320 합병 한달 전인 2006. 3. 7.에 비해 531.5% 급등

일시	행위
2006. 3.경	- 피고인은 당시 S사(비상장) 총발행주식 527,500주 중 피고인 본인 명의로 168,100주, 차명으로 77,560주 등 합계 245,660주를 소유하고 있었음.
2006. 4. 3.	- 피고인은 A사(코스닥상장)의 이사회를 개최하여 S사(비상장)와의 합병기일을 2006. 7. 1., 합병비율을 '1:20.5084947'로 정하여 A사가 S사를 흡수합병하기로 결의함.
2006. 4. 4.	- 피고인은 금융감독위원회 및 한국증권선물거래소에 합병법인 A사의 '합병신고서'를 제출하면서, 위 합병신고서 중 '투자자보호에 필요한 사항'란에 「합병전후 최대주주 및 주요주주의 주식변동현황」을 기재함에 있어 임·직원 23명 명의의 차명주식 1,590,636주[321]를 누락하고, 자신의 실명주식 3,692,810주[322]만 보유하고 있는 것처럼 기재[323]함.
2006. 7. 3.	- A사가 S사를 흡수합병함. - 피고인은 2006. 7. 3.자 '최대주주변경신고서'를 제출하면서 차명주식 보유분을 누락하여 실명주식만 보유하고 있는 것처럼 기재함.
2006. 8. 8.	- 피고인은 2006. 8. 8.자 '임원·주요주주 소유주식보고서'를 제출하면서 차명주식 보유분을 누락하여 실명주식만 보유하고 있는 것처럼 기재함.
2006. 8. 9. ~ 2008. 3. 6.	- 피고인은 차명주식 총 9,123주 100,941,650원 상당을 매각한 것을 비롯하여, 총 23명의 임·직원 명의 차명주식 471,343주, 4,346,888,285원 상당을 매각하여 4,072,805,557원의 양도차익을 봄.

321 전체 주식 지분 중 9.93%

322 피고인이 원래부터 자신의 명의로 보유하고 있던 A사 주식과 피고인 명의로 보유하고 있던 S사 지분이 이 사건 합병으로 인하여 변경되어 교부받은 A사 주식을 합한 것임

323 피고인은 2006. 7. 3. 합병 전 A사의 주식 245,333주와 S사의 주식 245,660주를 소유하여 합병 후 합병신주를 교부받은 2006. 7. 25. 시점에 A사 주식을 피고인 본인 명의로 3,692,810주, 임·직원의 차명으로 1,590,636주(이에 따라 피고인이 보유하고 있는 차명주식은 발행주식 총수의 9.93%임)를 각각 소유하는 등 합계 5,283,446주를 보유하게 되었음

II. 관련 조문

구 증권거래법 제188조의4(시세조종등 불공정거래의 금지)

④ 누구든지 유가증권의 매매 기타 거래와 관련하여 다음 각호의 1에 해당하는 행위를 하지 못한다.

2. 중요한 사항에 관하여 허위의 표시를 하거나 필요한 사실의 표시가 누락된 문서를 이용하여 타인에게 오해를 유발하게 함으로써 금전 기타 재산상의 이익을 얻고자 하는 행위

이 사건에서 문제된 행위는 자본시장법이 시행된 2009. 2. 4. 이전에 이루어졌으므로, 이 사건은 구 증권거래법이 적용되었다.

III. 쟁점

이 사건에서 A사의 대표이사이자 대주주인 피고인은 임·직원들 명의로 소유하고 있는 차명주식 보유분을 합병 전 '합병신고서'는 물론 합병 후 '최대주주변경신고서', '임원·주요주주 소유주식 보고서'에 기재를 각 누락하고 자신의 실명주식 보유분만을 기재하였는데, 이것이 구 증권거래법 제188조의4 제4항 제2호 〈허위문서 이용 오해유발행위〉의 허위표시 문서이용에 해당하는지가 문제되었다.

이와 관련하여 우선, 피고인이 위 각 문서를 공시하면서 임·직원 23인의 명의로 보유하고 있던 차명주식을 산입하지 않은 채 본인 명의로 된 주식만을 보유하고 있는 것처럼 기재한 것이 구 증권거래법 제188조의4 제4항 제2호 〈허위문서 이용 오해유발행위〉의 '중요한 사항'에 해당하는지가 문제된다.

다음으로, 구 증권거래법 제188조의4 제4항 제2호 <허위문서 이용 오해유발행위> 소정의 '이용'에 해당하는지 여부와 관련하여, 피고인은 20여 년 전부터 임·직원 명의로 주식을 차명으로 보유해 오던 것을 합병 이후에도 실명 전환을 하지 못한 것일 뿐이라는 취지로 주장한바, 이에 대한 검토가 요구된다.

한편, 결국 법원은 구 증권거래법 제188조의4 제4항 제2호 <허위문서 이용 오해유발행위>로 의율하기 위해서는 피고인이 한 허위표시가 타인에게 오해를 유발하게 함으로써 금전 기타 재산상의 이익을 얻고자 하는 의도에서 비롯되어야 한다고 판단한바, 이에 대해 검토가 요구된다.

IV. 각 쟁점에 대한 평석

1. 법원의 판단

제1심법원[324]은 피고인이 합병신고서 및 최대주주변경신고서, 임원·주요주주 소유주식보고서에 기재한 내용 중 주식취득비율 등은 '허위의 표시'에 해당하고, 이는 A사의 경영에 관하여 중대한 영향을 미치거나 A사의 기업환경에 중대한 변경을 초래할 수 있는 사실로서 일반 투자자의 투자판단에 영향을 미칠 수 있는 사실에 해당하므로 '중요한 사항'에 해당한다고 판단하였다.

한편, 제1심법원은 문서의 '이용'여부와 관련하여, "중요한 사항에 관하여 허위 또는 부실 표시된 문서를 증권선물거래소를 통하여 이미 공시한 상태에서 이를 단순히 시정하지 않고 방치하는 데 그치는 것이 아니라, 구체적인 상황에서 그 문서가 투자자의 투

324 서울중앙지방법원 2010. 2. 5. 선고 2009고합690 판결

자 판단에 영향을 미칠 수 있는 사항에 관하여 오해를 유발할 수 있는 상황임을 알면서도 이를 금전 기타 재산상의 이익을 얻는 기회로 삼기 위해서 유사한 취지의 허위 또는 부실 표시 문서를 계속 증권선물거래소에 보고하는 등의 방법으로 적극적으로 활용하는 행위는 위 조항에서 정한 문서의 이용행위에 포함될 수 있다"는 대법원의 일관된 판례를 설시하면서도, 구체적으로 이 사건에서 피고인의 행위가 구 증권거래법 제188조의4 제4항 제2호 〈허위문서 이용 오해유발행위〉 상 '이용'에 해당하는지는 명시적으로 판단하지 않았다.

다만, 법원은 결국 이 사건의 쟁점은 피고인이 한 허위표시가 타인에게 오해를 유발하게 함으로써 금전 기타 재산상의 이익을 얻고자 하는 의도에서 비롯되었는지 여부로 귀결된다고 보면서, 이와 관련하여 ▲ 차명주식 보유사실의 은폐 외에 허위사실유포 또는 위계사용 등의 사기적 행위의 개입 여부, ▲ 이 사건 주식의 주가급등 원인, ▲ 차명주식을 제외한 피고인의 보유주식의 처분 규모 및 그 사실의 공시 여부, ▲ 차명주식의 처분 규모 등 여러 사정에 비추어 보면, 검사가 제출한 증거만으로는 피고인이 금융감독위원회 등 관계 기관에 제출하는 합병신고서, 최대주주 변경신고서, 임원·주요주주 소유주식보고서 등의 문서에 차명주식의 보유내역을 허위로 기재함으로써 타인의 오해를 유발하여 금전적 이익을 얻으려고 하는 의사가 있었다고 인정하기에 부족하고 달리 이를 인정할 증거가 없다는 이유로 피고인에게 이 부분 공소사실에 대하여 무죄를 선고하였다.

그 구체적인 논거는 다음과 같은데, 우선 법원은 아래의 몇 가지 사정을 공소사실에 부합하는 정황으로 보아 피고인이 합병으로 인하여 주가가 급등된 상태를 이용하여 자신이 소유하고 있는 주식을 타인이 보유하는 것으로 기재함으로써 주가에 충격을 주지 않으면서 주식을 매도하는 이익을 도모하려고 한 것이 아닌가 하는 의문이 든다고는 설시하였다.

① 피고인은 공소사실 기재와 같이 2006. 8. 9.부터 2008. 3. 6.까지 1년 6개월에 걸쳐 차명주식으로 보유하고 있던 1,590,636주(전체의 9.93%) 중 총 471,343주(전체의 2.94%)를 43억 4,600만 원 상당에 매각하였던 점,

② A사 주식은 합병 한 달 전인 2006. 3. 7. 주당 3,010원이었는데 그 후 2006. 3. 24. 3,480원으로 상승한 후 그때부터 연일 상승하여 합병 발표일인 4. 3. 상한가인 5,410원이 되었고, 2006. 4. 12.에는 9,900원에 이르는 등 불과 한 달 만에 3,010원에서 9,900원으로 급등(328.9% 상승)하였으며, 그 후에도 상승을 계속하여 2006. 4. 28. 주당 16,000원이 되었고, 이후 등락을 반복하다가 합병 후로서 피고인이 최초로 차명주식을 매도하기 시작하기 전날인 2006. 8. 8. 종가는 10,900원에 이른 점,

③ 피고인이 최초로 차명주식 9,123주를 매각한 2006. 8. 9.의 전체 거래량은 101,119주로서 피고인이 전체 거래의 9% 정도를 차지하였고, 그 후 2006. 8. 10. 총 16,711주(당일 거래량의 14.6% 상당)를, 2006. 8. 11. 총 31,760주(당일 거래량의 45% 상당)를, 2006. 8. 14. 총 14,242주(당일 거래량의 16.9% 상당)를 각 매각하는 등 피고인이 매도한 주식이 일일거래량 중 상당한 비중을 차지하였던 점 등

그러나 결국 아래의 사정을 종합하여 보면, 앞서 위 정황만으로는 피고인이 합병신고서, 최대주주변경신고서, 임원·주요주주 소유주식보고서에 차명으로 소유하고 있는 주식의 보유내역을 허위로 기재함으로써 타인의 오해를 유발하여 금전적 이익을 얻으려고 한 것이라는 점을 인정하기에는 부족하다고 판단하였다.

① 합병신고서, 최대주주 변경신고서, 임원·주요주주 소유주식보고서에 허위의 기재를 하는 경우에는 별도의 처벌 규정을 따로 두고 있으므로(증권거래법 제207조의3 제2호, 제190조의2 제1항, 제186조 제1항, 제210조 제5호, 제188조 제6항), 단순히 허위의 기재가 있다는 사유만으로 증권거래법 제188조의4 제4항 제2호 소정의 '허위의 표시를 하거나 필요한 사실의 표시가 누락된 문서를 이용하여 타인의 오해를 유발함으로써 얻으려고 하는 금전 또는 재산상 이익을 얻으려는 목적'이 있다고 추정할 수는 없다.

② 검사는 피고인이 대주주의 상장주식 양도에 부과되는 양도소득세를 회피할 목적으로 차명주식을 보유하여 금전적 이익을 얻으려 하였다는 취지로 주장하므로 이점에 관하여 보건대, 양도소득세를 회피하려는 것은 차명으로 주식을 보유하여 세무당국을 기망함으로써 금전적 이익을 얻으려는 것이므로, 양도소득세 회피에 의한 이익은 '허위표시로 유가증권의 매매와 관련하여 타인의 오해를 유발함으로써 얻으려는 금전 기타 재산상의 이익'에 포함될 수 없다.

③ 피고인 명의로 보유하는 다수의 주식이 보호예수되어 시장 상황에 따른 매도가 불가능하다는 불이익을 피하기 위하여 차명주식을 보유하였다는 점에 관하여 보건대, 피고인의 차명주식 중 일부분은 합병 전 S사 임·직원의 명의로 보유하고 있는 주식으로서 피고인의 주식과 함께 보호예수가 되므로 실제 피고인의 차명주식 1,590,636주 중 보호예수의 대상이 아닌 주식은 437,035주에 불과[325]하고, 그 중 보호예수가 해제되는 시일인 합병일로부터 1년이 되기 전까지 피고인이 실제 매도한 주식은 293,091주(매도 가능한 차명주식의 67% 상당)이다. 또한, 보호예수의 대상이 되는 주식은 S사가 A사에 흡수합병됨으로써 피고인이 새롭게 교부받게 되는 합병신주일 뿐 피고인이 기존에 보유하고 있던 A사의 주식은 보호예수의 대상이 아니므로 실제로 합병 이후 1년이 지나기까지 투자자가 인식할 수 있는 유통가능한 주식의 총량은 피고인이 보유하고 있는 주식 전부가 아니라 전체 주식 수 16,208,587주에서 보호예수의 대상인 10,030,448주를 제외한 6,178,139주(전체 주식의 38% 상당)이며, 그 중 피고인이 차명으로 보유하고 있어 오해를 유발할 수 있는 유통가능물량은 앞서 본 바와 같이 437,035주(유통가능물량의 7% 상당, 피고인이 보유한 유통가능물량을 제외하더라도 유통가능물량의 9% 상당)에 불과하다.

④ 나아가 피고인은 시간외 대량매매로서 A사 주식 중 2007. 4. 2. 100만 주를 주당 6,400원에, 2007. 5. 22. 927,632주를 주당 7,640원에, 2007. 11. 6. 135만 주를 주당 12,700원에 각 매도하고 이를 공시한 바 있는데, 피고인이 위 대량매매물량에 비하여 소량인 차명주식의 매도 사실을 숨기면서 위와 같은 시간외 대량매매를 공시하였다는 점도

325 합병 시 보호예수되는 합병신주는 최대주주 혹은 주요주주가 보유한 주식이므로 이에 해당하지 않는 임직원의 주식은 보호예수 대상이 아님

이해하기 어렵다. 오히려 피고인은 2007. 3. 경 A사 주식의 저평가 문제에 관하여 K자산운용회사를 통하여 대주주의 지분율이 너무 높아 시장 유통물량이 너무 적으므로 대주주 측의 지분 일부를 시장에 매도함으로써 시장 내에서 거래되는 유통물량을 늘려 주식의 유동성과 환금성을 제고시켜 줌이 바람직하다는 취지의 답변을 받고 위와 같은 시간외 대량매매를 하였다는 것인바, 이와 같이 자신의 주식을 대량 매도함으로써 시장 내 유통물량을 늘리려 했던 피고인이 대주주의 주식 매도사실을 숨기려 위와 같은 차명주식에 대한 허위표시를 하였다는 점도 받아들이기 어렵다.

⑤ 합병 後 대주주의 주식 매각 자체가 회사에 대하여 악재이므로 이 점을 숨기기 위해 위와 같은 허위표시를 하였다는 점에 관하여 보건대, 앞서 본 바와 같이 피고인은 시장 내 유통되는 주식의 수를 늘리기 위하여 자신이 보유하고 있던 주식을 시간외 대량매매를 하고 이를 공시하였을 뿐만 아니라 차명 보유주식이 아닌 자신이나 특수관계인의 주식 변동 상황에 대하여는 꾸준히 공시를 해 온 것으로 보이고, 보유주식 수에 다소의 변동은 있으나 피고인은 40~50% 이상의 주식을 계속 보유하면서 A사에 대한 확고하고도 지속적인 경영의사를 분명히 하여 왔고 현재도 그와 같은 의사는 유지되고 있는 것으로 보이며, 피고인이 위 차명주식을 허위로 표시한 이외에 다른 허위 사실을 유포하거나 위계를 사용하는 등의 행위를 하여 주가를 인위적으로 상승시키려고 하였다고 보기는 어려운 사정 등에 비추어 보면, A사 주식이 합병을 전후하여 급등한 것은 합병이라는 호재나 당시의 주식시장 상황에 연계되어 이루어진 것으로 보일 뿐, 피고인이 차명주식 보유량 및 매각 상황을 사실대로 공시하였다고 하여 일반 투자자의 입장에서 합병의 효과나 회사의 사업전망에 대하여 의구심을 가질 수 있었다거나 대주주 물량이 언제 매각될지 몰라 주가의 급등이 어려웠을 것이라고 단정하기도 어렵다.

이에 대하여 항소심법원[326]과 대법원[327]도 동일한 취지로 판단하였다.

326 서울고등법원 2010. 8. 6. 선고 2010노565 판결

327 대법원 2011. 6. 30. 선고 2010도10968 판결

2. 평석

구 증권거래법 제188조의4 제4항 제2호 <허위문서 이용 오해유발행위>는 "중요한 사항에 관하여 허위의 표시를 하거나 필요한 사실의 표시가 누락된 문서를 이용하여 타인에게 오해를 유발하게 함으로써 금전 기타 재산상의 이익을 얻고자 하는 행위"를 금지하였는데, 자본시장법 제178조 제1항 제2호 <중요사항 거짓문서 이용행위>는 "중요한 사항에 관하여 거짓의 기재 또는 표시를 하거나 타인에게 오해를 유발시키지 아니하기 위하여 필요한 주요사항의 기재 또는 표시가 누락된 문서, 그 밖의 기재 또는 표시를 사용하여 금전, 그 밖의 재산상의 이익을 얻고자 하는 행위"를 금지함으로써 법조문이 다소 변경되었다.

구 증권거래법 제188조의4 제4항 제2호 <허위문서 이용 오해유발행위>에는 '중요한 사항'이 무엇인지에 대하여 정의되어 있지 않으나, 대법원은 '중요한 사항'이 당해 법인의 재산·경영에 관하여 중대한 영향을 미치거나 유가증권의 공정거래와 투자자 보호를 위하여 필요한 사항으로서 투자자의 투자판단에 영향을 미칠 수 있는 사항을 의미한다고 정의하였다.[328]

이와 관련하여 대법원은 '임원·주요주주 소유주식 보고서'를 제출하면서 임직원 명의로 보유하고 있던 차명주식의 소유현황을 기재하지 않은 것이 문제된 사안에서 차명주식 보유 및 매도 여부는 투자자의 투자판단에 영향을 미칠 수 있는 '중요한 사항'에 해당한다고 판시한 바 있다.[329]

이 사건에서 A사의 대표이사 겸 대주주인 피고인이 합병신고서 및 최대주주변경신고서, 임원·주요주주 소유주식보고서에 차명주식 보유사실을 기재하지 아니한 행위는 피고인 스스로 인정하고 있는 바와 같이 객관적 사실에 배치되는 것으로서 '허위의 표시'에

328 대법원 2009. 7. 9. 선고 2009도1374 판결

329 대법원 2009. 7. 9. 선고 2009도1374 판결

해당한다고 볼 수 있다. 또한 법률(증권거래법 제186조 제1항)의 위임에 따라 시행령 및 금융위원회 고시에서 공히 '최대주주, 주요주주의 변동'이 있으면 이를 공시 또는 신고대상으로 의무화하고 있는 점, 최대주주의 변동은 곧 회사의 경영에 있어 중대한 영향을 미칠 수 있는 요소이므로 다른 주주들은 물론 일반 투자자의 투자판단에 영향을 미칠 수 있는 점 등을 고려하면 이 사건에서 법원이 피고인의 차명주식 보유 여부를 투자자의 투자판단에 영향을 미칠 수 있는 '중요사항'에 해당한다고 판단한 것은 타당하다.

그런데, ① 2006. 4. 4.자 〈합병신고서〉, ② 2006. 7. 3.자 〈최대주주변경신고서〉, ③ 2006. 8. 8.자 〈임원,주요주주 소유주식보고서〉에서 피고인의 차명주식 누락부분과 관련하여서는 다음과 같은 쟁점이 있다. 즉, 구 증권거래법 제188조의4 제4항 제2호 〈허위문서 이용 오해유발행위〉상 허위표시 문서의 '이용'에 해당[330]하여 사기적 부정거래행위가 성립하는지와 관련하여 ① 처음 차명주식의 소유현황을 누락한 채 공시하는 것[제1행위], ② 그 이후 차명주식을 처분하고서도 그 처분내역을 공시하지 않는 것[제2행위]으로 구분하여 검토할 필요가 있는 것이다.

이와 관련한 자세한 논의는 〈7번_포괄적 주식교환 사건〉에서 본 바와 같고, 그 논의를 정리하면 다음과 같다.

	차명주식의 소유현황을 누락한 채 공시하는 것[제1행위]	그 이후 차명주식을 처분하고서도 그 처분내역을 공시하지 않는 것 [제2행위]
허위표시 문서의 '이용'에의 해당 여부	애초부터 차명주식의 처분을 통하여 시세차익을 얻을 목적이 있었던 경우 : 해당	해당
	그렇지 않은 경우 : 제외	

330 본 사건에서 법원은 피고인의 차명주식 누락공시는 '타인의 오해를 유발하여 금전적 이익을 얻으려고 한 것이라는 점을 인정하기에는 부족함'이라고 판시하였음. 위 판시는 구 증권거래법 제188조의 제4항 제2호 '이용'의 성립을 부정한 것인지, 아니면 다른 구성요건의 성립을 부정한 것인지 명확하지가 않음

이 사건에서 피고인이 A사와 S사의 합병과정에서 S사에서 보유하고 있던 차명주식을 합병법인인 A사에서도 차명상태로 보유하게 된 사실, 그 차명보유사실을 <합병신고서>, <최대주주변경신고서>, <임원, 주요주주 소유주식보고서>에 누락한 사실은 인정된다. 결국 <합병신고서>, <최대주주변경신고서>, <임원, 주요주주 소유주식보고서>에 차명주식 보유상태를 누락한 시점에서 피고인이 애초부터 차명주식의 처분을 통하여 시세차익을 얻을 목적이 있었는지 여부로 '이용'의 성립여부를 판단하여야 할 것이다.

이 사건에서 주가 추이 및 합병 시점, 주식 매도 시점은 다음과 같다.

❶ '06. 3. 24.	**(합병 전 주가의 상승)** 합병 한 달 전인 2006. 3. 7. 주당 3,010원에서 2006. 3. 24. 3,480원으로 상승
❷ '06. 4. 3.	**(합병일)** 합병일 당시 주가는 주당 5,410원, 그 이전부터 지속적으로 상승
❸ '06. 4. 28.	**(주가 최고점)** 주당 16,000원으로 주가 최고점
❹ '06. 8. 8.	**(등락을 반복하면서 주가하락시점)** 주당 10,900원
❺ '06. 8. 9. ~ '08. 3. 6.	**(1년 반 기간동안 차명주식 매각)**

통상 합병을 앞둔 시점에는 합병 정보가 시장에 퍼져 주가가 상승하는 것이 일반적이다. 즉, 합병을 앞둔 시점 주가 상승 패턴이 보였다면, 대주주는 합병 이후 주가 상승 패턴을 보고 주식 매각을 할 가능성이 농후하다. 그런데, 이 사건에서 피고인은 합병 이후 주가가 최고점을 향해 움직이는 시점에서도 주식을 매각하지 않았고, 오히려 합병으로부터 약 4개월이 지나 합병이라는 호재가 다소 꺾인 상황에 이르러서야 주식을 매각하는 행태를 보였다. 아울러, 피고인은 1년 반이라는 장기간에 걸쳐 주식을 지속적으로 매각하였던바, 합병이라는 호재를 통해 주가가 상승하는 상황을 이용하여 주식을 매각하였다고 보기는 어려운 행위 패턴을 보여주었다.

즉, 피고인이 '합병신고서'에 차명주식 보유 상태를 누락한 시점(2006. 4. 4.)을 기준으로 볼 때, 과연 피고인에게 위 허위신고를 할 당시 차명주식 매각을 통해 시세차익을 얻을 목적이 있었는지에 대하여 의문이 있고, 따라서 이 부분과 관련하여서는 구 증권거래법 제188조의4 제4항 제2호의 '이용'이 성립한다고 볼 수 없다.

그런데 2006. 7. 3.자 '최대주주변경신고서' 및 2006. 8. 8.자 '임원·주요주주 소유주식보고서'의 경우는 위 '합병신고서'와 달리 위 공시들이 이루어진 지 얼마 되지 않은 시점에 차명주식 매각이 이루어졌다. 따라서 이 경우에는 위 공시들이 이루어진 시점을 기준으로 이미 그 이전에 차명주식의 매각결정이 이루어졌는지에 대한 판단이 필요하다. 즉, 피고인이 위 차명주식의 매각을 결정했음에도 위 공시에서 차명 보유 부분을 누락한 것은 차명주식 매각을 시장에 알렸을 경우 대주주의 주식 매각이라는 악재 정보 형성을 막기 위한 목적이 내포된 것으로 볼 수 있는 것이다.

이 사건에서는 위 2006. 7. 3.자 '최대주주변경신고서' 및 2006. 8. 8.자 '임원·주요주주 소유주식보고서' 이전에 피고인이 차명주식을 매각하기로 한 부분이 쟁점화되지 않았고, 나아가 그에 대한 수사도 진행되지 않았기에 위 판결에서 드러난 사실관계만으로는 위 공시의 사기적 부정거래, 즉 구 증권거래법 제188조의4 제4항 제2호 <허위문서 이용 오해유발행위>의 성립 여부를 판단하기는 어렵다.

한편, 이 사건에서는 전혀 거론되지 않았으나, 피고인이 위와 같은 차명주식 처분 이후에도 '임원·주주 소유주식보고' 혹은 '대량보유보고'와 같은 공시에서 차명주식 보유부분과 매각 사실을 누락한 부분은 구 증권거래법 제188조의4 제4항 제2호 <허위문서 이용 오해유발행위>로 의율하는 것이 충분히 가능하다고 본다. 왜냐하면 차명주식 보유 부분과 매각 사실의 누락은 대주주가 해당 상장사의 지분을 매각한다는 사실이 시장에 알려지기를 원하지 않기 때문에 이루어지는 것으로, 이러한 누락공시는 일반투자자들에게 오해를 유발(대주주가 주식을 팔지 않고 보유한다)하게 함으로써 금전 기타 재산상의 이익을 얻고자 하는 목적하에서 이루어지기 때문이다. 이 사건에서 당해 부분이 판단되지 않은 것은 검사가 애초에 차명주식 매각 후 공시 부분을 사기적 부정거래로 기소하지 않았기 때문으로 보인다.

이에 더해, 차명주식을 매각하고도 이후 공시에서 이를 누락한 것이 사기적 부정거래에 해당한다고 할 때, 이로 인한 부당이득은 어떻게 산정해야 할 것인지 역시 문제된다. 살피건대, 차명주식 매각 사실은 주식시장에 있어 '악재성 정보'이다. 왜냐하면 대주주 혹은 대표이사 등 임원이 보유 주식을 매각할 때, 시장에서는 통상 그 상장사에 재무·경영상의 문제가 발생하였다고 보기 마련이기 때문이다. 결국 차명주식 매각 사실을 감추는 것은 '악재성 정보'를 감추는 것으로 주가 하락 폭을 통제하고자 하는 동기에서 비롯된 것이다.

그렇다면, 차명주식 매각을 누락하는 공시에 따른 부당이득은 '(차명주식 매각 사실 누락 당시 주가) - (차명주식 매각 사실을 알렸을 때 주가)'라고 보아야 한다. 그런데, '차명주식 매각 사실을 알렸을 때 주가'는 실제 발생한 사실을 기초로 한 것이 아니라, 가상의 전제로 산출해야 하는 것인데, 그 산출가액을 현실적으로 파악하기는 어렵다. 따라서, 이 경우 차명주식 매각을 누락하는 공시에 의한 부당이득은 '불상'액으로 봄이 상당하다.

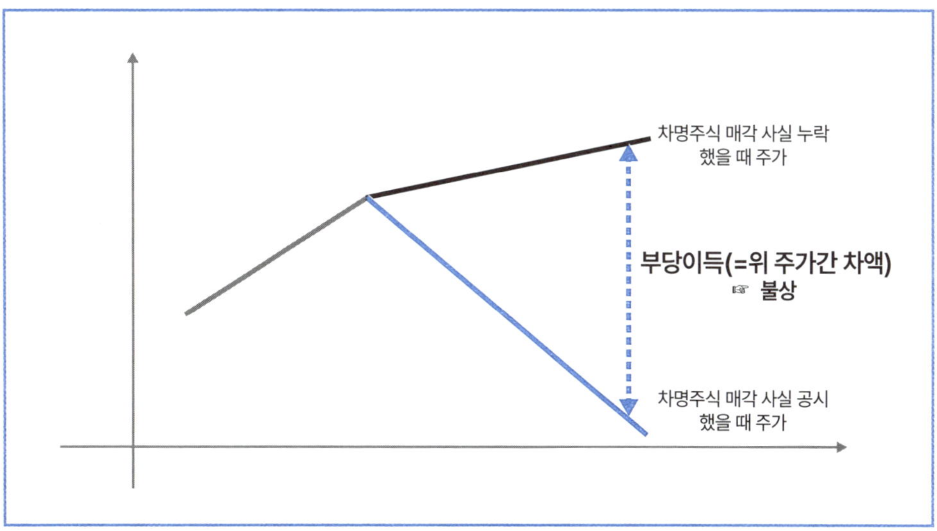

24

IHICP사건

Ⅰ. 사건의 진행 경과

일시	행위
2000. 10. 8.	- 피고인들(甲, 乙, 丙, 丁)이 주도하여 **'IHICP조합'**이라는 투자조합을 설립하였고, 상장법인 또는 코스닥등록법인을 인수하여 인터넷지주회사로 발전하기 위한 계획을 수립하였음.
2000. 10. 12.	- IHICP조합은 인터넷 사업 등에 대한 인수자금 조달계획이 전혀 없는 상태에서 코스닥 **상장사인 A사** 주식을 대주주로부터 인수하되, A사의 영업용 자산을 **A사** 대주주에게 다시 되파는 방법으로 A사의 주식만 인수하는 내용의 계약을 체결함. - 구체적인 계약내용은 아래와 같음 - ❶ IHICP조합이 대주주 戊 등으로부터 A사의 주식 63,000주(전체 주식의 70%)를 37억원에 매수(戊로부터 47,065주를 매수하되 그 가격은 30억원, 戊의 특수관계인으로부터 15,935주를 매수하되 그 가격은 7억원으로 함)하기로 함. ❷ 그런데 戊는 A사로부터 A사의 영업용 자산을 인수하면서 A사의 채무도 포괄적으로 인수하는 것으로 하였고, 이에 대하여 IHICP조합은 그 대가로 27억원을 戊에게 제공하는 것으로 하였음. ❸ 위 27억원 지급을 담보하기 위해 IHICP조합은 인수 주식 중 30,000주를 戊에게 담보로 제공함. ❹ 戊의 영업용 자산 인수를 확보하기 위해 위 조합은 戊가 영업용 자산에 대하여 소유권이전등기청구권가등기 경료에 협조함. ❺ 戊의 특수관계인들이 보유하고 있는 A사의 주식 10,636주를 18개월간 한국증권예탁원에 보호예수하여야 한다』는 내용으로 주식매매계약을 체결함.

2000. 10. 18.	- 피고인들은 2000. 10. 12.자 주식매매계약에 관하여 〈대량보유변동보고 공시〉를 하면서 ▲ 비전형적인 거래구조와 관련된 내용을 공시에서 누락하고 ▲ 실제와 다르게 주식인수 규모를 축소하여 기재하여 공시하여, 마치 실질적 경영권 인수를 전제로 한 정상적인 M&A를 추진하는 것처럼 외관을 구성하였음. - 구체적으로, ① IHICP조합이 실제로는 주식 63,000주를 인수하는 것임에도 주식 47,065주를 30억원에 인수하는 것으로 하고, 그 자금출처와 관련하여 실제로는 20억원을 차입했던 것임에도, 자기자금으로 30억원을 조달하여 위 주식매수에 이용한다는 내용으로 공시하였음 - 위 공시에는 ❷, ❸, ❹, ❺번 내용이 누락되어 있음. 이는 IHICP조합이 A사를 M&A하면서 그 영업용 자산은 다시 戊에게 되파는 것임을 감추고 싶었기 때문임
2000. 12. 20.	- A사가 12억원의 유상증자를 하면서 벤처업계에서 유명한 B사의 대주주인 己는 신주배정자 명의만을 빌려주었고, 유상증자 대금도 己가 아닌 A사의 자금으로 납입하였음에도, 벤처업계의 선두주자 중 하나인 B사의 대주주인 己가 A사의 유상증자에 참여하여 1주당 800,000원의 가격으로 신주 1,500주를 배정받았다는 내용으로 공시하였음.

II. 관련 조문

구 증권거래법 제188조의4(시세조종등 불공정거래의 금지)

④ 누구든지 유가증권의 매매 기타 거래와 관련하여 다음 각호의 1에 해당하는 행위를 하지 못한다.

1. 부당한 이득을 얻기 위하여 고의로 허위의 시세 또는 허위의 사실 기타 풍설을 유포하거나 위계를 쓰는 행위
2. 중요한 사항에 관하여 허위의 표시를 하거나 필요한 사실의 표시가 누락된 문서를 이용하여 타인에게 오해를 유발하게 함으로써 금전 기타 재산상의 이익을 얻고자 하는 행위

본 사건에서 문제되는 행위가 있었던 시점은 자본시장법이 그 효력을 발생하였던 2009. 2. 4.경 이전이므로 이 사건은 구 증권거래법이 적용되는 사건이다.

III. 쟁점

이 사건에서 IHICP조합은 戊로부터 A사 주식을 인수하면서 A사를 M&A하는 것으로 인식하도록 일반대중에게 공시하였으나, 戊가 A사의 영업용 자산을 IHICP조합으로부터 되사는 이면계약을 체결하였다. 즉, 피고인들은 A사에 대한 실질적 경영권 인수를 전제로 M&A를 추진하는 것처럼 외관을 만들었으나, 실제로는 단순히 대주주로부터 주식을 인수하는 데 불과했음에도 마치 정상적으로 경영권이 변동된 것처럼 공시하였고(정상적인 M&A로 보이게 하기 위해 戊의 영업자산 되사기는 공시에서 누락함), 일반투자자의 입장에서 주가 상승을 기대하게 할만한 추가적인 공시(즉, 유명 투자자가 유상증자에 참여한다는 내용)를 하였다.

구체적으로 피고인들의 이 사건에서 문제가 된 공시행위들은 다음과 같다. 피고인들이 ▲ (제1공시) 인터넷 사업 등 실질적 경영활동에 필요한 자금조달 계획이 전혀 없는 상태에서 A사의 대주주인 戊로부터 영업자산 등의 실질적 영업양수 없이 단순히 주식만을 인수하는 계약을 체결하였으나, 일반적인 M&A 절차에 따라 회사 전체를 정상적으로 인수하는 것처럼 외관을 구성하기 위하여 <비전형적인 거래구조> 즉『① 피고인들의 戊에 대한 영업자산양도의무(이하 **'영업자산양도 관련 계약상 의무'**라고 함), ②위 영업양도과정에서 戊가 A사 채무인수 시 피고인들이 戊에게 27억원을 지급할 의무(이하 **'27억원 지급 관련 계약상 의무'**라고 함), ③ 위 27억원 지급담보를 위해 피고인들이 매수한 A사 주식 중 3만주를 戊에게 담보로 제공할 의무(이하 **'주식담보제공 관련 계약상 의무'**라고 함), ④ 戊가 지정한 자산에 대한 戊명의로 가등기를 경료할 의무(이하 **'가등기이행 관련 계약상 의무'**라고 함) ⑤ 戊의 특수관계인들이 보유한 주식 보호예수의무(이하 '**보호예수 관련 계약상 의무**'라고 함)』를 누락한 채, 실제로는 IHICP조합이 주식 63,000주를 37억원에 매수하기로 계약을 체결하였고 위 대금 중 20억원은 대출을 받아 조달하였음에도, 주식 47,065주를 자기자금으로 30억원에 매수한다는 내용으로만 공시(이하 '2000. 10. 18.자 공시'라고 함)하였다.

아울러 피고인들은 ▲ (제2공시) 업계에서 인지도가 높은 투자자가 단순히 명의만을 제공한 것임에도, 해당 인물이 실제로 유상증자에 참여한 것처럼 공시(이하 '2000. 12. 20.자 공시'라고 함)하였다.

이 사건에서 각급 법원은 이 사건 공시행위들에 대한 적용법조, 각 공시행위에 대한 유·무죄판단 및 그 근거를 달리한 부분이 있는 바, 피고인들의 각 공시행위가 구 증권거래법 제188조의4 제4항 제2호 〈허위문서 이용 오해유발행위〉에 해당하는지 여부가 문제된다.

IV. 각 쟁점에 대한 평석

1. 2000. 10. 18.자 공시가 구 증권거래법 제188조의4 제4항 제2호 <허위문서 이용 오해유발행위>에 해당하는지 여부

가. 법원의 판단

제1심 법원은 피고인들에게 2000. 10. 18.자 공시 내용 전부에 대하여 구 증권거래법 제188조 제4항 제1호 〈허위사실 유포행위〉 및 제2호 〈허위문서 이용 오해유발행위〉에 해당한다고 보았다.[331]

331 서울지방법원 2002. 12. 18. 선고 2002고단2720 판결

	1심	항소심	상고심
주식수량 및 매매대금 원천 허위기재	사기적 부정거래 해당 (유죄)	사기적 부정거래 해당 (유죄)	사기적 부정거래 단정 어려움. 피고인들 고의 부정 (무죄)
주식담보제공의무 누락	사기적 부정거래 해당 (유죄)	사기적 부정거래 해당 (유죄)	사기적 부정거래 단정 어려움. 피고인들 고의 부정 (무죄)
영업자산양도 및 27억원 지급 관련 계약상 의무 누락	사기적 부정거래 해당 (유죄)	사기적 부정거래 미해당 (무죄)	판단 없음 (검사 미상고)
가등기이행 관련 계약상 의무 누락	사기적 부정거래 해당 (유죄)	사기적 부정거래 미해당 (무죄)	판단 없음 (검사 미상고)
보호예수 관련 계약상 의무 누락	사기적 부정거래 해당 (유죄)	사기적 부정거래 미해당 (무죄)	판단 없음 (검사 미상고)

한편, 항소심[332]은 제1심과 달리 2000. 10. 18.자 공시와 관련하여 주식 47,065주를 자기자금 30억원에 매수한다는 내용(주식수량 및 매매대금 원천 허위기재)과 27억원에 대한 지급담보로 매수주식 중 30,000주를 제공하는 의무(주식담보제공의무)가 누락되어 공시된 부분에 대해서는 이를 허위로 보고, 나머지 부분과 관련해서는 허위로 보지 않았다.

구체적으로 살펴보면, 먼저 주식수량 및 매매대금 허위기재 부분과 관련하여 피고인들은 戊로부터 A사 주식 63,000주(총 주식수의 70%)를 37억원에 인수함에도 47,065주(총 주식수의 52%)를 30억원에 인수한다고 공시하였는데, 이와 관련하여 매수 주식수량 및 매매대금의 공시내용이 허위임은 명백하다. 아울러 위 공시에서는 위 30억원의 출처가 피고인들이 몸담고 있는 IHICP조합의 자체 보유자금이라고 하였는데, 실제로는

332 서울지방법원 2003. 5. 19. 선고 2003노128 판결

20억원이 차입금이었다는 점에서 이 역시 허위로 보인다.

그런데, 주식매입자금의 출처를 허위로 기재한 것은 피고인들이 자금력이 있다는 점을 주식시장에 알리고 싶었기 때문이라는 점을 쉽게 추론할 수 있으나, 매입 주식 수량을 실제보다 적게 공시한 것에 대한 동기는 쉽게 추론하기 어렵다. 살피건대, 본건 조합이 63,000주를 모두 인수하여 대주주가 되면 시장 유통물량은 30% 밖에 되지 않는다. 시장 유통물량이 풍부해야 거래가 잘 되는 주식이고, 보유 주식을 현금화하기도 쉽기 때문에 주식시장 참여자들은 주식유통물량이 적은 주식을 매입하는 것을 꺼려하는 것이 일반적이다. 따라서, 피고인들이 위와 같이 실제 매수 주식수량보다 적은 매수수량을 공시한 것은 시장참여자로 하여금 대주주 물량은 52%이고, 나머지 물량은 유통물량이라고 오해하도록 만들기 위함으로 보인다.

다음으로 매수주식 중 담보제공 30,000주 누락 부분에 대하여 본다. 항소심은 구 증권거래법시행령 제86조의4 제1항[333]에서 주식보유상황 보고자의 보고사항에 '특별관계자와 관련된 사항(제1호), 보유주식 수(제4호), 취득자금 조성내역(제7호), 담보계약의 내용(제8호)'를 규정하고 있으므로, 戊가 IHICP조합으로부터 A사 자산을 되사기로 하면서 동시에 A사 채무를 포괄적으로 인수하면서 위 조합으로부터 금 27억원을 받기로 하였는데, 이러한 27억원 지급 의무를 담보하기 위해 피고인들이 매수주식 중

333 구 증권거래법시행령 제86조의4 (보유상황등의 보고내용) ①법 제200조의2제1항 전단의 규정에 따라 주식등의 보유상황·보유목적 또는 변동내용을 보고하는 자는 다음 각호의 사항을 기재한 보고서에 의하여야 한다.

1. 대량보유자 및 그 특별관계자에 관한 사항
2. 보유주식등의 발행인에 관한 사항
3. 보유목적

3의2. 변동사유

4. 보유 또는 변동 주식등의 종류 및 수
5. 취득 또는 처분 일자·가격 및 방법
6. 보유형태
7. 취득에 필요한 자금 또는 교환대상물건의 조성내역(차입의 경우 차입처를 포함한다)
8. 보유주식등에 관한 신탁계약·담보계약 기타 주요 계약내용

30,000주를 戊에게 담보로 제공한다는 내용을 누락한 것은 일반 투자자들에게 시중에 A사 주식 유통물량이 많은 것으로 여기도록 하여 수요를 증가시킬 가능성이 있기 때문이라고 설시[334]하였다.

서울중앙지방법원 2003. 5. 19. 선고 2003노128 판결

주식 47,065 주를 자기자금 30억원에 매수하였다고 보고하고 공시하여, 위 시행령 제4호에 의한 보유주식수를 허위로 공시하고, 제1호에 의한 특별관계자에 관한 사항, 취득 자금을 차입하였음에도 차입처에 관한 사항, 자산양수도를 하기로 하면서 금 27억원을 지급하기로 하여 그 지급담보로 매수주식 30,000주를 제공한다는 내용을 누락하여 보고하고 공시하였는바, 보유주식수를 적게 기재하고, 신고하는 매수주식 47,065주 중 30,000주를 담보를 제공하는 것을 누락한 것은 일반 투자자들에게 시중에 유통물량이 많은 것으로 여기도록 하여 수요를 증가시킬 가능성이 있는 점, 자금을 차입하였음에도 자기자금 30억원으로 주식을 취득한 것으로 공시하여 자금능력이 좋은 것으로 보이게 한 점 등에서 이는 투자자의 투자판단에 영향을 줄 수 있는 중요한 사항에 관하여 허위의 표시 등을 한 것이라고 판단된다.

그러나, 이와 달리 ▲ 영업자산양도 관련 계약상 의무 및 27억원 지급 관련 계약상 의무, ▲ 가등기 이행 관련 계약상 의무, ▲ 보호예수 관련 계약상 의무가 누락되어 공시된 부분에 대해서는 위와 같은 사항은 주식대량보유보고서에 기재하여 보고할 사항이 아니라는 점을 근거로 하여 그 공시가 허위가 아니라고 판단하였는 바, 항소심은 주식대

334 그런데, 이 부분과 관련하여 항소심의 설시는 다소 의문이 있다. 피고인들이 매수한 주식 중 30,000주를 담보로 제공했다는 것을 공시에서 누락하면 일반 투자자들은 A사 주식의 유통물량이 많다고 인식하고, 담보제공을 공시에서 누락하지 않으면 A사 주식의 유통물량이 적다고 인식하는 것은 아니다. 왜냐하면 IHICP조합이 매수한 주식은 장차 대주주 보유물량이 되는 것으로 대주주 보유물량은 시장에 함부로 출회되는 것이 아니기 때문에 그것의 담보제공 여하와 그 주식의 시장 유통량 간에는 별다른 상관관계가 없기 때문이다. 살피건대, 피고인들이 이러한 담보제공 사실을 숨긴 것은 자기 자금으로 A사 주식을 취득했다고 공시해놓고, 그 주식들이 담보로 제공된 것을 밝히면 자기 자금으로 A사 주식을 취득했다는 발표가 허위로 인식될 수 있기 때문에 이를 염려해서 그러한 행위를 한 것으로 보인다.

량보유보고서에 기재하여 보고하여야 할 의무가 있는 것을 전제로 하여 구 증권거래법 제188조의4 제4항 제2호 <허위문서 이용 오해유발행위>의 구성요건인 중요한 사항의 해당여부를 판단하는 것으로 보인다.

서울지방법원 2003. 5. 19. 선고 2003노128 판결

위 ①항에서 살펴본 바와 같이 증권거래법시행령 제86조의4 제1항에 의하면, "기존 영업자산양수도 및 현금 27억원 지급부담, 지정 자산에 대한 소유권이전등기청구권보전의 가등기의무, 특수관계인 보유 주식 10,636주에 대한 보호예수 조항"의 누락부분에 대하여는 주식대량보유보고시 보고서에 기재하여 보고할 의무가 없다고 판단되고, 달리 위 부분에 관하여 보고할 의무가 있다고 인정할 만한 증거도 없다.

따라서, 위 피고인들에게 이 부분에 대하여도 주식대량보유보고시 보고서에 기재하여 보고하여야 할 의무가 있다는 것을 전제로 하여 중요한 사항에 관하여 허위의 표시 등을 하였다는 이 부분의 공소사실은 범죄사실의 증명이 없는 때에 해당하므로 형사소송법 제325조 후단에 의하여 무죄를 선고해야 할 것임에도 불구하고 원심은 이를 유죄로 인정하는 잘못을 범하였는바, 이 부분에 대한 위 피고인들의 항소는 이유있다.

그런데, 대법원[335]은 더 나아가 구 증권거래법 제188조 제4항 제2호의 중요한 사항에 해당하는지 여부에 대해서는 구체적인 판단을 하지 않으면서,[336] 항소심이 유죄로 인정한 부분(주식취득 수량을 실제보다 적게 기재하고, 주식인수 자금원천을 허위로 기재하고, 27억원 지급 의무를 담보하기 위해 취득 주식 중 30,000주를 담보로 제공한다는 부분)까지 모두 사기적 부정거래에 해당하지 않는다고 하였다.

335 대법원 2003. 9. 2. 선고 2003도3455 판결

336 항소심판결에 대하여 검사는 2000. 10. 18.자 공시 중 무죄부분에 대하여 상고하지 아니하였고, 피고인들이 자신들의 유죄부분에 대하여만 상고하였다.

위 판결에서 특이한 것은 대법원은 공시된 부분 혹은 공시에서 누락된 부분이 구 증권거래법 제188조의4 제4항 제2호 〈중요한 사항〉에 해당하지 않는다는 논리를 취하여 무죄를 결정한 것인지, 혹은 피고인들에게 사기적 부정거래 행위에 대한 '고의'가 없다는 논리를 취하여 무죄를 결정하지 않은 것인지 명확하게 구분하지 않았다는 점이다.[337]

나. 평석

(1) 〈허위사실 유포행위〉와 〈허위문서 이용 오해유발행위〉 간의 관계

이 부분에 대한 설명은 〈3번_탄소나노튜브(CNT) 사건〉을 참조하면 된다.

(2) 2000. 10. 18.자 공시가 구 증권거래법 제188조의4 제4항 제2호의 〈허위문서 이용 오해유발행위〉에 해당하는지 여부

구 증권거래법 제188조의4 제4항 제2호 〈허위문서 이용 오해유발행위〉의 중요한 사항에 대하여, 대법원은 '중요한 사항'이 당해 법인의 재산·경영에 관하여 중대한 영향을 미치거나 유가증권의 공정거래와 투자자 보호를 위하여 필요한 사항으로서 투자자의 투자판단에 영향을 미칠 수 있는 사항을 의미한다고 정의한 바 있다.[338]

이 사건 항소심은, 피고인들의 공시행위가 구 증권거래법 제188조의4 제4항 제2호의 중요한 사항에 관하여 허위의 표시를 한 것인지를 판단함에 있어, 구 증권거래법 시행령 제86조의4 제1항에 따른 주식대량보유보고서에 기재하여 보고하여야 할 의무가 있는 사항인지 여부를 기준으로 삼았다.

---

337 대법원은 아래에서 살펴보는 바와 같이, 2000. 10. 18.자 공시 중 유죄부분에 관하여 피고인들이 '고의로' 중요한 사항에 관하여 허위의 표시를 하여 타인에게 오해를 유발하게 함으로써 금전 기타 재산상의 이익을 얻고자 하였는다는 점에 대해서 입증이 되지 않았다고 보아, 구 증권거래법 제188조 제4항 제2호의 중요한 사항에 해당하는지 여부에 대해서는 자세하게 판단하지 않았다.

338 대법원 2009. 7. 9. 선고 2009도1374 판결 등

그러나, 구 증권거래법 시행령 제86조의4 제1항의 보고의무가 인정되는지 여부는, 피고인의 공시의무 위반이 구 증권거래법 제188조의4 제4항 제2호에서 정한 〈허위문서 이용 오해유발행위〉에 해당하는지 여부를 판단하는 데 있어 유의미한 기준이 될 수는 있으나, 보고의무의 존재 여부와 사기적 부정거래행위의 성립 여부는 반드시 일치한다고 볼 수 없다.

즉, 특정 사항이 증권거래법 시행령에 따른 보고의무에 해당하지 않더라도, 당해 법인의 재산·경영에 관하여 중대한 영향을 미치거나 유가증권의 공정거래와 투자자 보호를 위하여 필요한 사항으로서 투자자의 투자판단에 영향을 미칠 수 있는 사항이라면, 그 내용은 구 증권거래법 제188조의4 제4항 제2호 〈허위문서 이용 오해유발행위〉의 중요한 사항에 해당한다고 볼 수 있다.

그런데, 이 사건에서 피고인들이 공시에서 일반 투자자들이 오해되었으면 하는 부분 및 감추고 싶었던 부분을 살펴보면 ▲ 피고인들이 A사를 M&A하면서 단지 A사의 주식만을 인수하고 A사의 영업용자산은 인수하지 않는다는 점, ▲ A사 주식인수 자금이 사실 상당 부분 차입금이라는 점, ▲ 위와 같은 영업용 자산을 인수하지 않기 때문에 27억원을 戊에게 제공해야 하고 그것을 담보하기 위해 매수주식 중 30,000주를 戊에게 담보제공하였다는 점일 것이다.

그렇다면 적어도 ① 주식수량 및 매매대금 원천 허위기재, ② 주식담보제공의무 누락, ③ 영업자산양도 관련 계약상 의무 및 27억원 지급 관련 계약상 의무 누락, ④ 가등기이행 관련 계약상 의무 누락 부분은 유가증권의 공정거래와 투자자 보호를 위하여 필요한 사항으로서 투자자의 투자판단에 영향을 미칠 수 있는 사항이라고 보여지고, 그와 같은 사항에 대하여 허위기재를 하거나, 공시에서 누락한 것은 구 증권거래법 제188조의4 제4항 제2호 〈허위문서 이용 오해유발행위〉에 해당한다고 보아야 한다. 그럼에도 불구하고 항소심과 상고심은 각 무죄를 선고하였던 바, 이 부분은 재고되어야 할 필요성이 있다고 보여진다.

	1심	항소심	상고심
주식수량 및 매매대금 원천 허위기재	사기적 부정거래 해당 (유죄)	사기적 부정거래 해당 (유죄)	사기적 부정거래 단정 어려움. 피고인들 고의 부정 무죄)
주식담보제공의무 누락	사기적 부정거래 해당 (유죄)	사기적 부정거래 해당 (유죄)	사기적 부정거래 단정 어려움. 피고인들 고의 부정 (무죄)
영업자산양도 27억원 지급 관련 계약상 의무 누락	사기적 부정거래 해당 (유죄)	사기적 부정거래 미해당 (무죄)	판단 없음 (검사 미상고)
가등기이행 관련 계약상 의무 누락	사기적 부정거래 해당 (유죄)	사기적 부정거래 미해당 (무죄)	판단 없음 (검사 미상고)

마지막으로 보호예수 관련 계약상 의무 누락 부분에 관하여 살펴본다. 피고인들이 2000. 10. 18.자 공시에서 이를 누락한 것은 다음과 같이 이유 때문이었다. 즉, 피고인들은 戊의 특수관계인 주식 15,939주를 실제로 인수하면서도 그 주식 인수절차는 주식인수 계약 당시에 이루어지는 것이 아니라, 피고인들이 위 주식 인수인을 戊측에 제공할 때 비로소 주식인수가 이루어지고 대금 7억원도 지급되는 것으로 하였고, 그에 따라 위 15,939주 중 10,636주는 장래거래일까지 보호예수되는 것으로 하였다. 피고인들이 이렇게 한 이유는 위 15,939주는 前 대주주 몫이 아니라 前 대주주의 특수관계인 주식이고, 위 주식을 인수하는 측은 IHICP조합이 아니었기 때문으로 추측된다.

결국, 前 대주주의 특수관계인 보유 주식이 장래 어느 시점에 IHICP조합의 특수관계인이 아닌 자에게 인수될 수도 있는 것이므로, 본건 공시 시점 당시에 위 15,939주를 위 조합이 인수했다고 공시하는 것이 실체와 맞지 않을 수도 있다. 그러한 점에서 위 15,939주의 귀속 주체를 알 수 없도록 누락한 것이 일반 투자자들의 투자 의사결정에 어떤 영향을 미치는 것인지에 대해서는 불분명함이 있고, 이러한 점에서 항소심, 대법원의 결론에는 동의할 수 있다.

다만, 항소심이 위 사항이 보고의무 대상이 아니기 때문에 구 증권거래법 상 사기적 부정거래 성립이 없다고 한 점, 대법원이 위 사항이 중요사항이 아니어서 구 증권거래법 상 사기적 부정거래가 성립하지 않는다고 판단한 것인지 범죄 고의가 없다고 해서 구 증권거래법 상 사기적 부정거래가 성립하지 않는다고 판단한 것인지 알 수 없게 모호하게 판결한 점은 충분히 비판적 지적을 받을 여지가 있다고 보여진다.

나. 2000. 12. 20.자 공시가 구 증권거래법 제188조의4 제4항 제2호 〈허위문서 이용 오해유발행위〉에 해당하는지 여부

(1) 법원의 판단

제1심과 항소심은 2000. 12. 20.자 공시와 관련하여, IHICP조합이 유상증자 대금도 자신의 자금으로 납입하여 인터넷 업계 상위 5위안에 들어가는 유력 기업의 부사장이 실질적으로 유상증자에 참여한 것이 아님에도 마치 벤처업계의 선두주자 중 하나인 대주주가 1주당 800,000원으로 유상증자에 참여함으로써 가치를 그와 같이 인정하고 있다는 것처럼 나타내기 위한 것으로 구 증권거래법 제188조 제4항 제2호 〈허위문서 이용 오해유발행위〉의 중요한 사항에 해당한다고 판단하였다.[339]

그런데 대법원은 피고인들의 행위가 오해를 유발하여 재산상 이익을 얻으려는 구 증권거래법 상 사기적 부정거래의 고의가 있는 행위라고 볼 수 없다는 이유로 무죄판결을 선고하였다.

339 대법원은 아래에서 살펴보는 바와 같이,위 2000. 12. 20.자 공시에 관하여 피고인들이 '고의로' 중요한 사항에 관하여 허위의 표시를 하여 타인에게 오해를 유발하게 함으로써 금전 기타 재산상의 이익을 얻고자 하였는다는 점에 대해서 입증이 되지 않았다고 보아, 구 증권거래법 제188조 제4항 제2호의 중요한 사항에 해당하는지 여부에 대해서는 자세하게 판단하지 않았다

대법원 2003. 9. 2. 선고 2003도3455 판결

근가 당시 B사 대주주라거나 그가 유상증자에 참여하였다는 사실 자체가 일반인의 투자판단에 영향을 미칠 만한 유명인사라는 점에 대한 증명이 부족할 뿐만 아니라, 800,000원의 발행가액은 관계법령에 따라 시장가격을 기초로 정당하게 계산된 금액으로서 실제 판시와 같은 공시 이후 주가가 연 3일 하한가를 기록하였고, 12억 원의 유상증자를 하게 된 주된 동기는 A사의 자본잠식상태를 해소하여 코스닥등록이 취소되는 사태를 막고자 함이었으며, 따라서 당초 IHICP조합과 B사의 주요 주주들과 사이에 B사을 A사의 자회사로 만들고 그 대신 B사의 주요 주주들이 모회사인 A사의 지배주식을 취득하는 내용으로 일종의 주식교환계약을 체결함에 있어서 자본잠식상태의 해소를 위한 12억 원의 유상증자를 매수인인 B사 주주들측의 책임 하에 하기로 하였고, 실제 실무적인 업무처리는 피고인들 측에서 도맡아 하였던 점까지 고려해 볼 때, 설사 주금납입 당시 근에게 자신이 개인적으로 주식을 취득한다는 점에 대한 인식이 없었다 할지라도, 피고인들에게 근의 명의를 빌려 허위공시를 함으로써 투자자들에게 판시 기재와 같은 오해를 유발하여 재산상의 이익을 얻으려는 고의가 있었다고 단정하기 어렵다.

(2) 평석

실제 특정인이 유상증자에 참여하지 않았음에도 특정인이 유상증자에 참여하였다는 사실을 허위로 공시한 행위가 구 증권거래법 제188조의4 제4항 제2호〈허위문서 이용 오해유발행위〉의'중요한 사항'에 해당하기 위해서는 특정인이 유상증자에 참여한다는 사실 자체가 일반인의 투자판단에 영향을 미칠 수 있는 영향력이 있다는 사실이 전제되어야 할 것이다.

당시 인터넷 업계 상위 5위안에 들어가는 유력 기업의 부사장이 유상증자에 참여한다는 사실은, 회사의 시장 내 위상과 해당 인물의 직위에 비추어 볼 때, 일반 투자자에게 신뢰를 제공하고 투자 가치를 긍정적으로 평가하게 할 수 있는 요소이므로, 이는 투자 판단에 중대한 영향을 미칠 수 있는 사실에 해당한다고 할 것이다. 따라서, 위와 같은 공시가 구 증권거래법 제188조의4 제4항 제2호 <허위문서 이용 오해유발행위>의 '중요한 사항'에 해당한다고 판단한 제1심과 항소심 법원의 판단은 타당한 것으로 보인다.

그런데, 대법원은 위 1심과 항소심 법원의 판단과 달리 피고인들에게 사기적 부정거래의 고의가 없다는 취지로 판결을 했다. 대법원은 ① B사의 대주주인 己가 A사의 유상증자에 참여하는 것이 주식시장 투자판단에 영향을 미친다고 볼 자료가 없다는 점, ② B사 대주주인 己가 A사 12억원 유상증자에 실제로 참여하는 것은 아니지만, B사의 주요주주들이 A사 12억원 유상증자에 실제로 참여하고, B사는 A사의 자회사가 되는 구조의 M&A를 계획하였다가 차질이 생겨 IHICP조합 자금으로 己가 유상증자에 참여한 것이라는 점, ③ 2000. 12. 20.자 공시 이후 주가는 3일 연속 하한가가 되었다는 점을 거론하고 있다.

살피건대, 당시 B사와 己는 전국적으로 알려진 인터넷 벤처기업 및 벤처기업인으로 己가 유상증자에 참여하여 A사에 지분참여한다는 것은 A사 비즈니스 모델(인터넷 지주회사)과 결부하여 볼 때 A사 주가에 긍정적인 요소로 작용할 여지가 충분하다. 물론 이후 A사 주가는 위 유상증자를 통한 기대와 달리 하락했지만, 유상증자 당시에 피고인들은 그러한 긍정적인 요소를 기대하고 己를 유상증자 주체로 내세우고, 己에게 유상증자 자금을 지원한 것이다. 그 결과가 최초 의도와 반대로 되었다고 해서 피고인들에게 범죄의 고의가 없었다고 하는 것은 선뜻 수용하기 힘든 논리라고 보여진다.

아울러, 장래 B사 주요주주들이 A사 주식을 인수하고, 이후 B사가 A사의 자회사로 되는 M&A를 실제로 추진하였다고 하더라도, 본건 2000. 12. 20.자 유상증자 당시에 A사 주식을 인수하는 자금은 본건 IHICP조합 자금이었던 바, 己나 B사 주요주주들이 유상증자에 참여하였다고 볼 수도 없다.

결과적으로 대법원은 피고인들의 행위가 결과적으로 주가부양에 실패하였다는 점을 참작하여 피고인들에게 행위 책임을 묻지 않기로 결론을 내리고 이를 정당화하기 위해 사기적 부정거래 고의 부재를 내세웠으나, 이는 구 증권거래법 상 사기적 부정거래 법리나 범죄 고의에 대한 법리에 맞지 않는 것이다. 차라리 구 증권거래법 제188조의4 제4항 제2호 <허위문서 이용 오해유발행위>의 성립은 긍정하되 양형에서 고려하였다면 어떨까 하는 아쉬움이 남는다.

25

<원조슈퍼개미> 전환사채 가장납입 사건

Ⅰ. 사건의 진행 경과

일시	행위
배경사실	- 피고인 : 1990년대 후반부터 유가증권 상장업체 M&A 시도 등을 통해 주식시장에 큰 파급력을 미쳐왔던 인물로, 주식 시장에서 소위 '원조 슈퍼 개미'로 유명세를 떨쳐온 인물 - A사 : 의약품 제조 및 항암치료제 개발 등을 영위하는 업체로, 2009. 5.경부터 신주인수권부사채 원리금 54억원을 상환하지 못해 회사 공장 부지와 건물이 경매절차에 넘겨지는 등 경영난을 겪고 있었음
2009. 6.말경 ~ 2009. 7.초경	- 피고인은 A사 회장 甲에게 접근, 자신이 300억원대의 자금을 보유하고 있는 것처럼 행세하면서, A사 주식 200만주를 경영권 프리미엄 포함 100억원에 인수하기로 하고 경영권을 양도받기로 하였음
2009. 7. 11.	- 피고인의 별장에서 회장 甲과 이사 乙을 초대하고 경영권 양수도를 중개한 丁·戊 와 피고인의 추종자 己·庚·申·壬 가 있는 자리에서, '이 사건 회사의 경영권을 양수하고, 획기적인 헴프(의료·섬유산업용 대마) 기술로 신사업을 추진하여 이 사건 회사를 키워나가겠다. 이 사건 회사의 자회사가 항암제인 테트라스의 제2기 임상실험 중에 있다'는 취지로 발표하고, 그 무렵 피고인의 다른 추종자인 癸·B에게도 같은 내용을 알려주어 그 소식을 전파하게 하였음

2009. 7. 14.	- 피고인과 회장 甲은, A사 주식 및 경영권 인수계약을 체결하면서 대금 100억원 중 34억원에 대해, A사가 일단 전환사채를 발행하면 피고인이 처(丙) 명의로 전환사채 34억원 인수한 직후(34억원이 피고인에게서 A사로 이전)에 피고인 처 명의로 보유한 '헴프' 관련 특허권을 회사에 양도하고 A사는 특허권 인수 대가로 34억원을 다시 피고인에게 돌려주기로 하였음.
2009. 7. 16.	- 2009. 7. 16. 피고인은 금융감독원 전자공시시스템을 이용하여 'A사가 운영자금 확보를 위하여 자기주식 32만 5,574주를 813,935,000원에 처분하기로 결정하였다'고 공시함(그러나, 피고인과 회장 甲, A사 간 계약에 의하면 위 자사주의 경우 거래 가격이 책정되어 있지 아니하였음) - 2009. 7. 17. 'A사가 운영자금 조달을 위해 사모로 丙에게 전환사채 34억원 상당을 발행하기로 결정하였다는 내용' 공시
2009. 7.말경 ~2009. 8.경	- 2009. 7. 28. 'A사에 위 전환사채 발행대금 34억 원이 납입되었다는 내용'을, - 2009. 8. 14. '丙은 위 전환사채 인수로 A사의 주식 등을 7.58% 보유하게 됐고, 보유목적은 경영권 참여이며, 위 전환사채에 대한 담보 등의 계약이 체결되어 있지 않고, 개인보유자금으로 위 전환사채를 취득하였다는 내용'을 각각 공시 - 다만 위 34억원은 사채업자로부터 전환사채권을 담보로 일시 차용한 금액을 납입한 것이었고, 위 헴프 특허권 대금 명목으로 인출된 사실(2009. 7. 29.)은 공시하지 않았음
2009. 8. 13.경	- 피고인은 2009. 7. 29.경 회계법인으로부터 재무상황 악화에 따른 계속기업존속 여부에 대한 불확실성으로 보고서 검토의견에 '한정의견'이 표명될 수 있다는 것을 통보받음 - 이에 주가 하락이 예상되자 피고인은, '피고인이 2009. 9. 30.까지 A사에 100억 원을 투자하여 신규사업추진 및 사채상환자금으로 사용하겠다는 내용'의 투자합의서를 작성하여 위 회계법인에 제출 - 2009. 8. 14. 위 전자공시시스템에 위 투자합의서 내용이 반영되어 검토의견이 '적정'으로 표명된 반기검토보고서가 공시

II. 관련 조문

자본시장법 제178조(부정거래행위 등의 금지)

① 누구든지 금융투자상품의 매매(증권의 경우 모집·사모·매출을 포함한다. 이하 이 조 및 제179조에서 같다), 그 밖의 거래와 관련하여 다음 각 호의 어느 하나에 해당하는 행위를 하여서는 아니 된다.

1. 부정한 수단, 계획 또는 기교를 사용하는 행위
2. 중요사항에 관하여 거짓의 기재 또는 표시를 하거나 타인에게 오해를 유발시키지 아니하기 위하여 필요한 중요사항의 기재 또는 표시가 누락된 문서, 그 밖의 기재 또는 표시를 사용하여 금전, 그 밖의 재산상의 이익을 얻고자 하는 행위

② 누구든지 금융투자상품의 매매, 그 밖의 거래를 할 목적이나 그 시세의 변동을 도모할 목적으로 풍문의 유포, 위계(僞計)의 사용, 폭행 또는 협박을 하여서는 아니 된다.

이 사건에서 문제된 행위는 자본시장법이 시행된 2009. 2. 4. 이후에 이루어졌으므로, 이 사건은 자본시장법이 적용되었다.

III. 쟁점

1. 자본시장법 제178조 제2항 <풍문 유포행위> 해당여부

피고인은 이 사건 회사의 주식 및 경영권을 양수하기 전인 2009. 7. 11. 회장 甲과 이사 乙을 초대하고, 경영권 양수도를 중개한 丁·戊 와 피고인의 추종자 己·庚·申·壬 도

있는 자리에서 '이 사건 회사의 경영권을 양수하고, 획기적인 헴프 기술로 신사업을 추진하여 이 사건 회사를 키워나가겠다. 이 사건 회사의 자회사가 항암제인 테트라스의 제2기 임상실험 중에 있다'는 취지로 발표하고, 피고인의 다른 추종자인 癸·B에게도 같은 내용을 알려주었는바, 피고인의 이 같은 행위는 일응 자본시장법 제178조 제2항 <풍문유포행위>로 의율할 수 있을 것으로 보이는데 그에 따른 쟁점으로는 먼저 ❶ '풍문'의 개념이 무엇인지, ❷ '풍문'과 허위사실의 관계 등이 문제된다 할 것이다.

2. 자본시장법 제178조 제2항 사기적 부정거래행위 해당여부

본건에서 검사는 피고인이 2009. 7. 16. ~ 2009. 8. 14.까지 4차례 행한 일련의 공시 행위를 두고 자본시장법 제178조 제1항 제1호 <부정한 수단, 계획, 기교행위> 및 동법 제178조 제1항 제2호 <중요사항 거짓문서 등 이용행위>가 성립한다고 기소하였다. 이와 관련하여 ❶ 각 공시내용이 허위인지에 대한 개별적인 검토, ❷ 전환사채 대금의 가장납입이 인정될 때 그 전환사채 대금 납입과 관련된 공시가 허위라고 볼 수 있는지, ❸ 특히 전환사채 인수 자금의 원천과 관련하여 인수자금을 타인으로부터 빌렸음에도 자기자금이라고 기재한 것이 허위라고 볼 수 있는지, ❹ 자본시장법 제178조 제1항 제1호 <부정한 수단, 계획, 기교행위> 및 동법 제178조 제1항 제2호 <중요사항 거짓문서 등 이용행위>의 관계에 대한 쟁점검토가 필요하다.

한편, 검사는 피고인이 회계감사 검토의견에 '한정의견'이 표명될 때 예상되는 주가하락을 방어하기 위하여, '피고인이 2009. 9. 30.까지 회사에 100억 원을 투자하여 신규사업추진 및 사채상환자금으로 사용하겠다는 내용'의 투자합의서를 작성하여 위 회계법인에 제출하고, 이에 따라 검토의견이 '적정'으로 표명된 반기검토보고서가 공시된 점을 두고, 자본시장법 제178조 제1항 제2호 <중요사항 거짓문서 등 이용행위>로 기소하였다. 이와 관련하여 위와 같은 아직 현실화되지 않은 미래의 계획에 대한 투자합의서 내용에 대하여 허위성을 인정할 수 있는지 등에 대한 검토가 필요하다.

IV. 각 쟁점에 대한 평석

1. 자본시장법 제178조 제2항 <풍문 유포행위> 해당여부

(1) 법원의 판단

제1심법원[340]은 피고인이 A사의 회장(주식 및 경영권 양도인), 이사, 그 밖에 피고인의 추종자들이 있는 자리에서 'A사의 경영권을 양수하고, 획기적인 헴프 기술로 신사업을 추진하여 A사를 키워나가겠다. A사의 자회사가 항암제인 테트라스의 제2기 임상실험 중에 있다'는 취지로 말한 점에 대해 '시세의 변동을 도모할 목적으로 풍문의 유포' 행위로 보아 자본시장법 제178조 제2항 〈풍문 유포행위〉의 성립을 인정하였다.

피고인은 이 부분 제1심 판결에 대하여 피고인의 위와 같은 발언은 '풍문'에 해당되지 않는다는 취지로 항소하였는데, 항소심 법원[341]은 '피고인이 회사 경영권을 인수하고 헴프 사업으로 향후 회사를 키워나가겠다'는 취지로 말한 것 자체가 ▲ 근거 없는 허위사실이라고 보기는 어려운 점, ▲ 그 밖에 해당 발언 시점이 양수도 계약 체결 이전이어서 주가 변동을 위해 한 발언(즉, 시세변동을 도모할 목적)이라기 보다는 계약 체결을 성공적으로 이끌어내기 위함으로 보이는 점, ▲ 주가 변동 추이 역시 해당 발언과의 유의미한 인과관계를 인정할 수 없다는 점 등을 이유로 피고인의 항소를 받아들여 이 부분에 대해 무죄 판결하였으며 대법원[342]도 동일한 취지로 판단하였다.

---

340 서울남부지방법원 2012. 11. 1. 선고 2011고합100 판결

341 서울고등법원 2013. 3. 22. 판결 2012노3764 판결

342 대법원 2014. 7. 24. 선고 2013도4145 판결

(2) 평석

구 증권거래법 제188조의4 제4항 제1호에 의하면『부당한 이득을 얻기 위하여 고의로 허위의 시세 또는 허위의 사실 기타 풍설을 유포하거나 위계를 쓰는 행위』를 하면 사기적 부정거래가 성립한다. 그런데 위 법률의 해석과 관련하여 〈허위의 사실 기타 풍설〉이라는 규정에서 '허위'는 ▲ 사실 혹은 ▲ 풍설을 모두 수식하여 위와 같은 사기적 부정거래가 성립하기 위해서는 기본적으로 적시된 내용들이 허위임을 요구한다는 것이 일반적인 해석이었다.

그런데, 현행 자본시장법에서는 위 규정 내용을 변경하여 자본시장법 제178조 제2항에 의하면『누구든지 금융투자상품의 매매, 그 밖의 거래를 할 목적이나 그 시세의 변동을 도모할 목적으로 풍문의 유포, 위계의 사용, 폭행 또는 협박을 하여서는 아니된다』라고 규정하고 있다.

이에 관하여 법원은 풍문이라 함은 "시장에 알려짐으로써 주식 등 시세의 변동을 일으킬 수 있을 정도의 사실로서 합리적 근거라 없는 것"[343]이라고 판시한 바 있는데, 위 풍문에 대한 의미에 과연 과거 구 증권거래법 처럼 '허위성'이 요구되는 것인지 여부가 문제된다. 즉, 주가부양을 위해 적시한 어떤 내용들이 객관적 사실에 일치(즉, 허위사실이 아님)하더라도, 〈합리적 근거〉가 없는 경우에 자본시장법 제178조 제2항 〈풍문 유포행위〉가 성립될 수 있는지가 쟁점이 될 수 있다.

이와 관련하여 다수의 학설과 일반적인 판례[344]의 입장은『사후적으로 우연히 진실에 부합하는 것으로 밝혀진다 하더라도, 유포 당시 합리적 근거를 전혀 갖추지 못하였고 유포자 자신도 이를 인식하고서 유포하기에 이른 이상 여기서 말하는 풍문유포 행위에는 충분히 해당한다고 할 수 있다』라는 것인데, 이는 적시된 내용이 허위이거나 혹은 이

343 대법원 2014. 7. 24. 선고 2013도4145 판결(1심 법원 판결은 서울남부지방법원 2012. 11. 1. 선고 2011고합100 판결이고, 항소심 법원 판결은 서울고등법원 2013. 3. 22. 선고 2012노3764 판결)

344 서울중앙지방법원 2012. 9. 21. 선고 2012고합662 판결, 위 판결의 항소심은 서울고등법원 2013. 1. 17. 선고 2012노3290 판결

후 사실로 밝혀졌다고 하더라도 합리적 근거를 갖추지 않으면 자본시장법 제178조 제2항 <풍문 유포행위>가 된다는 취지이다.

그런데, 본 사건에서 1심 법원은 일반적인 판례의 입장을 따랐으나, 항소심과 대법원은 '풍문'이 되기 위해서는 발언내용이 '허위'여야 한다는 점을 전제로 하여 판결을 하였는 바, 이는 다소 이례적인 입장인 것으로 보인다.

즉, 1심 법원은 피고인의 위와 같은 "A사를 인수해서 키워나가겠다. A사의 자회사가 항암제 2기 임상실험중에 있다" 발언은 <풍문 유포행위>에 해당한다고 판단(유죄 판단)하면서 위 발언이 허위인지 여부는 <풍문 유포행위>의 성립에 영향이 없다는 취지로 판시하였는데 반해, 항소심 법원은 <풍문 유포행위>는 허위성을 요구하는 것이라는 전제 하에서 ▲ 피고인이 A사를 인수하겠다는 의사가 실제로 존재한 점, ▲ A사 자회사가 실제로 항암제 2기 임상실험을 진행하였다는 점을 들어 위 발언에는 '허위성'이 없고, 결국 피고인의 위와 같은 발언은 <풍문 유포행위>가 아니라는 취지로 판단하였고, 대법원은 위 항소심 법원의 판단을 용인하였던 것이다.

살피건대, <풍문 유포행위>가 성립함에 있어 허위성을 요구하면 적시된 사실이 객관적 사실에 반해야 한다. 그런데, 단순히 주가 부양의 목적을 가진 사람이 시중에 떠도는 뜬 소문을 퍼뜨렸는데, '우연히도' 실제로 그 뜬 소문이 사실에 부합한다고 하여 <풍문 유포행위>가 성립하지 않는다고 보아 이를 면책사유로 적용하게 된다면, 주가 부양을 목적으로 한 의도된 행위임에도 형사처벌이 되지 않게 되어 자본시장의 투명성을 저해하는 결과를 초래할 수 있다. 특히 자본시장은 정보의 투명성이 생명이고 이는 자본시장법의 핵심적 보호법익이라고 할 것인데, 인위적인 주가 부양의 목적을 가진 사람이 합리적 근거 없는 소문을 유포하는 행위로 인하여 불특정 다수의 투자자들로 하여금 합리적인 판단을 할 수 없게 만들 수 있다는 점을 고려하면, 합리적 근거 없는 소문의 유포만으로 <풍문 유포행위>가 성립되어야 한다고 보아야지 그것이 사후적으로 봤을때 사실과 부합한다고 하여 행위자를 면책해서는 아니될 것이다.

따라서, 자본시장법 제178조 제2항의 <풍문 유포 행위>는 적시된 사실이 허위일 것을 요구하지 않고, 다만, 발언 당시를 기준으로 합리적 근거가 있는 것인지 여부가 그 기준이 되어야 할 것이고, 이럴 때 투자자들을 두텁게 보호할 수 있는 것이다.

이 사건에서 피고인이 주변에 알린 내용은 "A사를 인수해서 키워나가겠다. A사의 자회사가 항암제 2기 임상실험중에 있다"는 것이다. 즉 발언내용이 사실에 부합하느냐를 기준으로 〈풍문 유포행위〉 성립여부를 따질 것이 아니라 발언이 존재할 당시 그러한 발언이 〈합리적 근거〉를 가졌는지 여부로 〈풍문 유포행위〉의 성립을 따지는 것이 필요하다.

그런데, 피고인이 A사를 인수하려고 했다는 점과 관련하여 피고인은 A사의 대주주에게 직접 그 인수를 제의했고, 피고인이 실제 인수 의지도 있었기 때문에 합리적 근거가 존재하는 것이고, 더욱이 A사의 자회사 관련 발언 역시 실제 진행되었던 사실관계를 기반으로 하는 것이므로 피고인의 위와 같은 발언은 합리적 근거가 있는 것이라고 보여진다. 결론적으로 피고인의 발언을 두고 〈풍문 유포행위〉라고 볼 수 없다. 다만 이렇게 판단하더라도 항소심과 대법원의 판단과 결론적으로는 동일하다.

아울러 항소심 법원이 적절히 지적하였다시피 피고인이 '이 사건 회사의 경영권을 양수한 뒤 신기술(헴프 기술)로 신사업을 추진하여 회사를 키워나가겠다'고 발언한 시점은 주식 및 경영권 계약이 체결되기도 전이므로, 해당 발언은 주식 및 경영권 양도계약의 확정적 체결을 유도하기 위한 것으로 볼만한 여지가 있을 뿐만 아니라, 그 내용 자체도 다소 추상적인 목표나 포부를 제시하는 것이어서 이를 두고 향후 시세 부양을 위한 〈풍문 유포행위〉로 확장 해석하기는 어렵다고 생각된다.

또한 피고인이 이 같은 발언을 할 당시 동석한 것은 이 사건 양수도 계약의 당사자, 중개인, 주식 투자로 유명했던 피고인을 따르는 피고인과의 친분이 있던 자들로, 다른 사례들처럼 일반 투자자나 주주 등을 상대로 한 발언이 아니라는 점에서도 곧바로 자본시장법 제178조 제2항 〈풍문 유포행위〉로 보기 어렵다는 측면이 있다.

특히 〈풍문 유포행위〉를 인정한 다른 사례(대법원 2017. 1. 12. 선고 2016도10313

판결,[345] 대법원 2015. 11. 17. 선고 2015도8816 판결[346] 등 참조)에서 보이는 법원의 태도, 즉 '풍문'이 구체적일 뿐만 아니라 직간접적으로 투자를 유도하며 투자설명회와 같이 불특정다수가 참석한 자리에서 사실이 아닌 정보를 유포하는 행위에 대해 자본시장법 제178조 제2항 <풍문 유포행위>로 인정하는 경향까지 고려하면, 이 사건 피고인의 위 발언을 풍문 유포로 보기에 부족하다고 여겨진다.

따라서 피고인의 위와 같은 발언이 자본시장법 제178조 제2항 <풍문 유포행위>에 해당하지 않는다는 항소심 및 대법원의 결론은 타당하다고 보여진다.

2. 사기적 부정거래에 관하여 : 피고인의 공시 행위 및 피고인이 특허권을 매도한다는 구실로 전환사채 대금 34억원을 가장납입하고 위 돈을 다시 되돌려받은 행위가 '부정한 수단 계획 기교 행위' 또는 '거짓의 기재로 재산상 이익을 얻고자 하는 행위'에 해당하는지

가. 문제된 공시

문제된 공시를 정리하면 아래와 같다.

날짜	공시내용
2009. 7. 16.	A사는 운영자금을 확보하기 위해 자기주식 32만 5,574주를 8억1,393만 5,000원에 처분하기로 결정하였다.
2009. 7. 17.	A사는 운영자금을 확보하기 위해 사모로 丙에게 CB 34억원을 발행하기로 하였다.
2009. 7. 28.	丙은 위 CB 발행대금 34억원을 납입하였다.

345 해당 사건에서 피고인이 '곧 x회사 주식을 작전을 해서 주가 10배 정도를 올릴 것이니 주식을 매수하라'는 취지의 발언에 대해 법원은 풍문 유포로 인정하였다.

346 해당사건에서 피고인이 일반 투자자들에게, '회사가 A사와 업무협약을 맺어 아시아 총판권을 가지고 있고, 이미 여러 나라에 전기자동차를 공급하기로 계약했다', '몇 개월 내에 상장될 것이고 상장되면 큰 시세차익을 올릴 수 있다'는 등으로 설명하면서 주식을 매매한 행위를 풍문 유포로 인정하였다.

2009. 8. 14.	丙은 위 CB인수로 A사 주식 등을 7.58% 보유하게 되었고, 보유목적은 경영권 참여이며, 위 CB에 대한 담보 등의 계약이 체결되어 있지 않고, 개인 보유자금으로 위 CB를 취하였다

나. 법원의 판단

제1심법원은 피고인이, ① 유동성 문제를 해결하여 주가를 부양시켜야 하는 상황이었는데 자신이 실제 보유한 자금이나 재산이 없어서 헴프 특허권을 적극적으로 이용했어야만 했다는 상황이었다는 점, ② 2009. 7. 16.『A사는 운영자금 확보를 위하여 자기주식 32만 5,574주를 813,935,000원에 처분하기로 결정하였다』는 공시는 했으나 피고인이 이에 해당하는 금원은 납입하지 않은 점, ③ 2009. 7. 17.『A사 운영자금 조달을 위하여 사모로 丙에게 전환사채 34억 원 상당을 발행하기로 결정하였다』는 공시가 났으나, 위 34억 원은 이 사건 특허권 양수대금으로 피고인이 다시 회수할 자금이었기 때문에 운영자금 조달과는 애초에 관계가 없었다는 점, ④ 실제로 2009. 7. 28.『전환사채 발행대금 34억 원이 납입되었다』는 공시가 났으나, 피고인은 바로 다음 날인 2009. 7. 29. 이를 인출하여 돈을 빌려준 사채업자에게 34억 원 전부를 반환하였다는 점, ⑤ 2009. 8. 14.『(피고인의 처) 丙은 위 전환사채 인수로 이 사건 회사의 주식 등을 7.58% 보유하게 됐고, 보유목적은 경영권 참여이며, 위 전환사채에 대한 담보 등의 계약이 체결되어 있지 않고, 개인보유자금으로 위 전환사채를 취득하였다』는 내용으로 공시가 났으나, 전환사채 인수자금은 사채업자로부터 빌려 곧바로 반환할 자금이었을 뿐 개인보유자금이 아니었다는 점, ⑥ 동시에 위 특허권 양수에 관해서는 공시의무[347]를 회피하기 위해 대금을 34억 원으로 정한 점(정상적인 전환사채 발행 및 대금 납입이 진행된 것처럼 보이기 위해 특허 양수도는 공시하지 아니한 점) 등을 이유로, 피고인이 전환사채 인수대금을 가장납입

347 당시 코스닥 상장사 전기 자산 총액 10% 초과시 공시의무를 부과하였는데, 2008년도 기말 A 자산총액은 약 345억원으로, 법원은 피고인 등이 공시의무를 회피하기 위해 대금을 34억원으로 정하였다고 판단하였다.

하였음에도 이를 정상적으로 납입한 것처럼 공시한 행위에 대해 자본시장법 제178조 제1항 소정의 사기적 부정거래에 해당한다고 보아 유죄로 인정하였다. 즉 위 네가지 공시 전부에 대하여 허위로 판단한 것이다.

다만 제1심법원은 위와 같은 공시내용이 자본시장법 제178조 제1항 제1호 <부정한 수단, 계획, 기교행위>에 해당하는지 아니면 같은항 제2호 <중요사항 거짓문서 등 이용행위>에 해당하는지에 대해서는 따로 구분하거나 특정하지는 아니하였다.

한편, 피고인이 이에 대해 '전환사채 발행 대금의 납입사실 자체는 허위가 아니고 특허권 매수사실도 자율공시사항에 불과하다'는 이유로 항소하였으나, 항소심 법원은 피고인의 관련 부분에 대한 항소를 기각하였으며 상고심 역시 항소심 판결을 유지하였던바, 항소심 및 대법원은 1심 판결과 동일한 입장을 취한 것이다.

다. 평석

날짜	공시내용
2009. 7. 16.	A사이 운영자금을 확보하기 위해 자기주식 32만 5,574주를 8억1,393만 5,000원에 처분하기로 결정하였다.
2009. 7. 17.	A사이 운영자금을 확보하기 위해 사모로 丙에게 CB 34억원을 발행하기로 하였다.
2009. 7. 28.	丙은 위 CB 발행대금 34억원을 납입하였다.
2009. 8. 14.	丙은 위 CB인수로 A사 주식 등을 7.58% 보유하게 되었고, 보유목적은 경영권 참여이며, 위 CB에 대한 담보 등의 계약이 체결되어 있지 않고, 개인 보유자금으로 위 CB를 취하였다

(1) 2009. 7. 16.자 공시의 허위성 관련

먼저 2009. 7. 16.자 공시내용의 허위성에 관하여 본다. 피고인과 회장 甲은 ▲ 회장 甲과 甲이 지배하는 B사가 2009. 7. 14.경 A사 주식 200만주(회장 甲이 100만주, 甲이

지배하는 회사가 100만주) 경영권을 피고인에게 100억원(주당 5,000원)에 양도하고, ▲ B사가 소유하는 A사 주식 627,622주를 1,443,530,600원에 피고인에게 양도(주당 2,300원)하고, ▲ A사가 보유하는 자사주 325,574주를 불상액에 피고인에게 양도하는 〈주식 및 경영권 양도계약〉을 체결하였다. 이후 피고인은 10억원을 차용하여 위 100억원 양도 부분에 대한 계약금 10억원을 회장 甲 등에게 지급하였고, 피고인의 초등학교 동창생인 2명이 15억원을 사채업자로부터 차용하여 B사가 보유하는 627,622주 및 A사 자사주 325,574주를 인수하고, 이를 사채업자에게 담보로 제공하였다. 사실관계가 이와 같다면 A사가 자사주 325,574주를 처분한 부분은 사실관계에 부합하지만, 자사주 양도가액이 위 〈주식 및 경영권 양도계약〉에는 반영되어 있지 않기 때문에 자사주 325,574주를 8.1억원 상당에 처분하기로 결정하였다는 공시내용은 사실과는 맞지 않다.

그런데, 위와 같은 공시가 허위의 공시라고 하더라도 자본시장법 제178조 제1항 제2호 〈중요사항 거짓문서 등 이용행위〉에 해당하려면 허위공시의 내용이 '중요사항'에 해당하여야 한다. 대법원은 '중요사항'이 당해 법인의 재산·경영에 관하여 중대한 영향을 미치거나 유가증권의 공정거래와 투자자 보호를 위하여 필요한 사항으로서 투자자의 투자판단에 영향을 미칠 수 있는 사항을 의미한다고 정의한 바 있다.[348]

살피건대, 위 공시의 내용은『A사이 자사주를 8억원 상당에 처분하기로 했다』는 것인데 반해, 실제로는 피고인과 회장 甲, A사 사이에 이루어진 〈주식 및 경영권 양도계약〉에는 A사의 자사주 매각사실은 존재하나, 자사주 매각 가격은 존재하지 않기 때문에 위 공시는 허위라는 주장이 제기 된 것이다.

그런데, 자사주 매각 가격이 존재하지 않는다고 공시했을 때와 위와 같이 '자사주 매각 가격을 8.1억원 상당이다'라고 공시했을 때 주가의 변동이나 투자자들의 의사판단이 달라질 여지가 있는지 의문이다. 투자자들에게 중요한 것은 자사주의 매각에 따른 지분

---

348 대법원 2009. 7. 9. 선고 2009도1374 판결

변동과 지배구조의 변동 여부라고 할 것이며, 따라서 위 공시의 경우 그 내용이 사실과는 다소 다른 부분이 있다고 볼지언정 자사주를 얼마에 매각했는지는 '중요사항'이라 보기에 부족하다고 할 것이므로, 위 공시 부분은 자본시장법 제178조 제1항 제2호 <중요사항 거짓문서 등 이용행위>에 해당한다고 보기 어렵다.

(2) 2009. 7. 17.자 및 2009. 7. 28.자 공시내용의 허위성 관련

다음으로 2009. 7. 17.자 및 2009. 7. 28.자 공시내용의 허위성에 관하여 본다. 원래 피고인과 회장 甲, A사 사이에는 丙이 인수한 34억원어치 전환사채와 관련하여 병이 34억원을 전환사채인수대금으로 A사에 납부를 하면, A사는 丙으로부터 '헴프'특허권을 34억원에 매입하면서 그 34억원을 결국 丙에게 지급하기로 하였다. 다시 34억원의 자금은 丙 ➜ A사 ➜ 丙 형태가 되므로 이는 일응 전환사채에 대한 '가장납입'으로 볼 여지가 있다.

그러나, 먼저 이와 같은 자금의 순환이 <가장납입>에 해당하는지에 대해서는 조금 더 따져볼 필요가 있다. 법원은 가장납입의 의미와 관련하여『상법 제628조 제1항 소정의 납입가장죄는 회사의 자본충실을 기하려는 법의 취지를 유린하는 행위를 단속하려는 데 그 목적이 있는 것이므로, 당초부터 진실한 주금납입으로 회사의 자금을 확보할 의사 없이 형식상 또는 일시적으로 주금을 납입하고 이 돈을 은행에 예치하여 납입의 외형을 갖추고 주금납입증명서를 교부받아 설립등기나 증자등기의 절차를 마친 다음 바로 그 납입한 돈을 인출한 경우에는, 실제로 이를 회사를 위하여 사용하였다는 특별한 사정이 없는 한 실질적으로 회사의 자본이 늘어난 것이 아니어서 납입가장죄가 성립하고, 또한 회사의 설립등기 직후 납입된 주금을 인출하여 회사의 영업양수대금 명목으로 영업양도인에게 지급하였다고 하더라도 그 영업양수가 가장된 것이고 실제로는 주금의 제공자에게 주금을 반환한 것에 불과하다면 이는 회사를 위하여 사용되었다고 할 수 없어 납입가장죄가 성립한다』고 판시[349]한 바 있다.

349 대법원 2006. 6. 9. 선고 2005도8498

이러한 가장납입은 유상증자와 전환사채 발행과 같이 회사들이 발행하는 주식이나 채권의 인수에 있어 가장 문제될 수 있다. 즉, 증자대금이나 채권인수 대금이 회사로 유입되어서 그것이 회사자금으로 사용되는 것이 아니라 곧바로 회사 밖으로 유출되어 유상증자 참여자나 채권인수인에게 다시 귀속되는 경우에 문제의 소지가 가장 크다. 이 경우 가장납입은 회사의 자본충실을 해하고, 증권거래와 관련하여서는 일반 투자자로 하여금 자금이 회사로 유입되어 회사가 지출해야 할 운영자금, 투자자금으로 사용할 자금이 충분히 있다는 오해를 불러일으킬 수 있는 점에서 규제가 반드시 필요하다. 이러한 가장납입은 자본시장법 제178조 제1항 제2호 〈중요사항 거짓문서 등 이용행위〉로 의율이 가능하다고 보여진다.

그런데, 이러한 가장납입은 주식과 채권을 분리하여서 판단할 필요가 있다. 즉, 주식의 경우 납입된 자금은 회계적으로 자본금으로 처리되어 증자에 참여하여 증자대금을 납부하면 그 자금이 회사의 자본충실에 도움이 된다. 그러나, 채권의 경우 채권인수인이 납입한 자금은 회계적으로 부채에 계상될 뿐이고, 자본충실 개념과는 큰 관련성은 없다고 할 것이다.

따라서 유상증자에서 가장납입은 자본시장법 제178조 제1항 제2호 〈중요사항 거짓문서 등 이용행위〉 성립을 인정하는데 큰 의문이 없으나[350] 전환사채나 신주인수권부사채 등 채권과 같은 경우 가장납입이 존재한다고 해서 곧바로 자본시장법 제178조 제1항 제2호 〈중요사항 거짓문서 등 이용행위〉의 성립을 인정할지에 대해서는 다소 조심스런 접근이 필요하다. 물론, 해당 공시 등에서 전환사채나 신주인수권부사채 인수자금이 특정한 투자사업에 사용될 것으로 특정되어 공시된 것이라면 그러한 채권인수자금의 가장납입 역시 자본시장법 제178조 제1항 제2호 〈중요사항 거짓문서 등 이용행위〉으로 의율가능하다고 보여진다.

---

350 서울서부지방법원 2014. 11. 7. 선고 2014고합216, 항소심은 서울고등법원 2015. 9. 17. 선고 2014노3653 판결. 위 판결과 관련된 평석은 〈22번_유상증자 주금 납입 사건〉 참조

한편 본건과 관련하여 34억원의 자금은 丙 ➜ A사 ➜ 丙 형태가 된다는 점에 착안하여 丙의 전환사채 인수 및 특허권 양도를 통한 34억원 회수가 전환사채에 관한 '가장납입'으로 볼 수 있는지가 주요 쟁점이었으므로 이를 먼저 살펴본다. 결국, 위 거래가 전환사채의 가장납입이 되기 위해서는 A사이 丙으로부터 인수하려는 '헴프' 특허 거래가 완전히 허위이거나 '헴프'의 가치가 사실상 전무하다는 등의 전제가 필요하다. 이 사건에서 1심 법원은 위 '헴프' 특허가 34억원에 훨씬 미치지 못하고 나아가 피고인은 A사를 인수하더라도 위 특허를 이용하여 사업을 할 생각이 없었다고 판단하면서 위 '특허' 인수를 둘러싼 자금거래를 '가장납입'으로 보고 이는 허위공시에 해당한다는 취지로 판단하였다. 그런데, 항소심은 피고인이 실제로 '헴프' 특허를 이용하여 A사의 신사업으로 진행하려고 했던 점, 위 특허에 대한 회계사의 평가액(8.3억원 ~ 56.7억원)이 존재하는 점에 비추어 A사이 '헴프' 특허를 인수하는 거래가 완전히 허위라고 단정할 수 없다는 취지로 판단하였고, 이 부분에 대해서 상고되지 아니하여 위 판단은 확정되었다.

살피건대, 자본주의 사회 속에서 기업들은 거래의 자유를 구가할 수 있다. 즉, 기업들은 각종 규범들 틀 내에서 자유로운 거래관계를 형성할 수 있는 권리가 있다. 따라서 기업들이 고안해낸 각종 거래 방법에 대해서 그것이 다소 비합리적으로 보이는 요소가 있다고 하더라도 곧바로 이를 불법으로 단정해서는 안된다.

예를 들어 C사로부터 물건을 구매하는 기업 D사를 가정해보자. D사는 직접 C사로부터 물건을 구매하는 방법을 뒤로 하고, C사가 E사에게 물건을 매도하고, E사가 D사에게 물건을 매도하면서 E사가 중간마진을 취하는 3각 거래형태를 취했다고 할 때, 이 거래를 E사에게 일방적인 마진을 남기기 위한 배임적 거래로 볼 여지도 있다. 그러나, E사가 D사 대신에 C사에게 물품대금을 먼저 치르고 D사는 2-3개월 후에 E사에게 물품대금을 치루면 D사는 2-3개월 물품대금을 운용할 수 있는 경제적 실익이 발생하는 것이고, E사는 이러한 중개로 인하여 중개마진을 취득할 수 있는 경제적 실익이 발생하는 것에 초점을 맞추면 과연 이러한 3각 거래가 무조건 배임적 거래가 되는지는 매우 의문이다.

결국, A사이 '헴프' 특허를 인수하여 이를 기초로 사업을 진행하려고 하였던 점이 인정된다면, 그 특허 가격의 적정여부가 부차적인 문제가 될 수는 있을지언정 특허 인수거래 자체를 허위라고 단정하기 어렵다고 보여진다. 이 부분과 관련해서는 항소심의 판단이 타당하다고 보여진다.

가사, '헴프' 특허 관련 34억원의 자금흐름 거래를 일종의 전환사채 가장납입에 해당한다고 하더라도, 앞서 본 바와 같이 전환사채와 같은 채권의 경우 그 가장납입이 인정된다고 해서 곧바로 사기적 부정거래의 성립을 인정할 것은 아닌 것으로 보여진다. 즉, 전환사채 대금의 사용처와 관련하여 공시에 신사업 투자금으로 사용될 것을 기재하였다는 특별한 사정이 있는 경우에 한하여 자본시장법 제178조 제1항 제2호 〈중요사항 거짓문서 등 이용행위〉의 성립을 인정하여야 할 것이다. 그런데, 본건의 경우 위 34억원의 사용처는 단순히 '운영자금'으로 기재되었던 바, 위 34억원이라는 특허권 대금 지급이 운영자금 지급이 아니라고 볼 수 없다.

결국, 위 2009. 7. 17.자 및 2009. 7. 28.자 공시내용은 허위 공시라고 보기 어렵다고 생각되며, 이는 위 1심 및 항소심의 결론과는 궤를 달리 하는 것이다.

(3) 2009. 8. 14.자 공시내용의 허위성 관련

다음으로 2009. 8. 14.자 공시내용의 허위성에 관하여 본다. 위 공시에서 허위사실로 규정될 수 있는 부분은 위 34억원의 자금출처가 실제로는 사채업자로부터 빌린 돈임에도 불구하고 자기자금으로 기재되었다는 것이다. 이른바 취득자금 원천 허위기재와 관련한 쟁점이다.

이 역시 취득자금 원천 허위기재와 관련하여 문제되는 경우는 주식과 채권을 나누어서 봐야 한다. 즉, 주식의 경우, 상장사에서 대주주 혹은 주요주주의 경우 그 주식취득자금이 자기가 보유한 자금인지, 타인으로부터 빌린 자금인지 여부는 시장에서 중요하게 여기는 정보이다. 왜냐하면 대주주 혹은 주요주주가 상장사의 주식을 취득하면서 타인으로부터 자금을 빌려 주식을 매수했다면 그 자금의 변제 이슈가 발생하고, 변제를 위해 취득한 주식을 조만간 다시 처분할 수 있다는 가능성이 있기 때문이다.

특히, 과거 주가조작 세력들은 사채업자로부터 자금을 빌려 주식을 매입하면서 그 주식을 담보로 제공하는 사례가 많았고, 그 담보된 주식들은 일정한 주가를 유지하지 못하면 반대매매 처분되는 수가 많아 일반 투자자들이 예상치 못한 손해를 입은 경우가 많았다. 그러한 점에서 대주주 혹은 주요주주들의 주식취득 관련 상황 공시에서 주식취득 자금원에 대한 제대로 된 신고 여부는 일반 투자자들의 투자판단에 있어 매우 중요한 요소라고 볼 수 있고, 이를 허위로 기재하는 것은 자본시장법 제178조 제1항 제2호 〈중요사항 거짓문서 등 이용행위〉에 해당한다고 볼 수 있다.

그런데, 전환사채 인수와 같은 채권인수에서 채권인수인은 회사에 대한 자본주체가 아니라 단순한 채권자 지위에 있다. 그가 자기 돈으로 전환사채를 인수했는지, 타인 돈으로 전환사채를 인수했는지는 대주주나 주요주주의 유상증자만큼 시장참여자에게 중요한 정보가 아닐 수 있다. 물론 전환사채나 신주인수권부사채에는 주식전환권이 있긴 하나, 통상 그렇게 전환된 주식은 회사에 대한 주주권자로서 보유의 대상이라기 보다는 보통은 단기매매 대상인 경우가 많다. 따라서 전환사채 인수자금의 원천을 타인으로부터 빌린 자금임에도 자기 자금이라고 기재하였다고 해서 시장에서 해당 상장사에 대해 심각한 투자 오해를 발생시켰다고 보기 어렵다. 그러한 점에서 전환사채와 같은 채권에서 그 인수자금의 원천을 허위로 기재하는 것은 자본시장법 제178조 제1항 제2호 〈허위표시 문서이용행위〉 라고 보기 어렵다.

다만, 이렇게 전환사채나 신주인수권부사채를 인수할 때, 그 취득목적을 단순투자가 아닌 '경영참여'라고 공시하였다면, 이는 대주주나 주요주주들의 유상증자 참여와도 유사하여 이러한 경우에 그 취득자금 원천의 허위기재는 일반투자자로 하여금 투자와 관련한 오해를 불러일으킬 수 있기 때문에 규제대상이 되어야 한다고 본다.

살피건대, 본건에서 피고인이 처 丙의 명의로 34억원 상당의 전환사채를 인수하면서 해당보유목적을 '경영참여'라고 공시를 하고 있어 A사 일반 투자자들 입장에서는

丙이 경영권을 보유한 주주가 될 사람으로 생각하게 될 것이고, 그러한 丙이 34억원의 자금원천을 '자기 자금'으로 기재하였던 바, 丙은 A사의 경영권에 참여하기 위해서 전환사채를 주식으로 전환하더라도 A사 주식을 장기보유할 것이라는 시장의 기대를 유인할 것으로 보인다. 그러나 위 34억원의 자금원천이 사채업자로부터 융통한 차용금이라고 하면 위 시장의 기대와는 완전히 반대되는 상황이 되기 때문에 이는 허위공시라고 볼 수 있고, 이 경우 자본시장법 제178조 제1항 제2호 〈허위표시 문서이용행위〉가 성립한다고 판단된다.

(4) 적용법조 문제

본건 1심, 항소심은 위 4가지 공시를 두고 모두 허위라고 판단하면서 그 적용법조를 자본시장법 제178조 제1항 제2호 〈허위표시 문서이용행위〉 및 자본시장법 제178조 제1항 제1호 〈부정한 수단, 계획, 기교〉로 내세우고 있다.

대법원은 자본시장법 제178조 제1항 제1호 '부정한 수단, 계획 또는 기교'의 의미에 관하여 『사회통념상 부정하다고 인정되는 일체의 수단, 계획 또는 기교라고 판시한 바 있고, 나아가 어떠한 행위가 '부정한' 것인지 여부를 판단하기 위하여는 그 행위가 법령 등에서 금지된 것인지, 다른 투자자들로 하여금 잘못된 판단을 하게 함으로써 공정한 경쟁을 해치고 선의의 투자자에게 손해를 전가하여 자본시장의 공정성, 신뢰성 및 효율성을 해칠 위험이 있는지를 종합적으로 고려해야할 것이다』라고 판시한 바 있다.

물론, 근자에 진화한 각종 금융범죄에 효율적으로 대응하기 위한 수단, 죄형법정주의의 한계 등을 이유로 당해 규정이 적용되는 경우가 다수 존재한다는 점은 일부분 이해되지만, 위 포괄적 금지규정은 부당이득액에 따라 가중 처벌되고, 부당이득이 필요적으로 몰수 또는 추징되는 등 예상되는 법익 침해가 매우 클 뿐 아니라, 해당 규정의 문언 자체가 지니고 있는 포괄성·추상성으로 인해 피고인의 방어 대상 역시 지나치게 불명확해질 우려가 있다. 따라서 죄형법정주의 내지 처벌법규의 명확성의 원칙과의 균형상 자본시장법 제178조 제1항 제1호의 적용은 보다 신중을 기하여야 함이 마땅하다.

한편, 본 사안에 대한 위 법원의 접근과 달리 〈32번 몽골금광개발사건〉에서 법원은 『자본시장법 제178조 제1항 제1호 〈부정한 수단, 계획, 기교〉는 자본시장법 제176조(시세조종 규정) 및 제178조(사기적 부정거래 규정)의 일반규정이므로 다른 구체화 규정이 성립하는 경우 별도로 성립하지 않는다(즉, 법조경합관계)』라고 판시하였고, 항소심, 대법원도 이를 유지하였다.

요컨대, 본건과 관련하여 자본시장법 제178조 제1항 제2호 〈중요사항 거짓문서 등 이용행위〉가 성립한다면, 그 일반규정인 자본시장법 제178조 제1항 제1호 〈부정한 수단, 계획, 기교〉는 별도로 성립하지 않는다고 봄이 상당하다.

3. 주가하락을 방어하기 위하여, '피고인이 2009. 9. 30.까지 회사에 100억 원을 투자하여 신규사업추진 및 사채상환자금으로 사용하겠다는 내용'의 투자합의서를 작성하여 외부감사인 회계법인에 제출하고, 해당 내용이 반영된 반기검토보고서가 공시된 점을 두고, 자본시장법 제178조 제1항 제2호 <중요사항 거짓문서 등 이용행위>로 의율할 수 있는지 여부

가. 법원의 판단

제1심법원은 피고인이 자금이 없어 위 투자합의서에서 약속한 100억 원을 투입할만한 여력이 없었고, 실제로 100억 원을 조달하지도 못하였다는 이유로 이 부분에 대하여 유죄인정하였고, 이는 항소심 및 상고심에서도 유지되었다.

나. 평석

살피건대, 위 투자합의서의 내용은 '미래의 계획'과 관련된 것이다. 통상 허위사실은 과거 또는 현재 존재하거나 존재하였던 사실을 대상으로 한다. 본건의 경우 문제되는 발언은 바로 '장래에 100억원 투자를 계획하고 있다'는 것이다. 이는 결국 '미래의 계획'에 대한 허위성이 인정되는지 여부와 관련된 것이다.

대법원은『피고인이 경찰관을 상대로 진정한 사건이 혐의인정되지 않아 내사종결 처리되었음에도 불구하고 공연히 "사건을 조사한 경찰관이 내일부로 검찰청에서 구속영장이 떨어진다"고 말한 것은 현재의 사실을 기초로 하거나 이에 대한 주장을 포함하여 장래의 일을 적시한 것으로 볼 수 있어 명예훼손죄에 있어서의 사실의 적시에 해당한다고 한다[351]』고 판시한 바 있는데, 위 대법원 판결에 비춰 볼 때, 위 문제의 발언 중 장래 투자 계획은 '현재' 투자를 검토하고 있다는 사실을 기초로 하는 것이어서 일응 허위성이 인정되지 않는다고 볼 여지도 있을 수 있다.

그러나 결국 위 장래 계획이 허위가 되려면, 투자 계획이 진지하게 추진되었느냐에 관한 정황을 기반으로 충분히 검토되어야 한다.[352] 자본시장에서는 향후 계획의 발표만으로 주가가 출렁이는 것을 자주 목격할 수 있다. 이른바 '펄'이라는 호재 사업을 붙여 오로지 주가부양 만을 꾀하는 자본시장 교란사범을 자본시장에서 배제하고, 투명하고 신뢰성이 있는 자본시장을 구축하기 위해서는 상장사들에 의해 발표되는 계획들이 진지하게 검토되었는지 여부에 따라 그 계획의 발표 행위가 위계 또는 중요문서 거짓이용 행위에 해당하는지 여부를 따져 보아야 한다. 이에 따라 장래의 계획 역시 허위인지 판단 대상이 되고, 그 기준은 그 계획을 진지하게 추진하였는가 여부에 달린 것으로 봐야 한다.

본건에서 ▲ 피고인은 스스로도 이 사건 투자합의서를 작성해서 제출하지 않으면 감사의견이 부정적으로 나온다는 사실을 알고 '적정의견'을 받기 위해 위 투자합의서를 작성하였다고 진술하고 있는 점, ▲ 피고인은 자금이 없어 위 투자합의서에서 약속한 100억 원을 투입할만한 여력이 없었고, 실제로 100억 원을 조달하지도 못하였던 점, ▲ 나아가 피고인이 추진한 150억 원의 전환사채발행은 위 투자합의서에서 100억 원의 투입을 약속한 2009. 9. 30. 이후인 2009. 10. 22. 경에 추진되었을 뿐만 아니라, 주간사였던 OO투자증권에서 작성한 투자설명서나 실제 청약 건수가 단 1건도 없었던 점 등에 비

351 대법원 2003. 5. 13. 선고 2002도7420 판결

352 서울고등법원 2008. 6. 24. 선고 2008노518 판결, 대법원 2011. 3. 10. 선고 2008도6335 판결

추어 보면, 그 성공가능성도 매우 희박했던 것으로 보이는 점 등을 볼 때, 피고인이 본건 100억원 투자를 진지하게 계획했고, 이를 추진하였는지는 의문이다.

따라서 위 공시내용은 허위 공시로 보는 것이 타당하다. 아울러 피고인은 투자합의서와 반기검토보고서 내용 사이에 관련성이 없다는 취지로 변소하였으나, 당초 반기검토보고서상 감사의견은 한정의견으로 기재될 예정이었는데 피고인이 100억원 상당의 투자약정서를 제출함으로써 감사의견이 적정의견으로 변경되었던바, 해당 내용이 반기검토보고서에 반영 및 공시되어 일반 투자자들로 하여금 회사 재정건전성이 양호하다는 착오를 불러 일으킬 가능성이 높은 점, 한정의견으로 보고서가 제출되었을 경우 주가 하락은 필연적으로 수반되었을 것이라는 점 등의 사정까지 고려하면, 피고인의 위와 같은 행위를 자본시장법 제178조 제1항 제2호 <중요사항 거짓문서 등 이용행위>로 의율한 법원의 판단은 타당하다.

26

테마주 사건

Ⅰ. 사건의 진행 경과

날짜	행위
전제	- 피고인 甲, 전업투자자로 '팍스넷'에 에 가입하여 '카리스마**'라는 필명으로 종목게시판, 종목토론방에 종목 추천글을 남기는 사람. 〈마이****〉이라는 비공개 주식동호회(회원 40여명) 대표 - 피고인 乙, 전업투자자로 '팍스넷'에 가입하여 '리오***'이라는 필명으로 종목게시판, 종목토론방에 종목 추천글을 남기는 사람. 〈마이****〉이라는 비공개 주식동호회 전무 - 피고인 丙, 전업투자자로서 '팍스넷'에 가입하여 '석스*'이라는 필명으로 종목게시판, 종목토론방에 종목 추천글을 남기는 사람. 〈마이****〉이라는 비공개 주식동호회 부장 - 피고인 丁, 전업투자자로서 '팍스넷'에 가입하여 '전초**'라는 필명으로 종목게시판, 종목토론방에 종목 추천글을 남기는 사람. 〈마이****〉이라는 비공개 주식동호회 부장 - 피고인 戊, 전업투자자로서 '팍스넷'에 가입하여 '시리**'라는 필명으로 종목게시판, 종목토론방에 종목 추천글을 남기는 사람. 〈마이****〉이라는 비공개 주식동호회 차장
범죄사실	- 정치인 혹은 정책과 관련한 테마주에 대해서 아래와 같은 '풍문'들을 팍스넷의 종목게시판, 종목토론방에 남김 - 예를 들어, 유아동복을 판매하는 A사와 관련하여 A사가 '아동복지주'라는 게시글을 작성하거나 혹은 댓글을 남기거나, 추천표시를 함

범죄사실	- 코스닥 상장사인 B사의 회장과 문재인 당시 대통령 후보가 의형제 사이로 친분이 두텁고, B사 회장이 문사모 회원이라는 내용을 게시글을 작성하거나 혹은 댓글을 남기거나, 추천표시를 함 - 코스닥 상장사인 C사의 대표이사가 박근혜 당시 대통령 후보의 지지단체인 박사모 회원이라는 내용의 게시글을 작성하거나 혹은 댓글을 남기거나, 추천표시를 함
부당이득	- 피고인들에 대한 부당이득은 모두 '불상액'

II. 관련 조문

구 증권거래법 제188조의4 (시세조종등 불공정거래의 금지)

④ 누구든지 유가증권의 매매 기타 거래와 관련하여 다음 각호의 1에 해당하는 행위를 하지 못한다.

1. 부당한 이득을 얻기 위하여 고의로 허위의 시세 또는 허위의 사실 기타 풍설을 유포하거나 위계를 쓰는 행위

자본시장법 제178조(부정거래행위 등의 금지)

② 누구든지 금융투자상품의 매매, 그 밖의 거래를 할 목적이나 그 시세의 변동을 도모할 목적으로 풍문의 유포, 위계(僞計)의 사용, 폭행 또는 협박을 하여서는 아니 된다.

이 사건에서 문제된 행위는 자본시장법이 시행된 2009. 2. 4. 이후에 이루어졌으므로, 이 사건은 자본시장법이 적용되었다.

III. 쟁점

1. <풍문>의 개념 관련 쟁점

구 증권거래법 제188조의4 제1항에 의하면『부당한 이득을 얻기 위하여 고의로 허위의 시세 또는 허위의 사실 기타 풍설을 유포하거나 위계를 쓰는 행위』를 하면 사기적 부정거래가 성립한다. 그런데 위 법률의 해석과 관련하여 〈허위의 사실 기타 풍설〉이라는 규정에서 '허위'는 ▲ 사실 혹은 ▲ 풍설을 모두 수식하여 위와 같은 사기적 부정거래가 성립하기 위해서는 기본적으로 적시된 내용들이 허위임을 요구한다는 것이 일반적인 입장이었다.

그런데, 현행 자본시장법에서는 위 규정 내용을 변경하여 자본시장법 제178조 제2항에 의하면『누구든지 금융투자상품의 매매, 그 밖의 거래를 할 목적이나 그 시세의 변동을 도모할 목적으로 풍문을 유포, 위계의 사용, 폭행 또는 협박을 하여서는 아니된다』라고 규정되어 있다.

이에 관하여 법원은 풍문이라 함은 "시장에 알려짐으로써 주식 등 시세의 변동을 일으킬 수 있을 정도의 사실로서 합리적 근거라 없는 것"[353]이라고 판시한 바 있는데, 위 풍문에 대한 의미에 과연 과거 구 증권거래법 처럼 '허위성'이 요구되는 것인지 여부가 문제된다. 즉, 주가부양을 위해 적시한 어떤 내용들이 객관적 사실에 일치하더라도, 〈합리적 근거〉가 없는 경우에 자본시장법 제178조 제2항 〈풍문 유포행위〉가 성립될 수 있는지가 쟁점이 될 수 있다.

353 대법원 2014. 7. 24. 선고 2013도4145 판결(1심 법원 판결은 서울남부지방법원 2012. 11. 1. 선고 2011고합100 판결이고, 항소심 법원 판결은 서울고등법원 2013. 3. 22. 선고 2012노3764 판결)

2. 부당이득 관련 쟁점

판결문 범죄사실을 보면, 피고인들의 <풍문 유포행위>로 인하여 피고인들이 취득한 부당이득은 모두 '불상'이라고 판단하였다. 이에 대하여 1심 법원은 피고인들의 행위는 ▲ 유죄로 설시된 풍문 유포 행위와 ▲ 무죄로 설시된 풍문 유포행위가 혼재되 있는 상황에서 유죄로 설시된 풍문 유포 행위만으로 주가의 상승이 이루어진 부분을 특정할 수 없기 때문에 피고인들의 행위로 인한 부당이득은 '불상'액이라는 것이다.

예컨대, 풍문 유포 행위의 대상이 된 상장사 'A사'에 관하여 피고인들은 ▲ 'A사'가 사실은 아동복을 생산, 판매하는 업체가 아님에도 아동복을 생산·판매하는 업체로서 '아동복 지주'라고 게시글을 쓰거나, ▲ 'A사'의 사외이사인 이**가 노무현 정부 당시 통일부 차관을 지냈고, 대표이사 염**은 문성근과 절친이라고 게시글을 작성하였는데, 전자의 경우는 유죄, 후자의 경우는 무죄로 판결하였다. 이에 1심 법원은 'A사'의 주가 상승분은 유죄로 판단된 풍문 유포행위와 무죄로 판단된 풍문 유포행위가 결합되어 이루어진 것인데, 유죄 부분에 의한 주가상승분을 특정할 수 없기 때문에 피고인들의 부당이득은 '불상'이라는 것이다.

이는 자본시장법 상 부당이득의 인과관계에 관한 논의로 위와 같은 법원의 판단이 타당한지 검토할 필요가 있다.

IV. 각 쟁점에 대한 평석

1. 풍문은 반드시 허위임을 전제하는지 여부

(1) 법원의 판단

위 사안에서 1심 법원[354]은 풍문 유포행위가 성립함에 있어 적시된 내용이 반드시

354 서울중앙지방법원 2012. 9. 21. 선고 2012고합662 판결

허위임을 전제하지 않는다고 판단하였고, 항소심[355]도 동일한 판단을 하였고, 이후 검찰이 상고하지 않아 위 판단은 확정되었다.

구체적으로 보면 1심 법원은『사후적으로 우연히 진실에 부합하는 것으로 밝혀진다 하더라도, 유포 당시 합리적 근거를 전혀 갖추지 못하였고 유포자 자신도 이를 인식하고서 유포하기에 이른 이상 여기서 말하는 풍문유포 행위에는 충분히 해당한다고 할 수 있다』라고 판시하였는데, 이는 적시된 내용이 허위이거나 혹은 사실이라고 할지라도 합리적 근거를 갖추지 않으면 자본시장법 제178조 제2항 〈풍문 유포행위〉가 된다는 취지이다.

(2) 평석

자본시장법 제178조 제2항 〈풍문 유포행위〉가 성립하기 위해서는 거론된 발언 또는 글 등이 허위여야 한다는 취지의 판례가 존재하긴 한다. 서울남부지법2011고합100호[356] 사건(25번_〈원조슈퍼개미〉 전환사채 가장납입 사건)에서 바로 그러한 취지의 판시를 엿볼 수 있는데, 위 사건의 개요를 살펴보면 원조 슈퍼개미인 피고인은 A상장사를 대주주가 매각한다는 소식을 듣고, A상장사 주식을 미리 매집한 다음 A상장사 대주주에게 주식 매각을 제의한 후 주변에 자신을 따르는 추종자들에게 "A상장사를 인수해서 키워나가겠다. A상장사의 자회사가 항암제 2기 임상실험중에 있다"고 말하여 추종자들이 이를 시장에 알림으로써 A상장사 주가를 부양시켜 보유하고 있던 주식을 매각 하였다.

위 사건에서 1심 법원은 피고인의 위와 같은 "A상장사를 인수해서 키워나가겠다. A상장사의 자회사가 항암제 2기 임상실험중에 있다"는 발언은 〈풍문 유포행위〉에 해당한다고 판단(유죄 판단)하면서 위 발언이 허위인지 여부는 〈풍문 유포행위〉의 성립

---

355 서울고등법원 2013. 1. 17. 선고 2012노3290 판결

356 서울남부지방법원 2012. 11. 1. 선고 2011고합100 판결(항소심은 서울고등법원 2013. 3. 22. 선고2012노3764 판결, 상고심은 대법원 2014. 7. 24. 선고 2013도4145 판결)

에 영향이 없다는 취지로 판시하였다.

그런데, 항소심 법원은 <풍문 유포행위>는 허위성을 요구하는 것이라는 전제하에서 ▲ 피고인이 A상장사를 인수하겠다는 의사가 실제로 존재한 점, ▲ A상장사 자회사가 실제로 항암제 2기 임상실험을 진행하였다는 점을 들어 위 발언에는 '허위성'이 없고, 결국 피고인의 위와 같은 발언은 <풍문 유포행위>가 아니라는 취지로 판단하였고, 대법원은 위 항소심 법원의 판단을 용인하였다.

<풍문 유포행위>가 성립함에 있어 허위성을 요구하면 적시된 사실이 객관적 사실에 반해야 한다. 그런데, 단순히 주가 부양의 목적을 가진 사람이 시중에 떠도는 뜬 소문을 퍼뜨렸는데, 우연히도 실제로 그 뜬 소문이 사실에 부합한다면 이는 <풍문 유포행위>가 안되고, 주가 부양을 위해 부정한 의도가 깔린 행위임에도 형사처벌이 되지 않는다면 자본시장의 투명성을 제고하기 어렵다. 특히 자본시장은 정보의 투명성이 생명인데, 그저 인위적인 주가 부양의 목적을 가진 사람이 합리적 근거없는 소문을 유포하면, 자본시장에 참여한 투자자들로 하여금 합리적인 판단을 할 수 없게 만들 수 있다는 점에서 그러한 합리적 근거 없는 소문의 유포만으로 <풍문 유포행위>가 성립되어야 한다고 보아야지 그것이 사실과 부합한다고 면책을 부여해서는 아니될 것이다.

따라서, 자본시장법 제178조 제2항의 <풍문 유포 행위>는 적시된 사실이 허위일 것을 요구하지 않고, 다만, 발언 당시를 기준으로 합리적 근거가 있는 것인지 여부가 그 기준이 되어야 할 것이고, 이럴 때 투자자들을 두텁게 보호할 수 있는 것이다.

그렇다면 피고인의 발언이 허위에 기반한 것일 것을 전제로 <풍문 유포행위>에 해당한다고 판단해서는 아니되고, 그러한 발언이 합리적 근거를 갖추지 못했다면 <풍문 유포행위>가 성립한다는 관점에서 위 서울남부지법2011고합100호의 사건을 다시 검토할 필요가 있다.

이 사건에서 피고인이 주변에 알린 내용은 "A상장사를 인수해서 키워나가겠다. A상장사의 자회사가 항암제 2기 임상실험중에 있다"는 것이다. 즉 발언내용이 사실에 부합하느냐를 기준으로 〈풍문 유포행위〉 성립 여부를 따질 것이 아니라 발언이 존재할 당시 그러한 발언이 〈합리적 근거〉를 가졌는지 여부로 〈풍문 유포행위〉의 성립을 따지는 것이 필요하다.

그런데, 피고인이 상장사A를 인수하려고 했다는 점과 관련하여 피고인은 상장사A의 대주주에게 직접 그 인수를 제의했고, 피고인이 실제 인수 의지도 있었기 때문에 합리적 근거가 존재하는 것이고, 더욱이 상장사A의 자회사 관련 발언 역시 실제 진행되었던 사실관계를 기반으로 하는 것이므로 피고인의 위와 같은 발언은 합리적 근거가 있는 것이라고 보여지고, 결론적으로 항소심의 결론이 타당하다고 보여진다.

결국, 〈풍문 유포 행위〉는 허위성이 아니라 합리적 근거의 존재 여부로 판단되어야 한다. 그렇다면 어떤 경우에 합리적 근거가 있는 것인지 여부에 대한 판단이 필요한데, 본건에서 1심 법원은『피고인들의 게시물들은 첫째, 대선후보 정치인과 당해 회사 임원과의 인맥 관계, 정치인의 정책 관련 발언과 행보, 당해 회사의 사업내용 등의 기초사실이 기업의 공식적인 공시자료이거나 신문 등 언론사의 홈페이지에 게시된 보도자료로서 나름대로 객관적인 근거를 갖고 있으며 피고인들은 그 내용을 수정함이 없이 그대로 캡처하여 이를 인용하고 있고, 둘째, 거기에 가필된 부분은 피고인들 개인의 전망이나 예측에 해당하는바, 색깔이나 필체를 달리하여 캡처된 내용과 혼선을 일으킬 우려가 없다』고 판시하고 있다.

즉, ① 게시물 내용이 공시자료 혹은 언론보도 자료에 근거하고, ② 그러한 자료들에 대한 가공이 없어야 하고, ③ 자신들의 견해는 기존 자료와 구분이 가능하다는 요건이 충족되면 이는 합리적 근거가 있다고 볼 수 있는 것이다.

주식 관련 인터넷 싸이트에서 '게시판'이 마련된 이유가 특정 주식의 장래성에 대한 다양한 견해를 수렴하고자 하는 목적이 있는 점, 상장사 대표나 IR담당자로 자신의 회사에 대하여 장래성을 홍보하는데 해당 주식을 보유한 투자자가 그 회사에 대한 장래성 홍보행위는 어느 정도 허용되어야 한다는 점에서 볼 때, 위 1심 법원의 합리적 판단 기준은 적합하다고 판단된다.

2. 부당이득 관련 쟁점

부당이득의 산정과 관련하여 법원은 일찌감치 시세 상승의 원인이 사기적 부정거래(혹은 시세조종) 외 다른 외부적 요인이 결합된 경우, 검찰은 사기적 부정거래 행위(혹은 시세조종)로 상승된 주가 상승분을 특정해야하고, 그것이 특정되지 않을 때 부당이득은 '불상'으로 보아야 한다는 확고한 입장을 견지하여 왔다.

즉, 대법원은 『피고인이 이 부분 주식거래와 관련하여 얻은 매매차익 전부가 그의 시세조종 행위로 인한 위험과 인과관계가 있는 것이라고 단정할 수 없고, 피고인의 시세조종 행위로 인한 주가상승분 이외에 주식시장에서의 정상적인 주가변동요인 또는 피고인과 무관한 외부적 요인에 의한 주가상승분 역시 존재한다고 판단되므로, 그 부분을 공제하여 피고인이 이 부분 시세조종 행위로 얻은 이익을 산정하는 것이 타당할 것이나, 검찰에서 제출한 증거만으로는 피고인이 이 부분 주식거래로 얻은 매매차익 중에서 이 부분 시세조종 행위로 인한 위험과 인과관계가 인정되는 부분만을 분리하여 산정하기에 충분하지 않으므로, 결국 이 부분 공소사실은 피고인이 시세조종행위로 얻은 이익액을 산정할 수 없는 경우에 해당한다』고 판시하였고, 이러한 입장을 계속 일관되게 적용하고 있다.[357]

물론, 이에 대해서 사기적 부정거래 행위(혹은 시세조종)으로 인한 주가상승분을 특정할 수 있는 방법은 사실상 존재하지 않기 때문에 피고인들이 그러한 주장을 할 때 대부분 부당이득액은 '불상'액이 될 가능성이 높으므로 이러한 법원의 입장은 피고인들에게 면죄부를 주는 것이라는 비판이 검찰, 금감원 등 규제당국으로부터 꾸준히 피력되었다.

그러나, 자본시장법에서 부당이득은 법정형의 가중요소가 되고, 부당이득액이 50억원을 넘어서는 경우 그 법정형이 무기징역 또는 5년 이상의 징역에 처해질 수 있다. 아울러,

357 서울남부지방법원 2014. 10. 1. 선고 2014고단1821 판결(항소심은 서울남부지방법원 2016. 1. 8. 선고 2014노1820 판결, 상고심은 대법원 2018. 4. 10. 선고 2016도1292 판결)

인플레이션 효과, 주식거래의 대규모성, 미실현이익도 부당이득에 포섭된다는 기존 판례의 입장 등을 감안할 때, 대부분의 경우 피고인들의 사기적 부정거래행위(혹은 시세조종) 행위는 자본시장법 제443조 제2항의 적용이 있게 되고, 그러한 경우 지나치게 엄한 형벌이 부과된다는 점도 고려할 필요가 있다는 점에서 법원의 입장을 충분히 이해할 수 있다.

자본시장법 제443조(벌칙)

① 다음 각 호의 어느 하나에 해당하는 자는 10년 이하의 징역 또는 그 위반행위로 얻은 이익 또는 회피한 손실액의 1배 이상 3배 이하에 상당하는 벌금에 처한다. 다만, 그 위반행위로 얻은 이익 또는 회피한 손실액이 없거나 산정하기 곤란한 경우 또는 그 위반행위로 얻은 이익 또는 회피한 손실액의 3배에 해당하는 금액이 5억원 이하인 경우에는 벌금의 상한액을 5억원으로 한다. <개정 2013.5.28., 2014.12.30.>

② 제1항 각 호의 위반행위로 얻은 이익 또는 회피한 손실액이 5억원 이상인 경우에는 제1항의 징역을 다음 각 호의 구분에 따라 가중한다.

1. 이익 또는 회피한 손실액이 50억원 이상인 경우에는 무기 또는 5년 이상의 징역에 처한다.
2. 이익 또는 회피한 손실액이 5억원 이상 50억원 미만인 경우에는 3년 이상의 유기징역에 처한다.

③ 제1항 또는 제2항에 따라 징역에 처하는 경우에는 10년 이하의 자격정지를 병과(竝科)할 수 있다.

이러한 판례의 태도에 대해 검찰과 금융 규제당국은 2024. 1. 9. 자본시장법 시행령 제388조의2, 별표 제20의2를 신설(시행은 2024. 8. 14.)하였고, 그 내용은 아래와 같다.

1. 일반기준

바. 위반행위로 인한 시세 변동과 전체 위반행위기간 동안 위반행위자와 무관한 제3자의 개입 또는 이에 준하는 사실·행위(이하 "외부요인"이라 한다)로 인한 시세 변동이 결합되어 위반행위로 인한 시세 변동분을 확정하기 어려운 경우에는 다음의 기준에 따라 부당이득액을 산정한다. 다만, 외부요인이 사회통념상 예견 가능하거나 위반행위자가 해당 외부요인을 위반행위에 이용하였다고 인정되는 경우 또는 금융투자상품의 권리락·배당락, 주가지수의 변동 등에 의한 시세 변동의 경우는 그렇지 않다.

1) 외부요인에 의한 금융투자상품의 시세 변동이 위반행위로 인한 금융투자상품의 시세 변동을 완전히 상쇄하였다고 인정되는 경우에는 외부요인이 발생하기 직전까지의 시점을 기준으로 부당이득액을 산정한다.

2) 외부요인에 의한 금융투자상품의 시세 변동이 위반행위로 인한 금융투자상품의 시세 변동을 초과하였다고 인정되는 경우에는 외부요인이 발생한 이후의 시세 변동분은 3분의 1을 반영하여 부당이득액을 산정한다.

3) 외부요인에 의한 금융투자상품의 시세 변동이 위반행위로 인한 금융투자상품의 시세 변동에 준한다고 인정되는 경우에는 외부요인이 발생한 이후의 시세 변동분은 2분의 1을 반영하여 부당이득액을 산정한다.

4) 외부요인에 의한 금융투자상품의 시세 변동이 위반행위로 인한 금융투자상품의 시세변동에 준하는 정도에 미치지 않는다고 인정되는 경우에는 외부요인이 발생한 이후의 시세 변동분 전부를 반영하여 부당이득액을 산정한다. 다만, 금융위원회가 정하여 고시하는 특별한 사정이 인정되는 경우 외부요인이 발생한 이후의 시세 변동분은 3분의 2를 반영하여 부당이득액을 산정한다.

즉, 피고인들의 자본시장법 상 위반행위와 무관한 〈외부요인〉이 결합되어 시세 변동이 있을 때, 〈외부요인〉의 시세변동에 대한 기여도를 감안하여 주가상승의 결과물을 조정한다는 것이다. 예를 들면 아래와 같이 주가상승의 결과물을 조정하는 것이다.

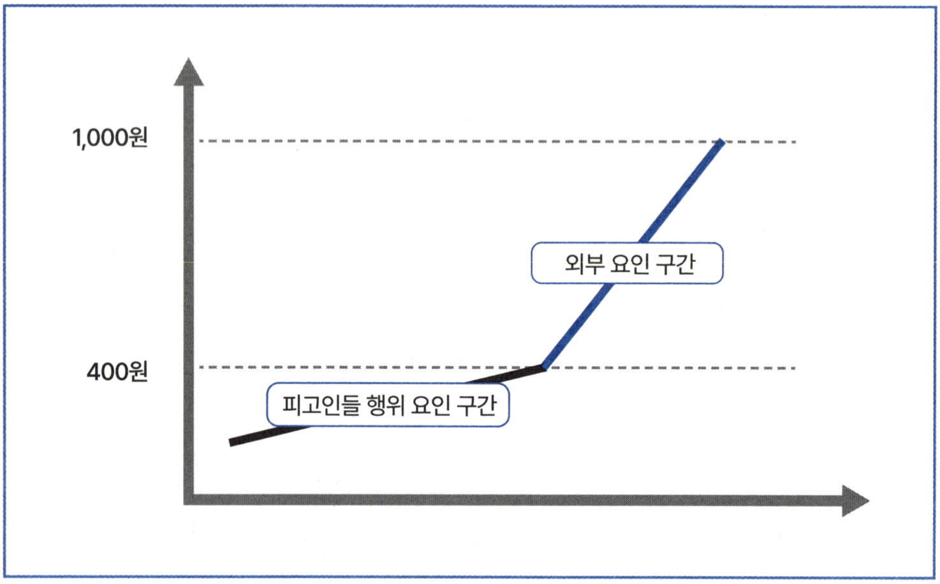

피고인 행위 요인 구간의 주가상승여력 = 외부 요인 구간의 주가상승여력(3호)	주가상승 결과물 = 700원(400원 + 300원)
피고인 행위 요인 구간의 주가상승여력(2호) 〈 외부 요인 구간의 주가상승여력	주가상승 결과물 = 600원(400원 + 200원)
피고인 행위 요인 구간의 주가상승여력 〈〈〈 외부 요인 구간의 주가상승여력(1호)	주가상승 결과물 = 400원
피고인 행위 요인 구간의 주가상승여력 〉 외부 요인 구간의 주가상승여력(4호)	주가상승 결과물 = 1,000원

살피건데, 위 시행령이 만들어지게 된 배경은 수긍이 되나, ▲ 시세변동 상쇄, ▲ 시세변동 초과, ▲ 시세변동에 준하는 상황, ▲ 시세변동에 준하지 않는 상황에 대한 개념 자체도 일정한 가치 판단을 요하는 것이고, 그 판단의 기준은 무엇인지 객관적 기준을 마련하기 여간 어려운 것이 아니라고 보여진다. 더더욱이 부당이득 액수는 법정형과 연동되는 것이라 이는 형사법에 있어서 형벌의 수준을 결정하는 것이므로 엄격하게 해석되어야 하기 때문에 위와 같은 정도의 모호한 기준이 형벌 수준을 결정하는 일종의 준거가 될 수 있는지 매우 의문이다. 향후 위 시행령에 대한 법원의 판단을 눈여겨 보아야 할 필요성이 있다.

27

줄기세포 치료제 사건

Ⅰ. 사건의 진행 경과

일시	행위
2005. 5.경 이전	- 피고인 甲은 바이오벤처기업(비상장회사)인 A사의 대표이사 내지 대주주로서 A사의 경영 전반을 총괄하고 주요 현안을 결정·집행하는 업무를 담당하였음. - 피고인 乙은 고객관리대응업체(코스닥 상장회사)인 B사의 대표이사 내지 대주주였음. - 피고인 丙은 기업컨설팅업체인 C사의 대표이사였음. - 피고인 丁은 B사의 홍보이사였음. - A사는 2002. 11.경 자궁경부암 진단용 DNA칩을 개발하여 2004. 7. 20. 식품의약품안전청장의 제조허가를 받았으나 그 과정에서 심각한 자금난으로 2003 회계연도에 자본 10억 7,000만 원, 당기순이익 -8억 9,000만 원, 2004 회계연도에 자본 -3억 원, 당기순이익 -14억 1,000만 원을 실현하는 등 직원들 급여를 지급하기 힘들 정도로 경영이 어렵게 되었음. - B사는 주력사업인 고객관리 대행업무 멤버쉽사업이 성장성이 없고 수익성이 악화되어 2003 회계연도에 자본 170억 9,000만 원, 당기순이익 1억 1,000만 원, 2004 회계연도에 자본 186억 1,000만 원, 당기순이익 -4억 6,000만 원을 실현하고, 주식가치는 2003. 8.경 3,000원 대에서 2005. 3.경 일평균 주가가 980원까지 지속적으로 하락하는 등 경영실적이 부진하였음.

2005. 5. 2.	- B사는 A사의 주식을 인수하여 계열사로 편입하기로 하고, 현물출자에 의한 제3자배정 방식으로 B사의 유상신주 900,000주를 발행하여 제3자인 피고인 甲에게 800,000주를, 피고인 丙에게 100,000주를 각 배정하되 피고인 甲으로부터 그가 보유한 A사의 주식 41,520주를, 피고인 丙으로부터 A사의 주식 5,180주를 각 현물출자 받음과 동시에 A사와 전략적 업무제휴협약을 체결하기로 결정하였음. - 피고인들은 A사의 '진단용 칩', '제대혈 보관 및 성체 줄기세포 치료제'의 연구계획과 연구실적 및 사업계획과 사업실적에 대하여 허위의 보도자료를 배포·공시하여 B사 주식의 시세를 인위적으로 부양한 후 피고인들과 B사가 보유한 B사의 주식을 처분하여 부당한 시세차익을 취득할 것을 암묵적 또는 순차적으로 공모하였음.
2005. 5. 10.	- B사는 증권선물거래소 시장감시본부로부터 최근 현저한 시황변동(주가급등)에 영향을 미칠만한 구체적인 사유에 대한 조회공시요구를 받았음.
2005. 5. 11.	- B사는 현물출자에 의한 제3자 유상증자 결정, A사의 주식 및 출자증권 취득결정, 제3자인 피고인 甲, 丙에 대한 A사의 유상신주 800,000주와 100,000주 배정 및 A사와의 전략적 업무제휴를 통한 바이오산업 진출을 발표하였음.
2005. 5. 30.	- 피고인들은 "B사의 계열사인 A사가 2005. 1. 25. '진단용 칩'의 판매허가를 필리핀 식품의약국(FDA)으로부터 받았으며, 2005. 7.부터 검사실 설치와 더불어 검사가 실시될 예정"이라는 내용의 허위의 보도자료를 배포하여 경제신문 등에 보도되도록 하였음.
2005. 6. 2.	- 피고인들은 "자궁경부암 진단키트는 2005. 7.부터 필리핀으로 수출," "자궁경부암 진단키트는 현재 국내 10여개 대형병원에 설치되었으며," "A사는 유전자 진단, 단백질 생산, 암진단 키트, 줄기세포치료 등의 사업 분야를 갖고 있고," "A사는 B사 계열사인 D사, E사 등과 진단용 칩과 제대혈 사업에 대한 공동 마케팅도 전개"라는 내용의 허위의 보도자료를 배포하였으나, 언론에 보도되지는 않았음.
2005. 6. 7.	- 피고인들은 "B사는 A사와 업무제휴를 통해 글로벌 DNA칩 진단센타를 설립, A사는 미국 오하이오 주립대 메디칼센터, Int. Works Bell Inc, Marcromed 등과 제휴하여 글로벌 DNA칩 진단센타를 설립, 이 사업은 2005. 6.부터 본격적으로 추진," "B사는 A사와 업무제휴를 통해 '진단용 칩'을 90여 개국에 수출한다"라는 내용의 허위의 보도자료를 배포하여 경제신문 등에 보도되도록 하였음.

2005. 6. 14.	– 피고인들은 "B사는 A사, 미국 Marcromed사와 함께 미국 합작법인을 설립, 신규 합작법인은 미국 FDA에 '진단용 칩' 판매승인을 2005. 7. 초에 신청해 2005. 10.경 승인 완료해 (미국) 의료시장에 본격적으로 시판, 필리핀 FDA 승인에 이어 두 번째로 세계적으로 그 우수성을 인정," "2005. 10. '진단용 칩'이 본격적으로 시판되면 미국 내에서 판매수익으로만 향후 4억 불가량 예상," "이미 50배수로 천만 불 이상의 펀딩을 통한 투자자금이 결정된 터라 미국법인의 급성장이 예상"이라는 내용의 허위의 보도자료를 배포 · 공시하여 경제신문 등에 보도되도록 하였음.
2005. 6. 22.	– 피고인들은 "B사는 A사와 제대혈보관 및 성체줄기세포 치료제에 대한 총판계약, A사는 최근 제대혈사업 진출을 밝혔으며 '진단용 칩' 공급계약을 맺고 있는 천여 개 병원네트워크를 활용해 사업을 진행할 계획, 금번 제대혈 및 성체줄기세포 치료제에 대한 총판계약은 구체적인 진출에 대한 시작," "A사의 甲 박사팀은 성체줄기세포를 이용한 당뇨병, 간경화, 척추신경마비, 중풍 등의 연구를 진행 중"이라는 내용의 허위의 보도자료를 배포하여 경제신문 등에 보도되도록 하였음.
2005. 6. 23.	– 피고인들은 "미국과 영국의 FDA 승인신청과 함께 국내 영업망이 확대돼 올 하반기에 높은 매출 상승이 기대," "B사 계열사 A사는 삼성제일병원, 아산병원 등 국내 주요 대형병원에 '진단용 칩' 검사실 설치 완료, 이번에 20개의 전용 검사실이 설치됨," "진단용 칩 검사는 2004. 7. DNA칩으로는 세계 최초로 한국 식약청의 승인을 받았으며, 2005. 5.에는 의료보험이 적용돼 많은 여성들에게 검진 기회가 확대"라는 내용의 허위의 보도자료를 배포하여 경제신문 등에 보도되도록 하였음.
2005. 6. 30.	– 피고인들은 "B사는 A사와 진행되는 제대혈 관련 사업에도 더욱 총력을 기할 것"이라는 내용의 허위의 보도자료를 배포하였으나, 언론에 보도되지는 않았음.
2005. 7. 2.	– 피고인들은 "B사는 2005. 6. 22. A사와 제대혈 보관과 성체줄기세포를 이용한 치료제 영업에 대한 총판계약을 맺었으며, 2005. 7.부터는 이 신규사업을 구체화시킬 예정"이라는 내용의 허위의 보도자료를 배포 · 공시하여 경제신문 등에 보도되도록 하였음.
2005. 7. 5.	– 피고인들은 "1차적으로 2005. 10. 이전까지 미국 FDA 판매승인을 완료할 예정," "A사는 유럽 FDA 판매승인 신청을 조만간 진행하며, 이를 통하여 A사 제품의 우수성을 세계적으로 알릴 수 있는 계기가 됐다"라는 내용의 허위의 보도자료를 배포하여 경제신문 등에 보도되도록 하였음.

2005. 7. 18.	- 피고인들은 "미국 FDA 판매승인 신청을 앞두고 안전장치 강화 차원에서 국제 특허 출원 중," "2005. 5. 필리핀 FDA 판매승인을 받았으며, 2005. 7. 말에는 미국 FDA 판매승인 신청을 앞두고 있다," "특허를 획득하는 2005. 7. 말 미국 FDA에 판매승인 신청을 낼 계획"이라는 내용의 허위의 보도자료를 배포하여 경제신문 등에 보도되도록 하였음.
2005. 8. 3.	- 피고인들은 "B사 계열사 A사는 자궁경부암 백신을 연구개발 중, 백신은 건국대, 고려대, 전남대, 포천중문의대, 한양대 등 5개 의대와 A연구소가 공동으로 연구개발하며, 올해 내로 1차 연구물이 생성되며, 1년 이내 동물실험에 들어갈 예정," "A사는 'MY HPV DNA CHIP'의 정확성을 한층 강화한 자궁경부암 2차칩도 연구개발 중"이라는 내용의 허위의 보도자료를 배포하여 경제신문 등에 보도되도록 하였음.
2005. 8. 9.	- 피고인들은 "A사는 이번 증자대금을 스캐너장비 국산화와 자궁경부암 백신 개발 및 성체줄기세포를 이용한 치료제 개발에 투입," "A사는 'MY HPV DNA CHIP'에 대한 국제특허를 출원하였으며, 절차가 마무리되는 대로 미국 FDA 승인신청을 진행할 예정," "특허출원은 'MY HPV DNA CHIP'의 우수성이 세계 유수의 컨설팅기관(Arthur D.Little사, Bionet사)에 의해 밝혀짐에 따라 기술적 도용 가능성에 대한 우려를 미연에 방지하기 위한 안전강화 절차," "A사 미국 현지법인인 A인터내셔널사에 대한 2차 펀딩 역시 판매승인과 더불어 이루어질 예정"이라는 내용의 허위의 보도자료를 배포하여 경제신문 등에 보도되도록 하였음.
2005. 6. 21. ~ 2005. 7. 25.	- 피고인 甲은 2005. 6. 21.부터 2005. 7. 5.까지 B사 주식 800,000주 전량을 매도하였고, 피고인 乙은 ① 2005. 7. 11. B사 주식 3,617,187주 중 1,000,000주를, ② 2005. 7. 8.부터 2005. 7. 25.까지 B사 소유의 자사주 전량 371,905주를 매도하였으며, 피고인 丙은 2005. 7. 8. B사 주식 100,000주 전량을 매도하였고, 피고인 丁은 2005. 6. 28.부터 2005. 7. 5.까지 B사 주식 전량 100,000주를 매도하였음.

II. 관련 조문

구 증권거래법 제188조의4(시세조종등 불공정거래의 금지)

④ 누구든지 유가증권의 매매 기타 거래와 관련하여 다음 각호의 1에 해당하는 행위를 하지 못한다.

1. 부당한 이득을 얻기 위하여 고의로 허위의 시세 또는 허위의 사실 기타 풍설을 유포하거나 위계를 쓰는 행위
2. 중요한 사항에 관하여 허위의 표시를 하거나 필요한 사실의 표시가 누락된 문서를 이용하여 타인에게 오해를 유발하게 함으로써 금전 기타 재산상의 이익을 얻고자 하는 행위

이 사건에서 문제된 행위는 자본시장법이 시행된 2009. 2. 4. 이전에 이루어졌으므로, 이 사건은 구 증권거래법이 적용되었다.

III. 쟁점

1. <허위사실 유포행위> 및 <허위문서 이용 오해유발행위>에 관하여

피고인들은 2005. 5. 30.부터 2005. 8. 9.까지 총 12회에 걸쳐 보도자료의 배포 및 공시를 통하여 B사의 계열사인 A사가 추진하는 사업의 실체나 추진 정도에 관한 홍보성 언론보도가 연속으로 보도되도록 하였는데, 이것이 구 증권거래법 제188조의4 제4항 제1호 〈허위사실 유포행위〉 및 제2호 〈허위문서 이용 오해유발행위〉에 해당하는지가 문제되었다.

이와 관련하여 법원은 피고인들의 행위가 〈허위사실 유포행위〉뿐만 아니라 〈허위문서 이용 오해유발행위〉에도 해당한다고 판단하였는바, 〈허위사실 유포행위〉와 〈허위문서 이용 오해유발행위〉 간의 관계를 검토할 필요가 있다.

한편, 구 증권거래법 제188조의4 제4항 제1호는 "허위의 사실 기타 풍설을 유포하는 행위"라고 규정함으로써 풍문의 유포와 함께 허위사실의 유포를 금지하였는데, 자본시장법 제178조 제2항은 풍문의 유포만을 금지한 채 허위사실의 유포를 삭제하였는바, 〈허위사실 유포행위〉와 〈풍문 유포행위〉 간의 관계를 추가로 검토할 필요가 있다.

2. 부당이득액의 산정에 관하여

이 사건에서 A사를 계열사로 편입한 B사의 주가는 이 사건 보도자료가 작성·배포되기 시작한 2005. 5. 30.부터 급상승한 반면, 2005. 5. 30.부터 2005. 8. 9.까지의 기간 동안 A사와 유사한 의료정밀기기업종, 제약업종의 주가변동 상황이나 코스닥 종합지수의 변동 상황은 대체로 비슷하였다.

이와 관련하여 피고인들이 B사 주식을 매도·보유하여 얻은 이익이 사기적 부정거래행위와의 인과관계가 인정되는지, 그 구체적인 액수는 얼마인지가 문제되었다.

IV. 각 쟁점에 대한 평석

1. <허위사실 유포행위> 및 <허위문서 이용 오해유발행위>에 관하여

가. 법원의 판단

제1심법원[358]은 피고인들이 보도자료의 배포 및 공시를 통하여 B사의 계열사인

358 수원지방법원 2008. 8. 29. 선고 2008고합112, 116(병합) 판결

A사가 추진하는 사업의 실체나 추진 정도에 관한 홍보성 언론보도가 연속으로 보도되도록 한 행위는 〈허위사실 유포행위〉 및 〈허위문서 이용 오해유발행위〉에 해당한다고 판단하였다.

이에 대하여 피고인들이 이 사건 보도자료의 허위성과 인식 여부 및 공모공동정범의 성립과 관련하여 제1심법원의 판단에 사실오인 및 법리오해의 위법이 있다고 주장하자,[359] 항소심 법원[360]은 피고인들의 주장을 배척하면서 허위의 보도자료가 기자들에게 배포된 이상 그 기자들이 언론에 보도하지 않거나 보도자료와 다르게 허위의 사실을 다소 축소하여 보도하였다고 하더라도 〈허위사실 유포행위〉에 해당한다고 판단하였다.

> 2005. 6. 2.자 보도자료와 2005. 6. 30.자 보도자료가 기자들에게 배포는 되었으나 언론에 보도되지는 아니한 사실이 인정되고, 또한 언론이 이 사건 보도자료를 기초로 보도를 함에 있어 이 사건 보도자료와 다르게 허위의 사실을 다소 축소하여 보도를 한 사실이 인정되기도 하지만, 증권거래법 제188조의4 제4항 소정의 '허위사실 등 유포'에는 행위자가 직접 불특정 다수인에게 허위사실 등을 전파하는 경우뿐만 아니라 불특정 다수인에게 허위사실 등이 전파될 것을 인식하면서 기자들과 같은 특정인에게 전파하는 것도 포함된다고 봄이 상당하므로, 허위사실 등이 기재된 이 사건 보도자료가 기자들에게 배포된 이상, 그 기자들이 실제 이를 언론에 보도하지 아니하거나 보도자료와 다르게 허위의 사실을 다소 축소하여 보도를 하였다고 하더라도, 위 '허위사실 등 유포'에 영향을 미치지는 아니한다고 판단된다.

이와 관련하여 대법원[361]도 동일한 취지로 판단하였다.

---

359 이 사건 보도자료의 허위성과 인식 여부 및 공모공동정범의 성립과 관련된 쟁점은 사실인정의 문제였으므로, 별도로 검토하지 않았다.

360 서울고등법원 2009. 1. 22. 판결 2008노2315 판결

361 대법원 2011. 10. 27. 선고 2009도1370 판결

나. 평석

(1) 〈허위사실 유포행위〉와 〈허위문서 이용 오해유발행위〉 간의 관계와 관련하여

이 부분에 대한 설명은 〈3번_탄소나노튜브(CNT) 사건〉을 참조하면 된다.

(2) 〈허위사실 유포행위〉와 〈풍문 유포행위〉 간의 관계와 관련하여

이 부분에 대한 설명은 〈3번_탄소나노튜브(CNT) 사건〉을 참조하면 된다.

2. 부당이득액의 산정에 관하여

가. 법원의 판단

(1) 제1심법원의 판단

제1심법원은 피고인들이 B사 주식을 실제로 취득한 취득가액을 매수단가로 하여 피고인들이 취득한 부당이득을 산정하였다. 즉, 제1심법원은 피고인들이 유상증자 등의 방법으로 B사 주식을 취득하였을 때 그 취득가액을 매수단가로 본 것이다. 그 구체적인 내용은 다음과 같다.

> 피고인 乙은 2002. 5. 20.경부터 2004. 12. 1.경까지 B사의 경영권 인수, 증자 및 장내매수로 B사의 주식 3,167,187주(20.02%)를 보유하고 있었고, 피고인 甲은 B사 유상신주 800,000주를 배정받기로 하여 증자대금 납입일인 2005. 6. 2. 피고인 甲 보유의 A사 주식 41,520주를 현물납입하고, 2005. 6. 3. B사 주식을 제3자 배정받아 2005. 6. 15.경 B사의 주식 800,000주를 실물입고 보유하게 되었으며, 피고인 丙은 피고인 甲과 동일한 절차를 거쳐 B사의 주식 100,000만 주를 보유하고 있었고, 피고인 丁은 2003. 6.경 B사 주식 100,000주의 주식매수선택권을 부여받아 2005. 6. 17. 및 2005. 6. 28. 각 B사 주식 50,000주의 주식매수선택권을 행사하여 B사의 주식 총 100,000주를 보유하고 있었으며, 피고인 B사는 신탁계약을 통하여 B사 자사주 371,905주를 보유하고 있었다.

피고인 甲은 2005. 6. 21.부터 2005. 7. 5.까지 8거래일에 걸쳐 그 소유의 B사 주식 800,000주 전량을 매도하여 합계 45억 22,653,962원의 시세차익을 취득하고, 피고인 乙은 2005. 7. 11. 단 1거래일에 그 보유 중인 B사 주식 3,617,187주 중 1,000,000주를 매도하여 합계 189억 39,710,388원(실현이익 81억 74,733,760원, 미실현이익 107억 64,976,628원)의 시세차익을 취득한 후 2005. 7. 8.부터 2005. 7. 25.까지 4거래일에 걸쳐 피고인 B사 소유의 자사주 전량 371,905주를 매도하여 합계 19억 20,295,000원의 시세차익을 취득하고, 피고인 丙은 2005. 7. 8. 단 1거래일 만에 그 소유의 B사 주식 100,000주 전량을 한꺼번에 매도하여 합계 6억 79,599,311원의 시세차익을 취득하고, 피고인 丁은 2005. 6. 28.부터 2005. 7. 5.까지 4거래일에 걸쳐 그 소유의 B사 주식 전량 100,000주를 매도하여 합계 6억 17,017,179원의 시세차익을 각 취득하였다.

(2) 항소심 법원의 판단

피고인들은 i) B사의 주가 상승에 바이오산업에 대한 열풍이 영향을 미쳤고, ii) 이 사건 허위보도의 시기가 2005. 5. 30.임에도 불구하고 2005. 5. 11.부터 시세차익을 산정한 것은 부당하다고 주장하였다.[362]

이 사건에서 B사는 2005. 5. 11. 현물출자에 의한 제3자 유상증자 결정, A사의 주식 및 출자증권 취득결정, 제3자인 피고인 甲, 丙에 대한 A사의 유상신주 800,000주와 100,000주 배정 및 A사와의 전략적 업무제휴를 통한 바이오산업 진출을 발표한 바 있다.

이에 대하여 항소심 법원은 i) B사의 주가 상승에 바이오산업에 대한 열풍이 어떠

362 이 사건 보도자료가 작성, 배포되기 전 거래일의 종가는 3,380원이었고, 피고인들이 유상증자 등의 방법으로 B사 주식을 실제로 취득한 취득가액은 1,250~1,440원이었다. 이때 부당이득액 산정의 기초가 되는 〈매수단가〉를 결정함에 있어서 이 사건 보도자료가 작성, 배포되기 전 거래일의 종가를 기준으로 할 것인지, 아니면 피고인들의 B사 주식 1주당 취득가액을 기준으로 할 것인지가 문제되었다.

한 영향을 미쳤다고 보기 어렵다고 판단하였고, ii) 피고인들의 B사 주식 1주당 취득가액과 이 사건 보도자료의 작성·배포 전 거래일의 종가 사이의 차액 발생은 이 사건 보도자료의 작성·배포로 인한 것이 아니어서 그 인과관계가 없다고 판단한 다음 이 사건 보도자료의 작성·배포 전 거래일의 종가를 매수단가로 하여 피고인들이 취득한 부당이득을 다시 산정하였다. 그 구체적인 내용은 다음과 같다.

> (1) 앞서 든 증거들에 의하여 인정되는 다음의 사정들, 즉 ① 이 사건 보도자료가 작성, 배포된 2005. 5. 30.부터 2005. 8. 9.까지의 기간 동안 A사와 유사한 의료정밀기기업종, 제약업종의 주가변동 상황과 코스닥 종합지수의 변동 상황이 대체로 비슷한 점, ② A사를 계열사로 편입한 B사의 주가는 이 사건 보도자료가 작성, 배포되기 시작한 2005. 5. 30.경부터 급상승되는 등 앞서 본 의료정밀기기업종, 제약업종의 주가변동 상황 및 코스닥 종합지수의 변동 상황과 다르게 움직인 점 등에 비추어 보면, B사의 주가 상승에 바이오산업에 대한 열풍이 어떠한 영향을 미쳤다고 보기는 어려우므로, 피고인 甲, 乙, 丁, 丙, B사의 이 부분 주장도 받아들이지 아니한다.
>
> (2) 앞서 든 증거들에 의하면, 피고인 甲은 이 사건 보도자료가 작성, 배포된 이후에 B사 주식 80만 주를 1주당 1,250원에 취득한 사실, 그런데 이 사건 보도자료가 작성, 배포되기 전 거래일의 종가는 이미 3,380원이었던 사실이 인정되고, 이러한 사실에 비추어 보면, 피고인 甲의 B사 주식 1주당 취득가액과 이 사건 보도자료의 작성, 배포 전 거래일의 종가 사이의 차액 발생은 이 사건 보도자료의 작성, 배포로 인한 것이 아니어서 그 인과관계가 없다고 판단됨에도 불구하고, 원심은 피고인 甲이 취득한 B사 주식의 매수단가를 위 1,250원으로 하여 부당이득을 산정하는 잘못을 범하였다.
>
> 앞서 본 사실들에 기초하여 다시 산정한 피고인 甲의 부당이득액은 다음과 같다.
> - 매수단가 : 3,380원(이 사건 보도자료가 작성, 배포되기 전 거래일의 종가)
> - 매도단가 : 6,903.317452원
> - 실현이익 : 2,818,653,961원{(6,903.317452원 - 3,380원) × 80만 주}

(3) 앞서 든 증거들에 의하면, 피고인 乙은 이 사건 보도자료가 작성, 배포되기 전에 B사 주식 3,167,187주를 취득한 후 이 사건 보도자료가 작성, 배포된 이후에 B사 주식 100만 주를 매도한 사실, 이 사건 보도자료가 작성, 배포되기 전 거래일의 종가는 3,380원이고, 이 사건 보도자료가 작성, 배포된 마지막 날인 2005. 8. 9.의 종가는 5,460원인 사실이 인정되고, 이러한 경우 피고인 乙이 취득한 B사 주식의 매수단가를 최초 관여일 전일의 종가인 3,380원으로 하여 부당이득을 산정하여야 함에도 불구하고, 원심은 피고인 乙이 취득한 B사 주식의 매수단가를 1,347원으로 하여 부당이득을 산정하는 잘못을 범하였다.

앞서 본 사실들에 기초하여 다시 산정한 피고인 乙의 부당이득액은 다음과 같다.

- 매수단가 : 3,380원(이 사건 보도자료가 작성, 배포되기 전 거래일의 종가)
- 매도단가 : 9,521.547874원
- 실현이익 : 6,141,547,874원{(9,521.547874원 - 3,380원) × 100만 주}
- 잔여주식 : 2,167,187주
- 매도단가 : 5,460원(이 사건 보도자료가 작성, 배포된 마지말 날의 종가)
- 미실현이익 : 4,507,748,960원{(5,460원 - 3,380원) × 2,167,187주}
- 실현이익과 미실현이익의 합계 : 10,649,296,834원

(4) 앞서 든 증거들에 의하면, 피고인 丁은 이 사건 보도자료가 작성, 배포된 이후에 B사 주식 10만 주를 1주당 1,422원에 취득한 사실, 그런데 이 사건 보도자료가 작성, 배포되기 전 거래일의 종가는 이미 3,380원이었던 사실이 인정되고, 이러한 사실에 비추어 보면, 피고인 丁의 B사 주식 1주당 취득가액과 이 사건 보도자료의 작성, 배포 전 거래일의 종가 사이의 차액 발생은 이 사건 보도자료의 작성, 배포로 인한 것이 아니어서 그 인과관계가 없다고 판단됨에도 불구하고, 원심은 피고인 丁이 취득한 B사 주식의 매수단가를 위 1,422원으로 하여 부당이득을 산정하는 잘못을 범하였다.

앞서 본 사실들에 기초하여 다시 산정한 피고인 丁의 부당이득액은 다음과 같다.

- 매수단가 : 3,380원(이 사건 보도자료가 작성, 배포되기 전 거래일의 종가)
- 매도단가 : 7,591.87579원
- 실현이익 : 421,187,579원{(7,591.87579원 - 3,380원) × 10만 주}

(5) 앞서 든 증거들에 의하면, 피고인 丙은 이 사건 보도자료가 작성, 배포된 이후에 B사 주식 10만 주를 1주당 1,250원에 취득한 사실, 그런데 이 사건 보도자료가 작성, 배포되기 전 거래일의 종가는 이미 3,380원이었던 사실이 인정되고, 이러한 사실에 비추어 보면, 피고인 丙의 B사 주식 1주당 취득가액과 이 사건 보도자료의 작성, 배포 전 거래일의 종가 사이의 차액 발생은 이 사건 보도자료의 작성, 배포로 인한 것이 아니어서 그 인과관계가 없다고 판단됨에도 불구하고, 원심은 피고인 丙이 취득한 B사 주식의 매수단가를 위 1,250원으로 하여 부당이득을 산정하는 잘못을 범하였다.

앞서 본 사실들에 기초하여 다시 산정한 피고인 丙의 부당이득액은 다음과 같다.

- 매수단가 : 3,380원(이 사건 보도자료가 작성, 배포되기 전 거래일의 종가)
- 매도단가 : 8,045.99311원
- 실현이익 : 466,599,311원{(8,045.99311원 - 3,380원) × 10만 주}

(6) 앞서 든 증거들에 의하면, 피고인 B사는 이 사건 보도자료가 작성, 배포되기 전에 B사 자사주 335,218주를 취득한 후 이 사건 보도자료가 작성, 배포된 이후에 이를 전부 매도한 사실, 이 사건 보도자료가 작성, 배포되기 전 거래일의 종가는 3,380원인 사실이 인정되고, 이러한 경우 피고인 B사가 취득한 자사주의 매수단가를 최초 관여일 전일의 종가인 3,380원으로 하여 부당이득을 산정하여야 함에도 불구하고, 원심은 피고인 B사가 취득한 자사주의 매수단가를 1,440원으로 하여 부당이득을 산정하는 잘못을 범하였다.

앞서 본 사실들에 기초하여 다시 산정한 피고인 B사의 부당이득액은 다음과 같다.

- 매수단가 : 3,380원(이 사건 보도자료가 작성, 배포되기 전 거래일의 종가)
- 매도단가 : 6,800.273255원
- 실현이익 : 1,146,537,159원{(6,800.273255원 - 3,380원) × 335,218주}

이에 대하여 대법원도 동일한 취지로 판단하였다.

나. 평석

(1) 부당이득 산정에 관한 명문의 규정

사기적 부정거래행위로 취득한 부당이득의 규모에 따라 징역형 및 벌금의 가중이 달라지므로, 부당이득의 규모를 정확하게 산정하는 것이 형사재판에서는 매우 중요한 선결과제가 된다.

그럼에도 불구하고 구 증권거래법뿐만 아니라 자본시장법에도 부당이득의 산정방법에 관한 명시적인 규정이 없었기 때문에, 기존에 구체적인 부당이득액의 산정은 법원의 판단에 맡겨져 왔다.

이와 관련하여 대법원은 부당이득이 '당해 위반행위로 인하여 행위자가 얻은 이윤, 즉 그 거래로 인한 총수입에서 그 거래를 위한 총비용을 공제한 차액'을 의미한다고 판시하였다.[363]

한편, 자본시장법 시행령이 2024. 1. 9. 대통령령 제34125호로 개정되면서 부당이득액의 산정에 관하여 제388조의2가 신설되었고, 별표 20의2에 구체적인 산정방식이 규정되었다.

별표 20의2 중 일반기준과 관련하여 "외부요인에 의한 금융투자상품의 시세변동이 위반행위로 인한 금융투자상품의 시세변동을 완전히 상쇄하였다고 인정되는 경우," "외부요인에 의한 금융투자상품의 시세변동이 위반행위로 인한 금융투자상품의 시세변동을 초과하였다고 인정되는 경우," "외부요인에 의한 금융투자상품의 시세변동이 위반행위로 인한 금융투자상품의 시세변동에 준한다고 인정되는 경우" 및 "외부요인에 의한 금융투자상품의 시세변동이 위반행위로 인한 금융투자상품의 시세변동에 준하는 정도에 미치지 않는다고 인정되는 경우"라는 개념이 도입되었다.

363 대법원 2009. 4. 9. 선고 2009도675 판결

자본시장법 시행령 제388조의2 및 [별표 20의2]가 도입된 배경은 수긍이 가나, 사기적 부정거래행위로 취득한 부당이득의 규모에 따라 징역형 및 벌금의 가중이 달라지는 상황에서 부당이득액은 엄격하게 산정되어야 하는데, ▲ 자본시장법 시행령 제388조의2 및 [별표 20의2]만으로 개별적인 사안에서 부당이득액을 산정하기에 충분한 기준이 마련되었다고 보기 어렵고, ▲ 특히, [별표 20의2] 중 일반기준과 관련하여 "외부요인에 의한 금융투자상품의 시세변동이 위반행위로 인한 금융투자상품의 시세변동을 완전히 상쇄하였다고 인정되는 경우," "외부요인에 의한 금융투자상품의 시세변동이 위반행위로 인한 금융투자상품의 시세변동을 초과하였다고 인정되는 경우," "외부요인에 의한 금융투자상품의 시세변동이 위반행위로 인한 금융투자상품의 시세변동에 준한다고 인정되는 경우" 및 "외부요인에 의한 금융투자상품의 시세변동이 위반행위로 인한 금융투자상품의 시세변동에 준하는 정도에 미치지 않는다고 인정되는 경우"라는 개념 자체가 판단을 요하는 것이고, 그 판단 기준도 불명확한 측면이 있다.

(2) 부당이득액 산정에 관한 판례의 기본적인 입장

부당이득은 사기적 부정거래행위로 인한 이익으로서 사기적 부정거래행위와의 인과관계가 인정되어야 하는데, 사기적 부정거래행위 외에 제3자의 개입, 증권시장의 상황, 그 밖에 주가에 중대한 영향을 미칠 수 있는 제반 요소가 다양하므로, 사기적 부정거래행위로 인한 부당이득액을 구체적으로 산정함에 있어서는 신중을 기하여야 한다.

이와 관련하여 대법원은 위반행위의 동기, 경위, 태양, 기간, 제3자의 개입 여부, 증권시장 상황 및 그 밖에 주가에 중대한 영향을 미칠 수 있는 제반 요소들을 전체적·종합적으로 고려하여 인과관계가 인정되는 이익을 산정해야 한다고 판시하였다.[364]

특히, 대법원은 주식시장에서의 정상적인 주가변동요인에 의한 주가상승분이나 위반행위자와 무관한 제3자가 야기한 주가상승분이 존재하는 등과 같은 사정이 있는 경우

364 대법원 2009. 7. 9. 선고 2009도1374 판결

에는 위반행위와 인과관계가 인정되는 이익만을 따로 구분하여 산정하여야 한다고 판시하기도 하였다.[365]

그 연장선에서 법원이 피고인의 행위와 무관한 요인에 의한 주가상승분이 존재한다고 판단되는 경우 "액수 미상의 부당이득"이라고 판시하는 사례가 다수 있다.[366]

살피건대, 이 사건에서 항소심 법원은 i) 이 사건 보도자료가 작성·배포된 2005. 5. 30.부터 2005. 8. 9.까지의 기간 동안 A사와 유사한 의료정밀기기업종, 제약업종의 주가변동 상황 및 코스닥 종합지수의 변동 상황과의 비교를 통하여 주식시장에서의 정상적인 주가변동요인에 의한 B사의 주가상승분이 없다고 판단하는 한편, ii) 이 사건 보도자료가 작성·배포되기 전의 주가상승분을 제외하여야 한다고 판단한 다음 피고인들의 사기적 부정거래로 인한 이익액을 구체적으로 산출하였는바, 이것은 형사법의 대원칙인 책임주의에 입각한 것으로서 타당하다.

만약 이 사건 보도자료가 작성·배포된 2005. 5. 30.부터 2005. 8. 9.까지의 기간 동안 피고인들의 사기적 부정거래행위 외에 제3자의 개입, 증권시장의 상황 등에 의한 B사의 주가상승분이 있다고 인정되는 경우에는 검사가 위반행위와 인관관계가 인정되는 이익만을 따로 구분하여 입증하여야 하는데, 그것이 사실상 불가능하기 때문에, "액수 미상의 부당이득"이라고 결론이 도출될 것이다.

한편, 이 사건에서 피고인 甲, 丙, 丁이 이 사건 보도자료가 작성, 배포된 이후에 B사 주식을 취득하게 되었다는 특이점이 있으나, 피고인 甲, 丙, 丁이 제3자배정 유상증자 또는 주식매수선택권 행사를 통하여 B사 주식을 최종적으로 취득한 시점이 이 사건 보도자료가 작성, 배포된 이후일 뿐이고, 이 사건 보도자료가 작성, 배포되기 이전에 B사 주식을 취득할 것임이 이미 확정되어 있었는바, 피고인 甲, 丙, 丁이 이 사건 보도자료가 작성, 배포된 이후에 B사 주식을 취득하였다고 하여 달리 볼 것은 아니다.

---

365 대법원 2013. 7. 11. 선고 2011도15056 판결

366 서울고등법원 2018. 6. 21. 선고 2017노2969 판결, 서울고등법원 2022. 4. 29. 선고 2021노2108 판결

28

주식양도시 보유지분 은닉 사건

Ⅰ. 사건의 진행 경과

기본적 사실관계
- 피고인은 상장사인 A사의 대표이사이자 최대주주이다. - 피고인이 경영하던 A사는 1999.경 당시 이미 자본금 18억 원을 잠식할 정도로 매출이 부진하고, 수익성이 악화되어 새로운 투자자를 물색하던 중이었다.

일시	행위
1999. 10.경	- 피고인은 甲(B사 그룹 회장), 乙(B사 그룹 소속의 C사 대표이사)과 A사의 지분 및 경영권을 양도하기 위한 협상을 진행함. - 위 협상에서 甲, 乙은 피고인에게 "A사를 인수하여 주가를 수십배 끌어올린 후 주식스왑방식으로 자회사를 인수하여 인터넷 벤처기업의 지주회사로 만들겠다, A사를 양도하면 (피고인에게) 남아있는 9% 정도의 지분만으로도 엄청난 차익을 볼 수 있을 것이다" 라고 말함. - 이에, 피고인은 A사를 甲 등에게 양도할 경우 회사의 주가가 크게 상승할 것으로 확신하고 자신의 보유지분 일부를 은닉한 채 주식양도양수계약을 체결한 다음 위 甲 등의 주가부양행위에 편승하여 주가가 크게 상승하면 이를 처분하여 이득을 얻기로 마음먹음.

2000. 1. 31.	- 피고인은 甲과 A사 주식을 양도하는 내용의 '주식매매 및 경영권인수 계약서'를 작성함. - 이때, 피고인의 실질적인 보유지분은 차명지분을 포함하여 217,179주(61.18%)이어서, 특수관계인의 지분 17,900주(5.04%)를 합하면 총 235,079주(66.22%)에 달했음. - 그런데 피고인은 甲에게 "내 보유지분은 53.96%에 불과하여 차명지분을 합하면 총 59%이다"라고 거짓말하여 피고인의 보유지분 중 7.22%, 25,631주를 은닉함. - 결과적으로 이를 진실로 믿은 甲은 피고인의 보유지분 45.8%, 162,756주와 피고인의 차명지분 4.9%, 17,244주 합계 50.7%, 180,000주를 1주당 5,500원[367]씩 합계 금 990,000,000원에 매수하는 계약을 체결함.
2000. 2. 7.	- 피고인은 甲으로부터 주식매매대금을 수령함.
2000. 3. 9. ~ 2000. 4. 10.	- 피고인은 자신이 보유하고 있던 A사 주식 12,920주를 1,307,877,000원에 유가증권시장에서 매도함.
2000. 6. 1.	- 피고인은 자신이 보유하고 있던 A사 주식 700주를 118,300,000원에 유가증권시장에서 매도함.

II. 관련 조문

구 증권거래법 제188조의4(시세조종등 불공정거래의 금지)

④ 누구든지 유가증권의 매매 기타 거래와 관련하여 다음 각호의 1에 해당하는 행위를 하지 못한다.

1. 부당한 이득을 얻기 위하여 고의로 허위의 시세 또는 허위의 사실 기타 풍설을 유포하거나 위계를 쓰는 행위

367 액면가 5,000원, 당시 시장가격 약 25,000원

III. 쟁점

이 사건에서 문제된 행위는 자본시장법이 시행된 2009. 2. 4. 이전에 이루어졌으므로, 이 사건은 구 증권거래법이 적용되었다.

1. 구 증권거래법 제188조의4 제4항 제1호 위반 여부에 관하여

가. <위계 이용행위> 해당 여부

이 사건에서 피고인은 A사의 경영권 및 동 회사 주식을 양도하는 계약을 체결함에 있어서 실제로는 자신이 A사 주식 66.22%, 235,079주를 실질적으로 보유하고 있다는 사실을 은닉하면서, 거래상대방인 B사의 甲 등에게 "내 보유지분은 차명지분을 합하여 총 59%에 불과하다"고 거짓말하였고, 이를 진실로 믿은 甲과 주식 양도계약이 실제로 체결되었다.

법적인 개념에서 '위계'라 함은 유가증권의 매매 기타 거래와 관련하여 부당한 이득을 얻기 위하여 거래상대방이나 일반투자자들에게 오인, 착각 또는 부지를 일으키게 하여 이를 이용하는 일체의 것을 말한다. 이에 대하여 학계에서는 '위계'가 ▲ 형법 상 사기죄와 동일한 개념이라는 보는 견해가 있고, ▲ 형법에서 기망행위와 위계는 구분한다는 점, 위계는 기망과 유혹을 포함하는 개념이라는 점에서 '위계'는 사기죄의 기망행위보다는 보다 넓은 개념으로 보아야 한다는 견해도 있다.

이와 관련하여 대법원은『'위계'란 거래 상대방이나 불특정 투자자를 기망하여 일정한 행위를 하도록 유인할 목적의 수단·계획·기교 등을 말하고, '기망'이란 객관적 사실과 다른 내용의 허위사실을 내세우는 등의 방법으로 타인을 속이는 것을 의미한다』고 판시[368] 한 바 있다.

368 대법원2011도8109 판결 등 참조

결국, 이 사건에서 피고인은 주식을 양도하는 계약을 체결하면서 자신의 보유지분 일부를 상대방에게 은닉하는 방법을 사용한 것인데, 이것이 구 증권거래법 제188조의4 제4항 제1호 소정의 〈위계 이용행위〉에 해당하는지에 대한 검토가 요구된다.

나. '공정한 가격형성에 영향을 미칠 목적'을 요하는지 여부

한편, 사기적 부정거래의 유형 중 하나인 〈위계 이용행위〉를 규정하고 있는 구 증권거래법 제188조의4 제4항 제1호는 문언상 "누구든지 유가증권의 매매 기타 거래와 관련하여 부당한 이득을 얻기 위하여 위계를 쓰는 행위"를 금지하고 있다.

위 규정의 해석과 관련하여 피고인은 증권거래법 제188조의4 제4항 제1호 소정의 '부당한 이득을 얻기 위하여 위계를 쓰는 행위'란 유가증권의 거래에 있어서 모든 위계 사용 행위를 의미하는 것이 아니고, '유가증권의 공정한 가격형성에 영향을 주기 위하여' 위계를 쓰는 행위만을 의미하며, 또한 그 거래의 상대방이 위계행위로 인하여 재산상의 피해를 입은 경우에만 위 조항 위반의 죄책을 물을 수 있다고 주장하였다.

따라서 이 사건에서는 피고인을 구 증권거래법 제188조의4 제4항 제1호 소정의 〈위계 이용행위〉로 의율하기 위해서는 '공정한 가격형성에 영향을 미칠 목적'을 요하는지 여부가 문제된바, 이에 대한 검토가 요구된다.

2. 위반행위로 인하여 얻은 이익의 범위(부당이득액의 산정)에 관하여

이 사건에서 피고인은 甲과의 주식 양도계약 이후, 자신이 보유하고 있던 A사 주식을 2000. 3. 9.부터 같은 해 4. 10.까지 사이에 12,920주[369]를 1,307,877,000원에, 같은 해 6. 1. 700주를 118,300,000원에 유가증권시장에서 매도하여 합계 1,076,272,589원의 수익

369 2000. 5. 2.자 10분의 1 액면분할 전 기준

을 실현한 것으로 확인되었다.

이와 관련하여, 피고인은 "가사 자신이 이 사건 양도계약을 체결함에 있어서 위계를 쓰는 행위를 했다고 하더라도 그로 인하여 얻은 이득은 양도계약 당시의 시장가액에서 양도가액을 공제한 금원이라고 할 수는 있을지라도, 그 후 주가가 급등한 시점에 이를 처분하여 얻은 이익은 위계를 사용하여 얻은 부당한 이득이라고 볼 수 없다"는 취지로 주장한바, 이 사건 부당이득의 구체적 산정방법에 대한 검토가 요구된다.

나아가, 이 사건에서 검사는 피고인이 취득한 부당이득에 대하여 따로 몰수, 추징 구형을 하지 않았고, 이에 따라 제1심법원 및 항소심 법원도 이에 대한 몰수, 추징을 선고하지 않았다. 이하에서는 왜 검사와 법원이 피고인이 취득한 부당이득에 대해서 몰수, 추징을 하지 않았는지에 관하여 살펴볼 필요가 있다.

IV. 각 쟁점에 대한 평석

1. 구 증권거래법 제188조의4 제4항 제1호 위반 여부에 관하여

가. <위계 이용행위> 해당 여부

(1) 법원의 판단

<위계 이용행위> 해당 여부와 관련하여, 제1심법원[370]은 구체적인 이유 설시 없이 피고인의 행위를 유죄로 판단하고, 피고인에게 징역 1년(집행유예 2년) 및 벌금 10억 원을 선고하였다.

370 서울지방법원 2001. 12. 11. 선고 2001고단3826 판결

항소심에 이르러 피고인은 "B사가 A사를 인수함에 있어서 피고인의 보유지분과는 상관없이 A사의 경영권을 확보하기 위한 주식(50%+1주)만을 양도받기를 원하였고, 그 매매대금도 피고인의 보유지분과는 관계없이 정하였기 때문에 피고인의 보유지분은 이 사건 양도계약의 내용에 포함되지 않으므로, 결국 이는 <위계 이용행위>에 해당하지 않는다"는 취지로 주장하였다.

이에 대해 항소심 법원[371]은 피고인의 보유지분은 이 사건 양도계약의 중요한 내용이고, 이에 관하여 피고인이 계약의 상대방에게 <위계 이용행위>를 하였다고 보기에 충분하다고 판단하였는데, 그 구체적인 논거는 다음과 같다.

> 회사의 경영권을 인수하기 위하여 기존의 대주주로부터 주식을 양도받는 경우 통상적으로 대주주의 기존의 보유지분 및 양도 후 남게 되는 잔여지분은 그 양도 계약에 있어서 가장 중요한 사항 중의 하나라고 할 것이어서 주식을 양도하는 기존의 대주주로서는 신의성실의 원칙상 주식의 양수인에게 자신의 보유지분에 대하여 정확히 알려야 할 의무가 있다고 봄이 상당하고, 이 사건에서 피고인이 자신의 보유지분이 66.22%라는 사실을 甲 등에게 알렸다면 이 사건 양도계약과 같은 내용이나 같은 조건의 계약이 체결되지 않았으리라는 것이 경험칙상 분명한 점을 고려한다면, 피고인이 甲 등에게 자신의 보유지분이 66.22%에 이른다는 사실을 정확하게 고지하지 아니하였다는 것만으로도 피고인이 이 사건 양도계약의 체결과 관련하여 위계를 사용하였다고 봄이 타당하다.

이에 대하여 대법원[372]도 동일한 취지로 판단하였다.

(2) 평석

통상 자본시장법상 '시세조종'이나 '사기적 부정거래'는 자본시장을 교란하는 행위를 통해서 시장에 참여하는 일반 투자자들에게 간접적인 방법으로 피해를 끼치는 범행구조

371 서울지방법원 2002. 8. 14. 선고 2001노12288 판결

372 대법원 2002. 11. 26. 선고 2002도4561 판결

를 전제한다. 그런데 이 사건에서 피고인은 '위계 행위'를 통해서 피해자 격인 甲과 직접적으로 접촉하는데, 이것이 이 사건의 특이점이다. 즉, 이 사건에서 발생한 피해는 자본시장의 교란이라는 공익적 법익이 아니라 사인(私人)인 甲의 재산 손실인바, 이에 대한 형사법적 접근은 일견 구 증권거래법(자본시장법)이 아닌 형법상 사기죄가 적절해 보이는 측면이 있다.

그렇다면, 이처럼 사적 피해가 발생한 사건에 대해서는 사기적 부정거래 행위를 규정한 구 증권거래법 제188조의4 제4항을 적용할 수는 없는 것인지 살펴볼 필요가 있다. 당해 조항의 구성요건을 검토하면, ▲ 유가증권의 매매 관련성, ▲ 허위사실 유포 또는 위계행위 금지로 규정되어 있는바, 문언상 사적 피해가 발생하였다고 하여 당해 규정의 적용이 제한될 이유는 없는 것으로 보인다. 따라서 이 사건에서 피고인의 '위계 행위'가 직접적으로 피해자에게 이루어졌고, 이에 따라 사인(私人)인 甲에게 피해가 발생한 경우라 하더라도 위 사기적 부정거래 행위 규정으로 의율이 가능하다고 본다.

그런데, 이 사건 공소사실에 존재하는 핵심적인 불법은 피고인이 자신의 차명주식 규모를 속이고 甲과 주식양도 계약을 함으로써 그 양도 대금을 수취하였다는 것이라기보다는 甲과의 주식양도계약에서 자신이 보유한 차명주식을 규모를 감춘 뒤, 甲의 주가조작 행위에 편승하여 주가가 상승했을 때 해당 주식을 매각하는 부분이라고 할 것이다.

즉, 사기적 부정거래 행위로 의율되는 불법은 피고인이 자신의 차명주식 규모를 속여서 甲과의 계약으로 나아가는 위계행위를 한 후 차명주식 매각을 통해 부당한 이익을 취득했다는 것이다.

그와 같은 관점에서 피고인의 행위가 구 증권거래법 제188조의4 제4항 제1호 〈위계 이용행위〉에 해당하는지 살펴볼 필요가 있고, 그 여부를 판단함에 있어서 '위계'의 의미에 대한 분석이 필요하다.

사기적 부정거래에 해당하는 '위계' 개념의 해석에 대해서는 견해가 대립한다. 우선 증권거래법 제188조의4 제4항 제1호 〈위계 이용행위〉에 해당하는 위계를 형법상 사기죄와 마찬가지로 기망행위를 통한 착오의 야기로 이해하는 견해가 있다. 이와는 달리 다수의 입장은 입법자의 의도를 고려하여 사기적 부정거래에서의 '위계' 개념은 증권거래법 제188조의4 제1항 내지 제3항의 규정으로 규제하기 어려운 자본시장에서의 부정거래 유형을 포괄적으로 규율하기 위해 미국 증권거래법 제10조(b)를 근거로 제정된 SEC RULE 10b-5를 모델로 삼아 도입한 것으로 본다.

대법원은『증권거래법 제188조의4 제4항 제1호 〈위계 이용행위〉에서 '위계'의 개념은 거래 상대방이나 불특정 투자자들을 기망하여 일정한 행위를 유인할 목적의 수단, 계획, 기교 등을 쓰는 행위라고 해석하고, '기망'은 객관적 사실과 다른 내용의 허위사실을 내세우는 등의 방법으로 타인을 속이는 것을 의미한다』고 판시[373]한 바 있고, 다수의 사례[374]에서 일관된 태도를 보이고 있다.

'위계'의 개념에 관한 대법원의 일관된 입장이 일응 타당해 보이며, 이 사건의 경우 피고인이 거래 상대방을 기망하여 자신의 보유지분을 은닉한 채 이 사건 양도계약을 체결하였고, 이후 실제로 주가가 크게 오르자 자신이 보유하고 있던 주식을 처분한 이상 애초부터 기망의 고의로 일련의 행위를 하였다는 점이 넉넉히 인정된다고 보인다.

또한, 구 증권거래법 제188조의4 제4항을 통하여 사기적 부정거래 행위를 금지하는 것은 투자자 일반의 증권시장에 대한 신뢰를 보호하기 위함과 더불어 증권 거래에 참여하는 개개의 투자자의 이익을 함께 보호하는 것에 있는바, 이와 같은 입법 취지와 보호법익을 고려하더라도 법원의 판단은 일응 타당하다고 보인다.

---

373 대법원 2010. 12. 9. 선고 2009도6411 판결

374 법원은 〈1번_론스타 사건〉에서 감자(減資, 주식회사나 유한회사가 결손을 보전하거나 과대 자본을 시정하기 위하여 법원에 등록되어 있는 자본의 총액을 줄이는 일)할 법적 · 경제적 여건을 갖추고 있지 않거나 임직원이 감자 검토 및 추진 의사가 있지 않았는데도 감자 등의 검토계획의 공표에 나아간 경우 이를 '위계'행위로 본 적이 있다.

나. '공정한 가격형성에 영향을 미칠 목적'을 요하는지 여부

(1) 법원의 판단

제1심법원은 구체적인 이유 설시 없이 피고인의 행위를 유죄로 판단하였다는 점은 앞서 본 바와 같고, 한편 피고인은 항소심에 이르러 "증권거래법 제188조의4 제4항 제1호 소정의 〈위계 이용행위〉는 공정한 가격형성에 영향을 미쳐 그 상대방에게 피해를 입히는 행위만을 의미한다"고 주장하였다.

이에 대하여 항소심 법원은 증권거래법 제188조의4 제4항 제1호 〈위계 이용행위〉는 피고인이 주장하는 바와 같이 '유가증권의 공정한 가격형성에 영향을 주기 위하여 위계를 쓰는 행위'를 금지한다고 규정하고 있지 아니하므로 문리해석상 시세조종의 목적이라든지 재산상의 피해가 발생할 것을 구성요건으로 하지 않으면서 '부당한 이득을 얻기 위하여 위계를 쓰는 행위' 전체를 포괄적으로 금지하고 있다고 봄이 상당하다고 할 것이고, 결국 피고인이 주가급등을 예상하고 보유주식을 은닉한 것은 부당한 이득을 얻기 위하여 위계를 사용한 행위라고 판단하였다. 대법원도 동일한 취지로 판단하였다.

(2) 평석

법률의 적용과 해석은 가능한 한 법률에 사용된 문언의 통상적인 의미에 충실하게 해석하는 것을 원칙으로 하고, 나아가 당해 법률의 입법 취지와 목적 등을 함께 고려하여야 한다.[375]

구 증권거래법 제188조의4 제4항은 규정의 문언상 같은 조 제1항 내지 제3항에 대한 일반규정으로서 '유가증권의 매매 기타 거래'와 관련하여 소정의 불공정행위를 포괄적으로 금지하고 있을 뿐, '유가증권의 공정한 가격형성에 영향을 주기 위하여 위계를 쓰

---

375 (대법원 2009. 4. 23. 선고 2006다81035 판결 등 참조

는 행위'만을 금지하는 것으로 제한하고 있지 않다. 게다가 앞서 살펴본 바와 같이 구 증권거래법은 자본시장의 건전성뿐만 아니라, 증권거래에 참가하는 개개의 투자자의 이익을 보호하고 증권시장에 대한 신뢰를 보호하는 데 그 목적이 있다.

즉, 구 증권거래법 제188조의4 제4항은 문언상 부당한 이득을 얻기 위한 목적 외에 다른 특정한 목적을 요구하고 있지 않고, 거래 객체나 거래 장소 또한 제한을 두고 있지 않다. 만약, 피고인의 주장대로 '유가증권의 공정한 가격형성에 영향을 주기 위한 행위'만으로 그 해석을 제한한다면, 이 사건과 같은 유형의 사기적 부정거래에 대한 규제에 공백이 생길 우려가 농후한바, 법원의 입장이 타당하다고 보인다.

2. 위반행위로 인하여 얻은 이익의 범위(부당이득액의 산정)에 관하여

가. 법원의 판단

제1심법원은 이 부분에 대한 구체적인 이유 설시가 없다. 항소심 법원은 피고인이 자신의 보유지분을 은닉한 채 이 사건 양도계약을 체결하고 그 후 주가 급등 시점에서 주식을 처분하여 이득을 얻을 목적으로 이 사건 위계행위를 한 이상, 위계행위로 인하여 얻은 부당한 이득은 '이 사건 양도계약 체결 이후에 주식을 처분한 가액'에서 '양도계약 체결당시의 시장가액' 및 '그 거래를 위한 거래세 및 수수료 등의 거래비용'을 공제한 금원이라고 봄이 상당하다고 판단하면서, 피고인에게 그 부당이득에 상응하는 벌금 10억 원[376]을 선고하였다. 대법원도 동일한 취지로 판단하였다.

376 항소심법원에서 인정된 피고인의 부당이득액은 1,076,272,589원{=매도가액 합계 1,426,177,000원(=1,307,877,000원 + 118,300,000원) - 매도한 주식의 양도계약 체결당시의 가액 340,500,000원(=13,620주 × 25,000원) - 거래세 및 수수료 합계 9,404,411원}이다. 한편, 검사는 피고인의 부당이득액을 1,379,995,927원으로 계산하여 공소제기한 것으로 보이나, 이는 주식 거래를 위한 각종 수수료와 세금 등 거래비용을 공제하지 않은 데에서 연유한 것으로 보이고, 따라서 법원은 위 계산에 의해 인정된 금원(1,076,272,589원)을 초과하는 범위에 대하여는 이유무죄를 선고하였다.

나. 평석

사기적 부정거래 행위로 취득한 부당이득의 규모에 따라 징역형 및 벌금의 가중이 달라지므로, 부당이득의 규모를 정확하게 산정하는 것이 형사재판에서는 매우 중요한 선결과제가 된다. 다만, 위와 같이 부당이득 액수로 인하여 법정형의 차이가 생긴 것은 2002. 4. 27.경부터 효력이 발효되는 구 증권거래법[시행 2002. 4. 27., 법률 제6695호, 2002. 4. 27., 일부개정] 때부터인 점을 유의할 필요가 있다.

구 증권거래법 제207조의2 (벌칙)

① 다음 각호의 1에 해당하는 자는 10년이하의 징역 또는 2천만원이하의 벌금에 처한다. 다만, 그 위반행위로 얻은 이익 또는 회피한 손실액의 3배에 해당하는 금액이 2천만원을 초과하는 때에는 그 이익 또는 회피손실액의 3배에 상당하는 금액이하의 벌금에 처한다.

1. 제188조의2제1항 또는 제3항의 규정에 위반한 자
2. 제188조의4의 규정에 위반한 자

② 제1항 각호의 위반행위로 얻은 이익 또는 회피한 손실액이 5억원 이상인 때에는 다음의 구분에 따라 가중처벌한다. 〈신설 2002. 4. 27.〉

1. 이익 또는 회피한 손실액이 50억원 이상인 때에는 무기 또는 5년 이상의 징역에 처한다.
2. 이익 또는 회피한 손실액이 5억원 이상 50억원 미만인 때에는 3년 이상의 유기징역에 처한다. 〈신설 2002. 4. 27.〉

한편, 구 증권거래법뿐만 아니라 자본시장법에도 부당이득의 산정방법에 관한 명시적인 규정이 없었기 때문에, 기존에 구체적인 부당이득액의 산정은 법원의 판단에 맡겨져 왔다.

이와 관련하여 대법원은 부당이득이 '당해 위반행위로 인하여 행위자가 얻은 이윤, 즉 그 거래로 인한 총수입에서 그 거래를 위한 총비용을 공제한 차액'을 의미한다고 판시하였다.[377]

한편, 부당이득은 부정거래행위로 인한 이익으로서 부정거래행위와의 인과관계가 인정되어야 하는데, 부정거래행위 외에 제3자의 개입, 증권시장의 상황, 그 밖에 주가에 중대한 영향을 미칠 수 있는 제반 요소가 다양하므로, 부정거래행위로 인한 부당이득액을 구체적으로 산정함에 있어서는 신중을 기하여야 한다.

이와 관련하여 대법원은『위반행위의 동기, 경위, 태양, 기간, 제3자의 개입 여부, 증권시장 상황 및 그 밖에 주가에 중대한 영향을 미칠 수 있는 제반 요소들을 전체적·종합적으로 고려하여 인과관계가 인정되는 이익을 산정해야 한다』고 판시하였다.[378]

특히, 대법원은『주식시장에서의 정상적인 주가변동요인에 의한 주가상승분이나 위반행위자와 무관한 제3자가 야기한 주가상승분이 존재하는 등과 같은 사정이 있는 경우에는 위반행위와 인과관계가 인정되는 이익만을 따로 구분하여 산정하여야 한다』고 판시하기도 하였다.[379]

그 연장선에서 법원이 피고인의 행위와 무관한 요인에 의한 주가상승분이 존재한다고 판단되는 경우 "액수 미상의 부당이득"이라고 판시하는 사례가 다수 있다.[380]

'위반행위로 얻은 이익'은 위반행위로 인하여 발생한 위험과 인과관계가 인정되어야 한다는 상식적인 전제에서 이를 구체적으로 산정함에 있어서는 형사법의 대원칙인 책임주의를 염두에 두고 여러 제반 요소들을 전체적·종합적으로 고려하는 것이 마땅하다.

377 대법원 2009. 4. 9. 선고 2009도675 판결

378 대법원 2009. 7. 9. 선고 2009도1374 판결

379 대법원 2013. 7. 11. 선고 2011도15056 판결

380 서울고등법원 2018. 6. 21. 선고 2017노2969 판결, 서울고등법원 2022. 4. 29. 선고 2021노2108 판결

그렇다면, 이 사건의 경우 피고인의 '위계행위'와 주가 상승 간에 인과관계가 있는 것인지를 살펴볼 필요가 있다. 생각건대, 이 사건에서 피고인의 '위계행위'는 피고인이 甲에게 주식을 양도할 때 자신의 차명주식 보유분을 숨겼다는 것인데, 피고인이 甲에게 그와 같은 내용을 숨겼다고 해서 그것이 곧바로 주가 상승으로 이어진다는 것은 논리적으로 상정하기 어렵다. 즉, 피고인의 '위계행위'와 주가 상승 간에 인과관계가 인정되지 않는 이상, 피고인이 해당 주식의 주가 상승에 편승하여 주식을 매각한 결과 시세차익을 남겼다고 하더라도 이를 부당이득이라고 할 수는 없고, 따라서 이 이 사건 피고인에게 부당이득에 관한 책임을 귀속시킬 수는 없을 것으로 보인다.

한편, 이 사건에서 검사가 부당이득을 범죄사실에 특정하지 않은 것은 앞서 설명한 바와 같이, 이 사건 발생 당시에 적용된 구 증권거래법의 경우 부당이득 액수의 규모에 따라 법정형이 달라지지 않았기 때문으로 보인다. 즉, 이 사건 발생 시점 이후인 2002. 4. 27.경에 이르러서야 부당이득 액수의 규모에 따라 법정형이 달라지는 (일부)개정법이 시행되었던바, 검사가 기소할 시점에는 부당이득 액수의 규모가 법정형을 달리할 요인이 아니었기 때문에 이를 범죄사실에 특정하는 것이 이 사건 기소의 본질적인 부분은 아니었던 것으로 보인다.

29 아세아종합금융 사건

Ⅰ. 사건의 진행 경과

일시	행위
2000. 3.말	- 상장사인 (주)아세아종합금융은 종합금융회사로 1997년말 외환위기 이후 외환영업 부문의 막대한 적자와 부실채권 증가, 유동성위기 등으로 인해 경영난이 가중되어 2000. 3.말 기준 약 2300억원 정도의 자본잠식 상태였음. - (주)아세아종합금융의 지배주주인 A사는 (주)아세아종합금융으로부터 한도를 초과하여 차명으로 불법대출 받은 1,250억원의 대출기한을 3년간 연장해 주는 조건으로 (주)아세아종합금융의 경영권을 무상으로 양도할 상대방을 찾고 있었음. - 피고인 甲은 (주)아세아종합금융은 차명으로 자사주 620만주(전체 발행주식의 20.5%)를 보유하고 있어 경영권 장악 및 처분이 용이하다는 사실 등에 착안하여, 마치 외국자본이 (주)아세아종합금융의 경영권을 인수한 뒤 거액의 외자를 조달하여 경영을 정상화시킬 것처럼 가장하여 (주)아세아종합금융이 보유중인 대주주지분을 무상으로 넘겨받고 (주)아세아종합금융이 보유중인 자사주를 헐값에 매수하는 방식으로 (주)아세아종합금융을 인수할 계획을 세움.
2000. 4. 19.	- 피고인 甲은 (주)아세아종합금융의 임원들과 A사((주)아세아종합금융의 지배주주)의 임원들에게, 『SPBC(SWITZERLAND PRIVATE BANKS CONSORTIUM, 스위스민간은행컨소시엄)는 스위스계 은행을 중심으로 유럽 6개 은행이 공동출자하여 설립한 투자컨소시엄 업체로서, (주)아세아종합금융의 경영권을 SPBC에 넘겨주면 2000. 7.까지 미화 3,000만불, 같은 해 11.까지 미화 5,000만불을 (주)아세아종합금융에 투자하여 경영을 정상화시키고, A사가 (주)아세아종합금융으로부터 차명으로 대출받은 1,250억원의 변제기한을 3년 동안 연장해 주겠다.』고 거짓말을 함.

2000. 4. 19.	- 이에 속은 A사의 임원 등으로부터 A사가 보유한 (주)아세아종합금융 주식 8,695,051주(전체발행주식수의 28.6%, 시가 104억원 상당)를 미화 10불에 SPBC에게 매도하여 (주)아세아종합금융의 경영권을 SPBC가 인수하기로 하였으나, 당시 SPBC라는 컨소시엄은 실제로 존재하지 않았음. - 피고인 甲이 운영하는 B사가 위 (주)아세아종합금융과 SPBC간의 M&A를 중개하였음. - SPBC는 (주)아세아종합금융에 대한 모든 경영권한을 B사에 위임한다는 내용의 경영관리협약서를 작성하였음. - 피고인 甲은 B사의 자회사인 C사의 명의로 (주)아세아종합금융이 차명으로 보유중인 자사주 620만주(전체 발행주식의 20.5%, 시가 74억원 상당)를 금 204억원에 매수하였고, 그 매수자금은 (주)아세아종합금융의 자회사로부터 C사명의로 금 200억원을 대출받아 충당하였음.
2000. 4.말	- 피고인 甲은 (주)아세아종합금융 임직원 및 B사의 직원들로 하여금 「스위스은행들로 구성된 컨소시엄이 (주)아세아종합금융의 대주주인 A사 지분을 매수하기로 합의하였다. 스위스은행 컨소시엄은 석달 안에 1차적으로 3,000만달러를 들여와 (주)아세아종합금융 증자에 이용하고, 하반기에 5,000만달러를 추가 증자할 계획이다』라는 내용이 언론에 발표되게 하였음.
2000. 4.말 ~ 2000. 5.초	- 피고인 甲은 자본금 5만 스위스프랑(한화 3,000만원~4,000만원), 이익잉여금이 60만 스위스프랑(한화 약 3~4억원)에 불과한 스위스 소재 소규모 무역회사의 명칭을 SPBC로 변경하여 SPBC가 존재하게 됨.
2000. 5. 말경	- 피고인 甲은 '(주)아세아종합금융에서 타 금융기관이나 사채시장에서 500억원을 차입하고, 그 차입금 중 330억원을 제3의 금융기관등에 예치하고, 제3의 금융기관 등은 330억원을 해외금융기관에 대출하고, 해외에서 다시 SPBC에 자금을 이체하면 SPBC는 그 자금으로 (주)아세아종합금융의 증자대금을 납입하기로' 계획을 세움

II. 관련 조문

구 증권거래법 제188조의4(시세조종등 불공정거래의 금지)

④ 누구든지 유가증권의 매매 기타 거래와 관련하여 다음 각호의 1에 해당하는 행위를 하지 못한다.

1. 부당한 이득을 얻기 위하여 고의로 허위의 시세 또는 허위의 사실 기타 풍설을 유포하거나 위계를 쓰는 행위

이 사건에서 문제된 행위는 자본시장법이 시행된 2009. 2. 4. 이전에 이루어졌으므로, 이 사건은 구 증권거래법이 적용되었다.

III. 쟁점

1. 구 증권거래법 제188조의4 제4항 제1호 <허위사실 유포행위>와 관련하여

피고인 甲은 SPBC라는 외국자본이 (주)아세아종합금융의 경영권을 인수한 후 거액의 자금을 조달하여 경영을 정상화시킬 것처럼 가장하여 A사가 보유 중인 (주)아세아종합금융의 지분을 사실상 무상으로 넘겨받았다. 이후 SPBC가 (주)아세아종합금융의 경영권을 피고인 甲이 운영하는 회사로 곧바로 넘기고, (주)아세아종합금융이 보유한 차명주식 또한 자신이 운영하는 회사의 자회사인 C사가 취득하게 하였다. SPBC는 존재하지 않았다가 사후적으로 스위스 소재 소규모 무역회사의 상호만을 SPBC로 변경한 점에 비추어 보면, 실제로는 피고인 甲이 (주)아세아종합금융 주식 860여만주와 620만주를 모두 매수하여 (주)아세아종합금융을 인수한 것으로 볼 수 있다.

또한, 피고인 甲이 위와 같이 (주)아세아종합금융의 경영권을 인수한 뒤 (주)아세아종합금융의 자금을 인출하여 SPBC에 송금하였다가 다시 (주)아세아종합금융으로 유입시키는 형식을 취하여 마치 외국자본이 투자된 것처럼 가장할 의사를 가지고 있었다. 이를 위해 피고인 甲은 M&A 이후인 2000. 5. 경 (주)아세아종합금융에서 500억원을 차입하여 그 중 330억원을 제3의 금융기관 → 해외금융기관 → SPBC를 거쳐 최종적으로 SPBC에서 (주)아세아종합금융의 증자대금으로 납입하는 자금 구조를 계획하였다.

그럼에도 불구하고, 피고인 甲은 (주)아세아종합금융 임직원 및 B사의 직원들로 하여금『스위스 은행들로 구성된 컨소시엄이 (주)아세아종합금융의 대주주인 A사 지분을 매수하기로 합의하였다. 스위스은행 컨소시엄은 석달 안에 1차적으로 3,000만달러를 들여와 (주)아세아종합금융 증자에 이용하고, 하반기에 5,000만 달러를 추가 증자할 계획이다』라는 허위의 내용이 언론에 발표되게 하였는데, 이것이 구 증권거래법 제188조의4 제4항 제1호 〈허위사실 유포행위〉에 해당하는지가 문제되었다.

2. 구 증권거래법 제188조의4 제4항 제1호 <허위사실 유포행위> "부당한 이득"의 개념과 관련하여

피고인 甲은 주식처분이 일정기한 제한된 사정이 있어 자신이 유형적 이득을 얻지 못하였으므로 부당한 이득을 얻기 위한 범의가 없었다고 주장하였는데, 이와 관련하여 구 증권거래법 제188조의4 제4항 제1호 소정의 부당한 이득의 개념을 유형적 이득만으로 한정하여 해석할 것인지 여부가 문제되었다.

3. 부당이득 관련

이 사건에서 (주)아세아종합금융의 주가는 2000. 4. 17. 이 사건 허위사실이 유포된 이후 1,200원에서 2000. 4. 21. 2,090원으로 상승하였다. 피고인 甲은 허위사실 유포행위로 인하여 (주)아세아종합금융의 주가가 상승한 이후에도 (주)아세아종합금융의 주식을 처분하지 않은 채 계속하여 보유하고 있었다.

이에 대하여 법원은 별도의 미실현이익을 산정하지 않았으나, 이 경우 피고인 甲이 사기적 부정거래행위로 취득한 부당이득을 산정할 수 있는지에 대해서 검토할 필요가 있다.

IV. 각 쟁점에 대한 평석

1. 구 증권거래법 제188조의4 제4항 제1호 <허위사실 유포행위>와 관련하여

(1) 법원의 판단

제1심법원[381]은 피고인 甲이 마치 외국자본이 (주)아세아종합금융의 경영권을 인수한 뒤 거액의 외자를 조달하여 경영을 정상화시킬 것처럼 가장하여 A사가 보유중인 대주주지분을 무상으로 넘겨받고 (주)아세아종합금융이 보유중인 자사주를 헐값에 매수하는 방식으로 (주)아세아종합금융을 인수한 뒤 이러한 허위의 사실을 언론에 발표되게 하여 주가를 인위적으로 상승시켜 부당한 이득을 얻기 위하여 고의로 허위사실을 유포하였다고 판단하였다.

이에 대하여 항소심 법원[382]은, "SPBC(회사의 명칭 자체가 스위스 민간 은행들의 컨소시엄으로 오해되게 되어 있다)는 (주)아세아종합금융에 외국자본이 들어오는 것처럼 가장하기 위하여 피고인이 내세운 페이퍼 컴퍼니(paper company)에 불과하고, 사실은

381 서울중앙지방법원 2001. 11. 29. 선고 2000고합1410 판결

382 서울고등법원 2002. 3. 26. 선고 2001노3226 판결

피고인이 (주)아세아종합금융 주식 860여만주와 620만주를 모두 매수하여 (주)아세아종합금융을 인수하였고 증자금을 마련하려고 하였으면서도, 위 주식들에 대하여 부당한 이득을 얻으려는 목적으로 SPBC가 (주)아세아종합금융을 인수하였고, 3,000만불을 증자하기로 하였다고 사실과 달리 허위사실을 유포하였다는 것을 충분히 인정할 수 있다"면서 제1심과 동일한 취지로 판단하였다. 대법원[383]도 같은 취지로 판단하였다.

(2) 평석

(가) <허위사실 유포행위>와 <허위문서 이용 오해유발행위>의 관계

이 부분에 대한 설명은 〈3번_탄소나노튜브(CNT) 사건〉을 참조하면 된다.

(나) <허위사실 유포행위>에의 해당 여부

SPBC라는 투자컨소시엄이 M&A당시 존재하지도 않았고, 이는 피고인 甲이 단순히 외국 자본이 들어오는 것처럼 가장하기 위하여 M&A 이후 소규모 무역회사 상호를 변경하여 만든 회사인 점, 실제로 피고인 甲이 모든 경영권을 장악하고 행사한 점에 비추어보면, (주)아세아종합금융을 인수하려고 한 것은 피고인이고, 'SPBC가 (주)아세아종합금융을 인수하였다'는 사실은 명백히 허위사실이라고 할 것이다.

또한, SPBC가 실제로는 (주)아세아종합금융에 3천만불을 납입할 능력이 없었고, 피고인이 경영권 확보한 이후 (주)아세아종합금융의 자금을 제3의 금융기관 → 해외금융기관 → SPBC를 거쳐 다시 (주)아세아종합금융으로 순환시키는 구조를 통해 마치 SPBC가 독립적으로 3천만불을 증자하는 것처럼 허위 외관을 조성하려고 계획하려고 했다는 점에 비추어본다면,'SPBC가 3,000만불을 증자하기로 하였다'는 부분 또한 허위였다는 점이 분명히 드러난다.

383 대법원 2002. 7. 22. 선고 2002도1696 판결

피고인 甲은 이러한 허위사실들을 언론에 확산시키는데 그 주안점이 있었다고 할 것이므로 이를 언론에 유포되게 한 행위는 구 증권거래법 제188조의4 제4항 제1호 〈허위사실 유포행위〉에 해당한다고 할 것이므로, 법원의 판단이 타당하다.

2. 구 증권거래법 제188조의4 제4항 제1호 <허위사실 유포행위> "부당한 이득"의 개념와 관련하여

(1) 법원의 판단

대법원은 부당한 이득과 관련하여『증권거래법의 목적과 위 규정의 입법취지 등에 비추어 위 법문 소정의 부당한 이득은 유가증권의 처분으로 인한 행위자의 개인적이고 유형적인 경제적 이익에 한정되지 않고, 기업의 경영권 획득, 지배권 확보, 회사 내에서의 지위상승 등 무형적 이익 및 적극적 이득 뿐 아니라 손실을 회피하는 경우와 같은 소극적 이득, 아직 현실화되지 않는 장래의 이득도 모두 포함하는 포괄적인 개념으로 해석하는 것이 상당하다』고 판시하여, 부당한 이득은 유형적인 경제적이익에 한정하지 않고, 무형적 이익, 적극적이익, 소극적 이익, 장래의 이익까지 구 증권거래법 제188조의4 제4항 제1호 〈허위사실 유포행위〉의 부당한 이득의 범위에 포섭된다고 판시하였다.

이 사건의 경우에는『피고인이 위 계약을 주선한 직후 2000. 4. 하순경 아세아종합금융의 주가상승으로 인한 이익을 얻기 위하여 자신이 운영하는 회사의 자회사인 C사로 하여금 (주)아세아종합금융의 주식을 취득하게 하여 유형적인 경제적 이익을 꾀하였으며, 실제로 위 계약에 따른 증자계획의 발표 후 (주)아세아종합금융의 주가는 2000. 4. 17. 1,200원에서 2000. 4. 21. 2,090원으로 급상승하였고, 나아가 피고인은 그가 사실상 인수한 (주)아세아종합금융의 주가상승으로 인한 이익을 염두에 두고 처음부터 외국계 금융회사의 신용도를 이용하여 (주)아세아종합금융의 신인도를 높이려고 위와 같이 복잡한 계약을 체결하게 되었다고 보여지고, 따라서 위와 같은 허위사실의 유포는 새로이

(주)아세아종합금융의 경영권을 확보한 피고인의 입장에서 주가의 상승이라는 유형적 이득 이외에 새로 인수한 회사의 신인도 제고라는 무형적 이득도 함께 도모하기 위한 것이라고 인정되는 바, 이러한 제반사정과 앞에서 본 법리에 비추어 보면, 이 사건에서 피고인에게 부당한 이득을 얻기 위한 범의가 있다고 본 원심의 사실인정과 판단은 정당하고, 가사 피고인의 상고이유의 주장과 같이 피고인의 주식 처분이 일정기간 제한된 사정이 있었다고 하더라도 결론은 마찬가지이다』라고 판시하였다.

즉, 법원은 피고인이 한 허위사실 유포행위는 새로이 (주)아세아종합금융의 경영권을 확보한 피고인의 입장에서 주가의 상승이라는 유형적 이득과 새로 인수한 회사의 신인도 제고라는 무형적 이득도 함께 도모하기 위한 것으로 부당한 이득을 얻기 위한 범의가 인정된다고 판시하였다.

대법원 2003. 11. 14. 선고 2003도686 판결

증권거래법 제188조의 4 제4항 제1호는 유가증권의 매매 기타 거래와 관련하여 부당한 이득을 얻기 위하여 고의로 허위의 시세 또는 허위의 사실 기타 풍설을 유포하거나 위계를 쓰는 행위를 금지하고, 같은 항 제2호는 유가증권의 매매 기타 거래와 관련하여 중요한 사항에 관하여 허위의 표시가 된 문서를 이용하여 타인에게 오해를 유발하게 함으로써 금전 기타 재산상의 이익을 얻고자 하는 행위를 금지하고 있는바, 증권거래법이 이와 같이 사기적 부정거래행위를 금지하는 것은 증권거래에 관한 사기적 부정거래가 다수인에게 영향을 미치고 증권시장 전체를 불건전하게 할 수 있기 때문에 증권거래에 참가하는 개개의 투자자의 이익을 보호함과 함께 투자자 일반의 증권시장에 대한 신뢰를 보호하여 증권시장이 국민경제의 발전에 기여할 수 있도록 함에 그 목적이 있다고 할 것이므로, 여기서 유가증권의 매매 등 거래와 관련한 행위인지 여부나 허위의 여부 및 부당한 이득 또는 경제적 이익의 취득 도모 여부 등은 그 행위자의 지위, 발행회사의 경영상태와 그 주가의 동향, 그 행위 전후의 제반사정 등을 종합적으로 고려하여 객관적인 기준에 의하여 판단하여야 하고(대법원 2001. 1. 19. 선고 2000도4444 판결 참조),

위와 같은 증권거래법의 목적과 위 규정의 입법취지 등에 비추어 위 법문 소정의 부당한 이득은 유가증권의 처분으로 인한 행위자의 개인적이고 유형적인 경제적 이익에 한정되지 않고, 기업의 경영권 획득, 지배권 확보, 회사 내에서의 지위상승 등 무형적 이익 및 적극적 이득 뿐 아니라 손실을 회피하는 경우와 같은 소극적 이득, 아직 현실화되지 않는 장래의 이득도 모두 포함하는 포괄적인 개념으로 해석하는 것이 상당하다고 할 것이다.

(2) 평석

구 증권거래법 제188조의 4 제4항 제1호는 문언상 '부당한 유형적 이득'이나 '유가증권의 처분을 얻을 목적'으로 규정하지 않고 단순히 '부당한 이득'으로 규정하여 그 목적이 한정되어 있지 않고, 위 조항의 보호법익이 투자자 일반의 증권시장에 대한 신뢰를 보호하려는 목적이 있다는 점 등에 비추어보면, 위 법조항의 부당한 이득을 유가증권 처분으로 인한 행위자의 유형적 이득에 한정할 것이 아니라 할 것이므로, 법원이 구 증권거래법 제188조의4 제4항 제1호 〈허위사실 유포행위〉의 '부당한 이득'에 유형적, 무형적 이익, 적극적, 소극적 이익, 장래의 이익이 모두 포함된다고 판단한 것은 타당하다.

또한, 피고인이 이 사건 주식을 취득하고 경영권을 확보한 상태에서, 외국의 자본이 유입된다는 허위사실을 유포한 것은 주가의 상승이라는 유형적 이익, 회사의 신인도 제고라는 무형적 이익을 얻기 위한 것임이 명백히 인정되므로, 피고인이 일정기간 처분이 제한되어 유형적 이익을 얻지 못한 결과가 초래했다고 하더라도, 피고인에게 〈허위사실 유포행위〉의 구성요건인 '부당한 이익을 얻기 위하여'라는 범의가 인정된다고 본 법원의 판단이 타당하다.

3. 부당이득액 산정과 관련하여

(1) 법원의 판단

이 사건에서 (주)아세아종합금융의 주가는 2000. 4. 17. 1,200원에서 2000. 4. 21. 2,090원으로 급상승하였다. 피고인 甲은 허위사실 유포행위로 인하여 (주)아세아종합금융의 주가가 상승한 이후에도 (주)아세아종합금융의 주식을 처분하지 않은 채 계속하여 보유하고 있었음에도, 이에 대하여 법원은 별도의 미실현이익을 산정하지 않았다.

이 경우 피고인甲이 사기적 부정거래행위로 취득한 부당이득을 산정할 수 있는지 여부 및 그 구체적인 산정액에 대해서 검토할 필요가 있다.

(2) 부당이득액 산정방법

(가) 부당이득 산정에 관한 명문의 규정

사기적 부정거래행위로 취득한 부당이득의 규모에 따라 징역형 및 벌금의 가중이 달라지므로, 부당이득의 규모를 정확하게 산정하는 것이 형사재판에서는 매우 중요한 선결과제가 된다. 다만, 위와 같이 부당이득 액수로 인하여 법정형의 차이가 생긴 것은 2002. 2. 17. 경부터 효력이 발효되는 구 증권거래법 때부터인 점을 유의할 필요가 있다.

구 증권거래법 제207조의2 (벌칙)

① 다음 각호의 1에 해당하는 자는 10년이하의 징역 또는 2천만원이하의 벌금에 처한다. 다만, 그 위반행위로 얻은 이익 또는 회피한 손실액의 3배에 해당하는 금액이 2천만원을 초과하는 때에는 그 이익 또는 회피손실액의 3배에 상당하는 금액이하의 벌금에 처한다.

1. 제188조의2제1항 또는 제3항의 규정에 위반한 자
2. 제188조의4의 규정에 위반한 자

> ② 제1항 각호의 위반행위로 얻은 이익 또는 회피한 손실액이 5억원 이상인 때에는 다음의 구분에 따라 가중처벌한다.
> 1. 이익 또는 회피한 손실액이 50억원 이상인 때에는 무기 또는 5년 이상의 징역에 처한다.
> 2. 이익 또는 회피한 손실액이 5억원 이상 50억원 미만인 때에는 3년 이상의 유기징역에 처한다.

구 증권거래법 뿐만 아니라 자본시장법에도 부당이득의 산정방법에 관한 명시적인 규정이 없었기 때문에, 기존에 구체적인 부당이득액의 산정은 법원의 판단에 맡겨져 왔다.

이와 관련하여 대법원은 부당이득이 '당해 위반행위로 인하여 행위자가 얻은 이윤, 즉 그 거래로 인한 총수입에서 그 거래를 위한 총비용을 공제한 차액'을 의미한다고 판시하였다.[384]

(나) 미실현이익의 포함 여부

대법원은 i) 잔존주식에 대한 미실현이익뿐만 아니라 ii) 기업의 경영권 획득, 지배권 확보, 회사 내에서의 지위상승 등 무형적 이익, 손실을 회피하는 경우와 같은 소극적 이득, 아직 현실화되지 않는 장래의 이득까지도 부당이득에 포함된다고 판단하였다.[385]

실현이익과 미실현이익의 산정방식

- **실현이익** = (가중평균 매도단가 - 가중평균 매수단가) × 매매일치수량 - (매수수수료 + 매도수수료)
- **미실현이익** = (부정거래행위 종료 시점의 종가 - 가중평균 매수단가) × 잔여수량

384 대법원 2009. 4. 9. 선고 2009도675 판결

385 대법원 2003. 12. 12. 선고 2001도606 판결, 대법원 2003. 11. 14. 선고 2003도686 판결

만약 사기적 부정거래행위와 관련된 주식을 처분하지 않았다고 하여 부당이득에서 제외한다면, 사기적 부정거래 이후 주식을 처분하였다는 우연한 사정에 따라 부당이득액이 달리 산정되고, 그 연장선에서 징역형 및 벌금의 가중에도 영향을 미치게 되므로, 법원이 부당이득액을 산정함에 있어서 미실현이익을 포함한 것은 타당하다.

(다) 부당이득의 구체적인 산정

부당이득은 사기적 부정거래행위로 인한 이익으로서 사기적 부정거래행위와의 인과관계가 인정되어야 하는데, 사기적 부정거래행위 외에 제3자의 개입, 증권시장의 상황, 그 밖에 주가에 중대한 영향을 미칠 수 있는 제반 요소가 다양하므로, 사기적 부정거래행위로 인한 부당이득액을 구체적으로 산정함에 있어서는 신중을 기하여야 한다.

이와 관련하여 대법원은 위반행위의 동기, 경위, 태양, 기간, 제3자의 개입 여부, 증권시장 상황 및 그 밖에 주가에 중대한 영향을 미칠 수 있는 제반 요소들을 전체적·종합적으로 고려하여 인과관계가 인정되는 이익을 산정해야 한다고 판시하였다.[386]

특히, 대법원은 주식시장에서의 정상적인 주가변동요인에 의한 주가상승분이나 위반행위자와 무관한 제3자가 야기한 주가상승분이 존재하는 등과 같은 사정이 있는 경우에는 위반행위와 인과관계가 인정되는 이익만을 따로 구분하여 산정하여야 한다고 판시하기도 하였다.[387]

그 연장선에서 법원이 피고인의 행위와 무관한 요인에 의한 주가상승분이 존재한다고 판단되는 경우 "액수 미상의 부당이득"이라고 판시하는 사례가 다수 있다.[388]

이 사건 피고인 甲의 허위사실 유포행위와 그로 의한 주가상승이 2000. 4. 21. 종료되

386 대법원 2009. 7. 9. 선고 2009도1374 판결

387 대법원 2013. 7. 11. 선고 2011도15056 판결

388 서울고등법원 2018. 6. 21. 선고 2017노2969 판결, 서울고등법원 2022. 4. 29. 선고 2021노2108 판결

었다고 본다면, SPBC가 얻은 미실현이익은 18,172,647,894원[=(2,090원[389] - 0.001원[390]) × 8,695,051주], C사가 얻은 미실현 이익은 10,918,200,000원[=(2,090원-329원[391]) ×6,200,000주]으로 평가할 수 있다.

법원은 미실현이익도 부당이득에 포함된다는 법리적 입장을 취하고 있으나, 이 사건 판결에서는 미실현이익을 산정하지 않았다. 이는 검찰이 기소 단계에서 미실현이익을 산정하지 않았고, 이에 따라 구 증권거래법 제207조의2 제2항 대신 제1항 제2호를 적용했기 때문인 것으로 보인다. 즉, 당시에는 부당이득의 액수 자체가 법정형의 차이를 일으키는 요인이 아니었기 때문에 굳이 미실현이익을 파악하여 이를 공소장에 반영할 필요가 없었기 때문이었을 것으로 보인다.

이러한 검사의 판단에는 피고인 甲이 〈허위사실 유포행위〉의 이후 실제로 주식을 매도할 수 없는 상황에 있었음에도 불구하고 미실현이익을 기준으로 부당이득을 산정하는 것이 부당하다는 실무적인 고려와 피고인 甲의 〈허위사실 유포행위〉의 시점을 정확히 특정하지 못한 점 등이 반영된 것으로 보인다.

다만, 이러한 경우의 현재 판결례를 살펴보면 ① 실현이익만을 산정한 경우, ② 실현이익과 미실현이익을 모두 산정한 경우, ③ 그리고 실현이익이 없으면 미실현이익도 산정하지 않은 경우가 모두 혼재되어 나타나고 있다. 따라서 미실현이익의 산정 기준과 적용 범위에 대한 명확한 실무적인 정리가 필요하다.

---

389 (주)아세아종합금융의 2004. 4. 21. 종가

390 SPBC 가중평균 매수단가 : 8,695,051주/ 10달러 x 2000년대 환율인 1,265원을 계산한 금액에서 소수점 넷째자리이하 버림

391 C사 가중평균 매수단가 : 6,200,000주/ 20,400,000,000원을 계산한 금액에서 소수점 첫째자리 이하 버림

30
적대적 M&A 사건

Ⅰ. 사건의 진행 경과

일시	행위
2003. 10. 경	- **상장사인 A사**의 대주주인 B사의 대주주이자 A사의 실제 경영자이인 피고인 甲과 C사의 최대주주이자 실제 경영자인 피고인 乙은, A사의 적자와 유동성 부족을 타개하기 위해 유상증자를 결정함. 그러나, 당시 A사의 주가가 액면가 이하(300원대)로 거래되어 유상증자에 실패함. 사채업자들로부터 원금보장과 고리의 이자를 약속하며 제3자 배정방식 유상증자를 추가로 시도했으나 주가가 계속 300원대에 계속 머무르며 사채업차들로부터 원리금상환에 대한 압박을 받고 있었음 - 이에 피고인 甲과 피고인 乙이 서로 **지분경쟁을 통하여 경영권을 확보하려는 것처럼 가장하여 주가를 상승**시켜 피고인 甲은 원리금 상환 압박에서 벗어나고 차명으로 보유 중인 A사의 주식을 고가에 처분하고, 피고인 乙도 보유 중인 주식을 고가로 처분하기로 공모하였음.
2003. 11. 5. ~ 2004. 1. 6.	- 피고인 甲이 처 丙명의 계좌를 통해 A사 주식 489,000주를 장내에서 매수하였음
2003. 12. 10. ~ 2004. 1. 16.	- 피고인 甲이 지인 丁명의 계좌를 통해 A사 주식을 매수하였음
2004. 1. 19.	- 피고인 乙은 M&A 의사없이 戊 명의로 A사 주식 310만주를 매수하였음에도, **언론**을 통해 **"재일교포 戊가 장외에서 A사 주식 310만주를 매수한 다음, 일본인 2명이 30~40억 원의 자금을 동원해 50%이상의 주식을 확보하여 경영에 참가할 것"이라는 허위 사실**이 보도하게 함.

2004. 1. 19.	- 피고인 甲은 언론을 통해 "자신이 개인투자자인 丁로부터 25만 9,000주를 주당 860원에 매수했고 경영권을 지키겠다. 대기업 5곳에 지분 인수 요청을 했고 긍정적으로 검토하고 있는 것으로 안다"는 등의 허위 사실이 보도하게 함.
2004. 1. 27.	- 피고인 乙은 금융감독원 전자공시시스템에 "**戊가 경영참가 목적으로 A사 주식 310만주를 매수했다**"는 허위 내용을 **대량보유보고 및 소유주식보고**를 통해 공시함. - 피고인 甲은 위 보고가 허위임을 알면서도 "A사의 최대주주가 戊로 변경되었다"는 내용으로 **최대주주변경공시**를 함.
2004. 1. 30.	- 피고인 乙은 언론을 통해 "A사 주식 60만주를 주당1080원에 장외에서 추가 매수했다, A사의 방어의지가 예상보다 강한 것으로 보여 다음주에도 40억원의 추가매수를 하겠다"며 허위 사실이 보도하게 하고, 이후 "60만주를 주당 1100원에 장외에서 추가매수하였다"는 허위 사실이 보도되게 하였음. - 피고인 甲은 사실은 처인 丙 명의로 489,000주를 매수하였음에도 "489,000주를 己로부터 장외매수하였다.". "지분 매입을 부탁한 대기업 중 한 곳에서 긍정적인 답변을 받았으며, 지분매입을 위해 금융권 대출 20억원을 받을 예정이다."는 등의 허위 사실이 보도 하게 함. - 피고인 甲은 戊으로부터 임시주주총회 요구를 받은 사실이 없음에도 "임시주총회 요구를 받았으나 응하지 않겠다"고 허위 발표함.
2004. 2. 3.~ 2024. 2. 5.	- 피고인 甲은 戊와 A사의 기존 대주주 庚이 지분 경쟁을 지속적으로 벌이는 것처럼 하기 위해, **금융감독원 전자공시시스템**을 통해 " A사의 기존 대주주인 庚이 戊와 己로부터 주식을 장외에서 매집했다"고 **허위 공시**함. - 이 과정에서 A사의 주가는 340원에서 1,445원까지 상승하였고, 피고인 甲, C는 약 22억 5,000만 원 상당의 부당이득을 취득함.
2004. 9. 22.	- 피고인 甲은 **금융감독원 전자공시시스템**을 통해 "戊가 2004. 9. 21. A사 주식 52만주를 장외에서 매집했다"고 **허위 공시**함.
2004. 11. 4.	- 피고인 乙은 C사의 지분 및 경영권을 인수하였으나, 주가 하락으로 인해 유상증자가 실패하고 사채업자로부터 자금 상환 압박을 받게 되자, 외국인을 끌어들여 지분경쟁이 있는 것처럼 가장하여 C사의 주가를 상승시키려는 계획을 세움.
2004. 11. 12.	- 피고인 乙은 실제로 C사의 지분은 자신이 인수하였으나, **금융감독원 전자공시시스템**을 통해 "일본인 辛이 C사 주식 13.92%(2,043,620주)를 인수하고, 壬이 C사 주식 3.4%(50만주)를 인수하여 공동 경영할 것"이라는 **허위 공시**를 진행함.

2004. 11. 17.	- 피고인 乙은 **언론**을 통해 "辛와 壬이 경영권을 둘러싸고 의견 대립이 있다"는 허위 사실을 보도하게 함.
2004. 11. 25.	- 피고인 乙은 **금융감독원 전자공시시스템**에 "壬이 C사의 최대주주가 되었다"는 허위내용으로 **최대주주변경공시**를 함. - 피고인 乙은 "辛의 특수관계자가 C사 주식 5%(739,654주)를 장외 매수하였다"는 허위내용으로 **대량보유보고**를 함. - 또한, 피고인 乙은 인터넷 경제신문을 통해 "庚이 경영권 확보를 위해 추가 지분 매입을 계획 중"이라는 **허위 보도**를 유도함. - 이 과정에서 C사의 주가는 540원에서 720원으로 상승하였고, 피고인 乙은 약 9,300만 원 상당의 부당이득을 취득함.

II. 관련 조문

1. 구 증권거래법 제188조의4(시세조종등 불공정거래의 금지)

구 증권거래법 제188조의4(시세조종등 불공정거래의 금지)

④ 누구든지 유가증권의 매매 기타 거래와 관련하여 다음 각호의 1에 해당하는 행위를 하지 못한다.

1. 부당한 이득을 얻기 위하여 고의로 허위의 시세 또는 허위의 사실 기타 풍설을 유포하거나 위계를 쓰는 행위
2. 중요한 사항에 관하여 허위의 표시를 하거나 필요한 사실의 표시가 누락된 문서를 이용하여 타인에게 오해를 유발하게 함으로써 금전 기타 재산상의 이익을 얻고자 하는 행위

이 사건에서 문제된 행위는 자본시장법이 시행된 2009. 2. 4. 이전에 이루어졌으므로, 이 사건은 구 증권거래법이 적용되었다.

III. 쟁점

이 사건은 피고인들이 실제로는 적대적 M&A가 존재하지 않음에도 불구하고, 마치 신규 투자자와 기존 대주주 간에 경영권 확보를 위한 지분경쟁이 벌어지는 것처럼 외관을 조작하여 허위 사실을 유포하거나 허위 공시를 반복함으로써, 해당 회사의 주가를 인위적으로 상승시킨 후, 보유 주식을 고가에 처분하려는 목적으로 일련의 범행을 실행하였다.

구체적으로, 피고인들은 언론 기사, 보도자료 등을 통해 허위의 경영권 분쟁이 존재하는 것처럼 투자자들을 기망하고, 금융감독원 전자공시시스템(DART)에 대량보유상황보고서 및 주식소유상황보고서를 허위로 제출함으로써, 경영권 인수 또는 방어를 위한 실질적인 주식 매수행위가 존재하는 것처럼 외관을 구성하였다.

이렇게 실제로 적대적 M&A가 존재하지 않음에도 존재한다고 허위사실을 유포 혹은 공표할 경우 일반 투자자들은 적대적 M&A 주체간에 지분경쟁이 벌어지고, 지분을 확보하기 위해 주식을 매입하다 보면 주가가 상승할 것이라는 기대를 갖게 된다. 즉, 피고인들은 시장에 이러한 오도된 기대를 갖도록 일반 투자자의 투자 판단을 왜곡하여 시장을 교란시키고, 결과적으로 피고인들이 보유한 주식을 고가로 처분하거나 경제적 이득을 도모하였던 것이다.

피고인들의 각 행위는 ① 피고인 甲과 乙이 공모하여 2003. 10.부터 2004. 2. 5.까지 언론을 통해 A사에 대한 허위사실을 유포하고, 허위 공시를 한 행위 ② 피고인 乙이 단독으로 2004. 11. 4. A사에 대한 허위 공시를 한 행위 ③ 피고인 乙이 단독으로 2004. 11. 12.부터 11. 25.까지 언론을 통해 C사에 대한 허위사실을 유포하고, 허위 공시를 한 행위로 구분할 수 있다.

이러한 일련의 행위에 대하여 아래에서 설명하듯이 법원[392]은 피고인들의 각 행위에 대한 별도의 구별없이 구 증권거래법 제188조의4 제4항 제1호의 〈허위사실 유포행위〉 및 〈위계 이용행위〉에 해당한다고 판단하였다.

이 사건 피고인들의 행위에 대한 법적 평가를 위해 〈허위사실 유포행위〉, 〈위계 이용행위〉, 〈허위문서 이용 오해유발행위〉 간 상호관계를 먼저 살펴보고, 이후 피고인들이 언론사를 통해 허위 사실이 기사화되도록 한 행위가 구 증권거래법 제188조의4 제4항 제1호의 〈허위사실 유포행위〉에 해당하는지, 피고인들이 전자공시시스템(DART)을 통해 허위의 내용을 공시한 행위가 구 증권거래법 제188조의4 제4항 제2호의 〈허위문서 이용 오해유발행위〉에 해당하는지 여부를 검토할 필요가 있다.

Ⅳ. 각 쟁점에 대한 평석

1. 법원의 판단

법원은 피고인들은 신규투자자가 기존 대주주와 협의 없이 기업지배권을 탈취하기 위한 적대적 M&A가 일어나지 않았음에도 신규 투자자와 기존 대주주가 회사의 경영권 확보를 위해 지분경쟁을 벌이는 것처럼 허위 사실이 기사를 통해 보도되도록 한 행위와 피고인들이 금융감독원 전자공시시스템에 신규투자자가 주식을 매수하지 않았음에도 지분경쟁이 있는 것처럼 보이기 위하여 실제로 매수한 것처럼 대량보유보고 및 소유주식보고를 하는 등 허위 사실을 공시한 행위에 대해서 개별적으로 나누어 판단하지 않고 포괄적으로 구 증권거래법 제188조의4 제4항 제1호의 〈허위사실 유포행위〉 및 〈위계

392 서울중앙지방법원 2008. 5. 21. 선고 2007고합1197, 2007고합1492(병합), 2008고합54(병합) 판결, 서울고등법원 2008. 10. 15. 선고 2008노1447 판결, 대법원 2009. 1. 15. 선고 2008도9866 판결

이용행위>에 해당한다고 판시하였고, 이에 대하여 항소심 법원과 대법원도 동일한 입장을 취하였다.

2. 평석

가. <허위사실 유포행위>와 <허위문서 이용 오해유발행위> 간의 관계

이 부분에 대한 설명은 <3번_탄소나노튜브(CNT) 사건>을 참조하면 된다.

나. <허위사실 유포행위>와 <위계 이용행위> 간의 관계

구 증권거래법 제188조의4 제4항 제1호는 부당한 이익을 얻기 위해서 위계를 쓰는 행위도 규제대상으로 하고 있다.

법적인 개념에서 '위계'라 함은 유가증권의 매매 기타 거래와 관련하여 부당한 이득을 얻기 위하여 거래상대방이나 일반투자자들에게 오인, 착각 또는 부지를 일으키게 하여 이를 이용하는 일체의 것을 말한다. 이에 대하여 '위계'가 ▲ 형법 상 사기죄와 동일한 개념이라는 학설도 있지만, ▲ 형법에서 기망행위와 위계는 구분한다는 점, 위계는 기망과 유혹을 포함하는 개념이라는 점에서 '위계'는 사기죄의 기망행위보다는 보다 넓은 개념으로 보아야 한다는 학설이 대립한다.

대법원은 『'위계'란 거래 상대방이나 불특정 투자자를 기망하여 일정한 행위를 하도록 유인할 목적의 수단, 계획, 기교 등을 말하고, '기망'이란 객관적 사실과 다른 내용의 허위사실을 내세우는 등의 방법으로 타인을 속이는 것을 의미한다』고 판시[393]한 바 있다. 즉, 대법원은 '위계'가 허위사실을 내세우는 등의 방법으로 타인을 기망하는 것을 말한다고 판시하였던바, 대법원의 입장은 형법상 사기죄의 기망행위와 유사하게 보면서 단순한 '유혹'은 배제하는 것으로 보인다.

393 대법원 2011. 10. 27. 선고 2011도8109 판결 등 참조

살피건데, 법적인 관점에서 '위계'는 형법상 사기죄의 기망행위에 '유혹'을 포함하는 개념이다. 구 증권거래법(자본시장법에서도 마찬가지임) 상 '위계'도 법적인 개념에서 '유혹'을 포함되는 개념이라고 하더라도, 처벌규정의 해석과 관련하여 '위계'는 기망행위를 전제로 하여야 하여야 한다. 왜냐하면 자본시장에서 투자를 권유할 때에는 각종 장밋빛 전망을 표출하기 마련인데 장밋빛 전망 표출 자체가 투자유혹이기 때문에 자본시장에서 발생할 수 있는 대부분의 투자권유가 '위계'에 포섭될 가능성이 있기 때문이다.

예컨대, 丁이라는 기업이 丁과 투자 MOU를 맺었다는 사실을 전제로 애널리스트가 향후 丁의 주가는 상승할 것이라고 전망을 발표했다고 할 때, 만약 MOU를 맺은 바 없음에도 MOU를 맺었다고 말하며 주가상승 전망을 이야기했다면 이는 '위계'가 있다고 평가할 수 있어도, MOU가 실제로 존재하는 것을 전제로 투자 권유 '유혹'을 한다고 해서 이를 '위계'가 있다고 보기 어렵다고 할 것인바, 따라서, 구 증권거래법 상 '위계'는 '기망행위'를 전제로 하는 개념으로 보아야 한다.

그렇다면 속인다는 개념을 전제로 하기 때문에 <위계 이용행위>에 해당하는 사건은 구 증권거래법 제188조의4 제4항 제1호의 <허위사실 유포행위>에도 해당할 때가 많고, 이렇게 두 가지의 적용법조가 충돌하는 경우, <위계 이용행위>는 일반적으로 속이는 행위를 일컫는다는 점에서 일종의 '일반법'적 성질을 가지고, <허위사실 유포행위>는 허위사실을 신문 등 매체를 통해 '확산'시키는 행위적 특성을 지니기 때문에 '특별법'적 지위를 가진다고 보여진다. 따라서, 어떤 행위가 위 두 가지 적용법조에 모두 해당할 경우 구 증권거래법 제188조의4 제4항 제1호 <허위사실 유포행위>가 먼저 성립한다고 봄이 상당하다.

다. <허위문서 이용 오해유발행위>와 <위계 이용행위>간의 관계

구 증권거래법 제188조의4 제4항 제2호는 중요한 사항에 관하여 허위의 표시를 하거나 필요한 사실의 표시가 누락된 문서를 이용하여 타인에게 오해를 유발하게 함으로써 금전 기타 재산상의 이익을 얻고자 하는 행위인 <허위문서 이용 오해유발행위>를 규제 대상으로 하고 있다.

구체적으로 〈허위문서 이용 오해유발행위〉는 ① 중요한 사항에 관한 ② 허위 표시(또는 누락)가 있는 ③ 문서를 이용하는 행위와 같은 요건을 충족할 때 성립한다.

그렇다면, 이는 단순히 속이는 행위 일반을 포괄하는 구 증권거래법 제188조의4 제4항 제1호의 〈위계 이용행위〉와는 달리, 문서의 작성 제출이라는 수단을 이용한 기망행위를 규율하기 위한 보다 구체적이고 제한된 요건의 구성요건으로, 〈위계 이용행위〉에 대하여 법 체계상 특별법적 성격을 가진다고 평가할 수 있다.

즉, 〈위계 이용행위〉는 특정 또는 불특정인을 속이는 광범위한 포괄 개념으로 이해되며, 이에 반해 〈허위문서 이용 오해유발행위〉는 문서 형식을 빌려 투자자의 신뢰를 유도하는 일반적으로 대량보유보고서·증권발행신고서 등과 같이 금융위원회 전자공시시스템을 통하여 허위내용의 공시를 한 경우의 기망행위에 대해 별도로 구성요건을 정한 것으로 보인다.

따라서 어떤 행위가 동시에 두 조항에 해당할 경우, 단순한 기망이나 허위진술을 넘어서 공시제도 등을 이용해 허위 정보가 담긴 문서(혹은 정보가 누락된 문서)가 제출·이용된 경우에는, 이는 〈위계 이용행위〉보다는 〈허위문서 이용 오해유발행위〉로 평가하는 것이 법체계상 타당하다.

라. 피고인들이 언론사를 통해 허위 사실이 기사화되도록 한 행위가 구 증권거래법 제188조의4 제4항 제1호의 〈허위사실 유포행위〉에 해당하는지 여부

피고인 甲과 乙이 공모하여 A사를 대상으로 2003. 10.부터 2004. 2. 5.까지, 그리고 피고인 乙이 단독으로 2004. 11. 12.부터 11. 25.까지 C사를 대상으로 언론을 통해 허위사실이 보도되도록 한 행위와 같이 기사들에게 허위 정보를 제공하거나 허위광고를 한 경우에는 문서의 이용이 아니라 언론보도를 통하여 허위사실을 '확산'시키는 데 주안점이 있기 때문에, 구 증권거래법 제188조의4 제4항 제2호 〈허위문서 이용 오해유발행위〉보다는 구 증권거래법 제188조의4 제4항 제1호 〈허위사실 유포행위〉로 의율하는 것이 훨씬 더 자연스럽다.[394]

피고인들은, 실제로는 적대적 M&A 상황이 존재하지 않음에도 불구하고, 마치 A사를 인수하기 위한 경영권 경쟁이 벌어지고 있는 것처럼 외관을 조작하였다. 피고인 乙은 경영권을 인수하는 측의 입장에서 언론을 통해 "재일교포 戊가 A사 주식 310만 주를 장외 매수하였고, 일본인 2명이 30~40억 원의 자금을 동원하여 경영에 참여할 예정"이라는 내용의 허위 보도 등을 유도하였고, 피고인 甲은 경영권을 방어하는 입장에서 "丁로부터 주식 25.9만 주를 매수하였으며, 대기업 5곳에 지분 인수를 요청하였다"는 등, 기존 대주주의 경영권 방어 시도 역시 존재하는 것처럼 허위의 사실을 기사화하도록 하였다.

이와 같은 피고인들의 행위는, 실제로는 존재하지 않는 적대적 M&A를 상황을 구성하여 일반 투자자들에게 경영권 분쟁이 현실화되고 있다는 오인 내지 착시를 유발함으로써, 허위사실이 다수의 투자자에게 반복적으로 노출되도록 의도한 것으로 위 피고인들의 행위는 허위사실의 '확산'에 초점이 맞추어져 있는 것으로 보이므로, 구 증권거래법 제188조의4 제4항 제1호 〈허위사실 유포행위〉에 해당한다고 판단하는 것이 바람직해 보인다.

마. 피고인들이 전자공시시스템(DART)을 통해 허위의 내용을 공시한 행위가 구 증권거래법 제188조의4 제4항 제2호 〈허위문서 이용 오해유발행위〉에 해당하는지 여부

(1) 적용법조

피고인 甲이 허위사실이 기재된 보고서를 공시한 행위는 그 기존 주주들이 이를 다

394 한편, 자본시장법 제178조 제2항은 풍문의 유포만을 금지한 채 허위사실의 유포를 삭제하였고, 자본시장법 제178조 제1항 제2호는 "문서, 그 밖의 기재 또는 표시"라고 규정함으로써 허위표시의 수단을 문서로 제한하지 않고 있는바, 현행 자본시장법하에서 허위사실의 유포는 자본시장법 제178조 제1항 제2호의 '거짓의 기재 또는 표시'로 처벌할 수 있을 것이다. 또한, 자본시장법 제178조 제2항의 '위계의 사용'으로 처벌할 수도 있다.

른 곳에 알릴 가능성을 배제할 수 없기 때문에 일응 구 증권거래법 제188조의4 제4항 제1호 〈허위사실 유포행위〉에 해당할 소지도 있고, 기존 주주들 및 위 공시를 확인할 수 있는 불특정 다수를 속였다는 점에서 구 증권거래법 제188조의4 제4항 제1호의 〈위계 이용행위〉에 해당할 소지도 있고, 아울러 허위사실이 기재된 문서를 이용하여 공시하였기 때문에 구 증권거개법 제188조의4 제4항 제2호 〈허위문서 이용 오해유발행위〉에도 해당할 소지가 있다.

그런데, 앞서 살펴본 바와 같이 위 공시들은 주요 사실을 기존 주주들에게 알리는 것으로 허위사실을 '확산'하는데 주안점이 있는 것이 아니고, 전자공시시스템(DART)를 이용하여 허위의 내용이 담긴 문서를 제출한 경우에 해당하고, 〈위계 이용행위〉는 일반법적인 성격을 가진다는 점에 비추어 보았을 때, 특별법에 해당하는 구 증권거래법 제188조의4 제4항 제2호 〈허위문서 이용 오해유발행위〉로 의율함이 상당해보인다.

(2) 적대적 M&A가 발생하여 경영권 확보를 위한 지분 경쟁이 벌어지는 것처럼 허위로 공시한 행위가 '중요한 사항'에 관하여 허위표시를 한 것으로 볼 수 있는지 여부

구 증권거래법 제188조의4 제4항 제2호에는 '중요한 사항'이 무엇인지에 대하여 정의되어 있지 않으나, 대법원은 '중요한 사항'이 당해 법인의 재산·경영에 관하여 중대한 영향을 미치거나 유가증권의 공정거래와 투자자 보호를 위하여 필요한 사항으로서 투자자의 투자판단에 영향을 미칠 수 있는 사항을 의미한다고 정의하였다.[395] 이와 관련하여 대법원은 주식 대량보유보고서 중 취득목적과 취득자금 조성내역이 '중요사항'에 해당한다고 판시한 바 있다.[396]

피고인 甲과 乙이 공모 또는 단독으로 A사 및 C사를 대상으로 금융감독원 전자공시시스템(DART)에 제출한 각 공시 내용은, 실제로는 존재하지 않는 적대적 M&A가 발생

395 대법원 2009. 7. 9. 선고 2009도1374 판결

396 대법원 2006. 2. 9. 선고 2005도8652 판결

한 것처럼 외관을 구성하고, 이에 기존 경영진이 경영권 방어에 나선 것처럼 허위의 사실을 공시한 것이다.

적대적 인수·합병(M&A)의 발생 여부와 이에 대한 기존 경영진의 대응 여부는 기업의 경영 안정성, 지배구조, 향후 자금 조달 및 주가 추이 등에 중대한 영향을 미칠 수 있는 사안으로서, 이는 투자자의 판단에 중대한 영향을 미칠 수 있는 중요한 사항에 해당한다고 할 것이다. 따라서, 피고인들의 위와 같은 허위 공시행위는 구 증권거래법 제188조의4 제4항 제2호의 〈허위문서 이용 오해유발행위〉에 해당한다고 할 것이다.

31

외국계 유령회사 사건

Ⅰ. 사건의 진행 경과

일시	행위
2010. 3.경 이전	- 피고인 甲, 乙은 기업 M&A(인수·합병) 관련 업무에 종사하는 자임. - 피고인들은 프랑스계 투자회사로 가장한 유령회사인 B사의 대표 丙, 사채업자 丁과 함께, 사실은 개인이 사채를 동원하여 상장사인 A사를 무자본 M&A 하면서, B사가 A사의 주식 및 경영권을 인수하는 것처럼 허위 공시하는 방법 등으로 주가를 부양하여 A사 경영권을 확보한 후 취득한 주식의 매도차익을 실현하기로 공모하였음.
2010. 3. 2.	- 피고인 乙은 B사의 대표 丙과의 사이에 인수계약의 주체는 B사로 하되, 인수자금 조달 및 주식의 소유권, 경영권 행사는 피고인 乙이 하기로 하는 내용의 이면 합의서를 작성하였음.
2010. 3. 9.	- 丙은 B사를 내세워 A사 주식 및 경영권을 양수도하는 계약을 체결하였음. - 피고인 甲은 丁으로부터 인수자금 중 10억 원을 고리(월 4%)로 차용하면서 A사 주식 140만 주를 丁에게 넘겨 다음 날 전량 매도케 하였음(계약일, 계약금 18억 원).
2010. 3. 11.	- 丙은 A사의 공시담당 직원을 통하여 금융감독원 전자공시시스템에 주요경영사항으로 'A사의 보통주 770만 주와 회사의 경영권을 B사에 양도하는 주식 및 경영권 양수도 계약을 체결하였고, 계약일에 매매대금 18억 원과 주식 140만 주를 양수도하고, 2010. 3. 18. 매매잔금 92억 원과 주식 630만 주를 양수도하며, 양수인은 주식매매계약의 원활한 이행을 위하여 주식 140만 주를 잔금지급일까지 법무법인에 에스크로(예탁)한다.'라는 내용의 공시를 하였음.

2010. 3. 12.	- 丙은 A사의 공시담당 직원을 통하여 경영권 양수인인 B사에 관하여 '본점은 프랑스 파리, 사업내용은 투자 및 기업구조조정, 자산 USD 2억 불, 최대주주는 Millennium Bank Group'이라는 내용의 공시를 하였음. - 丙은 2010. 3. 11.자 공시 및 2010. 3. 12.자 공시와 동일한 내용의 보도자료를 작성하여 코스닥협회에 배포하여 2010. 3. 12.자 인터넷신문 등에 보도되게 하였음.
2010. 3. 15.	- 丙은 'B사가 A사 인수 후 전기차업체인 C사에 대한 추가 투자를 통해 우회상장 및 직상장 여부도 검토할 것'이라는 내용의 보도자료를 언론에 배포하여 2010. 3. 15.자 인터넷신문 등에 보도되게 하였음.
2010. 3. 16.	- 피고인 甲은 丁으로부터 인수자금 중 92억 원을 고리(월 7%)로 차용하면서 A사 주식 630만 주를 丁에게 넘겨 다음 날 전량 매도케 하였음(잔금지급일, 잔금 92억 원).

II. 피고인 甲, 乙에 대한 법원의 판결

이 사건에서 피고인 甲, 乙은 동시에 기소되었으나, 피고인 甲에 대하여만 2015. 2. 3. 제1심판결이 먼저 선고되었고, 피고인 乙에 대해서는 2016. 9. 22. 제1심판결이 선고되었다. 그에 따라 피고인 甲, 乙에 대한 항소심 및 상고심은 별개로 진행되었다. 이하에서는 피고인 甲에 대한 법원의 판단을 검토한다.

심급	피고인 甲
제1심	서울중앙지방법원 2015. 2. 3. 선고 2014고단3518 판결
제2심	서울중앙지방법원 2015. 7. 24. 선고 2015노892 판결
제3심	대법원 2015. 10. 15. 선고 2015도12323 판결

심급	피고인 乙
제1심	서울중앙지방법원 2016. 9. 22. 선고 2014고단3518-1 판결
제2심	서울중앙지방법원 2017. 11. 3. 선고 2016노3838 판결
제3심	대법원 2018. 4. 26. 선고 2017도19019 판결

III. 관련 조문

자본시장법 제178조(부정거래행위 등의 금지)

① 누구든지 금융투자상품의 매매(증권의 경우 모집·사모·매출을 포함한다. 이하 이 조 및 제179조에서 같다), 그 밖의 거래와 관련하여 다음 각 호의 어느 하나에 해당하는 행위를 하여서는 아니 된다.

1. 부정한 수단, 계획 또는 기교를 사용하는 행위
2. 중요사항에 관하여 거짓의 기재 또는 표시를 하거나 타인에게 오해를 유발시키지 아니하기 위하여 필요한 중요사항의 기재 또는 표시가 누락된 문서, 그 밖의 기재 또는 표시를 사용하여 금전, 그 밖의 재산상의 이익을 얻고자 하는 행위
3. 금융투자상품의 매매, 그 밖의 거래를 유인할 목적으로 거짓의 시세를 이용하는 행위

② 누구든지 금융투자상품의 매매, 그 밖의 거래를 할 목적이나 그 시세의 변동을 도모할 목적으로 풍문의 유포, 위계(僞計)의 사용, 폭행 또는 협박을 하여서는 아니 된다.

이 사건에서 문제된 행위는 자본시장법이 시행된 2009. 2. 4. 이후에 이루어졌으므로, 이 사건은 자본시장법이 적용되었다.

IV. 쟁점

1. <중요사항 거짓문서 등 이용행위> 및 <부정한 수단, 계획, 기교 행위>에 관하여

이 사건에서 피고인 甲은 개인이 사채를 동원하여 A사를 무자본 M&A 하는 것임에도 불구하고 외국계 회사인 B사가 A사의 주식 및 경영권을 인수하는 것처럼 공시하고(2010. 3. 11.자 공시), 동일한 내용의 보도자료를 배포하여 인터넷신문에 보도되게 하였는바, 이것이 자본시장법 제178조 제1항 제2호 〈중요사항 거짓문서 등 이용행위〉 및 제1호 〈부정한 수단, 계획, 기교 행위〉에 해당하는지 문제되었다.

첫째, 2010. 3. 11.자 공시와 관련하여, 주식 및 경영권 양수도 계약에서의 인수주체(외국계 회사인지 아니면 개인인지) 및 지급방법(주식을 잔금지급기일까지 예탁함으로써 계약금을 자기자금으로 지급하였는지 아니면 사채업자에게 주식을 담보로 제공하여 인수자금을 마련하였는지)이 자본시장법 제178조 제1항 제2호 〈중요사항 거짓문서 등 이용행위〉의 '중요사항'에 해당하는지를 검토할 필요가 있다.

둘째, 2010. 3. 11.자 공시와 동일한 내용의 보도자료 배포와 관련하여, 구 증권거래법 제188조의4 제4항 제1호는 "허위의 사실 기타 풍설을 유포하는 행위"라고 규정함으로써 풍문의 유포와 함께 허위사실의 유포를 금지하였는데, 자본시장법 제178조 제2항은 풍문의 유포만을 금지한 채 허위사실의 유포를 삭제하였는바, 허위사실 유포와 풍문 유포 간의 관계를 검토하고, 현행 자본시장법하에서 허위사실 유포를 어떻게 규율할 것인지를 검토할 필요가 있다.

셋째, 이 사건에서 법원은 피고인 甲의 행위가 〈중요사항 거짓문서 등 이용행위〉뿐만 아니라 〈부정한 수단 행위〉에도 해당한다고 판단하였는바, 〈중요사항 거짓문서 등 이용행위〉와 〈부정한 수단, 계획, 기교 행위〉 간의 관계를 검토할 필요가 있다.

2. 부당이득액의 산정에 관하여

이 사건에서 법원은 피고인 甲이 2010. 3. 12.자 공시(경영권 양수인인 B사에 관하여 '본점은 프랑스 파리, 사업내용은 투자 및 기업구조조정, 자산 USD 2억 불, 최대주주는 Millennium Bank Group'이라는 내용의 공시) 및 그에 따른 보도자료 배포, 2010. 3. 15.자 보도자료 배포와 관련하여 丙과 공모하였다고 인정할 수 없다고 판단하였다.

이때 피고인 甲이 A사 주식을 매도하여 얻은 이익이 사기적 부정거래행위와의 인과관계가 인정되는지, 그 구체적인 액수는 얼마인지가 문제되었다. 즉, 피고인 甲의 사기적 부정거래행위는 2010. 3. 11.자 공시 및 그와 동일한 내용의 보도자료 배포밖에 없는데, 피고인 甲과 무관하게 이루어진 2010. 3. 12.자 공시 및 그에 따른 보도자료 배포, 2010. 3. 15.자 보도자료 배포로 인한 주가상승분까지 피고인 甲의 책임으로 귀속시킬 수 있느냐에 관한 문제인 것이다.

Ⅴ. 각 쟁점에 대한 평석

1. 자본시장법 제178조 제1항 제2호 <중요사항 거짓문서 등 이용행위>에 관하여

가. 법원의 판단

제1심법원[397]은 주식 및 경영권 양수도 계약에서의 인수주체 및 지급방법이 주식매매와 관련한 중요사항이라는 전제하에서 2010. 3. 11.자 공시[398] 및 그와 동일한 내용

397 서울중앙지방법원 2015. 2. 3. 선고 2014고단3518 판결

398 'A사의 보통주 770만 주와 회사의 경영권을 B사에 양도하는 주식 및 경영권 양수도 계약을 체결하였고, 계약일에 매매대금 18억 원과 주식 140만 주를 양수도하고, 2010. 3. 18. 매매잔금 92억 원과 주식 630만 주를 양수도하며, 양수인은 주식매매계약의 원활한 이행을 위하여 주식 140만 주를 잔금지급일까지 법무법인에 에스크로(예탁)한다.'라는 내용

의 보도자료 배포가 자본시장법 제178조 제1항 제2호 〈중요사항 거짓문서 등 이용행위〉에 해당하고, 피고인 甲에게 부당한 이득을 얻기 위한 고의 및 丙·丁과의 공모가 인정된다고 판단하였다.[399] 그 구체적인 판단근거는 다음과 같다.

> 범죄사실 1의 기재의 공시 및 기사의 궁극적인 취지는 자금력이 풍부한 외국계 회사가 대상회사의 주식과 경영권을 인수하였다는 것이고 그 계약에 있어서 지급방법으로 주식을 잔금지급기일까지 예탁함으로써 계약금이 자기자본으로 지급되었고 예탁된 주식을 담보로 이용하지 않을 정도로 자금력이 있다는 것인데, 주식 및 경영권인수계약에서 그 인수자가 자금력이 있는 자인지, 그리고 계약시에 주식이 담보로 사용되지 않고 잔금지급기일까지 에스크로로 보관된다는 점은 주식시장에 참여하는 자로 하여금 그 인수자가 인수대금을 부담할 자력이 있는 자라는 사정을 오인할 수 있게 만드는 사정으로 사소한 공시내용이라고 보기 어렵다.
>
> 이 사건에 있어 실제로는 개인인 피고인들이 사채를 동원하여 인수자금을 마련하고 그 인수한 주식을 잔금지급기일까지 예탁하지 않고 사채업자에게 담보로 제공하여 처분하였다는 것이고 실제로 위와 같은 공시가 있고 난 이후 대상회사의 주가는 급상승하였으므로, 이는 주식의 매매와 관련하여 중요사항에 관하여 거짓을 기재하고, 허위 보도자료를 배포하여 신문에 보도되게 하여 부정한 수단을 이용한 것에 해당한다.

이에 대하여 항소심 법원[400]과 대법원[401]도 동일한 취지로 판단하였다.

---

399 한편, 제1심법원은 피고인 甲이 2010. 3. 12.자 공시(경영권 양수인인 B사에 관하여 '본점은 프랑스 파리, 사업내용은 투자 및 기업구조조정, 자산 USD 2억 불, 최대주주는 Millennium Bank Group'이라는 내용의 공시) 및 그에 따른 보도자료 배포, 2010. 3. 15.자 보도자료 배포와 관련하여 丙과 공모하였다고 인정할 수 없다고 판단하였다.

400 서울중앙지방법원 2015. 7. 24. 선고 2015노892 판결

401 대법원 2015. 10. 15. 선고 2015도12323 판결

나. 평석

(1) 2010. 3. 11.자 공시와 관련하여

구 증권거래법 제188조의4 제4항 제2호 〈허위문서 이용 오해유발행위〉는 "중요한 사항에 관하여 허위의 표시를 하거나 필요한 사실의 표시가 누락된 문서를 이용하여 타인에게 오해를 유발하게 함으로써 금전 기타 재산상의 이익을 얻고자 하는 행위"를 금지하였는데, 현행 자본시장법 제178조 제1항 제2호 〈중요사항 거짓문서 등 이용행위〉는 "중요한 사항에 관하여 거짓의 기재 또는 표시를 하거나 타인에게 오해를 유발시키지 아니하기 위하여 필요한 주요사항의 기재 또는 표시가 누락된 문서, 그 밖의 기재 또는 표시를 사용하여 금전, 그 밖의 재산상의 이익을 얻고자 하는 행위"를 금지함으로써 법조문이 다소 변경되었다.

구 증권거래법 제188조의4 제4항 제2호 〈허위문서 이용 오해유발행위〉에는 '중요한 사항'이 무엇인지에 대하여 정의되어 있지 않으나, 대법원은 '중요한 사항'이 당해 법인의 재산·경영에 관하여 중대한 영향을 미치거나 유가증권의 공정거래와 투자자 보호를 위하여 필요한 사항으로서 투자자의 투자판단에 영향을 미칠 수 있는 사항을 의미한다고 정의하였다.[402] 이것은 현행 자본시장법 제178조 제1항 제2호 〈중요사항 거짓문서 등 이용행위〉에서도 마찬가지이다.

이 사건에서 2010. 3. 11.자 공시는 '① A사의 보통주 주식 770만 주와 회사의 경영권을 B사에 양도하는 주식 및 경영권 양수도 계약을 체결하였고, ② 계약일인 2010. 3. 11.에 매매대금 18억 원과 주식 140만 주를 양수도하되, ③ B사는 주식매매계약의 원활할 이행을 위하여 주식 140만 주를 잔금지급일까지 법무법인에 에스크로(예탁)하고, ④ 잔금지급일인 2010. 3. 18. 매매잔금 92억 원과 주식 630만 주를 양수도한다.'라는 내용

402 대법원 2009. 7. 9. 선고 2009도1374 판결

이다. 여기서 B사가 주식을 잔금지급일까지 에스크로(예탁)한다는 것은 계약금이 자기자금으로 지급되었고 B사가 예탁된 주식을 담보로 이용하지 않을 정도로 자금력이 있다는 의미로 해석될 수 있다.

2010. 3. 11.자 공시

1. 주요내용	당사의 최대주주 가 보유하고 있는 기명식 보통주 $7,700,000주(16.1%)와 회사의 경영권을 에 양도하는 "주식 및 경영원 양수도 계약" 을 체결함. 1. 계약당사자 가. 양도인 : 나. 양수인 : 2. 계약내용 가. 매매주식수: 7,700,000주 나. 매매대금: 11,000,000,000원 다. 계약일: 2010년 3월 11일 라. 주권양수도 및 매매대금 지급방법 1) 계약일 (2010년 3월 11일) 양수인은 본 계약체결일에 매매대금 1,800,000원을 양도인에게 지불하고, 양도인은 주권 1,4000,000주를 양수인에게 양도한다. (양수인은 주식매매계약의 원활한 이행을 위하여 주권 1,4000,000주를 잔금지급일까지 양도인과 양수인이 지정한 법무법인에 에스크로(예탁)한다. 2) 잔금지급일 (2010년 3월 18일) 양수인은 본 잔금지급일에 매매대금 9,200,000,000원을 양도인에게 지불하고, 양도인은 주권 6,300,000주를 양수인에게 양도한다.

그러나 피고인 甲은 실제로는 A사 주식 140만 주를 법무법인에 에스크로(예탁)하도록 조치하지 않았고, 2010. 3. 9. 사채업자 丁으로부터 인수자금 중 10억 원을 고리(월 4%)로 차용하면서 A사 주식 140만 주를 丁에게 넘겨 다음날 전량 매도케 하였다. 즉, 피고인 甲은 매매대금 18억 원 중 10억 원이 '자기자금'이 아니라 '차용금'임에도 2010. 3. 11.자 공시에는 매매대금 18억 원 전액이 '자기자금'인 것처럼 기재한 것이다.

주식 및 경영권 양수도 계약에서의 지급방법(주식을 잔금지급기일까지 예탁함으로써 계약금을 자기자금으로 지급하였는지 아니면 사채업자에게 주식을 담보로 제공하여 인수자금을 마련하였는지)은 투자자의 투자판단에 영향을 미칠 수 있는 중요사항이라고 할 것인바[일반 투자자들은 B사가 예탁된 주식을 담보로 이용하지 않을 정도로 자금력이 있는 회사라고 판단하여 A사에 대한 투자 여부를 결정하였을 것이다], 2010. 3. 11.자 공시는 자본시장법 제178조 제1항 제2호 <중요사항 거짓문서 등 이용행위>에 해당한다고 하겠다.

(2) 2010. 3. 12.자 공시와 관련하여[403]

이 사건에서 2010. 3. 12.자 공시에는 경영권 양수인인 B사에 관하여 '본점은 프랑스 파리, 사업내용은 투자 및 기업구조조정, 자산 USD 2억 불, 최대주주는 Millennium Bank Group'이라는 내용이 추가되었다. 丙은 2010. 3. 12.자 공시를 통하여 ❶ B사가 외국계 회사라는 점, ❷ B사의 자산 USD 2억 불이고, 최대주주가 'Millennium Bank Group'이라는 금융계 기업집단이라는 점을 일반 투자자들에게 알리고자 한 것이다.

2010. 3. 12.자 공시

정정항목	정정전	정정후
2. 주요내용 1. 계약당사자 나. 양수인	GREEN GOLD HOLDINGS CO., LIMITED	1) 법인명: 2) 국적: 영국령 Virgin Island 3) 본점소재지: 217 rue Raymond Losserand 65014 Paris, France 4) 사업내용: 투자 및 기업구조조정 (M&A) 5) 소속회사들: 6) 기타참고사항 가) 법적성격: 법인 나) 자본금: 자산 USD $2억, 자본 USD $1억, 부채 USD $1억 다) 임원현황: 라) 의사결정기구: 이사회 마) 최대주주: Millennium Bank Group Ltd.

403 이 사건에서 법원은 피고인 甲이 2010. 3. 12.자 공시와 관련하여 丙과 공모하였다고 인정할 수 없다고 판단하였고, 그에 따라 2010. 3. 12.자 공시가 자본시장법 제178조 제1항 제2호 <중요사항 거짓문서 등 이용행위>에 해당하는지를 별도로 판단하지 않았다.

이와 관련하여 B사의 자본금 및 최대주주에 관한 정보가 허위임은 별론으로 하고, B사가 실제로는 프랑스계 투자회사로 가장한 유령회사로서 한국인인 丙이 대표임에도 불구하고, 丙이 A사의 경영권 양수인이 외국계 회사인 것처럼 공시한 것이 자본시장법 제178조 제1항 제2호 〈중요사항 거짓문서 등 이용행위〉에 해당하는지를 검토할 필요가 있다.[404]

살피건대, 외국계 회사가 M&A의 주체로 나서는 외관을 형성하였다고 하여 무조건 사기적 부정거래행위에 해당한다고 보는 것은 부당하다. 사적 자치의 원칙이 적용되는 자유시장 경제에서 투자 주체의 자유로운 선정도 당연히 보장되기 때문이다.

또한, 우리나라 주식시장에서 외국인 투자자가 주식을 매수하는 경우 호재로 인식되는 측면이 있기는 하나, 과거에 비하여 외국인 투자자의 자본시장 접근성이 대폭 확대된 현행 외국인 투자 제도하에서는 외국인 투자의 프리미엄에 대한 평가가 점차 약화되고 있고, 특정 산업군이나 종목에 대한 주식시장의 관심, 국내외 정치 · 경제 동향, 금리 및 환율 등의 거시경제 변수, 특정 정책에 따른 수혜에 대한 기대감 등이 주가에 미치는 영향이 더욱 확대되고 있다. 그러므로 외국인 투자자가 주식을 매수하였다는 사정만으로 주가가 반드시 상승한다고 단정할 수 없고, 외국계 회사가 M&A의 주체로 나서는 외관을 형성하였다는 것만으로 곧바로 주식시장의 공정성, 신뢰성 및 효율성이 훼손될 위험이 있다고 평가하기는 어렵다.

그뿐만 아니라 M&A의 주체에 내국인과 외국인이 혼재된 경우는 어떻게 볼 것인지, 내국인 투자자 또는 외국인 투자자를 어떻게 구분할 것인지(예컨대, 한국인이 외국에서 설립한 회사가 주식을 매수하는 경우 등) 등의 문제도 있다.

다만, 이 사건에서 2010. 3. 12.자 공시는 단순히 외국계 회사인 B사가 경영권 양수

404 〈5번_외국인 투자자 외관 형성 사건〉에서 문제된 외국법인의 외관을 이용한 주식의 장내매수와는 다소 결이 다르다.

인이라는 것에 그치는 것이 아니라 B사의 자본금 및 최대주주에 관한 정보(B사의 자산 USD 2억 불이고, 최대주주가 'Millennium Bank Group'이라는 금융계 기업집단이라는 내용)이 허위이므로, 2010. 3. 11.자 공시는 자본시장법 제178조 제1항 제2호 〈중요사항 거짓문서 등 이용행위〉에 해당한다고 하겠다.

(3) 2010. 3. 11.자 공시와 동일한 내용의 보도자료 배포와 관련하여[405]

구 증권거래법 제188조의4 제4항 제1호는 "부당한 이득을 얻기 위하여 고의로 허위의 시세 또는 허위의 사실 기타 풍설을 유포하거나 위계를 쓰는 행위"를 금지한 반면, 자본시장법 제178조 제2항은 "누구든지 금융투자상품의 매매, 그 밖의 거래를 할 목적이나 그 시세의 변동을 도모할 목적으로 풍문의 유포, 위계(僞計)의 사용, 폭행 또는 협박을 하여서는 아니 된다."라고 규정함으로써 허위사실의 유포를 삭제하였다.

여기서 '풍문(= 풍설)'은 문언적으로 바람결에 들리는 소문, 실상이 없이 떠돌아다니는 말을 뜻하는바, 구 증권거래법 제188조의4 제4항 제1호의 '풍설' 내지 자본시장법 제178조 제2항의 '풍문'은 '시장에 알려짐으로써 주식 등 시세의 변동을 일으킬 수 있을 정도의 사실로서 합리적 근거가 없는 것'을 의미하고,[406] 허위내용을 요건으로 하지 않는다. 증권방송이나 증권동호회 또는 인터넷 주식카페 등 다양한 매체를 통하여 허위 또는 합리적인 근거가 없는 말 또는 소문을 퍼뜨리는 것이 풍문의 유포에 해당할 것이다.

풍문에는 보통 허위사실이 포함되는 경우가 일반적이지만, 풍문은 허위내용을 요건으로 하지 않는다는 점에서 허위사실과는 개념적으로 구별된다.

즉, 허위의 보도자료를 배포하는 경우에는 구 증권거래법 제188조의4 제4항 제1호

---

405 이 사건에서 법원은 피고인 甲이 2010. 3. 12.자 공시와 동일한 내용의 보도자료 배포와 관련하여 丙과 공모하였다고 인정할 수 없다고 판단하였고, 그에 따라 2010. 3. 12.자 공시와 동일한 내용의 보도자료 배포가 자본시장법 제178조 제1항 제2호 〈중요사항 거짓문서 등 이용행위〉에 해당하는지를 별도로 판단하지 않았다.

406 서울고등법원 2013. 3. 22. 선고 2012노3764 판결, 서울중앙지방법원 2012. 9. 21. 선고 2012고합662 판결

<허위사실 유포행위> 및 <풍문 유포행위>에 모두 해당할 수 있으나, 실체적으로는 사실관계에 부합하는 내용임에도 보도자료 배포 당시에는 합리적 근거가 결여되었다고 판단되는 경우에는 <풍문 유포행위>로 의율할 수 있을지언정 <허위사실 유포행위>에는 해당하지 않는 것이다.

이와 관련하여 자본시장법 제178조 제2항은 풍문의 유포만을 금지한 채 허위사실의 유포를 삭제하였고, 자본시장법 제178조 제1항 제2호는 "문서, 그 밖의 기재 또는 표시"라고 규정함으로써 허위표시의 수단을 문서로 제한하지 않고 있는바, 현행 자본시장법 하에서 허위사실의 유포는 자본시장법 제178조 제1항 제2호 <중요사항 거짓문서 등 이용행위>로 처벌할 수 있을 것이다.

한편, 허위사실의 유포는 자본시장법 제178조 제2항 <위계 이용행위>로도 처벌할 수 있을 것으로 보이는데, <위계 이용행위>가 <중요사항 거짓문서 등 이용행위>의 일반법 관계에 있고, <중요사항 거짓문서 등 이용행위>를 <위계 이용행위>의 한 태양으로 볼 수도 있으므로, <위계 이용행위>보다는 <중요사항 거짓문서 등 이용행위>로 의율함이 타당하다.

살피건대, 이 사건에서 법원은 2010. 3. 11.자 공시뿐만 아니라 2010. 3. 11.자 공시와 동일한 내용의 보도자료 배포도 자본시장법 제178조 제1항 제2호 <중요사항 거짓문서 등 이용행위>에 해당한다고 판단하였는바, 이것은 자본시장법의 문언에 부합하는 것으로서 타당하다.

2. 자본시장법 제178조 제1항 제1호 <부정한 수단, 계획, 기교 행위>에 관하여

가. 법원의 판단

제1심법원은 2010. 3. 11.자 공시 및 그와 동일한 내용의 보도자료 배포가 자본시장법 제178조 제1항 제2호 <중요사항 거짓문서 등 이용행위>뿐만 아니라 제1호 <부정한 수단, 계획, 기교 행위>에도 해당한다고 판단하였다. 이에 대하여 항소심 법원과 대법원도 동일한 취지로 판단하였다.

나. 평석[407]

(1) '부정한 수단, 계획, 기교'의 의미

자본시장법 제178조 제1항 제1호 <부정한 수단, 계획, 기교 행위>는 구 증권거래법에는 없던 조항을 신설한 것인데(자본시장법은 구 증권거래법 제188조의4 제4항의 한계로 지적되던 부분을 제178조 제1항 제1호를 통하여 입법적으로 해결하고자 한 것이다[408]), '부정한 수단, 계획, 기교'의 의미가 무엇인지에 대하여 별도의 정의규정은 없다.

이에 대하여 대법원은 사회통념상 부정하다고 인정되는 일체의 수단, 계획 또는 기교를 말한다고 판시하였다.[409]

(2) 자본시장법 제178조 내부의 상호관계

사기적 부정거래 행위는 ① 제178조 제1항 제1호 행위, ② 제178조 제1항 제2호 행위, ③ 제178조 제1항 제3호 행위, ④ 제178조 제2항 행위로 나뉘고, 위 규정내용을 보면 ②번, ③번, ④번의 경우(풍문유포, 폭행·협박 행위 제외) 기본적으로 <기망적 요소>가 내포되어 있고, ①번 행위보다 훨씬 구체화되어 있다.

그렇다면 자본시장법 제178조 제1항 제1호 <부정한 수단, 계획, 기교 행위>는 자본시장법 제178조 제1항 제2호, 제3호 및 제2항에 대하여 <일반법>의 관계에 있다고

---

407 '부정한 수단, 계획 또는 기교'의 입법 연혁은 〈2번_저축은행 BIS비율 조작 사건〉 참조

408 자본시장법 제178조 제1항 제1호의 입법취지와 관련하여, 그 당시 국회 재정경제위원회의 심사보고서에는 '금융투자상품의 매매거래 등과 관련된 불공정행위는 투자자들의 피해를 초래하고 증권시장의 신뢰를 저하시키는 요인이 되므로 이를 억제할 수 있는 장치가 필요하다. 그런데 증권시장에서의 불공정행위의 수법은 매우 다양하며 신종 사기수법이 계속하여 등장하고 있으므로 그 유형을 일일이 법률에 열거하여 규제하기는 불가능하다고 할 수 있다.'라고 기재되어 있었다.

409 대법원 2011. 10. 27. 선고 2011도8109 판결

보는 것이 타당하고, 먼저 자본시장법 제178조 제1항 제2호, 제3호 및 제2항의 성립 여부를 검토한 뒤 보충적으로 자본시장법 제178조 제1항 제1호를 적용하는 것이 바람직하다고 생각된다.

이와 관련하여 법원은 『자본시장법 제178조 제1항 제1호는 자본시장법 제176조, 제178조 제1항 제2호, 제3호, 제2항 등 자본시장법에서 구성요건을 명확히 열거한 규정과 법조경합 관계에 있다고 할 것이다. 따라서 이 부분 공소사실은 자본시장법 제176조 제2항 제1호, 제3호의 시세조종행위, 자본시장법 제178조 제1항 제2호, 제2항의 부정거래행위에 해당하는 이상 이로 인한 자본시장법위반죄만 성립할 뿐이고, 별도로 자본시장법 제178조 제1항 제1호 부정거래행위로 인한 자본시장법위반죄는 성립하지 않는다.』라고 판시한 바 있다.[410]

(3) 소결

이 사건에서 2010. 3. 11.자 공시 및 그와 동일한 내용의 보도자료 배포가 자본시장법 제178조 제2호 <중요사항 거짓문서 등 이용행위>에 해당하는 이상 자본시장법 제178조 제1호를 추가로 적용할 필요는 없다고 판단된다.

3. 부당이득액의 산정에 관하여

가. 법원의 판단

제1심법원은 피고인 甲이 ▲ 2010. 3. 11.자 공시('A사의 보통주 770만 주와 회사의 경영권을 B사에 양도하는 주식 및 경영권 양수도 계약을 체결하였고, 계약일에 매매대금 18억 원과 주식 140만 주를 양수도하고, 2010. 3. 18. 매매잔금 92억 원과 주식 630만 주를 양수도하며, 양수인은 주식매매계약의 원활한 이행을 위하여 주식 140만 주를 잔

410 서울중앙지방법원 2012. 5. 4. 선고 2011고합440, 514(병합) 판결

금지급일까지 법무법인에 에스크로(예탁)한다.'라는 내용의 공시) 및 그에 따른 보도자료 배포와 관련하여 丙과 공모하였다고 판단한 반면, ▲ 2010. 3. 12.자 공시(경영권 양수인인 B사에 관하여 '본점은 프랑스 파리, 사업내용은 투자 및 기업구조조정, 자산 USD 2억 불, 최대주주는 Millennium Bank Group'이라는 내용의 공시) 및 그에 따른 보도자료 배포, 2010. 3. 15.자 보도자료 배포와 관련하여 丙과 공모하였다고 인정할 수 없다고 판단하였다.

그와 같은 전제하에서 제1심법원은 이 사건 공시 및 기사 이후인 2010. 3. 17.과 18. 및 22.의 각 주식 매도금액에서 실제 발생한 증권거래수수료와 위 주식의 각 매수금액(= 총 매수금액 110억 원 × 630만 주/770만 주)을 공제하는 방법으로 피고인 甲이 취득한 부당이득액이 1,835,285,129원이라고 산출하였다.

그러자 피고인 甲은 자신이 관여하지 않은 'B사가 프랑스계의 자금력 있는 회사,' 'B사가 A사 인수 후 전기차업체인 C사에 대한 추가 투자를 통하여 우회상장 및 직상장 여부도 검토할 것'이라는 내용의 2010. 3. 12.자 허위 공시 및 그 무렵 그와 동일한 내용의 기사 보도로 인한 주가상승분을 공제하여야 한다고 주장하였다.

이에 대하여 항소심 법원은 2010. 3. 12.자 공시 및 기사 보도는 2010. 3. 11.자 공시 및 기사 보도로 이미 알려진 A사의 인수주체인 B사에 관한 정보를 추가·보완하는 내용에 불과하다는 이유로 제1심법원의 판단이 정당하다고 판단하였고, 대법원도 동일한 취지로 판단하였다.

> 기록에 의하면, 원심은 이 사건에서 피고인이 얻은 이익액의 산정에 있어, 이 사건 공시 및 기사 이후인 2010. 3. 17.과 같은 달 18일 및 22일의 각 주식 매도금액에서 실제 발생한 증권거래수수료와 위 주식의 각 매수금액(총 매수금액 110억 원 × 630만 주/770만 주)을 공제하는 방법을 취하였는바, 위반행위로 인한 이익액의 산정에 관하여 앞서 본 판례의 법리 및 사실 관계에 비추어 이 사건에서 위와 같은 방법으로 이익액을 계산한 것은 적절한 것으로 판단된다.

또한, 이 사건 공시 및 기사보도 이후 피고인이 관여하지 아니한 2010. 3. 12.자 공시 및 기사 보도가 추가로 있었으나, 이는 이 사건 공시 및 기사 보도로 이미 알려진 A사의 인수주체인 B사에 관한 정보를 추가·보완하는 내용에 불과하여 그 무렵 주가상승에 이 사건 공시 및 기사 등 위반행위로 인하여 발생한 위험과 인과관계가 없는 제3자의 행위가 개입한 것이라고 보기 어렵다. 따라서 매수 가격과 매도 가격의 차이 전부가 결국 피고인이 이 사건 부정거래 행위를 통하여 실제 실현해 낸 차익이라 할 것이고, 그 중 2010. 3. 12.자 허위 공시 및 그 무렵 그와 같은 내용의 기사로 인한 주가상승분을 제외해야 한다고 볼 근거가 없으며, 위 부분들 모두 인과관계 있는 이익으로 포함시켜 산정되어야 할 것이므로, 원심이 위 방법에 따라 피고인이 취득한 총 이익액을 앞서 본 총 1,835,285,129원으로 인정한 데에 아무런 법리오해의 위법이 없다. 따라서 이 부분에 관한 피고인의 법리오해 주장도 이유 없다.

나. 평석

(1) 부당이득 산정에 관한 명문의 규정

사기적 부정거래행위로 취득한 부당이득의 규모에 따라 징역형 및 벌금의 가중이 달라지므로, 부당이득의 규모를 정확하게 산정하는 것이 형사재판에서는 매우 중요한 선결과제가 된다.

그럼에도 불구하고 구 증권거래법뿐만 아니라 자본시장법에도 부당이득의 산정방법에 관한 명시적인 규정이 없었기 때문에, 기존에 구체적인 부당이득액의 산정은 법원의 판단에 맡겨져 왔다.

이와 관련하여 대법원은 부당이득이 '당해 위반행위로 인하여 행위자가 얻은 이윤, 즉 그 거래로 인한 총수입에서 그 거래를 위한 총비용을 공제한 차액'을 의미한다고 판시하였다.[411]

411 대법원 2009. 4. 9. 선고 2009도675 판결

한편, 자본시장법 시행령이 2024. 1. 9. 대통령령 제34125호로 개정되면서 부당이득액의 산정에 관하여 제388조의2가 신설되었고, [별표 20의2]에 구체적인 산정방식이 규정되었다.

[별표 20의2] 중 일반기준과 관련하여 “외부요인에 의한 금융투자상품의 시세변동이 위반행위로 인한 금융투자상품의 시세변동을 완전히 상쇄하였다고 인정되는 경우,” “외부요인에 의한 금융투자상품의 시세변동이 위반행위로 인한 금융투자상품의 시세변동을 초과하였다고 인정되는 경우,” “외부요인에 의한 금융투자상품의 시세변동이 위반행위로 인한 금융투자상품의 시세변동에 준한다고 인정되는 경우” 및 “외부요인에 의한 금융투자상품의 시세변동이 위반행위로 인한 금융투자상품의 시세변동에 준하는 정도에 미치지 않는다고 인정되는 경우”라는 개념이 도입되었다.

자본시장법 시행령 제388조의2 및 [별표 20의2]가 도입된 배경은 수긍이 가나, 사기적 부정거래행위로 취득한 부당이득의 규모에 따라 징역형 및 벌금의 가중이 달라지는 상황에서 부당이득액은 엄격하게 산정되어야 하는데, ▲ 자본시장법 시행령 제388조의2 및 [별표 20의2]만으로 개별적인 사안에서 부당이득액을 산정하기에 충분한 기준이 마련되었다고 보기 어렵고, ▲ 특히, [별표 20의2] 중 일반기준과 관련하여 “외부요인에 의한 금융투자상품의 시세변동이 위반행위로 인한 금융투자상품의 시세변동을 완전히 상쇄하였다고 인정되는 경우,” “외부요인에 의한 금융투자상품의 시세변동이 위반행위로 인한 금융투자상품의 시세변동을 초과하였다고 인정되는 경우,” “외부요인에 의한 금융투자상품의 시세변동이 위반행위로 인한 금융투자상품의 시세변동에 준한다고 인정되는 경우” 및 “외부요인에 의한 금융투자상품의 시세변동이 위반행위로 인한 금융투자상품의 시세변동에 준하는 정도에 미치지 않는다고 인정되는 경우”라는 개념 자체가 판단을 요하는 것이고, 그 판단 기준도 불명확한 측면이 있다.

(2) 부당이득액 산정에 관한 판례의 기본적인 입장

부당이득은 사기적 부정거래행위로 인한 이익으로서 사기적 부정거래행위와의 인과관계가 인정되어야 하는데, 사기적 부정거래행위 외에 제3자의 개입, 증권시장의 상황, 그 밖에 주가에 중대한 영향을 미칠 수 있는 제반 요소가 다양하므로, 사기적 부정거래행위로 인한 부당이득액을 구체적으로 산정함에 있어서는 신중을 기하여야 한다.

이와 관련하여 대법원은 위반행위의 동기, 경위, 태양, 기간, 제3자의 개입 여부, 증권시장 상황 및 그 밖에 주가에 중대한 영향을 미칠 수 있는 제반 요소들을 전체적·종합적으로 고려하여 인과관계가 인정되는 이익을 산정해야 한다고 판시하였다.[412]

특히, 대법원은 주식시장에서의 정상적인 주가변동요인에 의한 주가상승분이나 위반행위자와 무관한 제3자가 야기한 주가상승분이 존재하는 등과 같은 사정이 있는 경우에는 위반행위와 인과관계가 인정되는 이익만을 따로 구분하여 산정하여야 한다고 판시하기도 하였다.[413]

그 연장선에서 법원이 피고인의 행위와 무관한 요인에 의한 주가상승분이 존재한다고 판단되는 경우 "액수 미상의 부당이득"이라고 판시하는 사례가 다수 있다.[414]

살피건대, 이 사건에서 丙은 피고인 甲과 무관하게 2010. 3. 12.경 'B사가 프랑스계의 자금력 있는 회사,' 2010. 3. 15.경 'B사가 A사 인수 후 전기차업체인 C사에 대한 추가투자를 통하여 우회상장 및 직상장 여부도 검토할 것'이라는 내용의 공시 및 보도자료 배포를 하였는데, 그 내용은 A사의 인수주체인 B사의 자금력 및 향후 사업전망에 대한 것이므로, A사의 주가상승에 영향을 미쳤을 가능성이 있다.

그럼에도 불구하고 법원은 피고인 甲과 무관하게 제3자인 丙이 야기한 주가상승분을 고려하지 않은 채 매수가격과 매도가격의 차이 전부를 피고인 甲이 사기적 부정거래

412 대법원 2009. 7. 9. 선고 2009도1374 판결

413 대법원 2013. 7. 11. 선고 2011도15056 판결

414 서울고등법원 2018. 6. 21. 선고 2017노2969 판결, 서울고등법원 2022. 4. 29. 선고 2021노2108 판결

행위를 통하여 실제 실현한 이익이라고 판단하였으므로, 법원의 판단은 부당하다고 생각된다.

그렇다면 피고인 甲의 부당이득을 산정하기 위해서는 2010. 3. 11.자 공시 이후 시점부터 2010. 3. 12.자 공시 이전 시점까지의 주가변동을 기초로 하여 가중평균 매도단가와 가중평균 매수단가를 확인할 필요가 있다고 할 것이다.

32

몽골 금광개발 사건

Ⅰ. 사건의 진행 경과

공통된 사실관계

- 피고인 甲은 2000. 2. 17.경 인터넷 음악서비스 제공업체인 B사를 설립하여 최대주주로서 이를 운영하다가 2006. 6. 13.경 코스닥 상장회사인 A사와의 포괄적 주식교환을 통하여 2006. 6. 29.경 B사를 우회상장시킴과 동시에 A사의 최대주주로서 A사와 그 자회사의 자금관리 등 업무 전반을 관리하여 왔다.
- 피고인 甲은 2006. 5.경 B사의 주식을 재매입하는 과정에서 차용한 대출금 150억 원을 변제하지 못하여 담보로 제공된 피고인 甲 소유의 A사 주식 632만 주 등이 반대매매될 상황에 놓여 있었고, 채권자들이 보호예수 중인 피고인 甲 소유의 A사 주식 8,684,438주도 강제매각될 예정이었다.
- A사 또한 2007년경에 발행한 신주인수권부사채 중 2008. 12. 31.경까지 663,400,000엔 및 120억 원 상당의 신주인수권부사채를 상환하지 못한 상황이었다.
- 이로 인하여 피고인 甲은 A사에 대한 지배권을 상실하고, 주가의 폭락으로 자신의 재산 대부분을 잃고 종국적으로 회생가능성마저 사라져 버릴 위기에 처해 있던 상황이었다.

1. '몽골 금광개발' 관련

기본적 사실관계
- A사는 2009. 4. 1.경 (주)L사와 사이에 (유)L사[415]가 광업권을 보유한 '몽골 보하트 금광'을 개발하는 사업을 공동으로 경영하기로 하는 업무협약을 체결하고, 2009. 4. 14.경 (유)L사의 지분 50%를 100억 원에 인수하기로 하는 계약을 체결하였다. - 그런데, 사실은 (유)L사는 몽골 보하트 금광에 대하여 탐사 면허만을 가지고 있었을 뿐 시험생산 설비를 구비하지 않고 있어서 시험생산을 한 적이 없었고, 본격적 금광 생산에 필요한 환경영향 평가나 기술개발 타당성 평가 등의 절차를 전혀 거치지 않은 상태여서 시험생산 시기를 전혀 예측하기 어려운 상황이었다. - 또한, 채굴에 필요한 채광면허마저 확보를 못하여 금광 채굴이 불가능한 상황이었고, 매장량과 관련하여 광산 컨설팅 전문회사[416]로부터 금광 제1구역의 금 매장량이 6.7톤 정도 된다는 예상 매장량 수치를 받았을 뿐, 제2구역이나 제3구역에 대한 매장량의 예상 수치는 전혀 언급받은 사실이 없었다. - A사의 주가는 2009. 4. 1. 550원에서 등락을 거듭하다가 몽골 보하트 금광에서 시험생산을 개시하였다는 취지의 2009. 6. 5.자 기사가 보도되면서 급등하여 2009. 9. 1.에는 2,650원에 이르렀다.

일시	행위
2009. 4. 29.경	- 피고인 甲은 피고인 乙과 공모하여 「A사, 몽골 금광회사 50% 인수」라는 제목으로 "회계법인이 평가한 매출총계는 3조 3,700억 원이며 하반기부터 채굴이 가능해 약 40%대의 영업이익을 기대하고 있다"는 취지의 **보도자료를 작성**하여 인터넷 언론매체 등에 배포함으로써 인터넷 등을 통하여 위와 같은 내용이 보도되도록 함.

415 (유)L사는 몽골에 소재한 회사로서 그 사업은 국내에 소재한 (주)L사를 통하여 이루어졌다.

416 호주의 마이크로마인 컨설팅(Micro Mine Consulting)사를 말한다.

2009. 5. 12.경	- 피고인 甲은 피고인 乙과 공모하여 "(유)L사가 보유한 금광이 16개이고, 예상매출액이 합계 3조 6,034억 3,962만 3,000원에 이른다"는 내용의 **기업설명회 자료**를 작성하여 몽골 보하트 금광 개발사업을 설명하는 기업설명회에 초청된 기자, 투자자들에게 이를 배포하고, A사 홈페이지에 게재함.
2009. 6. 5.경	- 피고인은 甲은 피고인 乙과 공모하여 「몽골 보하트 금광 시험생산 돌입」이라는 제목으로 "몽골 보하트 금광이 시험생산에 돌입하였고, 금값이 온스당 1,000달러에 육박하는 상황이라 3조 원 이상의 매출액이 기대된다"는 취지의 **보도자료**를 작성하여 인터넷 언론매체 등에 배포함으로써 인터넷 등을 통하여 위와 같은 내용이 보도되도록 함.
2009. 6. 10.경.	- 피고인은 甲은 피고인 乙과 공모하여 「몽골 금광서 금맥 추가 발견」라는 제목으로 "지난 주 시험생산 개시에 이어 추가 매장량 확보를 위해 시추 탐사를 진행하고 있는데, 380미터 시추를 진행한 결과 석영맥과 다량의 변질대가 확인됐다"는 취지의 **보도자료**를 작성하여 인터넷 언론매체 등에 배포함으로써 인터넷 등을 통하여 위와 같은 내용이 보도되도록 함.
2009. 7. 5.경	- 피고인은 甲은 피고인 乙과 공모하여 「A사 - L사 주주 등 45억 유상증자」라는 제목으로 "A사는 지난달 몽골 보하트 금광에 대한 채광 라이센스를 취득한 후 본격적인 시험생산에 돌입해 금광 개발사업이 궤도에 오르고 있다"는 취지의 **보도자료**를 작성하여 인터넷 언론매체 등에 배포함으로써 인터넷 등을 통하여 위와 같은 내용이 보도되도록 함.
2009. 7. 15.경	- 피고인은 甲은 피고인 乙과 공모하여 "마이크로마인 컨설팅사는 몽골 보하트 금광의 제1구역 금 확정 매장량을 7.6톤으로 확정 평가하였으며, 제2구역 및 제3구역의 추정 예상매장량을 83.5톤으로 판정하여 구리를 포함한 추정매출액은 3조 6천여 억 원에 이르는 대규모 High Value 광구 개발 프로젝트이다. 예상매출액 합계가 3조 6,034억 3,962만 3,000원에 달할 것이다"라는 내용의 **기업설명회 자료**를 작성하여 몽골 보하트 금광 개발사업을 설명하는 기업설명회에 초청된 기자, 투자자들에게 이를 배포하고, A사 홈페이지에 게재함.
2009. 7. 23.경	- 피고인은 甲은 피고인 乙과 공모하여 「금전대여 결정」이라는 제목으로 "2009. 7. 22. 계열회사인 (유)L사에 금광 개발사업을 위한 장비 구입 및 시설 구축을 위해 60억 원을 대여하였다"는 내용을 (주)한국거래소를 통하여 **공시**함.
2009. 7. 30.경	- 피고인은 甲은 피고인 乙과 공모하여 「몽골 보하트 금광서 추가 금맥 발견」라는 제목으로 "1차 시추와 추가 시추를 통해 이상대 발견에 의한 다량의 변질대가 발견됐다. 추가 발주를 진행하고 있다"는 취지의 **보도자료**를 작성하여 인터넷 언론매체 등에 배포함으로써 인터넷 등을 통하여 위와 같은 내용이 보도되도록 함.

2009. 9. 3.경	- 피고인 甲은 셀링게 광구 기자단 탐방행사에 참여한 기자들에게 "사금광인 셀링게 광구에 선별기 1대를 투입, 지난주부터 생산을 시작했다. 1대를 추가 투입할 예정인데 이 경우 하루 20시간 운영으로 일간 2,400그램의 금 채취가 가능하고, 월 매출액이 30억 원에 이를 것으로 예상된다"는 취지로 말하여 **인터넷 등을 통하여 위와 같은 내용이 보도**되도록 함.
2009. 10. 1.경	- 피고인은 甲은 피고인 乙과 공모하여 「몽골 보하트 금광서 고품위 금 채취」라는 제목으로 "몽골에서 개발 중인 몽골 보하트 금광에서 톤당 4g의 고품위 금광석을 채취하고 있다. 11월 생산을 앞두고 막바지 시추가 진행 중이다. 처음으로 시추하는 지역에서 톤당 4g의 고품위 금광석들이 나오고 있다. 본 생산에서 나올 품위에 대한 기대가 높다. 금광 평가기관 마이크로마인㈳는 A사의 몽골 보하트 금광 확정 및 추정매장량으로 91톤을 제시한 바 있다"는 취지의 **보도자료**를 작성하여 인터넷 언론매체 등에 배포함으로써 인터넷 등을 통하여 위와 같은 내용이 보도되도록 함.

2. '외국인 투자' 관련

기본적 사실관계

- 피고인 甲은 2009. 3.경 부동산 개발업자를 통해 외국 투자회사로부터 자금을 유치하는 일을 중개하는 피고인 戊를 알게 되었다.

- 피고인 甲은 2009. 9.경 피고인 戊에게 A사 주식을 장내에서 매수하여 줄 외국 투자회사를 알아봐 달라고 부탁하였고, 피고인 戊의 중개로 외국 투자회사인 S인베스트먼트사와 먼저 주식매수대금의 일부를 보증금으로 지급하는 것을 조건으로 A사 주식을 장내에서 매수하는 건에 대하여 교섭하게 되었다.

- 2009. 10. 16.경 1,280원이었던 A사의 주가는 A사 주식을 외국인이 대량으로 매입하였다는 취지의 기사가 인터넷 등을 통하여 보도된 이후인 2009. 10. 21.경 1,875원에 이르게 되었다.

일시	행위
2009. 10. 16.경	- 피고인 甲은 S인베스트먼트사와 사이에 A사가 S사에 주식매수대금 미화 5,142,000달러의 약 14.5%에 해당하는 미화 745,500달러를 **원금 손실에 대한 보증금**으로 송금하면, S사가 미화 5,142,000달러 상당의 A사 주식을 **장내에서 매수**하여 1달 이상 보유하되, 주가가 하락하는 경우 S사가 위 보증금을 인출하는 한편, A사에 추가로 보증금을 요구할 수 있도록 하는 내용의 **계약을 체결**함. - 이에 A사는 S사에 컨설팅 계약 선급금을 가장하여 위 미화 745,500달러를 송금함.
2009. 10. 19.경 ~ 10. 20.경	- S인베스트먼트사는 2009. 10. 19.경 A사 주식 160만 주, 2009. 10. 20.경 A사 주식 335만 주 합계 495만 주를 장내에서 약 77억 6,000만 원에 매수함.

3. 'A사 주식 장내매수' 관련

일시	행위
2008. 11. 13.경	- 피고인 甲, 乙은 피고인 丁에게 **원금 및 이자를 보장**하여 줄 테니 5억 원 상당의 A사 주식을 **장내에서 매수**하여 달라고 제안함. - 이에 피고인 丁이 5억 원 상당의 A사 주식을 장내에서 매수하되, 피고인 丁에게 2009. 1. 30. A사 종가를 기준으로 원금 5억 원 및 연 10%의 이자를 보장하고, 피고인 丁이 위 주식을 처분하여 이익이 남는 경우 피고인 甲에게 이익을 나눠주기로 하는 약정을 체결함.
2008. 12. 2.경	- 이후, 5억 원 상당의 A사 주식을 장내에서 매수하기로 하는 약정을 추가로 체결하였고, 피고인 甲은 피고인 丁에게 A사 자회사 소유인 D사의 전환상환우선주 56,344주 및 액면금 10억 원 상당의 A사 발행의 당좌수표를 원금 및 최소 수익률 보장에 대한 담보로 제공함.
2008. 11. 14.경 ~ 12. 23.경	- 피고인 丁은 위 약정에 따라 해당기간 동안 지인 명의의 계좌 등 6개의 계좌를 이용하여 956,615,891원 상당의 A사 주식 1,924,407주를 장내에서 매수함.
2009. 2. 2.경	- 피고인 甲은 피고인 丁에 대한 원금 및 그 이자 보장기간을 2009. 2. 28.까지로 연장함.
2009. 3. 12.경 ~ 6. 25.경	- 피고인 丁은 해당기간 동안 A사 주식 1,924,407주 전부를 장내에서 합계 2,171,663,919원에 매도함.

4. 'A사 신주인수권부사채(BW)' 관련

기본적 사실관계

- 2009. 6. 4.경 500원이었던 A사의 주가가 2009. 6. 5.경부터 급등하기 시작하자, A사가 2007. 4. 20.경 발행한 7억 1,600만 엔 상당의 신주인수권부사채를 인수한 W투자증권(주)는 사채 원리금을 회수하기 위하여 신주인수권부사채를 행사하여 취득한 주식을 장내에서 매도하려고 하였다.
- 이에 피고인 甲은 W투자증권(주)에 채권에서 신주인수권을 분리하여 양도하여 달라고 요구하였으나, W투자증권(주)는 신주인수권부사채 전체를 인수하여 갈 것을 요구하였다.
- 신주인수권부사채 전체를 인수할 자금이 없었던 피고인 甲은 그 무렵 피고인 丙, 피고인 丁에게 순차적으로 원금 및 이자를 피고인 甲과 A사가 보장하여 줄 테니 신주인수권부사채를 인수하여 달라는 취지의 제안을 하게 된다.

일시	행위
2009. 6. 16.경	- 피고인 甲은 피고인 丙과 사이에 피고인 丙이 W투자증권(주)으로부터 5,009,316,700원 상당의 신주인수권부사채를 인수하여 대용납입 방식으로 행사하되, 피고인 甲, A사가 2009. 12. 16.을 기준으로 피고인 丙의 **원금(1주당 700원) 및 이자(연 8%) 상당액을 보장**하여 주고, 피고인 丙이 A사 주식을 매도하여 이익이 발생하는 경우 그 이익의 절반을 피고인 甲에게 지급하기로 하는 취지의 계약을 체결함. - 피고인 甲은 피고인 丙에게 50억 원 상당의 A사 발행 당좌수표와 타회사 주식 2만 3,000주를 원금 및 8% 수익 보장 약정에 대한 담보로 제공함. - 피고인 丙이 50억 원 상당의 신주인수권부사채만을 인수하겠다고 하자, 피고인 甲은 피고인 丁에게 원금 및 10%의 최소수익의 회수를 보장하여 주는 조건으로 나머지 1,240,044,600원 상당의 신주인수권부사채를 인수하여 달라고 부탁하였고, 피고인 丁이 이를 승낙하여 W투자증권(주)로부터 **신주인수권부사채를 인수**함.
2009. 6. 22.경	- 피고인 丙은 W투자증권(주)로부터 5,009,316,700원 상당의 7,141,881개 신주인수권부사채를 인수함.

2009. 6. 24.경	- 피고인 丙이 인수한 위 신주인수권부사채는 A사 총 발행주식 수의 5%를 초과하는 6.12%에 해당하는 것으로 피고인 丙은 **(주)한국거래소에 대량보유 상황보고**를 함. - 동시에, "에스케이텔레콤에서 상무로 근무하다가 현재 베넥스인베스트먼트를 운영하고 있는 피고인 丙이 7,141,881주 상당의 A사 신주인수권부사채를 인수함으로써 A사의 2대 주주로 올라섰다"는 내용의 **기사가 인터넷상으로 보도**됨.
2009. 6. 30.경	- 피고인 丙은 신주인수권 전부를 대용납입 방식으로 행사하여 A사 신주 7,141,881주를 취득함. - 피고인 丁은 신주인수권 전부를 대용납입 방식으로 행사하여 A사 신주 1,458,876주를 취득함.
2009. 7. 15.경 ~ 7. 23.경	- 피고인 丁은 위 주식 전부를 장내에서 합계 2,472,152,336원에 매도하였고, 이후 피고인 甲에게 이득액의 40% 상당액인 10억 원을 송금함.
2009. 8. 13.경 ~ 8. 26.경	- 피고인 丙은 위 주식 전부를 장내에서 합계 17,441,997,382원에 매도하였고, 이후 피고인 甲에게 이득액의 절반인 62억 원 상당을 지급함.

II. 관련 조문

자본시장법 제178조(부정거래행위 등의 금지)

① 누구든지 금융투자상품의 매매(증권의 경우 모집·사모·매출을 포함한다. 이하 이 조 및 제179조에서 같다), 그 밖의 거래와 관련하여 다음 각 호의 어느 하나에 해당하는 행위를 하여서는 아니 된다.

1. 부정한 수단, 계획 또는 기교를 사용하는 행위
2. 중요사항에 관하여 거짓의 기재 또는 표시를 하거나 타인에게 오해를 유발시키지 아니하기 위하여 필요한 중요사항의 기재 또는 표시가 누락된 문서, 그 밖의 기재 또는 표시를 사용하여 금전, 그 밖의 재산상의 이익을 얻고자 하는 행위

3. 금융투자상품의 매매, 그 밖의 거래를 유인할 목적으로 거짓의 시세를 이용하는 행위

② 누구든지 금융투자상품의 매매, 그 밖의 거래를 할 목적이나 그 시세의 변동을 도모할 목적으로 풍문의 유포, 위계(僞計)의 사용, 폭행 또는 협박을 하여서는 아니 된다.

이 사건에서 문제된 행위는 자본시장법이 시행된 2009. 2. 4. 이후에 이루어졌으므로, 이 사건은 자본시장법이 적용되었다.

III. 쟁점

1. '몽골 금광개발' 관련 쟁점

이 사건에서 피고인 甲은 피고인 乙에게 2009. 4. 29.부터 2009. 10. 1.까지 총 10회에 걸쳐 보도자료, 기업설명회 자료, 인터뷰 등을 통하여 피고인 甲이 추진하는 몽골 보하트 금광개발 사업의 진행 정도 및 성과에 관한 홍보성 언론보도가 연속으로 보도되도록 하고, 또 A사 홈페이지에 게재하도록 지시하였는데, 우선 이것이 자본시장법 제178조 소정의 사기적 부정거래 행위에 해당하는지가 문제된다. 아울러 문제되는 각 행위에 의율가능한 규정이 구체적으로 무엇인지에 대한 검토 또한 요구된다.

2. '외국인 투자' 관련 쟁점

이 사건에서 피고인 甲은 2009. 9.경 피고인 乙과 함께 해외 투자유치 전담 브로커인 피고인 丁이 소개한 S인베스트먼트사와 A사 주식 매수에 관한 원금보장 약정을 체결하

였다. 이후 외국 투자회사인 S사는 위 약정에 따라 A사 주식 총 495만 주를 장내에서 약 77억 6,000만 원에 매수하였고, 이에 A사 주식을 외국인이 대량으로 매입하였다는 취지의 기사가 보도되었는데, 이것이 자본시장법 제178조 제2항 소정의 〈위계 이용행위〉에 해당하는지 검토가 요구된다.

3. 'A사 주식 장내매수' 관련 쟁점

이 사건에서 피고인 甲, 乙은 피고인 丁과의 사이에 원금보장 및 이익배분 약정을 체결하여 피고인 丁으로 하여금 956,615,891원 상당의 A사 주식 1,924,407주를 장내에서 매수하도록 한 후 그 전부를 장내에서 합계 2,171,663,919원에 매도하게 하였다. 그리고 이러한 장내매수 거래를 통한 이득액의 일부를 피고인 甲에게 송금토록 한바, 이것이 자본시장법이 금지하는 사기적 부정거래 행위에 해당하는지가 문제된다. 즉, 피고인들이 위 원리금보장 및 수익분배약정 체결 사실을 시장참여자에게 비공개 내지 은닉한 것이 자본시장법 제178조 제2항 〈위계 이용행위〉 혹은 자본시장법상 제178조 제1항 제1호 〈부정한 수단, 계획, 기교 행위〉에 해당하는지 검토가 요구된다.

4. 'A사 신주인수권부사채(BW)' 관련 쟁점

이 사건에서 피고인 甲, 乙이 각 피고인 丙, 피고인 丁과의 사이에 원금보장 및 이익배분 약정을 체결하여 A사가 발행한 신주인수권부사채(BW)를 인수하도록 한 후, 이를 대용납입 방식으로 행사하여 취득한 A사 신주 전부를 장내에서 매도하게 하였다. 그리고 이를 통해 얻은 이득액의 일부를 피고인 甲에게 송금토록 한바, 이것이 자본시장법이 금지하는 사기적 부정거래 행위에 해당하는지가 문제된다. 즉, 피고인들이 원리금보장 및 수익분배약정 체결 사실을 은폐한 것이 자본시장법 제178조 제2항 〈위계 이용행위〉 혹은 자본시장법상 제178조 제1항 제1호 〈부정한 수단, 계획, 기교 행위〉에 해당하는지 검토가 요구된다.

5. 부당이득액 관련 쟁점

이 사건의 개별 사안에서 피고인들이 A사 주식을 매도하여 얻은 이익이 사기적 부정거래행위와 인과관계가 인정되는지, 즉 부당이득액을 구체적으로 산정할 수 있는지에 대한 검토가 요구된다.

IV. 각 쟁점에 대한 평석

1. '몽골 금광개발' 관련 쟁점

가. 법원의 판단

제1심법원[417]은 몽골 보하트 금광 개발사업의 진행 정도 및 성과에 관한 보도자료의 내용은 일반투자자들이 투자를 결정하는 데 중요한 부분에 관한 것이고, 피고인 甲, 乙이 행한 총 10가지의 몽골 금광개발 관련 정보 제공 행위 중 ▲ 2009. 6. 5.자 보도자료, ▲ 2009. 7. 3.자 보도자료, ▲ 2009. 7. 15.자 기업설명회 자료, ▲ 2009. 10. 1.자 보도자료의 각 내용을 허위라고 보았다.

항소심 법원[418]은 제1심법원에서 유죄로 인정한 위 4가지 부분에 더해 ▲ 2009. 4. 29.자 보도자료, ▲ 2009. 5. 12.자 기업설명회 자료의 각 내용 또한 허위라고 보아 제1심 법원과 입장을 달리하면서 이 부분도 유죄로 판단하였다. 대법원[419]도 동일한 취지로 판단하였다.

---

417 서울중앙지방법원 2012. 5. 4. 선고 2011고합440, 2011고합514(병합) 판결

418 서울고등법원 2012. 11. 2. 선고 2012노1467 판결

419 대법원 2013. 4. 11. 선고 2012도14446 판결

법원은 금광 개발사업에서 통상 중요시되는 절차에 주목하면서, 자본시장법이 부정거래행위를 금지하는 목적, 그 금지규정에 사용된 용어 등을 고려하면, 구 증권거래법상의 '중요한 사항'에 관한 해석과 판단기준이 자본시장법 소정의 '중요한 사실', '중요사항', '풍문의 유포' 등의 해석과 판단기준에도 동일하게 적용된다는 법리를 전제로 피고인들이 제공한 각 보도자료 등의 내용이 허위인지 여부를 판단하였는데, 이 사건 사실심 법원이 공통적으로 설시한 내용과 각 행위별 판단의 주요 논거는 다음과 같다.

> 금광 개발사업은 절차적으로는 ① 개발회사가 일단 몽골 정부로부터 탐사면허를 받은 후, ② 지표지질조사 및 지구화학탐사, 물리탐사를 거쳐 금광이 존재할 것으로 예측되는 범위를 대략적으로 정한 다음, ③ 트렌치탐사와 시추탐사로 암석을 발굴하여 금광의 존재 및 범위를 확정하고, ④ 이를 근거로 몽골 정부에서 확인을 받아 매장량을 등록한 뒤, ⑤ 몽골 정부로부터 채광면허를 받고, ⑥ 기술개발타당성평가 보고서 및 환경영향평가 보고서 등 추가 자료를 몽골 정부에 제출하여 몽골 정부의 심의를 통과하는 과정을 거쳐야 하고, ⑦ 이후 실제로 금을 생산하기 위하여는 채광설비, 선광설비 등의 기계 설비를 갖출 것이 필요하다.

<table>
<tr><th>판단대상</th><th>판단요지</th></tr>
<tr><td rowspan="2">[2009. 4. 29.자 보도자료]

"회계법인이 평가한 매출총계는 3조 3,700억 원이며 하반기부터 채굴이 가능해 약 40%대의 영업이익을 기대하고 있다"</td><td>[제1심 : 무죄]
회계법인이 평가한 매출총계 약 8,400억 원은 예상 수치인데다가 실제 평가액 또한 상당히 거액이어서 이를 과장한 것을 두고 일반투자자들이 투자 여부 등을 결정함에 있어서 고려할 중요 정보에 관하여 거짓의 표시를 하였다고까지 평가하기는 어렵다.</td></tr>
<tr><td>[항소심 : 유죄]
① 보도자료 상의 매출총계와 회계법인이 예상한 매출총액의 차이는 4배 정도로 그 차액도 지나치게 거액인 점, ② 보도자료 상의 매출총계가 '회계법인이 평가한 매출총계'라고 명시하고 있는 점, ③ 일반투자자들이 투자 여부 등을 결정할 때 매출총계가 8천억 원인지 3조가 넘는 거액인지 여부는 중요한 정보라고 보는 것이 일반적인 점 등을 고려하면, 위 보도자료는 명백히 '허위' 사실을 유포한 것이다.</td></tr>
</table>

[2009. 5. 12.자 기업설명회 자료] **"(유)L사가 보유한 금광이 16개이고, 예상매출액이 합계 3조 6,034억 3,962만 3,000원에 이른다"**	**[제1심 : 무죄]** 〈금광개수 부분〉 당시 (유)L사가 보유한 금광은 1개뿐이기는 하나, 몽골 보하트 금광을 제외한 다른 회사 보유 광산의 사업성에 대하여 아무런 설명을 하지 않은 상황에서 A사가 보유하는 광산의 수가 투자자들의 판단에 어떠한 본질적인 영향을 미치는 요소라고 보기 어려운 이상 위와 같은 기재가 사실을 과장한 것을 넘어 허위의 사실을 기재한 것이라고 단정하기 어렵다. 〈예상매출액 부분〉 ① 예상 매출액이 회계법인이 예상한 것이라고 기재하지 않은 점, ② 평가자가 거짓의 자료를 근거로 삼아 예측을 한 것이 아닌 이상 그 예측이 다른 평가자의 예측과 다르다는 이유로 이를 허위라고 단정지을 수 없는 점, ③ 투자자들의 입장에서 별다른 사업이 진행되지 않은 상황에서 기업이 예상한 매출액이 3조 6천억 원인 경우와 8,400억 원인 경우가 투자를 결정하는 데 어떠한 본질적인 영향을 미친다고 보기 어려운 점 등의 사정을 고려하면, 위 기재 부분을 허위의 사실이라고 볼 수 없다.
	[항소심 : 유죄] 〈금광개수 부분〉 제1심 판단이 정당하다. 〈예상매출액 부분〉 ① 기업설명회 자료상의 매출총계와 회계법인이 예상한 매출총액의 차이는 4배 정도로 그 차액이 약 2조 7천억 원에 이르는 거액인 점, ② 일반투자자의 입장에서는 기업설명회 자료가 아무런 근거 없이 만들어졌다고 생각하기보다는 회계법인 등 공신력있는 기관이 평가한 매출총계를 기초로 작성되었다고 짐작할 확률이 더 높은 점, ③ 이미 2009. 4. 29.자 보도자료 배포에 의해 3조 이상의 예상 매출액이 언론에 보도되어 있는 상황이라서 일반투자자들이 더욱 쉽게 오신할 수 있을 것으로 보이는 점, ④ 일반투자자들이 투자 여부 등을 결정할 때 매출총계가 8천여억 원인지 3조가 넘는 거액인지 여부는 중요한 정보라고 보아야 하는 점 등을 고려하면, 위 예상매출액 부분은 허위 사실이라고 할 것이다.
[2009. 6. 5.자 보도자료] **"몽골 보하트 금광이 시험생산에 돌입하였고, 금값이 온스당 1,000달러에 육박하는 상황이라 3조 원 이상의 매출액이 기대된다"**	**[제1심, 항소심 : 유죄]** '시험생산'이라고 하기 위해서는 본 생산에 차질이 있는지 여부를 점검할 수 있을 정도의 준비가 되어 있는 상황에서 본 생산과 동일한 방식으로 이루어지는 생산 작업이라고 봄이 상당하므로, 시험생산을 하기 위해서는 적어도 본 생산의 과정을 전부 이행할 수 있을 정도의 인적, 물적 설비를 갖출 것이 필요하다. 그런데 2009. 6. 5. 당시 (유)L사는 시험생산을 하지 못하였을 뿐만 아니라, 시험생산에 필요한 채광면허, 기술개발타당성평가 보고서 및 환경영향평가 보고서의 승인, 기계 설비 등을 갖추지 못하여 시험생산에 돌입하는 시기를 예측하기도 어려운 상황이었으므로, 위 보도자료의 내용은 거짓이다.

[2009. 6. 10.자 보도자료] **"지난 주 시험생산 개시에 이어 추가 매장량 확보를 위해 시추 탐사를 진행하고 있는데, 380미터 시추를 진행한 결과 석영맥과 다량의 변질대가 확인됐다"**	**[제1심, 항소심 : 무죄]** ① 석영맥 자체가 금맥은 아니라고 하더라도, 금은 주로 마그마가 굳어서 된 석영맥이나 그 주위에 위치한 변질대에서 발견이 되는 점, ② 석영맥과 금맥은 문언 자체의 의미로도 쉽게 구분이 되므로, 위 보도자료에 "석영맥(금맥)"이라고 기재한 것을 석영맥이 금맥을 의미한다는 취지로 기재하였다고 보기 어렵고, 그렇게 해석된다고 보기도 어려운 점, ③ 석영맥과 변질대가 발견되고 있었던 것 자체는 사실인 점 등에 비추어 보면, 위 보도자료의 내용이 허위라고 단정할 수 없다.
[2009. 7. 3.자 보도자료] **"A사는 지난달 몽골 보하트 금광에 대한 A 라이센스(채광라이센스)를 취득한 후 본격적인 시험생산에 돌입해 금광 개발사업이 궤도에 오르고 있다"**	**[제1심, 항소심 : 유죄]** 2009. 7. 3. 당시 (유)L사는 시험생산을 하지 못하였을 뿐만 아니라, 생산에 필요한 기계를 구입하지 못하고, 기술개발타당성평가 보고서 및 환경영향평가 보고서의 승인 절차도 거치지 않아 시험생산에 돌입하는 시기를 예측하기도 어려운 상황이었으므로, 위 보도자료의 내용은 거짓이다.
[2009. 7. 15.자 기업설명회 자료] **"마이크로마인 컨설팅사는 몽골 보하트 금광의 제1구역 금 확정 매장량을 7.6톤으로 확정 평가하였으며, 제2구역 및 제3구역의 추정 예상매장량을 83.5톤으로 판정하여 구리를 포함한 추정매출액은 3조 6천여억 원에 이르는 대규모 High Value 광구 개발 프로젝트이다. 예상매출액 합계가 3조 6,034억 3,962만 3,000원에 달할 것이다"**	**[제1심, 항소심 : 유죄]** 마이크로마인㈜의 평가보고서에는 제1구역에 대하여 가행최저품위(稼行最低品位, cutoff grade) 2를 기준으로 Measured급 3698.21kg, Indicated급 2948.70kg 합계 6,646.90kg의 금이 존재하는 것으로 예상한다는 취지의 기재만 되어 있을 뿐, 제2구역 및 제3구역에 대하여는 조사한 사실이 없으므로, 위 기업설명회 자료의 내용은 거짓이다.
[2009. 7. 23.자 한국거래소 공시] **"2009. 7. 22. 계열회사인 (유)L사에 금광 개발사업을 위한 장비 구입 및 시설 구축을 위해 60억 원을 대여하였다"**	**[제1심, 항소심 : 무죄]** 실제 해당 공시는 2009. 7. 22.부터 2010. 7. 21.까지 60억 원을 대여하기로 결정하였다는 취지의 내용일 뿐, 공소사실과 같이 이미 60억 원을 대여하였다는 내용으로 보이지 않는다.
[2009. 7. 30.자 보도자료] **"1차 시추와 추가 시추를 통해 이상대 발견에 의한 다량의 변질대가 발견됐다. 추가 발주를 진행하고 있다"**	**[제1심, 항소심 : 무죄]** 이 부분 공소사실에서 허위의 사실로 지적하고 있는 부분은 위 2009. 6. 10.자 보도자료 부분의 내용과 동일하고, 앞에서 판단한 바와 같은 이유로 이 부분 보도자료의 내용이 허위라고 단정할 수 없다.

[2009. 9. 3.자 인터뷰] **"사금광인 셀링게 광구에 선별기 1대를 투입, 지난주부터 생산을 시작했다. 1대를 추가 투입할 예정인데 이 경우 하루 20시간 운영으로 일간 2,400그램의 금 채취가 가능하고, 월 매출액이 30억 원에 이를 것으로 예상된다"**	**[제1심, 항소심 : 무죄]** ① 당시 피고인 甲과 함께 인천공항에 있었던 임OO은 피고인 甲이 위 공소사실과 같은 내용의 말을 하지 않았다고 증언하고 있는 점, ② 피고인 甲이 기자들과 함께 인천공항에 있었던 날은 기자 탐방을 떠나는 날인 2009. 9. 3.인데, 위 공소사실과 같은 내용의 기사는 2009. 9. 7.에야 보도되기 시작한 점 등을 고려하면, 피고인 甲이 기자들에게 위 공소사실과 같은 내용의 발언을 하였다고 단정할 수 없고, 달리 이를 인정할 만한 증거가 없다.
[2009. 10. 1.자 보도자료] **"몽골에서 개발 중인 몽골 보하트 금광에서 톤당 4g의 고품위 금광석을 채취하고 있다. 11월 생산을 앞두고 막바지 시추가 진행 중이다. 처음으로 시추하는 지역에서 톤당 4g의 고품위 금광석들이 나오고 있다. 본 생산에서 나올 품위에 대한 기대가 높다. 금광 평가기관 마이크로마인㈱는 A사의 몽골 보하트 금광 확정 및 추정매장량으로 91톤을 제시한 바 있다"**	**[제1심, 항소심 : 유죄]** 2009. 10. 1. 당시 (유)L사는 금광석을 채취하지 못하였을 뿐만 아니라, 생산에 필요한 기계를 구입하지 못하고, 기술개발타당성 평가 보고서 및 환경영향평가 보고서의 승인 절차도 거치지 않아 시험생산에 돌입하는 시기를 예측하기도 어려운 상황이었으며, 위 91톤은 마이크로마인㈱가 확인한 내용이 아니므로, 위 보도자료의 내용은 거짓이다.

나. 평석

이 사건에서 법원은 자본시장법이 기존의 증권거래법, 선물거래법 등을 통합한 법률로서 구 증권거래법과 마찬가지로 시세조종행위와 부정거래행위를 금지하고 있는바, 구 증권거래법 규정에 관한 해석과 판단기준이 자본시장법의 경우에 그대로 적용된다고 보았다.

구 증권거래법 제188조의4 제4항 제2호는 "중요한 사항에 관하여 허위의 표시를 하거나 필요한 사실의 표시가 누락된 문서를 이용하여 타인에게 오해를 유발하게 함으로써 금전 기타 재산상의 이익을 얻고자 하는 행위"를 금지하였는데, 현행 자본시장법 제178조 제1항 제2호는 "중요한 사항에 관하여 거짓의 기재 또는 표시를 하거나 타인에게 오해를 유발시키지 아니하기 위하여 필요한 주요사항의 기재 또는 표시가 누락된 문서, 그 밖의 기재 또는 표시를 사용하여 금전, 그 밖의 재산상의 이익을 얻고자 하는 행위"를 금지함으로써 법조문이 다소 변경되었다.

구 증권거래법 제188조의4 제4항 제2호에는 '중요한 사항'이 무엇인지에 대하여 정의되어 있지 않으나, 대법원은 '중요한 사항'이 당해 법인의 재산·경영에 관하여 중대한 영향을 미치거나 유가증권의 공정거래와 투자자 보호를 위하여 필요한 사항으로서 투자자의 투자판단에 영향을 미칠 수 있는 사항을 의미한다고 정의하였다.[420] 이는 현행 자본시장법 제178조 제1항 제2호에서도 마찬가지이다.

이 사건에서 법원이 유죄로 판단한 부분을 살펴보면, 피고인 甲, 乙이 보도자료, 인터뷰 등을 통하여 보도되도록 한 홍보성 언론보도 내용은 추정 매장량에 따라 예상되는 매출 총계, 채굴 가능한 금광 개수, 광산 개발에 필요한 면허 종류와 생산에 필요한 각종 설비 구축 여부, 본격적인 생산에 필요한 환경영향 평가 및 기술개발타당성평가 절차를 거쳤는지 여부 등에서 객관적인 사실과 전혀 다르거나 합리적 근거 없이 이를 크게 과장한 것으로 보이고, 이는 곧 금광 개발 업체에 투자 여부를 결정하는 일반 투자자들의 입장에서는 투자판단에 영향을 미칠 수 있는 중요사항에 해당하는바, 법원의 입장이 타당하다.

다만, 이 사건 판결문은 법원이 유죄로 판단한 위 각 행위에 대해 세세한 구분 없이 그저 일괄하여 자본시장법 제178조 제1항 제2호 ＜중요사항 거짓문서 등 이용행위＞ 및 동조 제2항의 ＜풍문 유포행위＞에 해당한다고 판시[421]하였는데, 이 점은 다소 아쉬움으로 남는다.

420 대법원 2009. 7. 9. 선고 2009도1374 판결

421 또한, 법원은 위 각 행위 및 아래 〈외국인 투자〉 부분을 포괄하여 자본시장법 제176조 제2항 제1호, 이른바 '매매유인 목적 시세조종'에도 해당된다고 판시하였다.

이 사건 제1심[서울중앙지방법원 2012. 5. 4. 선고 2011고합440, 514(병합)] 내용 분석

이 부분 언론보도를 통한 허위사실 유포행위와 관련하여 1심 판결은 유죄 범죄사실을 설시할 때 『4. 피고인 甲, 乙, 戊의 금광 개발 관련 시세조종행위 및 부정거래 행위』라는 제목하에 『피고인 甲과 乙은 공모하여 상장회사인 A사 주식의 매매를 유인할 목적으로 매매를 함에 있어서 중요한 사실인 A사의 몽골 보하트 금광 개발사업의 진행상황에 대하여 거짓의 표시를 하였고, 매매와 관련하여 중요사항에 관하여 거짓의 표시를 하였으며, 시세의 변동을 도모할 목적으로 풍문의 유포행위를 하였고, (후략)』 이라고 설시하였다.

먼저 '매매를 유인할 목적으로 매매를 함에 있어 중요한 사실에 대해서 거짓표시를 한 행위'라는 설시는 위 범죄사실과 관련하여 자본시장법 상 시세조종 규율행위인 자본시장법 제176조 제1항 제3호 규정이 적용법조로 사용되었다는 것을 의미한다.

다음으로 '매매와 관련하여 중요사항에 관하여 거짓의 표시를 하였으며'라는 설시는 위 범죄사실과 관련하여 자본시장법 상 사기적 부정거래 규율행위인 자본시장법 제178조 제1항 제2호 <중요사항 거짓문서 등 이용행위> 규정이 적용법조로 사용되었다는 것을 의미하고, 마지막으로 '시세의 변동을 도모할 목적으로 풍문의 유포행위를 하였고'라는 설시는 위 범죄사실과 관련하여 역시 사기적 부정거래 규율행위인 자본시장법 제178조 제2항 <풍문 유포행위> 규정이 적용법조로 사용되었다는 것을 의미한다.

1심 법원은 언론보도를 이용하여 허위사실을 유포하는 행위에 대하여 ▲ 시세조종 규정도 의율하고, ▲ 사기적 부정거래 규정도 의율하는 입장을 취하였다. 물론 이는 '일응' 위 자본시장법 제176조 제1항 제3호와 자본시장법 제178조 제1항 제2호가 그 규정내용으로 볼 때 큰 차이가 없기 때문으로 보인다.

그러나, <17번_환매조건부채권(RP) 가입 사건>에서 언급한 바와 같이 언론보도를 통하여 허위사실을 유포하거나 공시를 통하여 허위사실을 공표하여 특정 금융투자상품의 시세를 조작하려고 하는 행위는 시세조종보다는 사기적 부정거래행위 규율 규정을 적용하는 것이 보다 체계정합적이라 보여진다.

아래에서는 언론을 통해 허위사실을 알린 것이 동조 제2항의 〈풍문 유포행위〉로 의율할 수 있는지에 관해 살펴본다.

'풍문(= 풍설)'은 문언적으로 바람결에 들리는 소문, 실상이 없이 떠돌아다니는 말을 뜻하는바, 구 증권거래법 제188조의4 제4항 제1호의 '풍설' 내지 자본시장법 제178조 제2항의 '풍문'은 '시장에 알려짐으로써 주식 등 시세의 변동을 일으킬 수 있을 정도의 사실로서 합리적 근거가 없는 것'을 의미하고,[422] 허위내용을 요건으로 하지 않는다. 증권방송이나 증권동호회 또는 인터넷 주식카페 등 다양한 매체를 통하여 허위 또는 합리적인 근거가 없는 말 또는 소문을 퍼뜨리는 것이 〈풍문 유포행위〉에 해당할 것이다.

결국, 풍문에는 보통 허위사실이 포함되는 경우가 일반적이지만, 풍문은 허위내용을 요건으로 하지 않는다는 점에서 허위사실과는 개념적으로 구별된다. 아울러 발언 당시에는 합리적 근거가 없는 것이었다면 사후에 그것이 사실로 확인되더라도, 해당 발언 당시를 기준으로 할 때 합리적 근거가 없는 말인바, 이는 '풍문'에 해당한다.

그런데 이 사건은 피고인이 인터넷동호회나 증권동호회에 이른바 '뜬소문'을 퍼트린 것이 아니라, 주가 부양을 위해서 보도자료 혹은 기자 인터뷰를 통하여 예상매출총액, 생산시점, 매장량 등에 관하여 다소 정교하게 꾸며진 '허위사실'을 퍼뜨린 경우에 해당한다. 아울러, 피고인은 이러한 허위사실을 유포함에 있어서 아무런 근거를 구비하지 않은

422 서울고등법원 2013. 3. 22. 선고 2012노3764 판결, 서울중앙지방법원 2012. 9. 21. 선고 2012고합662 판결

것도 아니었다. 예컨대, 피고인이 보도자료를 통해 발표한 매출총계는 실제 회계법인의 예상매출총액을 기초로 하되, 그보다 약 4배 과다하게 기재하였던 것이다.

따라서 이 사건에서 피고인이 언론을 이용하여 '허위사실'을 유포한 행위를 자본시장법 제178조 제2항 〈풍문 유포행위〉로 의율하는 것은 적당하지 않다. 그렇다면, 이처럼 언론을 이용하여 허위사실을 유포하는 행위를 자본시장법 제178조 제1항 제2호 〈중요사항 거짓문서 등 이용행위〉로 의율할 수 있는지 살펴본다.

이와 관련된 규정을 살펴보면, 자본시장법 제178조 제2항은 '풍문의 유포'를 금지되는 행위로 규율하면서, 구 증권거래법 제188조의4 제4항 제1호 '허위사실 기타 풍설 유포' 부분을 계수하지 않았다. 즉, 자본시장법은 풍문의 유포만을 금지한 채 허위사실 유포를 삭제하였는데, 그렇다고 해서 자본시장법 상 언론보도를 통한 허위사실 유포행위가 허용되는 것은 아니다. 자본시장법 제178조 제1항 제2호는 "문서, 그 밖의 기재 또는 표시"라고 규정함으로써 허위표시의 수단을 문서로 제한하지 않고 있는바, 현행 자본시장법 하에서 언론보도를 통한 허위사실의 유포는 자본시장법 제178조 제1항 제2호의 〈중요사항 거짓문서 등 이용행위〉로 처벌할 수 있을 것이다.

정리하면, 구 증권거래법의 〈풍설 유포행위〉는 자본시장법에서 〈풍문 유포행위〉로, 구 증권거래법의 〈허위사실 유포행위〉는 자본시장법에서 〈중요사항 거짓문서 등 이용행위〉로 각각 규정변화가 이루어진 것으로 볼 수 있다.

한편, 언론보도를 통한 허위사실의 유포는 속인다는 개념을 내포한 '위계'에도 해당할 수 있는바, 일응 자본시장법 제178조 제2항의 〈위계 이용행위〉로도 처벌할 수 있을 것으로 보인다.

다만, 살피건대 자본시장법 제178조 제2항 〈위계 이용행위〉가 자본시장법 제178조 제1항 제2호 〈중요사항 거짓문서 등 이용행위〉의 일반법 관계에 있고, 자본시장법 제178조 제1항 제2호 〈중요사항 거짓문서 등 이용행위〉를 자본시장법 제178조 제2항

<위계 이용행위>의 한 태양으로 볼 수도 있으므로 자본시장법 제178조 제2항 <위계 이용행위>보다는 자본시장법 제178조 제1항 제2호 <중요사항 거짓문서 등 이용행위>로 의율함이 타당하다.

결국, 이 사건에서 피고인이 언론을 이용하여 허위사실을 유포한 행위는 자본시장법 제178조 제1항 제2호 <중요사항 거짓문서 등 이용행위>로 의율함이 상당한 것으로 보인다.

2. '외국인 투자' 관련 쟁점

가. 법원의 판단

제1심법원은 제반 사정과 자본시장법의 입법 취지 등을 종합적으로 고려할 때 S인베스트먼트사가 원금 보장 약정에 따라 A사 주식을 장내에서 대량으로 매수한 행위는 일반투자자들로 하여금 매매가 성황을 이루고 있는 듯이 잘못 알게 하거나 그 시세를 변동시키는 매매 또는 위계의 사용에 해당한다고 보았다. 즉, 본건 행위는 시세조종 규제 규정인 자본시장법 제176조 제2항 제1호[423]에 해당함과 동시에 사기적 부정거래 규제 규정인 자본시장법 제178조 제2항 제2호 <위계 이용행위>에 해당한다고 판시한 것이다.

① S인베스트먼트사는 외국계 증권회사인 D증권, U증권을 통하여 2009. 10. 19.경 A사 주식 160만 주를 장내에서 매수하고, 2009. 10. 20.경 A사 주식 335만 주를 장내에서 매수하였는데, 이는 A사 주식의 하루 매수량의 8.57%, 11.29%에 해당할 정도로 대규모였다.

423 **자본시장법 제176조(시세조종행위 등의 금지)** ② 누구든지 상장증권 또는 장내파생상품의 매매를 유인할 목적으로 다음 각 호의 어느 하나에 해당하는 행위를 하여서는 아니 된다.
1. 그 증권 또는 장내파생상품의 매매가 성황을 이루고 있는 듯이 잘못 알게 하거나 그 시세를 변동시키는 매매 또는 그 위탁이나 수탁을 하는 행위

② S인베스트먼트사가 A사 주식을 외국계 증권회사를 통하여 대량으로 매수함으로써 외국인이 A사 주식을 대량으로 매수하고 있다는 정보가 HTS 등을 통하여 실시간으로 일반투자자들에게 제공되었다.

③ 이로 인하여 A사 주식을 외국인이 대량으로 매입하였다는 취지의 기사가 인터넷 등을 통하여 보도되기도 하였다.

④ 그 무렵 A사에는 일반투자자들에게 알려진 다른 호재가 없었음에도 A사의 주가가 2009. 10. 16.경 1,280원에서 2009. 10. 21.경 1,875원까지 상승하였다(2009. 10. 19.경의 주가는 전일 대비 14.84%, 2009. 10. 20.경 주가는 전일 대비 14.97% 상승하였다).

⑤ 일반투자자들은 HTS나 위와 같은 기사들을 통해 외국인이 원금 손실의 위험을 감수하면서도 A사의 주가가 추가로 상승할 수 있다는 판단 아래 A사의 주식을 장내에서 매수한 것으로 오인할 수 있다.

⑥ 그러나 실제로는 S인베스트먼트사는 사실상 A사로부터 투자원금 전부를 보장받은 상태에서 A사 주식을 장내에서 매수하였고, 장내 매수의 경우 이러한 약정이 공개되지 않는 것을 이용하여 일반투자자들을 오인하게 할 의사가 있었다.

이에 대하여 항소심 법원과 대법원도 동일한 취지로 판단하였다.

그런데, 위 사건에서 S인베스트먼트사의 A사 주식매수와 관련해서는 두 가지 쟁점이 맞물려 있다. 즉 첫 번째는 외국인이 투자하는 것과 같은 외관을 형성하였다는 점(제1쟁점)이고, 두 번째는 S인베스트먼트사의 주식매수와 관련하여 원금보장 약정이 있었다는 점(제2쟁점)이다.

법원은 두루뭉술하게 제1쟁점과 제2쟁점을 합하여 자본시장법 제176조 제2항 제1호 및 자본시장법 제178조 제2항 〈위계 이용행위〉가 성립한다고 판시하였으나, 위 쟁점별로 시세조종 규율 규정인 자본시장법 제176조 제2항 제1호의 성립은 별론으로 하더라도, 자본시장법 제178조 제2항 〈위계 이용행위〉가 각 성립하는지 검토할 필요가 있다.

나. 평석

먼저 제1쟁점과 관련하여 자본시장법 제178조 제2항 <위계 이용행위>가 성립하는지 살펴보기로 한다.

자본시장법 상 사기적 부정거래에 해당하는 '위계'의 개념에 대하여는 견해가 대립하는데, '위계'가 ▲ 형법 상 사기죄와 동일한 개념이라는 견해도 있지만, ▲ 형법에서 기망행위와 위계는 구분한다는 점, 위계는 기망과 유혹을 포함하는 개념이라는 점에서 '위계'는 사기죄의 기망행위보다는 보다 넓은 개념으로 보아야 한다는 견해도 있다.

대법원은 '위계'의 해석과 관련하여, 『'위계'란 거래 상대방이나 불특정 투자자를 기망하여 일정한 행위를 하도록 유인할 목적의 수단, 계획, 기교 등을 말하고, '기망'이란 객관적 사실과 다른 내용의 허위사실을 내세우는 등의 방법으로 타인을 속이는 것을 의미한다』고 판시[424]한바 있고, 다수의 사례[425]에서 일관된 태도를 보이고 있다. 즉, 대법원은 '위계'를 사기죄의 기망행위와 동일하게 보면서, 기망적 요소가 담기지 않는 '유혹'은 이에 포함되지 않는 것으로 해석하고 있는 것으로 보인다.

이와 같은 판례의 입장에 의하면, 객관적 사실과 다른 허위사실을 내세우거나, 거래 신의성실의 원칙상 상대방에게 고지해야 할 의무가 있음에도 고지하지 않는 경우 일응 '위계의 사용'에 해당한다고 볼 수 있다.

이 사건에서도 법원은 S인베스트먼트사가 피고인과의 원금 보장약정에 따라 장내에서 A사 주식을 매수한 것이 '위계의 사용'에 해당한다고 판단하였다. 그러나 이 사건의 경우 판례가 '위계' 판단의 지표로 내세우는 '기망'이 실제로 존재하였는지는 의문이다.

---

424 대법원 2010. 12. 9. 선고 2009도6411 판결 등

425 〈1번_론스타 사건〉에서 감자(減資, 주식회사나 유한회사가 결손을 보전하거나 과대 자본을 시정하기 위하여 법원에 등록되어 있는 자본의 총액을 줄이는 일)할 법적 · 경제적 여건을 갖추고 있지 않거나 임직원이 감자 검토 및 추진 의사가 있지 않았는데도 감자 등의 검토계획의 공표에 나아간 경우 이를 '위계'행위로 본 적이 있다.

즉, 판결문에서도 적시[426]하고 있는 바와 같이, 피고인이나 S인베스트먼트사가 객관적 사실과 다른 허위사실을 표시하는 등의 작위에 의한 기망을 한 바는 없는 것으로 보인다. 한편, 부작위에 의한 기망이 성립하기 위해서는 작위의무있는 자가 그 작위의무를 이행하지 않아야 하는바, 선행적으로 작위의무가 인정되어야 할 것인데, 그렇다면 이 사건의 경우 그러한 S인베스트먼트의 투자는 외국인 투자가 아니라 사실은 국내투자자라는 점을 신의성실의 원칙상 주식거래를 하는 일반 투자자들에게 고지해야 할 작위의무가 인정되는 때에 비로소 자본시장법 제178조 제2항 소정의 <위계 이용행위>에 해당될 여지가 있다고 볼 것이다.

그러나, 주식 거래는 한국거래소, 장외거래소와 같은 주식시장에서 이루어지는 것으로 시장에 존재하는 거래는 가격·상품에 대한 다양한 위험성이 기본적으로 내포되어 있고, 이러한 위험성을 배제하고자 거래에 필요한 모든 정보가 공개되어야 한다고 한다면 그 반대급부로 시장은 활동성을 잃어버릴 수밖에 없다. 결국 시장은 가격·상품에 대한 위험성을 내재하고 있는 모험적 속성을 바탕으로 하므로 거래 시 모든 정보를 공개해야 한다는 신의칙은 성립될 수 없다. 더욱이, 개별주식 거래와 관련하여 주식을 매수하는 투자주체가 외국인 투자자인지 국내투자자인지를 시장에 공표할 제도적 장치 또한 존재하지 않는다.[427]

따라서 이 사건의 경우 피고인들의 행위가 시세조종에 해당할 수 있는지는 별론으로 하더라도,[428] 이를 만연히 자본시장법 제178조 제2항 소정의 <위계 이용행위>에 포

426 이 사건 판결 설시 내용 중에는 『S인베스트먼트사가 외국 투자회사이고, 자신의 계산으로 A사 주식을 장내에서 매수하기로 결정한 것은 사실이므로, 일반투자자들에게 전달된 외국 투자회사가 A사 주식을 장내에서 매수하였다는 내용의 정보 자체는 허위라고 볼 수 없다. 또한 S인베스트먼트사가 A사 주식을 장내에서 매수하면서 고가매수 등 부정한 방법을 사용하지 않은 것은 사실이다』고 기재된 부분이 있다.

427 물론, 5% 이상 지분을 취득하는 경우 대량보유보고의무가 있다고 하더라도 대량보유보고의무 사항에는 취득하는 주식보유량, 주식취득목적만 기재하게 되어 있다. 이 사건과 같이 원금 및 투자수익 보장 약정을 전제한 주식취득도 마찬가지로 '투자목적'에 해당하므로 주식취득목적에 '투자목적'으로 기재하였다면 어떠한 문제점이 있다고 볼 여지가 없다.

428 이와 관련하여, 단지 외국인 투자자로 하여금 주식을 매수하게 하는 약정이 있다고 해서 이를 자본시장법 제176조

섭할 수는 없다고 보인다.

나아가, <5번_외국인 투자자 외관 형성 사건>에서 언급한 바와 같이 이러한 피고인들의 행위가 자본시장법 제178조 제1항 제1호 <부정한 수단, 계획, 기교 행위>에 해당하는지 살펴본다.

자본시장법 제178조 제1항 제1호 <부정한 수단, 계획, 기교행위>는 그 개념 자체가 매우 추상적이고, 대법원 역시 그 개념을 그저 『사회통념상 부정하다고 보이는 일체의 수단, 계획, 기교』라고 정의하고 있어 도대체 위 법적 개념에 어떤 행위가 포섭되는지 예측이 어렵고, 이러한 경우 법적 안정성이 매우 심각하게 훼쳐질 수 있다는 점에서 위 조항의 적용에 대해서는 매우 엄격한 입장을 견지해야 한다고 본다.

특히, 근래 법원은 <부정한 수단, 계획, 기교 행위>의 성립요건과 관련하여 '기망적 요소'가 필요 없다는 입장을 견지하고 있어 그 처벌범위가 무한하게 확장될 수 있는 위험성이 있다.

한편, 자본의 발행, 유통, 공시 등에서 속칭 '꼼수'가 이루어졌지만, 딱히 위법이라고 볼 수 없는 경우에도 수사기관은 위 규정을 전가의 보도처럼 사용해 온 것이 실무적인 경향이었고, 법원도 수사기관의 입장에서 동조하는 판결을 해왔던 것이 사실이다.

그러나 이 경우 법적 안정성이 보장될 수 없는바, 수행 가능한 행위와 규제되는 행위 간에 구분이 모호해져 자본시장의 창의성이 떨어질 수 있다. 즉, 전가의 보도처럼 위 조문을 사용하고자 하는 '유혹'에서 거리를 두면서 객관성을 구축할 필요가 있는 것이다.

과거에 비하여 외국인 투자자에 대한 자본시장의 접근성이 대폭 확대되어 있는 현행 외국인투자제도 하에서는 외국인 투자의 프리미엄에 대한 시장의 평가 역시 점차 약

제2항 제1호 소정의 '매매성황을 이루고 있는 것으로 잘 못 알게 하는 것'으로 볼 수 있을지는 지극히 의문이다. 자본시장법 제176조 제2항 제1호 규정상 '매매성황을 이루고 있는 것으로 잘 못 알게 하는 것'과 관련된 것은 매수 주체 부분이 아니라, 원금 보장하에 S인베스트먼트사가 A사주식을 매집하였다는 부분으로 보인다.

화되고 있는 추세이다. 오히려, 특정 산업군이나 종목에 대한 시장의 관심, 국내외 정치·경제 정세, 금리 및 환율 등의 거시경제 변수, 국가 정책 수혜 기대 등이 주가에 미치는 영향이 더욱 커지고 있다.

따라서 외국인 투자자가 주식을 매수하였다는 사정만으로 해당 주식의 가격이 반드시 상승한다고 단정할 수는 없고, 외국인이 매수한 것처럼 외형이 형성되었다는 사정이 존재한다고 하여, 이것이 곧바로 자본시장의 공정성이나 신뢰성, 나아가 효율성을 해할 위험이 있는 행위에 해당한다고 평가하기는 어렵다.

더욱이, 실제 투자 주체가 내국인과 외국인이 혼재되어 있는 경우에는 이를 어떻게 처벌할 것인가에 대한 논의 또한 수반될 수밖에 없으므로 외국인 투자자 외관 형성을 한 행위를 사기적 부정거래로 처벌할 것인가의 문제는 신중한 검토가 필요한 영역으로 보인다.

물론, 우리의 자본시장은 외국인 투자자가 주식을 매수하면 호재의 신호로 여겨지는 때가 있었던 것이 사실이다. 그러나 앞서 살펴본 바와 같이, 현재 우리 자본시장에서 외국인 투자자가 주식을 매수하면 호재라는 공식은 다소 철이 지난 유행이 되고 말았다. 아울러, 외국인 투자자를 어떻게 규정할지,[429] 반대로 한국인 투자자는 또 어떻게 규정할 것인지 등의 문제점도 있다.

결국, 외국인 투자를 유치한 것과 같은 외양을 갖추기 위해 외국 법인이 국내 주식을 매입했다고 하여, 이를 곧바로 사기적 부정거래 행위로 규제하는 것은 타당하지 못한 측면이 있다.

한편, 이 사건에서 검사는 ❶ 허위사실을 언론보도화하는 행위, ❷ 외국인 투자외관 형성 행위를 포괄하여 자본시장법 제178조 제1항 제1호 〈부정한 수단, 계획, 기교 행위〉

429 예컨대 한국인이 외국에 설립한 법인이 한국 주식을 매입할 경우, 이를 외국인 투자자로 보아야 할 것인지에 대한 논의가 있을 수 있다.

로 기소하였으나, 이에 대하여 1심 법원은『❶ 허위사실을 언론보도화 하는 행위는 자본시장법 제176조 제2항 3호의 시세조종행위, 동법 제178조 제1항 제2호 <중요사항 거짓문서 등 이용행위> 및 동조 제2항 <위계 이용행위>에 해당하고, ❷ 외국인 투자외관형성 행위는 자본시장법 제176조 제2항 제1호의 시세조종행위, 동법 제178조 제2항 <위계 이용행위>에 해당함을 전제로, 자본시장법 제178조 제1항 제1호 <부정한 수단, 계획, 기교 행위>는 자본시장법 제176조(시세조종 규정) 및 제178조(사기적 부정거래 규정)의 일반규정이므로 다른 구체화 규정이 성립하는 경우 별도로 성립하지 않는다(즉, 법조경합관계)』라고 판시하였고, 항소심 법원과 대법원도 이를 유지하였다.

이 사건 제1심[서울중앙지방법원 2012. 5. 4. 선고 2011고합440, 514(병합)] 내용 중 일부

자본시장법 제178조 제1항 제1호는 자본시장법 제176조, 제178조 제1항 제2호, 제3호, 제2항 등 자본시장법에서 구성요건을 명확히 열거한 규정과 더불어, 위와 같은 규정만으로는 금융투자상품의 거래와 관련하여 그 특성상 거래 방식의 변화나 시장환경의 변화에 따라 다양하고 새로운 유형의 부정거래행위를 규제할 수 없다는 입법기술상의 한계를 극복하기 위하여 부정거래행위를 포괄적으로 규정한 조항이므로, 자본시장법 제176조, 제178조 제1항 제2호, 제3호, 제2항 등 자본시장법에서 구성요건을 명확히 열거한 규정에 해당하는 경우에는 당연히 자본시장법 제178조 제1항 제1호에도 해당한다고 봄이 상당하고, 위 각 규정이 보호하고자 하는 법익 또한 금융투자상품 거래의 공정성 및 유통의 원활성 확보로 동일하므로, 자본시장법 제178조 제1항 제1호는 자본시장법 제176조, 제178조 제1항 제2호, 제3호, 제2항 등 자본시장법에서 구성요건을 명확히 열거한 규정과 법조경합 관계에 있다고 할 것이다.

따라서 이 부분 공소사실은 앞에서 본 바와 같이 자본시장법 제176조 제2항 제1호, 제3호의 시세조종행위, 자본시장법 제178조 제1항 제2호, 제2항의 부정거래행위에 해당하는 이상 이로 인한 자본시장법위반죄만 성립할 뿐이고, 별도로 자본시장법 제178조 제1항 제1호 부정거래행위로 인한 자본시장법 위반죄는 성립하지 않는다.

다음으로, 제2쟁점(S인베스트먼트사의 주식매수와 관련하여 원금보장 약정이 있었다는 점)과 관련하여 자본시장법 제178조 제2항 제1호 〈위계 이용행위〉 및 동조 제1항 제1호 〈부정한 수단, 계획, 기교 행위〉의 성립이 없다는 점은 아래에서 자세히 논증하기로 한다.

3. 'A사 주식 장내매수' 관련 쟁점

가. 법원의 판단

검사는 피고인 甲이 피고인 丁에게 원금보장을 약속하면서 피고인 丁이 A사 주식을 매입하도록 한 행위에 대하여 ❶ 시세조종 규제 규정인 자본시장법 제176조 제2항 제1호 및 ❷ 자본시장법 제178조 제1항 제1호 〈부정한 수단, 계획, 기교 행위〉 및 자본시장법 제178조 제2항 〈위계 이용행위〉로 기소하였다. ❷와 관련하여서는 피고인 丁이 피고인 甲과 A사 주식매수와 관련하여 공동보유자의 지위에 있게 되면서 피고인 丁의 주식매수와 관련된 공시에서 피고인 甲의 지분보유내역, 원금보장약정이 누락되는 상황을 만들었다는 것이 사기적 부정거래 성립의 주된 논거로 제시된 것으로 보인다.

이에 따라 제1심법원은 피고인 甲과 丁이 원리금보장 및 수익분배약정 체결 사실을 시장참여자에게 공시하여야 할 의무가 인정되는지 여부를 이 부분 공소사실의 주요 판단 쟁점[430]으로 보았는데, 법원은 위와 같은 원리금보장의 이면약정을 시장에 공개할 의무가 있는지와 관련하여, ① 피고인 甲과 丁이 주식 등의 공동보유자인지 여부, ② 공동보유자가 아니라고 하더라도 공시와 관련된 자본시장법 규정에서 피고인 丁에게 위와 같은 원리금보장 이면약정에 대한 공시의무가 발생되는지 여부로 나누어 검토하였다.

430 또한, 법원은 시세조종관련 쟁점으로 "피고인들의 행위가 매매를 유인할 목적으로 주식 매매가 성황을 이루고 있는 듯이 잘못 알게 하는 매매로 볼 수 있는지 여부"를 들었는데, 사기적 부정거래만을 논의의 쟁점으로 삼고 있는 본 글에서는 이를 별도로 다루지 않기로 한다.

자본시장법 시행령 제141조(특별관계자의 범위)

① 법 제133조제3항 본문에서 "대통령령으로 정하는 특별한 관계가 있는 자"란 특수관계인과 공동보유자를 말한다.

② 제1항에서 "공동보유자"란 본인과 합의나 계약 등에 따라 다음 각 호의 어느 하나에 해당하는 행위를 할 것을 합의한 자를 말한다.

1. 주식등을 공동으로 취득하거나 처분하는 행위
2. 주식등을 공동 또는 단독으로 취득한 후 그 취득한 주식을 상호양도하거나 양수하는 행위
3. 의결권(의결권의 행사를 지시할 수 있는 권한을 포함한다)을 공동으로 행사하는 행위

제1심법원은 먼저 위 ①과 관련하여서는, 피고인 丁이 자신의 자금을 이용하여 자신 명의로 주식 등을 취득하였다가 처분하였고, 이 사건 원리금보장 약정 등의 실질이 금전소비대차계약이므로 피고인 甲, 丁은 '주식등의 공동보유자'에 해당하지 않는다고 보았다.

이어, 위 ②와 관련하여서는, 대량보유보고의무 관련 규정상 위 보고에는 보유 상황, 보유 주식등의 발행인에 관한 사항, 취득 또는 처분 일자, 가격 및 방법 등에 대하여만 보고의무가 있을 뿐, 보유 주식등에 관한 주요 계약 내용(즉, 원금보장이 되었는지 여부)에 대하여는 보고할 의무가 없다고 보았다.

결국, 제1심법원은 피고인 甲과 丁에게 위 A사 주식 장내매수와 관련하여 원금보장과 같은 이면약정을 공개해야할 법적인 의무는 없으므로 이 사건 원리금 보장약정 등의 비공개 자체만을 근거로 위 피고인들의 행위가 자본시장법 제176조 제2항 제1호, 그리고 동법 제178조 제1항 제1호의 〈부정한 수단, 계획, 기교 행위〉 및 동조 제2항 〈위계이용행위〉 해당한다고 볼 수는 없다고 판단하였다.

이에 더해, 이 사건 원리금보장약정 등의 체결 및 그 비공개를 함께 고려하더라도, 자본시장법 각 규정이 금지하고 있는 바의 '부정한 거래'를 하였다고는 평가하기 어렵다고도 설시하였다. 이에 대하여 항소심 법원과 대법원도 동일한 취지로 판단하였다.

나. 평석

(1) 문제점

피고인 甲, 乙은 피고인 丁에게'원금 및 이자를 보장하여 줄 테니 합계 약 10억 원 상당의 A사 주식을 장내에서 매수해 달라'고 제안하였고, 이에 따라 피고인 丁은 위 원금보장약정에 따라 대여금 회수가 보장된 상태에서 956,615,891원 상당의 A사 주식 1,924,407주를 장내에서 매수하였다.

즉, 피고인 丁이 원금보장약정에 따라 대여금 회수가 보장된 상태에서 A사 주식을 장내에서 매수하였음에도 불구하고 마치 정상적으로 투자위험을 감수하면서 주식을 매수한 듯한 외관이 형성되었다는 점에서, 이는 비정상적인 투자행위라고 비추어지는바, 위 행위가 자본시장법 제178조 제2항의 〈위계 이용행위〉 혹은 제178조 제1항 제1호 〈부정한 수단, 계획, 기교 행위〉에 해당하는지가 문제된다고 할 것이다.

(2) 자본시장법 제178조 제2항의 〈위계 이용행위〉에의 해당 여부

피고인 丁이 원금보장약정에 따라 대여금 회수가 보장된 상태에서 A사 주식을 장내에서 매수하였음에도 불구하고 마치 정상적으로 투자위험을 감수하면서 주식을 매수한 듯한 외관이 형성되었다는 점은 다툼이 없다.

그러나, 피고인 丁이 객관적 사실과 다른 허위사실을 표시하는 등의 방법으로 작위에 의하여 불특정 투자자를 속인 것이 있는지는 다소 의문이 있다. 즉, 주식을 장내에서 매수하는 경우 매수 주문 제출시 시장에 표출하는 정보는 1) 매수 희망 수량, 2) 매수 희망 가격, 3) 거래체결 조건 세 가지밖에 없다. 그밖에 매수주문 배경에 원금보장약정이 전제된 것인지에 대한 정보내용을 공개할 의무도 없고, 이를 공개할 방법도 없다.

따라서 주식 매수주문 시 그 주문의 배경이 되는 법률관계를 정확하게 반영해야 할 의무가 있는 것이 아닌 한, 그 매수주문 근저에 있는 원금보장약정 전제 사실만으로 일반투자자를 작위에 의하여 기망하였다고 평가하기는 어렵다.

특히, 앞서 2. 항의 '외국인 투자' 관련 쟁점에서 살펴본 바와 같이, 주식시장은 가격·상품에 대한 위험성을 내재한 모험적 속성을 바탕으로 하고 있으므로 주식 거래와 관련된 모든 정보를 고지할 의무가 있다고는 볼 수 없다.

결국, 본건 문제된 행위는 자본시장법 제178조 제2항의 <위계 이용행위>에 해당하지 않는다고 봄이 타당하다. 그렇다면, 위 문제된 행위들이 자본시장법 제178조 제1항 제1호 <부정한 수단, 계획, 기교 행위>에 해당할 수 있는지를 아래에서 자세히 검토하도록 하겠다.

(3) 자본시장법 제178조 제1항 제1호의 〈부정한 수단, 계획, 기교 행위〉에의 해당 여부[431]

(가) <부정한 수단, 계획, 기교행위>의 의미

자본시장법 제178조 제1항 제1호의 <부정한 수단, 계획, 기교 행위>는 구 증권거래법에는 없던 조항을 신설한 것인데(자본시장법은 구 증권거래법 제188조의4 제4항의 한계로 지적되던 부분을 제178조 제1항 제1호를 통하여 입법적으로 해결하고자 한 것이다[432]), <부정한 수단, 계획, 기교 행위>의 의미가 무엇인지에 대하여 별도의 정의규정은 없다.

---

431 부정한 수단, 계획 또는 기교'의 입법 연혁은 〈2번_저축은행 BIS비율 조작 사건〉 참조

432 자본시장법 제178조 제1항 제1호의 입법취지와 관련하여, 그 당시 국회 재정경제위원회의 심사보고서에는 '금융투자상품의 매매거래 등과 관련된 불공정행위는 투자자들의 피해를 초래하고 증권시장의 신뢰를 저하시키는 요인이 되므로 이를 억제할 수 있는 장치가 필요하다. 그런데 증권시장에서의 불공정행위의 수법은 매우 다양하며 신종 사기수법이 계속하여 등장하고 있으므로 그 유형을 일일이 법률에 열거하여 규제하기는 불가능하다고 할 수 있다.'라고 기재되어 있었다.

이에 대하여 대법원은『사회통념상 부정하다고 인정되는 일체의 수단, 계획 또는 기교를 말한다』고 판시하였다.[433]

한편, <부정한 수단, 계획, 기교 행위>에 기망성이 요구되는지 여부와 관련하여, i) 위 대법원 판결의 원심인 서울중앙지방법원 2010. 10. 29. 선고 2010고합305, 2010고합412 판결은 기망성이 요구된다고 판단한 반면, ii) 위 대법원 판결 이후에 선고된 서울중앙지방법원 2011. 11. 28. 선고 2011고합600 판결은 기망성이 요구되지 않는다고 판단하였다.

(나) 자본시장법 제178조 내부의 상호관계

자본시장법 제178조는 i) 구조적으로 제1항 제1호의 <부정한 수단, 계획, 기교 행위>, 제2호의 <중요사항 거짓문서 등 이용행위>, 제3호의 <거짓시세 이용행위> 및 제2항의 <풍문의 유포, 위계의 사용, 폭행 또는 협박 행위>의 4가지 유형으로 구분할 수 있고, ii) 내용적으로는 제1항 제1호와 제1항 제2호·제3호 및 제2항의 2가지 유형으로 구분할 수 있다.

자본시장법 제178조의 4가지 유형 중에서 가장 근간이 되면서 다른 유형들과 차별화되는 것이 제1항 제1호이다. 나머지 제1항 제2호 및 제3호, 제2항은 구 증권거래법의 내용과 크게 다르지 않고, 제1항 제1호와 달리 구체적 구성요건을 제시하고 있다.

자본시장법 제178조 제1항 제1호는 포괄적 금지규정이고, 그 핵심을 구성하는 '부정한'이라는 개념은 매우 추상적이고 모호하므로, 죄형법정주의 내지 처벌법규의 명확성의 원칙과의 균형상 제178조 제1항 제1호의 적용은 신중을 기하여야 한다. 따라서 자본시장법 제178조를 적용함에 있어서 구체적 구성요건을 가지고 있는 제1항 제2호 및 제3호, 제2항을 우선적으로 적용하고, 제1항 제2호 및 제3호, 제2항의 적용이 어려울 경우 보충적으로 제1항 제1호가 적용됨이 바람직하다.

---

433 대법원 2011. 10. 27. 선고 2011도8109 판결

(다) 이 사건에의 적용

자본시장법 제178조 제1항 제1호 <부정한 수단, 계획, 기교 행위>는 그 개념 자체가 매우 추상적이고, 대법원 역시 그 개념을 그저 『사회통념상 부정하다고 보이는 일체의 수단, 계획, 기교』라고 정의하고 있어서 도대체 어떤 행위가 위 법적 개념에 포섭되는지 예측이 어려운바, 법적 안정성이 매우 심각하게 헤쳐질 수 있다는 점에서 위 조항의 적용에 있어서는 매우 엄격한 입장을 견지해야 한다고 본다.

특히, 대법원은 <부정한 수단, 계획, 기교 행위>의 성립요건과 관련하여 '기망적 요소'가 필요 없다는 입장을 견지하고 있어서 그 처벌범위가 무한하게 확장될 수 있는 위험성이 있다.

한편, 수사기관은 자본의 발행, 유통, 공시 등에서 속칭 '꼼수'가 이루어졌지만, 딱히 위법이라고 볼 수 없는 경우 위 규정을 전가의 보도처럼 사용한 것이 사실이었고, 법원도 수사기관의 입장에 동조하는 판결을 해왔던 것이 사실이다.

이 사건에서 피고인 丁은 사실 피고인 甲, 乙로부터 장내주식 매입 자금에 대하여 원금보장을 받았다. 물론 이러한 원금보장은 원금손실이 전제된 '투자'와는 궤를 달리한다. 그러나 그렇다고 하여 누군가가 원금보장 약정을 해주고, 그 약정하에 투자행위를 하는 것을 일반적인 의미에서 위법이라고 단정하기는 어렵다. 물론, 펀드 판매사가 펀드를 판매하면서 고객에 대하여 원금보장을 약정할 경우, 이는 자본시장법 위반이 될 소지가 있겠지만, 사적 자치의 원칙을 고려할 때 일반적인 원금보장 약정이 무조건 위법한 것은 아니다.

한편, 주식 장내거래는 원활하고 신속한 거래를 위해서 거래의 방식이 매우 단순화되어 있다. 즉, 주식 매수도 주문은 단 세 가지의 조건, 즉 1) 거래량, 2) 거래가격, 3) 주문 체결 조건만 준수되면 그 주문 배경에 어떤 이면이 있든지 간에 주문으로서 유효하게 취급된다. 따라서, 주식 장내거래에 참여하는 참여자들은 그 주문이 원금보장이라는 전제가 존재하는 주문인지 여부는 고려 대상이 아니다. 참여자들에게 중요한 것은 몇 주를, 얼마에, 어떠한 체결 조건으로 사고파느냐인 것이다.

그러한 주식 장내거래의 특성을 고려한다면 어떤 주문의 전제 또는 배경은 거래체결을 성사시키기 위한 필수적인 고려 요소가 아니라고 할 것이고, 그렇다면 어떤 주문의 배경에 원금보장이 내포되어 있다는 사실만으로 이것이 곧 주식시장의 거래 질서를 어지럽힌다는 결론으로 귀결되어서도 안 된다.

따라서 원금보장약정을 받은 피고인 丁이 장내에서 주식을 매수했다고 하여, 그것이 곧바로 자본시장법 제178조 제1항 제1호의 <부정한 수단, 계획, 기교 행위>에 해당한다고 보기는 어렵다.

(4) 소결

이상 기술한 논거에 따를 때, 자본시장법 제178조 제1항 제1호의 <부정한 수단, 계획, 기교 행위>에 해당한다고 볼 수는 없다고 판단한 법원의 결론에 동의한다.

이에 더해, 자본시장법의 기본 목적은 자본거래의 규제가 아니라 자본시장에서의 금융혁신과 공정한 경쟁을 촉진하고 투자자를 보호하며 금융투자업을 건전하게 육성함으로써 자본시장의 공정성·신뢰성 및 효율성을 높여 국민경제의 발전에 이바지하는 것에 있는 점, 주식 등의 거래가 이루어지는 자본시장에서도 투자자의 투자위험을 줄이기 위한 다양한 수단이 계약자유의 원칙에 따라 채택되고 있는 점, 투자 과정에서 투자위험을 줄이기 위한 약정을 체결하는 행위 자체를 특별히 범죄로 규정하지 않고 있는 점 등을 고려할 때 법원의 입장이 타당하다고 보인다.

다만, 보론이나 이 사건에서 제1심 및 항소심 법원이 원금보장약정을 전제한 A사 주식 매수가 자본시장법 제178조 제1항 제1호 <부정한 수단, 계획, 기교 행위>에 해당하지 않는다고 하면서, 동시에 이는 시세조종 규제 규정인 자본시장법 제176조 제2항 제1호에도 해당하지 않는다고 판시한 부분에 있어서는 다소 의문이 있다.

위 법원은 ① 피고인 丁이 매수한 주식수량(약 190만주 상당)이 총 발행 주식의 2.05%에 불과하고, 그 매수 기간도 1달 남짓인 점, ② 피고인 丁 이 스스로 매수를 의사결정한 것인 점, ③ 시세조종을 위해 고가매수, 허수매수 주문 등이 사용되지 않은 점을 거론하면서 피고인 丁의 매수는 매매를 유인할 목적으로 매매가 성황을 이루는 것처럼 오인케 하는 매매가 아니라는 취지로 판시하였다.

그러나 피고인 丁은 A사 주식에 대한 장래전망을 기초로 하여 위험을 전제로 한 투자를 한 것이 아니라, 피고인 甲의 원금보장을 전제로 한 주식매수 부탁에 근거하여 〈인위적인〉 주식매수세를 일으켰던 것이다. 피고인 丁의 〈인위적인〉 매수세로 인하여 시장 참여자들은 A사 주식 매수에 참여했을 개연성이 높다. 그렇다면, 피고인 丁의 〈인위적인〉 주식매수는 매매를 유인할 목적으로 매매가 성황을 이루는 것처럼 오인케 하는 매매라고 보는 것이 상식에 부합한다.

따라서 이 부분과 관련하여서는 위 법원의 판결은 재고의 필요성이 있다.

4. 'A사 신주인수권부사채(BW)' 관련 쟁점

가. 법원의 판단

검사는 피고인 甲이 피고인 丙 및 丁에게 원리금보장 및 수익분배약정을 하면서 A사 BW를 인수한 행위에 대하여 ❶ 시세조종 규제 규정인 자본시장법 제176조 제2항 제3호, ❷ 사기적 부정거래 규제 규정인 자본시장법 제178조 제2항 〈위계 이용행위〉 및 동조 제178조 제1항 제1호 〈부정한 수단, 계획, 기교 행위〉로 기소하였다. 즉, 피고인 丙, 丁이 피고인 甲과 A사 BW인수와 관련하여 공동보유자의 지위에 있게 되면서 피고인 丙, 丁의 BW인수와 관련된 공시에서 피고인 甲의 지분보유내역, 원금보장약정이 누락되는 상황을 만들었다는 것이 위 시세조종 및 사기적 부정거래 성립의 주된 논거로 제시된 것으로 보인다.

제1심법원은 위 BW인수와 관련하여 피고인 甲과 丙, 丁이 원리금보장 및 수익분배약정 체결 사실을 시장참여자에게 공시하여야 할 의무가 인정되는지 여부를 이 부분 공소사실의 주요 판단 쟁점[434]으로 보았다. 그에 따라 제1심 법원은 위와 같은 원리금보장의 이면약정을 시장에 공개해야 할 의무가 있는지와 관련하여, ① 피고인 甲과 丙, 丁이 주식 등의 공동보유자인지 여부, ② 공동보유자가 아니라고 하더라도 공시와 관련된 자본시장법 규정에서 피고인 丁에게 위와 같은 원리금보장 이면약정에 대한 공시의무가 발생되는지 여부로 나누어 검토하였다.

제1심법원은 먼저 위 ①과 관련하여서는, 피고인 丙, 丁이 자신의 자금을 이용하여 자신 명의로 BW를 취득하였다가 처분하였고, 이 사건 원리금보장 약정 등의 실질이 금전소비대차계약이므로 피고인 甲, 丙, 丁은 '주식등의 공동보유자'에 해당하지 않는다고 보았다.

이어, 위 ②와 관련하여서는, BW 인수로 인한 대량보유보고의무 관련 규정상 위 보고에는 보유 상황, 보유 주식등의 발행인에 관한 사항, 취득 또는 처분 일자, 가격 및 방법 등에 대하여만 보고의무가 있을 뿐, 위 BW를 인수하는 계약을 체결함에 있어서 원금보장이 되었는지 여부는 보고사항이 아니라고 보았다.

결국, 제1심법원은 피고인 甲과 丙, 丁에게 위 A사 BW 인수와 관련하여 원금보장과 같은 이면약정을 공개해야할 법적인 의무는 없으므로 이 사건 원리금 보장약정 등의 비공개 자체만을 근거로 위 피고인들의 행위가 자본시장법 제176조 제2항 제1호, 그리고 동법 제178조 제1항 제1호의 〈부정한 수단, 계획, 기교 행위〉 및 동조 제2항 〈위계 이용행위〉에 해당한다고 볼 수는 없다고 판단하였다.

나아가, 이 사건 원리금보장약정 등의 체결 및 그 비공개를 함께 고려하더라도, 피고인들이 신주인수권부사채의 취득 및 신주인수권의 행사, 주식의 매매와 관련하여 자본시장법 각 규정이 금지하고 있는 바의 '부정한 거래'를 하였다고는 평가하기 어렵다고도

---

434 또한, 법원은 시세조종관련 쟁점으로 '피고인들의 행위가 매매를 유인할 목적으로 주식 매매가 성황을 이루고 있는 듯이 잘못 알게 하는 매매로 볼 수 있는지 여부'를 들었는데, 사기적 부정거래만을 논의의 쟁점으로 삼고 있는 본 글에서는 이를 별도로 다루지 않기로 한다.

판단하였는데, 그 주요 논거는 다음과 같다.

> 살피건대, ① 이미 발행된 신주인수권부사채를 취득하는 것 자체만으로는 장내 일반투자자들에게 아무런 정보가 제공되지 않는다고 볼 수 있다. ② 2년 전에 발행되어 인수 즉시 신주인수권을 행사할 수 있는 신주인수권부사채를 인수한다는 사실은 오히려 일반투자자들에게 인수자가 시세 차익을 목적으로 인수한다는 예상을 하게 함으로써 주가 하락의 요인이 될 여지도 있는 것으로 보이고, 이러한 점을 고려하면 신주인수권부사채를 인수함에 있어서 추후 신주인수권 행사로 취득할 주식에 대하여 원금 보장이 되어 있다는 사실이 일반투자자들이 주식의 매매를 함에 있어서 중요한 사항이라고 단정하기 어렵다. ③ 피고인 丁은 피고인 甲이 제시하는 사업전망 등에 기초하여 신주인수권부사채 및 주식을 인수한 다음 A사 주가가 상승하는 상황에서 시세 차익을 얻기 위하여 위와 같이 거래한 것으로 보인다(특히 신주인수권부사채의 경우, W투자증권(주)가 신주인수권부사채를 그대로 보유하다가 신주인수권을 행사할 경우와 비교하면 본질적인 차별성이 있다고 보기 어렵다). ④ 다만, 수익분배약정이 체결된 점에 주목하면, 인위적 주가 부양을 통해 자신들의 수익을 좀 더 확대하기 위하여 피고인들이 가령 금광개발사업 관련 호재성 정보의 생산 등에 관하여 사전 공모 또는 의사연락이 있었을 것으로 의심할 여지는 없지 않으나, 이를 뒷받침할 증거는 없어 보인다. ⑤ 피고인 丁의 투자행위 전후 A사의 주식거래량, 주가의 추이를 보면, 피고인 丁의 신주인수권의 행사 및 주식 매수가 시장 내에서 특별한 거래유발효과를 가져온 것으로도 보이지 않는다.

한편, 검사는 항소심에서 이 부분 공소사실을 변경[435]하였는데, 항소심 법원은 변경된 공소사실에 관한 판단 쟁점은 피고인 丙, 丁의 신주인수권 행사가를 633원으로 공시한 것이 허위공시에 해당하는지 여부라고 보았다.

---

435 변경된 공소사실의 요지는 "피고인들은 공모하여, 실제 신주인수권 행사가가 633원인 것처럼 허위공시하는 방법으로 피고인 丁과 피고인 甲이 2007. 4. 17. 발행 신주인수권의 다른 보유자보다 부당하게 유리한 가격에 신주인수권을 행사한다는 중요한 정보를 은닉함으로써 일반주주들을 기망하였고, 이에 속은 일반주주들이 위 신주의 상장일인 2009. 7. 10. 이전에 위와 같은 A사 이사 피고인 甲의 불법행위에 대한 유지청구권 행사를 통해 불법적인 신주발행 및 상장을 막거나, 피고인 丁과 피고인 甲이 불법적으로 취득한 신주를 매각하기 전에 투자금을 회수하는 등의 조치를 취하지 못하는 것을 이용하여 불법적으로 발행된 신주를 매각함으로써 1,232,107,736원의 부당이득을 얻었다"는 것이다.

즉, 검사는 피고인 甲, 丙, 丁이 체결한 원금보장 약정 등 이면계약의 내용을 반영하면 신주인수권 행사가는 유동적일 수밖에 없으므로 그와 같은 유동적 행사가를 공시하였어야 함에도 신주인수권 행사가를 633원인 것처럼 허위로 공시하였다는 취지로 주장하였다.

[원금보장이 약정되었을 때, 신주인수권의 행사가가 유동적이 되는 이유]

정상적인 대용납입의 경우에는 '신주발행에 대한 반대급부'가 [주당 633원의 회사채 상환]이지만, 원리금 보장 약정이 있는 피고인 甲과 피고인 丙에 대한 신주발행의 경우 '신주발행에 대한 반대급부'가 [주당 633원의 회사채 상환 - 원리금 보장 채무 부담]이 되기 때문임

예를 들면, 아래와 같음[10%의 이자 또는 확정수익은 계산에서 배제]

1) 주가가 『공시상 신주인수권 행사가 633원』과 동일할 경우

- 회사는 투자원금 12억4,004만4,600원과 신주 1,458,876주의 가치 9억2,346만8,508원의 차액 3억1,657만6092원을 보전해 줄 채무를 추가부담
- 피고인 甲과 피고인 丙는 주당 416원[633원 - 316,576,092원 ÷1,458,876주]에 신주인수한 효과, 결국 실제 신주인수권행사가 및 신주발행가는 416원

2) 주가가 『공시상 신주인수권 행사가 633원 이하』인 500원으로 하락할 경우

- 회사는 투자원금과 신주가치의 차액 5억1,060만6,600원을 보전해 줄 채무를 추가부담
- 피고인 甲과 피고인 丙는 주당 283원[633원 - 510,606,600원÷1,458,876주]에 신주 인수한 효과, 결국 실제 신주인수권행사가는 및 신주발행가는 283원

3) 주가가 『약 850원(1,240,044,600원 ÷ 1,458,876주) 이상』일 경우

- 회사는 손실보전 채무를 부담하지 않음
- 丙은 주당 633원에 신주인수한 효과, 신수인수권행사가 및 신주발행가는 633원

이에 대하여 항소심 법원은 공시서류 기재의 기준과 서식에 관한 자본시장법의 내용, 금융감독원이 제정한 기업공시서식 작성기준, 자본시장에서 계약자유의 원칙 및 자본시장의 특성 등을 고려할 때 피고인 丙, 丁이 신주인수권 행사가를 633원으로 공시한 것은 허위공시에 해당하지 않는다고 보았고, 그렇다면 결국 피고인 甲, 피고인 丙, 피고인 丁이 공모하여 주식의 매매, 그 밖의 거래와 관련하여 중요사항에 관하여 거짓의 기재 또는 표시를 하였다거나, 부정한 수단, 계획 또는 기교를 사용하였다거나, 주식의 매매, 그 밖의 거래를 할 목적이나 그 시세의 변동을 도모할 목적으로 위계를 사용하였다고 보기는 어렵다고 판단하였다. 이에 대하여 대법원도 동일한 취지로 판단하였다.

나. 평석

우선, 앞서 살펴본 위 3.항의 'A사 주식 장내매수' 관련 쟁점에서 자세히 서술한 바와 같은 이유로 법원의 입장이 타당하다고 본다. 특히 검사는 이 부분 역시 자본시장법 제178조 제1항 제1호 <부정한 수단, 계획, 기교 행위>를 적용하여 기소하였는데, 자본시장법 관련 사안에서 이러한 포괄적 금지규정이 다수 활용되고 있다는 점에 대해서는 비판적 입장을 피력하고 싶다.

대법원은『자본시장법상 '부정한 수단, 계획 또는 기교'의 의미에 관하여 사회통념상 부정하다고 인정되는 일체의 수단, 계획 또는 기교를 의미하고, 나아가 어떠한 행위가 '부정한' 것인지 여부를 판단하기 위하여는 그 행위가 법령 등에서 금지된 것인지, 다른 투자자들로 하여금 잘못된 판단을 하게 함으로써 공정한 경쟁을 해치고 선의의 투자자에게 손해를 전가하여 자본시장의 공정성, 신뢰성 및 효율성을 해칠 위험이 있는지를 종합적으로 고려해야할 것이다』고 판시한 바 있다.

참고판례 - 대법원 2014. 2. 13. 선고 2013도1206 판결

나아가 어떠한 행위가 '부정한' 것인지 여부를 판단하기 위하여는 그 행위가 법령 등에서 금지된 것인지, 다른 투자자들로 하여금 잘못된 판단을 하게 함으로써 공정한 경쟁을 해치고 선의의 투자자에게 손해를 전가하여 자본시장의 공정성, 신뢰성 및 효율성을 해칠 위험이 있는지를 고려해야 할 것인데, 금융투자업자 등이 특정 투자자에 대하여만 투자기회 또는 거래수단을 제공한 경우에는 그 금융거래시장의 특성과 거래참여자의 종류와 규모, 거래의 구조와 방식, 특정 투자자에 대하여만 투자기회 등을 제공하게 된 동기와 방법, 이로 인하여 다른 일반투자자들의 투자기회 등을 침해함으로써 그들에게 손해를 초래할 위험이 있는지 여부, 이와 같은 행위로 인하여 금융상품 거래의 공정성에 대한 투자자들의 신뢰가 중대하게 훼손되었다고 볼 수 있는지 등의 사정을 자본시장법의 목적·취지에 비추어 종합적으로 고려하여야 할 것이다.

물론, 근자에 진화한 각종 금융범죄에 효율적으로 대응하기 위한 수단, 죄형법정주의의 한계 등을 이유로 당해 규정이 적용되는 경우가 다수 존재한다는 점은 일부분 이해되지만, 위 포괄적 금지규정은 부당이득액에 따라 가중 처벌되고, 부당이득이 필요적으로 몰수 또는 추징되는 등 예상되는 법익 침해가 매우 클 뿐 아니라, 해당 규정의 문언 자체가 지니고 있는 포괄성·추상성으로 인해 피고인의 방어 대상 역시 지나치게 불명확해질 우려가 있다. 따라서 죄형법정주의 내지 처벌법규의 명확성의 원칙과의 균형상 자본시장법 제178조 제1항 제1호의 적용은 보다 신중을 기하여야 함이 마땅하다.

5. 부당이득액 관련 쟁점

가. 법원의 판단

법원은 이 사건에서 최종 유죄로 인정된 위 1.'몽골 금광개발' 관련, 2.'외국인 투자'

관련 범죄사실과 관련하여, 피고인 甲, 乙은 위반행위로 55,534,749,355원 상당의 이익을 얻었고, 피고인 戊는 위반행위로 1,504,261,400원 상당의 미실현이익을 얻었다고 판시하였는데, 구체적인 산출 근거는 다음과 같다.

> S인베스트먼트사가 2009. 10. 19.경부터 2009. 10. 20.경까지 2일간 장내에서 A사 주식 495만 주를 매수한 이후 A사에 별다른 호재가 없음에도 A사 주가는 그 다음날인 2009. 10. 21.경에도 상승하여 1,875원을 기록하였으나, 그 다음날인 2009. 10. 22.경부터는 A사의 주가가 하락한 사실을 인정할 수 있고, 위 인정사실에 의하면 S인베스트먼트사가 장내 매수를 종료한 2009. 10. 20.까지의 주가뿐만 아니라, A사의 주가가 상승을 멈춘 2009. 10. 21.까지의 주가도 S인베스트먼트사의 장내 매수에 의하여 상승한 것이라고 봄이 상당하므로, S인베스트먼트사의 장내 매수로 피고인들이 얻은 이익은 2009. 10. 21. 당시의 주가인 1,875원을 기준으로 산정하는 것이 타당하다.
>
> 이 법원이 적법하게 채택.조사한 증거들에 의하면, S인베스트먼트사는 2009. 10. 19.경부터 2009. 10. 20.경까지 A사 주식 495만 주를 합계 7,776,988,600원(수수료 포함)에 매수한 후 2009. 10. 21.경 위 주식 전부를 그대로 소유하고 있었던 사실이 인정되고, 따라서 S인베스트먼트사가 얻은 이익은 2009. 10. 21.경 S인베스트먼트사가 소유하는 위 주식의 가치 9,284,250,000원(=495만 주×1,875원)에서 위 비용 7,776,988,600원을 뺀 1,504,261,400원으로 봄이 상당하다.

한편, 피고인 戊는 항소심에서 원심(제1심)의 부당이득액수 산정 기준가와 주식 수가 잘못 계산되었다는 취지로 주장하였는데, 구체적으로 "만약 유죄로 인정되어 미실현 부당이득액이 있다고 하더라도, 그 액수는 시세조종행위 종료일(2009. 10. 20.)의 종가 1,690원(4,985,500,000원)에 취득원가 1,567원(4,622,650,000원)를 뺀 차액에 상당하는 주식 295만주의 가치인 362,850,000원으로 보아야 한다"고 주장하였다.

이에 대해 항소심 법원은『피고인 戊는, 미실현이익을 최초 형성된 최고가일 종가를 기준으로 산정하는 방식은 미공개정보이용행위로 인한 미실현이익을 산정하는 데 적용되는 방식이고, 시세조종행위로 인한 미실현이익의 산정은 시세조종 종료일의 종기를 기준으로 평가이익을 산정하여야 한다고 주장하나 이는 아무런 근거가 없는 주장이므로 받아들이지 아니한다』고 판시하면서 이를 배척하였다. 대법원도 이와 동일한 취지로 판단하였다.

나. 평석

(1) 부당이득 산정에 관한 명문의 규정

사기적 부정거래행위로 취득한 부당이득의 규모에 따라 징역형 및 벌금의 가중이 달라지므로, 부당이득의 규모를 정확하게 산정하는 것이 형사재판에서는 매우 중요한 선결과제가 된다.

그럼에도 불구하고 구 증권거래법뿐만 아니라 자본시장법에도 부당이득의 산정방법에 관한 명시적인 규정이 없었기 때문에, 기존에 구체적인 부당이득액의 산정은 법원의 판단에 맡겨져 왔다.

이와 관련하여 대법원은 부당이득이 '당해 위반행위로 인하여 행위자가 얻은 이윤, 즉 그 거래로 인한 총수입에서 그 거래를 위한 총비용을 공제한 차액'을 의미한다고 판시하였다.[436]

한편, 자본시장법 시행령이 2024. 1. 9. 대통령령 제34125호로 개정되면서 부당이득액의 산정에 관하여 제388조의2가 신설되었고, [별표 20의2]에 구체적인 산정방식이 규정되었다.

[별표 20의2] 중 일반기준과 관련하여 "외부요인에 의한 금융투자상품의 시세변동이 위반행위로 인한 금융투자상품의 시세변동을 완전히 상쇄하였다고 인정되는 경우," "외부요인에 의한 금융투자상품의 시세변동이 위반행위로 인한 금융투자상품의 시세변동을 초과하였다고 인정되는 경우," "외부요인에 의한 금융투자상품의 시세변동이 위반

---

436 대법원 2009. 4. 9. 선고 2009도675 판결

행위로 인한 금융투자상품의 시세변동에 준한다고 인정되는 경우" 및 "외부요인에 의한 금융투자상품의 시세변동이 위반행위로 인한 금융투자상품의 시세변동에 준하는 정도에 미치지 않는다고 인정되는 경우"라는 개념이 도입되었다.

자본시장법 시행령 제388조의2 및 [별표 20의2]가 도입된 배경은 수긍이 가나, 사기적 부정거래행위로 취득한 부당이득의 규모에 따라 징역형 및 벌금의 가중이 달라지는 상황에서 부당이득액은 엄격하게 산정되어야 하는데, ▲ 자본시장법 시행령 제388조의2 및 [별표 20의2]만으로 개별적인 사안에서 부당이득액을 산정하기에 충분한 기준이 마련되었다고 보기 어렵고, ▲ 특히, [별표 20의2] 중 일반기준과 관련하여 "외부요인에 의한 금융투자상품의 시세변동이 위반행위로 인한 금융투자상품의 시세변동을 완전히 상쇄하였다고 인정되는 경우," "외부요인에 의한 금융투자상품의 시세변동이 위반행위로 인한 금융투자상품의 시세변동을 초과하였다고 인정되는 경우," "외부요인에 의한 금융투자상품의 시세변동이 위반행위로 인한 금융투자상품의 시세변동에 준한다고 인정되는 경우" 및 "외부요인에 의한 금융투자상품의 시세변동이 위반행위로 인한 금융투자상품의 시세변동에 준하는 정도에 미치지 않는다고 인정되는 경우"라는 개념 자체가 판단을 요하는 것이고, 그 판단 기준도 불명확한 측면이 있다.

(2) 부당이득액 산정에 관한 판례의 기본적인 입장

부당이득은 사기적 부정거래행위로 인한 이익으로서 사기적 부정거래행위와의 인과관계가 인정되어야 하는데, 사기적 부정거래행위 외에 제3자의 개입, 증권시장의 상황, 그 밖에 주가에 중대한 영향을 미칠 수 있는 제반 요소가 다양하므로, 사기적 부정거래행위로 인한 부당이득액을 구체적으로 산정함에 있어서는 신중을 기하여야 한다.

이와 관련하여 대법원은 『위반행위의 동기, 경위, 태양, 기간, 제3자의 개입 여부, 증권시장 상황 및 그 밖에 주가에 중대한 영향을 미칠 수 있는 제반 요소들을 전체적·종합적으로 고려하여 인과관계가 인정되는 이익을 산정해야 한다』고 판시하였다.[437]

437 대법원 2009. 7. 9. 선고 2009도1374 판결

특히, 대법원은 주식시장에서의 정상적인 주가변동요인에 의한 주가상승분이나 위반행위자와 무관한 제3자가 야기한 주가상승분이 존재하는 등과 같은 사정이 있는 경우에는 위반행위와 인과관계가 인정되는 이익만을 따로 구분하여 산정하여야 한다고 판시하기도 하였다.[438]

그 연장선에서 법원이 피고인의 행위와 무관한 요인에 의한 주가상승분이 존재한다고 판단되는 경우 "액수 미상의 부당이득"이라고 판시하는 사례가 다수 있다.[439]

(3) 이 사건의 경우

부당이득액은 위반행위로 인하여 발생한 위험과 인과관계가 인정되어야 한다는 상식적인 전제에서 이를 구체적으로 산정함에 있어서는 형사법의 대원칙인 책임주의를 염두에 두고 여러 제반 요소들을 전체적·종합적으로 고려하는 것이 마땅하다.

그런데 이 사건의 경우 앞서 살펴본 바와 같이, S인베스트먼트사를 중개한 피고인 戊의 부당이득액은 구체적으로 산출한 반면, 핵심 피고인인 甲, 乙의 경우 부당이득액 총액 외에 산출 근거가 판결문에 기재되어 있지 않아서 구체적인 판결 이유를 알 수가 없다. 다만, 이 사건 피고인 戊의 경우 장내매수라는 부정거래행위가 2009. 10. 19.경부터 2009. 10. 20.경까지 단 이틀에 걸쳐 이루어졌다는 점에서 위반행위자와 무관한 제3자가 야기한 주가상승분이 존재한다는 사정 등을 주장·소명하기에는 어려울 것으로 보이고, 따라서 피고인 戊의 부당이득액 산정에 관한 한 법원의 입장이 타당하다고 보인다.

---

438 대법원 2013. 7. 11. 선고 2011도15056 판결

439 서울고등법원 2018. 6. 21. 선고 2017노2969 판결, 서울고등법원 2022. 4. 29. 선고 2021노2108 판결

33

<검은 머리 외국인>을 이용한 무자본 M&A 사건

Ⅰ. 사건의 진행 경과

1. 배경사실

등장인물
피고인 甲 : H사, A사, S사, B사 등의 대표이사
공소외 乙 : 해외 소재 외국법인 P 및 M의 소유자이면서, 해당 회사의 국내대리법인을 실질적으로 소유한 자
피고인 丙 : S사 이사
피고인 丁 : N사 관리이사
피고인 戊 : 개인주식투자
피고인 己 : S사 부사장
피고인 庚 : 대부업자
피고인 申 : 대부업자

관련 회사들의 인수합병 경위 및 지배구조(배경사실)	
일시	행위
2008. 2. 1.	- 피고인 甲은 원래 H사의 대주주이자 대표이사로 2008. 2. 1. 코스닥 상장사인 A사를 인수하였음(12.51%). 이로써 H사가 A사의 최대주주가 되었고 피고인1이 A사를 지배함.
2008. 5. 23.	- A사는 다시 2008. 5. 23. 코스닥 상장사인 S사를 인수하였음(43.07%). 이로써 A사가 S사의 최대주주가 되었고 피고인 甲이 S사를 지배함.
2008. 12. 15.	- S사는 다시 2008. 12. 15. 코스닥상장사인 B를 인수하였음(25.33%). 이로써 피고인 甲은 B사를 지배함.
피고인1의 2009.경 인수합병	- A사는 2009. 7. 29. 비상장사인 M사를 인수(100%)한 후 2009. 10. 26.경 흡수합병함. - A사는 2009. 12. 29.경 비상장사인 T사를 흡수합병함. - S사는 2009. 11. 17. 코스닥상장사인 E사(8.64%, 우호지분으로 대부업자 庚이 15.12% 인수)를 인수함. - E사는 다음날인 2009. 11. 18.경 비상장사인 L사를 인수함.

- 피고인 甲은 위 과정에서 저축은행, 대부업체, 대부업자, 개인투자자 등에 대하여 유상증자 또는 합병신주를 담보로 제공하고 받은 차입금, 신주인수권부사채(BW)를 발행 등을 통해 자본금을 조달하였는바, 사실상 자기자본 없이 위 회사들을 인수합병 하였음.
- 위와 같은 인수합병을 통해 피고인 甲은 비상장사인 H사를 일종의 지주회사로 하여 A사, S사, B사, E사 등 4개 코스닥상장사와 N사, L사, R사, W사, O사, V사, K사 등 7개 비상장사의 경영권을 취득하였음.

2. 외국 법인 소유자인 乙과의 투자수익보장약정 체결 및 장내매수 행위

일시	행위
2008. 11. 이전	- 피고인 甲은 2008. 5. 29. S사의 경영권을 인수하면서 인수대금의 상당부분을 주식담보대출로 조달함. - 리먼브라더스 사태로 주가가 하락하면서 담보제공된 주식의 반대매매로 인해 경영권 상실 위험에 처함.

2008. 11. 25. ~ 2009. 1. 7. (乙 투자수익보장 약정1)	- 피고인 甲, 2008. 11. 25. 乙과 투자원리금보장약정을 체결, 주가변동과 관계없이 투자원리금을 보장해주는 조건으로 乙이 소유하는 외국법인의 국외거래용증권계좌를 동원하여 S사 주식을 장내 매수하기로 함. - 乙이 20억원을 3개월간 최소10%(최소 수익 2억원) 조건으로 甲에게 대여하고 甲은 33.3%의 사전 현금 담보를 제공하되 주가가 현금 담보치보다 하락하면 담보부족분을 즉시 현금 또는 주식으로 예치하는 마진콜 조건을 결부함. - 乙은 외국법인 P 및 M의 외국인투자전용계좌를 동원하여 2009. 1. 7.까지 S사 주식 총 656,480주(시가 1,963,663,510원)을 매수하고 피고인에게 보고하였음.
2009. 3. 3.경 ~ 2009. 4. 29. (乙 투자수익보장 약정2)	- 피고인 甲, 2009. 3. 3.경 S사 주가하락 방어를 위해 乙의 해외법인을 이용하여 장내에서 S사 주식 30억원 상당을 매수해주면 주가의 등락과 관계없이 원금에 이자를 가산하여 지급하겠다고 약정함. - 乙은 2009. 4. 29.까지 S사 주식 총 742,051주, 시가 합계 2,999,994,255원을 외국법인 P, M의 국내 외국인투자전용계좌등을 통해 매수함. - 여기에는 乙 자신의 매도물량(2008. 11. 25.자 투자수익보장약정에 따라 매수하였다가 매도한 656,480주)이 포함되었으며, 소액투자자들의 매도물량을 지속적으로 흡수한 후 일일 매수현황을 피고인에게 매수 다음날 항상 보고함.
2009. 6. 3. ~ 2009. 6. 9. (乙 투자수익보장 약정3)	- 피고인 甲 2009. 6. 3. 乙과의 사이에서 S사 및 A사의 주식 약 6억 원 상당의 매수를 부탁하면서 주가의 등락에 관계없이 원금에 이자를 가산하여 지급하기로 함. - 乙은 6억을 대여해주면서 이 돈으로 장내에서 주식을 매수하고 주가 상승으로 원리금(원금의 115%)을 상회하는 이익은 甲에게 반환하기로 함 - 乙은 2009. 6. 5. 장내에서 N1 등의 명의 계좌로 S사 주식 104,926주를 합계 367,056,330원에 매수 - 2009. 6. 9. 장내에서 N1 등 명의 계좌로 A사 주식 47,176주를 합계 232,940,935원에 매수하여 소액투자자들의 매도물량을 지속적으로 흡수한 후 일일 매수현황을 피고인에게 매수 다음날 항상 보고
2009. 10. 7. (乙 투자수익보장 약정4)	- 피고인 甲, 2009. 9. 21. A사의 M사 합병 추진, 합병에 반대하는 A사 주주들이 10,222,278,621원 상당의 주식매수청구 행사 예정할 것이라는 통지서를 송달받음.

2009. 10. 7. (乙 투자수익보장 약정4)	- 당시 A사는 주식매수청구가 실제로 실행될 경우 대금 지급 능력이 없었기에, 주식매수청구권 행사기간인 2009. 9. 22.부터 2009. 10. 12.까지 A사의 주가를 주식매수청구권 행사가 4,287원 이상으로 유지할 필요가 있었음. - 피고인 甲은 2009. 10. 7. 乙과의 사이에서 투자수익보장약정을 체결(투자기간 3개월, 원금 대비 110% 수익보장, 115% 초과 수익은 피고인 甲에게 반환한다는 내용) - 乙은 피고인 甲으로부터 현금 10억원, A사 발행 49.5억원의 약속어음을 받은 뒤 2009. 10. 7.부터 2009. 10. 12.까지 외국법인 P 등의 명의로 A사 주식 723,999주(3,000,003,990원) 매수함.

3. 丁, 戊를 통한 S사 주식 장내매수도 행위

일시	행위
2009. 1. 14. ~ 2009. 2. 2. (丁, 戊 장내매수도1)	- 피고인 甲은 2009. 1. 14. 자신의 사무실에서 피고인 丁에게 "S사의 제3자 배정 참여자 명단이 확정되었으니 주금납입일까지 발행가 이상으로 유지해라, 그래야 주금이 정상적으로 납입되니 주변 지인들에게 S사 주식 매수를 부탁해 보라"라고 말하며 S사 자금 1억 원을 교부함. - 피고인 丁은 피고인 戊에게 2천만 원, N2와 N3에게 각각 3천만 원을 교부하면서 S사 주식의 매수를 부탁, 2009. 1. 19.경부터 2009. 2. 2.경까지 S사 주식 41,301주를 140,235,465원(평균단가 3,395원)에 매수, 41,301주를 141,940,370원(평균단가 3,437원)에 매도함.
2009. 2. 10.경 ~ 2009. 6. 2. (丁, 戊 장내매수도2)	- 피고인 甲, 2009. 2. 10.경 주가관리자금 명목으로 피고인 丁에게 S사 자금 2억원을 교부함. - 피고인 丁은 피고인 戊에게 주가관리자금 5천만원 교부 - 피고인 戊은 2009. 2. 10.경부터 2009. 6. 2.경까지 S사 주식 227,202주를 912,373,435원(평균단가 4,015원)에 매수하고, 227,202주를 916,661,720원(평균단가 4,034)에 매도함.

4. 2009. 2. 2.자 S사 제3자 배정 유상증자 차명참여 등 행위

일시	행위
2009. 2. 2. S사 제3자 배정 유상증자를 전후하여	- 피고인 甲, 2009. 1. 23.경 S사의 144억 원 상당 제3자 배정 유상증자 결정을 공시, 2009. 1. 29.경 유가증권신고서를 제출.
	- 피고인 甲, 사채업자 庚과 ❶ 30억 원에 대해서는 원금보장약정을 하여 庚의 계산으로 주금 납입케 하고, ❷ 30억원은 월 10%의 이자를 지급하는 조건으로 庚이 甲에게 대여해주면 차명(피고인 甲이 실질 소유)으로 주금 납입하기로 약정함. - 위 대여금 30억원은 향후 유상증자로 발행된 신주를 매각한 자금으로 변제하기로 하고, 원금보장약정 하에 투자한 30억 원에 대해서는 유상증자 이후 주가가 올라 이익이 나면 모두 庚이 가진다는 조건을 결부함. 피고인 甲은 庚에게 원금보장약정의 담보로 S사의 당좌수표 및 현금을 제공함.
	- 피고인 甲, 사채업자 申과 ❶ 15억원은 申의 계산으로 주금납입하기로 하고, ❷ 10억원은 차명으로 주금납입한 후 배정된 신주를 담보로 제공하는 조건으로 위 돈(10억원)을 차입하기로 약정함. - 피고인 丙, 甲 지시에 따라 2009. 2. 2. 申으로부터 차입한 10억원은 N3의 이름으로, 庚으로부터 대여한 30억원은 N4, N5, N6의 이름으로 주금 납입하여 신주를 차명 취득함.
	- 2009. 2. 2. S사 제3자 배정 유상증자로 총 129억원이 S사에 납입되었는데 위와 같이 甲이 사채업자인 申, 庚 등으로부터 돈을 차입하여 납입한 금액이 40억원이고(申, 庚의 돈으로 총 40억 상당의 주식을 차명 취득), 庚이 납입한 30억원은 원금이 보장된 상태에서 주금 납입됨. - 피고인 甲, 피고인 丙은 2009. 2. 3.경 제3자 배정 유상증자 청약 및 납입결과를 공시하고 유가증권발행실적보고서를 제출함에 있어 129억 원의 주금 모두가 일반 투자자에 의해 정상적으로 납입된 것처럼 기재함. - 대표이사인 피고인 甲의 명의로 신주를 배정받았다가 이를 매각할 경우 주가에 영향을 미칠 것을 우려하여 2009. 3. 3. A사 명의로 주식 등 대량보유상황보고를 하면서 A사의 특수관계인인 피고인 甲이 S사 주식을 전혀 보유하고 있지 아니한 것처럼 기재함(차명 보고함)

5. 외국법인 P의 B사 유상증자 참여 행위

일시	행위
2009. 5.경	- 피고인 甲, 乙과 사이에 乙의 외국법인 P 명의로 B사의 제3자 배정 유상증자 주식 배정받기로 함(당시 해외자본지분 10%를 확보하지 못하면 A경제자유구역 내 공장허가가 나지 않고 그렇게 되면 분양받은 공장부지가 분양가로 몰취될 수 있는 리스크가 존재하였음)
2009. 5. 20.	- 의무보유기간인 2011. 10. 31. 이후 외국법인 P는 피고인 甲, S사에 B사 주식에 대한 주식매수청구권을 행사할 수 있고 매수대금 지급 보증을 위해 甲, S사로부터 39억원의 현금을 지급받기로 하는 약정 체결함. - 피고인 甲은 2011. 11. 21.까지 乙에게 원금 대비 30%의 수익을 보장해주고, 주식매각 대금이 이를 초과할 경우에는 초과분의 15%는 乙이 보유, 나머지 85%는 甲이 반환받기로 약정함. - 약정에 따라 甲은 2009. 5. 20. 乙에게 S사 현금 39억원 및 S사 발행 75억 상당의 약속어음 제공. - 乙은 2009. 5. 21. 외국법인 P의 명의로 540만주 청약한 후 38억6640만원을 납입함.
2009. 5. 22.	- 피고인 甲, 피고인 丙은 2009. 5. 14.자 정정신고(보고) 및 2009. 5. 22.자 B사 증권발생결과(자율공시)를 함에 있어 외국법인 P가 정상적으로 B사 주식을 취득한 것으로 공시하고, 75억원 상당의 담보제공 또는 채무보증에 관한 결정 또는 사실을 신고하지 아니함.

6. 2009. 6. 15. A사 주주배정 유상증자 실권주 인수(차명인수) 행위

일시	행위
2009. 6. 11.경	- 피고인 甲, 2009. 6. 11. A사 주주배정 유상증자에서 발생한 실권주 1,078,143주를 인수하여 실권주에 대한 제3자 배정 유상증자를 100% 달성하기 위해 실권주 인수를 위한 자금 및 차명을 마련할 것을 피고인 己(부사장)에게 지시(甲 본인 명의로 유상증자 참여할 경우 유상증자 실패 인상을 줄 수 있고, 향후 매각시 최대주주 H사의 특수관계인인 피고인 甲의 주식처분사실이 공시될 수 있기 때문)

2009. 6. 15.	- 피고인 己, 피고인 申(대부업자)에게 A사 실권주 제3자 유상증자와 관련하여 돈과 계좌 명의를 빌려달라고 부탁함. - 피고인 申, 253,532,630원과 조카 N7 명의 증권계좌를 대여해주기로 함. - 피고인 申, 甲과 己가 지급해준 2억원에 자신이 대여해주기로 한 253,532,630원까지 총 453,532,630원을 주금으로 납입하고 N7 명의로 실권주 115,993주를 배정받음
2009. 6. 16.	- 피고인 甲, 증권발행실적 보고서를 제출하면서 253,532,630원(申 대여금) 부분도 주금이 정상 납입된 것으로 표시함 - 피고인 甲, A사의 임원임에도 주식소유상황보고를 하지 아니함
2009. 7. 1.	- 피고인 申, 己로부터 주식 매도 통보를 받고 491,332,885원에 전부 매도하여 처분하고 甲 측에게 2억3500만원을 반환함
2009. 7. 10,	- 甲, 특수관계에 있는 H사의 명의로 대량보유보고를 하면서 위 실권주 115,993주의 취득사실을 기재하지 아니함.

7. 2009. 8. 12. B사 주주배정 유상증자 실권주 40만 주 실권주 인수(차명인수) 행위

일시	행위
2009. 8. 10.경	- 피고인 甲, 2009. 6. 11.자 B의 주주배정 유상증자에서 발생한 실권주 6,766,143주에 대하여 2009. 8. 12. 제3자 배정 유상증자를 실시 - 제3자 배정 유상증자에서 투자유치에 실패한 400,000주를 스스로 인수하기로 하고 피고인 丙에게 B사의 최대주주인 S사의 자금으로 페이퍼컴퍼니인 R사 명의로 위 실권주를 인수할 것을 지시 - 피고인 丙은 위 지시에 따라 S사 자금 2억 원을 인출하여 B사 주금으로 납입하는 등 위 실권주에 대한 제3자 배정 유상증자에 대하여 100% 납입
2009. 8. 12.	- 증권발행실적보고서를 제출하면서 실권주가 100% 인수된 사실을 공시하고, - 2009. 8. 14. S사 명의로 주식등의 대량보유상황보고서를 제출하면서 S사의 대표이사인 피고인 甲의 주식취득 사실을 누락함(B사의 최대주주는 S사이고, 甲은 B사의 등기이사이자 S사의 특수관계인이므로 S사와 甲은 연명하여 대량보유보고 의무 발생함)
2009. 8. 20.	- 위 취득 실권주 400,000 전부 장외 처분함

8. 2009. 10. 26. A사와 M사의 합병과정 사기적 부정거래 관련

일시	행위
배경사실	- A사 매출액이 2007. 말경부터 감소 시작하여 2009. 연말까지 약 300억원의 손실이 추가 발생함으로써 관리종목으로 지정될 위험이 높아짐에 따라, 피고인 甲, 비상장회사를 차명으로 합병하여 자기자본 확충 시도함. - 피고인 甲, A사의 M사 인수합병 추진.
M사 차명인수	- 2009. 7.경 피고인 申으로부터 차입한 자금 13억5천만원 및 타인명의로 M사 지분 100% 취득, 이때 N8, N9 등 차명을 이용함(차명취득을 통해 실명인수시 적용되는 합병신주 매각제한 규정 회피 가능했기 때문이었고, 대부업자에게 합병전 M사 주식을 차입금에 대한 담보로 제공했다가 합병 후 매각제한 없는 합병신주로 담보 교환하려는 목적, 매각제한 없는 합병신주 매각을 통해 이익 취득 목적 등에서 차명인수) - 피고인 甲, 2009. 7. 29. M사 지분100%를 3,039,200,000원에 인수하면서, A사 자금 1,251,250,000원으로 인수한 770,000주 전부 차명 인수함. - 申으로부터 차입한 1,348,750,000원으로 인수한 830,000주 전부 차명 인수함. - 피고인 甲, 2009. 8. 10.경 차명으로 인수한 주식 중 288,000주(18%)의 명의만을 A사로 변경하고, '타법인 주식 및 출자증권 취득 결정' 공시 등을 통하여 A사가 M사의 주식의 18%만을 취득하였고, 위 288,000주에 대해서 배정될 합병신주 219,227주만을 보호예수하게 되는 것처럼 표시함. - 피고인 甲은 2009. 10. 26. A사와 M사의 합병 후 A사의 계산으로 총 998,699주를 배정받았음에도 2009. 10. 29. 증권발행실적보고서를 제출하면서 'A사가 위 합병신주 219,227주만을 배정받았고 이 주식들만 보호예수하게 될 것'이라고 기재함.

9. 2009.12.29. A사와 T사의 합병과정에서의 사기적 부정거래 부분

일시	행위
2009. 9.경	- A사와 합병할만한 비상장회사 추가 물색, T사를 인수하여 유상증자를 실시, 회사가치를 높인 후 합병을 하기로 결정함.
2009. 9. 25.	- 피고인 甲이 2009. 2. 25.경 H사의 대표이사로서 2009. 9. 25경 T사의 주식 총 361,476주(90%)를 8,099,954,800원에 인수하되, 그중 190,000주만을 H사 명의로 인수하고 나머지 171,476주는 차명으로 인수함.
2009. 9. 28. T사 제3자 유상증자 차명 참여 부분	- 피고인 甲은 2009. 9. 하순경 피고인 庚에게 'T사를 인수하여 유상증자를 실시한 후 A사와 합병할 예정인데, T사 제3자 배정 유상증자 대금 60억 원을 빌려주면, 차명으로 T사 유상증자에 참여하고 A사와 합병한 후 합병신주를 위 차명으로 배정받아 매각제한 규정을 회피한 합병신주를 담보로 제공하겠다'고 제안, 庚은 4개월 후에 이자 20%를 포함한 72억 원을 상환받는 조건으로 이에 동의함. 庚은 60억원 및 자신의 명의를 대여해 줌. - 피고인 申, 피고인 甲에게 같은 방법으로 40억원 및 명의를 대여함. - 피고인 甲은 위 차입금 등 139억 5천만 원으로 2009. 9. 28. T사 유상증자금을 납입하면서 차명으로 주금을 납입, T사의 주식 1,437,476주를 차명으로 취득함. - 결국 H사가 T사 주식 361,476주(190,000주는 H사 명의, 171,476주는 차명)를 인수하고 甲이 제3자 배정 유상증자를 통해 1,116,000주(전부 차명)를 취득하게 되었음.
2009. 10. 5.	- 피고인 甲, 피고인 丙, '주요사항보고서(합병결정)'을 제출하고 2009. 10. 8.경 '증권신고서(합병)'를 제출하면서 H사가 T사의 주식을 190,000주 취득하여 최대주주이고, 위 주식에 대해서 배정될 합병신주만을 보호예수할 것이라고 기재함.
2009. 10. 19.	- '[정정]회사합병결정'을 공시하고, '[정정]주요사항보고서'를 제출하고, 2009. 10. 20.경 '[정정]증권신고서(합병)'을 제출하면서 H사가 T사의 주식을 190,000주 취득하여 최대주주이고, 위 주식에 대해서 배정될 합병신주 1,267,414주만을 보호예수할 것이라고 기재(합병신주 특정됨).
이후	- 2009. 11. 3. '[정정]회사합병결정'을 공시하고 '[정정]주요사항보고서' 및 '[정정]증권신고서(합병)'를 제출하고, 2009. 11. 11. '투자설명서'를 제출하면서 H사가 T사의 주식을 190,000주 취득하여 최대주주이고, 위 주식에 대해서 배정될 합병신주 1,179,817주만을 보호예수할 것이라고 기재함. - 2009. 12. 31. '증권발행실적보고서(합병)'를 제출하면서 H사가 취득할 합병신주 중 1,179,817주만을 보호예수할 것이라고 거짓 기재함.

II. 관련 조문

자본시장법 제176조(시세조종행위 등의 금지)

② 누구든지 상장증권 또는 장내파생상품의 매매를 유인할 목적으로 다음 각 호의 어느 하나에 해당하는 행위를 하여서는 아니 된다. <개정 2013. 5. 28.>

1. 그 증권 또는 장내파생상품의 매매가 성황을 이루고 있는 듯이 잘못 알게 하거나 그 시세(증권시장 또는 파생상품시장에서 형성된 시세, 다자간매매체결회사가 상장주권의 매매를 중개함에 있어서 형성된 시세, 그 밖에 대통령령으로 정하는 시세를 말한다. 이하 같다)를 변동시키는 매매 또는 그 위탁이나 수탁을 하는 행위
2. 그 증권 또는 장내파생상품의 시세가 자기 또는 타인의 시장 조작에 의하여 변동한다는 말을 유포하는 행위
3. 그 증권 또는 장내파생상품의 매매를 함에 있어서 중요한 사실에 관하여 거짓의 표시 또는 오해를 유발시키는 표시를 하는 행위

자본시장법 제178조(부정거래행위 등의 금지)

① 누구든지 금융투자상품의 매매(증권의 경우 모집·사모·매출을 포함한다. 이하 이 조 및 제179조에서 같다), 그 밖의 거래와 관련하여 다음 각 호의 어느 하나에 해당하는 행위를 하여서는 아니 된다.

1. 부정한 수단, 계획 또는 기교를 사용하는 행위
2. 중요사항에 관하여 거짓의 기재 또는 표시를 하거나 타인에게 오해를 유발시키지 아니하기 위하여 필요한 중요사항의 기재 또는 표시가 누락된 문서, 그 밖의 기재 또는 표시를 사용하여 금전, 그 밖의 재산상의 이익을 얻고자 하는 행위

3. 금융투자상품의 매매, 그 밖의 거래를 유인할 목적으로 거짓의 시세를 이용하는 행위

② 누구든지 금융투자상품의 매매, 그 밖의 거래를 할 목적이나 그 시세의 변동을 도모할 목적으로 풍문의 유포, 위계(僞計)의 사용, 폭행 또는 협박을 하여서는 아니 된다.

이 사건에서 문제된 행위는 자본시장법이 시행된 2009. 2. 4. 이후에 이루어졌으므로, 이 사건은 자본시장법이 적용되었다.[440]

III. 쟁점의 정리

피고인은 본래 H사의 대표이사로, 2008년경부터 차례로 A사, S사, B사 등 코스닥 상장사들을 무자본 인수하였고, 그 이후로도 각 인수한 상장사들을 통해 T사, M사, E사, L사 등 회사를 재차 무자본 인수 합병하여 수 개의 회사를 실질적으로 지배하였다. 피고인은 사실상 자기 자본 없이 위와 같은 인수합병 행위를 거듭하였으며, 그 과정에서 필요한 자본금을 조달하는데 있어 A사나 S사로 하여금 당좌수표를 발행하여 대부업자 등에게 담보로 제공하고 돈을 빌리는 등의 횡령 혐의를 포함하여, 배임·자본시장법 위반(시세조종, 사기적 부정거래) 등 십수 개의 혐의로 기소되었다. 이중 자본시장법 위

440 피고인 甲의 사기적 부정거래 행위는 자본시장법 시행 이전인 2008. 11. 25.경부터 시작되었는데(물론 당시는 구 증권거래법이 시행중이었다), 피고인의 이 최초의 법 위반 행위가 자본시장법 시행 이후인 2009. 3. 3.경 및 2009. 6. 3.경의 자본시장법상 사기적 부정거래 행위와 포괄일죄로 의율되면서 피고인 甲에게는 자본시장법만 적용되었다. 한편 자본시장법 시행 하루 전인 2009. 2. 3.까지만 사기적 부정거래 행위에 가담한 일부 피고인들에게는 구 증권거래법이 적용되기도 하였는데, 이에 관하여서는 후술하기로 한다(본 논고의 각주 449번 참조).

반과 관련된 피고인 甲의 행위 유형은 다음의 여섯 가지 정도로 분류할 수 있다.

1. 첫 번째는 이 사건에서 가장 문제되었던 S사 제3자 배정 유상증자를 둘러싼 시세조종 및 사기적 부정거래 행위이다.

피고인은 S사를 인수하고 난 뒤인 2008. 11.경부터 리먼브라더스 사태로 촉발된 주가하락과 그로 인한 주식의 반대매매 위험을 회피하고 나아가서는 유동성 공급을 위해 S사의 제3자 배정 유상증자를 도모하였으나 한번 실패하였고, 이후 재차 유상증자를 시도하면서는 S사의 주가를 부양하기 위해 내부관계자와 외국법인을 동원한 주식 장내매수 행위 등 시세조종을 감행하였으며 결국 2009. 2. 2.경 S사의 총 129억원에 이르는 제3자 배정 유상증자를 완료하기에 이르렀다. 그 과정에서 다음과 같은 피고인의 행위가 문제되었는데 구체적으로, 아래와 같다.

1- ① 외국법인을 소유하는 乙과의 사이에서 3차례[441] 투자수익보장약정[442]을 체결하고(乙으로부터 자금을 대여받는 것으로 하되 담보를 제공하는 등의 방식으로 원금보장약정 및 일정 부분의 수익을 보장), 乙이 소유하는 외국법인 명의로 S사의 주식을 매수하면서 주가를 부양한 각 행위가 자본시장법 제176조 제2항 1호의 시세조종 행위, 제178조 제1항 1호 〈부정한 수단, 계획, 기교〉, 제178조 제2항 〈위계 이용행위〉에 해당하는지 여부가 문제된다.

1- ② 丁, 戊 등의 내부관계자 혹은 지인에게 'S사의 성공적인 제3자 배정 유상증자를 위해 주가를 발행가 이상으로 유지해야한다'고 하면서 S사의 자금을 교부(일종의 손실보상금을 예치한 것임)한 뒤 그들로 하여금 S사 주식을 장내매수도 하게 한 행위가 자

441 1차: 2008. 11. 25. / 2차: 2009. 3. 3. / 3차: 2009. 6. 3.

442 이 사건에서 피고인 甲은 A사와 M사의 합병과정에서 합병 반대주주의 주식매수청구권 행사규모를 축소하고자 2009. 9. 21. 乙과의 사이에서 4번째 투자수익보장약정을 체결하고 A사 주식을 장내매수하였으나, 이 부분은 A사의 합병을 성공리에 진행하기 위한 행위일뿐, S사의 제3자 배정 유상증자나 주가부양과는 관련이 없어 별도의 시세조종 행위로 의율되었는바, 본 논의에서는 제외하고자 한다.

본시장법 제176조 제2항 1호의 시세조종 행위, 제178조 제1항 1호 〈부정한 수단, 계획, 기교〉에 해당하는지 여부, 나아가 양 죄의 죄수관계가 문제된다.

1- ③ 제3자 배정 유상증자 절차에서 사채업자 庚에게 30억원의 원금보장약정을 해 준 뒤 현금과 당좌수표를 원금보장 약정에 대한 담보로 제공하여 위 庚이 유상증자에 참여하게 한 행위 및 위 庚을 포함한 두 명의 대부업자로부터 40억 원을 빌려 피고인 甲의 명의가 아닌 다른 차명으로 S사 유상증자에 참여한 행위가 법 제178조 제1항 제1호 〈부정한 수단, 계획, 기교〉에 해당하는지 여부가 문제된다. 아울러 위 1-③행위를 한 뒤 아래에서 보는 1-④와 같은 '공시' 행위가 후행되었는데, 그와 같은 공시행위 전에 이루어졌던 1-③행위를 어떻게 법적으로 평가할 것인지가 문제된다.

1- ④ 위와 같이 납입된 총 129억원의 주금 중 40억원이 사채업자 庚 등으로부터 차입한 차입금이었고 庚이 납입한 30억원은 원금보장약정 체결 하에 납입된 것이어서 정상적으로 주금이 납입된 것은 59억원에 불과함에도 피고인 甲이 2009. 2. 2.경 제3자 배정 유상증자 청약 및 납입결과를 공시하고 유가증권발행실적보고서를 제출함에 있어 129억 원의 주금 모두가 일반 투자자에 의해 정상적으로 납입된 것처럼 기재한 행위가 자본시장법 제178조 제1항 제2호 〈중요사항 거짓문서 등 이용행위〉에 해당하는지 문제된다.

2. 두 번째는 피고인 甲이 B사의 제3자 배정 유상증자 과정에서 외국법인을 참여시키기 위하여 외국법인 소유자인 乙에게 현금과 S사 약속어음을 담보로 제공하고 유상증자에 참여시킨 행위이다. 구체적으로 살펴보면 아래와 같다.

① 피고인은 乙과 위 乙 측이 B사의 유상증자에 참여한 이후 그 신주에 대한 보호예수기간이 도과하면 乙이 피고인과 S사에 대하여 B사 주식을 매수할 것으로 요구하는 주식매수청구권을 행사할 수 있도록 하는 약정을 체결한 뒤, 그 이행을 담보하기 위해 S사의 현금 39억원과 75억원 상당의 약속어음을 제공하였고 乙은 이를 토대로 B사 유상증자에 참여, 540만주를 청약하고 38억6640만원을 납입하였는바, 피고인의 이 같은 행위

가 자본시장법 제178조 제2항 <위계 이용행위>에 해당함과 동시에 제178조 제1항 제1호 <부정한 수단, 계획, 기교>에도 해당하는지 여부가 문제된다.

② 한편 검찰은 피고인과 乙의 위 B사 유상증자 참여 행위가 정상적인 것이 아니고, 피고인이 위 乙에게 S사 자기자본의 100분의 10 이상인 75억4천만원 상당의 담보제공을 하였으면서도 2009. 5. 14.자 정정신고(보고) 및 2009. 5. 22.자 B사의 증권발생결과(자율공시)를 함에 있어 담보제공사실을 금융위원회와 거래소에 신고하지 아니하였으므로 이는 자본시장법 제178조 제1항 제2호 <중요사항 거짓문서 등 이용행위>에 해당한다고 보고 기소하였다. 법원은 위 ①에 대해서는 사기적 부정거래의 성립을 긍정하였음에도 ②에 대해서는 무죄 판결을 하였는바, 법원의 위 두 결론이 타당한지 살펴볼 필요가 있다.

3. 세 번째는 피고인이 A사와 B사의 각 유상증자를 100% 달성하기 위해 발생한 실권주를 각 인수하고자 하였고 그 과정에서, 아래와 같은 사항이 문제되었다.

① A사 실권주의 경우 사채업자 申으로부터 돈과 명의를 빌려 차입금으로 차명인수한 행위, ② B사 실권주의 경우 S사의 자금으로 페이퍼컴퍼니 명의로 차명인수 한 행위, ③ 위 각 실권주를 차명인수 하였음에도 증권발행실적 보고서를 제출하면서 차입금으로 주금 납입한 사실을 기재하지 않은 행위 및 피고인이 각 회사의 특수관계인임에도 주식등의 대량보유상황보고서를 제출하면서 위 주식의 차명취득사실을 기재하지 아니한 행위가 각 자본시장법 위반인지 여부가 문제되었다.

즉, 위 ① 및 ② 행위에 대하여 제178조 제1항 제1호 <부정한 수단, 계획, 기교>로 볼 수 있는지, ③ 행위에 대하여서는 제178조 제1항 제2호 <중요사항 거짓문서 등 이용행위>로 볼 수 있는지가 문제되었으며, 이 부분에 관한 제1심 법원과 항소심 법원이 결론을 달리하였는바, 각급 법원의 논리가 타당한지 여부를 살펴볼 필요가 있다.

4. 네 번째는 ① 피고인 甲이 A사와 M사, A사와 T사를 각 인수 합병하는 과정에서 일단 피인수회사의 주식을 차명 취득한 뒤, ② 이중 일부만을 A사가 취득한 것처럼 공시

하고, ③ 이후 A사가 실제보다 훨씬 적은 합병신주만을 취득하게 되는 것처럼 공시한 각 행위가 자본시장법 제178조 제1항 제1호 〈부정한 수단, 계획, 기교〉와 제178조 제1항 제2호 〈중요사항 거짓문서 등 이용행위〉에 해당하는지 문제되었다.

5. 다섯 번째는 부당이익 산정에 관한 문제이다. 이 사건에서는 다음 두 부분에서 부당이익이 문제되었는데, ① 피고인 甲이 외국법인 P의 소유자 乙과의 사이에서 세차례에 걸쳐 투자수익보장약정을 체결하고 이 외국법인으로 하여금 S사 주식을 장내에서 수차 매수(시세조종)한 뒤 매도하여 얻게 된 부당이익액과 ② 피고인 甲이 A사와 M사 및 A사와 T사를 각 합병하는 과정에서 취득한 합병신주 중 극히 일부만을 공시하고 나머지는 매각함에 따라 얻은 부당이익액에 관하여 제1심과 항소심 법원이 평가를 달리하였는바, 이 부분에 대하여서도 눈여겨 볼 필요가 있다.

6. 여섯 번째는 죄수의 문제이다. 앞에서 정리한 바와 같이, 피고인 甲의 2009. 2. 2.자 S사 제3자 배정 유상증자에 관한 자본시장법위반 행위는 乙과의 1차(2008. 11. 25.자)·2차(2009. 3. 3.자) 투자수익보장약정 체결 및 乙의 외국 법인을 통한 장내매수행위, S사 유상증자에의 차명 참여 행위와 허위 공시 행위 등이 포함된다고 할 수 있다. 이와 관련하여 제1심 법원은, 2009. 2. 2.자 S사 제3자 배정 유상증자에 관한 일련의 자본시장법 위반 행위와 2009. 6. 3.자 외국법인 P의 3차 투자수익보장약정 의한 자본시장법 위반 행위가 실체적 경합 관계에 있다고 본 반면, 항소심 법원은 두 자본시장법 위반 행위가 포괄일죄에 있다고 판단하였다. 자본시장법은 부당이득의 규모에 따라 징역형 및 벌금의 가중을 달리하고(자본시장법 시행령 제388조의2 참조), 죄수를 포괄일죄로 보느냐 경합범으로 보느냐에 따라 자본시장법상 가중처벌 요건의 적용여부가 달라지게 되므로 이 부분에 논의의 실익이 있다고 할 수 있다.

정리하면, 피고인이 행한 위 수 개의 행위들이 자본시장법상 시세조종 또는 사기적 부정거래 행위에 해당하는지, 시세조종과 사기적 부정거래행위의 경합 관계, 그리고 각 행위 간의 죄수 판단, 부당이득액의 산정 등이 종합적으로 문제된 사건이라 할 수 있으며, 실제로 제1심과 항소심 법원도 각 관련 쟁점에 관한 판단을 달리하였는바[443], 아래에서 각급 법원의 결론과 함께 그 당부를 다각도로 살펴보고자 한다. 특히 구증권거래법이 실효하고 자본시장법 시행 직후 적용된 사건이어서 자본시장법에서 신설한 제178조 제1항 제1호의 해석에 있어 의미가 큰 사건이다.

IV. 각 쟁점에 대한 평석

1. 2009. 2. 2.자 S사 제3자 배정 유상증자를 둘러싼 시세조종 및 사기적 부정거래 행위 관련 행위에 관하여

가. 피고인 甲의 외국 법인 소유자인 乙과의 투자수익보장약정 체결 및 장내매수 행위에 대한 평가(1-① 관련)

(1) 법원의 판단[444]

제1심 법원은, 피고인 甲이 S사의 제3자 배정 유상증자를 성공시키거나 유상증자 이후 하락하는 S사의 주가를 부양하기 위해 乙과의 사이에서 세 차례(2008. 11. 25., 2009. 3. 3., 2009. 6. 3.)에 걸쳐[445] ▲ 투자원리금보장약정을 체결하고 乙이 그가 소유하는 ▲ 해외 법인으로 하여금 S사 주식을 매수하게 한 행위를 사실로 인정하였고, 이는

443 대법원은 항소심 법원의 결론을 유지하며 피고인과 검찰 모두에 대해 상고기각 판결을 내렸다.

444 제1심 : 서울중앙지방법원 2010. 10. 29. 선고 2010고합305 사건
항소심 : 서울고등법원 2011. 6. 9. 선고 2010노3160 사건
대법원 : 대법원 2011. 10. 27. 선고 2011도8109 사건

445 다만 1심 법원은 乙과의 위 3차례 투자수익보장약정 체결 및 외국법인의 장내매수행위 중 2009. 6. 3.자 3차 투자수익보장약정 체결 및 장내매수도 행위는 앞선 2차례 투자수익보장약정에 의한 자본시장법 위반 행위와 구분하고 각 행위를 실체적 경합관계에 있는 것으로 보아 경합범 가중하였다.

자본시장법 제176조 제2항 1호 소정의 시세조종 행위에 해당하면서 제178조 제2항 〈위계 이용행위〉에도 해당한다고 판단하였다. 그 구체적인 논거는 아래와 같다.

> ① 피고인 甲과 乙 사이의 투자수익보장 및 담보제공 약정에 따라 乙은 투자위험없이 주식을 매수하는 것임에도 불구하고, 乙은 외국법인 P 등의 해외계좌와 자신이 관리하는 국내계좌들을 이용하여 자신이 직접 투자위험을 감수하고 주식을 매수하는 것처럼 주식을 장내에서 매수하였는바, 이로 인하여 일반투자자들은 乙의 주식매수로 인하여 늘어난 거래량과 주식의 시세가 정상적인 거래량과 시세로 오인하였을 것으로 보이는 점, ② 피고인 甲은 N8으로부터 乙을 홍콩회사인 외국법인 P의 대리인이라고 소개받아서 위 회사가 외국회사임을 인식하고 있었고, 乙과 장내매수도계약을 체결할 경우 일부를 외국인 명의 계좌로 매수한다는 점도 알고 있었던 점, ③ 실제로 이 사건 각 거래에서 일정 부분은 외국법인 P 등의 외국인투자전용계좌로 주식을 매수하였던 점, ④ 위와 같이 외국인이 국내증권사의 계좌를 이용하는 경우에는 외국인이 주식을 매입하였다는 사실이 일반투자자들에게 공지되고, 일반투자자들로서는 해외법인이나 해외펀드가 당해 법인의 주식을 매수하거나 유상증자에 참여할 경우 당해 법인의 투자가치가 국제적으로 확인되었다는 인식을 갖게 될 가능성이 있는 점, ⑤ 일반투자자들이 외국인이 매수한 종목이라고 하여 무조건 추격매수를 하는 것으로 볼 수는 없으나, 외국인 지분정보 및 외국인들의 매수도 경향은 주식거래 사이트 및 경제지 등에서 주식시장의 주요 동향으로 취급되면서 일반투자자들에게 그 정보가 제공되는 등 일반투자자들의 투자판단에 중요한 호재로 작용하고 있는 것으로 보이는 점 등을 종합해 볼 때, 피고인 甲은 시세의 변동을 도모할 목적으로 위와 같은 투자원리금 보장 약정 등을 체결하여 대여금의 회수가 보장된 상태에서 외국인 투자전용계좌를 이용하여 S사의 주식을 장내에서 매수하게 하였을 뿐임에도 마치 해외펀드가 정상적으로 투자위험을 감수하면서 주식을 매수한 듯한 외양을 갖추는 위계를 사용하였다고 할 것이다.

한편 제1심 법원은, 피고인 甲의 乙을 통한 위 행위가 제178조 제1항 제1호 〈부정한 수단, 계획, 기교〉에도 동시에 해당한다는 취지로 판시하기도 했다. 그 구체적인 논거는 아래와 같다.

> 자본시장법 제178조 제1항 제1호는 '누구든지 금융투자상품의 매매, 그 밖의 거래와 관련하여 부정한 수단, 계획 또는 기교를 사용하는 행위를 하여서는 아니 된다.'라고 규정하고 있는바, 여기서 '부정한 수단, 계획 또는 기교'라 함은 거래상대방 또는 불특정투자자를 기망하여 부지 또는 착오상태에 빠뜨릴 수 있는 모든 수단, 계획, 기교 또는 행위자의 지위·업무 등에 따른 의무나 관련법규에 위반한 수단, 계획, 기교를 말하는 것으로 같은 법 제176조 및 제178조가 정하고 있는 나머지 행위들을 포괄하는 개념으로 보아야 한다. 그런데 피고인 甲의 乙을 통한 각 장내매수도행위가 같은 법 제176조 제2항 제1호에서 정하는 시세조종행위 또는 같은 법 제178조 제2항에서 정하는 위계에 해당함은 앞서 살핀 바와 같으므로, 위와 같은 행위는 같은 법 제178조 제1항 제1호의 '부정한 수단, 계획 또는 기교'에도 해당한다고 할 것이다.

이에 대하여 항소심 법원은, '자본시장법 제178조 제2항 <위계 이용행위>는 거래 상대방이나 불특정 투자자를 기망하여 일정한 행위를 유인할 목적의 수단, 계획, 기교 등을 말하는 것이고, <기망>은 객관적 사실과 다른 내용의 허위사실을 내세우는 등의 방법으로 타인을 속이는 것을 의미하고, 각 투자수익보장약정에 따른 乙의 주식매수는 실질적으로는 투자가 아니고 금원 대여에 따른 담보취득에 불과함을 고려하면 제1심 법원의 결론이 타당하다'는 취지로 판시함으로써, 피고인 甲의 위 행위가 자본시장법 제178조 제2항 <위계 이용행위>에도 해당하고, 제178조 제1항 제1호 <부정한 수단, 계획, 기교>에도 해당한다는 제1심 법원의 결론을 유지하였다.[446] 대법원 역시 항소심의 결론을 유지하였다.

(2) 평석

위와 같은 乙의 S사 주식 매수행위는 크게 보면 두 가지의 쟁점을 내포한다. 즉, 첫 번째는 乙이 피고인 甲으로부터 주식매수에 대하여 투자수익보장약정(원금보장약정)

446 다만 제1심이 시세조종과 사기적 부정거래 모두에 해당한다고 본 반면, 항소심은 시세조종행위와 부정거래행위가 법조경합 관계에 있다고 보았다. 이 점에 관하여서는 아래 1. 나.항에서 상술하도록 한다.

을 받고 S사 주식을 매수하였던바, 이는 투자금 회수가 보장된 상태에서 S사의 주식을 장내에서 매수하였음에도 불구하고 마치 정상적으로 투자위험을 감수하면서 주식을 매수한 듯한 외관을 형성하였다는 점에서는 이는 '일응' 비정상적인 투자행위라고 여겨질 수 있다.

두 번째, 乙은 피고인 甲과 결탁하여 국내 법인이 아닌 자신이 지배하는 외국법인인 P 및 M을 통해 S사 주식을 매입하였다. 이는 마치 외국인이 S사 주식을 사는 것과 같은 외관을 형성하여 외국인이 S사에 대한 투자에 나섰다는 외관을 형성하였다는 점에서 '일응' 비정상적인 투자행위라고 여겨질 수 있다.

그러한 점에 착안하여 법원은 이에 대하여 자본시장법 제178조 제2항 〈위계 이용행위〉 및 제178조 제1항 제1호 〈부정한 수단, 계획, 기교〉의 성립을 인정하였던 것이다. 이하에서는 이러한 두 가지 쟁점 측면에서 위 판결의 당부를 논의하고자 한다.

(가) 원금보장약정과 사기적 부정거래의 성부

1) 자본시장법 제178조 제2항의 〈위계 이용행위〉에의 해당 여부

가) '위계'의 의미

일반적으로 형법상 위계란 "타인의 부지 또는 착오를 이용하는 일체의 행위"를 말하고 기망 뿐만 아니라 유혹의 경우도 포함하는데, 대법원은 "위계란 상대방이나 불특정 투자자를 기망하여 일정한 행위를 유인할 목적의 수단, 계획, 기교 등을 말하는 것이고, 기망이라 함은 객관적 사실과 다른 내용의 허위사실을 내세우는 등의 방법으로 타인을 속이는 것을 의미한다."라고 판시하였다.[447]

447 대법원 2010. 12. 9. 선고 2009도6411 판결 등

나) '위계의 사용'에의 해당 여부

乙이 피고인 甲과의 원금보장약정에 따라 대여금 회수가 보장된 상태에서 S사의 주식을 장내에서 매수하였음에도 불구하고 마치 정상적으로 투자위험을 감수하면서 주식을 매수한 듯한 외관이 형성되었다는 점에는 다툼이 없다.

그러나 이것만으로는, 피고인 甲과 乙이 '객관적 사실과 다른 허위사실을 표시하는 등의 작위적인 방법으로 불특정 투자자를 속였는지' 즉 위계행위를 하였는지에 대해서는 다소 의문이 있다. 즉, 주식을 장내에서 매수하는 경우 매수 주문 제출 시 시장에 표출하는 정보는 1) 매수 희망 수량, 2) 매수 희망 가격, 3) 거래체결 조건 세 가지 밖에 없다. 그 밖에 매수 주문 배경에 원금보장약정이 전제된 것인지에 대한 정보내용을 공개할 의무도 없고, 이를 공개할 방법도 없다.

따라서 주식 매수 주문 시 그 주문의 배경이 되는 법률관계를 정확하게 반영해야 할 의무가 있는 것이 아닌 한, 그 매수 주문의 근저에 원금보장약정이 전제되어 있다는 사실만으로 일반투자자를 적극적으로 기망하였다고 평가하기에는 무리가 있다고 생각된다.

특히, 주식시장은 가격·상품에 대한 위험성을 내재한 모험적 속성을 바탕으로 하고 있으므로, 주식거래와 관련된 모든 정보를 반드시 고지할 의무가 있다고 볼 수는 없다. 결국, 본건 문제된 행위는 자본시장법 제178조 제2항 〈위계 이용행위〉에 해당하지 않는다고 봄이 타당하고, 이러한 점에서 위 판결은 재검토의 필요성이 있다.

그렇다면 나아가 위 문제된 행위들이 자본시장법 제178조 제1항 제1호 〈부정한 수단, 계획, 기교〉에 해당할 수 있는지 여부를 아래에서 자세히 검토하도록 하겠다.

2) 자본시장법 제178조 제1항 제1호의 〈부정한 수단, 계획 또는 기교행위〉에의 해당 여부[448]

가) '부정한 수단, 계획 또는 기교행위'의 의미

자본시장법 제178조 제1항 제1호 〈부정한 수단, 계획, 기교〉는 구 증권거래법에는 없던 조항을 신설한 것인데(자본시장법은 구 증권거래법 제188조의4 제4항의 한계로 지적되던 부분을 제178조 제1항 제1호를 통하여 입법적으로 해결하고자 한 것이다[449]), 〈부정한 수단, 계획 또는 기교〉의 의미가 무엇인지에 대하여 별도의 정의규정은 없다.

한편 본 사건의 상고심 판결에서 대법원은, 자본시장법 제178조 제1항 제1호의 〈부정한 수단, 계획 또는 기교〉의 의미에 대하여 사회통념상 부정하다고 인정되는 일체의 수단, 계획 또는 기교를 말한다고 판시하였다.[450] 나아가 법원은 어떠한 행위를 부정하다고 할지는 그 행위가 법령 등에서 금지된 것인지, 다른 투자자들로 하여금 잘못된 판단을 하게 함으로써 공정한 경쟁을 해치고 선의의 투자자에게 손해를 전가하여 자본시장의 공정성, 신뢰성 및 효율성을 해칠 위험이 있는지를 고려해야 한다[451]고 판시하고 있다.

나) 자본시장법 제178조 내부의 상호관계

사기적 부정거래 행위는 ① 제178조 제1항 제1호 행위, ② 제178조 제1항 제2호 행위, ③ 제178조 제1항 제3호 행위, ④ 제178조 제2항 행위로 나뉘고, 위 규정내용을 보면

448 '부정한 수단, 계획 또는 기교'의 입법 연혁은 〈2번_저축은행 BIS비율 조작 사건〉 참조

449 자본시장법 제178조 제1항 제1호의 입법취지와 관련하여, 그 당시 국회 재정경제위원회의 심사보고서에는 '금융투자상품의 매매거래 등과 관련된 불공정행위는 투자자들의 피해를 초래하고 증권시장의 신뢰를 저하시키는 요인이 되므로 이를 억제할 수 있는 장치가 필요하다. 그런데 증권시장에서의 불공정행위의 수법은 매우 다양하며 신종 사기수법이 계속하여 등장하고 있으므로 그 유형을 일일이 법률에 열거하여 규제하기는 불가능하다고 할 수 있다.'라고 기재되어 있었다.

450 대법원 2011. 10. 27. 선고 2011도8109 판결

451 대법원 2014. 1. 16. 선고 2013도4538 판결

②번, ③번, ④번의 경우(풍문유포, 폭행·협박 행위 제외) 기본적으로 〈기망적 요소〉가 내포되어 있고, ①번 행위보다 훨씬 구체화되어 있다.

그렇다면 자본시장법 제178조 제1항 제1호 〈부정한 수단, 계획, 기교〉는 자본시장법 제178조 제1항 제2호, 제3호 및 제2항에 대하여 〈일반법〉과 같은 지위에 있다고 보는 것이 타당하고, 우선적으로 자본시장법 제178조 제1항 제2호, 제3호 및 제2항의 성립여부가 먼저 검토된 뒤 보충적으로 자본시장법 제178조 제1항 제1호가 적용되는 것이 바람직하다고 생각된다.

다) 본 사건에서의 적용여부

자본시장법 제178조 제1항 제1호 〈부정한 수단, 계획, 기교행위〉는 그 개념 자체가 매우 추상적이고, 대법원 역시 그 개념을 그저 『사회통념상 부정하다고 보이는 일체의 수단, 계획, 기교』라고 정의하고 있어 위 구성요건에 어떤 행위가 포섭되는지 예측이 어렵고, 이러한 경우 법적 안정성이 매우 심각하게 헤쳐질 수 있다는 점에서 위 조항의 적용에 대해서는 매우 엄격한 입장을 견지해야 한다고 본다.

특히, 근래 법원은 〈부정한 수단, 계획, 기교 행위〉의 성립요건과 관련하여 '기망적 요소'가 필요 없다는 입장을 견지하고 있어 그 처벌범위가 무한하게 확장될 수 있는 위험성이 있다.

한편, 자본의 발행, 유통, 공시 등에서 속칭 '꼼수'가 이루어졌지만, 딱히 위법이라고 볼 수 없는 경우에도 수사기관은 위 규정을 전가의 보도처럼 사용해 온 것이 실무적인 경향이었고, 법원도 수사기관의 입장에서 동조하는 판결을 해왔던 것이 사실이다.

본 사건에서 乙은 사실 피고인 甲으로부터 장내주식 매입 자금에 대하여 원금보장을 받았다.[452] 물론 이러한 원금보장은 원금손실이 전제된 '투자'와는 궤를 달리한다. 그

452 둘은 명목상 '투자수익보장약정'을 체결하였으나 그 실질은 원금 및 소정의 이자를 보장해주는 것이었던데다 甲이 담보까지 제공하였다는 점에서 대여금 원금보장약정에 가깝다고 할 수 있다

러나 그렇다고 해서 이렇게 누군가가 원금보장 약정을 해주고, 그 약정하에서 투자행위를 한다는 것을 반드시 위법이라고 단정하기 어렵다. 물론, 증권사 등이 펀드를 판매하면서 고객에 대하여 원금보장 약정을 하게 되면 이는 자본시장법 위반이 될 수 있겠지만, 그러한 경우가 아니라면 사적 자치의 원칙 등을 고려했을 때 원금보장 약정이 무조건 위법하다고만 볼 수는 없다.

한편, 주식 장내 거래는 원활하고 신속한 거래를 위해서 거래의 방식이 매우 단순화되어 있다. 즉, 주식 매수도 주문은 단 세 가지의 조건 ▲거래량, ▲거래가격, ▲주문 체결 조건만 준수되면 그 주문 배경에 어떤 이면이 있었던 간에 주문으로서 유효하게 취급된다. 따라서, 주식 장내 거래에 참여하는 참여자들은 그 주문이 원금보장이라는 전제가 존재하는 주문인지 여부는 고려대상이 아니다. 중요한 것은 몇 주를, 얼마에, 어떠한 체결 조건으로 사고파느냐인 것이다.

이 같은 주식 장내 거래의 특성을 고려한다면 어떤 주문의 전제나 배경은 거래체결을 성사시키기 위한 고려요소가 아니라고 할 것이고, 그렇다면 일반투자자들을 보호하기 위해 어떤 주문의 전제나 배경을 정확하게 고지해야 할 작위의무도 존재하지 않는다고 보아야 한다. 결국 어떤 주문의 배경에 원금보장이 내포되어 있을 경우 주문 당시 이를 정확히 공개하지 않았다고 해서 주식시장에 참여하는 투자자에게 요구되는 신의성실 원칙을 이행하지 않았다고 볼 수는 없다.

따라서, 피고인 甲이 원금보장약정을 체결하고 乙을 조종하여 장내에서 주식을 매수했다고 해서 이를 곧바로 자본시장법 제178조 제1항 제1호 〈부정한 수단, 계획, 기교〉에 해당한다고 보기는 어렵다고 할 것이다. 본서의 〈32번_몽골 금광개발 사건〉[453]에서 법원은 원금보장약정을 하고 주식을 매수한 사람에 대하여 자본시장법 제178조 제1

453 서울중앙지방법원 2012. 5. 4. 선고 2011고합440, 2011고합514(병합) 판결, 서울고등법원 2012. 11. 2. 선고 2012노1467 판결, 대법원 2013. 3. 11. 선고 2012도14446 판결

항 제1호의 〈부정한 수단, 계획, 기교 행위〉 및 자본시장법 제178조 제2항 〈위계 이용행위〉 해당한다고 볼 수는 없다고 판시한 바 있다.

다만 피고인 甲과 乙은 S사 주식에 대한 장래전망을 기초로 위험을 전제로 한 투자를 한 것이 아니다. 즉, 乙은 피고인 甲의 원금보장을 전제로 한 주식매수 부탁에 근거하여 〈인위적인〉 주식매수세를 일으켰던 것이다. 乙의 〈인위적인〉 매수세로 인하여 시장 참여자들은 S사 주식 매수에 참여했을 개연성이 높다. 그렇다면 乙의 〈인위적인〉 주식 매수는 매매를 유인할 목적으로 매매가 성황을 이루는 것처럼 오인케 하는 매매라고 보는 것이 상식에 부합한다. 따라서 이 경우 시세조종 규제 규정인 자본시장법 제176조 제2항 제1호가 성립할 수 있을 것으로 보여진다. 이 사건 판결의 입장도 동일하다.

(나) 외국인 투자자 외관 형성 거래와 사기적 부정거래

다음으로는 위 乙이 소유한 외국 법인 P가 S사 주식을 장내매수한 행위에 대하여 자본시장법 제178조 제2항 〈위계 이용행위〉가 성립하는지 살펴보기로 한다.

자본시장법 상 사기적 부정거래에 해당하는 '위계'의 개념에 대하여는 견해가 대립하는데, '위계'가 ▲ 형법 상 사기죄와 동일한 개념이라는 학설도 있지만, ▲ 형법에서 기망행위와 위계는 구분한다는 점, 위계는 기망과 유혹을 포함하는 개념이라는 점에서 '위계'는 사기죄의 기망행위보다는 보다 넓은 개념으로 보아야 한다는 학설이 대립한다.

대법원은 '위계'의 해석과 관련하여, 『'위계'란 거래 상대방이나 불특정 투자자를 기망하여 일정한 행위를 하도록 유인할 목적의 수단, 계획, 기교 등을 말하고, '기망'이란 객관적 사실과 다른 내용의 허위사실을 내세우는 등의 방법으로 타인을 속이는 것을 의미한다』고 판시[454]한바 있고, 다수의 사례[455]에서 일관된 태도를 보이고 있다. 즉, 대법원

454 대법원 2010. 12. 9. 선고 2009도6411 판결 등

455 〈1번 '론스타' 사건〉에서 감자(減資, 주식회사나 유한회사가 결손을 보전하거나 과대 자본을 시정하기 위하여 법원에 등록되어 있는 자본의 총액을 줄이는 일)할 법적 · 경제적 여건을 갖추고 있지 않거나 임직원이 감자 검토 및 추진 의사가 있지 않았는데도 감자 등의 검토계획의 공표에 나아간 경우 이를 '위계'행위로 본 적이 있다.

은 '위계'를 사기죄의 기망행위와 동일하게 보면서, 기망적 요소가 담기지 않는 '유혹'은 이에 포함되지 않는 것으로 해석하고 있는 것으로 보인다.

이와 같은 판례의 입장에 의하면, 객관적 사실과 다른 허위사실을 내세우거나, 거래 신의성실의 원칙상 상대방에게 고지해야 할 의무가 있음에도 고지하지 않는 경우 일응 '위계의 사용'에 해당한다고 볼 수 있다.

그러나, 주식 거래는 한국거래소, 장외거래소와 같은 주식시장에서 이루어지는 것으로 시장에 존재하는 거래는 가격·상품에 대한 다양한 위험성이 기본적으로 내포되어 있고, 이러한 위험성을 배제하고자 거래에 있어 모든 정보가 공개되어야 한다고 한다면 그 반대급부로 시장은 활동성을 잃어버릴 수밖에 없다. 결국 시장은 가격·상품에 대한 위험성을 내재하고 있는 모험적 속성을 바탕으로 하므로 거래 시 모든 정보를 공개해야 한다는 명제는 성립될 수 없다. 더욱이, 주식을 매수하는 외국인 투자자가 원금 및 투자수익보장 약정을 체결하였다는 점을 시장에 공표할 제도적 장치 또한 존재하지 않는다.[456]

따라서, 이 사건의 경우 피고인 甲과 乙의 행위가 시세조종에 해당할 수 있는지는 별론으로 하더라도,[457] 이를 만연히 자본시장법 제178조 제2항 〈위계 이용행위〉에 포섭할 수는 없다고 생각된다.

다음으로는, 이러한 피고인 甲의 행위가 자본시장법 제178조 제1항 제1호 〈부정한 수단, 계획, 기교〉에 해당하는지 살펴본다.[458] 자본시장법 제178조 제1항 제1호의 〈부정한

---

456 물론, 5% 이상 지분을 취득하는 경우 대량보유보고의무가 있지만 대량보유보고의무 사항에는 취득하는 주식보유량, 주식취득목적만 기재하게 되어 있다. 이 사건과 같이 원금 및 투자수익 보장 약정을 전제한 주식취득도 마찬가지로 '투자목적'에 해당하므로 주식취득목적에 '투자목적'으로 기재하였다면 어떠한 문제점이 있다고 볼 여지가 없다.

457 단지 외국인 투자자로 하여금 주식을 매수하게 하는 약정이 있다고 해서 이를 자본시장법 제178조 제2항 제1호 규정상 '매매성황을 이루고 있는 것으로 잘 못 알게 하는' 것이라고 볼 수 있을지도 의문이다.

458 관련하여, 〈5번 KTIC글로벌 사건〉 참조

수단, 계획, 기교행위〉는 그 개념 자체가 너무 추상적이고 구체성이 떨어져 개념을 정의하는 것이 매우 어렵고, 아울러 대법원은 〈부정한 수단, 계획, 기교행위〉는 '기망성'을 요하지 않는다고 판시하여 위법한 행위까지는 아니지만 소위 '꼼수'라고 불릴 수 있는 행위들이 위 규제내용에 포섭될 수 있는 위험성이 있다.

이러한 경우 수범자의 예측가능성을 저해하여 법적 안정성이 구축될 수 없어 수행가능한 행위와 규제되는 행위 간에 구분이 모호해져 자본시장의 창의성이 떨어질 수 있다. 위 자본시장법 제178조 제1항 제1호의 조문을 전가의 보도처럼 사용하고자 하는 '유혹'에서 거리를 두면서 객관성을 구축할 필요가 있는 것이다.

과거에 비하여 외국인 투자자에 대한 자본시장의 접근성이 대폭 확대되어 있는 현행 외국인투자제도 하에서는 외국인 투자의 프리미엄에 대한 시장의 평가 역시 점차 약화되고 있는 추세이다. 오히려 특정 산업군이나 종목에 대한 시장의 관심, 국내외 정치경제 정세, 금리 및 환율 등의 거시경제 변수, 정책 수혜 기대가 주가에 미치는 영향이 더욱 커지고 있다.

따라서 외국인 투자자가 주식을 매수하였다는 사정만으로 그에 따라 해당 주식의 가격이 반드시 상승한다고 단정할 수는 없고, 외국인이 매수한 것처럼 외형이 형성되었다는 사정만으로 곧바로 자본시장의 공정성이나 신뢰성, 나아가 효율성을 해할 위험이 있는 행위에 해당한다고 평가하기는 어렵다.

더욱이, 실제 투자 주체가 내국인과 외국인이 혼재되어 있는 경우에 이를 어떻게 처벌할 것인가 등의 논의가 수반될 수밖에 없다. 따라서 앞으로 외국인 투자자 외관 형성을 한 행위를 사기적 부정거래로 처벌할 것인가의 문제는 신중한 검토가 필요한 영역으로 보인다.

물론 우리의 자본시장은 외국인 투자자가 주식을 매수하면 호재의 신호로 여겨지는 때가 있기도 했다. 그러나, 현재 우리 자본시장에서 외국인 투자자가 주식을 매수하면 호재라는 공식은 다소 철 지난 유행 같은 것이 되고 말았다. 아울러, 외국인 투자자를 어떻게 정의할지(한국인이 외국에 세운 회사가 한국 주식을 매입하면 외국인 투자자로 봐야할 것인지 등), 반대로 한국인 투자자는 또 어떻게 정의할 수 있는지 등의 문제점도 있다. 실제로 이 사건 1심 법원은 이 부분에 관하여 유죄 판결을 내리면서도 '일반투자자들이 외국인이 매수한 종목이라고 하여 무조건 추격매수를 하는 것으로 볼 수는 없다'는 단서를 달기도 하였다.

결국, 외국인 투자를 유치한 것과 같은 외양을 갖추기 위해 외국 법인이 국내 주식을 매입했다고 해서 그것을 사기적 부정거래 행위로 규제하는 것은 타당치 않다고 판단된다.

(다) 소결론

따라서 이 사건 피고인 甲 등이 乙과의 투자수익보장약정 체결 후 乙의 외국법인 P로 하여금 S사 주식을 장내매수하게 한 행위는, 자본시장법 제176조 제2항 소정의 시세조종에 해당함은 별론으로 하더라도, 동법 제178조 제2항 <위계 이용행위> 와 동법 제178조 제1항 제1호의 <부정한 수단, 계획, 기교>로는 볼 수 없으므로 사기적 부정거래 행위에는 해당하지 않는다고 할 것이다.

나. 피고인 甲이 S사 제3자 배정 유상증자 성공 및 유상증자 이후 주가부양을 위해 丁, 戊 등을 통해 S사의 주식을 장내매수도 한 행위(1-②관련)

(1) 법원의 판단

제1심 법원은, 戊, 丁 등이 피고인 甲으로부터 S사의 제3자 배정 유상증자의 성공을 위해 주가 관리(주식 매매)를 해달라는 부탁을 받고 甲으로부터 각 지급받은 수수료 및 비용 명목의 돈을 이용하여 S사 주식을 장내에서 매매한 행위에 대하여, 자본시장법 제176조 제2항 1호 소정의 시세조종 행위 및 제178조 제1항 제1호의 <부정한 수단, 계획, 기교> 모두에 해당한다고 판단하였다. 그 구체적 논거는 아래와 같다.

① 피고인 甲, 丁, 戊은 S사에서 실시하는 제3자 배정 유상증자 주금 납입일까지 주가를 관리한다는 목적 하에 위와 같은 형태의 거래를 한 점, ② 피고인 戊은 일정 부분의 수수료를 지급받음으로써 일부 손실 보장을 받은 상태에서 피고인 丁의 부탁에 따라 S사 주식을 장내에서 매매하였는바, 이러한 거래는 정상적인 투자판단에 따른 매매거래로 볼 수 없고, 이로 인하여 일반투자자들은 피고인 戊의 주식매수로 인하여 늘어난 거래량과 주식의 시세가 정상적인 거래량과 시세로 오인하였을 것으로 보이는 점, ③ 피고인 戊은 N9 명의의 계좌를 통해 주식 매수에 투입한 비용이 합계 7천만 원에 불과함에도 불구하고 위 기간 동안 매수와 매도를 반복하는 방식의 거래를 함으로써, 10억 원 이상의 주식을 매수하고 10억 원 이상의 주식을 매도한 점, ④ 앞서 본 바와 같이 피고인 甲은 같은 기간 乙을 통하여 S사 주식에 대한 시세조종행위를 하였고, 뒤에서 보는 바와 같이 피고인 甲, 丁, 戊과 乙과의 순차적·암묵적 공모관계가 인정되는바, 자본시장법 제176조 제2항 제1호의 '증권의 매매가 성황을 이루고 있는 듯이 잘못 알게 하거나 그 시세를 변동시키는 매매'에 해당하는지 여부는 乙과 피고인 戊에 의한 거래 전체를 기준으로 판단하여야 하는 점 등을 종합해볼 때, 피고인 甲, 丁, 戊의 위와 같은 거래는 위 법에서 정한 '주식의 매매가 성황을 이루고 있는 듯이 잘못 알게 하거나 그 시세를 변동시키는 매매거래' 및 '부정한 수단, 계획, 또는 기교를 사용하는 행위'에 해당한다고 할 것이고, 위와 같은 거래의 경위 및 내용 등에 비추어 볼 때, 피고인 甲, 丁, 戊에게 매매를 유인할 목적 및 시세조종, 부정거래행위의 범의가 있었음을 충분히 인정할 수 있다.

그러나 항소심 법원은 위 행위가 시세조종에 해당한다는 결론은 유지하면서도, '시세조종과 사기적 부정거래는 법조경합의 관계에 있으므로 시세조종을 인정하면서 동시에 자본시장법 제178조 제1항 제1호 위반으로 인한 자본시장법위반죄를 인정한 것은 잘못'이라는 취지에서 1심 판결을 뒤집고 자본시장법 제178조 제1항 제1호 <부정한 수단, 계획, 기교>는 성립하지 않는다고 보았다. 그런데, 대법원은 시세조종 행위, 자본시장법 제178조 제1항 제1호 <부정한 수단, 계획, 기교>, 자본시장법 제178조 제2항 <위계 이용행위> 모두 포괄일죄가 성립한다고 판시하였다.

(2) 평석

앞서 살펴본 바와 같이, 피고인 甲은 ① 3차례에 걸쳐 외국법인 P의 소유자 乙에게 투자수익을 보장해주는 대신 乙은 외국법인 P의 외국인 전용 계좌, 차명계좌 등을 이용하여 S사 주식을 지속적으로 매입함으로써 마치 외국 투자자들이 S사의 주식을 매입하는 듯한 외관을 만들어내었고, ② 丁·戊 등에게도 주식 매입 자금을 주면서 S사 주식을 지속적으로 매수할 것을 지시하였으며 실제로 丁·戊 등은 甲이 교부한 돈으로 S사 주식을 지속적으로 매수하였다. 즉, 피고인 甲의 부탁으로 인해 丁, 戊 등은 〈인위적으로〉 S사 주식에 매수세를 형성하였던 것이다. 따라서, 위 甲과 丁 등의 행위는 시세조종을 규율하는 자본시장법 제176조 제1항 제2호에 해당하는 행위임은 논란의 여지가 없을 것으로 보여진다.

다만, 위 문제된 행위가 시세조종에 해당하면서도 사기적 부정거래를 규율하는 규정인 자본시장법 제178조 제1항 제1호 〈부정한 수단, 계획, 기교〉에도 해당하는지 여부가 문제된다. 관련하여서는 앞서 살펴본 원금보장약정을 전제로 한 주식매수행위와 동일한 논의가 전개될 수 있다. 즉, 신속한 거래를 목표로 한 주식 장내 거래의 특성을 고려할 때, 어떤 주문의 전제나 배경은 거래체결을 성사시키기 위한 고려요소가 아니라고 할 것이고, 그렇다면 일반투자자들을 보호하기 위해 어떤 주문의 전제나 배경을 정확하게 고지해야 할 작위의무는 존재하지 않는다. 결국 장내매수에서의 특정 주문의 배경에 금전적 대가 지급을 전제로 인위적인 매수라는 사정이 내포되어 있었고, 주문 당시 이를 정확히 공개하지 않았다고 해서 주식시장에 참여하는 투자자에게 요구되는 신의성실 원칙을 이행하지 않았다고 할 수 없다.

따라서, 위 문제된 행위는 자본시장법 제178조 제1항 제1호 〈부정한 수단, 계획, 기교〉에 해당하지 않는다.

그런데, 이 사건에서 법원은 위 문제된 행위 역시 자본시장법 제178조 제1항 제1호 〈부정한 수단, 계획, 기교〉의 성립을 전제로 한 뒤, 자본시장법 제176조 제2항 제1호(시세조종)과 자본시장법 제178조 제1항 제1호 〈부정한 수단, 계획, 기교〉의 죄수관계로 접근하고 있다. 즉, 제1심 법원은 甲의 위 행위에 대하여 시세조종(제176조 제2항 제1호)과 자본시장법 제178조 제1항 제1호 <부정한 수단, 계획, 기교>에 해당한다고 보고 이를 상상적 경합으로 판단한 반면, 항소심 법원은 시세조종과 <부정한 수단, 계획, 기교>는 특별 - 일반 관계에 있으므로 이를 법조경합으로 보아야 한다(즉, 시세조종만 성립한다)고 판단하였고, 대법원은 앞서 언급한 바와 같이 일응 포괄일죄가 성립한다는 태도를 취하였다.

항소심은 제1심 법원과는 달리, 위 피고인 甲 등의 시세조종 및 부정한 기교 사용 행위를 상상적 경합이 아닌 법조경합으로 본 것은, 『① 자본시장법 제178조 제1항 제1호는 제176조에 열거된 시세조종행위와는 다르게 규제대상이 금융투자상품이어서 상장증권이나 장내파생상품으로 제한되지 않고(제176조 시세조종은 상장증권, 장내파생상품으로 대상이 한정된다), 거래 장소도 거래소 시장으로 제한되지 않으며, 매매 이외의 다양한 유형의 거래까지 규제대상으로 하고 있는 점, ② 위 각 죄의 보호법익은 모두 주식 등 거래의 공정성 및 유통의 원활성 확보라는 사회적 법익인 점 등을 고려했을 때 법조경합 관계(특별관계)로 봄이 타당하다』는 이유에서였다.

생각건대, (위 문제된 행위의 경우 자본시장법 제178조 제1항 제1호 <부정한 수단, 계획, 기교>가 성립한다고 가정할 때) ① 법 문언상 제178조 제1항 제1호 <부정한 수단, 계획, 기교>는 제176조(시세조종)에 비하여 그 적용범위가 추상적이고 포괄적인 점, ② 대법원은 제178조 제1항 제1호의 '부정한 수단, 계획 또는 기교라 함은 사회통념상 부정하다고 인정되는 일체의 수단, 계획 또는 기교를 의미한다'는 입장인바,[459] 추상적인 구성요건을 폭넓은 범위에서 인정하고 있으므로 죄형법정주의 원칙과 그로부터 파생되는 명확성의 원칙을 고려했을 때, 포괄적 금지조항은 신중한 적용(보충적 적용)을 필요로 한다는 점 등을 고려하면 제176조(시세조종)는 제178조 제1항 제1호 <부정한 수단, 계획, 기교>에 대하여 특별-일반의 관계에 있다고 봄이 타당하다. 이와 관련한 상세한 내용은 <3번 탄소나노튜브(CNT) 사건>에서도 다뤄진 바 있다.

---

459 대법원 2011. 10. 27. 선고 2011도8109 판결(이 사건에 관한 대법원 판결이다)

다. 피고인 甲의 2009. 2. 2. S사 제3자 배정 유상증자 차명 참여 행위[460] (1-③ 관련)

(1) 법원의 판단

제1심 법원은, 피고인 甲이 피고인 申으로부터 10억 원, 庚로부터 30억 원을 각 차입하여 이 차입금 40억 원을 활용하여 차명으로 유상증자금을 납입하고 주식을 취득한 사실, 별도로 庚에게는 S사의 당좌수표와 현금을 담보로 제공하면서 원금보장 약정을 맺고 30억 원을 유상증자에 투자하게 한 행위를 사실로 인정하면서, 피고인 甲의 위 행위에 대해 자본시장법 제178조 제1항 제1호 <부정한 수단, 계획, 기교>에 해당한다고 판시하였으며, 이에 대하여 항소심과 대법원도 제1심 법원의 결론을 그대로 유지하였다. 그 구체적인 논거는 아래에서 보는 바와 같다.

[제1심, 항소심 판결 취지]

② 피고인 甲은 위 범죄사실 기재와 같이 己를 통하여 申으로부터 10억 원을 차입하고, 庚로부터 30억 원을 차입하여 차명으로 유상증자금을 납입하고, 庚이 투자하는 30억 원에 대하여는 S사의 당좌수표 및 현금담보를 제공하면서 원금보장 약정을 하였는바, 앞서 본 바와 같이 庚, 申으로부터 차입한 40억 원을 통한 유상증자금 납입은 S사의 실질적인 사주인 피고인 甲의 계산으로 차입하여 납입한 것이고, 庚의 30억 원 유상증자 참여 역시 통상적인 투자판단에 따라 원금손실 위험을 부담하면서 참여한 것이 아니므로 모두 정상적인 제3자의 유상증자 참여로 볼 수 없는 점, ③ 2009. 2. 2.자 S사 유상증자에 총 129억 원 상당의 주금이 납입됨으로서 위 유상증자가 제3자의 참여로

460 관련하여 상피고인 己, 申, 庚 등은 위 甲의 2009. 2. 2.자 (주)S사 제3자 배정 유상증자 차명 참여 행위에 공범으로 가담함으로써 유상증자가 성공한 외관을 만드는 방법으로 부정한 기교를 사용하였다는 취지로 기소되었다. 이에 대해 1심 법원은 '피고인 己, 申, 庚의 가담 행위는 2009. 2. 2. 유상증자금이 납입되고 2009. 2. 3. 유가증권발행실적보고서를 제출함으로써 종료되었고 그 이후로는 포괄일죄의 관계에 있는 피고인 甲의 범행에 가담하지 아니하였다'는 전제에서, 공소사실에 대하여 적용된 자본시장법 제178조 제1항 제1호는 2007. 8. 3. 법률 제8635호로 신설되어 부칙 제1조에 따라 2009. 2. 4.부터 시행되었으므로, 2009. 2. 3. 종료된 피고인들의 위 가담행위는 죄가 되지 않는다고 판시하였다.

성공한 듯한 외양이 형성되었으나, 그 중 위와 같은 방식으로 납입된 금액이 전체납입금의 절반을 초과하는 70억 원에 이르고, 이를 제외하면 정상적인 납입이 이루어진 금액은 59억 원에 불과한 바, 피고인 甲의 위와 같은 행위가 없었다면 144억 원 상당으로 예정되어 공시된 위 유상증자는 사실상 실패하였을 것으로 보이는 점, ④ 제3자 배정 유상증자의 성공은 코스닥시장에서 일반투자자들에게 공개되어 S사의 재무구조가 좋아지고 신규사업진출 실현가능성이 높아진 것이라는 평가를 받게 되고 유상증자 참여자들 및 일반투자자들에게 S사가 투자할만한 가치가 있는 회사라는 인상을 주는 등 주식시장에서 일반적으로 호재로 작용하는 반면, 제3자 배정 유상증자 실패는 주식시장에서 중대한 악재로 작용하는 점 등을 종합해 볼 때, 피고인 甲의 위와 같은 행위는 불특정투자자를 기망하여 착오상태에 빠트릴 수 있는 기교를 사용하는 행위로서 자본시장법 제178조 제1항 제1호에서 정한 '부정한 기교'에 해당한다.

(2) 평석

위 판시 이유를 보면 법원은, ① 대부업자들로부터 40억원을 빌리고 이 돈으로 본인 명의가 아닌 차명으로 유상증자에 참여하여 S사의 주식을 취득한 행위와, ② 대부업자 庚이 S사 유상증자에 참여할 수 있도록 원금보장약정을 해주고 庚이 이 원금보장약정을 토대로 유상증자에 참여한 행위가 전체적으로 시장과 일반투자자들에 대한 일종의 '기망'행위에 해당하고 그들을 착오상태에 빠트릴 수 있는 정도의 행위로 보아 자본시장법 제178조 제1항 제1호 <부정한 수단, 계획, 기교>로 의율한 것으로 보인다.

그런데, 위 ①행위와 관련하여 통상 유상증자를 통한 주식취득은 모두 공시의 대상이 되므로 피고인 甲이 자신의 명의로 취득한 주식임에도 차명으로 주식취득을 공시하는 것은 자본시장법 제178조 제1항 제2호 <중요사항 거짓문서 등 이용행위>로 의율되는 것이 일반적이다. 본건과 같이 차명 공시 이전에 있었던 행위를 별도의 사기적 부정거래로 접근하는 케이스는 매우 드문 경우에 해당한다.

②와 관련하여서는 아래와 같은 논의가 필요한 부분이 있다. 앞서 투자자와의 원금보장약정이 체결된 상태에서 주식의 장내매수도에 이른 행위가 (시세조종에 해당함은

별론으로 하고) 제도적으로 별도의 고지 의무가 부여되어 있지 않은 이상 이를 곧바로 자본시장법 제178조 제2항 〈위계 이용행위〉 및 동법 제178조 제1항 제1호 〈부정한 수단, 계획, 기교〉에 해당한다고 보기는 어렵다는 점에 관하여는 논의한 바 있다.

그런데 본 쟁점의 경우는 피고인 甲이 '제3자 배정 유상증자 과정'에서 특정 투자자(庚)에게 원금보장약정을 체결한 뒤 신주 인수를 받도록 하는 것이어서 원금보장약정 하에서 주식을 장내매수를 하는 사안과는 다소 결이 다르다고 보여진다.

특히 상법은, 『주식회사가 신주를 발행하면서 주주 아닌 제3자에게 신주를 배정할 경우 기존 주주에게 보유 주식의 가치 하락이나 회사에 대한 지배권 상실 등 불이익을 끼칠 우려가 있다는 점을 감안하여 신주를 발행할 경우 원칙적으로 기존 주주에게 이를 배정하고 제3자에 대한 신주배정은 정관이 정한 바에 따라서만 가능하도록 하면서, 그 사유도 신기술의 도입이나 재무구조 개선 등 기업 경영의 필요상 부득이한 예외적인 경우로 제한』하고 있다는 점에서(상법 제418조, 대법원 2009. 1. 30. 선고 2008다50776 판결), 이 사건과 같이 경영진 스스로 제3자 배정 유상증자에 차명 참여하거나 원금보장약정을 통해 특정인(특정주주)에게 투하 자본의 회수를 100% 보장하는 행위는, 이 사건에서 법원이 지적하는 것처럼 일반투자자나 시장에 대한 교란에 해당할 뿐만 아니라 기존 주주의 이익과 신뢰에도 반하여 비난가능성이 더욱 크다고 할 수 있다.

여기에 대법원이 '제3자 배정 유상증자에 참여시키기 위해 체결한 투자수익보장약정 또는 원금보장약정은 주주평등의 원칙에 반하여 무효'로 보아 사법적 효력을 원천 부인한다는 점까지 감안한다면, 피고인이 庚에게 30억원의 원금보장약정을 체결해주고 담보를 제공하여 유상증자에 참여시키는 행위는 시장, 일반투자자, 기존 주주 모두에 대한 기망적 행위로 평가할 수 있다 할 것이고, 따라서 이는 사기적 부정거래 행위로 봄이 상당하다 생각된다.

참고판례 - 대법원 2020. 8. 13. 선고 2018다236241 판결

주주평등의 원칙이란, 주주는 회사와의 법률관계에서는 그가 가진 주식의 수에 따라 평등한 취급을 받아야 함을 의미한다. 이를 위반하여 회사가 일부 주주에게만 우월한 권리나 이익을 부여하기로 하는 약정은 특별한 사정이 없는 한 무효이다.

회사가 신주를 인수하여 주주의 지위를 갖게 되는 자와 사이에 신주인수대금으로 납입한 돈을 전액 보전해 주기로 약정하거나, 상법 제462조 등 법률의 규정에 의한 배당 외에 다른 주주들에게는 지급되지 않는 별도의 수익을 지급하기로 약정한다면, 이는 회사가 해당 주주에 대하여만 투하자본의 회수를 절대적으로 보장함으로써 다른 주주들에게 인정되지 않는 우월한 권리를 부여하는 것으로서 주주평등의 원칙에 위배되어 무효이다. 이러한 약정의 내용이 주주로서의 지위에서 발생하는 손실의 보상을 주된 내용으로 하는 이상, 그 약정이 주주의 자격을 취득하기 이전에 체결되었다거나, 신주인수계약과 별도의 계약으로 체결되는 형태를 취하였다고 하여 달리 볼 것은 아니다.

다만, 위와 같이 원금보장 약정이 전제된 유상증자 참여행위를 사기적 부정거래로 의율할 필요성이 있다고 하더라도 '자본시장법 제178조 중 어떠한 규정에 의할 것인지'에 대해서는 또 다른 논의가 필요하다.

이 사건에서 30억원을 투자한 庚의 사례처럼 통상 투자자가 유상증자에 참여한다고 할 때, 이는 공시대상이 된다. 즉, ▲ 庚을 상대로 유상증자를 한다는 내용, ▲ 庚이 유상증자 대금 30억원을 납입하였다는 내용이 공시될 것이다. 본 건에서도 2009. 2. 2.경 S사가 144억원 상당의 유상증자를 결정하였다는 공시가 이루어졌는데, 위 공시에는 144억원 중 30억원 부분은 庚이 인수하였다는 내용이 포함되어 있다.

결국 원금보장 약정이 전제된 유상증자 참여행위의 법적 평가와 관련하여 피고인 甲과 피고인 庚의 위와 같이 약정한 행위(원인행위)를 규제할 것인가 아니면 그와 같은 약정이 현실화되어 공시되었을 때 그 공시행위를 규율할 것인가의 문제가 연결되는 것이다.

생각건대, 원금보장 약정이 전제된 유상증자 참여행위가 자본시장을 교란시킬 수 있다는 점에는 논란의 여지가 없다. 그런데 자본시장의 교란 가능성이 현실화되는 시점은 바로 그것이 공시되어 시장에 알려지는 때부터이다. 다시 말하자면 단지 상장사 대표와 특정 투자자가 원금보장을 약정하면서 유상증자를 하기로 약정했다고 해서 그것이 자본시장 교란과 직결되는 것이 아니라 그것이 공시를 통하여 '특정 상장사가 원금 손실 위험을 감수하려는 주식인수인(투자자)을 확보하였고, 이를 통해 자본확충을 하게 되었다'는 거짓 정보가 시장에 알려짐으로써 자본시장의 교란이라는 위험이 현실화되는 것이다. 따라서 원금보장 약정이 전제된 유상증자 참여행위와 관련하여 그와 같은 약정이 현실화되어 공시되는 경우 에는 그 공시행위를 규율하는 것이 상당하고, 만약 그러한 공시가 없는 경우에 한하여 선행 약정 단계의 합의를 규율하는 것이 타당하다고 보여진다.

특히 자본시장법 제178조 제1항 제1호의 <부정한 수단, 계획, 기교행위>는 그 개념자체가 너무 추상적이고 구체성이 떨어져 개념을 정의하는 것이 매우 어렵고, 아울러 대법원은 <부정한 수단, 계획, 기교행위>는 '기망성'을 요하지 않는다고 판시하여 위 규정의 적용범위가 지나치게 확장될 수 있다는 우려가 있다는 점에서 단지 원금보장 약정이 전제된 유상증자 참여행위에 대한 합의 단계 상태를 자본시장법 제178조 제1항 제1호 <부정한 수단, 계획, 기교>로 의율하기 보다는 그 행위가 구체화되어 공시되었을 때, 이를 자본시장법 제178조 제1항 제2호 <중요사항 거짓문서 등 이용행위>로 의율하는 것이 타당하다.

라. 피고인 甲의 2009. 2. 2.자 S사 제3자 배정 유상증자 관련 미공시 행위 (1-④ 관련)

(1) 법원의 판단

한편 피고인 甲은 사채업자로부터 40억원을 빌려 S사 주식 1,396,640주를 차명으로 배정받음으로써 S사 주식 5.2%를 취득하였음에도 2009. 3. 3. A사 명의의 주식등대량보유상황보고에 특수관계인[461]인 甲의 S사 주식 취득·보유 사실을 기재하지 않았는바, 법원은 이에 대하여서는 중요사항에 관한 거짓의 기재 또는 표시로 판단하였다.[462] 그리고 이 같은 판단은 항소심 및 대법원에서도 그대로 유지되었으며 주요 논거는 아래에서 보는 바와 같다.

> 피고인 甲이 위 차입금을 통하여 차명으로 S사 주식 1,396,640주를 배정받음으로써 S사 지분의 5.2%를 취득하였음에도 2009. 3. 3. A사 명의의 주식 등 대량보유상황보고에 특수관계인인 피고인 甲의 주식 보유 사실을 기재하지 아니하였음을 알 수 있는바, S사의 주요주주의 변동에 관한 사항, S사의 대표이사인 피고인 甲의 차명 주식 보유 및 매도 여부는 S사의 주가에 직접적인 영향을 미치는 내용이고 유가증권의 공정거래와 투자자 보호를 위하여 필요한 사항으로서 투자자의 투자판단에 영향을 미칠 수 있는 사항이므로 자본시장법 제178조 제1항 제2호의 '중요사항'에 해당한다고 할 것이고, 피고인 甲이 위와 같은 거짓기재를 통하여 자신의 유상증자 참여 및 지분취득 사실을 은폐하고 향후 주식을 매도할 때 발생하는 공시의무를 회피함으로써 주가상승 또는 하락방지라는 재산상 이익을 얻고자 한 것은 위 조항에 정한 '중요사항에 관하여 거짓의 기재 또는 표시를 하여 금전, 그 밖의 재산상 이익을 얻고자 하는 행위'에 해당한다고 할 것이다.

(2) 평석

구 증권거래법 제188조의4 제4항 제2호 〈허위문서 이용 오해유발행위〉는 "중요한 사항에 관하여 허위의 표시를 하거나 필요한 사실의 표시가 누락된 문서를 이용하여 타

461 피고인 甲은 당시 A사 및 S사의 대표이사였다.

462 S사의 주요주주의 변동에 관한 사항 즉, S사의 대표이사인 피고인 甲의 차명 주식 보유 및 매도 여부는 S사의 주가에 직접적인 영향을 미치는 내용이고 유가증권의 공정거래와 투자자 보호를 위하여 필요한 사항으로서 투자자의 투자 판단에 영향을 미칠 수 있는 사항이므로, 피고인 甲이 유상증자 참여 및 지분취득 사실을 은폐하고 향후 주식을 매도할 때 발생하는 공시의무를 회피함으로써 주가상승 또는 하락방지라는 재산상 이익을 얻고자 한 행위는 곧 '중요사항에 관하여 거짓의 기재 또는 표시를 하여 금전, 그 밖의 재산상 이익을 얻고자 하는 행위'에 해당한다는 이유이다.

인에게 오해를 유발하게 함으로써 금전 기타 재산상의 이익을 얻고자 하는 행위"를 금지하였는데, 새로 시행된 자본시장법 제178조 제1항 제2호 〈중요사항 거짓문서 등 이용행위〉는 "중요한 사항에 관하여 거짓의 기재 또는 표시를 하거나 타인에게 오해를 유발시키지 아니하기 위하여 필요한 주요사항의 기재 또는 표시가 누락된 문서, 그 밖의 기재 또는 표시를 사용하여 금전, 그 밖의 재산상의 이익을 얻고자 하는 행위"를 금지함으로써 법조문이 다소 변경되었다.

구 증권거래법 제188조의4 제4항 제2호 〈허위문서 이용 오해유발행위〉에는 '중요한 사항'이 무엇인지에 대하여 정의되어 있지 않으나, 대법원은 '중요한 사항'이 당해 법인의 재산·경영에 관하여 중대한 영향을 미치거나 유가증권의 공정거래와 투자자 보호를 위하여 필요한 사항으로서 투자자의 투자판단에 영향을 미칠 수 있는 사항을 의미한다고 정의하였다.[463] 이는 현행 자본시장법 제178조 제1항 제2호 〈중요사항 거짓문서 등 이용행위〉에서도 마찬가지이다.

한편, 법원은 본 사안과 같이 주식 등 대량보유보고에 차명 주식 취득 사실을 누락하거나 허위 기재한 사안에 대해 자본시장법 제178조 제1항 제2호 〈중요사항 거짓문서 등 이용행위〉의 '중요한 사항'으로 봄과 동시에 '거짓 표시 문서 이용 행위'에 해당한다고 판시하는 경향이 있으므로[464] 이에 관하여 구체적으로 살펴보기로 한다.

차명 보유분 누락공시 행위는 차명 보유분을 누락하여 공시하는 행위와[제1행위], 이후 자신의 차명 보유분을 처분하고도 그 차명분의 처분내역을 공시하지 않는 행위[제2행위]정도로 구분할 수 있다.

이와 관련한 자세한 논의는 〈7번_포괄적 주식교환 사건〉에서 본 바와 같고, 그 논의를 정리하면 다음과 같다.

---

463 대법원 2009. 7. 9. 선고 2009도1374 판결

464 〈10번_차명주식 미공시 사건〉 참조

	차명주식의 소유현황을 누락한 채 공시하는 것[제1행위]	그 이후 차명주식을 처분하고서도 그 처분내역을 공시하지 않는 것 [제2행위]
거짓표시 문서의 ‘이용’에의 해당 여부	애초부터 차명주식의 처분을 통하여 시세차익을 얻을 목적이 있었던 경우 : 해당	해당
	그렇지 않은 경우 : 제외	

이 사건에서 피고인은, S사의 제3자 배정 유상증자가 성공리에 종료한 것과 같은 외관을 형성하기 위해 제3자 배정 유상증자에의 차명 참여를 하였을 뿐만 아니라, 애초부터 유상증자 참여 및 지분취득 사실을 은폐하고 향후 주식을 매도할 때 발생하는 공시의무를 회피함으로써 주가상승 또는 하락방지라는 재산상 이익을 얻고자 하였으므로, 이는 유가증권의 공정거래와 투자자 보호를 위하여 필요한 사항으로서 투자자의 투자판단에 영향을 미칠 수 있는 사항으로 보기에 부족함이 없다고 할 것이다.

따라서 위의 논의에 비추어 봤을 때 피고인이 차명주식의 소유현황을 누락하고 공시한 행위를 자본시장법 제178조 제1항 제2호 <중요사항 거짓문서 등 이용행위>로 의율한 법원의 판단은 타당하다고 여겨진다.

마. 판결 내용과 평석 정리

이상 판결 내용과 그에 대한 평석을 정리하면 아래와 같다.

	1심	항소심	대법원	평석
1-①	자본시장법 제178조 제1항 제1호 〈부정한 수단, 계획, 기교〉	자본시장법 제178조 제1항 제1호 〈부정한 수단, 계획, 기교〉	자본시장법 제178조 제1항 제1호 〈부정한 수단, 계획, 기교〉	자본시장법 제178조 제1항 제1호 〈부정한 수단, 계획, 기교〉
	○	○	○	×
	자본시장법 제178조 제2항 〈위계 이용행위〉	자본시장법 제178조 제2항 〈위계 이용행위〉	자본시장법 제178조 제2항 〈위계 이용행위〉	자본시장법 제178조 제2항 〈위계 이용행위〉
	○	○	○	×
	자본시장법 제176조 제1항 제2호	자본시장법 제176조 제1항 제2호	자본시장법 제176조 제1항 제2호	자본시장법 제176조 제1항 제2호
	○	○	○	○
1-②	자본시장법 제178조 제1항 제1호 〈부정한 수단, 계획, 기교〉	자본시장법 제178조 제1항 제1호 〈부정한 수단, 계획, 기교〉 성립 다만 시세조종 규정 때문에 별도 성립 부정	자본시장법 제178조 제1항 제1호 〈부정한 수단, 계획, 기교〉 성립 다만 시세조종 규정 때문에 별도 성립 부정	자본시장법 제178조 제1항 제1호 〈부정한 수단, 계획, 기교〉 성립 부정
	○	○ ➜ ×	○ ➜ ×	×
	자본시장법 제176조 제1항 제2호	자본시장법 제176조 제1항 제2호	자본시장법 제176조 제1항 제2호	자본시장법 제176조 제1항 제2호
	○	○	○	○
1-③	자본시장법 제178조 제1항 제1호 〈부정한 수단, 계획, 기교〉	자본시장법 제178조 제1항 제1호 〈부정한 수단, 계획, 기교〉	자본시장법 제178조 제1항 제1호 〈부정한 수단, 계획, 기교〉	자본시장법 제178조 제1항 제1호 〈부정한 수단, 계획, 기교〉
	○	○	○	× (공시되었을 때 자본시장법 제178조 제1항 제2호로 의율함이 타당)
1-④	자본시장법 제178조 제1항 제2호 〈중요사항 거짓문서 등 이용행위〉	자본시장법 제178조 제1항 제2호 〈중요사항 거짓문서 등 이용행위〉	자본시장법 제178조 제1항 제2호 〈중요사항 거짓문서 등 이용행위〉	자본시장법 제178조 제1항 제2호 〈중요사항 거짓문서 등 이용행위〉
	○	○	○	○

2. 2009. 5. 20. B사 제3자 배정 유상증자 과정에서 외국 법인 동원 행위에 관하여

가. 법원의 판단

(1) 1심의 판단

(가) 위계 및 부정한 기교에 의한 부정거래행위 해당 여부(2-①관련)

1심은, ❶ 피고인 甲이 2009. 5.경 乙과 사이에 외국법인 P가 B사 유상증자에 참여하여 주식을 취득하기로 하되, 주식 의무보유기간인 2011. 10. 31.이 경과하면 외국법인 P는 甲, S사에게 B사 주식을 매입해갈 것을 요구할 수 있는 주식매수청구권을 행사할 수 있도록 권리를 부여하고, 이때 주식매수청구권 매수대금의 지급 보증을 위해 甲, S사로부터 39억원의 현금을 지급받기로 하는 약정서를 작성한 사실, ❷ 투자수익보장약정서, 투자약정서를 체결하면서, 투자기간을 2011. 11. 21.까지 2년 6개월로 정하되, 위 기간 경과 후 乙에게 최소한 원금에 대하여 30%(연 12%)에 해당하는 수익을 보장하고, 만일 주식매각 대금이 원금의 130%를 초과할 경우에는 130%를 초과하는 차익 중 15%는 乙이 보유하고 나머지 85%는 반환받기로 약정한 사실, ❸ 위 약정에 따라 피고인 甲이 乙에게 현금 39억원과 약속어음을 제공한 사실, ❹ 乙은 2009. 5. 21. 외국법인 P 명의로 B사 주식 540만주를 청약한 후 약 39억원을 주금으로 납입한 사실 등을 인정하고, 이에 대하여 자본시장법 제178조 제2항 〈위계 이용행위〉 및 제178조 제1항 제1호 〈부정한 수단, 계획, 기교〉에도 해당한다고 판단하였다.[465]

---

465 乙은 피고인 甲과의 원금 및 수익금 보장 약정과 담보제공에 따라 일반적인 투자위험 없이 유상증자에 참여하였으므로 정상적인 제3자의 유상증자 참여로 볼 수 없는점, 피고인 甲은 乙의 외국법인인 P가 정상적인 투자위험을 감수하고 B의 지분을 취득하는 듯한 외양을 형성한 점, 이로써 외국법인이 B 지분의 10% 이상을 정상적으로 취득하는 듯한 외양을 형성했다는 것이 유죄 인정의 근거가 되었다.

(나) 중요사항에 관한 거짓 기재 여부(2-②관련)

검사는 피고인 甲의 2009. 5. 14.자 정정신고(보고) 및 2009. 5. 22.자 B사의 증권발행결과(자율공시)의 내용에는 단지『외국법인 P가 B사 주식 540만주를 청약했고, 39억원을 주금납입한다』고 되어 있는데, 위와 같은 유상증자 참여 이면에는 원금보장과 피고인 甲이 원금보장 담보를 위해 현금과 약속어음 담보제공 사실이 실제 존재함에도 이런 내용이 누락되어 있기 때문에 이는 허위 공시에 해당한다는 취지로 자본시장법 제178조 제1항 제2호 〈중요사항 거짓문서 등 이용행위〉로 기소하였다.

그러나 제1심은 피고인 甲이 2009. 5. 14.자 정정신고(보고) 및 2009. 5. 22.자 B사의 증권발행결과(자율공시)와 관련하여 실제로 외국법인 P가 유상증자에 참여하여 주금을 납입하여 B사 주식을 취득하게 되었다는 점이 사실이라는 것을 강조하면서 이에 위 공시는 허위가 아니므로 자본시장법 제178조 제1항 제2호 〈중요사항 거짓문서 등 이용행위〉가 성립하지 않는다고 판시하였다.[466]

(2) 항소심 및 대법원의 판단

이에 대해 항소심 법원과 대법원은 피고인과 검사의 상소를 모두 기각하여 1심의 판단을 유지하였다.

466 1심 법원은 (비록 사전 현금 담보 제공, 주식매수권 청구 약정 등을 통해 원금 보장 약속이 있기는 했지만) 이는 외국법인 P가 실제로 유상증자에 참여하여 B사 주식을 취득하되 S사가 이에 대하여 매수청구권과 확정수익을 보장한다는 것이므로, 단순히 외국법인 P가 유상증자금과 명의만을 대여하는 것이라거나 유상증자 참여 자체가 허위인 것으로는 볼 수 없는 점, 실제로 위 약정에 따라 외국법인 P는 직접 주금을 납입하고 B사 주식을 취득하여 보유한 점, 피고인 甲, S사는 투자자인 외국법인 P에 교부되는 신주권의 권리행사 및 매도 등 주주로서의 권리에 일체 관여할 수 없다는 취지 및 주식의 매각은 전적으로 투자자의 의사와 판단에 의한다는 취지 등이 기재된 점 등을 보면 유상증자로 신주를 취득한 것 자체는 사실이므로, 이를 공시한 행위를 두고 허위기재로 볼 수 없다는 취지에서 이 부분을 무죄로 판단하였다.

① 피고인 甲과 乙 사이에 체결된 투자약정서, 주식매수청구권 행사에 관한 약정서, 투자수익보장약정서는 乙이 운영하는 외국회사인 P가 2009. 5. 20. B가 실시하는 제3자 배정 유상증자에 3,866,400,000원을 납입하여 B사 주식을 취득하고, P는 1년의 보호예수기간을 포함하여 위 주식을 2011. 10. 31.까지 의무적으로 보유하여야 하며, 2011. 11. 1.부터 1개월간 P는 S사에 투자원금에 연 12%를 가산한 금액으로 매수청구를 할 수 있고, S사는 2년 6개월의 투자기간 동안 최소 30%(연 12%)의 수익을 보장한다는 내용으로서, P가 실제로 유상증자에 참여하여 B사 주식을 취득하되 S사가 이에 대하여 매수청구권과 확정수익을 보장한다는 것이므로, 단순히 P가 유상증자금과 명의만을 대여하는 것이라거나 유상증자 참여 자체가 허위인 것으로는 볼 수 없는 점, ② 실제로 위 약정에 따라 P는 직접 주금을 납입하고 B사 주식을 취득하여 보유한 점, ③ 위 투자수익약정서에는 연대보증인(피고인 甲, S사)은 투자자인 P에게 교부되는 신주권의 권리행사 및 매도 등 주주로서의 권리에 일체 관여할 수 없다는 취지 및 주식의 매각은 전적으로 투자자의 의사와 판단에 의한다는 취지 등이 기재된 점 등을 종합해볼 때, 피고인 甲, 丙가 2009. 5. 14.자 정정신고(보고) 및 2009. 5. 22.자 B사의 증권발생결과(자율공시)를 함에 있어 외국법인인 P가 제3자 배정을 통하여 B의 주식을 취득한 것으로 공시한 것 자체가 허위의 공시로서 같은 법 제178조 제1항 제2호에서 정한 '중요사항에 관하여 거짓의 기재를 하는 행위'에 해당한다고 볼 수 없고, 달리 이를 인정할 만한 증거가 없다.

(3) 법원 판결 정리

B사의 제3자 유상증자와 관련한 부분에서 ▲ 원금보장을 전제하고 유상증자에 참여하는 행위에 대해서는 자본시장법 제178조 제1항 제1호 <부정한 수단, 계획, 기교> 및 동법 제178조 제2항 <위계 이용행위>의 성립을 인정하였고, ▲ 그 내용의 공시와 관련해서는 자본시장법 제178조 제1항 제2호 <중요사항 거짓문서 등 이용행위>의 성립을 부정하였다.

나. 평석

이 부분과 관련하여서는 두 가지의 쟁점이 존재한다. 첫 번째 쟁점은 유상증자에 참여하는 자가 상장사 대주주로부터 원금보장을 받았고, 그럼에도 불구하고 이를 공시하지 않았다는 것이고, 두 번째는 위 乙이 실질적으로 지배하는 외국법인 P는 해외 자본이라고 볼 수 없음에도 위 외국법인 P가 유상증자에 참여함으로써 해외 자본이 B사의 유상증자에 참여한 것과 같은 외관을 만들었다는 것이다.

먼저 첫 번째 쟁점과 관련하여 앞서 살펴본 바와 같이 원금보장 약정이 전제된 유상증자 참여행위는 자본시장법 제178조 제1항 제1호 〈부정한 수단, 계획, 기교〉 혹은 자본시장법 제178조 제2항 〈위계 이용행위〉가 성립된다고 보아야 한다. 다만, 그 의율규정은 본건 행위가 공시로 구체화 되었기 때문에 자본시장법 제178조 제1항 제1호 〈부정한 수단, 계획, 기교〉 또는 자본시장법 제178조 제2항 〈위계 이용행위〉가 아니라 자본시장법 제178조 제1항 제2호 〈중요사항 거짓문서 등 이용행위〉로 의율하는 것이 타당하다.

피고인 甲의 2009. 5. 14.자 정정신고(보고) 및 2009. 5. 22.자 B사의 증권발행결과(자율공시)의 내용에는 단지 『외국법인 P가 B사 주식 540만주를 청약했고, 39억원을 주금납입한다』고 되어 있는데, 위와 같은 유상증자 참여 이면에는 원금보장과 피고인 甲이 원금보장 담보를 위해 현금과 약속어음 담보제공 사실이 실제 존재함에도 이런 내용이 누락되었다. 그런데, 유상증자는 원금보장이 되지 않는 주식을 인수하는 것으로서 만약 유상증자 참여인에게 원금보장 약정을 했고, 이를 담보하기 위해 담보물을 제공했다면, 일반투자자나, 다른 주주들을 위해서 이는 적절하게 공시되어야 할 것이다. 왜냐하면 위와 같은 원금보장을 약속받은 사람의 실제적인 지위는 주주가 아니라 일종의 채권자적 지위에 있고, 나아가 유상증자 납입금은 자본금으로서 역할을 할 수 없기 때문이다. 따라서 유상증자 참여 이면에 원금보장이 되어 있는지 여부 및 그 원금 보장을 위해 담보가 제공되었는지 여부는 일반투자자들에게 공개되어야 할 투자판단을 위한 '중요사항'으로 보아야할 것이다. 따라서 이러한 관점에서 피고인 甲이 위와 같은 공시에서 이를 누락한 것은 허위 공시라 할 것이고 이는 자본시장법 제178조 제1항 제2호 〈중요사항 거짓문서 등 이용행위〉에 해당한다고 보여진다.

한편, 두 번째 쟁점과 관련하여 해외 법인인 P가 B사의 유상증자 주체로 참여하는 것[467]이 자본시장법 제178조 제1항 제1호 〈부정한 수단, 계획, 기교〉 또는 동법 제178조 제2항 〈위계 이용행위〉에 해당할 수 있는지 문제된다. 이는 외국법인을 이용한 주식 장내매수 사례와 다소 결이 다르다고 할 수 있다. 왜냐하면 외국법인을 이용한 주식 장내매수 사례[468]에서 자본시장법 제178조 제1항 제1호 〈부정한 수단, 계획, 기교〉 또는 동법 제178조 제2항 〈위계 이용행위〉가 성립하지 않는 것은 주식 장내 매수에서 그 매수주체의 국적을 공개할 의무나 공개할 방법이 마땅히 존재하지 않기 때문이나, 외국법인을 이용한 유상증자 참여는 결국 유상증자 공시를 통하여 시장에 공개될 것이기 때문이다.

살피건대, 외국법인이 유상증자 참여 주체로 나선 것과 같은 외관을 형성하였다고 해서 무조건 사기적 부정거래의 긍정하는 것은 부당하다. 왜냐하면 자유시장경제는 어떻게, 어떤 방식으로 투자할 것인지의 자유를 보장하는데, 그러한 자유에는 투자주체의 자유로운 선정도 당연히 내포되기 때문이다. 다만, 법률에 의해 외국인의 투자가 일정한 인허가의 요건이 된 경우 즉, 본건과 같이 해외 자본 10%를 확보하지 못하면 A경제자유구역 내 공장허가를 받을 수 없는 상태였다면 그러한 외국인의 투자 외관형성은 자유시장경제가 허용할 수 있는 보호범위를 벗어난 것으로 보아야 한다. 따라서 외국인의 투자가 특정 사업 등에 대한 성취조건이 되는 경우에 한하여 외국인 투자 외관형성은 사기적 부정거래에 해당한다고 보여지고, 이는 자본시장법 제178조 제2항 〈위계 이용행위〉로 의율가능할 것으로 보여진다(자본시장법 제178조 제1항 제1호 〈부정한 수단, 계획, 기

---

467 해외자본지분 10%를 확보하지 못하면 송도경제자유구역 내 공장허가가 나지 않고 그렇게 되면 분양받은 공장부지가 분양가로 몰취될 수 있는 리스크가 존재하였다.

468 〈5번_외국인 투자자 외관 형성 사건〉 참조

교>도 성립할 것으로 보이나 동 조항은 위 <위계 이용행위>와 일반법, 특별법 지위에 지위에 있는 점, 규정 형식과 내용이 포괄적이라는 점에서 <위계 이용행위>가 성립한다고 봄이 상당하다)

그런데, '외국인 투자의 외관형성'이라는 점과 관련하여 주의해야할 점이 많다. 왜냐하면 교역 및 금융 등에서 글로벌화가 상당히 진척되고, 아울러 우리의 자본 또한 외국으로 상당 부분 진출했다는 측면에서 외국인 투자를 어떻게 정의해야 할지에 대한 쟁점이 다분히 존재한다. 예컨대, 한국 국적의 사람이 조세피난처에 법인을 세우고 그 법인에 상당한 자금을 보내어 그 법인이 해외 국가에 투자를 계속 해왔다면, 그 자금의 원천이 한국 국적의 사람이라고 해서 그 법인의 한국 투자를 외국인 투자가 아니라고 할 수 있는지 의문이 드는 것이 사실이다. 즉, 해외 법인의 투자자금 원천이 한국에서 유래했더라도 상당기간 그 투자행위가 해외에서 실질적으로 존재했다면 그 해외 법인의 한국 투자를 국내 투자라고 보기 어려울 수도 있다.

결국, 외국인 투자 여부는 해당 법인의 실질적 활동내역을 종합적으로 살펴야 할 것이다. 만약 해당 법인의 투자 시점을 기준으로 그 이전 상당기간 동안 투자나 영리활동이 전혀 없었고, 아울러 해당 법인의 투자자금이 한국에서 송금되어온 자금을 원천으로 한다면 이 경우에는 외국인 투자 외관을 형성하였다고 볼 여지가 충분한 것이다.

즉, 이 사건에서도 위 외국법인 P의 유상증자 참여와 그 공시는 일응 외국인 투자가 공장건설 허가의 요건이 된다는 점에서 자본시장법 제178조 제2항 <위계 이용행위> 및 자본시장법 제178조 제1항 제2호 <중요사항 거짓문서 등 이용행위>에 해당할 수 있다고 보여진다. 다만, 외국법인 P의 유상증자 참여가 '외국인 투자 외관 형성'에 해당할 수 있는지는 본건 외국법인 P의 유상증자 참여 이전 외국법인 P의 투자, 영리활동의 존재 여부, 유상증자 참여 자금의 원천이 국내인지 여부 등을 종합적으로 판단해야할 것으로 보인다.

다음으로 본건에서 외국법인 P의 유상증자 참여 및 그 공시가 외국인 투자 외관형성으로 인정된다고 가정할 때, 외국법인 P가 유상증자에 참여하기로 하여 외국인 투자 외관을 형성하기로 하기로 결정하였던 점은 자본시장법 제178조 제2항 <위계 이용행위>에 해당하고, 그것이 공시되었을 경우 이는 자본시장법 제178조 제1항 제2호 <중요사항 거짓문서 등 이용행위>에 해당하는바, 양자간의 죄수가 문제된다. 그런데, 이 논의는 앞서 살펴본 바와 같이 유상증자 참여 행위와 공시행위가 연결되어 있을 때, 어떤 행위를 규율할 것인지 문제와 연결된다.

살피건대, 외국인 투자 외관을 형성하는 유상증자 참여행위가 자본시장 교란이라는 위험이 현실화되는 것은 그것이 공시되어 시장에 알려졌기 때문이다. 따라서 외국인 투자 외관을 형성하는 유상증자 참여행위의 경우 그것이 현실화되어 공시되었다면, 그 공시 행위를 규율하는 것이 타당하다고 보여진다. 즉 자본시장법 제178조 제1항 제2호 <중요사항 거짓문서 등 이용행위>만 성립한다고 봐야 한다.

다. 판결 내용과 평석 정리

이상 판결 내용과 그에 대한 평석을 정리하면 아래와 같다.

	1심	항소심	대법원	평석
2-①	자본시장법 제178조 제1항 제1호 〈부정한 수단, 계획, 기교〉	자본시장법 제178조 제1항 제1호 〈부정한 수단, 계획, 기교〉	자본시장법 제178조 제1항 제1호 〈부정한 수단, 계획, 기교〉	자본시장법 제178조 제1항 제1호 〈부정한 수단, 계획, 기교〉
	○	○	○	×
	자본시장법 제178조 제2항 〈위계 이용행위〉	자본시장법 제178조 제2항 〈위계 이용행위〉	자본시장법 제178조 제2항 〈위계 이용행위〉	자본시장법 제178조 제2항 〈위계 이용행위〉
	○	○	○	○ (다만, 그 내용이 공시되었을 때 자본시장법 제178조 제1항 제2호로 의율함이 상당)
2-②	자본시장법 제178조 제1항 제2호 〈중요사항 거짓문서 등 이용행위〉	자본시장법 제178조 제1항 제2호 〈중요사항 거짓문서 등 이용행위〉	자본시장법 제178조 제1항 제2호 〈중요사항 거짓문서 등 이용행위〉	자본시장법 제178조 제1항 제2호 〈중요사항 거짓문서 등 이용행위〉
	×	×	×	○

3. A사 및 B사 주주배정 유상증자 실권주 차명 인수 관련

가. 2009. 6. 15.자 A사 주주배정 유상증자 실권주 관련 법원의 판단

(1) 제1심의 판단

제1심은, 피고인 甲이 자신의 자금 2억원과 申으로부터 대여받은 자금 253,532,630원을 사용하여 A사 유상증자 과정에서 발생한 실권주를 차명으로 인수한 뒤, 배정받은 신주를 매각한 자금으로 申으로부터 대여받은 차입금을 상환하기로 약정한 사실, 피고인 申은 위 약정에 따라 자신의 자금과 피고인 甲의 자금을 이용하여 조카인 N7의 이름으로 실권주를 인수한 사실(2009. 6. 15. N7이 실권주 주금 납입함)을 인정하고, 피고인 甲 등의 위 행위에 대하여 자본시장법 제178조 제1항 제1호 <부정한 수단, 계획, 기교>에 해당한다고 판단하였다.[469]

한편 피고인 甲이 위 A사 실권주를 N7이라는 차명으로 취득하여 자신의 주식취득 사실을 기재하지 아니함(2009. 6. 16.자 증권발행실적 보고서, 2009. 7. 10.자 대량보유보고)으로써 주가하락 방지라는 재산상 이익을 얻고자 한 것은, 자본시장법 제178조 제1항 제2호 <중요사항 거짓문서 등 이용행위>에도 해당한다고 판단하였다.

(2) 항소심의 판단

반면 항소심 법원은, 자본시장법 제178조 제1항 제1호 <부정한 수단, 계획, 기교>의 적용범위가 일응 광범위하여 죄형법정주의와 충돌할 수 있으므로 그 적용에 있어서는 신중을 기하여야 한다는 전제에서, 피고인 甲이 피고인 申으로부터 차용한 약 2억5

469 피고인 甲은 A사의 대표이사이면서도 자신의 계산으로 A사 실권주를 차명 취득한 점, 유상증자에 100% 투자가 성사되었다는 외관을 형성하여 일반투자자들의 투자 판단에도 긍정적인 영향을 미칠 수 있었던 점, 이후 대표이사인 甲이 실권주를 즉시 매도하였는데 이 같은 사실이 있는 그대로 알려질 경우 일반투자자의 투자 판단에 악재로 작용하여 주가에 영향을 미칠 수 있는 내용인 점 등을 근거로 유죄 인정하였다.

천만원의 주금 납입 사실을 제대로 공시하지 않았다고는 해도 ❶ 위 금액은 A사의 전체 유상증자금에서 차지하는 비율은 1.7%(145억 원 중 253,532,630원 상당)에 불과한 점, ❷ 일반투자자들의 입장에서 A사의 임원인 피고인 甲이 실제로 유상증자된 주식 중 약 3.1%(145억 원 중 453,532,630원 상당)에 해당하는 주식을 보유하고 있는지를 알게 되었는지 여부에 따라 투자 판단 자체가 달라진다고 보이지 않는 점, ❸ 피고인 申 역시 대여금에 대한 담보 명목으로 N7 명의로 주식을 취득한 것이지 나아가 실권주 인수를 적극적으로 허위공시함으로써 일반투자자들의 오해를 유발시키려는 의사가 있었다고 보기 어려운 점, ❹ 피고인 甲은 주식 소유상황변동보고의무 위반행위로 처벌받게 되는 점 등을 이유로, A사 실권주 취득 과정에서의 피고인 甲 및 申의 일련의 행위가 별개의 '부정한 기교를 사용하는 행위'에 해당한다거나 또는 같은 항 제2호에서 규제하는 '타인에게 오해를 유발시키지 아니하기 위하여 필요한 중요사항의 기재 또는 표시가 누락된 문서를 이용한 행위'에 해당한다고 보기 어렵다고 하며 자본시장법 제178조 제1항 제1호 〈부정한 수단, 계획, 기교〉 및 자본시장법 제178조 제1항 제2호 〈중요사항 거짓문서 등 이용행위〉에 대하여 무죄로 판결하였다.

(3) 대법원의 판단

대법원은 상고를 모두 기각하여 원심을 유지하였다.

나. 2009. 8. 12. B사 주주배정 유상증자 실권주 40만 주 차명 인수 관련 법원의 판단

(1) 제1심의 판단

제1심은, ❶ 피고인 甲이 2009. 6. 11.자 B사의 주주배정 유상증자에서 발생한 실권주 6,766,143주에 대하여 제3자 배정 유상증자를 실시하였고, 이 제3자 배정 유상증자에서 투자유치에 실패한 400,000주에 대해서는 스스로 인수하기로 결정한 사실, ❷ 이를 위하여 부사장인 피고인 丙에게 B사의 최대주주인 S사의 자금으로 페이퍼컴퍼니인 R사 명의로 위 실권주를 인수할 것을 지시한 사실, ❸ 피고인 丙는 2009. 8. 10.경 위 지시에 따라 S사 자금 2억 원을 인출하여 위 B사 실권주에 대한 제3자 배정 유상증자에 대하여 R사 명의로 100% 납입한 사실, ❹ 2009. 8. 12.경증권발행실적보고서를 제출하면서 실권주가 100% 인수된 사실을 공시하고, 2009. 8. 14. S사 명의로 주식등의 대량보유상황보고서를 제출, 공시하면서 S사의 대표이사인 피고인 甲의 B사 주식(실권주)취득 사실을 누락한 사실 등을 모두 인정하고,[470] 피고인 甲이 페이퍼컴퍼니를 동원, 제3자의 투자로 유상증자가 성공한 듯한 외관을 형성한 행위는 자본시장법 제178조 제1항 제1호 〈부정한 수단, 계획, 기교〉에 해당하고, 피고인 甲의 주식취득 사실 기재하지 아니한 것은 자본시장법 제178조 제1항 제2호 〈중요사항 거짓문서 등 이용행위〉에 해당한다고 보아 유죄 판단하였다.[471]

(2) 항소심의 판단

이에 대하여 항소심 법원은, P를 동원하여 정상적으로 주금이 납입된 것처럼 공시한 부분이 B사의 전체 유상증자금에서 차지하는 비율이 1.6%(122억 원 중 2억 원)에 불과하고, 일반투자자들의 입장에서 B사의 임원인 피고인 甲이 실제로 유상증자된 주식 중 약 1.6%에 해당하는 주식을 보유하고 있는지를 알게 되었는지 여부에 따라 투자 판단 자체가 달라진다고 보이지 않는 점, 일반투자자들의 오해를 유발시키려는 의사가 있었다고 보기 어려운 점, 피고인 甲은 주식 소유상황변동보고의무 위반행위로 처벌받게 되는 점 등을 고려하여, 위 가항과 마찬가지로 자본시장법 제178조 제1항 제1호 〈부정한 수단, 계획, 기교〉 및 자본시장법 제178조 제1항 제2호 〈중요사항 거짓문서 등 이용행위〉에 대하여 무죄로 판결하였다.

---

470 B사의 최대주주는 S사이고, 甲은 B사의 등기이사이자 S사의 특수관계인이므로 S사와 甲은 연명하여 대량보유보고 의무가 발생하였다.

471 실권주를 취득한 R사은 甲의 계산으로 甲이 관리하는 페이퍼컴퍼니에 불과한 점, 유상증자에 100% 투자가 성사되었다는 사실이 공시될 경우 일반투자자들에게 긍정적인 영향을 미칠 수 있는 점, 만약 B사의 최대주주인 S사의 대표이사 甲이 차명으로 실권주 인수를 인수하고 곧바로 매도한 사실이 있는 그대로 알려질 경우 악재로 작용할 수 있는 점 등이 유죄 인정의 근거로 설시되었다.

(3) 대법원의 판단

대법원은 상고를 모두 기각하여 원심을 유지하였다.

다. 평석

(1) 문제점

먼저 본건 사실관계는 ① 피고인 甲이 B사 및 A사에 대한 실권주를 차명으로 인수하겠다고 의사결정한 뒤 자금을 조달하여 차명 명의로 주금을 납입한 행위와 ② 증권발행실적보고서 및 대량보유보고서의 공시함에 있어 피고인 甲이 그 차명 주식을 공시하지 않은 행위로 나눌 수 있다.

이는 앞서 살펴본 것과 같이 ①행위의 법적 평가와 관련하여 피고인 甲이 그러한 의사결정을 한 뒤 주금을 납입한 행위를 규제할 것인가 아니면 그와 같은 행위가 현실화되어 공시되었을 때 그 공시행위를 규율할 것인가의 문제와 연결되는 것이다.

(2) 평석

살피건대, 대주주가 차명으로 주식인수에 나서는 행위가 자본시장을 교란시킬 수 있는 이유는 그것이 공시되어 시장에 알려졌기 때문이다. 다시 말하자면 대주주가 차명으로 주식인수를 하기로 결정하고 주금을 납입하였을 때 문제되는 것이 아니라, 그것이 공시되면서 대주주가 또다른 주식을 인수했다는 사실이 공시되지 않았다는 점에서 문제 발생의 소지가 생기는 것이다. 따라서 대주주의 차명주식인수 자체를 자본시장법이 규율하기 보다는 그와 같은 결과가 현실화되어 공시되는 경우 그 행위를 규율하는 것이 상당하다고 보여진다.

결국, ①행위 단계만으로는 아직 자본시장질서를 교란시키는 상황이라고 보기 어렵다고 보여진다. 특히, 항소심의 판단과 같이 ▲ 피고인들의 행위로 인해 취득한 유상증자 비율이 각 1.7%, 1.6%에 불과할 정도로 미미하였다는 점, ▲ 일반투자자들의 입장에서 A사와 B사의 임원인 피고인 甲이 실제로 유상증자된 주식 중 약 3.1%(A사) 또는 1.6%(B사)를 보유하고 있다는 사실을 알고 있었다고 하여 투자판단이 달라질 것으로 보이지 않는다는 점을 보면 더더욱 그러하다. 그러한 점에서 ①행위만으로 그것이 자본시장법 제178조 제1항 제1호 <부정한 수단, 계획, 기교>가 성립한다고 보기 어렵다고 판단된다.

한편, ②행위와 관련하여 위 증권발행실적보고서 및 대량보유보고서에 피고인 甲의 주식 인수사실이 드러나지 않는바, 그러한 점에서 자본시장법 제178조 제1항 제2호 상 '누락기재'가 있다는 점에서는 다툴 여지가 없어 보인다. 그런데, 위와 같은 '누락기재'가 문제가 되기 위해서는 자본시장법 제178조 제1항 2호의 구성요건인 <오해 유발 가능성>이 존재해야 한다. 즉, 피고인 甲이 실제로는 실권주를 자신이 인수했음에도 타인이 인수한 것처럼 외관을 형성함으로써 시장과 참여자들로 하여금, '대주주가 차명으로 보유한 주식을 처분하였으면서도 그 주식이 차명 명의로 관리되고 있었기 때문에 공시의무 등이 외견상으로는 발생하지 않아 결과적으로는 그 주식처분 행위가 수면 위로 드러나지 않게 하여 대주주 지분에는 변동이 없다'고 믿게끔 오해를 유발할 수 있어야 한다는 것이다.

그런데, 본건에서 피고인들이 실권주를 차명으로 인수한 것은 그 인수한 실권주를 시장에 몰래 처분할 목적 때문이 아니라, 실권주들이 최종 인수되지 아니하면 A사나 B사에 대한 시장의 기대나 호평을 끌어내기 어려운 상황이기 때문에 차명과 페이퍼컴퍼니를 동원하여 실권주를 인수한 행위로 증자를 성공한 것처럼 외관을 형성하려고 한 목적 때문이었다.

이 사건의 경우, 위 공시서류에 피고인 甲이 실제로 인수한 실권주 내역이 기재되지 않음으로써 일반 투자자들로 하여금 피고인 甲 보유 지분이 정확히 얼마인지에 대해서 오해를 불러일으킬 수 있음은 별론으로 하고, 실권주 규모가 전체 유상증자 액수의 1% 정도에 불과하다는 점을 고려하면 실권주가 전액 인수되었다는 사실에 대해서는 오해를 유발할 가능성이 희박하다고 생각된다(참고로 항소심 역시 '제178조 제1항 제1호의 적용범위가 광범위하여 죄형법정주의와 충돌할 우려가 있으므로 그 적용에 신중을 기하여야 한다는 전제에서, 피고인 甲의 A사 및 B사 실권주 인수 당시 현실적인 시장 교란 위험이 없었다'고 보아 이 부분을 무죄로 판단하였다).

이처럼 피고인 甲의 '누락기재'행위의 동기, 누락된 실권주의 규모 등을 종합할 때, 그러한 '누락기재'가 시장 참여자에게 '실권주가 모두 인수되었다는 점'과 관련하여 시장 참여 여부를 결정하는데 있어서의 오해를 유발할 가능성은 현저히 떨어진다고 보여지는 바, 이런 관점에서 볼 때, 항소심 및 대법원의 결론 자체는 타당하다고 보여진다. 이상 판결 내용과 그에 대한 평석을 정리하면 아래와 같다.

	1심	항소심	대법원	평석
3-①	자본시장법 제178조 제1항 제1호 〈부정한 수단, 계획, 기교〉	자본시장법 제178조 제1항 제1호 〈부정한 수단, 계획, 기교〉	자본시장법 제178조 제1항 제1호 〈부정한 수단, 계획, 기교〉	자본시장법 제178조 제1항 제1호 〈부정한 수단, 계획, 기교〉
	○	×	×	×
3-②	자본시장법 제178조 제1항 제2호 〈중요사항 거짓문서 등 이용행위〉	자본시장법 제178조 제1항 제2호 〈중요사항 거짓문서 등 이용행위〉	자본시장법 제178조 제1항 제2호 〈중요사항 거짓문서 등 이용행위〉	자본시장법 제178조 제1항 제2호 〈중요사항 거짓문서 등 이용행위〉
	○	×	×	×

4. A사와 M사, A사와 T사 각 합병 과정에서의 사기적 부정거래 문제

가. A사와 M사의 2009. 10. 26.자 합병과정 사기적 부정거래 관련

(1) 법원의 판단

제1심 법원은, ① 피고인 甲이 A사의 M사 인수·합병을 추진하기로 하고 A사의 자금 12억 5천만 원과 대부업자 申으로부터 차입한 자금 13억 4,875만 원으로 M사 지분의 100%를 취득하면서 N9, N10 등 명의의 차명을 이용한 사실, ② 피고인이 위 차명으로 인수한 M사 주식 중 288,000주(지분율 18%)의 명의만을 A사로 변경한 뒤 A사가 M사의 주식 288,000주(18%)만을 취득하였고, 이에 대해서 배정될 합병신주 219,227주만을 보호예수하게 되는 것처럼 공시한 사실 등을 인정하면서, 피고인의 이 같은 행위가 자본시장법 제178조 제1항 제1호 〈부정한 수단, 계획, 기교〉 및 자본시장법 제178조 제1항 제2호 〈중요사항 거짓문서 등 이용행위〉에 각 해당한다고 판단하였다. 그 구체적인 논거는 아래와 같다. 항소심 및 대법원은 제1심 법원의 결론을 그대로 유지하였다.

> 코스닥시장상장규정 제23조 제1항 제1호는 '코스닥시장 상장법인이 주권비상장법인과 합병을 하는 경우 최대주주 등은 합병기일부터 2년간(제19조의4 제2항에 따른 합병의 경우에는 1년) 주식을 계속보유하여야 한다. 다만 합병기일부터 1년(제19조의4 제2항에 따른 합병의 경우 6월)이 경과한 경우에는 매 1월마다 최초보유주식등의 100분의 5에 상당하는 부분까지 매각할 수 있다.'고 규정하고 있는바, 위 규정은 합병 후 비상장회사의 최대주주 등이 배정받은 합병신주가 상장되어 장내매매가 가능하게 됨에 따라 이를 즉시 매각할 경우 갑작스럽게 늘어난 공급량 때문에 주가가 급락하여 소액투자자들이 피해를 입는 것을 방지하기 위한 것이라고 할 것이다.
>
> 따라서, 상장회사가 비상장회사와 합병한 후 배정될 합병신주 중 어느 정도의 수량을 보호예수할 것인지는 합병 후 주가에 직접적인 영향을 미치는 내용이고 유가증권의 공정거래와 투자자 보호를 위하여 필요한 사항으로서 투자자의 투자판단에 영향을 미칠 수 있는 사항이어서 자본시장법 제178조 제1항 제2호의 '중요사항'에 해당한다고 할 것이므로, 위에서 인정한 바와 같이 피고인 甲 등이 M사를 인수하면서 차명을 사용하고 보호예수 수량을 거짓 기재함으로써 매각제한규정을 회피한 것은 자본시장법 제178조 제1항 제2호에 정한 "중요사항에 관하여 거짓의 기재 또는 표시를 하여 금전, 그 밖의 재산상 이익을 얻고자 하는 행위" 및 자본시장법 제178조 제1항 제1호에 정한 "부정한 수단, 계획, 기교를 사용하는 행위'에 해당한다고 할 것이다.

나. 2009. 12. 29. A사와 T사의 합병과정 사기적 부정거래 관련

(1) 제1심의 판단

제1심 법원은, ① 피고인 甲이 2009. 2. 25.경 H사(지주회사)의 대표이사로서

2009. 9. 25경 T사의 주식 361,476주(90%)를 8,099,954,800원에 인수하면서, 190,000주만을 H사 명의로 인수하고, 나머지 171,476주를 차명으로 인수한 사실, ② 피고인 甲은 피고인 庚로부터 60억 원, 피고인 申으로부터 40억 원, N11로부터 차입한 5억 원, N12로부터 차입한 4억 원 등 139억 5천만 원으로 2009. 9. 28. T사 유상증자금을 납입하면서 차명으로 주금을 납입한 사실, ③ 甲은 위와 같은 방법으로 T사의 주식 1,437,476주를 차명으로 취득한 사실, ④ 甲, 丙는 이하 각 허위공시 [❶ 2009. 10. 5.경 '주요사항보고서(합병결정)'을 제출하고 2009. 10. 8.경 '증권신고서(합병)'를 제출하면서 H사가 T사의 주식을 190,000주를 취득하여 최대주주이고, 위 주식에 대해서 배정될 합병신주만을 보호예수할 것이라고 거짓 기재한 사실, ❷ 2009. 10. 19.경 '[정정]회사합병결정'을 공시하고, [정정]주요사항보고서'를 제출하고, 2009. 10. 20.경 '[정정]증권신고서(합병)'을 제출하면서 H사가 T사의 주식을 190,000주 취득하여 최대주주이고, 위 주식에 대해서 배정될 합병신주 1,267,414주만을 보호예수할 것이라고 거짓 기재한 사실, ❸ 2009. 11. 3. '[정정]회사합병결정'을 공시하고 '[정정]주요사항보고서' 및 '[정정]증권신고서(합병)'를 제출하고, 2009. 11. 11. '투자설명서'를 제출하면서 H사가 T사의 주식을 190,000주 취득하여 최대주주이고, 위 주식에 대해서 배정될 합병신주 1,179,817주만을 보호예수할 것이라고 거짓 기재한 사실, ❹ 2009. 12. 31. '증권발행실적보고서(합병)'를 제출하면서 H사가 취득할 합병신주 중 1,179,817주만을 보호예수할 것이라고 거짓 기재]한 사실을 인정하였다.

제1심 법원은『피고인들의 위 행위에 대하여 상장회사가 비상장회사와 합병한 후 배정할 합병신주 중 어느 정도의 수량을 보호예수할 것인지는 합병 후 주가에 직접적 영향을 미치는 내용이고 유가증권의 공정거래와 투자자 보호를 위하여 필요한 사항으로서 투자자의 투자 판단에 영향을 미칠 수 있는 사항이므로 자본시장법 제178조 제1항 제2호 <중요사항 거짓문서 등 이용행위>의 '중요사항'에 해당하고, 피고인 甲·丙이 차명으로 T사를 인수하여 유상증자한 후 합병하면서 보호예수 수량을 거짓 기재함으로써 매각제한규정을 회피한 것은 자본시장법 제178조 제1항 제2호 <중요사항 거짓문서 등 이

용행위>에서 규제하는 '중요사항에 관하여 거짓의 기재 또는 표시를 하여 금전, 그 밖의 재산상 이익을 얻고자 하는 행위' 및 자본시장법 제178조 제1항 제1호 <부정한 수단, 계획, 기교>에 해당한다』고 판단하였다. 항소심 및 대법원은 위 4. 가. 항의 A사와 M사 합병 부분에서와 마찬가지로 제1심 법원의 결론을 그대로 유지하였다.

다. 평석

먼저 본건 사실관계는 ① 피고인 甲이 A사의 M사 및 T사와의 합병에 대한 의사결정을 한 뒤, M사 및 T사 주식을 A사 몫과 피고인 甲의 몫(피고인 甲의 몫은 차명)으로 나누기로 한 다음 위 주식들을 인수한 행위(T사의 경우 인수 후 유상증자에 참여하는 행위도 존재)와 ② 타법인 주식 및 출자증권 취득 결정 및 합병경정 등의 공시함에 있어 피고인 甲이 취득한 차명 주식을 공시하지 않은 행위로 나눌 수 있다.

이는 앞서 살펴본 것과 같이 ①행위의 법적 평가와 관련하여 피고인 甲이 그러한 의사결정을 한 뒤 주식을 인수한 행위를 규제할 것인가 아니면 그와 같은 행위가 현실화되어 공시되었을 때 그 공시행위를 규율할 것인가의 문제와 연결되는 것이다.

살피건대, 대주주가 차명으로 주식인수에 나서는 행위가 자본시장을 교란시킬 수 있는 이유는 그것이 공시되어 시장에 알려졌기 때문이다. 다시 말하자면 대주주가 차명으로 주식인수를 하기로 결정하고 주금을 납입하였을 때 문제되는 것이 아니라, 그것이 공시되면서 대주주의 주식 인수 사실이 공시되지 않았다는 점에서 문제 발생의 소지가 생기는 것이다. 따라서 대주주의 차명주식인수 자체를 자본시장법이 규율하기 보다는 그와 같은 결과가 현실화되어 공시되는 경우 그 행위를 규율하는 것이 상당하다고 보여진다.

결국, ①행위 단계만으로는 아직 자본시장질서를 교란시키는 상황이라고 보기 어렵다고 보여진다. 그렇다면 ②행위가 자본시장법 제178조 제1항 제2호에 해당하는지 여부를 살펴볼 필요가 있다.

피고인 甲 등은 A사가 매출액 미달 및 재정건전성 악화를 이유로 관리종목으로 지정될 위험이 높아지자[472] M사와 T사와 같은 비상장회사의 인수 합병을 통해 자기자본의 확충을 도모하였다.

한편, 당시 코스닥시장상장규정 제23조 제1항 제1호는 '코스닥시장 상장법인이 주권비상장법인과 합병을 하는 경우 최대주주 등은 합병기일부터 2년간 주식을 계속 보유하여야 한다'는 이른바 의무보유기간(보호예수기간)을 제한을 두고 있었다. 그런데 피고인은 위 회사들의 인수대금 역시 대부업자인 申, 庚 등으로부터 차입금으로 조달하고자 하였고, 이를 위해 이들에게 취득한 각 비상장회사의 주식 또는 합병신주를 담보로 제공할 필요가 있었으며, 피고인과 A사 역시 합병 이후 취득한 합병신주를 빠른 시일 내로 매각하여 차입금 등을 변제할 필요도 있었다.

피고인은 이에 위 코스닥시장상장규정의 의무보유기간 제한을 반드시 회피하여야 할필요가 있었고, 그러한 필요에 따라 M사와 T사의 주식 대부분을 차명 취득한 다음 마치 일부만을 취득한 것처럼(합병신주도 일부만 취득한 것처럼) 공시하였던 것이다.

참고판례 - 대법원 2014. 1. 16. 선고 2013도4538 판결

'부정한 수단, 계획 또는 기교'란 사회통념상 부정하다고 인정되는 일체의 수단, 계획 또는 기교를 말한다(대법원 2011. 10. 27. 선고 2011도8109 판결 등 참조). 나아가 어떠한 행위를 부정하다고 할지는 그 행위가 법령 등에서 금지된 것인지, 다른 투자자들로 하여금 잘못된 판단을 하게 함으로써 공정한 경쟁을 해치고 선의의 투자자에게 손해를 전가하여 자본시장의 공정성, 신뢰성 및 효율성을 해칠 위험이 있는지를 고려해야 할 것인데, 특히 금융투자업자 등이 특정 투자자에 대하여만 투자기회 또는 거래수단을 제공한 경우에는 그 금융거래시장의 특성과 거래참여자의

472 관리종목으로 지정될 경우 A사 주식의 매매거래가 정지될 수 있다(코스닥시장 상장규정 제18조 제1항 제1호).

종류와 규모, 거래의 구조와 방식, 특정 투자자에 대하여만 투자기회 등을 제공하게 된 동기와 방법, 이로 인하여 다른 일반투자자들의 투자기회 등을 침해함으로써 다른 일반투자자들에게 손해를 초래할 위험이 있는지 여부, 이와 같은 행위로 인하여 금융상품 거래의 공정성에 대한 투자자들의 신뢰가 중대하게 훼손되었다고 볼 수 있는지 등의 사정을 자본시장법의 목적·취지에 비추어 종합적으로 고려하여 판단하여야 할 것이다.

앞서 살펴본 바와 같이 차명 보유분 누락공시 행위는 최초 차명 보유분을 누락하여 공시하는 행위와[제1행위], 이후 자신의 차명 보유분을 처분하고도 그 차명분의 처분내역을 공시하지 않는 행위[제2행위] 정도로 구분할 수 있고, 애초부터 차명주식의 처분을 통하여 시세차익을 얻을 목적이 있었던 경우에는 자본시장법 제178조 제1항 제2호 〈중요사항 거짓문서 등 이용행위〉에 해당한다.

	차명주식의 소유현황을 누락한 채 공시하는 것[제1행위]	그 이후 차명주식을 처분하고서도 그 처분내역을 공시하지 않는 것 [제2행위]
거짓표시 문서의 '이용'에의 해당 여부	애초부터 차명주식의 처분을 통하여 시세차익을 얻을 목적이 있었던 경우 : 해당	해당
	그렇지 않은 경우 : 제외	

따라서, ②행위의 경우 피고인 甲 등에 대하여 자본시장법 제178조 제1항 제2호 〈중요사항 거짓문서 등 이용행위〉를 의율하는 것은 타당하다고 보여진다. 이상 판결 내용과 그에 대한 평석을 정리하면 아래와 같다.

	1심	항소심	대법원	평석
4-①	자본시장법 제178조 제1항 제1호 〈부정한 수단, 계획, 기교〉	자본시장법 제178조 제1항 제1호 〈부정한 수단, 계획, 기교〉	자본시장법 제178조 제1항 제1호 〈부정한 수단, 계획, 기교〉	자본시장법 제178조 제1항 제1호 〈부정한 수단, 계획, 기교〉
	○	○	○	×
4-②	자본시장법 제178조 제1항 제2호 〈중요사항 거짓문서 등 이용행위〉	자본시장법 제178조 제1항 제2호 〈중요사항 거짓문서 등 이용행위〉	자본시장법 제178조 제1항 제2호 〈중요사항 거짓문서 등 이용행위〉	자본시장법 제178조 제1항 제2호 〈중요사항 거짓문서 등 이용행위〉
	○	○	○	○

5. 피고인의 각 자본시장법 위반 행위를 포괄일죄로 평가할 수 있는지 문제 (죄수의 문제)

가. S사 2009. 2. 2.자 유상증자 성공 및 주가부양을 위해 외국법인 P와 투자수익보장약정을 통한 주식매수 부분

이 사건에서 S사의 유상증자 성공 및 유상증자 이후 주가부양을 위해서 한 피고인들의 행위 및 법원의 평가는 아래와 같다.

	1심	항소심	대법원
1-① 乙과 원금보장 전제로 한 투자약정(3차)을 통해 외국법인이 주식매수	〈부정한 수단계획기교〉 〈위계 이용행위〉 〈시세조종〉	〈부정한 수단계획기교〉 〈위계 이용행위〉 〈시세조종〉	〈부정한 수단계획기교〉 〈위계 이용행위〉 〈시세조종〉
1-② 丁 등에게 대가를 제공하고, 그들이 주식매수	〈부정한 수단계획기교〉 〈시세조종〉	〈시세조종〉	〈시세조종〉
1-③ 사채업자 庚에게 원금보장 약속을 하고, 그가 40억원 유상증자 참여	〈부정한 수단계획기교〉	〈부정한 수단계획기교〉	〈부정한 수단계획기교〉
1-④ 피고인 甲의 차명 유상증자 참여 및 공시	〈중요사항 거짓문서 등 이용행위〉	〈중요사항 거짓문서 등 이용행위〉	〈중요사항 거짓문서 등 이용행위〉

(1) 법원의 판단

이 사건에서 검사는 특이하게 ❶ 1-① 중 2008. 11. 25.자 투자수익보장약정(1차)을 통한 S사 주식매수, 2009. 3. 3.자 투자수익보장약정(2차)를 통한 S사 주식매수, 1-②행위, 1-③행위, 1-④행위와 ❷ 1-① 중 2009. 6. 3.자 투자수익보장약정(3차)을 통한 S사 주식매수 행위를 분리하여 기소하였다.

이에 제1심 법원은 위 ❶ 부분에 대하여 ▲ 자본시장법 제176조 제2항 제1호(시세조종), ▲ 자본시장법 제178조 제1항 제1호 〈부정한 수단, 계획, 기교〉, ▲ 자본시장법 제178조 제2항 제1호 〈위계 이용행위〉, ▲ 자본시장법 제178조 제1항 제2호 〈중요사항 거짓문서 등 이용행위〉의 포괄일죄가 성립한다고 보고, ❷ 부분에 대하여 ▲ 자본시장법 제176조 제2항 제1호(시세조종), ▲ 자본시장법 제178조 제1항 제1호 〈부정한 수단, 계획, 기교〉의 포괄일죄가 성립한다고 보고, ❶ 부분과 ❷ 부분이 실체적 경합관계에 있다고 판시하였다.

항소심은 위 제1심 법원 판결에 대하여 ❶ 부분과 ❷ 부분은 포괄일죄로 보아야 하며, 1-②행위와 관련하여 자본시장법 제178조 제1항 제1호 〈부정한 수단, 계획, 기교〉는 자본시장법 제176조 제2항 제1호(시세조종)와 법조경합 관계에 있어서 자본시장법 제176조 제2항 제1호(시세조종)만 성립한다고 보고, 결국 ▲ 자본시장법 제176조 제2항 제1호(시세조종), ▲ 자본시장법 제178조 제1항 제1호 〈부정한 수단, 계획, 기교〉, ▲ 자본시장법 제178조 제2항 제1호 〈위계 이용행위〉, ▲ 자본시장법 제178조 제1항 제2호 〈중요사항 거짓문서 등 이용행위〉의 각 포괄일죄가 성립한다고 판시하였다.

(2) 평석

먼저, 시세조종행위와 사기적부정거래 행위 사이에 포괄일죄가 성립하는지 여부와 관련하여 살펴본다. 시세조종금지와 사기적부정거래금지는 기본적으로 전자의 경우 매매를 유인할 목적으로 부정한 방법의 주식주문을 하는 행위를 규율하고, 후자는 주식 주문 외에 공시, 언론보도, 풍문유포 등 다양한 방법을 통하여 시세의 인위적 변동을 규율하고자 한다. 따라서 일응 두 범죄 간에는 행위태양이 다소 차이가 있다. 그러나, 주가를 부양시킨다는 단일한 목적을 염두에 두고서 부정한 방법의 주문도 동원하고, 허위 공시나 언론보도 등을 동원한다면 그 다른 태양의 행위가 하나의 목적을 향해 존재하는 것이므로 이는 포괄일죄로 접근하는 것이 타당하다고 보여진다.

다음으로 시세조종 규정과 사기적부정거래 일반규정인 자본시장법 제178조 제1항 제1호 〈부정한 수단, 계획, 기교〉 사이에 법조경합관계가 성립하는지에 관하여 본다. 앞서 살펴본 바와 같이 자본시장법 제178조 제1항 제1호 〈부정한 수단, 계획, 기교행위〉는 그 개념 자체가 매우 추상적이고, 대법원 역시 그 개념을 그저『사회통념상 부정하다고 보이는 일체의 수단, 계획, 기교를 말하고, 어떠한 행위를 부정하다고 할지는 그 행위가 법령 등에서 금지된 것인지, 다른 투자자들로 하여금 잘못된 판단을 하게 함으로써 공정한 경쟁을 해치고 선의의 투자자에게 손해를 전가하여 자본시장의 공정성, 신뢰성 및 효율성을 해칠 위험이 있는지를 고려해야 한다』라고 정의하고 있다.

아울러, 자본시장법 제178조 제1항 제1호 〈부정한 수단, 계획, 기교〉는 구 증권거래법에는 없던 조항을 신설한 것인데 당시 국회 재정경제위원회 심사보고서를 보면 '금융투자상품의 매매거래 등과 관련된 불공정행위는 투자자들의 피해를 초래하고 증권시장의 신뢰를 저하시키는 요인이 되므로 이를 억제할 수 있는 장치가 필요하다. 그런데 증권시장에서의 불공정행위의 수법은 매우 다양하며 신종 사기수법이 계속하여 등장하고 있으므로 그 유형을 일일이 법률에 열거하여 규제하기는 불가능하다고 할 수 있다.' 라고 기재되어 있던 점을 보면 위 〈부정한 수단, 계획, 기교〉는 구 증권거래법 제188조의4 제4항의 한계로 지적되던 부분을 입법적으로 해결하고자 한 것이다. 즉 이러한 입법취지를 볼 때, 자본시장법 제178조 제1항 제1호 〈부정한 수단, 계획, 기교〉는 자본시장의 불공정행위 규제를 위한 일반법적인 성격을 띠고 있는 것이다. 그러한 점에서 볼 때, 시세조종이 자본시장의 불공정행위 대표격인바, 시세조종 규정과 자본시장법 제178조 제1항 제1호 〈부정한 수단, 계획, 기교〉는 법조경합관계에 있다고 봄이 타당하고, 그러한 점에서 위 항소심 판례의 태도는 타당하다고 보여진다.

다만, 이 사건 항소심 판결에서는 자본시장법 제178조 제1항 제1호 <부정한 수단, 계획, 기교>와 다른 사기적 부정거래 규정 사이에 법조경합관계가 존재하는지에 대해서는 별다른 이유 없이 ▲ 자본시장법 제178조 제1항 제1호 <부정한 수단, 계획, 기교>, ▲ 자본시장법 제178조 제2항 제1호 <위계 이용행위>, ▲ 자본시장법 제178조 제1항 제2호 <중요사항 거짓문서 등 이용행위>의 포괄일죄가 성립한다고 판시한 것을 볼 때, 아직 법원은 자본시장법 제178조 제1항 제1호 <부정한 수단, 계획, 기교>와 다른 사기적부정거래 규정 사이에 법조경합관계가 존재하는지에 대해서는 일응 부정적인 입장[473]으로 읽힌다.

그러나, 위 자본시장법 제178조 제1항 제1호 <부정한 수단, 계획, 기교>의 입법취지, 규정의 형식, 시세조종과의 관계 등으로 볼 때, 시세조종과 마찬가지로 다른 기타 사기적 부정거래 행위가 성립하는 경우 자본시장법 제178조 제1항 제1호 <부정한 수단, 계획, 기교>는 별도로 성립하지 않는다고 봄이 타당하다.

나. B사의 2009. 5. 20.자 유상증자 성공을 위해 외국법인 P와 투자수익보장 약정을 통한 주식매수 부분

B사의 유상증자 성공을 위해서 한 피고인들의 행위 및 법원의 평가는 아래와 같다.

	1심	항소심	대법원
2-① 乙과 원금보장 전제로 한 투자약정 (1차)을 통해 외국법인이 유상증자 참여	〈부정한 수단계획기교〉 〈위계 이용행위〉	〈부정한 수단계획기교〉 〈위계 이용행위〉	〈부정한 수단계획기교〉 〈위계 이용행위〉
2-② 피고인 甲의 차명 유상증자 참여 및 공시	무죄	무죄	무죄

473 위 사건의 대법원(대법원 2011. 10. 27. 선고 2011도8109 판결)에서는 '포괄일죄로 처단되었고 법정형이 동일한 이상 항소심의 판단에 법리를 오해한 잘못이 없다'고 판시하여 이에 대한 뚜렷한 입장을 피력하지는 않은 채 항소심 판결을 수용하였다.

(1) 법원의 판단

제1심 법원은 위 ▲ 자본시장법 제178조 제1항 제1호 <부정한 수단, 계획, 기교>, ▲ 자본시장법 제178조 제2항 제1호 <위계 이용행위>의 포괄일죄가 성립한다고 판시하였고, 항소심, 대법원도 동일한 결론을 취하였다.

(2) 평석

시세조종행위와 여타 사기적 부정거래행위 간 죄수관계에 대한 논의는 앞서 본 바와 같다.

다. 실권주 인수 관련

A사와 B사에 대한 실권주 인수와 관련하여 피고인들의 행위 및 그 법원의 평가는 아래와 같다.

	1심	항소심	대법원
3-① 실권주를 차명으로 인수하기로 하고 주금을 납입	〈부정한 수단계획기교〉	무죄	무죄
3-② 피고인 甲의 차명 공시	〈중요사항 거짓문서 등 이용행위〉	무죄	무죄

(1) 법원의 판단

제1심 법원은 위 ▲ 자본시장법 제178조 제1항 제1호 <부정한 수단, 계획, 기교>, ▲ 자본시장법 제178조 제1항 제2호 <중요사항 거짓문서 등 이용행위>의 포괄일죄가 성립한다고 판시하였고, 다만 A사의 실권주 관련 부분, B사의 실권주 관련 부분은 각각 실체적 경합으로 보았으나, 항소심과 대법원은 이 부분을 무죄로 보았다.

(2) 평석

자본시장법 제178조 제1항 제1호 <부정한 수단, 계획, 기교>와 여타 사기적 부정거래행위 간 죄수관계에 대한 논의는 앞서 본 바와 같다.

라. A사의 합병 관련

A사의 M사 및 T사에 대한 합병과 관련한 피고인들의 행위 및 그 법원의 평가는 아래와 같다.

	1심	항소심	대법원
4-① 합병 결정 및 피고인 甲 명의 주식 차명 취득 결정	〈부정한 수단계획기교〉	〈부정한 수단계획기교〉	〈부정한 수단계획기교〉
4-② 피고인 甲의 차명 공시	〈중요사항 거짓문서 등 이용행위〉	〈중요사항 거짓문서 등 이용행위〉	〈중요사항 거짓문서 등 이용행위〉

(1) 법원의 판단

제1심 법원은 위 4-① 및 4-② 행위에 대하여 ▲ 자본시장법 제178조 제1항 제1호 <부정한 수단, 계획, 기교>, ▲ 자본시장법 제178조 제1항 제2호 <중요사항 거짓문서 등 이용행위>의 포괄일죄가 성립한다고 판시하였고, 다만 A사의 M사와의 합병과 A사의 T사와의 합병 사이의 관계에 대해서는 실체적 경합으로 보았고, 항소심과 대법원도 동일한 입장을 취하였다.

(2) 평석

자본시장법 제178조 제1항 제1호 <부정한 수단, 계획, 기교>와 여타 사기적 부정거래행위 간 죄수관계에 대한 논의는 앞서 본 바와 같다.

6. 부당이익액의 산정에 관하여

가. 2009. 2. 2.자 S사 유상증자 관련 부분

(1) 법원의 판단

제1심은 포괄일죄로 평가한 피고인 甲의 2009. 2. 2. S사 유상증자를 둘러싼 일련의 행위(피고인 甲이 乙과의 2차례에 걸친 투자수익보장약정에 따라 차명으로 주식을 취득하거나 乙이나 다른 피고인들을 통해 주식을 장내에서 수차 매수한 시세 조종 행위)에 대한 부당이익액을 총 2,212,690,361원(1, 2차 각 투자수익보장약정을 통한 부당이익액 944,338,799원 + 유상증자 차명 참여 등으로 인한 부당이익액 1,268,351,562원)이라고 판단하였다.

그러나 이에 대하여 항소심은, 1 ~ 3차에 걸친 투자수익보장약정, S사 유상증자 차명 참여 행위 행위는 포괄일죄에 해당하지만, 자본시장법 제443조 제1항은 부당이득액에 따라 가중처벌 규정[474]이 존재하므로 부당이익액의 산정에 있어 엄격한 증명을 요한다는 전제에서 2차 투자수익보장약정 체결과 이에 따른 시세조종 행위, S사 유상증자 차명 참여 행위, 3차 투자수익보장약정 체결과 이에 따른 시세조종 행위를 통해 얻은 이득액이 특정되기 어렵다고 보고 피고인들이 액수 불상의 이익을 취득하였다고 판시하였다. 이 과정에서 항소심이 설명한 예시는 아래와 같다.

---

474 자본시장법 제443조 ① 다음 각 호의 어느 하나에 해당하는 자는 1년 이상의 유기징역 또는 그 위반행위로 얻은 이익 또는 회피한 손실액의 3배 이상 5배 이하에 상당하는 벌금에 처한다. 다만, 그 위반행위로 얻은 이익 또는 회피한 손실액이 없거나 산정하기 곤란한 경우 또는 그 위반행위로 얻은 이익 또는 회피한 손실액의 5배에 해당하는 금액이 5억원 이하인 경우에는 벌금의 상한액을 5억원으로 한다.
② 제1항 각 호(제10호는 제외한다)의 위반행위로 얻은 이익 또는 회피한 손실액이 5억원 이상인 경우에는 제1항의 징역을 다음 각 호의 구분에 따라 가중한다.
1. 이익 또는 회피한 손실액이 50억원 이상인 경우에는 무기 또는 5년 이상의 징역
2. 이익 또는 회피한 손실액이 5억원 이상 50억원 미만인 경우에는 3년 이상의 유기징역

피고인이 포괄일죄의 관계에 있는 ①, ②, ③ 자본시장법위반죄를 위반했다고 했을 때, 만약 피고인이 ① 자본시장법위반죄를 통하여 50억 원의 이익이, ② 자본시장법위반죄를 통하여 20억 원의 손실이, ③ 자본시장법위반죄를 통하여 10억 원의 이익이 발생하였다면 피고인은 포괄하여 40억 원(=50억 원 - 20억 원 + 10억 원)의 이익을 얻었다고 평가할 수 있고 이에 따라 자본시장법 제443조 제2항 제2호에 의하여 가중 처벌된다. 한편 피고인이 ② 자본시장법위반죄를 통하여 이익을 얻은 것은 분명하나 그 액수를 산정할 수 없는 경우에는 포괄하여 적어도 60억 원(=50억 원 + 0원 + 10억 원)의 이익을 얻은 것으로 평가하여 자본시장법 제443조 제2항 제1호에 의하여 가중 처벌할 수 있다. 그러나 이와 달리 피고인이 ② 자본시장법위반죄를 통하여 이익을 얻었는지 아니면 손실을 입었는지 자체가 불분명하다면 피고인이 포괄일죄의 관계에 있는 ①, ②, ③ 자본시장법위반죄를 통하여 얻은 이익은 산정할 수 없다고 보아야 하고, 함부로 가중 처벌 규정을 적용하여서는 안 된다.

항소심은 특히, '피고인 甲이 乙과의 2차 투자수익보장약정을 통해 취득한 주식을 매도한 시점은 2009. 6. 4. 및 2009. 6. 5.로, 그 직전인 2009. 6. 2. 당시 대통령이 한-아세안 특별정상회의 행사장에서 수소연료전지 자동차 기술에 대하여 'This Is our dream'이라고 언급하는 등 긍정적인 발언을 내놓자, 관련주들의 거래량과 주가가 그 이전까지와는 달리 급증하였다는 이유 등을 들어 피고인의 자본시장법 위반 행위와 주가 상승의 인과관계를 인정할 수 없으므로, 이익액이 제대로 특정되지 아니하였다'고 판시하였다.

(2) 평석

자본시장법상 부당이익액은 그 다소 여부에 따라 법정형이 달라지므로(제443조 참조), 부당이익액은 인과관계가 인정되는 한도 내에서만 인정되어야 하고,[475] 책임주의 원칙에 따라 피고인의 책임이 명백한 경우에 한하여 인정되어야 하며, 다과에 따라 범죄

475 구 증권거래법(2007. 8. 3. 법률 제8635호로 공포되어 2009. 2. 4. 시행된 자본시장과 금융투자업에 관한 법률 부칙 제2조로 폐지) 제207조의2와 제214조에서 정한 '위반행위로 얻은 이익'이란 그 위반행위와 관련된 거래로 인한 이익을 말하는 것으로서 위반행위로 인하여 발생한 위험과 인과관계가 인정되는 것을 의미한다(대법원 2009. 7. 9. 선고 2009도1374 판결)

구성요건이 되므로 엄격한 증명의 대상이 되고, 그 입증책임은 검사가 부담한다.

부당이득은 사기적 부정거래행위로 인한 이익으로서 사기적 부정거래행위와의 인과관계가 인정되어야 하는데, 사기적 부정거래행위 외에 제3자의 개입, 증권시장의 상황, 그 밖에 주가에 중대한 영향을 미칠 수 있는 제반 요소가 다양하므로, 사기적 부정거래행위로 인한 부당이득액을 구체적으로 산정함에 있어서는 신중을 기하여야 한다.

이와 관련하여 대법원은 위반행위의 동기, 경위, 태양, 기간, 제3자의 개입 여부, 증권시장 상황 및 그 밖에 주가에 중대한 영향을 미칠 수 있는 제반 요소들을 전체적·종합적으로 고려하여 인과관계가 인정되는 이익을 산정해야 한다고 판시하였다.[476]

특히, 대법원은 주식시장에서의 정상적인 주가변동요인에 의한 주가상승분이나 위반행위자와 무관한 제3자가 야기한 주가상승분이 존재하는 등과 같은 사정이 있는 경우에는 위반행위와 인과관계가 인정되는 이익만을 따로 구분하여 산정하여야 한다고 판시하기도 하였다.[477]

그 연장선에서 법원이 피고인의 행위와 무관한 요인에 의한 주가상승분이 존재한다고 판단되는 경우 "액수 미상의 부당이득"이라고 판시하는 사례가 다수 있다.[478]

그런데 이 사건에서는 피고인 甲이 사기적 부정거래를 통하여 취득한 차명 주식 등을 매도한 시점이 대통령의 관련 업계에 대한 호재성 발언이 있은지 불과 2일 내였으며, 실제로도 대통령의 위 발언 직후 관련 업계 전반에 급격한 주가 상승 사실이 확인되었던 것으로 보인다.

무엇보다도 당시 검찰은 1차 투자수익보장약정에 의한 이익액은 특정한 반면 2차

---

476 대법원 2009. 7. 9. 선고 2009도1374 판결

477 대법원 2013. 7. 11. 선고 2011도15056 판결

478 서울고등법원 2018. 6. 21. 선고 2017노2969 판결, 서울고등법원 2022. 4. 29. 선고 2021노2108 판결

투자수익보장약정이나 유상증자 차명 참여 등에 의한 자본시장법위반 범행, 나아가 외국법인 P와의 3차 투자수익보장약정에 의한 자본시장법위반 범행의 경우에는 그로 인하여 피고인 甲이 이익을 얻었는지 여부 또는 적어도 손실을 입지 않았는지 여부 조차에 대해서 증명하지 못했던 것으로 보인다.

그렇다면 피고인 甲 등에 대한 부당이익을 산정함에 있어 각종 인과관계가 혼입되어 오직 피고인의 사기적 부정거래 행위에 의한 주가 부양의 정도와 그 구체적인 액수를 따로 구분해내는 것이 불가능하므로, 책임주의 원칙 및 죄형균형의 원칙상 항소심 법원의 판단이 타당하다고 생각된다.

나. A사와 M사, A사와 T사의 합병 관련 부분

(1) 법원의 판단

제1심 법원은, 피고인 甲 등이 A사와 M사, A사와 T사를 각 합병하는 과정에서 합병신주를 차명으로 취득하되(피고인 甲 명의로 취득할 경우 보호예수의무 규정에 따라 즉시 매각이 불가능하였으므로), 취득한 합병신주 중 극히 일부만을 공시하고 나머지는 매각하는 방법으로 아래와 같은 부당이익을 수취하였다고 판단하였다.

1심	부당이익 산정 방법
A사-M사 합병	**2,186,024,540원**{甲 자금으로 우회 배정받은 A사 합병신주 평가액(A사 합병신주 상장 전일인 2009. 11. 6. 종가 3,460원을 기준, 631,799주)} **- 1,348,750,000원**(M사 구주 인수대금) **= 837,274,540원**
A사-T사 합병	**8,897,043,240원**{庚의 자금으로 우회 배정받은 A사 합병 신주 평가액(A사 합병신주 상장 전일인 2010. 1. 14. 종가 2,985원을 기준, 2,980,584주)} **- 6,000,000,000원**(T사 유상증자 납입대금) **= 2,897,043,240원**

즉, 제1심 법원은 피고인 甲 등이 매각제한을 받지 않는 A사의 합병신주를 취득한 것이 부당한 이익을 수취한 것이고, 그 이익액은 차명으로 취득한 합병신주 평가액 전액에서 구주 인수대금 또는 유상증자 납입대금 등과 같은 비용을 차감한 금액이라고 판단하였던 것이다.

이에 대하여 항소심은, '피고인 甲, 申 등이 매각제한을 받지 않는 A사의 합병신주를 취득한 것이 자본시장법 위반행위로 얻은 이익이라고 한다면 그 이익액의 계산은, 매각제한을 받지 않는 A사의 합병신주의 가치에서 매각제한을 받는 A사의 합병신주의 가치를 공제한 금액이 되어야 하는데, 매각제한을 받는 합병신주에 대한 가치 산정이 불가능하다'고 판단함으로써 그 결론을 완전히 달리하였다.

(2) 평석

위 합병신주 취득과 관련하여 피고인 甲 등은 차명으로 취득한 합병신주 중 일부를 보호예수 대상으로 공시함으로써 해당 주식은 매각제한 규정에 걸려 처분하지 못하였으므로, 이들이 얻은 실제 부당이익은 합병신주를 차명 취득함으로써 매각제한을 받지 않게 된 주식의 가치에서 정상적으로 공시하여 매각제한을 받게 된 주식의 가치를 공제함이 타당하다고 할 것이다.

항소심 법원이 지적하는 바와 같이, 합병 상장이 일반적인 호재로 인식된다고 단정하기 어려워서 합병신주의 상장 전일 종가를 기준으로 합병신주의 가치를 산정하는 방식이 반드시 피고인에게 유리하다고 보기 어려우므로, 제1심 법원이 단순히 합병신주 상장 전일 종가를 기준으로 이익액을 계산한 것 또한 논리 타당한 결론이라고 보기 어렵다. 전술한 바와 같이 부당이익액은 엄격한 증명의 대상이고 책임주의 원칙에 의하여 부당하게 확장되지 아니하여야 한다는 점 등까지 고려하면 항소심 법원의 판단이 타당하다고 할 것이다.